빅데이터로 읽는 사회과 교재연구

BIG DATA

빅데이터로 읽는

사회과 교재연구

황홍섭 · 박지수 공저

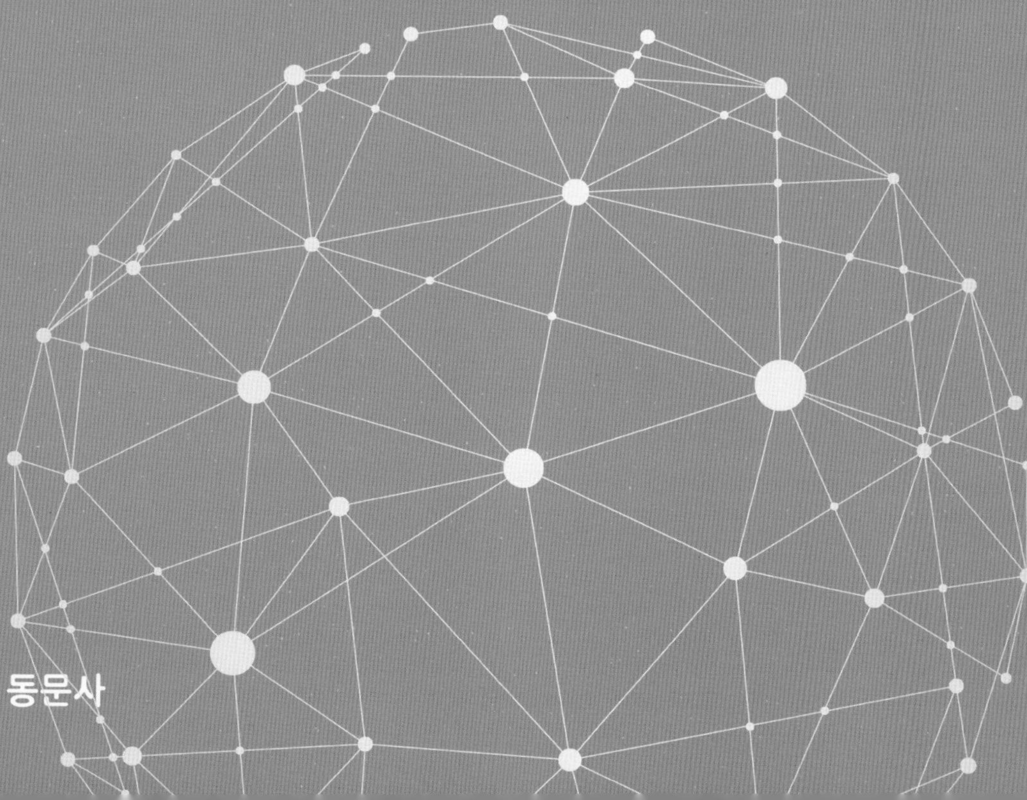

동문사

머리말

사회과 교육의 궁극적 목적은 시대의 변화와 더불어 일어나는 사회문제에 능동적으로 대처하면서 합리적이고 바람직하게 살아갈 수 있는 시민적 자질을 함양하는 데 있다. 오늘날 지구는 첨단정보 및 교통통신기술의 발달로 시공간의 격차가 좁아지고, 아날로그 지구에서 디지털 지구로 전환되면서, 지구촌화, 일일 내지 동시 생활권화되면서 새로운 메타버스 공간이 확장되어 가고 있다.

우리들이 살고 있는 생활공간은 수많은 정보와 문화가 급속하게 전파되면서 우리들이 살고 있는 삶터, 일터 속에 당면하는 사회적인 문제는 지역적인 문제인 동시에 지구적인 문제로 연결되어 있다. 그렇기 때문에 교사들은 시대를 알고 지구(세계)를 알아야 하며, 지구가 어떻게 역동적으로 작동하고 있는지를 잘 알아야 한다.

초연결, 초융합, 초지능화된 디지털 지구 속에서 쏟아지는 많은 정보들로 인해 기존의 지식은 더 이상 우리의 삶에 유의미하게 작동하지 않는다. 우리는 지구적 경쟁력을 갖추기 위해서 수많은 정보들로부터 보다 빠르고 정확하게 수집, 분석하는 능력이 필요하게 되었다. 그뿐만 아니라 어떤 문제를 해결하기 위해 그 배후에 어떠한 정보나 지식이 필요한지를 알아서 그 정보를 사용하여 문제를 해결할 수 있는 능력, 어떤 정보나 지식의 배후에 있는 전제나 가정을 발견할 수 있는 비판적 사고력, 의사 결정 능력 등의 역량이 필요하게 되었다.

지식 정보 및 창조 사회에서 교육적 지식은 파편처럼 조각난 낱개들이 아니라 다른 지식과의 관계 속에서 파악되어야 하며, 우리의 감정과 의지와 행동으로부터 분리시킬 수 없는 삶의 한 부분으로서 하나의 체제 속에 있는 것으로 이해되어야 한다. 이제 더 이상 무엇을 알고 있는가(What You Know)보다는 무엇을 할 수 있는가(What You Can Do)가 더 중요한 문제로 부각되었다. 전통적인 의미의 지식은 세계를 일목요연하게 인식, 표현, 예측할 수 있다고 생각하는 결정론적 세계관에 의한 주제적 또는 교과적 지식(Subject Knowledge)이었다. 그러나 오늘날의 지식은 전통적인 교과적 지식과는 달리 쏟아지는 정보의 홍수 속에서 다양성, 신속성, 정확성, 복잡성 등을 감안하여 삶의 가치를 창출할 수 있도록 하는 연계망적 지식(Networking Knowledge, Cross-Linked Knowledge)이 중요하게 되었다. 양적 지식의 팽창은 또 다른 지식 생산의 동기를 형성함에 따라 상호 연결적인 지식과 함께 거대한 양의 정보와 지식을 어떻게 다루어야 하는가에 대한 지식이 필요하다. 즉 오늘날의 지식은 전통적 지식과 달리 우리의 삶의 문제를 새로운 정보를 활용하여 해결하는 능력, 비판적으로 사고하는 능력, 창의적으로 사고하는 능력 등을 중요하게 요구한다.

초연결, 초지능사회로 전환에 따라 폭포수같이 쏟아지는 빅데이터(Big Data)는 이러한 사회적 변화와 요구를 반영할 수 있는 중요한 테크놀로지 중 하나이다. 최근 교육 분야에서 빅데이터는 미래 교육과 학습에 중요한 테크놀로지 중 하나로 인식되고 있다. 이미 금융, 의료, 산업, 교통, 공공 안전, 환경, 복지 등 사회 각 영역에서는 실시간으로 방대하게 생성되는 데이터를 수집하고 분석한 결과를 바탕으로 하여 부가가치를 창출하고 있다. 빅데이터를 체계적으로 분석하여 활용할 경우, 인간의 행동 패턴을 보다 쉽고, 정확한 방법으로 파악하여 미래를 예측하고 있다.

본서는 이와 같은 변화에 부응하고 2015 개정 교육과정은 물론이고 2022 개정 교육과정, 미래교육과정의 정신을 감안하여 현장에서 교사가 사회과 수업을 할 때 어떻게 하면 초심자도 쉽게 빅데이터 플랫폼인 텍스톰을 활용하여 교재연구 및 자료를 잘 개발하고 멋진 수업을 할 수 있을까에 초점을 맞추었다. 사회과 교재 연구를 잘 하려면 무엇보다 가르칠 내용을 잘 알아야 한다. 사회과 교육이 교과 교육학으로 정체성을 가지기 위해서는 가르칠 내용을 알고, 그 내용을 가지고 이제 사회과 교육의 총론에서 다루었던 사회과의 목적 내지 목표, 방법, 평가 등과 관련하여 어떻게 접목하여 현장에서 가르칠지를 고민해야 한다. 시대적 요구 사항을 파악하고 교과서 집필과 교재연구에 필요한 것은 무엇인지 또 좋은 수업은 어떻게 할 수 있는지 등을 고민해야 한다.

본서는 구체적으로 빅데이터 분석을 기반으로 하여 초등 사회과 교재연구에 필요한 것들을 제시하였다. 따라서 본서의 제목은 저자의 입장에선 빅데이터 분석에 기반한 사회과 교재연구라고 하는 것이 좋으나, 독자의 입장을 감안하여 빅데이터로 읽는 사회과 교재연구라고 하였다. 이젠 사회과 교과서도 하나의 자료에 불과하다. 사회과 교과서가 갖고 있는 자료의 한계를 빅데이터를 활용하여 그 한계를 극복할 수 있는 방안을 제시하였다. 이를 위해서 전체 내용을 총 4부로 나누었으며, 제1부는 빅데이터로 무엇을 읽을 수 있을까? 제2부는 초등 사회과를 위한 지식구성 관련 시대적 요구 사항은 무엇인가? 제3부는 초등 사회과 교과서 집필과 교재연구에 필요한 것은 무엇인가? 제4부는 초등 사회과에서 좋은 수업은 어떻게 할 수 있을까?로 구성하였다.

아울러 본서는 저자가 재직하고 있는 부산교육대학교에서 사회과 교육의 강의 교재로 사용하던 초등 사회과 교재연구(2004, 세종출판사)라는 책의 기본 골격만 유지하고 빅데이터 분석을 통해 사회적 변화와 요구사항을 반영하였다. 또한 최신의 교육과정에 맞게 전면적으로 수정·보완하였다. 본서는 내용구성 상 주로 지리영역을 사례로 저술하게 된 것은 오로지 저자의 한계임과 교육과정 및 교사양성체계의 한계임을 밝혀둔다.

2022. 2

저자 일동 씀

차례

Part 02 초등 사회과 교재연구를 위한 지식구성 및 발달과 관련된 이론적 배경은 무엇인가?

Part 03 초등 사회과 지식구성 관련 교재연구의 핵심은 무엇인가?

Part 01

빅데이터로 사회과 교재를 어떻게 할 것인가?

Chapter 01

새로운 시대가 요구하는 사회과 교재연구 방안은 무엇인가?

- **주제**

새로운 시대가 요구하는 교재연구 방안 탐색하기

- **학습 내용**

1. 빅데이터가 알려주는 교재연구
2. 초등 사회과 교재연구 개념
3. 빅데이터를 활용한 사회과 교재연구 방안

- **학습 목표**

1. 새로운 시대가 요구하는 교재연구의 방향을 말할 수 있다.
2. 교재의 개념에 대해 이해하고 초등 사회과 교재연구의 의의에 대해 설명할 수 있다.

BIG
DATA

제1절 빅데이터가 알려주는 교재연구

1. 연구 대상 및 방법

본 장에서는 교재연구 관련 온라인 문서를 빅데이터 수집 및 분석 절차에 따라 진행하였다. 교재와 관련한 빅데이터는 텍스톰[1]의 프로그램으로 수집하였으며, 교재연구 관련 토픽(Topic)은 모든 관련 문서를 수집하기 위해 '교재연구, 교재' 용어를 검색어로 지정하였다.

교재연구 관련 소셜 빅데이터의 수집은 2016년 1월 1일부터 2020년 12월 31일까지 여러 포털사이트 중에서 네이버와 구글의 뉴스, 블로그, 웹 문서를 요일, 주말, 휴일을 고려하지 않고 매시간 단위로 이루어졌다. 수집된 총 1만 957건의 텍스트 문서를 본 분석에 포함하였다.

2. 교재연구 대한 빅데이터 분석 결과

교재연구 빅데이터 분석 결과에 대한 상위 30위까지 키워드의 빈도분석, 그리고 그 빈도수를 상위 30위까지 시각화한 워드클라우드 분석은 **표 1-1** 및 **그림 1-1**과 같다.

표 1-1의 교재연구 빅데이터 상위 30위까지 키워드의 빈도분석 결과에 따르면 빈도수가 높은 단어로는 '교과서, 교구, 자료, 매체' 등이 나타났다. 이와 같은 용어는 교재와 유사한 의미로 사용되는 용어로 실제 사람들이 교재를 언급할 때 혼용하여 사용한다. 또한 교재를 사용하여 학습하는 주체인 '초등, 아이, 학생, 학습' 등과 같은 학령기 아동을 지칭하는 학습자 중심의 상황을 반영한 키워드가 나타나고 있다. 특히 교수자 중심의 '교육과정, 만들다, 재구성, 제작, 준비, 수업' 등과 같은 키워드는 상대적으로 언급한 학습자 중심의 키워드보다 낮은 빈도수를 보여 오늘날 교재에 대한 관심은

---

1) 텍스톰(Textom)은 빅데이터 생애주기에 해당하는 수집, 저장, 정제, 분석, 시각화의 단계를 일괄적으로 처리할 수 있는 웹 기반 플랫폼으로 본서의 4장에서 사용방법에 대해서 자세히 다룬다.

학습자를 중심으로 이루어지고 있음을 추론할 수 있다.

표 1-1 **교재연구에 대한 키워드의 상위 30위까지 빈도분석**

순서	키워드	빈도수	백분율	순서	키워드	빈도수	백분율
1	교과서	1,565	0.62%	16	이벤트	764	0.30%
2	교구	1,547	0.61%	17	추천	753	0.30%
3	자료	1,535	0.60%	18	개발	747	0.29%
4	매체	1,265	0.50%	19	수학	707	0.28%
5	공부	1,085	0.43%	20	활용	698	0.27%
6	무료	974	0.38%	21	발간	698	0.27%
7	학습	971	0.38%	22	인강	691	0.27%
8	교육	954	0.37%	23	준비	685	0.27%
9	강의	879	0.35%	24	제작	652	0.26%
10	제공	874	0.34%	25	학생	649	0.25%
11	아이	861	0.34%	26	시작	635	0.25%
12	학년	847	0.33%	27	한국	631	0.25%
13	초등	798	0.31%	28	재구성	626	0.25%
14	교육과정	795	0.31%	29	수업	620	0.24%
15	좋다	766	0.30%	30	만들다	620	0.24%

교재연구 관련 빅데이터 빈도수를 워드클라우드로 시각화하면 그림 1-1과 같다. 이와 같은 결과에 따르면 본 장에서는 교재와 유사한 의미로 사용되는 키워드를 통해 교재의 의미에 대해 정의하고, 교재연구 차원에서 고려해 볼 필요가 있는 것은 교재를 '공부, 학습'이라는 키워드에 맞게 학생들 수준에 맞게 재구성할 수 있는 방안을 제시하고자 하였다.

그림 1-1 **교재연구 빅데이터에 대한 워드클라우드 분석**

또한 키워드 간의 관계를 나타낸 그림 1-2의 교재연구 빅데이터의 네트워크 분석결과에 따르면, 최근 빈도수가 높은 '교과서, 교구, 자료, 매체'와 같은 키워드는 근접성이 높게 나타나 실제 사람들이 '교재'와 함께 위 용어를 혼용하여 사용한다는 사실을 확인할 수 있다. 또한 '초등, 아이, 학생, 학습'과 같은 키워드도 근접성이 높게 나타나는데, 이것은 학습자 중심의 상황을 반영한 것으로 볼 수 있다. 반면에 그림 1-1의 '교육과정, 만들다, 재구성, 제작, 준비, 수업' 등과 같은 교수자 입장을 반영하는 것으로 나타난 키워드 간의 근접성은 그림 1-2에서 낮게 나타났으며, '만들다'와 같은 키워드는 독립적으로 존재하여 분석결과에서 제외되었다. 이와 같은 결과는 학습자 중심의 상황에 대한 교재연구는 학령기 학습자를 대상으로 학습이 이루어지고 있으며, 교수자 입장의 교재연구에 대한 시도는 이어지고 있으나 학습자와의 연계성이 낮다는 사실을 의미한다. 이러한 사실은 교재연구에 있어서 어떻게 연구하고 개발할 것인가에 대한 시사점을 제시하고 있다.

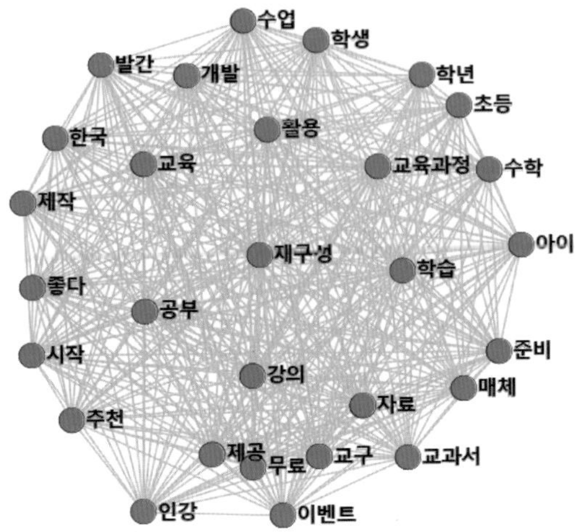

그림 1-2 **교재연구 빅데이터에 대한 네트워크 분석**

소셜 빅데이터에 나타난 교재연구는 교과서와는 별개의 의미로 사용되는 것은 아니지만 교재의 의미는 시험을 대비하거나 교과서에서 부족한 학습을 보충하는 수단으로 사용되고 있음을 알 수 있다. 실제로 수업에서 '교과서'는 중요한 교재이지만, 교사나 학생은 필요에 따라 교과서를 대신해서 유익하고 적절한 교재를 사용할 수 있어야 한다. 특히 사회과의 경우, 교과서만으로 수업을 하는 것은 복잡하고, 급변하는 사회의 특성을 잘 반영하지 못하고 있기 때문에 교재연구를 통해 자료를 연구, 개발하고 재구성하지 않으면 교사의 역량이 부족하다는 평가를 면하기 힘들게 되어 가고 있다. 특히 학습자 수준에 맞는 학습주제를 실생활 문제와 연계하여 해결할 수 있는 다양한 탐구활동 형태의 교재를 개발하여 학습자의 흥미, 동기유발, 사고력, 창의력, 문제해결력을 신장할 수 있도록 해야 할 것이다.

❶ 연구대상 수집 및 정제하기

- 본 연구대상인 '교재연구 관련 소셜 빅데이터 수집'은 소셜 빅데이터 수집 로봇(웹크롤)과 데이터 분석, 시각화 기술을 보유한 텍스톰 빅데이터를 통해 수집하였다. 빅데이터의 수집, 정제, 분석, 시각화 과정은 본 교재 4장에 자세하게 기술하고 있기 때문에 이곳을 참조하길 바란다.
- 텍스톰은 1개의 채널에서 한 번에 수집할 수 있는 문서의 수가 최대 1,000건으로 제한되어 있기 때문에 많은 양의 문서를 수집하기 위해서는 기간을 나눠서 지정할 필요가 있다. 본 연구에서는 최근 5년간(2016년 1월 1일 ~ 2020년 12월 31일)을 수집기간으로 설정하였으며, 2016년, 2017년, 2018년, 2019년, 2020년으로 나눠서 총 5차례 문서를 수집하였다.

- 교재연구 빅데이터 수집조건

수집키워드	불용어	수집기간	채널
교재연구, 교재	–	2016년 1월 1일 ~ 2020년 12월 31일	네이버(블로그, 뉴스, 카페, 웹문서) 구글(뉴스, 웹문서)

- 정제/형태소 분석은 별도의 키워드필터링을 사용하지 않았으며, URL 기반 중복된 텍스트 문서를 제거하였다. 이를테면, 트위터에서 리트윗을 하여 URL 중복이 나타나는 경우는 중복된 URL을 제거한다.
- 형태소 분석은 고유명사, 복합명사를 그대로의 결과값을 반영하는 Espresso K를 사용하였으며, 분석품사는 명사를 비롯하여 형용사, 동사, 외국어를 포함하였다.
  ※ Espresso K에 대한 자세한 내용은 제4장에서 확인

❷ 데이터 분석하기(텍스트마이닝, 매트릭스 파일 생성)

- 형태소 분석이 완료되면 바로 편집하기를 통한 텍스트마이닝 과정을 거친다.

변경할 단어
좋
TOEIC
재구성을
열공
⋮

➡

수정단어
좋다
토익
재구성
공부
⋮

1단계 : [데이터 분석]→[텍스트마이닝]→[데이터 편집]→[바로 편집하기]에서 단어를 정제한다.
2단계 : [데이터 분석]→[매트릭스]→[매트릭스 단어선택]→[1-mode]→[바로 선택하기]에서 단어를 선택한다.

❸ 시각화하기(워드클라우드, 매트릭스 차트)

- 시각화는 텍스톰을 통해 웹상에서 워드클라우드를 생성하고, NetMiner를 활용하여 연결중심성 분석으로 간단히 출력한다.
  1단계 : [시각화]→[시각화 결과]→[시각화 리스트 선택]→[워드클라우드]에서 색상선택, 키워드 등을 설정하여 워드클라우드를 완성한다.
  2단계 : [시각화]→[시각화 결과]→[시각화 리스트 선택]→[매트릭스 차트]에서 색상, 선모양, 글자 크기를 선택하여 완성한다.

제2절 초등 사회과 교재연구의 핵심

1. 교재의 이해

1) 교재의 의미

전통적으로 교육은 인간의 발달과 행동 변화를 추구하는 활동으로 주체(Subject)와 대상(Object) 및 내용(Content)이 있어야 한다. 교육의 주체는 '누가(Who)', 교육의 대상은 '누구에게(Whom)', 교육 내용은 '무엇(What)을 가르치고 배우게 할 것인가'를 지칭한다. 일반적으로 학교에서 교사는 학교 및 학습자의 상황, 발달 과정 등을 감안하여 교사가 임의적으로 제시한 교육 내용과 자료 내지 매체를 교재로 사용한다. 교재는 그림 1-3과 같이 교사, 학습자와 더불어 학교 현장의 3대 요소로 뽑을 정도로 중요하며, 교재를 통해 교사, 학습자, 그리고 교육과정과 교육방법을 조화롭게 매개하는 매개체 역할을 수행한다. 교재는 학교와 사회에서 개인이 학습하는 데 직접 입력이 되는 자료이며, 주로 '교사가 교육과정에서 무엇을 가르칠 것인가?', '학습자가 무엇을 배우게 할 것인가?'에 있어서 무엇을 담아내는 전체적인 도구이다. 이 때문에 자료는 교수 활동에 직·간접적으로 사용되어 교수와 학습에 영향을 주는 교육 내지 학습자료, 나아가 광범위하게는 상황(Contexts), 활동(Activities) 등을 포함하기도 한다.

이러한 교재는 학습자에게 구체적인 경험 제공, 학습동기유발, 자발적인 학습활동 자극, 학습 주제 혹은 개념을 이해하고 일반화할 수 있도록 사고력 증진 등을 돕는다. 또한 교재는 학습자가 문제를 발견하고 창의적으로 해결할 수 있는 자료와 방안을 제공함으로써 학습에 있어서 매우 중요한 역할을 수행한다고 볼 수 있다. 나아가 교재는 학습자의 미래역량을 강화할 수 있도록 지식과 기능을 잘 결합하여 제시할 수 있어야 할 것이다.

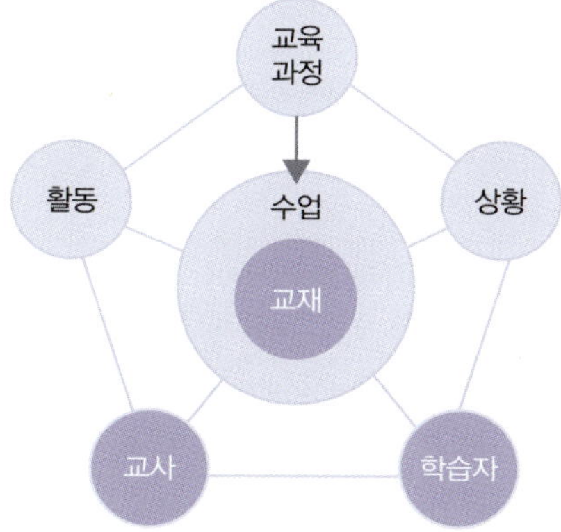

그림 1-3 **교재의 역할**

교재연구 차원에서 학습자, 교사, 교재에 있어서 변화된 관점은 다음과 같다. 먼저, 학습자는 수업의 가장 기본적이고, 본질적인 요소이다. 교수·학습을 통한 교육적 체험의 주체이다. 학습자를 전통적으로 결핍된 존재 혹은 부족한 존재에서 오늘날은 자기실현의 존재로 바라보아야 할 것이다. 다음으로 교사는 교실 수업 상황의 중심적이며, 지배적인 역할 수행자에서 학습자의 실제적 지식을 구성할 수 있게 하는 성찰적, 반성적 전문가(멘토, 촉진자)가 되어야 할 것이다. 끝으로 교재(교수학습자료, 매체)는 교수·학습을 위한 수단, 교사-학생의 상호작용 매개체, 교수·학습에의 활용을 위한 지식 전달체에서 의미 형성체로 전환되어야 할 것이다. 교재는 탈맥락화된 교재가 아니라 맥락화된 교재가 되어야 할 것이다. 교재는 교수학습을 위한 수업상황에 작용하는 교육 체험과 활동의 장이 되어야 할 것이다.

표 1-2는 교재연구와 관련하여 교수학습 단계별로 고려할 점을 제시하고 있다. 먼저 교재는 기본적으로 시대적 관점과 이를 반영한 교육과정의 인간상과 기본 정신을 잘 구현한 교재이어야 할 것이다. 둘째, 교재는 학습자들이 학습에 관심과 흥미를 끌 수 있도록 학습동기 유발 자료를 투입하면서 교수학습의 내용이 방법과 자연스럽게 연계되며, 그에 따른 자료를 제공할 수 있어야 한다. 셋째, 현장에서 교사들이 수업 중에 투입되는 자료들은 평가와 자연스럽게 연계되면서 참여, 활동을 통한 과정중심의 평가가 이루어지는 촉매제가 되어야 할 것이다.

표 1-2 **교재의 교수학습 단계별 의미**

단계	설명
시대적 관점이 반영된 교수학습이론	교재는 인공지능, 빅데이터 시대에 맞는 시대적 관점과 교육과정 정신을 잘 반영하여야 함
학습 동기의 유발	학습 내용을 제시하기 전에 과제와 관련되는 학습자의 배경 지식, 흥미, 태도를 높일 수 있도록 제시함
교수·학습 내용의 제공	핵심개념 내지 빅아이디어를 중심으로 추상적이고 포괄적으로 진술된 내용 요소를 구체적이고 체계적으로 제시해야 함
교수·학습방법의 제공	제시된 내용을 체계적으로 학습할 수 있는 방법 제공, 이를 통하여 사고력, 역량 강화
교수·학습 자료 및 기능의 제공	제시된 내용(자료)과 방법(기능)이 체계화, 정교화되어 연계된 제공
평가의 자료 제공	과정중심의 평가가 될 수 있도록 수업과 평가의 일체화를 추구할 수 있는 자료의 제공

2) 교재의 정의

교재는 자료, 교구, 매체 등과 혼용하여 사용하기도 한다. 그러나 이들의 차이를 굳이 설명하자면, 교재(Educational Material)는 교육목표를 달성하기 위해 쓰이는 교과서를 비롯한 다양한 자료이다. 교육자료(Educational Data)는 교육활동을 위한 교과서를 비롯한 여러 가지 자료이다. 교구(教具, Educational Equipment)는 교수나 학습을 용이하게 하고, 효과를 높이기 위해 사용되는 교육활동의 도구이다. 교구는 하드웨어적 측면이 강한 경향이 있다. 교육(수)매체(Educational or Instructional Media)는 교육목표를 효과적으로 달성하기 위해 교수자와 학습자 사이, 혹은 학습자와 학습자 사이에서 학습에 필요한 의사소통이 발생하도록 도와주는 다양한 형태의 매개 수단, 매체를 학습에 적용하여 학습목표를 높이기 위해 사용되는 매체로 오늘날 매체는 하드웨어와 소프트웨어가 결합된 경향을 띤다. 다음 표 1-3은 교재의 정의에 대한 선행연구자들이 정의한 내용을 정리한 것이다.

표 1-3 **교재에 대한 선행연구자들의 정의**

연구자	정의
이성영(1995)	교육과정과 목표를 달성하기 위하여 동원되는 일체의 물리적·표상적 실체
박경자 외(1998)	교육과정의 구현체
민현식(2000)	교육을 '누가 무엇을 누구에게 가르치는 행위'로 볼 때 바로 이 '무엇'을 담고 있는 총체물
조항록(2003)	교사가 교육 현장에서 학습자에게 '그 무엇'을 가르치고 학습자가 '그 무엇'을 배운다고 할 때, 교재는 '그 무엇'을 담아내는 총체적인 도구
김영만(2005)	해당 교육 기관의 교육 정책이나 철학, 교육과정 등을 근간으로 하여 어떠한 교육을 실시해 나갈지를 제시해 주는 하나의 도구

출처 : 서종학 · 이미향(2007).

교재는 교육과정과 밀접한 관련성이 있으며 교육과정의 틀 속에서 가장 기본적인 학습 내용을 제공하고, 학습을 원활하게 만들 수 있는 상황, 그리고 교실 수업의 구체적인 모형과 교사가 교재를 개발하는 데 필요한 자료를 제공한다. 일반적인 교육의 관점에서 교재는 학교와 사회에서 개인이 학습하는 데 직접 투입이 되는 자료이며, 교수학습에 직·간접으로 사용되는 자료, 교수학습을 위한 상황, 활동 등을 포괄한다.

그러나 이러한 정의는 교육의 관점에서 일반적인 정의라 할 수 있으며, 의미 범위에 따라 교재의 정의를 달리할 수 있다. 먼저 넓은 의미에서 교재는 교수와 학습에 사용되는 모든 투입되는(Input) 시각과 청각, 시청각 등 인간의 감각 기관을 통하여 교수와 학습이 일어나도록 도와주는 유형 또는 무형의 모든 입력 자료이다. 이에 대한 예시로는 부모, 교사, 신문, 잡지, 교과서, 테이프, 컴퓨터, 인터넷, 상황, 사회 등이 있다. 다음으로 좁은 의미에서 교재는 학습용으로 직접 입력이 되는 자료나 교수에 직접 또는 간접적으로 사용되어 교수와 학습에 직접적 영향을 주는 교재(Texts), 프로그램, 상황, 과업, 활동, 보조 교구(Teaching Aids)와 교육 매체(Educational Media) 등을 지칭한다. 이보다 범위를 좁힌다면 학교 교육에서 교사가 수업을 진행하거나 학생들이 학습하면서 직접 사용하는 교과서, 사회과 부도, 지역화 교과서, 디지털 교과서와 같은 교육자료로 한정하여 말할 수 있다.

3) 교재의 종류

교재의 구성요소는 학습자가 학습할 능력 내지 학습자가 갖추어야 할 능력인 목표, 이러한 목표를 달성할 수 있는 방법과 전략인 내용, 전략을 학습하기 위한 도구인 구체적인 자료, 그리고 자료를 활용하여 성과를 거두기 위한 행동인 활동 등으로 다양하게 볼 수 있다. 그렇기 때문에 교재는 필요에 따라 다양하게 연구 및 개발하여 투입하는 것이 좋으며, 층위, 언어 형식, 교수·학습 기능, 교재 구성의 성격, 개발 형식, 교재 존재, 동원 방식 등과 같은 기준에 따라 다양하게 분류할 수 있다.

표 1-4 **교재의 종류**

기준	종류
층위	(비)담화로서의 교재, 자료로서의 교재, 제재로서의 교재, 교과서
언어 형식	문자 교재, 비문자 교재
교수·학습 기능	주 교재, 보조 교재
교재 구성의 성격	자료집으로서의 교재, 내용 해설서로서의 교재, 학습 안내로서의 교재, 워크북으로서의 교재
개발 형식	개방형 교재/선택형 교재, 중앙집권형 교재/지방분권형 교재, 국정제/검인정제/자유발행제
교재 존재	폐쇄형 교재/개방형 교재, 체제지원형 교재/단독과제형 교재
동원 방식	교사 동원형 교재/학습자 동원형 교재, 원리 학습형 교재/활용 연습형 교재, 목표 지향형 교재/자료 지향형 교재

이처럼 교재를 분류하는 다양한 가준은 교재의 종류가 많고 다양한 관점에서 정의된다는 사실을 의미한다. 교재는 교구, 자료, 매체와 같은 용어를 포괄하고 있으며, 유사한 의미를 지니지만 세부적인 부분에서 차이가 있다. 교재가 가르치거나 학습하는 데 쓰이는 교과서를 비롯한 여러 가지 재료를 나타내는 말이라면, 자료[2]는 교육활동을 위한 교과서를 비롯한 여러 가지

2) 자료는 좁은 의미에서 교과서, 워크북, 교사용지도서, 참고서 등을 교육과정에 근거하여 잘 선정되어 조직화된 자료인 교재와 유사한 의미를 뜻하기도 하지만, 넓은 의미에서는 교육목표를 구현하기 위하여 사용되는 모든 교

자료, 교구는 학습에 쓰이는 온갖 기구, 교육 매체는 교육목표를 효과적으로 달성하기 위해 교수자와 학습자 사이, 혹은 학습자와 학습자 사이에서 학습에 필요한 의사소통이 발생하도록 도와주는 다양한 형태의 매개 수단이다. 다음 표 1-5는 사회과 교재와 관련된 자료의 개념을 이해하기 위해 교수·학습자료의 종류를 제시한 것이다.

표 1-5 **사회과 교수·학습 자료의 종류**

<table>
<tr><td rowspan="4">지역자료</td><td>자연적 자료</td><td>평야, 산지, 하천, 바다, 삼림, 도로, 수자원, 바람, 태양</td></tr>
<tr><td>문화적 자료</td><td>박물관, 도서관, 공장, 상점, 시장, 공원, 유원지, 신문사, 오락시설, 풍속, 관습, 전통, 전설, 유물유적, 문화재</td></tr>
<tr><td>제도적 자료</td><td>병원 조합, 정당, 관공서(정부기관, 방송국, 우체국, 학교 등)</td></tr>
<tr><td>인적 자료</td><td>자원인자로서, 전문직인, 유지, 농민, 상인, 실업가, 기술자, 예술가, 언론인, 학자, 작가, 목사, 의사, 법률사, 회사원</td></tr>
<tr><td>도서자료</td><td colspan="2">교과서, 참고서, 연구지, 역사지, 향토사, 전기, 여행기, 역사소설, 논문집, 통계자료, 사전, 팸플릿</td></tr>
<tr><td>시사자료</td><td colspan="2">신문, 잡지, 시사관계 팸플릿, 시사해설, 최신간행물, 뉴스영화, 시국강연회, 시국토론회, 라디오뉴스, TV</td></tr>
<tr><td rowspan="3">시청각 및 영상자료</td><td>시각자료</td><td>실물, 표본, 모형, 현장견학, 사진, 그림, 지도, 지구의, 차트, 도표, 표, 그림만화, 엽서, 서예, 표지, 괘도</td></tr>
<tr><td>청각자료</td><td>녹음테이프, 축음기, CD, 음성카드, 라디오, 녹음기, 카세트테이프, 비디오</td></tr>
<tr><td>영상자료</td><td>비디오, 영화, 필름과 필름스트립, CD롬</td></tr>
<tr><td>프로그램자료</td><td colspan="2">텔레비전 프로그램, 각종 교육용 프로그램</td></tr>
<tr><td>디지털자료</td><td colspan="2">아날로그 형태가 아닌 디지털 형태의 각종 자료, 시뮬레이션 게임, 웹 기반 GIS, AR, VR, AI, 챗봇, Bigdata, 디지털 도서관</td></tr>
</table>

육자료, 예를 들면, 교과서, 참고서, 워크북, 교사지침서, 사전, 오디오 테이프, 비디오테이프, 웹자료, CD, 사진/그림, 신문, 잡지, 상황, 활동, 각종 디지털 자료 등에 해당하기도 하며, 이는 교구를 포함하는 용어이다.

4) 교재의 구성요소와 교육과정 관련 요소

(1) 구성요소

교재가 갖추어야 할 구성요소 중 첫째는 목표로, 이것은 학습자가 학습할 능력 내지 역량을 포함하고 있어야 한다. 둘째는 내용으로, 목표를 달성할 수 있는 콘텐츠와 방법이다. 셋째는 교재(자료)로, 방법을 더욱 세련되게 학습할 수 있도록 하는 자료이다. 넷째는 활동으로, 자료를 활용하여 성과를 거두기 위한 행동이다. 이러한 구성요소를 통하여 내용을 구체화하고 교수·학습방법을 체계화해야 할 것이다.

(2) 교재와 관련된 교육과정, 수업 그리고 학습과의 관계

오늘날 교재를 교육과정, 수업 그리고 학습 등과 관련하여 검토하면서 교재의 방향성을 검토해볼 필요가 있다. 그림 1-4는 수업과 학습의 관계를 표현한 것이다. 교재는 교육과정을 구현하는 수업, 그리고 학습과는 어떤 관계가 있는가? 이에 대한 이해를 위해 수업과 학습의 관계를 먼저 살펴볼 필요가 있다. 전통적으로 수업은 정해진 장소 내에서 공식적으로 교사에 의해 이루어지는 행위이고 학습은 학습자가 스스로 무언가를 깨우치기 위해 행하는 활동이다. 수업 활동 속에서 학습자의 활동이 이루어지는 것을 전통적 관계라고 하는 반면, 실제적 관계에서는 교사가 열심히 수업을 하고 학생들은 이에 반응하여 열심히 학습하는 것이다. 그러나 현실적으로 볼 때 열심히 수업을 하고 있지만, 학생들은 가르침에 주의를 기울이지 않고 딴짓을 하고 있는 경우도 있다. 그러나 미래사회는 평생학습사회로 전환됨에 따라 교사는 수업보다 학생의 학습이 풍성하게 일어날 수 있도록 교재를 수준에 맞게 적절하게 제공해야 할 것이다. 수업이 학습을 촉진하게 해야 할 것이다. 학습자가 주도적으로 학습할 수 있는 교육환경과 매체, 자료 등을 제공함으로써 학습자 중심의 학습이 이루어질 수 있도록 해야 할 것이다.

그림 1-4 **수업과 학습의 관계**

그림 1-5 교육과정, 수업, 학습, 교재와의 관계를 나타낸 것이다. 전통적 관계 속에서 교재의 의미를 검토하여 볼 때, 교재는 일차적으로 교육과정에 근거해야 하고, 그다음에 교육과정에 근거한 수업을 해야 하고, 수업은 학습안에서 교재를 통해 이루어진다. 그러나 실제적 관계에 있어서 교재의 의미를 검토해 볼 때, 교육과정, 수업, 학습이 교재를 통하여 유기적으로 연결되지 않고 있다. 교재는 교육과정, 수업, 학습에 대한 요소를 포함하고 있기 때문에 모든 요소와 부분적인 관계를 맺고 있다. 이상적 관계에서 교재는 먼저 일상과 삶이 교재가 될 수 있도록 풍성하게 자료가 제시되어야 할 것이다. 교육과정은 핵심 지침만 제시하고 그 이외에는 교사들의 적절한 개입을 통한 일상생활 속의 교재를 통하여 학습이 이루어질 때 그 수업은 미래 교육에서 요구하는 교육과정 정신을 잘 구현할 수 있을 것이다.

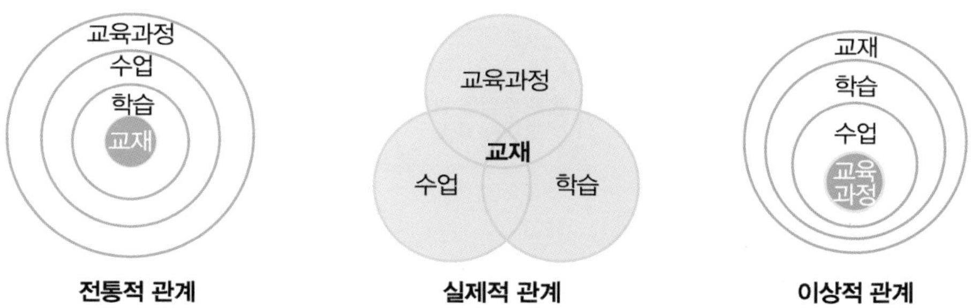

그림 1-5 **교육과정, 수업, 학습, 교재와의 관계**

(3) 좋은 수업을 위한 교재화의 요소

좋은 수업을 위해서는 시대에 맞는 교사의 교재 연구 및 교재 개발이 되어야 한다. 그렇게 될 때 그 수업은 살아 있는 수업이 될 것이다. 그림 1-6은 좋은 수업을 위한 교재화의 요소를 제시하고 있다. 첫째, 좋은 수업을 위한 교재의 요소로는 학습자 특성을 반영한 맞춤형 학습교재가 되어야 한다. 둘째, 맞춤형 학습교재는 시대에 맞는 내용을 시대에 맞는 방법으로 학습을 통하여 인간고유역량을 강화할 수 있어야 한다. 셋째, 인성과 창의성이 결합된 프로젝트 학습을 통하여 학습자 중심의 집단지성이 도출될 수 있는 교재가 되어야 한다. 교과의 핵심개념과 기술을 잘 결합하는 내용적 지식과 방법적 지식을 제시하게 함으로써 학습자들이 실생활문제를 해결을 통해 역량을 강화할 수 있을 것이다. 특히 학습자들은 학습을 통하여 시대 맞는 내용과 빅데이터, 인공지능의 기술을 통하여 문제해결력, 창의력, 의사소통능력, 공동체성을 강화하는 교재가 되어야 할 것이다. 넷째, 시대에 맞는 수업 환경을 구축하여 온라인과 오프라인을 적절하게 혼합하여 수업하면서

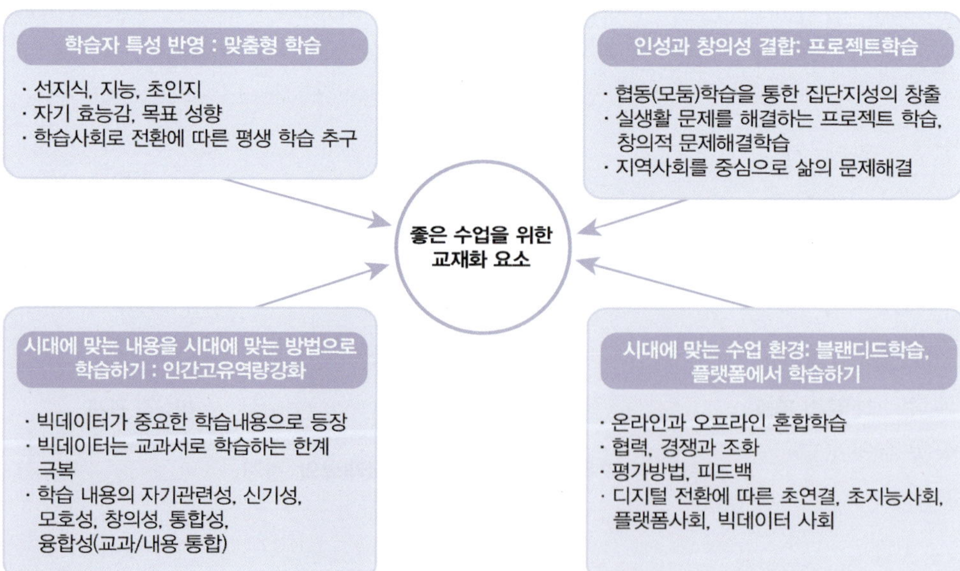

그림 1-6 **좋은 수업을 위한 교재 요소**

모든 것들이 LMS 플랫폼에서 이루어지면서 피드백, 평가 등이 자연스럽게 연결될 수 있는 교육환경이 구축되어야 할 것이다.

5) 기존 교재연구와 최근 교재연구의 방향성

객관주의, 행동주의, 구성주의라는 패러다임 변천에 따라 교재에 대한 관점이 다르다. 교사, 학습자 혹은 교사와 학습자의 상호작용 관련 어디에 관점을 두느냐에 따라 교재연구 및 자료개발의 방향이 달라질 수 있다.

객관주의(Objectivism) 시대는 지식을 고정된 실체로 보고, 보편 타당한 절대적 진리와 지식을 교사는 열심히 교재연구를 하여 학습자들에게 알기 쉽고 이해하기 쉽게 전달하는 방식이다. 객관주의는 행동주의와 인지주의 토대가 되는 근대적 패러다임이다.

행동주의(Behaviorism) 시대는 학습목표를 중심으로 교사가 주도적으로 교재연구를 해야 하는 접근방식이다. 수업 목표를 근간으로 내용, 방법, 평가를 규정한다. 목표와 수단의 관계를 강조한다. 행동주의는 학습을 외현적 행동의 변화로 보고, 외부의 환경 자극에 반응하는 수동적인 학습자관을 택하면서 전통적인 교사 위주의 수업이다. 교사에 중점을 두는 관점에서 교재는 행동주의 심리학에 근거한 교수법과 교사의 주도적 활동에 역점을 두고 오류분석 이론과 구조주의적 접근에 근거하여 교재를 연구, 개발할 수 있다. 행동주의에 기초한 교재와 교수 모형은 선형적이고, 목적-수단의 관점을 반영하며, 매우 단순화되어 융통성이 결여되는 점이 있다.

인지주의(Cognitivism) 시대는 내용 중심으로 교재연구를 접근하는 방식이다. 수업의 내용 및 과정을 중심으로 목표, 방법, 평가의 연계를 강조한다. 행동주의의 문제점에 따라 대두된 이론으로 학습자들이 외부에서 주어지는 정보를 내적인 처리과정을 통해 인지구조를 변화시키는 것을 학습으로 본다. 행동주의보다 다소 능동적인 학습자관을 취하면서, 교사중심에서 학습자 중심으로 무게의 전환을 시도하지만, 상호작용에 중점을 두고 있다. 상호작용에 중점을 두는 관점에서는 교육은 교사, 학습자, 언어의 세 가지 요소가 상호작용함으로써 이루어진다는 가설에서 출발하고, 학습은 상호작용을 통하여 학습자가 터득함으로써 이루어지기 때문에 기존의 교재를 그대로 사용하거나, 교사와 학습자가 공동으로 학습교재를 제작할 수 있고, 교재가 없는 경우에는 과업과 활동 중심으로 학습을 진행해도 좋을 것이다. 그러나 행동주의와 같이 지식을 학습자의 의지와 관계없이 외부에 독립적으로 존재하는 것으로 보고, 이를 학습자에게 전이시키는 데 초점을 두고 있다. 지식을 학습자 외부에 존재하는 실체로 보고, 학습자의 의지를 강조하지 않는 문제점을 지니고 있다.

구성주의(Constructivism) 시대는 활동중심으로 교재연구를 하고 자료를 개발해야 하는 접근방식이다. 현재의 선 지식을 활용한 새로운 지식의 축적 및 내면화 과정이 요구된다. 개체 내적 요인과 개체 외부 환경의 상호작용을 위한 학습 맥락 의존성, 활동을 중심으로 목표 추출, 내용 추출, 방법 선정, 평가 계획 수립 등을 강조한다. 실재란 개인의 마음속에 존재하며, 개인은 자신의 경험에 바탕을 두고 실재를 구성하기 때문에 실재의 모습이나 의미가 각기 다르다는 입장의 철학을 채택한다. 지식을 인지하는 주체가 자신의 경험의 장을 통해 내리는 주관적 해석과 의미를 구성이라고 전제한다. 지식 구성에는 인지적 구성과 사회적 구성이라는 두 가지 관점이 있다. 인지적 혹은 개인적 구성주의는 지식의 형성 과정에서 인간의 인지적 작용을 주요 요인으로 본다. 사회적 혹은 사회문화적 구성주의는 인간의 인지적 발달과 기능은 사회적 상호작용이 내면화되어 이루어진 것으로 본다. 학습자에 중점을 두는 관점은 학습자의 언어 습득 과정과 인지 발달에 역점을 두고, 흥미 있는 자료를 제시하고 학습자의 적극적 참여와 활동을 중요시한다[3].

구성주의에서 교육은 학습자들이 맥락에 적합한 의미를 구성하고 실재를 구성하는 방법을 학습하도록 함으로써 자신이 처한 환경에 잘 적응하고 필요에 따라 환경을 변화시킬 수 있도록 해 주어야 한다. 학습은 학습자들이 자신이 위치한 물리적, 사회적 세계와 능동적으로 상호작용하는 해석적, 순환적, 구성적인 의미 만들기의 과정이다. 구성주의 사회과 교재연구는 주어진 맥락 속에서 학습자의 사고활동을 촉진함으로써 학습자들이 학습의 주인공으로 지식의 능동적 활용, 추론, 창의적, 비판적, 반성적 사고, 문제해

3) 본 교재 5장 및 6장 참조

결, 인지적 유연성 등을 가질 수 있도록 지원하는 방향으로 지향해야 할 것이다.

교재는 앞서 언급한 것처럼 교재의 기능, 종류, 관점에 따라 의미와 범위가 달라진다. 이와 같은 교재가 교육현장에서 유의미한 가치를 갖기 위해서는 상기 제시한 교재의 의미와 함께 교육과정을 구체화할 필요가 있다. 교과서는 이러한 조건을 반영하여 만든 교재이기 때문에 교육현장을 대표하는 교재로 받아들여진다.

오늘날 정보통신기술이 발달함에 따라 디지털 교과서와 같은 새로운 형태의 교과서가 등장하고 있다, 그러나 우리나라에서는 디지털 교과서가 갖는 수많은 장점에도 불구하고 전형적인 여전히 서책형을 고집하고 있는 실정이다. 즉 우리나라 교육에서 교과서가 갖는 영향력은 매우 크다고 할 수 있으며, 이를 적절히 활용할 수 있는 교사의 역량은 더욱 중요하다. 따라서 교사는 올바른 교재연구를 통해 학습자의 교육적 효과를 높이고 교육과정에서 추구하는 목표 달성을 위한 꾸준한 노력이 필요하다.

2. 초등 사회과 교재연구

1) 교재연구의 의미

교과(Subject Matter)는 교육의 목적 달성을 위해 일정한 분류체계에 따라 구분해 놓은 교육내용의 묶음이다. 교재(Instructional Material)는 교육목표를 달성하기 위해 교육활동에 사용되는 자료로서, 특정의 교육 공간과 시간 상황하에서 교육목표를 효율적으로 달성하는 데 필요한 자료이다. 교과 교재연구는 교과의 교육목표를 실현하기 위해 교과의 교재를 연구하고 개발하는 것이다.

초등 사회과 교재연구가 어떤 의미가 있는지를 검토해볼 필요가 있다. 이에 대한 이해를 위해서 표 1-6과 같이 교재연구와 교수법(교과교육론)의 차이에 대해 검토해 볼 필요가 있다.

표 1-6 **사회과 교재연구와 교수법의 차이**

교재연구의 초점(교과교육학적 내용)	교수법의 초점(일반 교육학적 내용)
내용연구(특수성 추구)	방법연구(일반성 추구)
교수·학습방법 추구	교수·학습 모형 추구
What	How
각론(나무)	총론(숲)
사회과를 구성하는 각 학문 지향(계통성-특수성 추구)	통합 지향(통합성-일반성 추구)
교과내용 지식(Content Knowledge) 추구	교수방법 지식(Pedagogical Knowledge) 추구

교재연구와 교수법의 궁극적 목적은 공통적으로 좋은 교사를 양성하여 좋은 수업을 하는 것에 있다. 교재연구와 교수법은 분리할 수 없다. 학습할 내용과 방법은 연계되어야 하며 분리될 수 없는 성질이다. 좋은 교사는 좋은 수업을 하는 교사이다. 교사의 전문성은 수업의 전문성에 있다. 교사의 전문성에 있어서 수업 전문성이 가장 중요하다. 교사의 수업전문성은 교과교육학 지식(Pedagogical Content Knowledge, 이하 PCK)에서 온다. PCK는 교과내용지식(Content Knowledge, 이하 CK)과 교수방법지식(Pedagogical Knowledge, 이하 PK)의 합성체로 협의의 정의로는 교사들이 갖고 있는 교과내용 지식을 다양한 학생 수준에 맞추어 가르칠 수 있도록 질적인 전환을 할 수 있는 능력, 즉 교수학적 변환 혹은 전환 능력이라 할 수 있다. 광의의 정의로는 교과의 내용학적 지식, 교수방법 지식, 학생지식, 교육과정지식, 교육매체 및 평가지식, 상황지식 등과 이를 활용하여 학생 수준에 맞게 가르칠 수 있는 전환(변환) 또는 재구성 능력이라 할 수 있다.

특히 오늘날과 같이 제4차 산업혁명으로 말미암아 기술이 세상과 교육을 바꾸고 있다. 따라서 내용학적 지식 못지않게 방법적 지식이 중요하게 등장하게 되었다. 특히 4차 산업혁명과 연계된 방법적 지식, 이를테면 빅데이터, AI 등과 같은 기술을 활용하여 개념적 지식을 방법적 지식과 결합하여 실생활 문제해결에 적용할 수 있어야 한다. 초등 사회과 수업전문성변인으로서 TPACK(Technological Pedagogical Content Knowledge)은 미래 교육에 있어서 매우 중요하게 등장하게 된다. 가령 빅데이터와 AI와 같은 TPACK을 활용한 사회과교육, 사회과 교재연구들이 이루어져야 한다. TPACK은 Mishra &

Koehler(2006)가 제안한 테크놀로지를 교육과정이나 수업안에 활용하는 데 유용한 틀이다. Shulman(1987)이 제시한 PCK(Pedagogical Content Knowledge)에다 테크놀로지(Technology) 측면을 추가한 모형인 셈이다. TPACK은 아래 그림 1-7과 같이 모든 요소들을 통합하게 하는 융복합적 지식이다. 빅데이터, AI 등 테크놀로지를 교육이나 수업에 활용한다는 것은 가르치고 배우는 방식의 근본적인 전환이다. 아울러 기술적 차원(도구나 방법)을 넘어서 개념이나 내용, 원리를 이해하게 할 뿐만 아니라 삶의 실제적 문제를 해결하게 함을 의미한다. 최근 교육과정에서 지식, 기능, 가치, 태도를 일체화하고자하는 역량과 맥락을 같이 한다. 테크놀로지는 인지적 도구(Cognitive Tools)로서, 학습자를 인지적 과정에 참여시키고 메타인지(Metacognition)와 인지적 비계(Cognitive Scaffolding)를 촉진시킬 수 있도록 해준다.

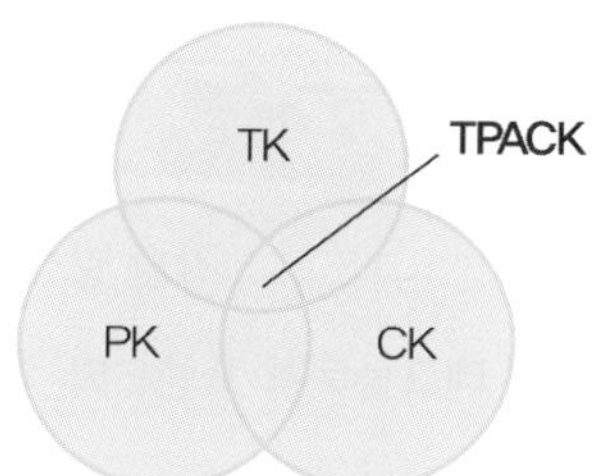

그림 1-7 **TPACK의 구성**

미국의 뉴미디어 컨소시엄(NMC)의 보고서에서는 초·중등교육 분야에서 기술 도입을 가속화하는 핵심 트렌드로 그림 1-8과 같이 데이터 및 빅데이터에 기반한 트렌드를 제시하였다. 즉 빅데이터를 활용한 교재연구는 학습하는 주제를 기술과의 결합을 통해 교과에 적용함으로써 학습자의 역량을 키울 뿐만 아니라, 일종의 TPACK을 적극적으로 사회과 교재연구에 적용할 수 있다. 또한 빅데이터를 활용한 교재연구는 각종 학습에 필요한 미래 지향적 자료를 연구하고 개발하여 온·오프라인의 적절한 결합을 통해 학습자의 몰입도와 실재감을 증가시켜 줄 것으로 기대할 수 있다.

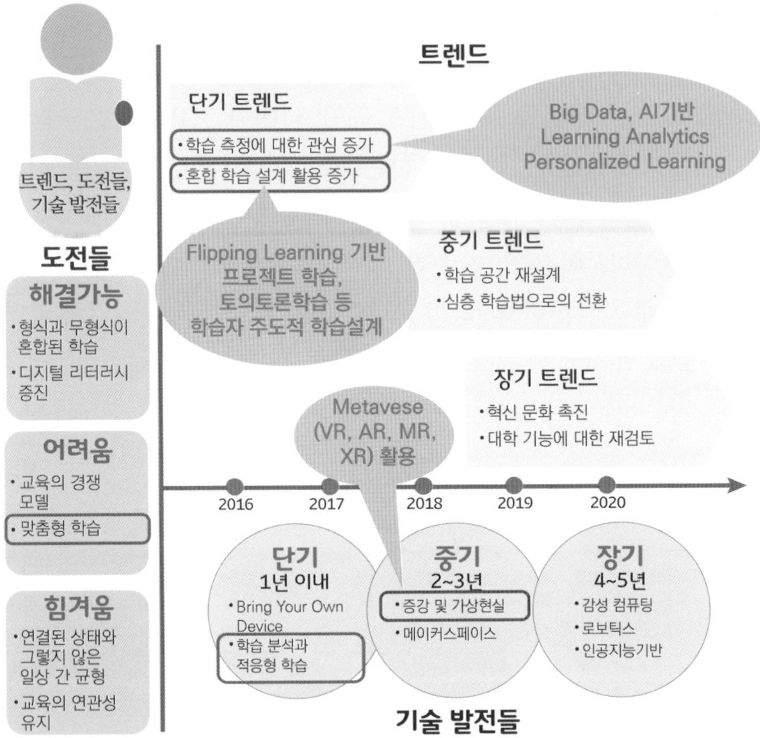

그림 1-8 **테크놀로지 트렌드와 교육 변화**

출처 : Johnson et al.(2016), 3에서 재구성

결론적으로 PCK(여기서는 TPACK을 포함)는 각 교과를 잘 가르치는 데 필요한 통합적 지식과 능력이라 할 수 있으며, 이에 따른 사회과 교재연구의 핵심은 PCK라고 할 수 있다. 그러나 현실적으로 가르칠 내용을 연구한다고 할 때 주로 가르칠 내용을 재구성하는 과정이며, 재구성 과정에서 사회과의 특성을 감안한 지역화원리, 학습발달심리, 경험확대원리, 공간확대원리, 탄력적 공간확대원리, 내용에 근거한 교수·학습자료 개발 등을 들 수 있다. 특히 현행 교육과정에서 강조하는 것을 잘 반영한 교재 연구가 필요하다. 기존의 지식중심 패러다임에서 역량중심 패러다임으로의 전환에 따른 핵심개념과 기능을 강조하고, 교수평기(교육과정, 수업, 평가, 기록)의 일체화에 따른 교재연구가 중요하다 할 수 있다. 아울러 역량중심 교육과정에서 비롯되는 문제점 내지 한계 등을 보완하는 교재연구가 필요할 것이다.

현재 교육대학교의 커리큘럼을 감안하여 볼 때 교재연구는 교수법(사회과교육론)과 상호보완적 관계에 있다. 교육과정 운영상 교수법과 교재연구는 분리되어 있으나 깊이 있는 교재연구가 되기 위해서는 통합하여 운영하는 것이 바람직하다. 현재 교육대학의 교육과정을 검토하여 보면, 내용학은 주로 교양강좌 및 심화과정에, 교과교육학은 교과교육론(교수법), 교재연구에, 일반교육학은 교육철학 및 교육사, 교육심리, 교육공학, 교육 방법 및 평가 등에 배치되어 있다.

2) 초등 사회과 교재연구의 사례

초등 사회과 교재연구를 이해하기 위해서 지리영역을 하나의 사례를 제시하고자 한다. 다음 그림 1-9는 2015 개정 사회과 교육과정에 따른 교과서의 단원도입 부분이다. 교과서 속의 지리영역은 전체적으로 볼 때 3, 4학년 향토지리, 5학년 한국지리, 6학년 세계지리로, 지역지리를 중심으로 구성되어 있다. 그러나 지역지리의 내용 구성과정을 볼 때 지역적 접근과 계통적 접근의 조화를 추구하기보다 주로 계통적 접근을 통한 지역지리를 구성하고 있어서 지역성 연구의 문제점을 드러내고 있다. 2015 개정의 경우 3학년 우리 고장의 모습은 특수성을 추구하고 있지만, 4학년 지역의 중심지와 촌락과 도시는 보편성을 추구하고 있으며, 이외에도 5학년의 경우 우리나라의 특징에 대해 주제를 중심으로 보편성 속에서 특수성 추구하고, 6학년의 세계지리도 주제를 중심으로 보편성 속에서 특수성 추구하고 있다. 현행 교육과정의 경우, 4, 5, 6학년의 지역지리가 계통적 접근을 주로 추구하고 있어서 지역지리학의 고유한 접근 중의 하나인 지역적 접근의 한계를 드러내고 있다. 이러한 점을 감안하여 지역에 대한 교재연구 시 시대에 맞는 방법을 적용하여 지역성을 연구하고 자료를 개발하여 지역적 접근의 보완을 제시할 필요가 있다. 물론 이러한 것은 모학문인 지역지리학에서 해주어야 하지만, 이러한 산출물이 적기 때문에 현장에서 교재를 연구하여 활용하여야 할 것이다.

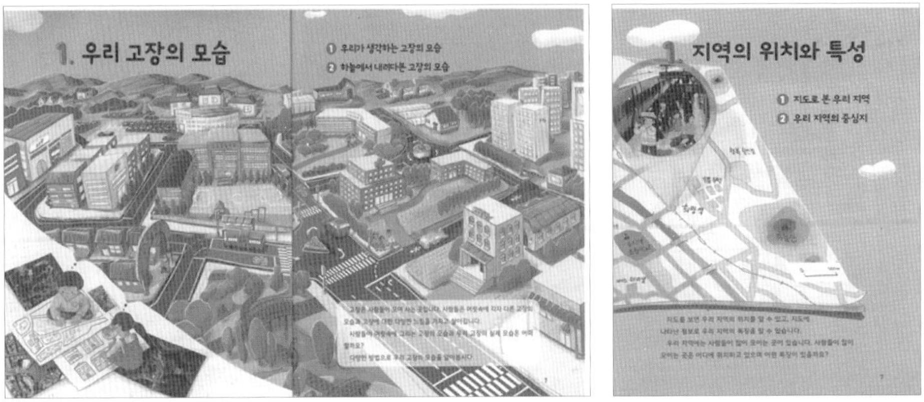

그림 1-9 **교재연구를 위한 사례 자료**

언급한 초등 사회과 지리영역의 교재를 좀 더 체계적으로 연구하기 위해서는 지리 내용에 관한 현행 교육과정을 비판적으로 검토할 필요가 있다.

첫째, **표 1–7**은 2015 개정 사회과 교육과정에서 제시하는 사회교과의 지식, 이해, 가치, 태도의 목표이다. 계통적 영역의 지식, 이해의 목표 중 지리영역은 지표 공간의 자연환경 및 인문환경에 대한 이해를 통해 지역(장소)에 따른 인간 생활의 다양성을 파악하고, 지역적(향토지리), 국가적(한국지리), 세계적 수준(세계지리)의 지리 문제와 쟁점에 관심을 가지는 것이다. 목표에서 언급하듯이 초등지리는 주로 지역지리를 추구하고 있다. 초등지리는 크게 보면 다른 나라와 관계 속에서 지역에 대한 이해 및 관계차원이 중요시되어 왔다. 현재 초등의 지역지리는 계통적 접근을 통해 일반성을 주로 추구하고 있어서 지역의 특수성을 추구하기가 근원적으로 어려워 지리과목의 정체성에 문제가 되고 있다. 따라서 지역지리 내에서 계통적 접근과 지역적 접근의 조화 추구를 통해 지역지리의 정체성을 확보할 필요가 있다.

표 1-7 **역량에 대한 키워드의 상위 30위까지 빈도분석**

<table>
<tr><th colspan="3">구분</th><th>교과 목표</th></tr>
<tr><td rowspan="4">지식·이해</td><td colspan="2">종합 영역</td><td>사회의 여러 현상과 특성을 그 사회의 지리적 환경, 역사적 발전, 정치·경제·사회적 제도 등과 관련지어 이해한다.</td></tr>
<tr><td rowspan="3">학문 영역</td><td>지리</td><td>지표 공간의 자연환경 및 인문환경에 대한 이해를 통해 지역(장소)에 따른 인간 생활의 다양성을 파악하고, 지역적(향토지리), 국가적(한국지리), 세계적 수준(세계지리)의 지리 문제와 쟁점에 관심을 가진다.</td></tr>
<tr><td>역사</td><td>각 시대의 특색을 중심으로 우리나라의 역사적 전통과 문화의 특수성을 파악하여 민족사의 발전상을 체계적으로 이해하며, 이를 바탕으로 인류생활의 발달 과정과 각 시대의 문화적 특색을 파악한다.</td></tr>
<tr><td>일반 사회</td><td>사회생활에 관한 기본적 지식과 정치·경제·사회·문화 현상에 대한 기본적인 원리를 종합적으로 이해하고, 현대 사회의 성격 및 민주적 사회생활을 위하여 해결해야 할 여러 문제를 파악한다.</td></tr>
<tr><td colspan="3">기능</td><td>사회현상과 문제를 파악하는 데 필요한 지식과 정보를 획득, 분석, 조직, 활용하는 능력을 기르며, 사회생활에서 나타나는 여러 문제를 합리적으로 해결하기 위한 탐구 능력, 의사결정 능력 및 사회 참여 능력을 기른다.</td></tr>
<tr><td colspan="3">가치·태도</td><td>개인과 사회생활을 민주적으로 운영하고, 우리 사회가 당면한 문제들에 관심을 가지고 민주 국가 발전과 세계의 발전에 적극적으로 이바지하려는 태도를 가진다.</td></tr>
</table>

둘째, 지리학으로 분류체계에 대한 이해가 필요하다. 지리학은 본질적으로 계통지리학과 지역지리학이라는 이원성을 갖고 있을 뿐만 아니라 계통지리학 안에서도 자연지리학과 인문지리학의 이원성을 갖고 있다. 이원성은 본질적으로 서로 다르지만, 지리학의 하나의 체제를 이루고 있는 것을 말한다. 이러한 지리학의 통합적이고 이원적인 특성을 시대에 맞는 도구를 활용하여 잘 담아냄으로써 시대에 맞게 융복합의 지리로서 지리학의 르네상스를 이루어 가야 할 것이다.

셋째, 초등 사회과 교과서에 나타난 공간확대원리에 대해 비판적 검토가 필요하다. 초등 사회과 교과서에서는 학년별 지역의 적용 규모를 원칙적으로 **그림 1-10**과 같이 설정하고 있지만, 지구화와 첨단정보통신기술의 발달에 따라 공간확대를 탄력적으로 적용하여 지역학습의 범위를 다른 지역이나 전 지구적 범위로 확대하여 적용할 수 있어야 할 것이다.

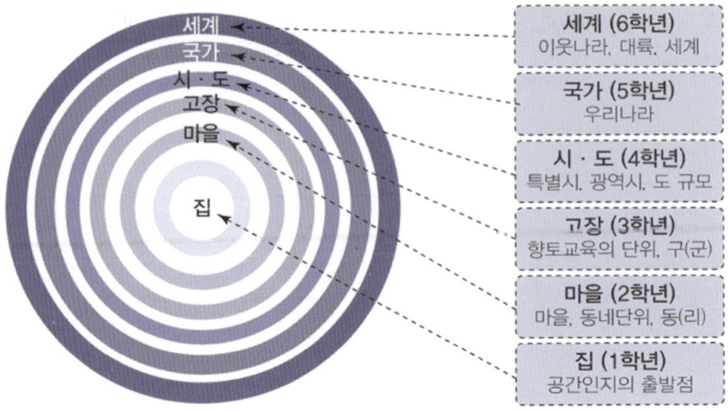

그림 1-10 **초등 사회과 교과서에 나타난 공간확대원리**

교재연구는 계통학문을 기반으로 현행 교육과정에 대한 검토, 지리학의 분류 체계에서 오는 통합적 이원적 특성, 공간확대원리의 비판적 검토 등을 통하여 지식의 재구성이 이루어져야 한다. 특히 사회과는 지리, 역사, 일반 사회영역으로 계통성과 통합성의 조화를 추구하기 때문에 지식의 재구성은 매우 중요하다. 결론적으로 초등 지리에서 계통적 접근만을 강조한 지역지리를 추구한다면 지역지리는 일반성만 추구하게 되어 지리학의 정체성을 상실하게 되며 지역을 제대로 학습하지 못하게 된다. 이러한 점을 감안하여 제3절 빅데이터를 활용한 사회과 교재연구 방안에서는 복잡계 사회 속에서 형성된 지역의 특성을 어떻게 시대에 맞는 분석 도구를 활용하여 지역적 접근과 계통적 접근을 동시에 가능하게 함으로써 지역지리의 지역성 도출에 대한 사례를 제시하고 있다.

제3절 빅데이터를 활용한 사회과 교재연구 방안

1. 사회과 교재연구를 위한 빅데이터

2015 개정 사회과 교육과정에서의 지리영역의 내용 체계에 있어서 핵심

지리영역(빅아이디어)으로 '지리인식', '장소와 지역', '자연환경과 인간 생활', '인문환경과 인간 생활', '지속가능한 세계'로 분류되고, 하위 핵심개념으로 세분화된다. 특히 표 1-8과 같이 지리영역 중 장소와 지역 영역은 지역을 핵심개념 중 하나로 제시하고 있으며, 지역의 특성을 일반화된 지식을 통하여 설명하고 있다. 이처럼 지역의 개념은 사회과에서 중요한 위치를 차지하고 있으나, 교과서에 제시된 사례 지역은 한정적이기 때문에 교사는 새롭게 교재연구를 진행할 필요가 있다.

표 1-8 2015 개정 사회과 교육과정 내용 체계에서 제시된 지역

지리 영역	핵심 개념	일반화된 지식	내용 요소	
			3~4학년	5~6학년
장소와 지역	지역	지표 세계는 장소적 성격의 동질성, 기능적 상호 관련성, 지역민의 인지 등의 측면에서 다양하게 구분되며, 이렇게 구분된 지역마다 고유한 지역성이 나타난다.	• 지역 중심지의 위치, 기능, 경관 특성	• 국토의 지역 구분과 지역성 • 우리와 관계 밀접 국가의 지리적 특성 • 우리 인접 국가의 지리 정보 및 상호 의존 관계

그러나 지역에 대한 자료를 수집하기 위해서는 지역성을 나타낼 수 있는 방안에 대한 탐색이 있어야 하며, 모든 교과를 가르치는 교사에게 이러한 과정은 결코 간단한 작업이 아니다. 4차 산업혁명의 핵심기술로 제시되는 빅데이터는 교재연구를 쉽게 하도록 도와주는 도구이자 방법이다.[4] 빅데이터 분석에 따른 자료는 즉시성과 실효성을 확보하는 것이 가능하며, 시사성을 반영한 내용을 구현하기 어렵다는 교과서가 가지고 있는 한계를 극복할 수 있다. 또한 지역 및 지역화 관련 학습에 필요한 가장 최신의 내용, 내용의 경향성, 교수·학습 자료개발이 가능하다.

본 절에서는 지역 개념에 중요한 지역성을 밝히기 위해 지역화수업과 연계하여 부산광역시 해운대 지역을 대상으로 선정하여 빅데이터 수집 및 분

4) 구체적인 빅데이터의 개념과 사용방법에 대한 설명은 본서의 제3장과 제4장에서 서술한다.

석 과정을 통해 지역성을 밝히는 과정을 제시하였다. 먼저, 해운대 빅데이터 수집을 위해 '해운대'를 키워드로 지정하고, 5년간(2015년 1월 1일부터 2019년 12월 31일까지) 인터넷 뉴스 사이트를 대상으로 텍스트 파일을 수집하였다. 수집된 파일은 통계처리 프로그램인 SPSS와 R을 활용하여 명사형 단어를 추출하고, 주제분석을 과정을 거쳐 시각화 기법인 네트워크 분석을 실시하였다.

오늘날 지역은 다양한 스케일 간에 상호 협력 및 의존적 네트워크를 형성하면서 복잡성을 띄고 있다. 지역학습은 다양한 스케일 간의 상호작용적 관점, 즉 글로벌과 로컬이 어떻게 연계되어 있는가를 보여주는 역동적인 지역학습으로 구성될 필요가 있다. 따라서 학습자들은 지역을 글로벌-로컬의 메커니즘 속에서 인식하고, 행동할 수 있도록 해야 할 것이다. 따라서 지역은 다양한 스케일 간의 네트워크적 상호작용을 통하여 그전에 볼 수 없었던 새로운 얼굴로 부각되고 있다. 과거 즉 모더니즘 시기의 지역은 경계 내의 요소 복합적 상호작용을 통하여 그 지역 고유의 본질(Nature)이 형성된다는 본질론적 관점이었다. 이러한 지역연구는 경계외부는 철저히 배격하면서 경계 내에 두텁게 뿌리내린 감추어진 실체 내지 본질, 동질성(Identification)이 무엇인가를 찾아서 규명하는 본질론적 지역관이다.

반면 포스트모더니즘 시대의 지역연구는 지역 경계 내부의 자연환경에 기초한 인문환경과의 요소복합체에 의한 고유한 특성을 규명하는 데 관심을 갖기보다는, 글로벌-로컬의 메커니즘 속에서 지역이 어떻게 탈경계화하면서 다양한 스케일 간의 여러 지역들과 네트워킹을 하면서 드러난 현상들이 어떻게 보편적 관계를 맺어가고 있는지를 규명하는 관계론적 지역관으로 전환하고 있다(황홍섭, 2019).

따라서 본 교재연구에서는 본질론적 지역관과 관계론적 지역관을 규명하기 위해 빅데이터 분석기법을 활용하였다. 본질론적 지역관에 의한 지역성은 단일스케일의 네트워크적 영역성으로, 관계론적 지역관에 의한 지역성은 다중스케일의 네트워크적 영역성으로 도출하였다.

2. 빅데이터를 활용한 교재연구 방안

1) 단일스케일의 네트워크 분석

해운대라는 경계 내의 복잡성 지역을 대표할 만한 본질적인 것이 무엇인가를 찾아보기 위해 단일 스케일 안에서 해운대 내부 지명과 관련어들이 어떻게 네트워킹을 하면서 지역성을 형성하고 있는가를 분석하였다. 그림 1-11은 해운대를 대표하는 내부 지명과 관련어 간의 근접 중심성 네트워크 분석[5]을 나타낸 것이다. 해운대를 대표하는 내부 지명은 해운대 해수욕장, 센텀시티, 벡스코, 동백섬, 달맞이, 마린시티, 엘시티, 중동 등의 순으로 근접중심성이 높게 나타났다. 해운대 내에서 해운대 해수욕장이 근접 중심성이 가장 높다는 것은 사람들이 가장 많이 찾는 장소로서 활발한 상호작용이 일어나는 곳으로 볼 수 있으며, 그다음으로 센텀시티, 벡스코, 동백섬, 달맞이 순이다. 해운대의 경우 해운대 내부를 뿌리내리게 하는 것은 기존의

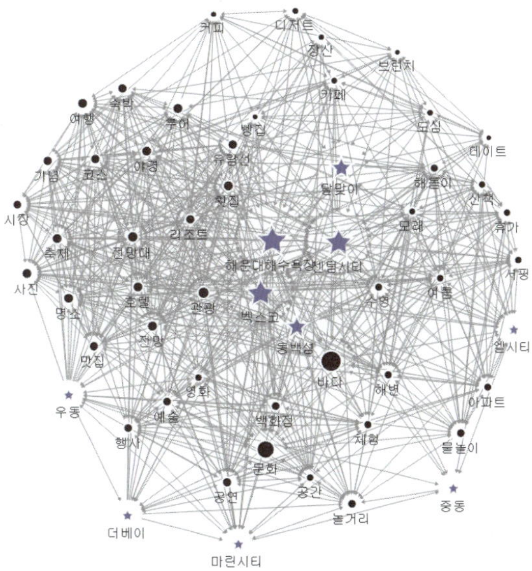

그림 1-11 해운대 내부 지명과 해운대 관련어 간의 근접 중심성에 의한 단일스케일의 네트워크적 영역성

5) [그림 1-11], [그림 1-12]의 별표는 장소지명을, 동그라미는 해운대를 대표하는 관련어들이다.

해운대 해수욕장, 동백섬, 달맞이의 자연경관을 바탕으로 한 것과 국제적 관광도시로 부각되면서 벡스코, 센텀시티, 마린시티 등의 인문경관임을 알 수 있다. 따라서 해운대는 국가적 관문으로서 바다를 배경으로 관광도시, 국제도시로서 투어, 여행, 야경, 전망대, 코스, 명소, 맛집, 숙박 등의 키워드들이 부각됨을 알 수 있다.

그림 1-12는 해운대를 대표하는 내부 지명과 관련어가 어떻게 응집되어 있는지를 나타내는 결과이다. 해운대를 대표하는 응집그룹은 크게 4개 그룹(G1~G4)으로 나타났다. G1은 해운대 해수욕장과 엘시티로 구성되어 있으며, 바다와 관련된 주제어로 응집되어 있다. G2는 달맞이, 중동과 같은 지명으로 구성되어 있으며, 카페, 디저트, 데이트 등과 같은 주제어로 응집되어 있다. G3은 벡스코, 센텀시티, 우동, 장산 등으로 구성되어 있으며, 영화, 문화, 공연, 백화점과 같은 키워드로 응집되어 있다. 마지막으로 G4는 동백섬, 더베이, 마린시티와 같은 지명으로 구성되어 있으며, 전망, 관광, 야경, 유람선, 맛집 등과 같은 키워드로 응집되는 것으로 나타났다.

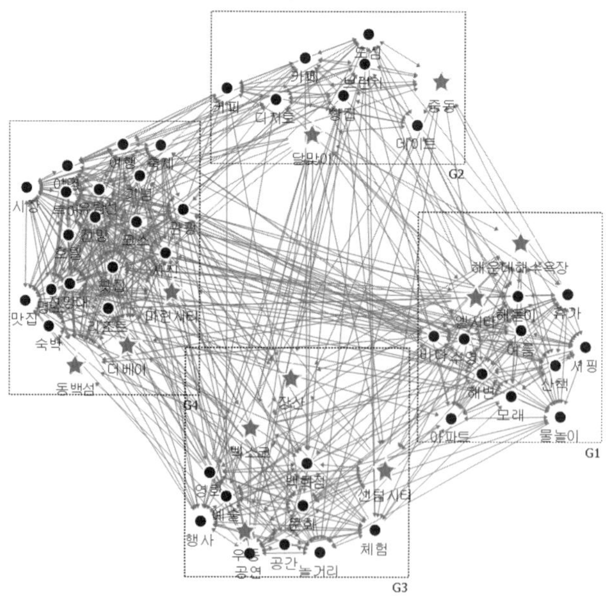

그림 1-12 **해운대 내부 지명과 관련어 간의 응집구조에 의한 단일스케일의 네트워크적 영역성**

본질론적 지역관에 의한 해운대의 지역성은 내부로 뿌리내리고자 하는 대표적인 자연적 경관으로 해운대 해수욕장, 동백섬, 달맞이, 장산 등을 들 수 있으며, 인문적 경관으로 벡스코, 센텀시티, 마린시티, 더베이, 엘시티 등을 들 수 있다. 해운대 해수욕장은 바다, 동백섬은 전망, 달맞이는 카페로, 벡스코, 센텀시티는 영화와 문화 등로 연계되는 것으로 나타났다. 그리고 마린시티는 근접 중심성 분석에서와 같이 바다와 관련이 높음을 알 수 있다. 결론적으로 본질론적 지역관에 의한 해운대의 지역성의 뿌리는 바다를 배경으로 하는 문화로 요약할 수 있다. **사진 1-1**은 본질적 지역관에 의한 해운대의 지역성을 가장 잘 나타내주는 해운대 해수욕장을 배경으로 한 동백섬과 달맞이의 경관이다. **사진 1-1**에서 해운대의 지역성과 관련하여 스토리텔링 할 때 핵심적인 사항은 바다를 배경으로 한 자연경관인 해운대 해수욕장, 동백섬, 달맞이 등에서 바다전망 또는 자연을 즐기면서 음식점이나 카페에서 맛있는 음식을 먹거나 데이트하는 모습을 상상할 수 있다.

사진 1-1 **해운대 해수욕장을 배경으로 한 동백섬과 달맞이**

2) 다중스케일의 네트워크 분석

해운대와 관련된 관련어 및 내외부 지명 분석을 통해 해운대의 주요 장소가 어떤 연결어를 중심으로 탈경계하여 다중스케일로 네트워킹하면서 관계를 맺어 가고 있는가를 분석하였다. 해운대 관련 지명 분석결과, 중심성이 높은 해운대 내 지명은 해운대 해수욕장, 벡스코, 기장 등으로, 탈해운대 지명은 서울, 울산, 필리핀, 마닐라, 베트남, 대만, 동남아, 러시아, 일본, 중국 등으로 분석하였다.

중심성 분석결과, 그림 1-13과 같이 해운대 내 지명은 해운대 해수욕장, 벡스코, 기장 순으로, 탈해운대 지명은 동남아가 중심성이 높게 나타났다. 해운대는 최근 5년간 동남아시아 여러 나라들과 상호작용이 많았음을 알 수 있다. 그림 1-14는 응집성에 대한 분석 결과로 총 3개의 그룹으로 나타났다. G1은 해운대 내 지명인 벡스코와 탈해운대 지명인 서울, 필리핀, 마닐라, 베트남, 대만, 동남아, 러시아가 같은 그룹으로, 관련어로는 카페, 영화, 백화점, 도심, 문화 등과 같은 키워드로 네트워킹함을 알 수 있다. 해운대에서 가장 다중 스케일로 네트워킹을 하는 지명은 벡스코임을 알 수 있다. G2는 해운대 내 지명인 해운대 해수욕장, 기장과 탈해운대 지명인 울산, 중국이 같은 그룹으로, 관련어는 해수욕장, 바다, 휴가, 해변 등과 같은 키워드로 네트워킹함을 알 수 있다. G3는 탈해운대 지명인 일본만 있는 그룹으로, 관련어로 관광, 유람선, 리조트, 전망 등과 같은 키워드로 네트워킹함을 알 수 있다.

관계론적 지역관에 의한 지역성 형성에 가장 영향을 미치는 경관은 사진 1-2의 벡스코이다. 벡스코는 다중스케일로 국내외 여러 지역, 국가들, 특히 동남아시아 여러 나라들과 관계를 맺고 있음을 알 수 있으며, 브런치, 카페, 디저트, 데이트, 바다, 해변, 모래, 영화, 백화점, 문화, 예술, 공연, 행사, 전망, 유람선 등을 매우 다양한 주제로 상호 네크워킹함을 알 수 있다.

아울러 해운대 관련 단일 및 다중 스케일의 네트워크적 영역성 분석을 통해 상대적으로 어느 지역에서나 흔히 볼 수 있는 문화, 카페, 날씨, 데이트 등과 같이 혼종성을 가진 키워드들이 많이 등장하고 있다.

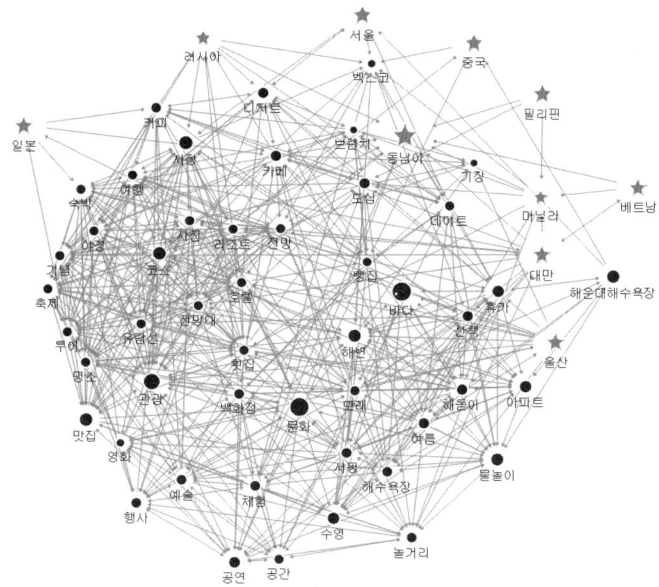

그림 1-13 **해운대 관련 주제 및 지명의 근접 중심성 네트워크 분석에 의한 다중스케일의 네트워크적 영역성**

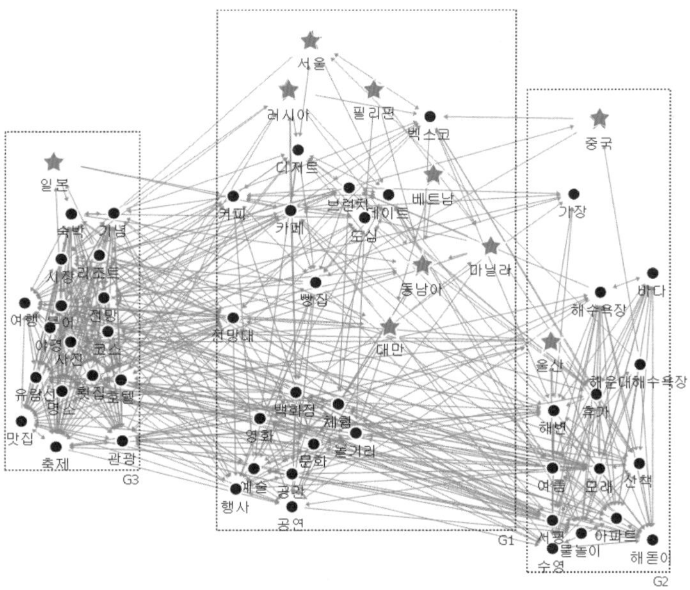

그림 1-14 **해운대 관련 주제 및 지명의 응집성 구조 네트워크 분석에 의한 다중스케일의 네트워크적 영역성**

사진 1-2 **해운대를 국내외 지역과 가장 잘 네트워킹 해주는 벡스코 전경**

3) 단일 및 다중스케일의 네트워크적 영역성과 지역화 교재 방안

(1) 지역 및 지역화 학습

오늘날 지역은 복잡성을 지니고 있어서 지역성을 파악하기가 쉽지 않다. 그러나 빅데이터를 활용한 복잡성 지역의 파악은 빅데이터 자체가 최신의 다양한 정보를 포함한 복잡성을 갖고 있기 때문에 빅데이터 분석을 통하여 복잡성에 얽혀진 관계를 지역의 경계 내·외부와 관련하여 파악함으로써 패러다임 전환에 따른 본질론적 지역성과 관계론적 지역성 파악에 용이하다. 빅데이터 분석에 의한 지역 관련 자료는 즉시성, 실효성을 갖고 있어서 교과서가 가지고 있는 시사성 및 내용의 한계를 극복해 줄 수 있을 뿐만 아니라 현행 지역 및 지역화 관련 학습에 필요한 가장 최신의 내용, 내용의 경향성, 교수·학습 자료개발, 사회과 지역화 수업의 전문성 제고 등을 제공하기에 매우 유용하다.

본질론적 지역(장소)관에 입각한 경계 내부로 뿌리내리고자 하는 지역(장소)의 특수성은 행정적인 범위인 단일 스케일 내에서 빅데이터 분석에 의한 네트워크적 영역성으로 대체할 수 있다. 분석결과 나타난 지역(장소) 관련 이미지, 상징성, 동질성, 실체성 등을 통해 지역(장소)의 다양한 내적 읽기가 가능하다. 해운대의 본질론적인 지역관에 의해 지역 내부로 뿌리내리고자 하는 것은 해운대 해수욕장, 동백섬, 달맞이와 같이 자연적 경관이다. 관계론적 지역(장소)관에 입각한 경계 안에서 밖으로 지향하는 지역의 보편성 추구는 빅데이터 분석에 의한 다중스케일의 네트워크적 영역성 분석으로 가능하다. 분석결과 나타난 지역(장소) 관련 관련어 내지 주제어, 지명을 통해 경계내외가 어떤 관계성, 구성성, 보편성 등을 가지고 있는지에 대한 관계읽기가 가능하다. 해운대의 관계론적 지역관에 의해 지역내외부로 관계 맺어가는 대표적인 것이 벡스코이다. 이렇게 빅데이터 분석기법을 활용하여 사회과 지역(장소) 개념을 가르치게 된다면 학생들이 학습에 흥미뿐만 아니라 그 개념을 현실에 구체적인 경관들에 적용할 수 있을 뿐만 아니라 왜 그 경관인지를 쉽게 시각화하여 보여주기 때문에 해당 지역을 깊이 있게 학습함으로써 사고력뿐만 아니라 애향심도 길러주게 된다. 즉 본질론적 지역(장소)관을 통해 지역 내부로 뿌리내리고자 하는 지역의 정체성, 특수성, 영역성, 실체성, 상징성, 이미지 등을 통해 장소애를 고취해 줄 수 있다. 뿐만 아니라 관계론적 지역(장소)관을 통해 지역 내부와 외부가 서로 지구촌 시대를 어떻게 상호 협력하며 살아가고 있는지에 대한 역동적인 관계성, 보편성, 구성성 등을 통해 사고력을 신장시켜 줄 수 있다.

(2) 공간확대법을 탄력적으로 적용한 지역화 학습

관계론적 지역관은 패러다임 전환에 따른 오늘날 글로벌과 로컬이 상호작용하면서 지역들이 특수성 속에서 보편성을 확대해 가고 있다. 관계론적 지역관은 이러한 지역들이 특수한 상황 속에서 어떻게 보편성의 관계를 맺어가고 있는가를 밝히고자 하는 것이다. 빅데이터 분석 결과를 활용한 관계론적 지역관에서 제공되는 다중 스케일과 네트워크는 초등 사회과의 공간확대원리를 탄력적으로 적용하고자 할 때 사례지역과 관련된 지역 및 주제를 제공할 수 있다.

빅데이터와 관계론적 지역관에 입각한 다중스케일의 네트워크적 영역성은 다음과 같은 점에서 초등 사회과교육에 기여할 것으로 기대된다. 첫째,

다중스케일의 네트워크적 영역성은 영역적 함정(Territorial Trap)에서 벗어나 일차적으로 탄력적 공간확대원리를 적용할 사례 지역을 제공해 줄 수 있다. 둘째, 다중스케일의 네트워크적 영역성은 지구-지방화 시대에 보다 적합한 관계론적 지역 인식의 필요성을 증명해 주는 것으로 세계 여러 지역 간의 동시다발적, 대규모적인 교류가 활발해지면서 상호의존성이 증대되고 있음을 표현해 주는 데 유용하다. 셋째, 다중 스케일의 네트워크적 영역성은 오늘날 작은 단위 지역에서 큰 단위의 국가, 대륙, 세계와 어떻게 연결되고 있는가를 보여 줄 수 있어서 학습자들에게 지역 간 관련성을 보다 다층적, 심층적으로 접근할 수 있도록 가능성을 제시한다.

결론적으로 패러다임 전환에 따른 단일 및 다중스케일의 네트워크적 지역성 개념을 활용한 지역 및 지역화 학습은 현장 교사들의 사회과 수업의 전문성을 신장시켜줄 수 있다. 교재연구 차원에서 교과서의 한계를 극복해 줄 수 있다. 그리고 학습자에게 시대에 맞는 지역성 개념을 지역화 학습을 통해 내면화할 수 있다. 특히 사회과교육에서 추구하는 지역화의 본질적 정신을 실현시킬 수 있을 것이다. 즉 관계론적 접근에 의한 다중스케일의 네트워크적 지역성은 방법의 지역화를 통한 사고력을, 본질론적 접근에 의한 단일 스케일의 네트워크적 지역성은 내용의 지역화를 통해 향토애를 함양하게 함으로써 시민자질로서 함양에 기여할 것이다.

생각 정리 문제

1. 교재의 의미와 필요성에 대해 간략히 서술하시오.

2. 본 장에서 제시된 교재의 정의에 대한 내용을 참고하여 나만의 정의해 보자.

3. 교재, 수업, 학습, 교육과정의 관계에 대해 도식화하여 설명해 보자.

[빅데이터 분석]

4. 제1절 교재와 관련된 빅데이터 분석 결과를 살펴보고 새로운 시대에 교재연구 방향은 어디로 가야 할지 이야기해 보자.
   (교재에 제시된 빅데이터 분석 결과를 활용하거나 제4장에 제시된 내용을 통해 새롭게 분석)

[빅데이터 분석]

5. 제3절에 제시된 사례지역의 분석 결과를 실제 수업에서 활용하기 위한 방안에 대해 이야기해 보자.
   (새롭게 빅데이터를 분석하여 핵심개념을 선정)

Chapter 02

미래사회와 교육에 중요한 역량은 무엇인가?

• 주제

미래사회와 교육에 중요한 역량 탐색하기

• 학습 내용

1. 빅데이터가 알려주는 역량
2. 역량중심 교육과정에서 강조하는 핵심
3. 역량중심 사회과 교육과정의 한계
4. 빅데이터를 활용한 역량개발방안

• 학습 목표

1. 역량중심 교육과정을 이해하고 강조하는 핵심에 대해 설명할 수 있다.
2. 역량중심 사회과 교육과정이 갖는 한계를 이해하고 개선할 수 있는 방안에 대해 설명할 수 있다.

BIG
DATA

제1절 빅데이터가 알려 주는 역량

1. 연구 대상 및 방법

본 장에서는 역량 관련 온라인 문서를 빅데이터 수집 및 분류 절차에 따라 진행하였다. 역량과 관련한 빅데이터 수집에는 텍스톰의 수집 프로그램을 사용하였으며, 역량 토픽은 모든 관련 문서를 수집하기 위해 '역량, 미래역량' 검색어를 사용하였다.

역량 소셜 빅데이터의 수집은 2016년 1월 1일부터 2020년 12월 31일까지 여러 포털사이트 중에서 국내에서 사용빈도수가 높은 네이버와 전 세계적으로 사용빈도수가 높은 구글의 웹 문서를 요일, 주말, 휴일을 고려하지 않고 매시간 단위로 이루어졌다. 수집된 총 8,894건의 텍스트 문서를 본 분석에 포함하였다.

2. 역량에 대한 빅데이터 분석 결과

표 2-1과 그림 2-1은 역량 빅데이터 분석 결과에 대한 상위 30위까지 키워드의 빈도분석과 워드클라우드 분석이다.

빅데이터 분석 결과에 따르면 빈도수가 높은 단어로는 '변화, 교육, 선정, 진단, 디지털, 기본역량' 등의 순서로 나타났다. 끊임없이 '변화'하는 미래사회에 대비하기 위하여 역량의 중요성을 강조함에 따라 사람들의 관심도 이와 같은 키워드에 관심이 높으며, 정보통신기기의 발달에 따른 '디지털'과 관련된 키워드에도 높은 관심을 보였다. 이외에도 역량에 대한 '평가, 개발, 핵심역량' 등 현행 교육과정과 연관성이 높은 키워드에 대한 관심도 높게 나타났다. 이외에도 '평생학습, 프로그램, 취업, 직무역량' 등 역량이 추구해야 하는 방향, 역량이 등장하게 된 배경 등과 관련된 키워드도 찾아볼 수 있었다. 이처럼 역량에 대한 사람들의 관심은 교육과 직무가 구분되는 것이 아니라 연관되어 나타나고 있으며, 평생학습과 같은 미래에 대한 방향성도 찾아볼 수 있었다.

표 2-1 **역량에 대한 상위 30위까지 키워드 빈도분석**

순서	키워드	빈도수	백분율	순서	키워드	빈도수	백분율
1	변화	1,242	2.03%	16	향상	110	0.18%
2	교육	801	1.31%	17	과정	109	0.18%
3	선성	485	0.80%	18	개인	101	0.17%
4	진단	448	0.73%	19	기업	98	0.16%
5	디지털	378	0.62%	20	개발	96	0.16%
6	기본역량	364	0.60%	21	평생학습	94	0.15%
7	평가	364	0.60%	22	지역	85	0.14%
8	연수	280	0.46%	23	기술	81	0.13%
9	발표	272	0.45%	24	분석	80	0.13%
10	지원	261	0.43%	25	프로젝트	78	0.13%
11	사업	188	0.31%	26	직무역량	76	0.12%
12	프로그램	179	0.29%	27	미래	75	0.12%
13	학생	167	0.27%	28	교원	72	0.12%
14	취업	120	0.20%	29	집중	72	0.12%
15	핵심역량	110	0.18%	30	교육과정	70	0.11%

그림 2-1 **역량 빅데이터에 대한 워드클라우드 분석**

다음 **그림 2-2**는 네트워크 분석 중 응집성 분석의 결과이다. 응집성(Cohesion)은 텍스트 내에 영향력 있는 키워드 네트워크를 군집화(Clustering)하는 방법이다. 역량 관련 키워드들이 어떤 주제로 군집화되어 있는지를 살펴보자. 역량에 대한 키워드의 응집성 분석 결과에 따르면 역량 빅데이터는 크게 '교원, 평가, 교육과정, 학생' 등의 교육 관련 주제인 G1, '평생학습, 직무역량, 기업, 취업, 기술, 개발' 등의 직무 관련 주제인 G2로 분류되어 나타났다. G1은 오늘날 역량중심 교육과정에 따른 학생들을 평가하고 교원을 연수하는 등 교육의 측면에서 관심도가 높다는 것으로 해석할 수 있으며, G2는 직무 측면에서 역량은 평생학습과 기술의 개발 등을 통해서 학교에서의 교육뿐만 아니라, 사회에서도 미래사회를 대비하기 위해 관심을 갖는 것으로 추론할 수 있다. 따라서 본 장에서는 이와 관련된 내용을 중심으로 접근하고자 한다.

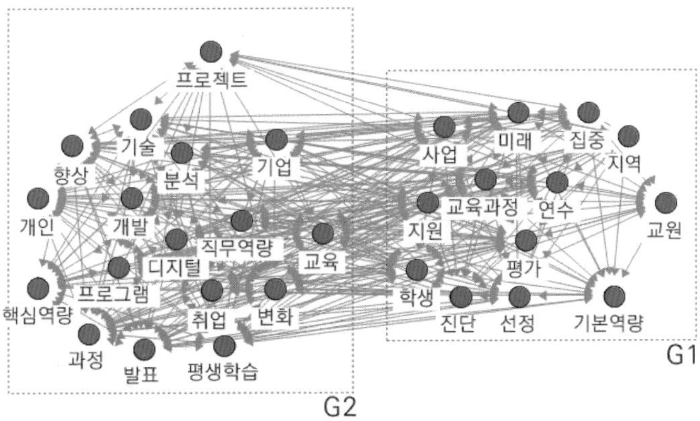

그림 2-2 **역량 빅데이터에 대한 응집성 분석**

❶ 연구대상 수집 및 정제하기

- 본 연구대상인 '역량 관련 소셜 빅데이터 수집'은 소셜 빅데이터 수집 로봇(웹크롤)과 데이터 분석, 시각화 기술을 보유한 텍스톰을 통해 수집하였다.
- 텍스톰은 1개의 채널에서 한 번에 수집할 수 있는 문서의 수가 최대 1,000건으로 제한되어 있기 때문에 많은 양의 문서를 수집하기 위해서는 기간을 나눠서 지정할 필요가 있다. 본 연구에서는 최근 5년간(2016년 1월 1일 ~ 2020년 12월 31일)을 수집기간으로 설정하였으며, 2016년, 2017년, 2018년, 2019년, 2020년으로 나눠서 총 5차례 문서를 수집하였다.

- 역량 수집조건

수집키워드	불용어	수집기간	채널
역량	-	2016년 1월 1일 ~ 2020년 12월 31일	네이버(블로그, 뉴스, 카페, 웹문서) 구글(뉴스, 웹문서)

- 정제/형태소 분석은 별도의 키워드필터링을 사용하지 않았으며, URL 기반 중복된 텍스트 문서를 제거하였다.
- 형태소 분석은 고유명사, 복합명사를 그대로 결과값을 반영하는 Espresso K를 사용하였으며, 분석품사는 명사를 비롯하여 형용사, 동사, 외국어를 포함하였다.
- 소셜 빅데이터 수집은 해당 토픽을 웹크롤로 수집한 후 유목화(범주화)하는 bottom-up 수집방식을 사용하였다.

❷ 데이터 분석하기(텍스트마이닝, 매트릭스 파일 생성)

- 형태소 분석이 완료되면 바로 편집하기를 통한 텍스트마이닝 과정을 거친다.
- 연결중심성 분석은 네트워크 분석 방법 중 하나로 키워드 간의 매트릭스 데이터가 필요하다. 이를 위해서 텍스톰의 매트릭스 파일을 생성한 후 엑셀파일로 다운로드한다.

1단계 : [데이터 분석]→[텍스트마이닝]→[데이터 편집]→[바로 편집하기]에서 단어를 정제한다.
2단계 : [데이터 분석]→[매트릭스]→[매트릭스 단어선택]→[1-mode]→[바로 선택하기]에서 단어를 선택한다.
3단계 : [매트릭스 결과]→[엣지리스트]→[다운로드]를 선택하여 매트릭스 파일을 저장한다.

❸ 시각화하기(워드클라우드, 응집성 분석)

- 시각화는 텍스톰을 통해 웹상에서 워드클라우드를 생성하고, NetMiner를 활용하여 응집성 분석으로 간단히 출력한다.

1단계 : [시각화]→[시각화 결과]→[시각화 리스트 선택]→[워드클라우드]에서 색상선택, 키워드 등을 설정하여 워드클라우드를 완성한다.
2단계 : [NetMiner]를 실행한다.
3단계 : [File]→[Import]→[Excel File]→[Import Excel File]에서 저장된 매트릭스 파일을 선택한 후, [1-mode Network]→[Edge List]를 선택한 후 OK를 누른다.
4단계 : [Analyze]→[Cohesion]→[Community]→[Modularity]를 선택한다.
5단계 : 화면 우측 프로세스 관리영역 창에서 [Process Tab]→[Include Nonoptimal output]→[Run Process]를 선택한다.
6단계 : 화면 중앙의 데이터 시각화 영역에서 [M Clustered] 탭을 선택한 후 [Map]→[Node & Link Att. Styling]→[Link Attribute Styling] 탭에서 데이터 시각화 작업을 한다.
7단계 : [Apply]를 선택하여 데이터 시각화 영역에서 결과를 확인한다.

제2절 역량중심 교육과정에서 강조하는 핵심

1. 역량 및 역량중심 교육과정의 의미

1) 역량의 의미

역량이라는 개념이 처음 알려진 것은 미국 심리학자인 McClelland가 직업 영역에서의 필요성에 의해서 전통적인 지능 검사보다 직무 수행을 통한 실제적인 성과로 나타나는 역량 평가의 의미를 강조하는 과정에서 등장하였다(윤현진 외, 2007; 소경희, 2007; 백남진 · 온정덕, 2016; 김미숙 외, 2014). 하지만 최근 역량은 직업 영역에 한정되는 것이 아니라 일반적인 삶의 상황과 관련된 능력이라는 의미로 확장되어 학교 교육 분야에서도 널리 사용되고 있다. 교육 분야에서 역량은 '단순히 지식을 소유하고 있는 상태가 아니라 과제 수행을 위해 자신이 갖고 있는 지식이나 기술, 전략 등을 재조정하고 능동적으로 운용할 수 있는 능력'(박민정, 2009; 백남진 · 온정덕, 2016: 39에서 재인용)으로 이해된다. 역량에 대한 이해를 위해서는 다음 표 2-2에서 제시한 연구자에 따른 다양한 역량의 정의를 살펴볼 필요가 있다.

표 2-2 연구자별 역량의 정의

연구자	역량의 정의
McClelland(1973)	업무에서 고성과자 집단에서만 나타난 공통적인 특징
Klemp(1980)	업무에서 우수한 성과를 내거나 뛰어난 결과를 내는 사람이 가지고 있는 기본적 특성
Boyatzis(1982)	어떠한 역할을 수행함에 있어 효과적이고 성공적인 결과와 관련된 개인의 내재적 특성
Spencer & Spencer(1993)	직무 또는 특정한 상황에서 구체적인 준거에 따라 평가했을 때, 뛰어난 성과의 원인이 되는 개인의 내재적 특성
Parry(1996)	개인의 직무를 수행하는 데 영향을 주고, 업무 성과와 관련되며 측정할 수 있고, 교육 훈련이나 개발을 통하여 향상될 수 있는 지식, 기술과 특성들의 통합된 형태

연구자	역량의 정의
김진모(2001)	조직의 목표 및 전략을 달성하고, 효과적으로 업무를 수행하는 데 요구되는 지식, 기술, 태도의 총체
Rychen & Salganik(2003)	동기, 가치, 감정 등을 포함하며, 특정한 상황이나 맥락 등에서 드러난 문제 상황을 해결해내는 총체적인 능력
소경희(2007)	21세기 사회에서 개인이 성공적으로 자신의 삶을 영위하는 데 필요한 능력
이찬 외(2009)	개인이 가지고 있는 능력으로 지식, 기술, 태도로 표출되며 직무를 수행하면서 탁월한 성과를 내도록 만들어주는 것
최상덕 외(2013)	개인이 일생에 걸쳐 필요로 하는 지식, 기능, 태도 등으로 인지적 역량과 비인지적 역량을 포함하는 것
이광우 외(2013)	사회 공동체 구성원으로서의 역할을 성공적으로 수행하기 위해 학습자에게 요구되는 지식과 기능, 태도의 총체를 말하는 것으로 초·중등교육을 통해 모든 학습자가 길러야 할 기본적이고 필수적이며 보편적인 능력

이처럼 연구자에 따른 역량의 정의를 살펴보면, 초기에 직업 분야에서 주로 사용되던 역량 개념이 점차 일상적인 삶과 관련된 능력으로 그 의미가 확장되고 있으며 다양해지고 있다. 이전의 역량이 해당 직무와 직접적으로 관련된 실용적인 능력이었다면, 오늘날 역량은 변화하는 사회를 대비하기 위하여 요구되는 전반적인 능력의 총체를 말한다. 즉 오늘날 역량의 개념은 이전에 비해 범위가 넓어지고 일반화되었다고 볼 수 있다. 또한 이러한 역량은 사회적 요구에 따라 지속적인 변화를 한다는 특징이 있다. 다음 **표 2-3**은 2018년 세계경제포럼(World Economic Forum, 이하 WEF)에서 제시한 4년 후인 2022년에 성장하는 역량과 쇠퇴하는 역량이다.

표 2-3 2022년에 성장 혹은 쇠퇴하는 역량

성장하는 역량	쇠퇴하는 역량
분석적 사고와 혁신 (Analytical thinking and innovation)	손재주, 인내력, 정확성 (Manual dexterity, endurance and precision)
적극적 학습과 학습 전략 (Active learning and learning strategies)	기억력, 언어능력, 청각적·공간적 능력 (Memory, verbal, auditory and spatial abilities)
창의성, 독창성, 주도성 (Creativity, originality and initiative)	재무, 원자재 관리 (Management of financial, material resources)
테크놀로지 설계와 프로그래밍 (Technology design and programming)	테크놀로지 설치 및 유지보수 (Technology installation and maintenance)
비판적 사고력과 분석 능력 (Critical thinking and analysis)	읽기, 쓰기, 산술적 계산, 적극적 청취 (Reading, writing, math and active listening)
복잡한 문제를 해결하는 능력 (Complex problem-solving)	인사관리 (Management of personnel)
리더십과 사회적 영향력 (Leadership and social influence)	품질관리, 안전의식 (Quality control and safety awareness)
감성 지능 (Emotional intelligence)	협업능력, 시간관리 (Coordination and time management)
추론, 문제해결 능력과 아이디어 발상 (Reasoning, problem-solving and ideation)	시각, 청각, 스피치 능력 (Visual, auditory and speech abilities)
시스템 분석 및 평가 (Systems analysis and assessment)	테크놀로지 이용, 감독, 통제 (Technology use, monitoring and control)

출처 : World Economic Forum(2018)의 자료를 토대로 작성.

상기 WEF에서 제시한 내용을 정리한 **표 2-3**을 살펴보면 쇠퇴하는 역량과 성장하는 역량의 차이를 확인할 수 있다. 쇠퇴하는 역량은 주로 산업화 시대에 필요한 실무 활동과 직접적으로 연관성이 높은 단일화된 역량이라면, 성장하는 역량은 변화하는 사회에 대응하기 위한 여러 역량이 혼합된 다각화된 역량이다.

4차 산업혁명 시대에 요구되는 역량의 대부분은 인공지능이나 컴퓨터가 대체하기 어려운 역량이 주목받고 있으며, 이러한 경향은 어느 특정 분야에 있어서도 예외가 아니다. 특히 교육 분야에서 이러한 경향이 널리 확산된 것은 OECD의 DeSeCo(Defining and Selecting Competencies) 프로젝트[1])의 영향이 컸다(김미숙 외, 2014). 이후 DeSeCo 프로젝트에서는 현대사회의 복잡한 문제들에 대처할 수 있는 능력의 리스트는 지나치게 많을 것이라고 판단하였다. 이에 따라 여러 역량 중에서도 중요한 역량을 선정하여 핵심역량이라는 용어를 사용하였으며, 오늘까지도 교육 분야뿐만 아니라 여러 분야에서 중요한 화두로 연구되고 있다. 이에 따라 핵심역량을 의미하는 용어도 Key Competence, Core Competence, Core Skill, Key Qualification, Essential Skill, Generic Skill 등으로 다양하게 사용되고 있는 실정이다(이애화 · 최명숙, 2014; Holmes & Hooper, 2000).

역량 교육에 대한 개념은 아직까지 계속 발전과 변화를 거듭하고 있다(설연경, 2020: 26). 학교 교육에서 역량교육의 의미를 확장했던 '교육 2030' 프로젝트에서 '변혁적 역량(Transformative Competencies)'과 '웰빙'이라는 개념을 제시하여 특정한 역량을 강조하기보다는 인간다운 행복 추구와 시간이 흐름에 따라 변화하는 사회적 요구에 적응할 수 있는 미래지향적 역량을 강조하면서, 기존 DoSeCo 프로젝트의 역량을 넘어서 새로운 변화를 시도하였다.

미래사회에 대비하고자 하는 시도는 세계 각국이 관심을 갖는 국제공인 교육과정(International Baccalaureate, 이하 IB 교육과정)에서도 찾아볼 수 있다. IB 교육과정에서 제시하는 학생상은 다음 표 2-4와 같이 10가지 목표를 지향하고 있다.

---

1) DeSeCo 프로젝트는 1997년부터 2003년까지 PISA조사를 위한 역량 및 역량의 개념에 대한 필요에 의해 시작되었다. 그 결과 핵심역량(key competencies)에 관하여 12개 국가의 정치, 사회, 경제, 교육 등 여러 분야의 전문가들의 의견을 수렴하여 세 가지 영역으로 핵심역량을 범주화하였다. 이 사업의 내용을 살펴보면 첫째, 사회적, 물리적 환경과 상호작용하기 위한 도구사용 역량, 둘째, 다원화된 사회에서 다른 사람들과 원만하게 관계를 맺고 협력하여 일하며, 갈등을 관리하고 해결할 수 있는 상호작용 역량, 셋째, 자신의 생애를 계획 관리하고 확대된 사회적 맥락 안에서 자율적으로 생활할 수 있는 자율적 행동 역량으로 구성된다. 이후 OECD는 미래사회가 요구하는 핵심역량 탐색을 목적으로 2015년부터 DeSeCo 사업의 2.0버전이라 불리는 'OECD 교육 2030' 사업을 진행하고 있으며, 우리나라도 OECD 교육 2030 사업에 참여하게 되었다. 교육 2030 사업에서는 미래사회 변화 양상을 이주(migration), 환경(environment), 시민권(citizenship), 평화와 안전(peace and safety), 취업(employment), 불평등(inequality), 가족문제(family matter), 건강(health), 기술(technology)과 같은 9가지 사례로 제시하였다(OECD, 2018).

표 2-4 IB 교육과정의 학생상

목표	세부 내용
탐구하는 사람 (Inquirers)	목적을 가진 구체적인 연구를 수행하는 데 필요한 기술을 배운다. 혼자서 혹은 다른 사람과 함께 배울 수 있는 방법을 안다. 지속적으로 배움에 대한 열정을 익힌다.
지식이 풍부한 사람 (Knowledgeable)	개념적인 지식을 이해하고 활용하며 계발하고 학문적인 차원에서 지식을 탐구할 수 있다. 국제적이거나 지역적인 문제를 파악하고 관여할 수 있다.
생각하는 사람 (Thinkers)	복잡한 문제를 분석하고 적당한 해결방안을 제안하고 비판적이고 창의적으로 해결방안을 숙고할 수 있다. 적절한 근거를 바탕으로 윤리적인 결정을 내릴 수 있다.
소통하는 사람 (Communicators)	자신에 대해 한 가지 이상의 언어로 다양하게 표현할 수 있다. 다른 사람이나 그룹의 관점을 주의 깊게 듣고 효과적으로 협력할 수 있다.
원칙적인 사람 (Principled)	진정성과 정직성을 가지고 공명과 정의를 존중하며, 어디에서든지 인간의 존엄성과 권리를 존중한다. 자신의 행동과 그 결과에 책임을 진다.
마음이 열린 사람 (Open-minded)	자신의 문화를 비판적으로 평가하고, 타인의 전통과 역사의 가치를 존중한다. 관점의 차이와 넓이를 인정하고 경험으로부터 배울 수 있는 준비를 한다.
공감하는 사람 (Caring)	공감과 동정심, 존중심을 갖고 있으며, 마음으로 나와 주변의 세상을 긍정적으로 변화시켜나갈 수 있도록 봉사 활동을 한다.
도전하는 사람 (Risk-takers)	익숙하지 않은 상황에 대해 사전에 사고하고 결정할 수 있다. 새로운 아이디어에 관련된 일을 개인적으로 혹은 다른 사람과 협력하여 처리할 수 있다. 도전과제나 변화에 대하여 전략적이고 융통성 있게 접근할 수 있다.
균형 잡힌 사람 (Balanced)	지적, 신체적, 정서적 삶의 균형이 중요하다는 것을 깨닫고 실천한다. 또한 타인과의 상호의존성을 인정하고 균형 잡힌 삶을 추구한다.
반성적인 사람 (Reflective)	세계와 자신의 생각이나 경험을 숙고할 수 있다. 자신의 장단점을 분석하고 이것을 학습이나 개인적인 발전에 활용할 수 있다.

출처 : IBO(2016). International Baccalaureate Organization[2)]의 내용을 토대로 작성.

이처럼 역량은 미래사회에 대비하고자 다양한 변화를 시도하고 있다. 미래사회는 이동과 통신 기술의 발달로 지금보다 더 많은 이동과 교류가 이루어지게 될 것이다. 이런 추세에 따라 교육에서 차세대 세계화의 주역, 이른바 글로벌 세계시민을 기르는 것은 중요한 과제로 등장하였다. 이를 위해

2) https://ibo.org/contentassets/fd82f70643ef4086b7d3f292cc214962/learner-profile-en.pdf

서 글로벌 세계시민은 무엇인가에 대한 해답을 찾기 위하여 IB 교육과정에 대해서 살펴볼 필요가 있다(강남희 · 강현석, 2015: 2). IB 교육과정에서 제시하는 학생상은 교육과정의 기본 목표에 해당하며, 학교뿐만 아니라 교수자와 학습자 모두가 이를 위하여 조화롭게 노력한다.

물론 우리나라의 국가 교육과정은 많은 논의와 교육환경의 변화를 고려하여 체계적으로 도입되어 있기 때문에 IB 교육과정에 대한 무비판적인 수용에는 주의를 기울일 필요가 있다. 그러나 미래사회를 대비하는 역량을 선정함에 있어서는 그동안 제시되어 온 실효성 있는 역량, 변화하는 미래사회의 요구, 그리고 국제 사회의 요구를 배제한 이론적 논의는 지양해야 한다.

2) 역량중심 교육과정의 의미

역량중심 교육과정의 의미를 이해하기 위해서는 이를 적용하는 여러 나라의 교육과정에서 공통적으로 나타나는 역량에 대한 의미를 비교해볼 필요가 있다. 특히 오늘날 여러 나라에서는 21세기 핵심역량을 규명하였고 학교 교육을 통해 배양하게 하는 것이 교육 정책의 한 축을 이루고 있다(김동일 외, 2009; 소경희, 2012). 이는 교과 중심의 전통적인 학교 교육으로는 급격하게 변화하고 있는 21세기 사회에서 성공적인 삶을 살아가는 데 필요한 것들을 교육시키는 데 한계가 있다는 반성에서 기인한다(강명희 외, 2013). 교과 중심의 학교 교육은 교과의 지식을 습득하게 하지만 학습 내용은 실제 생활이나 실생활에서 요구되는 다양한 역량과는 거리가 멀어 학교 교육이 실제 생활과는 괴리감이 있다. 학습 내용과 실생활 간의 단절은 학습자의 흥미와 지식 활용도를 떨어뜨리고 직무불일치로 인한 사회적 손실을 초래할 수 있으며 더 나아가 국가경쟁력에도 부정적인 영향을 미친다(McGuinness, 2006). 이와 같은 맥락에서 21세기 핵심역량을 함양하기 위해 학교 교육이 그 역할을 해야 한다는 인식하에 각국에서 교육과정에 핵심역량 요소를 다양한 형태로 반영하고 있다.

우리나라와 지리적으로 가까운 일본을 먼저 살펴보자면, 핵심역량 교육 및 교육과정은 국립교육정책연구소의 정책연구를 출발점으로 하여 교육과정부회, 중앙교육심의회의 심의를 거쳐 최종적으로 일본의 국가 교육과정인 학습지도요령에 반영되었다. 이러한 정책 연구 및 심의, 학습지도요령을 통해서 일본은 핵심역량에 해당되는 용어로는 '자질 혹은 능력'을 사용한다는 사실을 알 수 있다. 일본의 핵심역량에 대한 정책적 논의의 진전은 DeSeCo 프로젝트의 핵심역량 제창과 이에 대한 각국의 정책적 연구와 함께 이루어졌다(정영근, 2019: 237). 국립교육정책연구소는 자질·능력으로 21세기를 살아갈 힘을 지닌 시민으로서의 일본인에게 요구되는 능력을 제안하였는데, 이를 '21세기형 능력'이라 하며 기초력, 사고력, 실천력으로 구성하였다. 이 제안은 일본의 핵심역량에 해당하는 자질·능력을 구성하는 데 기초가 되었으나, 중앙교육심의회에서는 21세기형 능력을 그대로 계승하지 않고 이를 바탕으로 하여 '지식·기능', '사고력·판단력·표현력', '주체적 학습 태도'의 세 가지로 제시하였다. 결과적으로 중앙교육심의회에서 제시한 세 가지 자질·능력은 학습지도요령의 총론에 반영되어 일본의 교과 교육과정의 내용을 구성하는 기본 틀이 되었다.

뉴질랜드는 급격한 사회의 변화에 대응하기 위해서는 단순한 지식을 습득하거나 기능을 숙련하는 교육에는 한계가 있다는 문제의식 하에 핵심역량 개발을 교육과정의 주요 지향점으로 내세웠다. 이러한 뉴질랜드 교육과정은 국가가 추구하는 교육 비전을 설정하고, 이를 달성하기 위한 교육과정 구성요소로 '가치(Values)', '핵심역량(Key Competencies)', '학습영역(Learning Areas)'을 제시하였다. 여기서 핵심역량은 '사고하기(Thinking)', '언어, 상징, 텍스트 사용(Using Language Symbols, and Texts)', '자기관리(Managing Self)', '대인관계(Relating to Others)', '참여 및 공헌(Participating and Contributing)'이 있다. 사고하기 역량은 창의적, 비판적 사고 및 메타인지 능력을 의미하는데, 핵심적 구성요소는 지적 호기심이다. 이는 적극적으로 지식을 탐색, 활용, 창조하고 자신의 학습과정을 반성하며 기존의 사고에 도전할 수 있는 역량을 말한다. 언어, 상징, 텍스트 사용 역량은 다양한 맥락 속에 제시된 단어, 숫자, 이미지, 율동, 은유, 테크놀로지 등을 해석하고 활용할 수 있는 능력을 의미한다. 자기관리 역량은 자기 동기화할 수 있다는 자신감, 능력 있는 학습자라는 자신에 대한 믿음을 기반으로 자립적이고 자신을 반성적으로 돌아볼 수 있는 자질을 의미한다. 대인관계 역량은 다양한 맥락 속에서 다양한 부류의 사람들과 효율적으로 상호작용할 수 있는 능력을 의미한다. 참여 및 공헌 역량은 그룹의 구성원으로서 그룹의 안녕과 번영에 공헌하고, 구성원들과 관계 맺으며, 그룹 내의 다른 구성원들을 위한 기회를 만들어내는 능력을 의미한다(이근호 외, 2013).

호주는 교육과정에서 일반 역량이라는 개념틀에서 '성공적인 학습자', '자신감 있고 창의적인 인간', '적극적이고 식견 있는 시민'이라는 인간상을 가운데 두고, ① 문해력(Literacy), ② 수문해력(Numeracy), ③ ICT 역량, ④ 비판적·창의적 사고력, ⑤ 개인적·사회적 역량, ⑥ 윤리적 이해력, ⑦ 간문화 이해력을 일반역량으로 제시하고 있다. 백남진·온정덕(2016)은 호주의 교육과정이 교과 특수 역량을 규명하고 구체화하고 있을 뿐만 아니라, 모든 학생들이 도달하여야 하는 목표를 제시한다는 점에서 교과 특수적 역량 중심 접근으로 분류된다고 주장하였다. 이에 따라 기존의 학문 중심 교육과정에서 제시한 교과별 도달 목표가 내용 지식의 습득에 초점을 두고 있다면 역량 중심 교육과정에 따른 호주는 역량, 즉 지식·기능·가치 및 태도의 통합적인 개발에 강조점을 두는 것이다. 이에 따라 일반 역량의 핵심개념을 명시하고 각 일반 역량이 교과 및 각 교과 내용과 어떤 형식으로 연결되는지에 대한 구체적인 명시를 하고 있으며, 핵심개념을 중심으로 교과 내용을 선정·조직하여 지식·기능·태도 간의 통합을 강조한다.

핀란드는 뉴질랜드와 마찬가지로 '역량'이라는 용어를 직접적으로 사용하고 있지 않지만, 교육목표에서의 능력개발 강조, 능력이나 기능 개발에 적합한 교수법 강조 등에 근거해본다면 역량 중심 교육과정을 추구하고 있다고 볼 수 있다. 핀란드의 초·중학교의 교육과정 목표로는 ① 독립심, 책임감, 자기지식 개발, ② 협동 및 상호작용 기능, ③ 학습기능, ④ 의사결정 능력 및 향후 학습과 직업·장래 계획, ⑤ 자신의 행동에 대한 평가 능력과 계획 실행 능력, ⑥ 향후 학습을 위해 필요한 기초능력, ⑦ 정보수집 능력 및 정보통신 활용 능력, ⑧ 생활환경 대처 능력에 해당하는 8개 항목이 제시되어 있다. 아울러 고등학교의 교육과정 목표로는 세계관 형성, 평생학습을 위해 필요한 기초학습능력, 공동체의 윤리적 문제해결 능력, 자아존중감 및 개인의 독특성에 대한 인식, 직업설계 능력 등을 제시하였다(이광우 외, 2008). 이와 같이 핀란드는 교육목표를 진술할 때 학습자가 개발해야 할 구체적인 능력 요소를 명시하고 있다는 점에서 역량접근의 교육과정에 기반하고 있다고 볼 수 있다. 김경자(2011)는 핀란드에서 제시하는 이러한 역량을 지식, 기능, 가치와 태도의 의미를 초월하는, 특정 맥락 속에서 지식, 기능, 가치와 태도를 활용하는 능력으로 정의하였다. 또한 역량 개발을 위한 교수법은 주어진 문제 및 과제해결을 위해 자신이 갖고 있는 지식, 기능, 전략, 가치, 태도 등을 능동적으로 활용해보고 자신의 학습과정에 대한 반성적 성찰이 가능한 것이어야 한다.

이상에서 살펴본 바와 같이 여러 세계 여러 나라는 표면적으로든 혹은 실질적으로든 핵심역량을 중심으로 한 교육과정 개혁에 박차를 가하고 있으며, 이에 따라 핵심역량은 각국의 상황이나 맥락에 맞게 변형되고 조정된 결과로 해석된다. 또한 역량의 의미는 지식, 기능, 가치·태도를 포괄하는 총체적인 능력으로 규정하고, 학교교육의 초점을 지식의 전달이 아닌 역량의 습득으로 전환하고 있다는 공통점이 있다. 즉 역량중심 교육과정의 의미는 21세기의 미래사회를 살아가는 데 요구되는 지식, 기능, 가치·태도의 발달을 추구하는 교육과정으로 제시할 수 있다. 이와 같은 역량중심 교육과정은 정해진 경로와 방식으로 반영될 수 있는 것이 아니라 오히려 '선택'이 문제라는 것을 나타내며, 우리가 무엇을 중요하게 생각하고 어떤 것을 성취하길 원하느냐에 따라 교육과정의 방향과 내용을 결정할 수 있다(이근호 외, 2012).

2. 미래사회의 교육방향과 역량중심

1) 미래사회의 특징과 교육방향

1996년 UNESCO가 평생학습의 차원에서 '학습의 보고(Learning: The Treasure Within)'라는 보고서를 통해 앎의 학습(Learning to Know), 행함의 학습(Learning to

Do), 더불어 살아감의 학습(Learning to Live Together), 됨의 학습(Learning to be)을 통해 평생교육사회에서 평생학습사회에 필요한 네 가지 기둥을 제시하였다. 이 네 가지 기둥은 학습 사회에 필요한 핵심역량으로 발전하게 되었다.

평생학습 사회의 방향은 지역(마을, 동네, 고장)을 기반으로 평생학습사회를 구축하는 것이다. 지역에서 태어나 자라고 학습하면서 적성에 맞는 진로를 선택하고, 지역의 특성을 잘 반영한 직장에 취업을 하면서 끊임없이 재교육을 통한 교육혁신을 통해 산업혁신을 도모하면서 지역발전을 추구한다. 로컬기반의 장소 안에서 글로컬 기반의 장소 밖으로 네트워크를 구축하면서 혁신기반 평생학습사회를 지향해가면서 자기혁신을 통한 교육혁신, 산업혁신을 도모하면서 평생학습 공동체를 만들어 간다. 평생학습사회는 학습네트워크 기반에서 빅데이터 및 인공지능에 의한 맞춤형 학습기반 사회를 구축하게 함으로써 자기주도적 학습, 자기조절 학습, 개인화 학습, 개별화 학습, 수준별 학습, 맞춤형 학습을 할 수 있도록 하고 있다.

OECD는 1997년부터 수행하여 2003년에 종결한 DeSeCo 프로젝트를 통해 '역량'의 중요성을 강조하고 이에 대한 논의를 학교교육의 맥락으로 가져오면서 미래사회에 필요한 핵심역량을 규명한 바 있다. 실제 많은 나라들이 이 프로젝트 이후 학생들의 역량 발달에 초점을 둔 교육 개혁을 시도해왔으며 우리나라 또한 예외가 아니다. 그러나 OECD는 2015년부터 DeSeCo의 후속 작업의 일환으로 교육 2030 프로젝트를 수행하면서 역량을 새롭게 규정하는 작업을 하고 있다. 이 프로젝트에서는 2030년에 성인이 될 학생들이 갖추어야 할 역량을 새롭게 규정하려고 시도하고 있다. 이 프로젝트에서 제시한 역량이 이전에 제시했던 역량과 어떤 차이점을 찾기 위해서는 비교적 최근인 교육 2030 프로젝트의 최근 보고서(2018)를 살펴볼 필요가 있다.

1997년에 시작된 DeSeCo 프로젝트는 당시 사회의 복잡한 양상을 드러내고 이러한 사회가 개인에게 던진 도전적인 요구를 분석하여, '급속한 테크놀로지의 발달과 변화, 사회의 다양화, 사회의 글로벌화'로 미래사회가 직면한 세 가지의 도전적인 요구를 분석하였다. 이에 따라 DeSeCo 프로젝트에서는 이와 같은 도전에 맞서 개인들의 역량을 키우는 데 주목하였다.

한편, 교육 2030 프로젝트에서는 DeSeCo 프로젝트와는 달리 2030년이라는 구체적인 시점을 제안하면서, 이 시기에 성인이 될 학생들에게 도전적인 요구를 세 가지로 분석하였다. 첫째, 환경적 도전은 기후 변화 및 천연자원의 고갈에 대응하기 위한 자세가 요구된다. 둘째, 경제적 도전은 과학과 기술, 특히 생체-기술과 인공지능은 전례 없는 혁신이다. 또한 글로벌적 경제체제에 대한 지역과 국가 수준에서의 재정적인 상호의존성이 높아짐에 따라 불확실성과 경제적 위기에 대한 우려가 커지고 있다. 그리고 데이터가 폭증함에 따라 활용 범위가 넓어지고, 이에 따른 사이버 안전과 사생활 보호 문제를 제기한다. 셋째, 사회적 도전이다. 세계의 인구가 증가하고 이동이 활발해짐에 따라 이민, 도시화, 사회적 문화적 다양성이 증가하면서 기존의 공동체 개념이 변화하고 있다. 또한 생활수준 및 삶의 기회 불평등이 확대되고 있으며, 대중과 영합한 정치에 따른 갈등과 불안정성으로 인한 정부에 대한 불신, 전쟁과 테러 위협이 증가하고 있다.

DeSeCo 프로젝트	교육 2030 프로젝트
• 급속한 테크놀로지의 발달과 변화 • 사회의 다양화 • 사회의 글로벌화	• 환경적 도전: 기후 변화 및 천연자원의 고갈 • 경제적 도전 - 과학과 기술, 특히 생체-기술과 인공지능의 혁신 - 글로벌적 경제체제에 만연한 불확실성과 경제적 위기에 대한 우려 - 빅데이터의 창출·사용·공유 및 이로 인한 사이버 안전과 사생활 보호 문제 • 사회적 도전 - 이민, 도시화, 사회적 문화적 다양성의 증가 - 생활수준 및 삶의 기회 불평등 확대, 대중과 영합한 정치에 따른 갈등과 불안정성으로 인한 정부에 대한 불신, 전쟁과 테러 위협의 증가

그림 2-3 **OECD 'DeSeCo 프로젝트'와 '교육 2030 프로젝트'에서 그려낸 미래사회의 도전**

출처 : 이상은 외(2018: 82).

교육 2030 프로젝트에도 제시된 바와 같이 미래사회의 환경, 경제, 사회 변화가 불러오는 새로운 시대이다. 이와 같은 미래사회에서 교육은 어떻게 변화할까? 교육 2030 프로젝트에도 제시된 바와 같이 미래사회의 경제적 도전과 관련된 기술 변화는 무엇보다도 4차 산업혁명의 핵심기술인 인공지능, 빅데이터 등으로 대변된다. 또한 사회 모든 것이 네트워크화되고, 현재의 직업 중 상당수가 없어지고 직업의 창출과 소멸 주기가 매우 빨라질 것을 예측하고 있다. 이와 같은 사회에서는 노인 학생 비율이 절반을 넘는 평생학습 세상이 올 것이며, 제작한 지 10년이 지난 교과서 정보가 아닌 그때그때 업데이트된 정보로 학습하는 적시학습(Just in-time-learning)의 시대가 될 것이다.

결과적으로 미래 사회에 대한 교육의 대응 방향은 평생학습에서 찾을 수 있다. WEF에서도 4차 산업혁명 시대의 직업 변화에 대응하기 위한 전략 중[3)]하나로 평생학습 증진 전략을 제시하고 있다. 미래사회는 전방위적인 변화가 이루어질 것이며 학교교육은 필연적으로 변화에 신속하고 적절하게 대응할 필요가 있다. 평생학습은 학교중심의 닫힌 제도권 교육에서 벗어나 언제, 어디서나, 누구나, 무엇이든 필요한 학습을 통해 평생에 걸쳐 삶의 질을 제고할 수 있는 역량중심의 교육을 중시하며, 미래사회를 대비하기 위한 교육은 역량중심의 교육과 맥락을 함께한다.

(2) 미래사회의 역량

OECD는 DeSeCo 프로젝트에서 역량이란 단순한 지식과 기능 이상의 것, 즉 '역량'이 필요함을 제시하였고, 여러 맥락에 공통적으로 필요한 '핵심역량'에 대해 규명하고자 하였다. 이후 교육 2030 프로젝트에서는 DeSeCo 프로젝트에서 제시한 역량의 개념을 수용하면서, 역량의 개념을 구성하는 '지식, 기능, 태도와 가치'가 구체적으로 무엇인지에 대해 다음 **표 2-5**와 같이 자세히 제시하였다.

3) WEF는 『직업의 미래: 제4차 산업혁명을 위한 고용, 기술, 노동력 전략』 보고서(2016)에서 4차 산업혁명 시대의 직업 변화에 대응하기 위한 전략으로 교육체제에 대한 재고 전략(Rethinking Education Systems), 평생학습 증진 전략(Incentivizing Lifelong Learning), 범산업 간 공공민간부문 간 협동전략(Cross-Industry and Public-Private Collaboration)을 제시하고 있다.

표 2-5 교육 2030 프로젝트에서 제시한 역량 개념을 구성하는 요소

지식	기능	태도와 가치
• 학문적 지식 • 간학문적 지식 • 인식론적 지식 • 절차적 지식	• 인지적·메타인지적 기능·사회적·정서적 기능 • 신체적·실천적 기능	• 개인적 태도와 가치 • 지역적 태도와 가치 • 사회적 태도와 가치 • 글로벌적 태도와 가치

출처 : 이상은 외, 2018, 86

이처럼 OECD는 'DeSeCo 프로젝트' 이후 다시 역량교육을 정교화하기 위한 '교육 2030 프로젝트'를 대규모로 진행하고 있으며, 역량의 목표, 정의, 특징, 범주에서 **표 2-6**과 같은 새로운 변화를 시도하고 있으며, 자세한 내용은 다음과 같다.

먼저, DeSeCo 프로젝트에서 성찰(Reflectiveness)을 강조한 것과 달리 교육 2030 프로젝트에서는 '학생 행위주체성(Student Agency)'을 강조하였다. 변화하는 미래사회에 대비하기 위해서는 학생 자체가 변화의 주체가 되어야 한다는 의미가 있으며, 교육이 학생들의 행위주체성을 발달시키는 역할을 해야 한다고 보았다. 이 프로젝트에서 이전 프로젝트와 달리 행위주체성을 강조하기 위해 과거의 '핵심(Key)'역량이라는 용어를 대신하여 '변혁적(Transformative)' 역량이라는 용어를 사용하였다. 교육 2030 프로젝트에서 변혁적 역량은 지식, 기능 가치와 태도로 나누고, 그 하위 영역에 추구해야 할 것을 학습 나침반(Learning Compass)과 함께 역량의 범주를 '학습 틀(Learning Framework)'로 제시하였다.

표 2-6 DeSeCo 프로젝트와 교육 2030 프로젝트의 비교

구분	DeSeCo 프로젝트	교육 2030 프로젝트
역량의 목표	• 개인과 사회의 '성공(success)'	• 개인과 사회의 '웰빙(well-being)'
역량의 정의 역량의 정의	• 특정 맥락의 복잡한 요구를, 지식과 인지적·실천적 기능뿐만 아니라 태도·감정·가치·동기 등과 같은 사회적·행동적 요소를 동원시킴으로써 성공적으로 충족시키는 능력	• 복잡한 요구를 충족시키기 위해 지식, 기능, 태도와 가치를 동원하는 능력 • 지식: 학문적, 간학문적, 인식론적, 절차적 • 기능: 인지적·메타인지적, 사회적·정서적, 신체적·실천적

구분	DeSeCo 프로젝트	교육 2030 프로젝트
		• 태도와 가치: 개인적, 지역적, 사회적, 글로벌적
역량의 특징	• '핵심(key)' 역량 • 경제적 활동에 중요한 역할을 하고, 개인적이고 사회적 유익을 야기할 수 있는 것 • 특정 분야만이 아니라 삶의 광범위한 맥락에 걸쳐 적용될 수 있는 것 • 모든 개인에게 중요한 것	• '변혁적(transformative)' 역량 • 학생들이 삶의 모든 영역에서 적극적으로 참여하면서 보다 나은 방향으로 영향을 미치려는 책임의식 • 학생들이 혁신적이고 책임감 있으며 의식적인 사람이 되는 데에 필요한 것
역량의 범주	• 여러 도구들을 상호작용적으로 사용하기 역량 • 이질적인 집단에서 상호작용하기 역량 • 자율적으로 행동하기 역량	• 새로운 가치 창출하기 역량 • 긴장과 딜레마 조정하기 역량 • 책임감 갖기 역량
역량의 핵심	• 성찰(reflectiveness)	• 학생 행위주체성(student agency)

제3절 역량중심 사회과 교육과정의 한계

1. 사회과 교육과정의 역량 도출 과정

핵심역량에 기반한 교육과정을 채택하고 있는 대부분의 국가에서는 대체적으로 국가교육과정의 총론에 핵심역량을 도입하게 된 배경, 핵심역량의 의미와 내용, 교과 교육과의 연계 방안 등을 제시하고 있다(김현미 외, 2015: 46). 그리고 각 교과에서는 이러한 핵심역량이 어떻게 길러질 것인지를 명시적, 체계적으로 보여주거나, 교과 고유의 역량을 개발하는 과정 속에서 구체화된 지식과 기능으로 녹여져 구성됨을 알 수 있다(이광우 외, 2009; 김현미 외, 2015). 다음 표 2-7은 이광우 외(2009)의 연구를 바탕으로 하여 사회과 핵심역량을 선정한 결과이다. 이광우 외(2009)는 2007 개정 교육과정 가운데 국민공통기본교과를 분석하여 10가지 핵심역량을 설정하였으며, 2015 개정 사회과 교육과정을 바탕으로 하여 이러한 핵심역량의 반영 현황을 분석하였다. 분석 결과에 따르면 주로 문제해결 능력, 의사소통 능력, 정보처리 능력, 대인관계 능력, 시민의식, 국제사회문화이해가 핵심역량으로 반영되어 있으며, 특히 문제해결 능력, 정보처리 능력, 국제사회문화이해가 두드러진다고 분석하였다. 이와 더불어 2007 개정 교육과정 작업에 참여한 경험이 있는 교수, 교사 등 총 52명이 참여한 2차에 걸친 델파이 조사를 통해 교과별 관련 역량 및 중점 역량을 추출하였는데, 사회과의 경우 '문제해결 능력, 시민의식, 국제사회문화이해' 역량이 사회과와 관련이 높은 역량이자 사회과에서 중점적으로 계발해야 할 역량으로 공통적으로 선정하였다.

표 2-7 **핵심역량에 관한 사회과 교육과정의 내용 분석 결과**

핵심역량 영역	성격	총괄 목표	세부 목표	학년별 내용								방법	평가
				3	4	5	6	7	8	9	10		
창의력	낮음	낮음	없음	낮음	낮음	낮음	낮음	낮음	낮음	낮음	보통	낮음	낮음
문제해결 능력	보통	낮음	보통	낮음	높음	낮음	높음	보통	낮음	높음	높음	낮음	낮음
의사소통 능력	낮음	없음	낮음	낮음	낮음	낮음	낮음	낮음	없음	없음	낮음	낮음	낮음
정보처리 능력	보통	낮음	낮음	보통	높음	보통	보통	보통	낮음	보통	높음	보통	낮음
대인관계 능력	낮음	낮음	낮음	낮음	보통	없음	보통	보통	없음	보통	낮음	낮음	없음
자기관리 능력	낮음	낮음	낮음	보통	낮음	보통	낮음	낮음	없음	보통	보통	낮음	낮음
기초학습 능력	낮음	낮음	낮음	없음	없음	없음	없음	없음	없음	없음	없음	없음	없음
시민의식	낮음	낮음	보통	낮음	낮음	낮음	보통	낮음	없음	낮음	낮음	낮음	낮음
국제사회문화 이해	낮음	낮음	보통	보통	낮음	보통	보통	보통	높음	보통	높음	없음	없음
진로개발 능력	낮음	없음	낮음	낮음	없음	없음	없음	없음	없음	없음	없음	없음	없음

없음 / 낮음 / 보통 / 높음

출처 : 이광우 외(2009). 미래 한국인의 핵심역량 증진을 위한 초·중등학교 교육과정 설계 방안 연구.

이광우 외(2009) 연구의 후속 연구라 할 수 있는 이근호 외(2012)에서는 핵심역량을 인성, 지적, 사회적 역량이라는 대범주로 구분할 것을 제안하면서 핵심역량 구성요소 보기를 제시한 후 초·중·고등학교 교사에게 각 교과별로 가장 중점적으로 계발되어야 할 핵심역량 구성요소를 적도록 설문을 실시하여 사회과 중점 핵심역량으로 '비판적 사고력, 개인적·사회적 책무성, 의사결정력'을 제시하였다. 해당 학교급별 사회과 중점 역량을 보다 상세히 살펴본 결과, **표 2-8**과 같이 초등학교의 경우 '의사결정력, 비판적 사고력, 개인적·사회적 책무성, 대인관계발달, 시민성, 문제해결력, 의사소통 능력' 순으로, 중학교의 경우 '개인적·사회적 책무성, 문제해결력, 시민성, 비판적 사고력, 의사결정력, 자기주도적 학습능력, 대인관계발달' 순으로, 고등학교의 경우 '비판적 사고력, 개인적·사회적 책무성, 시민성, 문제해결력, 의사소통능력, 의사결정력, 대인관계발달' 순으로 나타났다.

표 2-8 **사회과 핵심역량 관련 선행연구 내용**

순위	초등학교	중학교	고등학교
1	의사결정력	개인적·사회적 책무성	비판적 사고력
2	비판적 사고력	문제해결력	개인적·사회적 책무성
3	개인적·사회적 책무성	시민성	시민성
4	대인관계발달	비판적 사고력	문제해결력
5	시민성	의사결정력	의사소통 능력
6	문제해결력	자기주도적 학습능력	의사결정력
7	의사소통 능력	대인관계발달	대인관계발달

출처 : 이근호 외(2012)의 자료를 토대로 작성.

김현미 외(2015)의 연구에서는 이광우 외(2009)의 연구에서 제시한 핵심역량을 바탕으로 하여 국제사회문화이해는 글로벌 시민성의 일환으로 보고 시민의식에 포함시켰다. 대신 시민의식의 다차원성을 명시하기 위하여 '시민의식(지역/국가/글로벌)'으로 표시하는 방안을 모색하였으며, 정보의 처리뿐만 아니라 정보의 활용이 중요하고 더 나아가 이러한 과정을 글/말/기호(지도, 그래프 등)로 표현하는 능력이 중요하다는 측면에서 '정보처리활용 능력과 의사소통 능력'을 상호 연계되는 기능으로 보고 하나로 통합하였다. 또한 이근호 외(2012)의 연구에서 개인적·사회적 책무성은 시민의식과 중복되는 의미가 크고 차별화가 어렵다고 판단하여 시민의식으로 범주화하였다. 문제해결력과 의사결정력은 밀접히 연계된 측면이 강하므로 각 국면을 강조하는 차원에서 결합하여 병치하고자 하였다. 대인관계발달은 '대인관계 능력'이라는 용어로 전환하였다. 이에 본 연구에서는 '비판적 사고력', '시민의식', '문제해결력 및 의사결정력'과 더불어 '대인관계 능력', '의사소통능력' 등을 사회과 중점 핵심역량의 구성요소로 추출하였다. 상기 언급한 사회과 핵심역량 도출에 관한 연구 내용을 정리하면 다음 **표 2-9**와 같다.

표 2-9 **사회과 핵심역량 도출 관련 선행연구 내용**

이광우 외(2009).			
미래 한국인의 10가지 핵심역량	사회과 교육과정에서 핵심역량 반영도가 높은 역량	사회과와 관련이 높은 역량	사회과에서 중점적으로 계발해야 할 역량
창의력			
문제해결 능력	V	V	V
의사소통 능력	V		
정보처리 능력	V		
대인관계 능력	V		
자기관리 능력			
기초학습 능력			
시민의식	V	V	V
국제사회문화이해	V	V	V
진로개발 능력			

이근호 외(2012). 개정 사회과 교과 중점 역량
개인적, 사회적 책무성
비판적 사고력
의사결정력

김현미 외(2015). 개정 사회과 핵심역량
비판적 사고력
문제해결력 및 의사결정력
정보(처리) 활용 능력 및 의사소통능력
대인관계 능력
시민의식 (지역/국가/글로벌)

이처럼 국내 연구에서는 사회과 핵심역량을 도출하기 위한 과정으로 역량의 개별적인 역량을 도출하거나 먼저 대범주를 구분하여 하위 역량을 도출하는 식을 따르고 있다. 또한 선행연구를 바탕으로 하여 전문가 협의회 과정을 통해 새로운 역량에 대해 조사하는 식을 따르는 것이 일반적이다.

2. 역량중심 사회과 교육과정의 한계

사회과교육을 통해 우리가 길러내고자 하는 인간상은 올바른 '민주 시민'이다. 따라서 민주 시민이 갖추어야 할 가치와 태도, 자질에 대한 진술을 통해 사회과교육에서 추구하는 학생들이 갖춰야 할 역량을 찾을 수 있다. 이러한 사실은 7차 사회과 교육과정에서부터 2007 개정 사회과 교육과정, 2009 개정 사회과 교육과정을 거쳐 제시하고 있을 뿐만 아니라, 핵심역량을 직접적으로 명시한 2015 개정 사회과 교육과정에서도 거의 동일하게 제시되고 있다(교육부, 1997, 2015; 교육인적자원부, 2007; 교육과학기술부, 2012). 다음 표 2-10은 7차 교육과정부터 2015 개정 교육과정까지 사회과 교육과정에서 추구하는 민주시민의 자질과 역량이 명시된 부분을 정리한 것이다.

표 2-10 **사회과 교육과정에 제시된 교과 역량 관련 내용**

제7차 사회과 교육과정 (교육부 고시 제1997-15호)	2007 개정 사회과 교육과정 (교육인적자원부 고시 제2007-79호)	2009 개정 사회과 교육과정 (교육과학기술부 고시 제2012-14호)	2015 개정 사회과 교육과정(현행) (교육부 고시 제2015-74호)
사회과는 다양한 정보를 활용하여 사회현상에 관한 지식을 발견하고 문제를 해결하는 데 필요한 비판적 사고력, 창의력, 판단 및 의사결정력 등의 신장을 강조한다. 이를 위하여 다양한 탐구 방법을 활용하여, 학습자 스스로 학습하는 기회를 제공하고, 흥미와 관심을 고려하여 개개인의 수준에 적합한 경험을 제공하는 효율적인 교수·학습 전략을 지향한다. 그리고 학교에 따라서 지역성과 시사성을 고려하여 지도한다.	사회과는 다양한 정보를 활용하여 사회현상에 관한 지식을 발견하고 문제를 해결하는 데 필요한 비판적 사고력, 창의력, 판단 및 의사결정력 등의 신장을 강조한다. 이를 위해 다양한 탐구 방법을 활용하여 학습자 스스로 학습하는 기회를 제공하고, 흥미와 관심을 고려하여 개개인의 수준에 적합한 경험을 제공하는 효율적인 교수·학습 전략을 지향한다. 그리고 학교 특성에 따라서 지역성과 시사성을 고려하여 지도한다.	사회과는 다양한 정보를 활용하여 사회현상에 관한 지식을 발견하고 문제를 해결하는 데 필요한 비판적 사고력, 창의력, 판단 및 의사결정력 등의 신장을 강조한다. 이를 위해 다양한 탐구 방법을 활용하여 학습자 스스로 학습하는 기회를 제공하고, 흥미와 관심을 고려하여 개개인의 수준에 적합한 경험을 제공하는 효율적인 교수·학습 전략을 지향한다. 그리고 학교 특성에 따라서 지역성과 시사성을 고려하여 지도한다.	사회과는 민주 시민으로서 갖추어야 할 자질을 함양하는 데 필요한 창의적 사고력, 비판적 사고력, 문제해결력 및 의사결정력, 의사소통 및 협업 능력, 정보활용 능력 등의 교과 역량을 육성하는 데 중점을 둔다. 창의적 사고력은 새롭고 가치 있는 아이디어를 생성하는 능력을 의미하며, 비판적 사고력은 사태를 분석적으로 평가하는 능력을 의미한다. 문제해결력 및 의사결정력은 다양한 사회적 문제를 해결하기 위해 합리적으로 결정하는 능력을 의미하며, 의사소통 및 협업 능력은 자신의 견해를 분명하게 표현하고 타인과 효과적으로 상호작용하는 능력을 의미한다. 또한 정보 활용 능력은 다양한 자료와 테크놀로지를 활용하여 정보를 수집, 해석, 활용, 창조할 수 있는 능력을 의미한다.

출처 : 교육부(1997); 교육과학기술부(2007); 교육과학기술부(2012); 교육부(2015)의 내용을 토대로 작성.

제7차 사회과 교육과정에서는 사회과교육의 목표인 민주 시민의 자질을 기르기 위해서 비판적 사고력, 창의력, 판단 및 의사결정력 등을 제시하여 학습자 스스로 문제를 인식하고 해결해 나가는 과정에서 자기 주도적 탐구 학습이 제대로 이루어질 수 있도록 하였다. 또한 종래의 지식 중심, 결과 중심, 양적인 평가를 지양하고 탐구 기능, 고등 사고력, 가치·태도에 대한 평가의 중요성을 강조하였다. 이후 2007 개정 사회과 교육과정, 2009 개정 교육과정까지 이러한 경향이 이어져 오고 있으며, 현행 교육과정인 2015 개정 사회과 교육과정에서는 명시적으로 교과 역량을 제시하여 이전보다 중요성을 더욱 강조하고 있는 실정이다. 결과적으로 2015 개정 사회과 교육과정은 이전 교육과정에 비해 역량을 보다 명시적으로 강조하였지만, 앞서 제시한 표 2-10에서 알 수 있듯이 새롭게 등장한 것이 아니라 기존의 교육과정에서 이미 제시한 내용을 다시 강조한 형태를 보인다. 간단히 말해서 우리나라 현행 사회과 교육과정에서는 이전 교육과정을 발전시켜 교과 역량 수준에서 핵심역량을 제시하고 있으며, 약 20년간(1997년부터 2015년까지)의 교육과정 내용이 비슷한 것에 근거해본다면 핵심역량의 선정과정이 시대적 변화와 요구사항보다는 선행연구가 중요한 영향력을 미친다는 사실을 확인할 수 있다.

역량기반 교육과정 실행을 위한 핵심역량과 교과역량의 의미, 핵심역량 함양과 교과역량의 관계 등에 대한 이론적 설명이 제시되었지만 여전히 그 의미가 불분명하고, 특히 핵심역량함양과 교과교육의 관계가 불투명한 것으로 나타났다(한혜정 외, 2018). 특히 핵심개념, 핵심기능, 핵심가치를 체계적, 논리적으로 일체화하는 데는 한계가 있을 뿐만 아니라 핵심 지식은 가치에 따라 관점을 달리하면서 갈등이 존재할 수 있다. 모든 교과의 교육내용 조직에 있어서 지식이 절대적 우위를 차지하고 있는 형식을 개선하여, 각 교과 내지 주제의 특성에 따라 교과에서 가장 가치 있게 다루어져야 하는 내용이 무엇인가를 고려할 필요가 있으며, 교육과정 개발에 있어서는 교과(군)별 특수성을 이해하고 교과 내적 적합성을 갖출 수 있는 내용 체계의 형식적 구조와 진술 방식의 대안을 모색해야 할 것이다(임유나·홍후조, 2016).

제4절 빅데이터를 활용한 역량개발방안

1. 2022 개정 교육과정의 방향

오늘날 우리나라는 학령인구가 지속적으로 줄어들고 있으며 인공지능이 중심이 되는 4차 산업혁명 시대를 대비하기 위한 노력이 필요하다. 이에 따라 교육부에서는 교육 패러다임의 전환에 따라 미래 교육의 큰 변화를 준비하기 위하여 2022 개정 교육과정의 필요성을 언급하였다. 여기서 말하는 교육과정 개정이란, 20~30년 후 대한민국을 이끌어갈 우리 학생들에게 무엇을 어떻게 가르칠 것 인가에 대한 물음에서 출발해서 그 학생에게 제공할 학습 경험을 정하고 조직하는 일이다. 교육부에서 언급한 2022 개정 교육과정의 방향을 정리하면 다음과 같다.

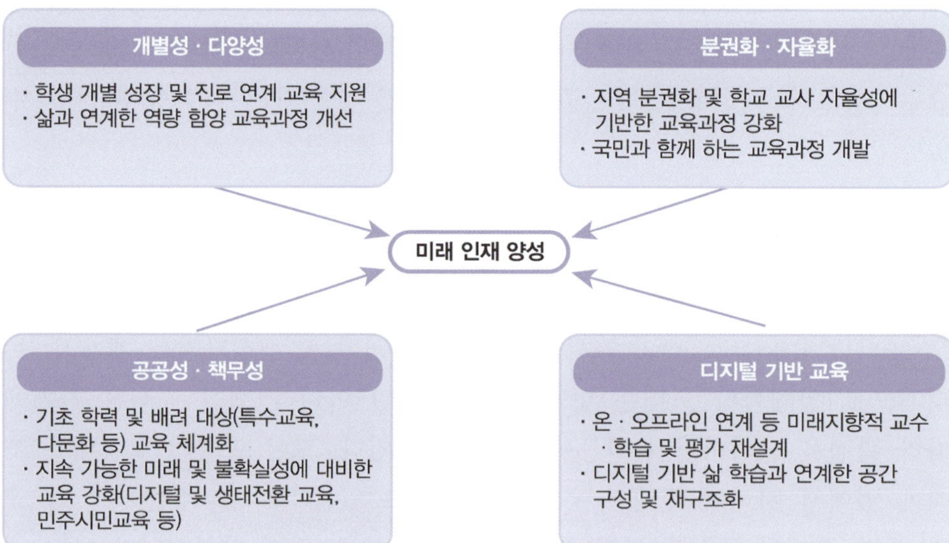

그림 2-4 2022 개정 교육과정의 방향

2. 빅데이터를 활용한 미래사회와 교육의 분석 예시

1) 미래사회 빅데이터 분석 결과

미래사회의 모습을 어느 누구도 정확히 예측할 수는 없겠지만 기술 발전과 트렌드 변화 등을 관찰하면서 큰 방향에 대해서는 흐름을 잡을 수 있다. 단 변화를 관찰할 때 주의할 점은 변화에 따른 부작용도 함께 고려해야 할 필요가 있다.

다음 그림 2-5는 최근 5년간 미래사회에 대한 소셜 빅데이터를 워드클라우드와 네트워크 분석한 결과이다. 사람들의 관심이 높은 키워드로는 '변화, 교육, 인재, 대학, 지역사회, 혁신' 등이 있으며 미래사회가 지향해야 할 관심사로 해석할 수 있다. 또한 '기술, 인공지능, 산업혁명' 등과 같은 인공지능 기반의 사회에 대한 관심이 높게 나타났다. 이외에도 '학교, 학생, 역량' 등과 같은 교육활동의 주체에 대해서도 관심을 가지는 것으로 나타났다.

키워드 간의 관계를 알아보기 위한 네트워크 분석결과, 미래사회의 변화에 대한 인공지능에 대한 관심, 지속가능한 발전, 일자리 등에 대한 주제가 나타났다. 이외에도 저출산, 고령화에 대한 시사적인 문제도 찾아볼 수 있다.

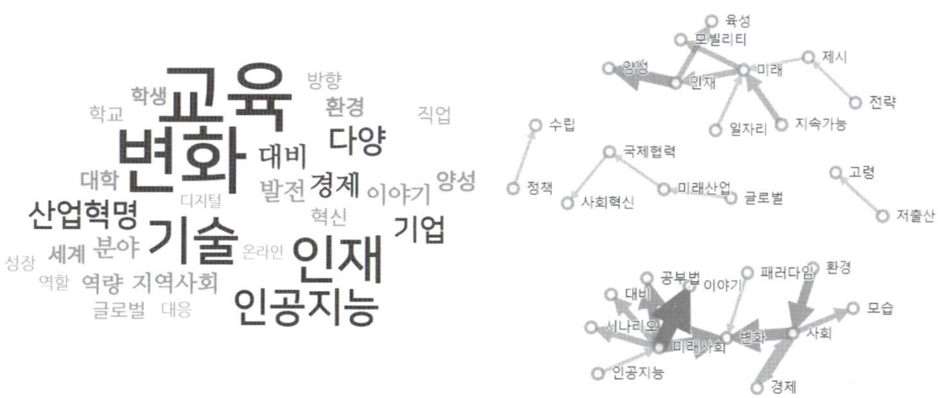

그림 2-5 미래사회 빅데이터 분석 결과

2) 교육 빅데이터 분석 결과

4차 산업혁명 담론 이후 기술의 변화가 삶의 변화를 이끌어가고 있다. 이에 따라 미래교육에 대한 사람들의 관심은 높아지게 되었으며, 교육과정에서도 이러한 부분을 반영하여 새로운 변화를 시도하고 있다.

다음 그림 2-6은 최근 5년간 교육에 대한 소셜 빅데이터를 워드클라우드와 네트워크 분석한 결과이다. 사람들의 관심이 높은 키워드로는 '디지털, 구축, 교육과정, 인공지능, 혁신' 등이 나타났다. 이와 같은 결과는 사회적 변화에 따른 교육에 대한 사람들의 관심사를 찾을 수 있으며, 2022 개정 교육과정에서 발표된 방향도 이와 비슷한 맥락으로 진행됨에 따른 결과라고 볼 수 있다.

이어서 네트워크 분석결과를 살펴보면 일명 포스트코로나 시대의 미래교육과 인공지능이 중심이 된 시대의 미래교육에 대한 관심으로 나뉘는 것을 알 수 있다. 또한 평생교육을 통한 관심을 통해 학교뿐만 아니라 다양해지는 교육의 주체에 대한 대비를 할 필요가 있다는 사실을 추론할 수 있다.

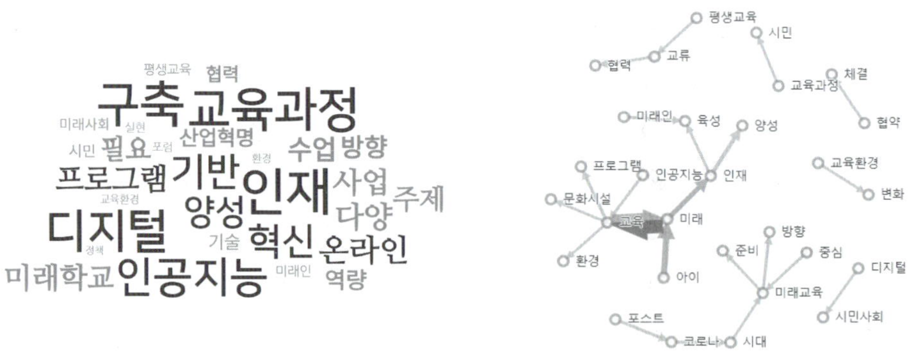

그림 2-6 **교육 빅데이터 분석 결과**

생각 정리 문제

1. 교육에서의 역량이란 무엇인가?

2. 미래교육에 있어서 왜 역량중심 교육과정이어야 하는가?

3. 핵심역량과 변혁적 역량의 차이점은 무엇인가?

4. 역량중심 사회과 교육과정의 문제점 내지 한계에 대한 자신의 생각을 이야기해 보자.

[빅데이터 분석]

5. 미래사회에 필요한 역량은 무엇인가? (교재에 제시된 빅데이터 분석 결과를 활용하거나 새롭게 분석)

[빅데이터 분석]

6. 특히 사회과에서 관심 가져야 할 역량을 선정하고 그 까닭을 이야기해 보자.

Chapter 03

빅데이터란 무엇인가?

• 주제

빅데이터의 개념과 4차 산업혁명 관련 기술의 활용 사례 알아보기

• 학습 내용

1. 빅데이터가 알려주는 4차 산업혁명
2. 빅데이터의 개념
3. 빅데이터 분석 및 사례
4. 4차 산업혁명 관련 기술의 활용 사례
5. 빅데이터를 활용한 분석 과제

• 학습 목표

1. 빅데이터의 개념과 분석 방법에 대해 설명할 수 있다.
2. 4차 산업혁명 관련 기술의 활용 사례를 이해하고 사회과 교재에 적용할 수 있다.

BIG
DATA

제1절 빅데이터가 알려주는 4차 산업혁명

1. 연구 대상 및 방법

본 장에서는 빅데이터의 개념을 알아보고 교재연구에 활용할 수 있는 4차 산업혁명과 관련된 다양한 기술을 활용하는 사례를 알아보고자 하였다. 이를 위해 4차 산업혁명 관련 온라인 문서를 빅데이터 수집 및 분류 절차에 따라 진행하였다. 4차 산업혁명과 관련한 빅데이터 수집은 텍스톰에서 제공하는 수집 프로그램을 사용하였으며, 4차 산업혁명 토픽은 모든 관련 문서를 수집하기 위해 '4차 산업혁명, 4차 산업, 4차산업' 키워드를 검색어로 사용하였다.

'4차 산업혁명' 키워드의 소셜 빅데이터의 수집은 2016년 1월 1일부터 2020년 12월 31일까지 여러 포털사이트 중에서 국내에서 사용 빈도수가 높은 네이버, 그리고 전 세계적으로 사용빈도수가 높은 구글의 웹 문서를 요일, 주말, 휴일을 고려하지 않고 매시간 단위로 이루어졌다. 수집된 총 1만 8,947건의 텍스트 문서를 본 분석에 포함하였다.

2. 4차 산업혁명에 대한 빅데이터 분석 결과

4차 산업혁명 키워드의 빅데이터 분석 결과에 대한 상위 30위까지 키워드의 빈도수, 그리고 그 빈도수를 상위 30위까지 워드클라우드로 시각화한 결과는 각각 **표 3-1**, **그림 3-1**과 같다.

표 3-1 **4차 산업혁명에 대한 키워드의 상위 30위까지 빈도분석**

순서	키워드	빈도수	백분율	순서	키워드	빈도수	백분율
1	빅데이터	3,087	6.04%	16	시스템	162	0.32%
2	미래	1,509	2.95%	17	브랜드	114	0.22%
3	분석	1,143	2.24%	18	공공데이터	110	0.22%
4	활용	779	1.52%	19	교육	102	0.20%
5	데이터	432	0.84%	20	전문가	101	0.20%
6	플랫폼	297	0.58%	21	선정	90	0.18%
7	서비스	276	0.54%	22	모델	89	0.17%
8	구축	263	0.51%	23	예측	89	0.17%
9	메타버스	237	0.46%	24	금융	86	0.17%
10	인공지능	227	0.44%	25	추진	81	0.16%
11	사업	214	0.42%	26	시장	76	0.15%
12	기술	197	0.39%	27	부동산	76	0.15%
13	드론	175	0.34%	28	통합	74	0.14%
14	개발	169	0.33%	29	포럼	70	0.14%
15	디지털	163	0.32%	30	보건의료	69	0.13%

빅데이터 분석 결과에 따르면 빈도수가 높은 키워드로는 '빅데이터, 미래, 분석, 활용' 등으로 빅데이터의 분석 기법과 관련된 전반적인 키워드를 찾을 수 있었다. 이어서 4차 산업혁명 핵심기술에 대한 키워드인 '메타버스, 인공지능, 드론'을 찾을 수 있었는데, 특히 COVID-19 확산 사태에 따라 이와 같은 기술의 교육적 활용에 대한 관심이 높아지고 있다는 사실을 주목할 필요가 있다. 아울러, 2022 개정 교육과정에서는 디지털 전환에 따른 4차 산업혁명의 핵심기술인 인공지능 교육과 관련된 역량교육을 더욱 강화될 전망이다.

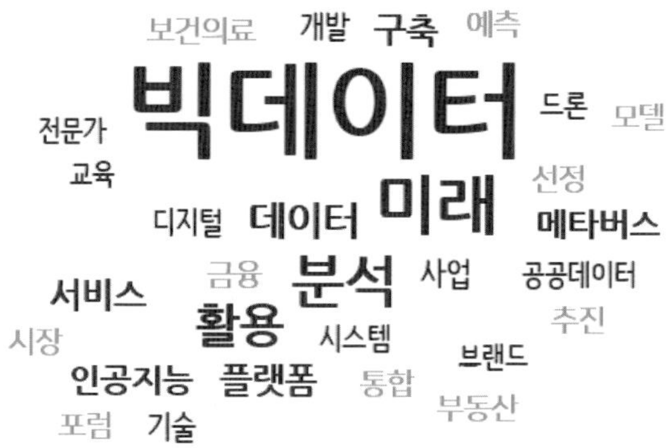

그림 3-1 **4차 산업혁명 빅데이터에 대한 워드클라우드 분석**

그림 3-2는 담론 분석을 통해서 4차 산업혁명 관련 키워드들이 어떤 단어와 관계를 맺고 있는지를 살펴본 결과이다. 분석 결과에 따르면 '빅데이터, 메타버스, 인공지능, 드론' 키워드가 각각 분류되어 나타났으며, 이와 관련된 키워드 중에서도 빅데이터는 교육과 관련된 주제 집단에 포함되었다. 이어서 메타버스가 '공공데이터, 미래, 사업, 시장'과 연관성이 높게 나타났다는 점도 주목할 필요가 있다.

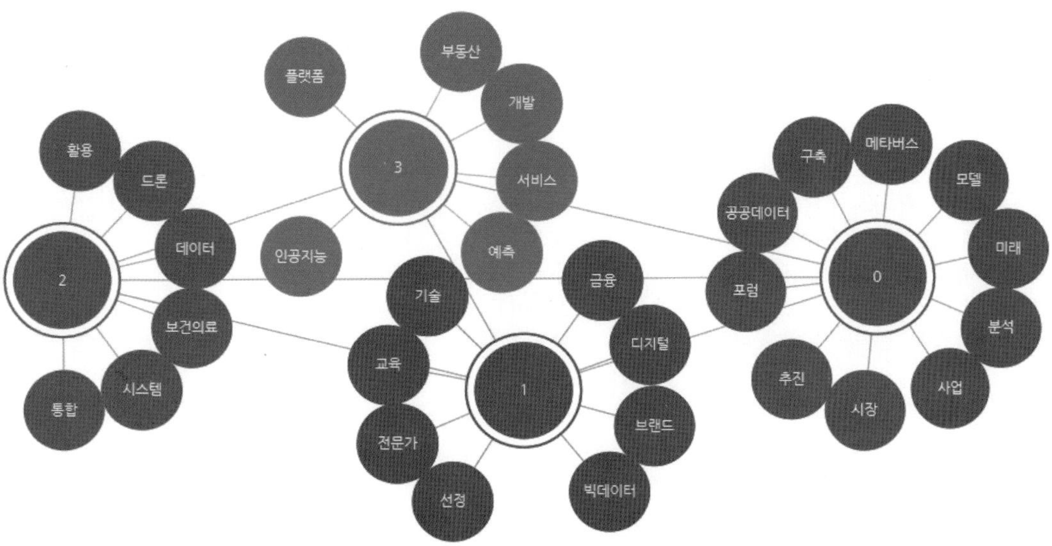

그림 3-2 **4차 산업혁명 빅데이터에 대한 담론 분석**

❶ 연구대상 수집 및 정제하기

- 본 연구대상인 '4차 산업혁명 관련 소셜 빅데이터 수집'은 소셜 빅데이터 수집 로봇(웹크롤)과 데이터 분석, 시각화 기술을 보유한 텍스톰을 통해 수집하였다.
- 텍스톰은 1개의 채널에서 한 번에 수집할 수 있는 문서의 수가 최대 1,000건으로 제한되어 있기 때문에 많은 양의 문서를 수집하기 위해서는 기간을 나눠서 지정할 필요가 있다. 본 연구에서는 최근 5년간(2016년 1월 1일 ~ 2020년 12월 31일)을 수집기간으로 설정하였으며, 2016년, 2017년, 2018년, 2019년, 2020년으로 나눠서 총 5차례 문서를 수집하였다.

- 빅데이터 수집조건

수집키워드	불용어	수집기간	채널
4차 산업혁명, 4차 산업, 4차산업	–	2016년 1월 1일 ~ 2020년 12월 31일	네이버(블로그, 뉴스, 카페, 웹 문서) 구글(뉴스, 웹 문서)

- 정제/형태소 분석은 별도의 키워드필터링을 사용하지 않았으며, URL기반 중복된 텍스트 문서를 제거하였다.
- 형태소 분석은 고유명사, 복합명사를 그대로 결과값을 반영하는 Espresso K를 사용하였으며, 분석품사는 명사를 비롯하여 형용사, 동사, 외국어를 포함하였다.
- 소셜 빅데이터 수집은 해당 토픽을 웹크롤로 수집한 후 유목화(범주화)하는 bottom-up 수집방식을 사용하였다.

❷ 데이터 분석하기(텍스트마이닝, 담론 분석)

- 형태소 분석이 완료되면 바로 편집하기를 통한 텍스트마이닝 과정을 거친다.

변경할 단어		수정단어
데이터는		데이터
브랜드평판	➡	브랜드 평판
공공데이터에		공공데이터
구축하		구축
⋮		⋮

- 담론 분석은 문서 내에서 동시에 등장(공출현)하는 단어 사이의 관계를 바탕으로 군집화하는 방법이다. 사전에 유목화한 기준에 따라 담론 개수도 4개로 적용하고, 같은 단어 간의 관계를 파악하였다.
  1단계 : [데이터 분석]→[텍스트마이닝]→[데이터 편집]→[바로 편집하기]에서 단어를 정제한다.
  2단계 : [데이터 분석]→[매트릭스]→[매트릭스 단어선택]→[1-mode]→[바로 선택하기]에서 단어를 선택한다.
  3단계 : [데이터 분석]→[담론 분석]→[담론 개수, 4개]→[적용]

❸ 시각화하기(워드클라우드, 담론 분석)

- 시각화는 웹 상에서 워드클라우드와 담론 분석(1-mode)으로 간단히 출력한다.
  1단계 : [시각화]→[시각화 결과]→[시각화 리스트 선택]→[워드클라우드]에서 색상선택, 키워드 등을 설정하여 워드클라우드를 완성한다.
  2단계 : [시각화]→[시각화 결과]→[시각화 리스트 선택]→[담론 분석(1-mode)]를 선택하여 결과를 확인한다.

제2절 빅데이터의 개념

1. 빅데이터의 의미

빅데이터(Big Data)라는 용어는 2010년 이코노미스트지(The Economist)에 데이터폭우(The Data Deluge)라는 제목으로 보고서가 실리면서 등장하였다(안효선, 2017). 빅데이터는 최근 정보통신기술(ICT) 분야에서 매우 중요한 요소 중 하나로 부각되고 있지만 새롭게 등장한 개념은 아니다. 1990년대의 컴퓨터 관련 기술에 대한 발달은 정보폭발(Information Explosion), 정보홍수(Information Overload) 등과 같은 용어를 등장시켰으며, 빅데이터는 이러한 용어들의 연장선에 있다. 그러나 이전에는 정보 혹은 데이터의 양이 중심이었다면 오늘날 빅데이터는 수집·저장·검색·분석·시각화 등에 대한 데이터의 전 과정을 통하여 가치를 창출하는 메이커로 등장하면서 21세기 새로운 국가경쟁력의 핵심자원, 원동력이 되고 있다.

빅데이터는 단일한 개념으로 정립되어 있지 않기 때문에 이를 이해하기 위해서는 다음의 세 가지 대표적인 정의를 살펴볼 필요가 있다. 첫째, 빅데이터를 일반적인 데이터베이스 프로그램이 수집·저장·관리·분석하기 어려운 대규모 데이터로 정의할 수 있다(J. Manyika et al., 2011). 둘째, 빅데이터를 데이터의 활용 측면에서 정의해보면 더 나은 의사결정, 시사점 발견 및 프로세스 최적화를 위해 사용되는 새로운 형태의 정보처리가 필요한 대용량(High Volume), 초고속(High Velocity) 및 다양성(High Variety)의 특성을 가진 정보 자산으로 정의할 수 있다(D. Boyd & K. Crawford, 2012). 셋째, 데이터의 규모 차원이 아닌 기술에 초점을 두어 정의한 국제데이터협회(The International Data Corporation, IDC)는 빅데이터를 초고속 수집, 발견, 분석이 가능한 매우 다양한 종류의 대규모 데이터로부터 경제적으로 가치를 추출할 수 있도록 고안된 차세대 기술 및 아키텍처(Architecture)로 정의하고 있다.

이처럼 빅데이터는 활용도가 높은 만큼 다양하게 해석될 수 있으며, 국내외 연구에서도 이러한 빅데이터를 다양하게 정의하고 있는 실정이다. 국내 연구에서 제시하는 빅데이터에 대한 정의는 크게 좁은 의미와 넓은 의미로 나누어 볼 수 있다. 좁은 의미의 빅데이터는 정형, 비정형 데이터를 포괄하는 데이터 규모에 초점을 맞춘 정의이며(이성훈, 2013), 넓은 의미의 빅데이터는 데이터 처리방식에서 관련 기술까지 포함하는 정의이다(고준철 외, 2012; 강만모 외, 2012; 김상락 외, 2012). 국가정보화전략위원회(2011)는 빅데이터를 대용량의 데이터를 활용, 분석하여 가치 있는 정보를 추출하고 생성된 지식을 바탕으로 능동적으로 대응하거나 변화를 예측하기 위한 정보화 기술로 정의하였다. 국외 연구에서도 빅데이터에 대한 정의를 국내 연구와 마찬가지로 크게 좁은 의미와 넓은 의미로 나눌 수 있다. Hunter(2013)는 좁은 의미의 정의로 빅데이터를 데이터 집합 자체만으로 보았으나 Wigan & Clarke(2013)는 데이터 추출뿐만 아니라 분석하는 기술까지 포함하는 넓은 의미의 정의를 내렸다. Bollier & Firestone(2010)도 방대한 양의 데이터를 수집하고 탐색하기 위한 최첨단 기술에 대한 것으로 정의하였다. Boyd & Crawford(2012)는 대규모 데이터와 그것을 분석, 관리하는 기술에서 더 나아가 빅데이터를 하나의 학문적인 현상으로 포괄하여 설명하였다.

이러한 빅데이터에 대한 정의를 종합해 보자면 빅데이터는 데이터 자체가 크다는 문자적 의미보다 '기존의 기술로 처리할 수 없는 대규모의 수집된 데이터를 새로운 처리 및 정제, 분석 방법을 적용하여 유의미한 가치를 찾아내는 것'을 의미한다고 볼 수 있다.

2. 빅데이터의 정의와 특성

빅데이터의 정의가 다양한 만큼 특성에 대한 정의도 다양하게 나타난다. 빅데이터는 정보통신 기술의 발달로 적용 범위가 확대되면서 특성도 확대되는 경향을 보인다. 가장 널리 알려진 특성으로는 Gartner가 해석한 3Vs를 제시할 수 있다. 3Vs는 규모(Volume), 속도(Velocity), 다양성(Variety)으로 구성되며, 데이터는 3Vs를 기본으로 증가한다고 하였다(D. Laney, 2001). 이후 IBM은 3Vs에서 날씨와 같이 데이터 자체의 본질적인 신뢰 여부를 고려하기 위한 신뢰성(Veracity)을 추가하여 4Vs를 정의하였다. 이외에도 '어떤 정보를 발견하는데 사용할 수 있는가?'라는 목적으로서의 가치(Value) 항목을 포함한 5Vs

로 빅데이터의 특성을 나타내기도 하였으며(정지선, 2011; 김지은, 2017; IBM 비즈니스 가치 연구소, 2012; L. Einav & J. Levin, 2014; S. Rio et al., 2014), Microsoft는 5Vs에 다시 시각성(Visibility)을 추가하여 6Vs를 빅데이터 특성으로 정의하였다. 여기에다 6가지 특성이 혼재되어 나타나는 복잡성까지 합하여 6Vs + 1C를 빅데이터의 특성으로 보고 있다. 이러한 변화를 도식화하면 다음 그림 3-3과 같다.

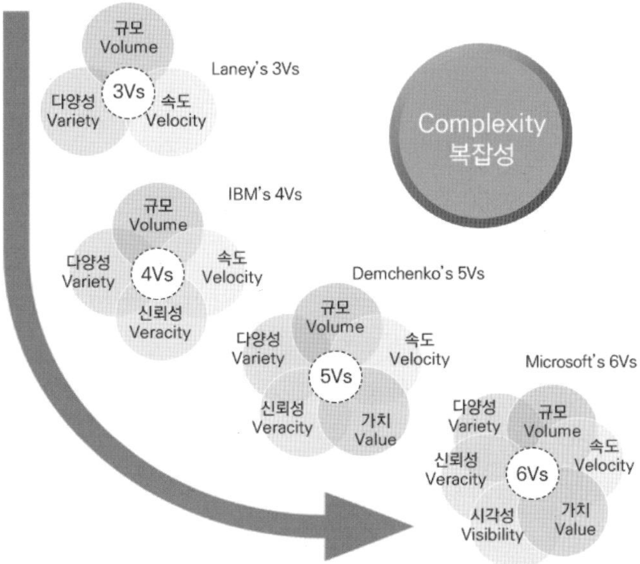

그림 3-3 **빅데이터 특성의 변화**

출처 : 한국데이터베이스진흥원, 2016의 자료를 토대로 작성

언급한 빅데이터의 특성을 정리하면 다음과 같다.

첫 번째 특성인 규모(Volume)는 테라바이트나 페타바이트[1] 이상의 정보를 의미하며 두 번째 특성인 속도(Velocity)는 데이터가 생성된 이후 저장되기까지의 속도와 데이터를 처리하여 가용하게 되는 수준까지의 속도를 의미하며 정제된 데이터를 분석하고 의미를 추출하여 목적을 달성하는 속도를 포

1) 페타바이트는 1,024 테라바이트와 용량이 같다. 기가바이트로 환산 시에는 1,043,576 기가바이트에 해당하는 용량이다.

괄한다(김동석, 2018). 세 번째 특성인 다양성(Variety)은 일반 문서, 텍스트, 이메일, SNS 데이터, 이미지, 비디오 등 데이터의 발생 원천과 종류가 매우 다양하다는 것이다. 기업정보시스템과 전자상거래 시스템에서 생성되는 비즈니스 데이터, Youtube, CC 카메라, CT/MRI 등에서 생성되는 다양한 멀티미디어 콘텐츠, 트위터나 페이스북, 카카오톡 등 SNS에서 생성되는 소셜미디어 데이터, 의료정보나 유전자와 같은 의생명 관련 데이터, 각종 센서로부터 365일 24시간 쏟아지는 스트림 데이터 등 빅데이터의 생성 원천은 매우 다양하다는 특징을 지닌다(조완섭, 2014). 네 번째 특성은 신뢰성(Veracity)으로 빅데이터 분석에 있어 수집한 데이터의 정확성과 분석할 만한 가치가 있는지를 살펴봐야 한다는 것이다. 다섯 번째 특성은 가치(Value)로 수집한 데이터를 바탕으로 제시된 정보가 가치를 창출할 수 있는지에 대한 통찰이 필요하다는 것을 의미한다(김동석, 2018). 여섯 번째 특성은 시각성(Visibility)으로 사람들이 빅데이터 속에서 가치 있는 정보를 파악하고 전달하기 위해서 데이터 시각화의 중요성을 강조하는 것이다. 일곱 번째 특성은 복잡성(Complexity)으로, 빅데이터가 갖고 있는 다양한 사회적 현상을 담은 요소들이 복잡하게 얽혀 있음을 의미한다.

이외에도 6Vs에서 추가한 한 가지 특성에 대한 의견은 앞서 제시한 시각성 외에도 다양하게 찾아볼 수 있다. Demchenko et al.(2014)는 빅데이터는 실시간으로 끊임없이 만들어지고 있으며 이에 따른 연결관계도 변화하기 때문에, 이러한 부분에 대한 이해와 해석이 있어야 한다고 주장하며 5Vs에서 변동성(Variability)을 추가하여 6Vs를 제시하였다. Rahman et al.(2016)는 엑사바이트, 페타바이트 혹은 그 이상의 데이터에서 측정된 대량의 데이터가 기관 및 산업분야에 유용하게 활용되기 위해서는 정확한 측정뿐만 아니라, 빅데이터 분석 과정에서 투명성이 보장되어야 한다고 주장하며 5Vs에 타당성(Validity)을 추가하여 6Vs를 제시하였다. 이처럼 빅데이터는 시간이 경과할수록 질적, 양적 성장을 이루고 있기 때문에 그 활용 범위가 확대되고 있으며, 이에 따른 특성에 대한 의견도 다양해지고 있는 실정이다.

3. 빅데이터 분석 방법론

빅데이터 분석은 상대적으로 가치가 낮은 혹은 없는 대량의 데이터로부터 가치가 높은 고급 정보를 추출해내는 과정으로(이만재, 2012), 단순히 분석하는 과정뿐만 아니라 데이터를 수집하고 처리하는 과정 모두를 포함한다. 빅데이터의 활용 범위가 확대됨에 따라 유의미한 가치를 찾기 위한 다양한 분석 방법이 등장하고 있다. 데이터 분석에 대한 방법론 모델은 적용 업무의 특성에 따라 다양하다. 먼저, 폭포수 모델(Waterfall Model)은 단계를 순차적으로 진행하는 방법으로 하향식(Top Down)으로 진행되며 문제나 개선사항이 발견되면 전 단계로 돌아가는 피드백(Feedback) 과정을 수행한다. 나선형 모델(Spiral Model)은 반복을 통하여 점증적으로 개발하는 방법으로 처음 시도하는 프로젝트에 적용하기 용이하지만, 반복에 대한 관리 체계를 효과적으로 갖추지 못한 경우 복잡도가 상승한다. 이외에도 프로토타입 모델(Prototype Model) 등 다양한 모델이 있으며, 빅데이터 분석에도 분석과제의 특성과 조직의 역량에 따라 이와 같은 모델을 기반으로 하여 방법론을 구축할 수 있다.

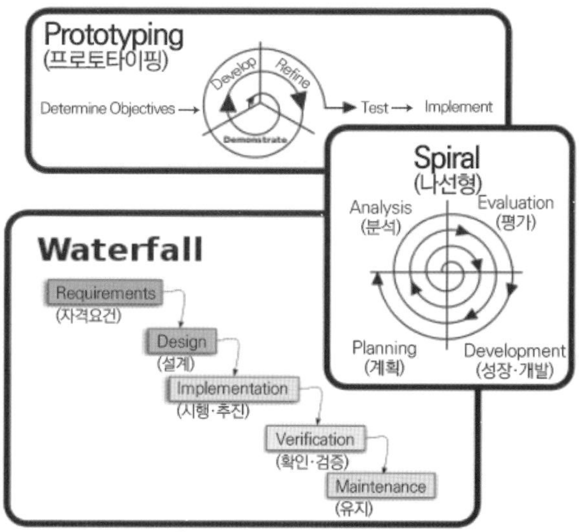

그림 3-4 **빅데이터 분석 방법론에 대한 세 가지 접근방식**

출처 : Wikipedia “Software Development Process” 검색 결과

빅데이터 분석 방법론이란 상대적으로 가치가 낮은 혹은 없는 대량의 데이터로부터 가치가 높은 고급 정보를 추출해내는 과정으로(이만재, 2012), 일반적으로 빅데이터를 분석하기 위한 방법론은 계층적 프로세스 모델(Stepwised Process Model)로써 총 3개의 계층으로 구성된다. 최상위 계층은 단계(Phase)로서 프로세스 그룹(Process Group)을 통하여 완성된 단계별 산출물이 생성된다. 각 단계는 여러 개의 태스크(Task)로 구성되어 있는데 각 태스크는 단계를 구성하는 단위 활동이다. 최하위 계층은 스텝(Step)으로서 입력자료(Input), 처리 및 도구(Process & Tool), 출력자료(Output)로 구성된 단위 프로세스(Unit Process)에 해당한다(한국데이터베이스진흥원, 2016).

빅데이터 분석 방법론의 이해를 위해 분석 기획(Planning), 데이터 준비(Preparing), 데이터 분석(Analyzing), 시스템 구현(Developing), 평가 및 전개(Deploying) 단계를 그림 3-5와 같이 설정하였다고 가정해보자. 각 단계에는 단계를 구성하는 단위 활동에 해당하는 여러 개의 태스크가 존재한다. 이를테면, 데이터 준비 단계에는 빅데이터 분석에 필요한 데이터를 정형, 비정형, 반정형 등으로 정의하는 '필요 데이터 정의 태스크', 이와 같은 데이터를 수집하기 위한 구체적인 방안을 수립하는 '데이터 획득 방안 수립 태스크' 등이 이에 해당하며, 태스크별 입력자료, 프로세스 및 도구, 출력자료에 해당하는 문서 자료, 정형·비정형·반정형 데이터 등은 스텝에 해당한다.

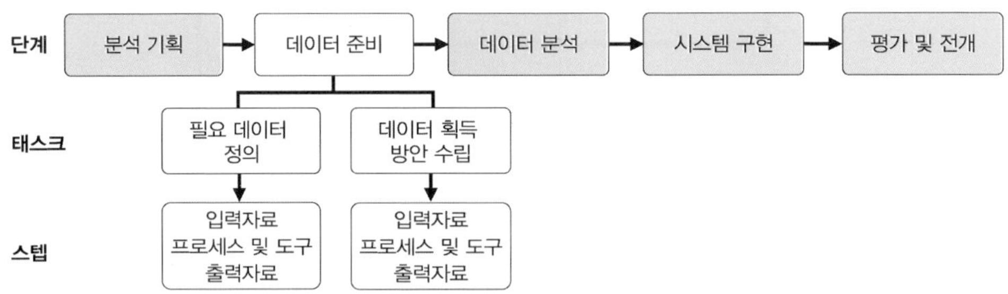

그림 3-5 **계층적 프로세스 모델에 근거한 빅데이터 분석 예시**

4. 빅데이터를 활용한 미래신호 예측방법론

빅데이터를 활용하여 미래신호를 예측 및 탐색하기 위하여 다음 그림 3-6과 같이 빅데이터를 수집한 후 분석과정을 거쳐야 한다. 본 절에서는 미래신호를 탐색하고 예측하는 과정에 대해 설명하고자 한다.[2]

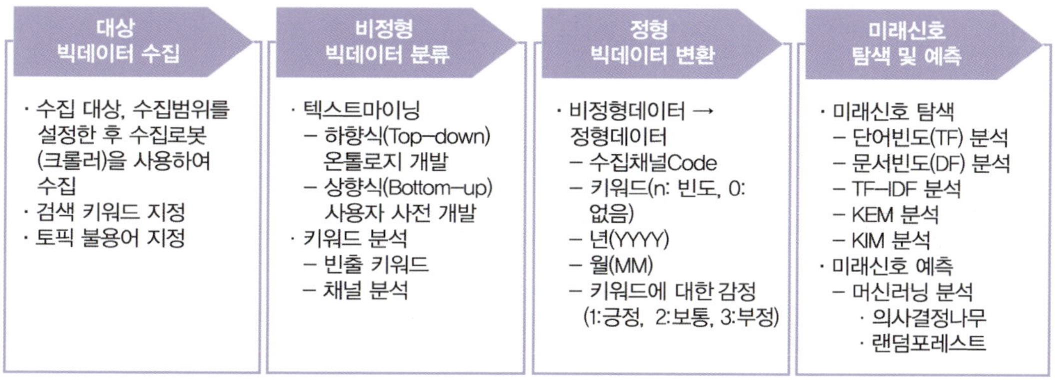

그림 3-6 **빅데이터 활용을 위한 미래신호 탐색과 예측의 절차 및 방법**

1) 빅데이터를 활용한 미래신호 탐색

빅데이터의 활용 범위가 확대됨에 따라 다양한 연구가 시도되고 있으며, 여러 연구 중에서 가장 많은 주목을 받고 있는 것은 미래의 변화에 대한 예측(Foresight)이다. 다양한 방식으로 시도되는 미래에 대한 예측은 국가와 기업의 발전 방향을 제시하는 등 인간사회에서 중요한 역할을 차지하고 있다. 지금까지 대부분의 미래를 전망하는 방법은 전문가의 지식과 의견을 따르는 방식을 많이 사용해왔다.

모바일 기기의 발전에 따른 SNS를 비롯한 각종 온라인 사이트에서 생성되는 비정형 데이터의 영향력이 높아짐에 따라, 이를 활용한 미래예측 연구가 진행하였으나, 수집기술과 분석기술의 어려움으로 확산에 한계가 있었다(송태민 · 송주영, 2016: 419). 그러나 최근 분석기술의 발전으로 이전의 연구 방식보

2) 빅데이터를 수집하고 변환하는 과정은 제4장에서 실습 통해 설명한다.

다 정확하고 가치 있는 정보를 창출해내기 위한 다양한 연구가 시도되고 있으며, 다양한 시도 중에서도 가장 많은 주목을 받고 있는 방법이 미래의 변화를 예감할 수 있는 약신호(Weak Signal)를 탐지하는 것이다(송태민, 2016: 18). 이렇게 탐지된 약신호는 미래에 변화가 가능한 징후로 여겨지며 시간이 흐름에 따라 강신호(Strong Signal)로 바뀌고, 강신호는 다시 트렌드(Trend)에서 메가트렌드(Mega Trend)[3])로 발전할 수 있다.

이러한 신호와 관련된 이론으로 Peirce(1868)의 기호학적 모델의 신호(Semiotic Model Of The Sign)에 근거한 모델을 제시할 수 있다. 이 모델에서는 그림 3-7과 같이 기호를 세 가지 신호인 표본(Representant), 해석(Interpretant), 대상(Object)으로 나누어 접근하였다.

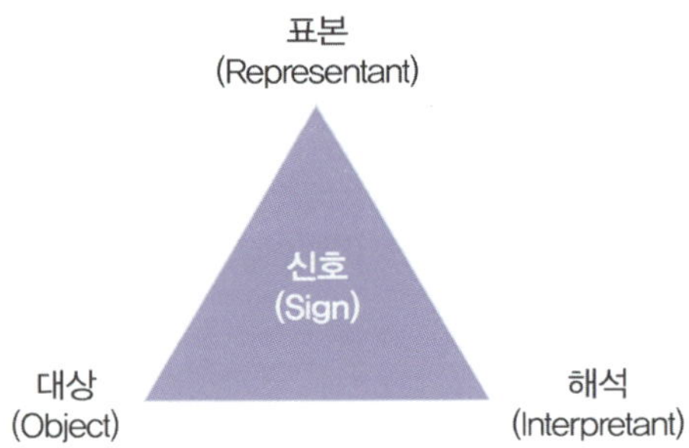

그림 3-7 Peirce의 기호에 대한 모델

출처 : Peirce(1868).

그러나 Peirce(1868)는 다각화된 사회를 하나의 신호에 집중하여 의미를 해석하고자 하였다는 비판을 받았다. Peirce가 제시한 기호학에서 대상은 기호가 가리키는 것, 눈에 보이는 현상이나 사물을 말한다. 이에 대한 해석을 미래신호 모델과 연관시켜보자면, 표본은 기호에서 오는 의미이자 미래신호(Future Sign)의 실질적인 형태이며, 해석은 기호가 가져오는 감각이자 미래의 잠재력을 감지하는 것이다. 이에 따라 Hiltunen(2008)은 Peirce의 이론에 근거하여 그림 3-8과 같이 미래신호(Future Sign)라는 개념을 신호(Signal), 이슈(Issue),

3) 1982년 미래학자 Naisbitts가 저술한 『메가트렌드』에서 유래한 용어로 탈공업화, 글로벌 경제, 네트워크형 조직과 같은 현대사회에서 발생하는 거대한 조류(Trend)를 의미한다.

해석(Interpretation)이라는 3차원의 모델로 재구성하였으며, 미래신호를 분석하기 위하여 약신호로부터 발전시키기 위한 3차원의 신호를 제시하였다.

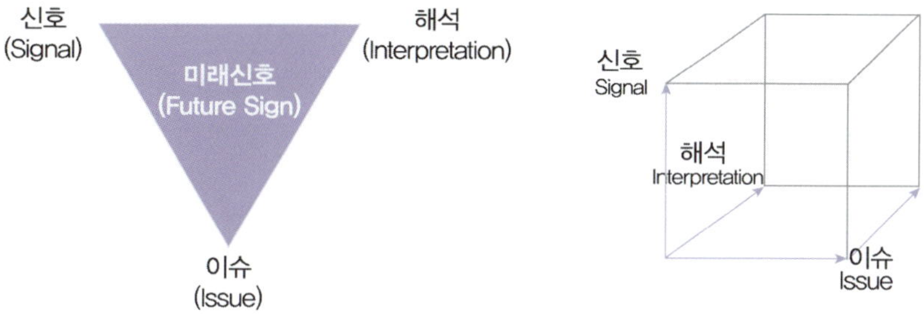

그림 3-8 **힐터넌의 미래신호 모델**

출처 : Hiltunen(2008).

본 절에서 적용할 빅데이터 기반 미래신호 탐색은 약신호를 탐지하는 것에서 시작한다. 이와 관련하여 Yoon(2012)의 연구방법에 따라 단어빈도(Term Frequency, 이하 TF), 문서빈도(Document Frequency, 이하 DF), 발생 빈도수의 증가율을 이용하여 해당 키워드의 중요도(Keyword Emergence Map, 이하 KEM)와 확산도(Keyword Issue Map, 이하 KIM)의 키워드 포트폴리오를 작성하고 이를 통해 약신호를 선별하였다. TF는 각 문서에서 단어별 출현빈도를 산출한 후, 문서별 출현빈도를 합산하여 산출할 수 있다. DF는 특정 단어가 출현하는 문서의 수를 나타낸다. KEM은 가시성을 보여주는 것으로 DoV(Degree of Visibility)를 산출하고, KIM은 확산 정도를 보여주는 것으로 DoD(Degree of Diffusion)를 산출할 수 있다(송태민 · 송주영, 2017: 37).

$$DoV_{ij} = \left(\frac{TF_{ij}}{NN_j}\right) \times \{1 - tw \times (n-j)\}$$

$$DoD_{ij} = \left(\frac{DF_{ij}}{NN_j}\right) \times \{1 - tw \times (n-j)\}$$

그림 3-9 **DoV, DoD 산출식**

출처 : 송태민 · 송주영(2017: 37).

또한 위 식에서 NN은 전체 문서수를 의미하고, TF는 단어빈도, DF는 문서 빈도, tw는 시간가중치, n은 전체시간구간, j는 시점을 의미한다. 시간 가중치는 현재부터 시간이 멀어질수록 영향력을 약하게 만드는 기능으로 본 절에서의 시간가중치는 Yoon(2012)이 적용한 0.05를 사용하였다. 또한 텍스트마이닝을 통해 추출된 역량과 관련된 키워드를 KEM과 KIM으로 구분하고 공통적으로 나타나는 신호를 미래신호로 설정하였다. 여기서 KEM은 x축과 y축으로 이뤄진 평면을 나타내는 것으로, x축에는 평균단어빈도(Average Term Frequency)를 나타내고, y축에는 DoV의 평균 증가율(기하평균)을 나타낸다.[4] KIM은 x축에 평균문서빈도를 y축에 DoD의 평균증가율을 나타내고, 선정된 키워드를 KEM과 같은 방식으로 매핑(Mapping)한 것을 말한다.

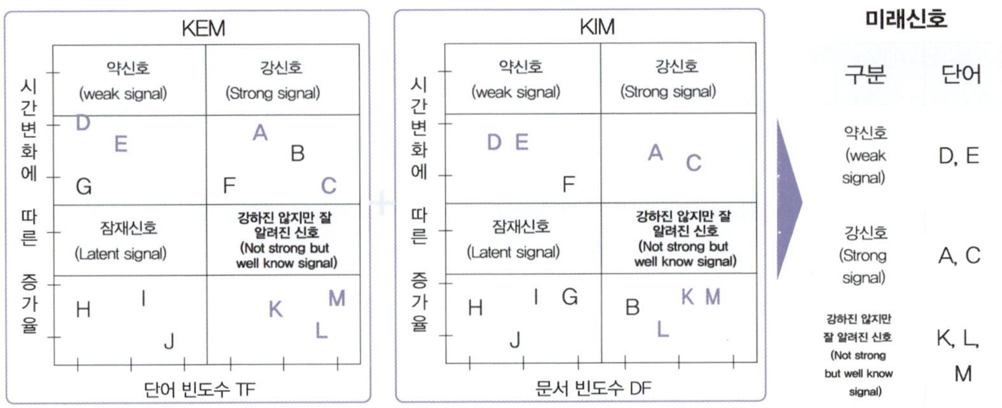

그림 3-10 **미래신호 탐색 과정**

출처 : 박찬국 · 김현제(2015: 49)의 자료를 토대로 재구성.

4) 중위수(Median)로 사분면을 나누면, 1사분면에 해당하는 영역은 평균단어빈도가 높으면서 DoV의 평균증가율이 높은 경우로 강신호(Strong Signal)가 되고, 2사분면에 해당하는 영역은 평균단어빈도가 낮으면서 y축인 DoV의 평균 증가율이 높은 약신호(Weak Signal)가 된다. 3사분면에 위치한 키워드는 아직 크게 두드러지지 않은 잠재된 신호(Latent Signal)이며, 4사분면에 위치한 키워드는 단어빈도수는 높으나 증가율이 높지 않은 키워드들로 이미 많은 이들이 익숙하게 알고 있지만 현 시점에서 DoV의 평균증가율이 둔화된 키워드(Not Strong but Well Known Signal)로 이다.

2) 빅데이터를 활용한 미래신호 예측

기계학습은 인공지능의 한 분야로 컴퓨터가 인간과 마찬가지로 학습을 할 수 있도록 하는 알고리즘과 같은 기술을 말한다. 특히 기계학습과 관련된 데이터마이닝은 대량의 데이터에서 유용한 정보를 추출하는 것으로 정의할 수 있는데(Hand et al., 2001), 이를 통해서 대용량 데이터집합 내의 패턴을 기반으로 미래를 예측하는 것이 가능하다. 기계학습의 목적이 기존의 데이터에 대한 학습을 통해서 분석한 속성을 기반으로 새로운 데이터를 예측하는 것이라면, 데이터마이닝의 목적은 기존의 데이터에서 속성을 발견하여 통계적 규칙이나 패턴을 발견하는 것이다(송태민 · 송주영, 2017: 236). 따라서 기계학습과 데이터마이닝은 빅데이터를 기반으로 예측을 통한 사회적 문제 해결에 혼용되어 쓰이며, 기계학습의 핵심 분석기술로는 의사결정나무(Decision Tree)와 랜덤포레스트(Random Forest)를 제시할 수 있다.

(1) 의사결정나무분석

다음 그림 3-11은 의사결정나무의 구조에 대해 제시한 것이다.

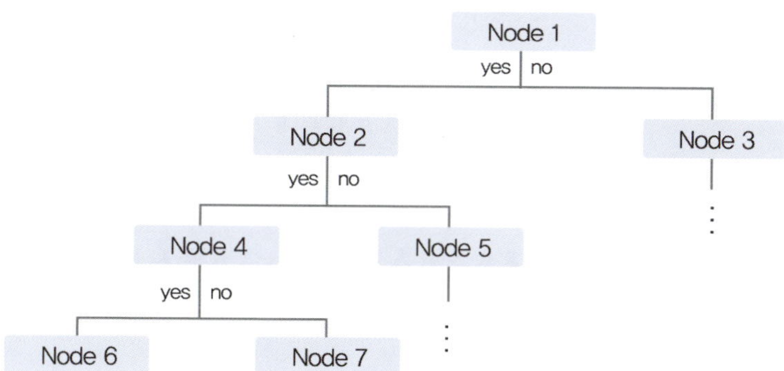

그림 3-11 **의사결정나무 구조도**

의사결정나무는 용어 그대로 나무 형태로 구성되어 있고 노드(Node)라는 구성요소로 이루어져 있다. 노드는 다시 뿌리노드(Root Node), 자식노드(Child

Node), 부모노드(Parent Node) 등으로 구성되어 있다. 여기서 뿌리노드는 아래 그림 3-11에서 Node 1에 해당하며, 자식노드와 부모노드는 상대적인 개념으로 자식노드는 하나의 노드로부터 분리된 2개 이상의 노드를 뜻하기 때문에 Node 2, 3은 Node 1의 자식노드가 된다. 부모노드는 자식노드의 상위 노드를 뜻한다. 같은 의미로 Node 4는 Node 6, 7의 부모노드인 동시에 Node 2의 자식노드가 되기도 한다.

의사결정나무에 대한 이해를 위해 그림 3-12에서 제시한 사례를 살펴보자. A교수는 자신의 과목을 수강한 학생들 중에서 A학점을 받은 학생들의 특징을 찾기 위해 분석 기준을 만들었다. 분석 기준에는 시험기간 중 수면시간, 공부시간 등이 포함되었다. 시험기간 중 수면시간에 대한 질문을 통해서 8시간 이상 충분히 잠을 잔 학생은 A학점을 받았으며, 5시간 미만으로 잠을 잔 학생은 A학점을 받지 못했다는 사실을 알게 되었다. 그러나 시험기간 중 수면시간이 5시간에서 8시간 사이에 해당하는 학생은 A학점과 B학점을 취득한 학생의 결과가 섞여 있기 때문에 다른 기준인 학습시간에 대한 질문을 다시 적용하였다. 이처럼 A교수는 분류 작업을 계속 적용하여

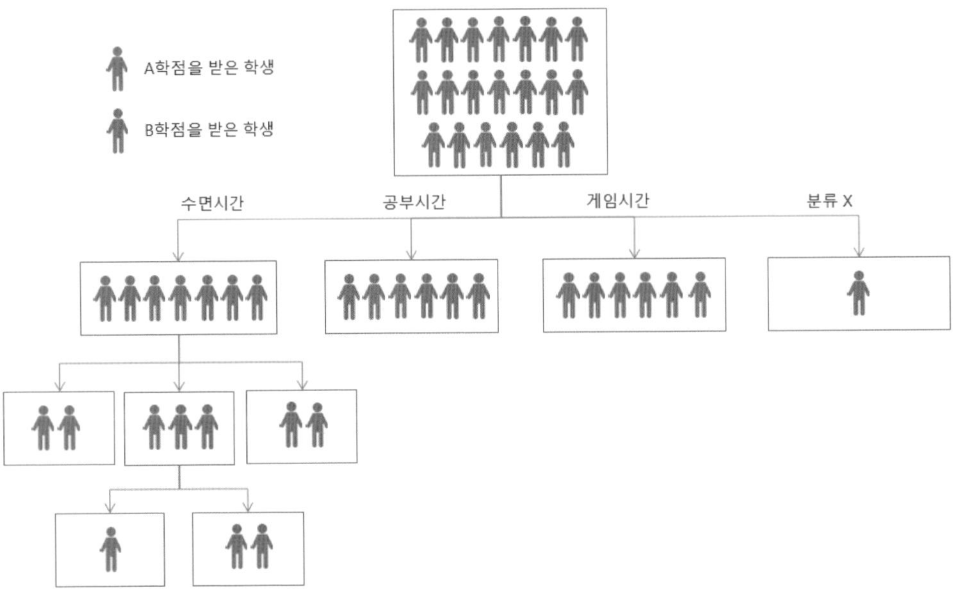

그림 3-12 **의사결정나무 적용사례**

A학점을 받은 학생들이 갖는 조건에 대해 결론을 얻을 수 있으며, 이를 활용하여 A학점을 받게 될 학생에 대해 예측할 수 있다.

사례에서 알 수 있듯이 의사결정나무분석은 일종의 스무고개와 비슷한 원리라고 생각할 수 있다. 의사결정나무분석은 결정규칙에 따라 나무구조로 도표화하여 분류와 예측을 수행하는 방법으로 기존의 회귀분석이나 구조방정식과는 달리 특별한 통계적 가정이 필요하지 않다는 장점이 있는 분석 방법이다(이주리, 2009: 235). 그렇기 때문에 의사결정나무분석은 측정자료를 몇 개의 유형으로 나누는 세분화뿐만 아니라, 예측변인 중 결과변인에 영향력이 높은 변인을 선별하는 목적으로 사용하는 데 적합하다(임희진 · 유재민, 2007: 619-620). 그러나 의사결정나무는 단일 데이터에 한 가지 의사결정나무를 적용시킴으로써 설명력은 높다고 볼 수 있지만, 예측에 대한 신뢰도가 높지 않다는 문제가 있다(하정랑, 2014: 3).

결과적으로 의사결정나무는 이미 결정된 데이터에 대해서는 높은 설명력을 갖지만, 새로운 데이터를 통해서 미래신호를 예측하기에는 부적합하다고 볼 수 있다. 본 절에서는 기존의 교육과정과 문헌연구에서 제시한 핵심역량을 비판하고 새로운 접근하고자 하였다. 이에 따라 사회과 핵심역량에 대한 새로운 미래신호 예측을 위하여 의사결정나무를 보완한 랜덤포레스트를 적용할 필요가 있다.

(2) 랜덤포레스트 분석

랜덤포레스트는 Breiman(2001)에 의하여 제시된 기계학습의 분류기법 중 하나로 주어진 자료에서 여러 개의 예측모형을 만든 후, 하나의 최종 예측모형을 만드는 기계학습을 위한 기법이다. 랜덤포레스트의 프로세스는 크게 두 가지로 나눌 수 있는데, 먼저 원 데이터(Raw Data)에서 배깅(Bagging)[5]을 통해서 중복을 허용한 무작위추출로 n개의 데이터를 구성하고, 이를 바탕으로

5) Bagging은 Breiman(1996)이 제안한 방법으로 Bootstrap Aggregation의 약자로, 샘플을 여러 번 뽑아(Bootstrap) 각 모델을 학습시켜 결과물을 집계(Aggregration)하는 방법이다. 자료로부터 여러 번의 샘플링을 통해 예측 모형의 분산을 최소화하여 예측력 향상시키고자하는 것이다.

하여 각각의 의사결정나무를 구성한다. 이어서 무작위로 선택된 변수로 만들어진 여러 개의 의사결정나무 모형을 선형결합하여 최종 학습기를 만든다. 다음 **그림 3-13**은 랜덤포레스트의 진행 절차를 도식화한 것이다.

그림 3-13 **랜덤포레스트 진행 절차**

랜덤포레스트(Random Forest)를 이해하기 위해 간단히 직역하면 무작위의 숲으로 다수의 나무(의사결정나무)들로부터 분류 결과를 취합해서 결론을 얻는 방법이라 할 수 있다. 여러 나무를 통해 예측하기 때문에 특정 나무에서 발생하는 오류가 줄어들어 예측력이 높다. 다음 **그림 3-14**를 살펴보자. 앞서 **그림 3-12**에서 제시한 질문과 답변의 과정이 나무 1개에 해당하며, 이러한 나무들을 통해 A교수는 최종적으로 자신의 과목을 수강한 학생들 중에서 A학점을 받은 학생들의 특징을 찾을 수 있었다. 이와 같은 결과 활용해서 A교수는 다음 학기부터 A학점을 받게 될 학생을 미리 예측하는 것이 가능하다.

랜덤포레스트분석 방법에 대한 이해를 위해 실제 분석 사례를 살펴보자. 다음 **그림 3-15**는 '창의 관련 사회과 핵심역량에 영향을 주는 중요한 변수는 무엇인가?'에 대한 해답을 얻기 위해 랜덤포레스트 분석을 실시한 결과이다. 그래프의 좌측에 해당하는 %IncMSE(Mean Decrease Accuracy, 이하 MDA)는 창의가 제시될 때, 사회과 핵심역량 관련 변수 값을 다른 값으로 대체하였을 때 정확도가 감소하는 정도가 큰 변수는 변화(MDA 값이 210 정도)라는 것을 의미한다. 그래프의 우측에 해당하는 IncNodePurity(Mean Decrease Gini, 이하 MDG)는 창의가 제시될 때, 관련 변수 값을 두 개로 나누었을 때 순수도(purity)

값이 감소하는 정도가 가장 큰 것이 변화라는 것을 의미한다. 즉, 창의 관련 사회과 핵심역량에 대한 변수 중에서 변화라는 변수가 가장 큰 영향력을 지니는 것으로 해석할 수 있다.

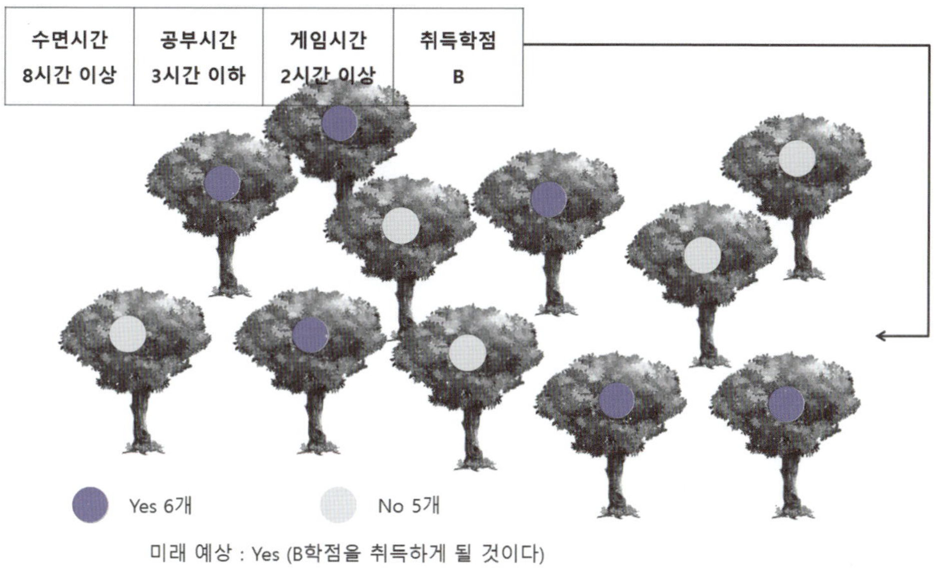

그림 3-14 **랜덤포레스트 적용사례**

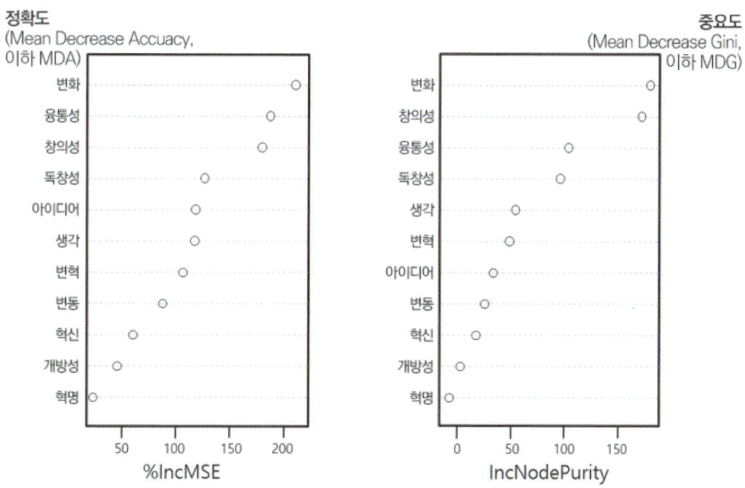

그림 3-15 **창의 관련 사회과 핵심역량의 랜덤포레스트 중요변수 그래프**

정확도(Mean Decrease Accuracy)를 나타내는 좌측 그래프는 해당 변수가 모형에서 제외되었을 때 성능에 얼마나 많은 영향을 미치는가를 뜻하며, 중요도(Mean Decrease Gini)를 나타내는 우측 그래프는 해당 변수가 모형에 적용되는 것이 분류 모형의 불순도를 얼마나 감소시키는지를 뜻한다. 즉 두 지표 모두 변수들의 중요도를 측정한 값이다. MDA값과 MDG값이 모두 '변화'에서 가장 높게 나타났으며, 이는 창의 관련 사회과 핵심역량에 대한 태도(긍정, 중립, 부정)에 가장 큰 영향을 미치는(연관성이 높은) 변수는 '변화'인 것으로 해석할 수 있다. 또한 그 뒤를 이어서 MDA는 '융통성', '창의성', '독창성' 순으로 나타났으며, MDG는 '창의성', '융통성', '독창성' 순으로 나타났다. 특히, 약간의 순서 변동은 있으나 MDA와 MDG 모두 '변화'와 '창의성' 변수 간의 측정값 차이가 비슷하고 상대적으로 크지 않았다.

제3절 빅데이터 분석 및 사례

1. 빅데이터 분석

빅데이터 분석과 관련된 용어는 처리 기술, 분석 기술, 분석 기법, 분석 방법 등으로 혼용하여 사용하고 있다. 김정선 외(2014)는 빅데이터 관련 기술은 크게 수집기술, 저장기술, 처리기술, 분석기술, 활용기술, 기타 기술로 분류하고 있다. 본 연구에서는 빅데이터 관련 전반적인 기술 중 데이터 처리를 위한 하드웨어적인 인프라 기술을 주로 처리 기술로 정의하고, 소프트웨어와 관련된 것은 분석기술로 정의하고자 한다.

빅데이터 처리 관련 프로세스별 기술을 살펴보면 다음 표 3-2와 같다. 빅데이터는 데이터 생성(소스) → 수집 → 저장 → 분석(처리) → 표현의 처리 과정을 거치며 각 프로세스마다 세부영역과 관련 처리 기술과 분석 기술이 있다. 처리 기술 인프라에는 BI, DW, 클라우드 컴퓨팅, 분산데이터베이스(NoSQL), 분산 병렬처리, 분산파일시스템(HDFS), MapReduce 등이 있으며, 분석 기술에는 통계, 데이터마이닝, 기계학습, 자연어처리, 패턴인식, 소셜네트워크 분석 등이 해당된다.

표 3-2 빅데이터 분석절차에 따른 기술

절차	기술	개요
데이터 소스 Data source	내부데이터	Database, File Management System
	외부데이터	File, Multimedia Streaming, Facebook, Twitter 등
수집 Collecting	크롤러(crawler), 로그수집기, 센싱, 웹로봇, Open API	검색엔진의 로봇을 이용한 데이터 수집, 비정형 데이터
	ETL(Extraction, Transformation, Loading)	수집자료의 소스데이터 추출, 전송, 변환, 적재
저장 Storage	NoSQL Databases	비정형 데이터 관리
	Storage	빅데이터 관리
	Servers	초경량 서버
분석(처리) Analysis	Map & Reduce	분산자료에 대한 병렬처리, 데이터의 추출
	Processing	다중업무처리
	NLP(Neuro Linguistic Programming)	자연어처리
	Machine Learning	기계 학습을 통해 데이터의 패턴 발견
	Serialization	데이터 건의 순서화
	S4, Storm, Esper	실시간 자료 분석
	R, Text Mining, Opinion Mining, Social Network Analysis, Cluster Analysis	통계분석, 주제어 및 내용 분석, 시각화, 분석알고리즘
표현 Expression	Visualization	결과를 도표나 그래픽 등으로 전문적 시각화
	Acquisition	데이터의 획득 및 재해석

출처 : Pete Warden(2011). Big Data Glossary, O'Reilly Media의 자료를 토대로 저자 재구성.

빅데이터를 분석하기 위한 기술들은 통계학과 전산학, 특히 기계학습이나 데이터 마이닝 분야에서 이미 사용되던 분석기법들의 알고리즘을 개선하여 빅데이터 분석에 적용시키고 있다. 최근 로그성 데이터, 기업의 내부 서술형 데이터, 소셜 미디어 등 비정형 데이터에 적용이 가능한 텍스트마이닝(Text Mining), 오피니언 마이닝(Opinion Mining), 소셜네트워크 분석(Social Network Analysis)[6], 군집분석(Cluster Analysis)[7] 등이 주목을 받고 있다. 이러한 빅데이터를 분석하는 방법들은 새로 생겨난 것이 아니라 기존의 통계학에서 활용하는 방법들을 대규모 데이터에 맞게 변형한 것이다. 또한 연구자가 빅데이터를 어떻게 분석할 것인가 결정하는 일도 중요하지만 분석 결과와 그 가치를 서비스에 어떻게 적용할 것이며, 사용자에게 어떻게 보여줄 것인지도 매우 중요하다. 단순한 숫자정보나 텍스트로는 사람들에게 그 의미를 설득력 있게 전달하기 어렵기 때문에 분석된 결과를 적절한 차트나 이미지, 지도 등으로 시각화하는 것이 효과적이다(최광선 외, 2013).

2. 빅데이터 분석 사례

빅데이터 분야에서 데이터 과학자(Data Scientist)는 온라인 채널에서 수집되는 비정형 데이터를 신속하게 분석하여 가치 있는 정보를 추출해낸다. 온라인 채널에서 정보를 뽑아내고 분석하는 방법은 크게 세 가지로 나눌 수 있다(송태민 · 송주영, 2016).

첫째, 텍스트마이닝(Text Mining)은 인간의 언어로 쓰인 비정형의 텍스트에서 자연어처리 기술을 이용하여 유용한 정보를 추출하는 방법이다. 비정형의 텍스트 간에 연계성을 파악하여 분류 혹은 군집화하거나 요약하는 등 빅데이터 속에 숨겨진 유의미한 정보를 발견한다.

둘째, 오피니언마이닝(Opinion Mining)은 비정형의 텍스트 문장을 대상으로 하여 자연어처리 기술과 감성분석 기술을 적용하여 사용자의 의견(긍정, 중립,

6) 소셜 네트워크 분석(Social Network Analysis)은 사회 연결망 분석이라고도 한다. 주로 SNS(페이스북, 트위터, 미투데이) 및 온라인 커뮤니티 상에서 존재하는 텍스트를 분석해서 사용자 간에 연결구조와 연결강도를 파악하는 방법이다. 또한, SNA는 사용자 간에 관계망을 파악하고, 나아가 노드(Node)와 링크(Link)로 나타낼 수 있는 모든 현상 또는 분야에 적용이 가능한 분석 방법이다.

7) 군집 분석(Cluster Analysis)은 수집된 데이터 간의 유사도를 측정하고 그 유사도에 근접한 것부터 차례대로 합치는 방법이다. 유사도를 정의하는 방법은 상관계수나 거리 등이 존재한다. 군집 분석에는 계층적 방법과 비계층적 방법이 존재하는데, 요인 분석이 대표적인 비계층적 방법이다.

부정 등)을 분석한다.

셋째, 네트워크분석(Network Analysis)은 네트워크 연결구조와 연결강도를 분석하여 어떤 메시지가 어떤 경로를 통해 전파되는지, 누구에게 어떤 영향을 미칠 수 있는지 등을 파악한다.

다음은 사회과 핵심역량 중 하나인 '창의' 빅데이터를 분석하는 구체적인 절차와 방법을 통해 도출하는 과정이다.

첫째, 해당 주제와 관련한 온라인 문서(창의 관련 사회과 핵심역량)에 대해 분석 모델링을 실시하여 수집대상과 범위를 설정한 후, 수집채널(해당 사이트)에서 크롤러와 같은 수집엔진(로봇)을 이용하여 데이터를 수집한다. 분석 모델링 과정에서는 분석 키워드, 불용어 등을 설계하여 수집의 오류를 방지한다.

과정 1

웹 크롤러를 사용한 빅데이터 수집 결과에 따르면 지난 약 10년간(2011년 1월 1일부터 2020년 8월 31일까지) 사회과 핵심역량과 관련된 키워드를 언급한 온라인 문서 35만 5,861건이며, 이중에서 사회과 핵심역량을 직접 언급한 문서는 13.7%에 해당하는 것으로 나타났다.

둘째, 수집한 창의 관련 사회과 핵심역량 빅데이터의 원데이터(Raw Data)는 텍스트 형태의 비정형 데이터로 연구자가 원상태로 분석하기에 어려움이 있다. 따라서 수집한 비정형 데이터를 텍스트마이닝을 통해 분류하고 정제하는 절차가 요구된다. 정제된 비정형 데이터 분석은 키워드분석, 감성분석 등으로 진행한다.

과정 2

수집된 빅데이터는 명사형, 동사형, 형용사형 등의 키워드를 추출하는 데이터 전처리 과정을 진행하였다.

셋째, 비정형 데이터를 정형 데이터로 변환한다. 창의 관련 사회과 핵심역량 빅데이터에 대한 사례를 살펴보자면, 먼저 온라인 문서는 수집채널별로 코드를 부여해야 하며, 문서 내에서 발생하는 키워드는 모두 빈도로 코드화한다.

과정 3

창의와 관련된 키워드는 '창의성, 아이디어, 생각, 독창성, 개방성, 융통성, 변화, 변혁, 혁명, 혁신, 변동'의 11개로, 대상이 있는 경우는 '1', 없는 경우는 '0'으로 코드화하였다. 또한 사회과 핵심역량에 대한 태도의 분석은 감정을 주제로 분류하였으며 긍정적으로 인식하는 표현(예: '흥미롭다', '기대된다', '중요하다' 등)이 담긴 키워드, 부정적으로 인식하는 표현(예: '힘들다', '무의미하다', '어렵다' 등)이 담긴 키워드, 중립적(긍정적 표현과 부정적 표현이 혼합된 문서)으로 인식하는 표현이 담긴 키워드를 코드화(1: 긍정, 2: 보통, 3: 부정)하였다.

넷째, 정형화된 데이터의 분류과정을 통해 새로운 현상이나 가치를 발견할 수 있는 머신러닝 분석이나 시각화 등을 실시할 수 있다.

과정 4

사회과 핵심역량 관련 온라인 문서 현황에 대한 빈도수를 R을 활용하여 워드클라우드로 시각화하여 정리하였다.

3. 빅데이터의 전망

어느 분야든 새로운 흐름이 나타날 때는 열기와 냉기가 교차한다. 빅데이터 또한 이러한 흐름에서 예외가 아니다. 빅데이터 열풍이 한창이던 시절에는 마치 흥행 보증수표처럼 보고서에 '빅데이터'라는 단어만 붙으면 내용이나 가치와 상관없이 높은 평가를 받는 마법의 키워드였다. 그러나 열기가 있으면 냉기도 함께 있는 법이다. 이제는 빅데이터 열풍과 함께 떠오르는 회의론이 심심찮게 들려온다. 다음 그림 3-16은 구글 트렌드에서 'big data' 키워드를 검색한 결과이다. 검색 결과를 보면 빅데이터에 대한 관심이 급증하다가 2013년 말을 기점으로 줄어들었지만 이에 대한 관심은 여전하다.

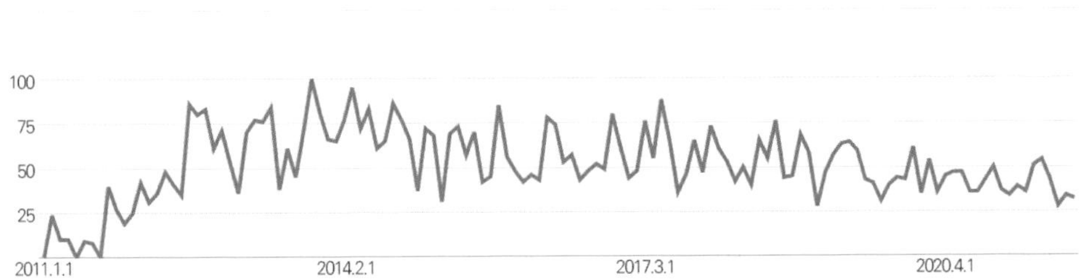

그림 3-16 **빅데이터 검색추이(구글 트렌드, 2021년 8월 검색 결과)**

사실 국내에서 빅데이터 회의론에 대한 목소리가 높아지는 것은 매우 우려스러운 상황이다. 초창기의 빅데이터는 도입만 하면 마치 모든 문제를 한 번에 해소할 것처럼 강조하였다. 이에 따라 많은 기업들은 빅데이터 처리를 위한 하드웨어와 소프트웨어를 도입하지만, 가치를 창출하는 방법에 대한 지식의 부재로 무의미하게 방치하는 사태가 벌어졌다. 이러한 사태는 빅데이터 분석에 필요한 가치를 창출하는 방법에 대한 충분한 고찰과 연구가 이루어지지 않았기 때문이다.

빅데이터 분석의 '빅(Big)'은 핵심이지만 전부를 의미하는 것은 아니다. 많은 기업에서는 그저 많은 데이터를 보유하고 있으면 유의미한 가치를 창출할 수 있을 것이라 예측한다. 하지만 단순히 양적으로 많은 데이터가 더 많은 가치를 보증하지는 않는다. 빅데이터에서 중요한 것은 단순한 데이터의 양이 아니라 다양한 데이터이다. 이를테면, 빅데이터 도입에 가장 관심이 많았던 고객관계관리(Customer Relationship Management, 이하 CRM)에서 1명의 고객에 대한 100가지 정보보다 100명의 고객에 대한 1가지씩의 정보가 훨씬 가치가 있는 것이다. 여전히 대부분의 기업이 빅데이터에 대한 접근을 무한정 '빅'에 초점을 두고 있다. 이러한 접근 방식이 지속되는 이상 빅데이터의 가치에 대한 회의론은 계속 제기하게 될 것이다.

그렇다면 빅데이터는 이에 대한 회의론을 넘어 다양한 활용과 가능성이 있을까? 이에 대한 대답은 '가치 패러다임'에서 제시할 수 있다. 경제와 산업의 근저에는 다양한 가치가 존재하는데 특정 기간 동안 지배적으로 작용한다. 이 가치는 영구적인 것이 아니라 일정 기간 패러다임적인 존재였다가

효력이 다하면 다음 가치에 넘어간다. 예를 들어 지식정보화 시대의 가치 패러다임은 디지털화(Digtalization)라 할 수 있다. 이 당시에는 아날로그의 세상을 얼마나 효과적으로 디지털화하는가가 가치를 창출하는 원천이었다. 그렇다면 디지털화 다음의 가치 패러다임은 무엇일까? 빅데이터는 사물인터넷, 인공지능과 같은 기술이 주목받는 시대에 해답으로 제시할 수 있다. 결과적으로 빅데이터라는 용어는 이미 잠시 유행했다가 가라앉고 있지만, 그 가치에 대해서 이해하지 못한다면 앞으로 다가올 미래에 치명적인 결과를 초래할 수 있기 때문에 이에 대한 대비가 필요하다.

제4절 4차 산업혁명 관련 기술의 활용 사례

1. 인공지능 기술의 활용 사례

인공지능은 머신러닝이라는 새로운 기술을 이용한 데이터 기반으로 전환됨에 따라서 인공지능은 획기적인 전환을 맞이하게 된다. 머신러닝은 사람 대신에 기계가 데이터로부터 스스로 지식을 학습하도록 하는 귀납적 추론 방법이다. 최근 빅데이터 기반의 머신러닝 기술이 딥러닝으로 발전됨에 따라 기존 인공지능 문제들을 해결함에 따라 인공지능 기술은 날개를 달게 되었다.

빅데이터를 기반으로 하는 인공지능은 전 세계적인 주목을 받고 있는 분야이다. 특히 인공지능은 2016년에 이루어진 구글의 알파고와 프로 바둑기사 이세돌과의 대국으로 세계적인 이슈를 퍼뜨리며 전문가와 대중들에게 폭발적인 관심을 불러일으켰다. 스마트폰에 설치된 인공지능을 통해 메시지, 이메일 등을 발송하는 것은 자연스러운 일이 되었고, 날씨나 뉴스, 사전 등 정보를 찾으며 가정 내의 전자 제품들과 연동하여 조작을 하는 등 개인 비서 시스템으로 확대되고 있다. 초연결 사회에서 쏟아지는 빅데이터가 인공지능과 결합되면서 기계학습(Machine Learning)과 심층학습(Deep Learning)을 가능하게 됨으로써 인공지능의 개발이 한층 더 용이해졌다.

이에 따라 인공지능 기반의 대화를 통해 삶의 문제를 해결할 수 있는 챗봇(Chatbot)은 적시학습(Just-in-Time Learning)[8]의 강력한 도구로서 언제, 어디서든지 간편하게 실생활 및 교육과 관련하여 즉문즉답의 형태를 통해 짧은 시간에 효과적인 문제를 해결할 수 있게 해주고 있다. 즉문즉답은 학습자가 학습을 주도적으로 하는 데 있어서 매우 중요한 역할을 한다. 학습자는 질문을 통하여 정보를 얻을 뿐만 아니라 소통하면서 답을 찾아내고, 미흡한 부분에 대해서는 추가적인 질문을 통해 문제를 해결해 가면서 사고력, 문제해결력, 창의력 등이 함양된다.

챗봇은 채팅과 로봇의 합성어로 사용자와 에이전트(로봇)가 채팅 및 음성을 통해 질문이나 지시에 알맞은 답이나 각종 연관정보를 제공하는 인공지능 기반의 대화형 에이전트(Conversational Agent) 내지 커뮤니케이션 소프트웨어를 칭한다(J. Weizenbaum, 1966; T. W. Bickmore et al., 2005; K. Brennan, 2006; S. Chopra et al., 2016). 챗봇은 기계학습과 심층학습 기술을 기반으로 만들어진 대화형 인터페이스상에서 사용자와 주로 질문과 답변을 통해 상호작용하는 서비스로, 간단히 말해서 대화를 하는 로봇이다. 흔히 전화를 통해 접하던 ARS 자동응답시스템이 인터넷 메신저 환경으로 전환된 셈이다. 이러한 챗봇은 반응이 즉각적이며, 개인화된 대화가 가능하며, 별다른 설치 없이 '대화'라는 인터페이스를 통해 이루어지므로 누구나 쉽게 이용할 수 있다는 장점이 있다. 그러나 챗봇의 인공지능은 빅데이터에 달려있기 때문에 데이터 확보가 어려울 경우에는 개발에 어려움이 있으며, 아직까지 인공지능 기술이 무르익지 않아 컴퓨터가 인간이 사용하는 자연어를 완전히 이해하는 데에도 한계가 있다. 이러한 챗봇의 단점들을 보완할 수 있다면 그 활용 범위는 앞으로 무궁무진할 것으로 기대된다.

다음 **표 3-3**은 2019년 부산에서 이루어진 한-아세안 특별정상회의를 맞이하여 사회과 인공지능기반 세계지역학습을 위해 챗봇을 만든 것이다. 지역 기반 세계지역학습을 위한 마이크로러닝용 아세안 AI 챗봇은 전통적인

---

8) 적시학습은 학습자의 다양한 질문에 바로 답하게 함으로써 학습자의 요구를 해결해 주도록 하는 것이다. 적시학습은 교육과정을 주제별로 분할, 세분화해 필요한 내용을 바로바로 학습, 소화할 수 있도록 만든 교육 방법이다. 적시 학습의 특징은 학습자가 필요시에 필요한 학습량만큼, 필요한 장소에서 학습할 수 있도록 하게 함으로써 필요시 신속히 대응할 수 있는 특징을 갖고 있다(하진석·김창석, 2012).

교실수업에서 느끼지 못했던 미래교실공간을 통하여 자신들이 살고있는 지역이 어떻게 다른 나라들과 연관되는지를 이해할 수 있는 도구가 되었다. 학습자들은 다문화적 관점에서 다름이라는 문화의 다양성과 글로벌 관점에서 유사함이라는 우리 지역 및 나라를 넘어 세계 여러 나라와 상호의존적 관계를 통하여 다름과 유사함의 차이를 통하여 세계시민성의 자질을 함양할 수 있었다.

표 3-3 **한-아세안 챗봇**

카카오톡 - 검색기능 - '아세안' 검색

화면	사용방법	화면	사용방법
	아세안 챗봇의 홈화면으로 QR코드나 카카오톡 검색을 한 뒤 처음으로 볼 수 있는 화면이다. 오른쪽 아이콘을 눌러 채널을 추가할 수 있다. 왼쪽 채팅하기를 눌러 챗봇과의 대화를 시작할 수 있다.	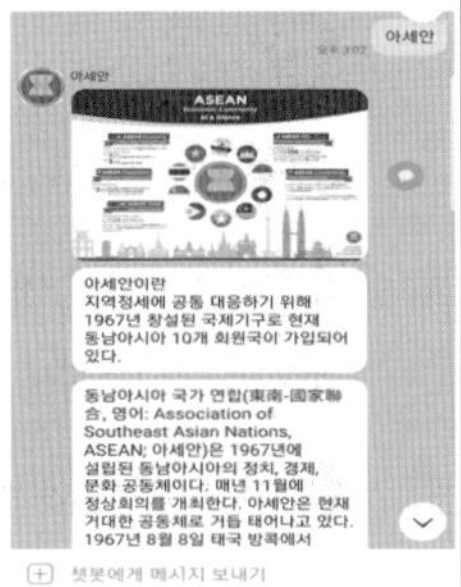	인사하기 기능이다. 사용자가 간단히 인사하면 아세안 챗봇은 간단한 인사와 함께 자신이 할 수 있는 것에 대해 안내해준다. '아세안' 또는 '안녕'이라는 인사로 이러한 화면을 불러올 수 있다.
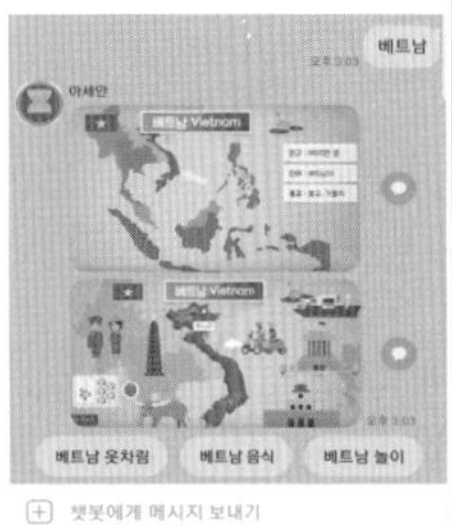	베트남의 국가 소개 예시이다. 첫 번째 그림은 인구, 언어, 종교와 지리적 위치를 보여준다. 두 번째 그림은 문화유적과 유명한 문화재, 전통의상 등을 한눈에 볼 수 있는 그림이다.	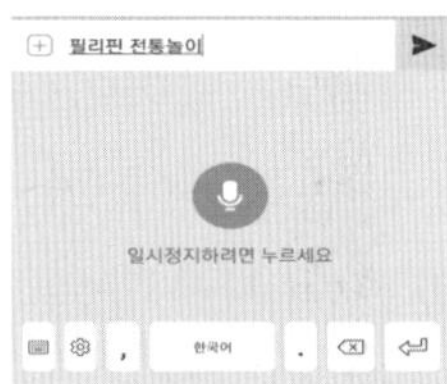	챗봇과 대화하는 방법은 직접 낱말을 쳐서 대화하는 방법과 음성키보드를 활용하여 음성으로 대화하는 방법이 있다. 음성키보드는 주위의 잡음이 없는 상태에서 잘 작동된다.

2. 메타버스의 활용 사례

컴퓨팅 기술의 개발은 사람들을 더 긴밀하게 엮는 방향으로 그리고 시간과 공간의 제약을 더 허무는 방향으로 진행되고 있다. 이와 같은 변화는 교육 현장에도 많은 변화를 불러오고 있다. 교육부에서는 '인문학적 상상력과 과학기술 창조력을 갖추고 바른 인성을 겸비하여 새로운 지식을 창조하고 다양한 지식을 융합하여 새로운 가치를 창출할 수 있는 사람'을 미래사회 인재로 제시하였다(교육부, 2015). 미래사회에 적합한 인재를 교육하기 위하여 STEAM 교육, 메이커(Maker) 교육, SW 교육, 인공지능 교육을 순차적으로 정규 수업에 포함시켰다. 이에 따라 학교 수업에서의 디지털화가 이루어지며 다양한 교수학습 방법론과 함께 이를 구현할 수 있는 콘텐츠가 등장하였다.

COVID-19의 팬데믹 현상이 지속됨에 따라 비대면 기술의 수요 급증은 획기적인 디지털 대전환을 가져왔다. 4차 산업혁명 기술 중 메타버스(Metaverse)가 급성장하면서 교육 현장에서 적용하려는 시도가 이어지고 있다. 메타버스는 가상, 초월을 의미하는 '메타(Meta)'와 세계, 우주를 의미하는 '유니버스(Universe)'를 합성한 신조어로, 디지털 세상을 통칭하는 용어이며 주로 3차원 가상현실, 가상세계를 의미한다. 메타버스는 가상 세계로만 한정하는 것이 아니라 스마트폰, 컴퓨터, 인터넷 등 디지털 미디에 담긴 새로운 세상 혹은 디지털화된 지구로서, 소설 속에서만 존재했던 세상이 현실로 다가온 셈이다. 과거 메타버스는 아바타가 살아가는 가상현실, 실감형 VR(Virtual Reality) 등으로 이해했지만, 이제는 초월적인 나로 살아갈 수 있는 모든 공간을 통칭한다고도 볼 수 있다.

메타버스에 접속하는 기술들로 **그림 3-17**과 같이 AR, AV, VR, MR, XR를 들 수 있다. XR(eXtended Reality)은 AR, VR, MR과 비교하면 최근에 만들어진 신조어로, 현실감이 좀 더 높거나 오감을 자극하는 최신 기술의 인터펙션이 더해졌을 때 XR이라고 용어를 사용하고 있다. 현실세계에 가상 그래픽이 얼마만큼 혼합되어 있느냐에 따라서 증강현실(Augmented Reality: AR), 증강가상(Augmented Virtuality, AV), 가상현실(Virtual Reality: VR)로 정해진다. 증강현실과 증강가상은 구별이 모호해서 현실세계에 가상 이미지가 혼합된 형태는 대부분 증강현실 혹은 혼합현실(Mixed Reality, MR)이라고 부른다(Paul Milgram & Kishino, Fumio, 1994). 가상현실은 100% 가상의 이미지로 이루어진 환경이다. MR은 AR, AV, VR을 포함하는 현실과 가상이 혼합된 환경이다. XR(eXtended Reality)은 AR, VR, MR을 모두 통칭하는 가상융합기술로 최근에 만들어진 신조어이다. 따라서 XR은 현실감이 좀 더 높거나 오감을 자극하는 최신 기술의 인터펙션이 더해졌을 때 XR이라 용어를 쓰는 경향이 있다(이경택, 2020).

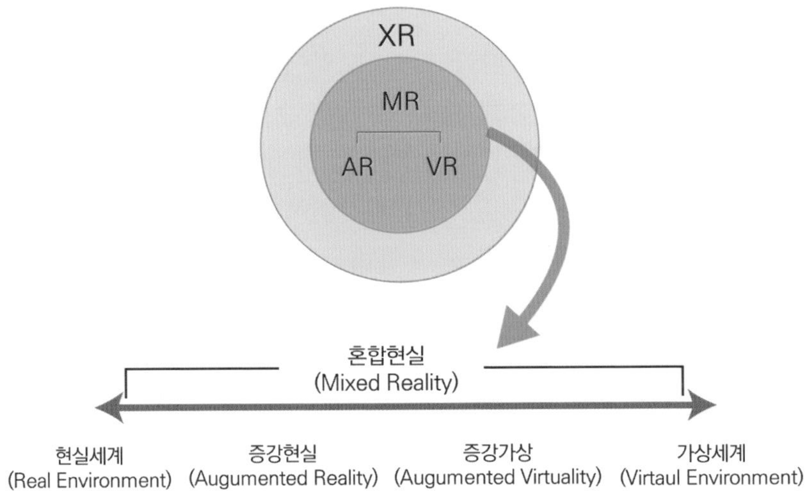

그림 3-17 **메타버스 관련 기술들의 관계**

2007년 미국의 기술 연구 단체인 ASF(Acceleration Studies Foundation)는 메타버스를 구현하는 4가지 유형을 증강현실, 라이프로깅, 거울 세계, 가상현실로 구분하였다(그림 3-18 참조).

증강현실(Augmented Reality: AR)은 스마트폰이나 스마트패드와 같은 디바이스에서 실제 환경에 가상의 사물이나 정보를 합성하여 보이게 하는 기술이다. 증강현실을 활용하면 평소에 가기 힘든 장소를 실시간으로 답사할 수 있으며, 스트리트 뷰를 통하여 주변환경을 확인할 수도 있다. 현실 세계에 영상, 이미지, 정보 등이 합성되어 보일 수 있다. 가장 유명한 사례로 GPS 기반 AR 게임인 포켓몬 고(Pokemon GO)가 있다.

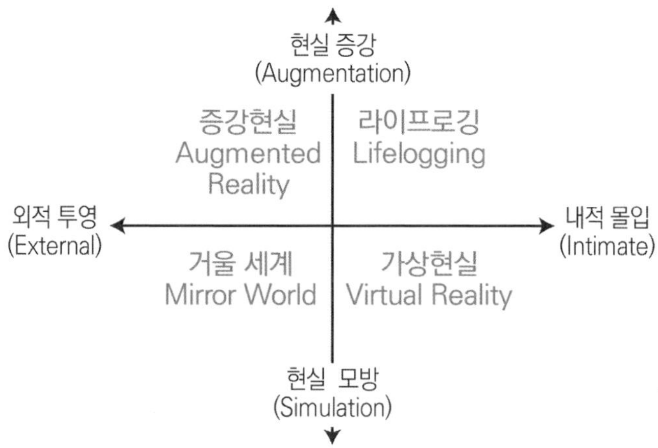

그림 3-18 **구현 형태에 따른 메타버스의 4가지 유형**

가상현실(Virtual Reality: VR)은 컴퓨터 그래픽으로 가상의 사이버 공간을 구축하는 것이다. 현실과 전혀 연계가 없는 가상의 사회, 세계관, 인물이 등장하고 생활할 수 있으며 사용자들은 그 안에서 아바타(Avatar)를 통해 가상세계를 탐험하고 소통한다. 최근까지도 메타버스는 가상현실과 유사한 의미로 여기기도 하였다.

거울 세계(Mirror World)는 현실 세계를 복사하되 정보성과 편의성을 더한 상태를 말한다. 대표적인 것이 구글 지도와 같은 디지털 영상 지도이다. 구글 지도에서는 현실의 지도를 보여주지만, 지도 안의 상점의 영업시간, 평점, 메뉴 등 정보와 편의성을 더하고 있다. 따라서 거울세계에서는 직접 대면하지 않고 온라인 상에서 쇼핑과 같은 거래행위를 할 수 있게 되었다. 현실에서 자주 사용하는 내비게이션, 배달 앱 등이 대표적인 거울 세계이며, 온라인 학습에 자주 사용하는 Zoom도 거울 세계로 구분한다.

(a) 포켓몬 고

(b) 제페토

(c) 구글 지도

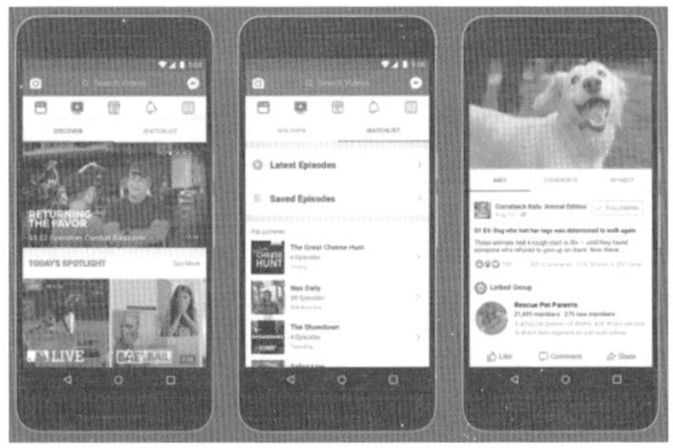

(d) 페이스북

그림 3-19 **구현 형태에 따른 메타버스의 4가지 유형**

라이프로깅(Lifelogging)은 자신의 삶에 관한 다양한 경험과 정보를 기록하여 저장하고 공유하는 활동을 의미한다. 이를 통해 사람들은 과거와 현재의 상태정보를 확인하고, 공유할 수 있다. 일상생활에서 카페에 글을 올리고, 블로그를 관리하는 것도 라이프로깅이며 인스타그램, 페이스북, 카카오스토리 등과 같은 SNS를 활용하는 것이 대표적인 라이프로깅의 사례이다.

이처럼 여러 플랫폼을 사례로 메타버스 플랫폼을 어떤 유형으로 구분하는지 제시하였지만, 최근의 기술 발달과 더불어 유형이 혼합된 형태의 메타버스가 등장하면서 메타버스를 이와 같은 체계로 구분하는 것은 큰 의미가 없다. 예를 들어, 식당을 방문한 뒤 구글 지도에 방문한 장소가 뜨면 그곳에 대한 평점을 메기고, 글을 남기는 것은 거울 세계이자 라이프로깅에 해당하기 때문이다.

3. 드론의 활용 사례

디지털 트윈 기술은 사회과교육에서 필요한 지역 및 지도 학습을 위한 자료의 제작에 활용할 수 있다. 이를테면, 시뮬레이션의 기능은 지역에 대한 이해뿐만 아니라 지역에서 발생하는 문제의 현황 분석, 해결방안 수립, 결과 예측 등에 적극적으로 활용할 수 있으며, 3차원 지도와의 연동으로 지도 학습까지 확장하여 적용할 수 있다. 특히 3차원 지도 연동은 제작에 대한 연구(김종혁 외, 2019; 임성하 외, 2020), 플랫폼에 대한 연구(이종욱 · 우운택, 2019)처럼 구체적인 활용방안에 대한 방법론이 제시되고 있다. 그러나 과거에 비해 공간정보가 폭증하고 있는 상황이지만, 급변하는 지역에 대한 3차원 지도를 구축하는 맵핑에는 많은 시간과 비용이 소모되어 실효성 부분에서 한계를 보이고 있다.

최근에 등장한 드론은 이러한 3차원 맵핑에 대한 한계를 극복하고 효과적으로 구축하기 위한 수단으로 주목받고 있다. 드론에 대한 연구 동향을 파악하기 위해서는 먼저 저고도 무인항공기(Unmanned Aerial Vehicle, 이하 UAV)에 대해 살펴볼 필요가 있다. 지금까지의 UAV를 이용한 연구를 살펴보면, Murden & Risenhoover(2000)는 무인비행선에 디지털카메라를 탑재하여 저고도 비행을 통해 농경지 일대에 대한 모니터링 방안을 제시하여 대상 지역의 미세한 생태학적 변화를 탐지하는 방안을 도출하였다. Eisenbeiss(2004)는 레이저스캐너를 탑재하여 3차원 기하학적 정보를 용이하게 얻을 수 있었으며 영상으로부터 3차원 객체의 텍스쳐 맵핑이 가능한 방법에 대해 제시하였다. 정성혁 외(2010)는 변화가 빈번하게 발생하는 도시지역의 3차원 공간정보를 신속하게 취득하기 위한 무인헬기 사진측량 기법을 제시하였다. 이와 같은 선행 연구에 따르면 드론은 낮은 고도에서 관측 시기를 자율적으로 조절하기 때문에 사진[9]을 촬영함에 있어서 비교적 시간과 공간에 대한 제한을 적게 받는다. 또한 지리 연구 대상에 전혀 다른 시각에서 실시간으로 공간정보를 전달하기도 한다.

다음 그림 3-20은 웹기반 항공지도 중 하나인 카카오 지도에 드론기반

9) 사진은 공간을 다루는 지리학 연구에서 여러 공간정보를 제공해주는 필수 조건이다(권동희, 2016: 2).

2차원 정사영상을 GIS 프로그램으로 중첩하여 나타낸 것이다.

웹 기반 항공지도

드론 기반 2차원 정사영상 중첩

그림 3-20 **웹 기반 항공지도와 드론 기반 2차원 정사영상 비교**

드론 기반 2차원 정사영상은 기존의 웹기반 항공지도가 가진 광범위한 지역의 정보를 나타내기 힘들다는 명확한 한계가 있다. 그러나 드론기반 맵핑의 결과물은 다양한 공간정보를 포함하고 있기 때문에 웹기반 항공지도 상에 레이어(Layer)로 처리가 가능하다. 이에 따라 원하는 지역에 대한 높은 해상도와 최신 정보를 반영한 새로운 지도를 제작할 수 있다.

2차원 정사영상이 고정된 고도에서 중첩으로 촬영된 사진들을 지도화한 것이라면 그림 3-21과 같은 3차원 맵핑 모형은 정사영상 지도보다 많은 중첩으로 촬영된 사진을 활용하여 경관을 보여준다. 3차원 맵핑 모형은 하늘뿐만 아니라 옆, 아래 등 시점을 다양하게 설정하여 경관을 분석할 수 있게 함으로써 실제로 사람들이 땅 위에서 볼 수 있는 경관과 지도를 만들기 위해서 하늘에서 바라본 경관을 연결시켜준다.

그림 3-21 **드론 기반 맵핑으로 제작한 3차원 맵핑 모형**

제5절 빅데이터를 활용한 분석 과제

본 절에서는 텍스톰을 통해 지난 10년간(2011년 1월 1일부터 2020년 8월 31일까지) 사회과 핵심역량과 관련된 키워드를 언급한 온라인 문서 35만 5,861건 중에서 사회과 핵심역량을 직접 언급한 문서인 13.7%에 해당하는 자료를 분석한 결과이다. 이를 활용하여 사회과 핵심역량 중에서 창의적 사고력과 관련된 부분에 대한 미래신호를 탐색 및 예측해보자. 참고로 표 3-4에서 제시되는 TF-IDF(Term Frequency - Inverse Document Frequency)는 여러 문서로 이루어진 문서군이 있을 때 어떤 단어가 특정 문서에서 얼마나 중요한 것인지를 나타내는 통계적 수치이다.

표 3-4 **창의적 사고력 관련 사회과 핵심역량 키워드 분석**

순위	TF		DF		TF-IDF	
	키워드	빈도	키워드	빈도	키워드	빈도
1	변화	15,760	변화	5,467	변화	10,708
2	창의성	7,743	창의성	3,761	창의성	7,045
3	융통성	6,201	융통성	2,914	융통성	5,012
4	아이디어	5,343	독창성	2,878	아이디어	4,990
5	독창성	5,221	생각	2,617	독창성	3,273
6	생각	3,043	아이디어	2,106	생각	2,843
7	변혁	2,623	변혁	1,132	변혁	2,276
8	변동	1,906	변동	963	변동	1,933
9	혁신	1,821	개방성	892	혁신	1,420
10	개방성	1,235	혁신	749	개방성	975
11	혁명	982	혁명	543	혁명	777
합계	51,878		24,022		41,252	

표 3-5 **창의 관련 사회과 핵심역량 키워드의 미래신호**

구분	잠재신호	강하지 않지만 잘 알려진 신호	약신호	강신호
KEM	개방성, 생각	독창성, 아이디어	변혁, 변동, 혁신, 혁명	창의성, 융통성, 변화
KIM	개방성, 변동, 아이디어, 혁명	독창성, 생각	변혁, 혁신	창의성, 융통성, 변화
주요 신호	개방성	독창성	변혁, 혁신	창의성, 융통성, 변화

강신호(1사분면)에 해당하는 키워드는 현재에도 높은 중요성과 증가율을 보이기 때문에 이에 대한 관심을 가질 필요가 있다. 또한 약신호(2사분면)에 해당하는 키워드는 현재에는 중요성이 낮지만, 시간이 지나면서 강신호로 발

전할 가능성이 높다.

창의 관련 사회과 핵심역량 키워드 KIM

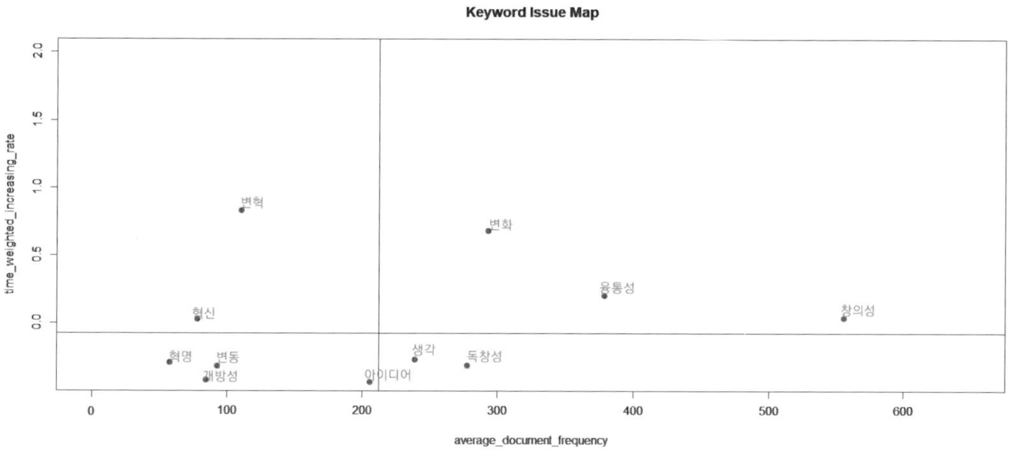

창의 관련 사회과 핵심역량 키워드 KEM

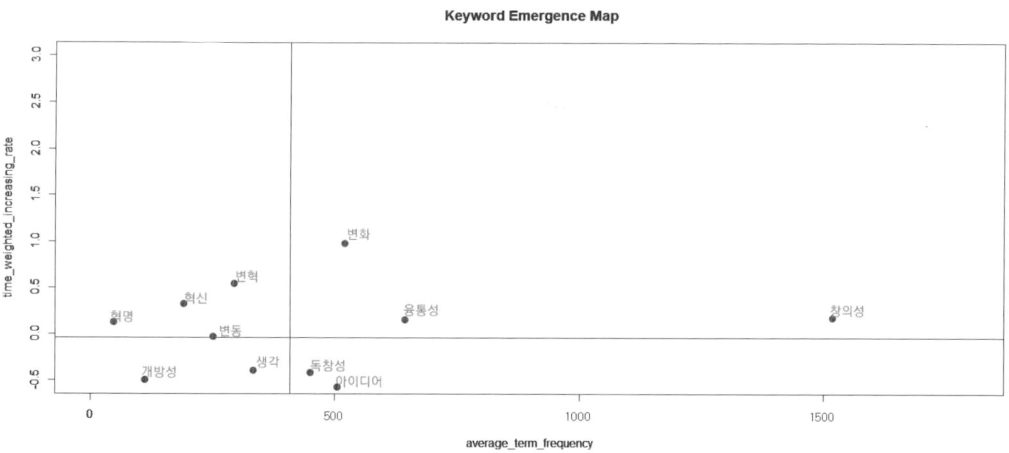

그림 3-22 **창의 관련 사회과 핵심역량 키워드 KIM / KEM**

생각 정리 문제

1. 빅데이터의 의미를 설명하시오.

2. 향후 빅데이터의 전망에 대한 자신의 생각을 간단히 서술하시오. (교재 내용을 참고하여 자신만의 생각을 다양한 입장에서 서술)

3. 빅데이터의 분석 절차를 간단히 정리하시오.

4. 빅데이터를 활용한 미래 예측 방법에 대한 원리를 간단히 설명하시오.

5. 빅데이터 이외에도 4차 산업혁명에 따른 여러 기술(인공지능, 메타버스, 드론 등)을 사회과 학습에서 활용할 수 있는 방안에 대해 이야기해보자.

[빅데이터 분석]

6. 창의와 관련된 사회과 핵심역량의 미래신호에 대한 탐색 결과를 해석해보자. (제4절, 제5절의 KIM, KEM 참조)

Chapter 04

텍스톰, 빅데이터를 어떻게 활용할 것인가?

• **주제**

빅데이터 플랫폼을 이해하고 실습하기

• **학습 내용**

1. 빅데이터 플랫폼
2. 빅데이터 플랫폼 텍스톰에서 수집, 정제, 저장, 분석 및 시각화하기
3. 텍스톰을 활용한 빅데이터 분석 과제

• **학습 목표**

1. 빅데이터 플랫폼의 개념과 전망에 대해 이야기할 수 있다.
2. 빅데이터 플랫폼인 텍스톰을 활용하여 데이터를 분석할 수 있다.

BIG

제1절 빅데이터 플랫폼

1. 빅데이터 플랫폼의 개념

제3장에서는 빅데이터의 의미, 중요성, 분석방법 등에 대해 알아보았다. Gartner는 빅데이터가 21세기 원유라고 발표할 정도로 빅데이터가 갖는 중요성을 강조하고 있다. 그로 인해 새로운 가치 창출의 추동으로서 각 분야별로 특화된 빅데이터 플랫폼에 대한 수요가 증가하고 있다. 국내에서도 공공과 민간부문에서 이에 대한 개발이 이루어지고 있는 실정이다.

빅데이터는 기존에 사용하던 관계형 데이터베이스나 컴퓨팅 기술로는 관리하기 힘든 크기의 데이터를 수집, 저장, 분석 등의 과정을 통해 새로운 가치를 창출하는 기술을 총괄한다. 빅데이터 생애주기(Lifecycle)는 **그림 4-1**과 같이 구분된다.

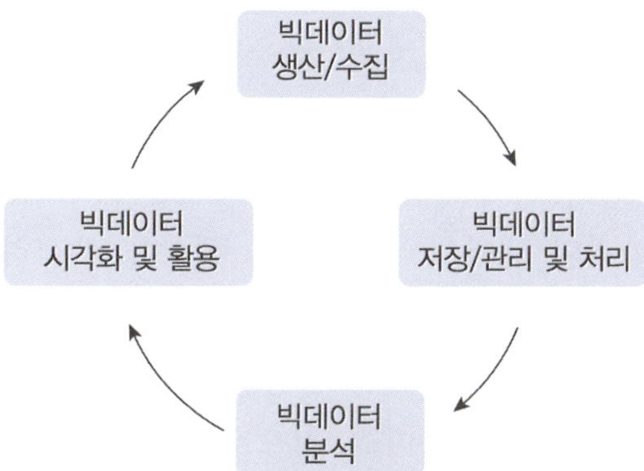

그림 4-1 빅데이터 생애주기

빅데이터 플랫폼은 빅데이터 생애주기 전반에 걸쳐 다양한 관리 및 서비스를 지원하는 하드웨어 및 소프트웨어 시스템을 의미하며, IBM, MS 등과 같은 대부분의 글로벌 기업들을 비롯하여 소규모 기업들까지 필요에 따라 자체적으로 개발하여 서비스하고 있다. 빅데이터 플랫폼의 구성요소는 크게 빅데이터 관리 플랫폼과 빅데이터 분석 플랫폼으로 분류하는데, 빅데이터 생산/수집과 빅데이터 저장/관리 및 처리 단계는 전자에 해당하고, 빅데이터 분석과 빅데이터 시각화 단계는 후자에 해당한다. 그러나 작업의 연속성의 확보를 위해서는 빅데이터 플랫폼의 기능이 분류되기보다는 수집, 저장, 분석 등의 과정이 통합적으로 되어야 할 필요가 있다. 이러한 이유로 최근 빅데이터 플랫폼은 실시간 처리 가능, 다양한 분산병렬 처리 방법 제공, 관계형 데이터 모델 지원, 파일 관리 효율화 지원 등의 방향으로 개선되고 있다.

또한 빅데이터 플랫폼을 구축하기 위해서는 하드웨어와 소프트웨어 인프라를 모두 구축할 필요가 있다. 하드웨어 인프라는 빅데이터 수용 용량 및 처리, 분석 작업에 대한 부하 등을 감안하여 구축하고, 소프트웨어 인프라는 분석에 필요한 수집, 관리, 분석, 이용자 환경 등을 감안하여 구축한다.

2. 빅데이터 플랫폼 시장의 동향

국외에서는 국제적인 대기업뿐만 아니라 인터넷, SNS, 신생 벤처기업 등 다양한 산업분야에서 빅데이터에 대한 관심을 갖고 있다. 대표적인 사례로 인공지능 컴퓨터인 왓슨(Watson)으로 잘 알려진 IBM을 비롯하여, 웨어러블 제품을 통하여 빅데이터 분석망을 구축한 스포츠 용품 전문 브랜드인 나이키(Nike), 고객의 시청이력 및 평점 정보에 기반한 추천 알고리즘을 적용한 넷플릭스(Netflix), 파리와 밀라노의 행인 옷 색상을 분석하여 최신 의상에 매칭을 시도한 핌클(Pimkle) 등이 있다. 전문가들은 아직 태동기에 있는 빅데이터 산업의 성장률에 대해 낙관적인 입장을 취하고 있으며, COVID-19 확산 사태로 인해 성장세는 더욱 높아질 것으로 예상하였다.

국내에서는 빅데이터가 국외와 달리 공공기관 및 주요 대기업 중심으로 활용되고 있었으나, 최근까지 여러 중소기업이 빅데이터 플랫폼 개발에 참여하고 있다. 한국데이터산업진흥원에 따르면 2019년 빅데이터 플랫폼 솔루션 개발 및 공급을 하는 기업이 158개, 이를 포함한 데이터 산업으로 분류되는 기업이 총 8,014개이고, 이중에서 50인 이하의 기업이 각각 154개, 6,148개로 중소기업의 참여가 활발하다. 대표적인 사례로 소셜 네트워크 분석 소프트웨어인 넷마이너(NetMiner)를 개발한 사이람(Cyram), 비정형 빅데이터 분석 및 시맨틱(Semantic) 기술 전문기업인 솔트룩스, 빅데이터 생애주기에 해당하는 수집, 저장, 분석, 활용의 단계를 일괄적으로 처리할 수 있는 웹 기반 플랫폼인 텍스톰(Textom)을 개발한 더아이엠씨 등이 있다.

표 4-1 **데이터 사업체 수 현황**

(단위: 개)

2019년 데이터산업분류	종사자 규모					
	1~9인	10~ 49인	50~ 99인	100 ~ 299인	300인 이상	총합
데이터 처리 및 관리 솔루션 개발·공급업(빅데이터 통합 플랫폼 솔류션 개발·공급업)	1,265 (92)	876 (62)	203 (1)	119 (2)	24 (1)	2,487 (158)
데이터 구축 및 컨설팅 서비스업	1,357	915	291	138	50	2,751
데이터 판매 및 제공 서비스업	1,283	452	864	127	50	2,776
합계	3,905	2,243	1,358	384	124	8,014

출처 : 한국데이터산업진흥원(2020b)의 19쪽 표 1-17을 저자가 재구성.

이처럼 국내 빅데이터 활용은 주로 많은 데이터를 보유하고 있는 대기업을 중심으로 이루어지고 있으나, 다양한 서비스를 기반으로 일반 사용자의 접근성을 높인 중소기업 역시 빅데이터 사업에 참여하여 일반 사용자의 접근성을 높인 플랫폼을 제공하고 있다. 본 장에서는 빅데이터의 수집, 저장, 분석, 시각화까지의 단계를 일괄적으로 처리할 수 있는 웹 기반 플랫폼인 텍스톰을 중심으로 빅데이터 플랫폼의 구체적인 사용방법을 알아보고 본 연구에 활용하고자 한다.

제2절 빅데이터 플랫폼 텍스톰에서 수집, 정제, 저장, 분석 및 시각화하기[1)]

텍스톰은 기존 무료 빅데이터 사이트들에 비해 조작 방법이 까다롭다고 볼 수 있다. 그러나 빅데이터의 수집, 분석, 시각화 등을 모든 과정을 직접 설정할 수 있다는 장점이 있어 고학년이나 수준이 높은 학생들이 빅데이터 분석을 직접 체험할 수 있다는 장점이 있다. 다만, 사이트에 따로 가입해야 하는 절차가 있어 사전에 준비가 필요하다. 텍스톰은 사용자들이 빅데이터를 바로 활용하기에는 다소 어려움이 있으나, 빅데이터에 대한 해당 학습 주제별 분석을 통해 학습을 해결하고자 할 경우 기존의 유료 빅데이터 사이트에서 자료를 수집하여, 수집한 정보를 바탕으로 해당 학습주제에 필요한 각종 빅데이터 분석을 통해 문제를 해결할 수 있다. 특히 TextomEdu는 계정을 생성하면, 무료로 데이터 분석이 가능하다. 다시 말해 TextomEdu의 자료는 Textom에서 일차적으로 생성한 것으로, Textom은 유료사이트로 빅데이터를 쉽고 빠르게, 분석, 시각화할 수 있으며, 각종 문제해결의 인사이트를 얻을 수 있다. 무료사이트인 TextomEdu를 통해 익힌 기술로 Textom을 활용하면 빅데이터를 보다 쉽게 활용할 수 있다.

본 장에서는 빅데이터 플랫폼 중 웹 환경에서 데이터를 수집, 정제하며 매트릭스 데이터 생성까지 처리할 수 있는 텍스톰을 사용하는 방법에 대해 서술하고자 한다. 텍스톰은 한국어, 중국어, 영어 등 다양한 언어의 데이터 수집, 정제 및 분석을 지원하며, 네이버, 다음, 구글, 바이두, 트위터, 페이스북 외 특정 사이트를 포함한 다양한 수집 채널을 지원한다. 또한 수집데이터뿐만 아니라 보유데이터까지 처리 가능한 1-way 및 2-way 정제/분석 방법을 제공하기 때문에 분석결과를 SPSS, UCINet, NodeXL, NetMiner, Pajek, Gephi 등 다양한 통계 분석 프로그램에 적용하는 것이 가능하다.

이러한 텍스톰의 기능은 단계별로 데이터 수집, 데이터 전처리, 데이터

---

1) 본 절의 내용은 텍스톰 사용 안내서(텍스톰 홈페이지 제공)를 바탕으로 하여 더 아이엠씨의 허락하에 재구성하였다.

분석, 시각화 단계로 이루어지며, 이에 대한 자세한 내용과 사용법은 다음과 같다.

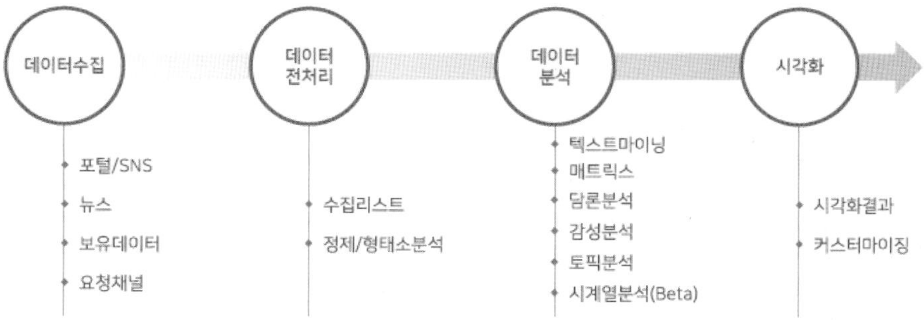

그림 4-2 **텍스톰의 단계별 기능**

1. 데이터 수집

데이터 수집 단계는 분석할 데이터를 수집하거나 가지고 있는 데이터를 업로드할 수 있다.

수집 탭은 현재 ① 포털/SNS, ② 뉴스, ③ 보유데이터, ④ 요청채널로 분류되어 있으며 각 탭별 자세한 내용은 아래와 같다.

표 4-2 수집 탭별 정보원

구분	내용
① 포털/SNS	네이버, 다음, 구글, 바이두, 유튜브, 트위터, 페이스북 데이터 수집이 가능
② 뉴스	KBS, MBC, SBS, YTN, 조선일보, 중앙일보, 동아일보, 한겨레, 경향신문 등 언론사 20곳의 기사데이터 수집이 가능
③ 보유데이터	텍스트로 작성된 pdf, txt, xlsx 형식의 파일 업로드가 가능
④ 요청채널	텍스톰이 제공하는 채널 외 특정 사이트의 데이터 수집이 필요할 때, 별도의 추가 비용을 지불하고 이용 가능

데이터 수집 단계의 이해를 위해 ① 포털/SNS에서 이루어지는 과정을 살펴보면 키워드 미리보기, 수집 키워드, 수집 기간/단위, 수집 채널을 설정하는 순서로 이루어진다.

▸ 키워드 미리보기

텍스톰에서는 데이터 수집 이전에 정보량 미리보기를 이용하여, 수집할 키워드의 검색추이를 확인할 수 있기 때문에 빅데이터 수집에 있어서 불필요한 시간적 경제적 낭비를 줄일 수 있다는 특징이 있다. 이와 같은 기능은 빅데이터 검색어 선정 시 예상되는 불용어(Stop word)[2]를 지정할 때 유용하게 사용할 수 있다.

2) 불용어는 해당 주제와 관련하여 빅데이터를 수집하여 정제하는 과정에서 의미가 없는 단어를 말한다. 데이터 정제과정에서 불용어를 제거해야 분석의 정확도가 높다.

▸ 수집 키워드

수집 키워드에서는 원하는 키워드를 설정하는 과정으로 자세한 내용은 다음과 같다.

❶ 키워드란에 기입한 형태 그대로, 각 채널 검색창에 검색을 하고 그 검색 결과를 수집하게 된다.

❷ 분석의 목적과 주제에 맞는 정확한 데이터를 수집하기 위해 적합한 키워드 선정이 필요하다. **표 4-3**과 같이 네이버와 구글을 사용할 경우에는 연산자 기능이 사용 가능하기 때문에 이를 지정한다면 불필요한 검색 결과를 줄일 수 있다.

표 4-3 **상세(고급) 검색 키워드 연산자**

번호	연산자	네이버	구글	설명
1	AND	+	공백, +	입력한 단어를 모두 포함하는 문서를 검색
2	OR	|	OR	입력한 단어를 하나라도 포함하는 문서를 검색
3	NOT	-	-	입력한 단어가 포함된 문서를 검색 결과에서 제외
4	어절일치	" "	" "	정확히 일치하는 단어나 문장 검색
5	기타		* site link related	빈칸 채우기 사이트 또는 도메인 내에서 검색 url로 연결되는 페이지 검색 url과 유사한 페이지 검색

❸ 키워드 추가 기능은 여러 키워드를 동일한 설정(기간, 수집단위, 채널)으로 수집하고 싶을 때 사용하면 유용하다.

❹ 전체수집, 요약수집 설정은 데이터의 본문 영역을 어떻게 수집할지를 정한다.

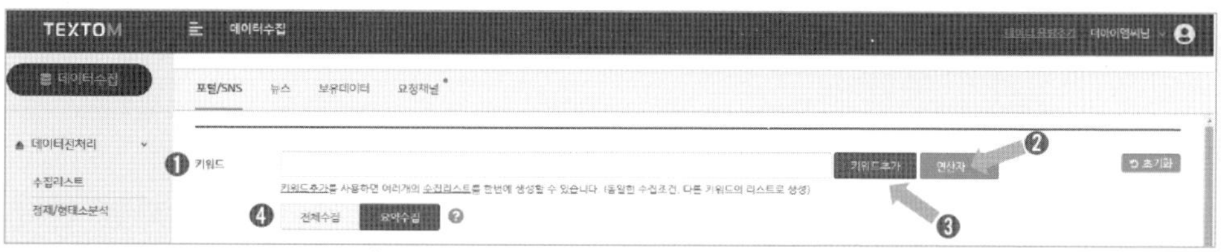

▸ 수집 기간/단위

수집 기간/단위에서는 원하는 키워드를 수집하는 기간이나 단위를 설정하는 과정으로 자세한 내용은 다음과 같다.

❶ 설정한 기간 내에 만들어진 데이터를 수집한다.

❷ 수집단위는 일/주/월/년의 시간 단위 중 선택된 단위로 데이터를 최대 1,000건까지 수집한다. 한 번에 수집할 수 있는 데이터가 한정되어 있기 때문에 많은 양의 데이터가 필요한 경우에는 수집단위를 작게 설정한다면 1년(365일)에 최대 365,000건의 데이터를 수집하는 것이 가능하다.

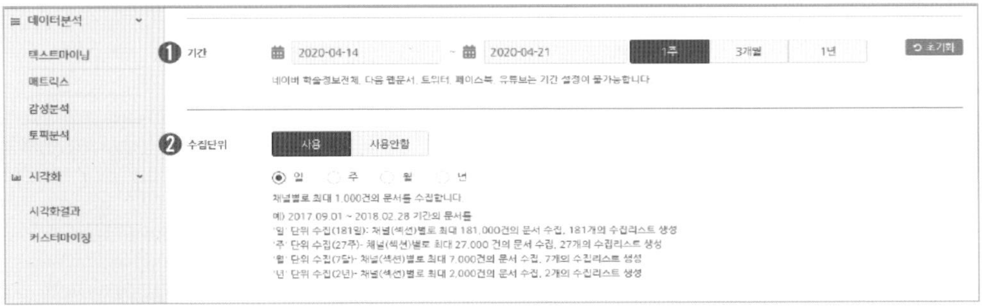

▸ 수집 채널

수집 채널에서는 국내외 사용자 수가 많은 주요 포털 사이트 및 SNS의 검색 결과를 수집할 수 있다. 이외의 특정 사이트 지정은 ④ 요청채널에서 설정하여 원하는 데이터를 수집하는 것이 가능하다. ② 뉴스는 수집 채널 설정에서 아래 그림과 같이 차이가 있으며, ① 포털/SNS와 마찬가지로 원하는 뉴스 채널이 없을 경우에는 ④ 요청채널에서 지정이 가능하다.

③ 보유데이터는 가지고 있는 데이터를 텍스톰에 업로드하여 정제, 분석, 시각화하는 과정으로 txt, pdf, xlsx, xls 형식의 파일을 업로드할 수 있다. 텍스트 파일을 중심으로 수집하기 때문에 pdf 형식의 파일에 포함된 이미지 파일은 인식하지 못한다.

❶ 가지고 있는 데이터를 텍스톰에 업로드하여 정제, 분석, 시각화를 한다.

❶ 포털/SNS

❷ 뉴스

❷, ❸ 시트지정 및 컬럼 지정 기능은 엑셀 파일 업로드 시, 많은 시트와 열들 중에서 원하는 데이터만 지정할 수 있는 유용한 기능이다.

④ 요청채널은 텍스톰에서 제공하는 채널 외의 데이터를 수집하는 것으로 xlsx나 txt 형식의 파일로 수집된다.

2. 데이터 전처리

데이터 전처리 단계는 수집한 데이터를 미리보고 수집리스트를 선택하고, 텍스트를 형태소 단위로 분석하고 품사를 함께 출력해주는 등의 처리를 할 수 있다.

▸ 수집리스트

❶ 수집 중에서 수집완료까지 걸리는 시간은 설정한 수집 옵션에 따라 최소 10분에서 최대 5일이 소요된다.

❷ 데이터 미리보기에서 용량의 수치를 클릭하면 수집된 데이터를 팝업 창으로 미리 살펴볼 수 있다.

❸ 전체 수집으로 수집한 데이터는 키워드에(전체수집결과)라고 되어 있다.

수집리스트를 선택한 후에는 정제/형태소 분석 과정으로 비정제된 문장이나 단어로 이루어진 텍스트 파일을 원하는 형태의 단위로 처리한다. 이를 위해서 먼저 데이터명을 지정하고, 형태소 분석을 설정한다.

❶ 선택한 리스트에 대한 데이터명을 지정하고 체크박스를 선택한다.

❷ 리스트를 다중 선택한 경우에는 해당 리스트들을 하나의 데이터로 통합하여 생성할 수 있다.

▸ 정제/형태소 분석

형태소 분석은 단어를 구성하는 각각의 형태소들을 인식하고 용언의 활용, 불규칙 활용이나 축약, 탈락현상이 일어난 형태소를 원형으로 복원하는 과정을 의미하며, 형태소 분석기는 텍스트를 형태소 단위로 분석하고 품사를 함께 출력해주거나 특정 품사에 해당하는 형태소만 선별해주는 패키지를 의미한다.

❶ 분석 언어 데이터를 인식할 언어를 선택한다.

❷ 분석기 각 분석기의 특성을 참고하여 형태소 분석기를 선택한다. Espresso K는 고유명사, 복합명사를 그대로 결과 값에 반영하며, MeCab은 띄어쓰기와 상관없이 사전을 참조하여 어휘를 구분한다. 예를 들어 사회복지학과를 Espresso K는 "사회복지학"으로 MeCab은 "사회 복지학과"로 정제한다.

3. 데이터 분석

데이터 분석 단계에서는 텍스트마이닝, 매트릭스, 담론 분석, 감성분석, 토픽분석 등으로 데이터를 분석하거나, 다양한 통계 분석프로그램에 적용이 가능하다. 자세한 내용을 살펴보면 다음과 같다.

▸ 텍스트마이닝

텍스트마이닝은 비정형 데이터 마이닝의 유형 중 하나로 자연어 처리기술과 문서 처리기술을 적용하여 유용한 정보를 추출 및 가공을 목적으로 한다. 텍스톰에서 제공하는 텍스트마이닝도 같은 맥락으로 자세한 내용은 다음과 같다.

❶ 원문데이터는 수집된 데이터의 원문을 미리보기 혹은 xlsx 파일, txt 파일로 다운로드할 수 있다.

❷ 정제데이터는 정제/형태소 분석 결과 데이터를 미리보기 혹은 xlsx 파일, txt 파일로 다운로드할 수 있다.

❸ 데이터 편집은 고유명사 및 복합명사, 동의어, 불용어 제거 등 데이터 수정을 할 수 있다. 데이터 편집은 아래 바로 편집하기를 통해 파일 업로드 없이 웹상에서 정제할 수 있다.

텍스트마이닝 화면 하단에는 분석결과가 있는데 단어빈도, N-gram, TF-IDF, 연결중심성, 개체명 인식이 있으며, 각 분석방법에 대한 자세한 내용은 다음과 같다.

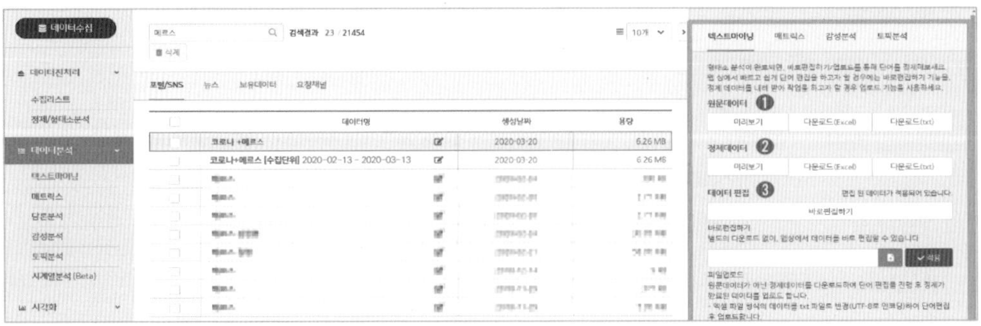

❶ 단어빈도는 추출된 단어와 데이터 내 해당 단어의 빈도수를 나타낸다.

❷ N-gram은 n개 단어의 연쇄를 의미한다.

❸ TF-IDF는 TF(단어빈도)와 IDF(문서빈도의 역수)를 곱한 값으로 단어가 특정 문서에서 얼마나 중요한지를 나타낸다.

❹ 연결중심성은 A라는 단어가 B라는 단어와 얼마나 많이 연결되어 있는지를 나타낸다.

❺ 개체명 인식은 단어를 13개의 개체명 범주에 따라 분류하고 그 빈도수를 나타낸다.

▸ **매트릭스**

매트릭스는 정제된 단어들 간의 동시출현빈도(공출현빈도: Co-occurrence)로 작성된 매트릭스 데이터를 제공한다. 빅데이터 분석 기법으로 자주 사용되는 소셜 네트워크 데이터의 기본 형태가 테이블 형태의 매트릭스이며, 텍스톰에서 제공하는 매트릭스를 이용하여 UCINET, NodeXL, NetMiner, Gephi 등의 통계 프로그램에서 시각화가 가능하다. 이러한 매트릭스는 크게 1-mode와 2-mode로 나뉘는데, 전자는 매트릭스와 같이 행과 열이 같은 단어로 이루어진 매트릭스로 단어(메인노드) 간의 관계를 분석하고 싶을 때, 후자는 매트릭스의 행과 열이 다른 단어로 이루어진 매트릭스로 범주(서브노드) 간의 관계를 분석하고 싶을 때 사용한다.

❶ 1-mode 분석 방법

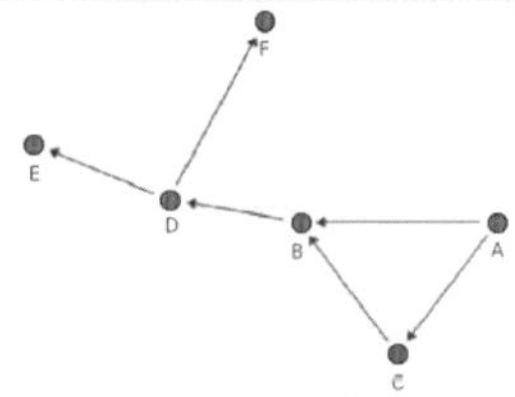

	A	B	C	D	E	F
A	0	1	1	0	0	0
B	0	0	0	2	0	0
C	0	3	0	0	0	0
D	0	0	0	0	1	2
E	0	0	0	0	0	0
F	0	0	0	0	0	0

❷ 2-mode 분석 방법

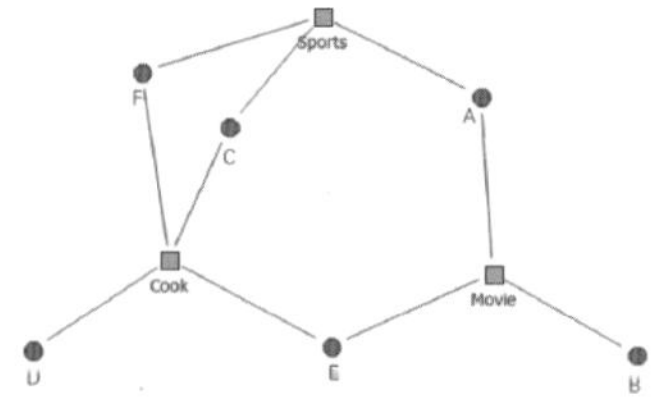

	Sports	Movie	Cook
A	1	1	0
B	0	1	0
C	1	0	1
D	0	0	1
E	0	1	1
F	1	0	1

▸ 담론 분석

담론 분석은 각 키워드의 관계적 유사성을 측정하기 위해 상관분석을 반복적으로 실시해 상관계수 값에 따라 그룹화되는 것을 보며 블록개수를 설정 및 반복하여 최적의 블록 개수를 찾는 분석 방법이다.

❶ 블록 개수는 상관분석을 반복적으로 실시해 그룹화되는 것을 보며 블록 개수를 설정 및 반복하여 최적의 블록 개수를 찾는다.

❷ 분석단어는 매트릭스 단계에서 추출한 단어 미리보기이다.

❸ 분석결과는 상관분석에서 도출되는 상관계수의 밀도값은 -1과 1 사이의 값을 가지게 된다. 일반적으로 상관분석에서는 -1, 1의 값으로 결과가 도출된다. 두 변수의 상관계수의 값이 -1이면 정반대의 관계, 0이면 아무 관계가 없음, 1이면 완벽히 일치한 관계를 의미한다.

▸ 감성분석

감성분석은 텍스트에 들어있는 의견이나 감성, 평가, 태도 등의 주관적 정보를 분석하는 방법이다. 텍스톰에서는 원문 데이터에 직접 극성을 부여한 학습 데이터를 업로드하여, 문서의 극성 분석결과와 감성 단어빈도 분석결과를 확인할 수 있다.

❶ 분석데이터는 원문데이터 혹은 정제데이터를 선택한 후, 다운로드(Excel)하여 학습데이터를 만들어야 한다.

❷ 학습데이터는 전체데이터를 분류하기 위한 기준이 되는 데이터로, 각 극성의 비율을 비슷하게 태깅하여 업로드한다. 학습데이터를 기준으로 분류된 전체 문서의 극성을 확인할 수 있으며, 긍정·중립·부정으로 분류된 단어들에 대한 개별적인 분석이 필요한 경우에는 분석결과에서 추가기능을 사용할 수 있다.

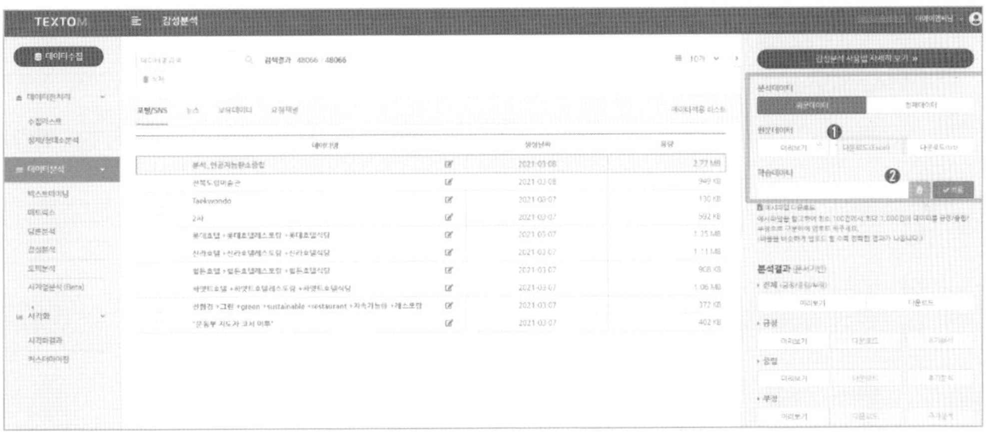

▸ 토픽분석

토픽분석은 단어들로부터 의미와 토픽을 추출해서 텍스트 데이터에 대한 깊은 이해를 가능케 하는 분석방법으로 텍스톰에서는 Word-level Semantic Clustering과 LDA Topic Modeling이 있다.

Word-level Semantic Clustering 문서 내 단어들의 공출현 관계를 기준으로 벡터화하여 인접 단어를 같은 군집으로 묶어주는 방법이다.

❶ 군집수(K값)는 만들고 싶은 군집의 개수를 적는다.

❷ 군집별 단어 수는 군집 내에 들어갈 단어의 개수를 적는다.

❸ 적용은 군집수(K값)와 군집별 단어 수를 설정 후 적용 버튼을 클릭한다.

❹ 분석결과는 적용이 완료되면 연관성이 높은 단어들끼리 군집으로 분류가 된 결과를 확인할 수 있다.

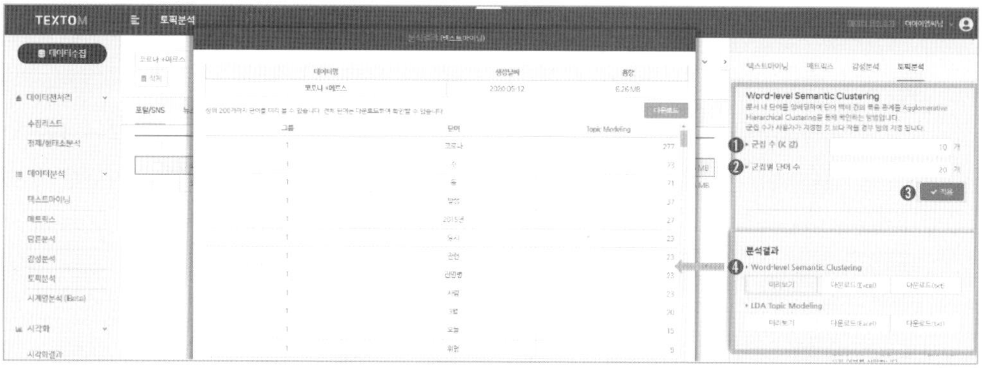

LDA Topic Modeling 대량의 문서군으로부터 주제(토픽)를 자동으로 찾아내기 위한 알고리즘으로, 유사한 의미를 가진 단어들을 집단화하는 방법이다.

❶ 토픽 수는 만들고 싶은 그룹의 개수를 적는다.

❷ 토픽 단어 수는 그룹 내에 들어갈 단어의 개수를 적는다.

❸ 랜덤 값은 무작위 할당을 진행할 경우 분석 결과의 재현성이 떨어지기 때문에, 같은 데이터로 분석을 진행하더라도 결과값이 달라질 수 있다. 분석결과의 재현성을 확보하고 싶은 경우 사용 안 함을 선택한다.

❹ 적용은 토픽 수와 토픽 단어 수, 랜덤 값 설정 후 적용 버튼을 클릭한다.

❺ 분석결과는 적용이 완료되면 키워드가 어떤 그룹으로 분류가 되었는지 확인할 수 있다.

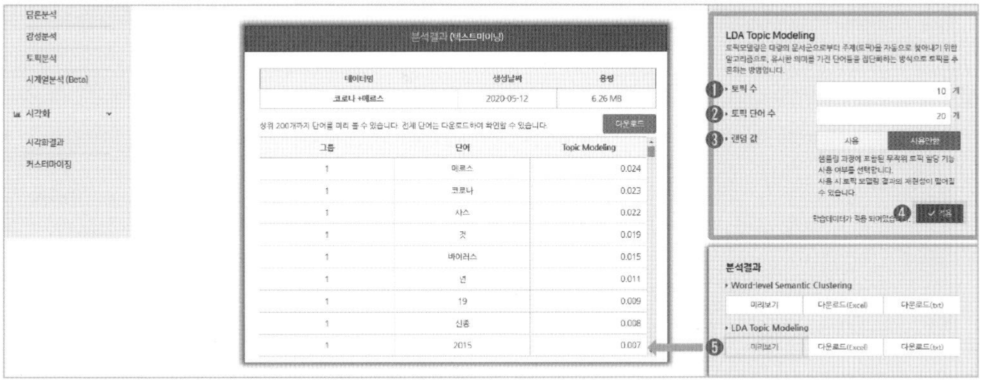

4. 시각화

시각화 단계에서는 빅데이터 분석결과를 직관적으로 파악할 수 있도록 시각적으로 돋보이게 하는 작업이 이루어진다. 텍스톰에서는 워드클라우드, 바차트, 에고네트워크, 네트워크, 개체명 인식 등과 같은 다양한 시각화 기능을 제공한다.

워드클라우드는 문서의 키워드를 직관적으로 파악할 수 있도록 핵심단어를 시각적으로 돋보이게 하는 시각화로, 단어빈도 결과값을 사용한다. 워드클라우드에서 단어가 크게 보일수록 빈도수가 높은 단어이다.

❶ 색상선택은 네 가지의 기본 색상 조합 또는 우측의 상, 중, 하에서 직접 원하는 색상을 선택할 수 있다.

❷ 키워드 선정 빈도 또는 키워드(가나다)는 기준으로 정렬할 수 있으며 중요하다고 생각되는 키워드들을 선택한다.

❸ 클라우드 모양변경은 배경이 없는 jpg, png 이미지를 업로드하면 업로드한 모양의 워드클라우드가 만들어진다.

바차트는 문서의 단어빈도를 빈도에 비례하는 길이의 막대로 나타낸 차트이다.

❶ 시각화 설정 빈도는 막대의 색상을, 백분율은 점의 색상을 선택할 수 있으며, 데이터 표시는 차트 위 빈도, 백분율 값 표시 여부를 선택할 수 있다.

❷ 키워드 선정은 빈도 또는 키워드(가나다) 기준으로 정렬할 수 있으며 중요하다고 생각되는 키워드들을 선택한다.

에고네트워크는 문서의 단어빈도를 빈도에 비례하는 크기의 원으로 나타낸 시각화이다.

❶ 색상선택 배경색은 원의 색상을, 글자색은 키워드의 색상을 선택할 수 있다.

❷ 키워드 선정은 빈도 또는 키워드(가나다) 기준으로 정렬할 수 있으며 중요하다고 생각되는 키워드들을 선택한다.

네트워크는 점과 화살표로 단어 간의 연결관계를 나타낸 시각화 방법으로, N-gram 결과값을 사용한다.

❶ 시각화 설정 선 색상은 화살표의 색상을, 화살표 모양은 화살표의 머리 모양을 선택할 수 있다.

❷ 키워드 선정은 빈도 또는 키워드(가나다) 기준으로 정렬할 수 있으며 중요하다고 생각되는 키워드들을 선택한다.

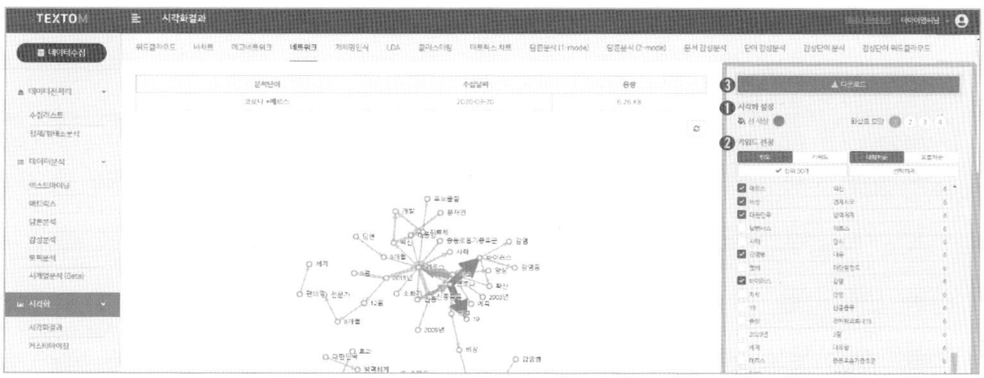

개체명 인식(트리맵)은 형태소 분석한 데이터를 미리 정의된 14개의 ❶ 개체명 범주(사람, 학문, 대상물, 기관, 지역, 문명, 날짜, 시간 숫자, 사건/사고, 동물, 식물, 금속, 용어를

말한다.)로 분류하여 트리맵으로 나타낸 시각화이다.

이외에도 매트릭스 차트, 담론 분석(1-mode, 2-mode), 문서감성분석, 단어감성분석, 감성단어분석, 감성단어 워드클라우드와 같은 시각화 방법이 있다. 텍스톰에서 제공하는 시각화는 비교적 과정이 단순하다는 장점이 있지만, 정해진 방식을 따라 진행되기 때문에 보다 전문적인 분석이나 해석의 정확도를 높이기 위해서는 원문 데이터를 다운로드하여 시각화 전문 프로그램을 사용할 필요가 있다. 대표적인 프로그램으로 UCINet, NetMiner 등을 예시로 들 수 있으며, 이에 대한 구체적인 사례는 이어지는 장에서 실제 사례를 통해 확인하도록 한다.

제3절 텍스톰을 활용한 빅데이터 분석 과제

다음 그림 4-3은 텍스톰을 통해 1년간(2020년 1월 1일~2020년 12월 31일) 부산에 대한 빅데이터 분석을 바탕으로 하여 워드클라우드, 네트워크 분석, 담론분석(1-mode)으로 나타낸 결과이다. 수집대상은 포털사이트인 구글의 뉴스를 대상으로 하였다.

워드클라우드를 살펴보면 2020년 부산에서 가장 이슈가 되었던 것은 '시장, 보궐선거, 사퇴, 권한대행' 등과 연관된 부산시장 보궐선거이다. 다음으로는 '해운대, 원도심, 스마트시티, 브랜드, 신공항' 등과 같은 지역 개발, '태풍, 물바다, 피해' 등과 같은 자연재해 문제 등에 대한 논의가 있었다. 이에 대한 자세한 해석을 위해 네트워크 분석을 살펴보면 부산의 원도심과 관련된 지역으로 '동구, 초량' 등이 관심 지역으로 자주 언급되었으며, 호우경보에 따른 피해가 많은 지역도 이러한 원도심 지역인 것을 알 수 있다. 이외에도 담론 분석을 살펴보면 해운대에 '축제, 투자' 등에 대한 긍정적인 관심과 '태풍, 폭우'에 따른 피해 문제에 관심도가 높으며, 부산의 도로나 지하차도 등의 침수 문제도 해결해야 할 과제라는 사실을 알 수 있다.

이처럼 빅데이터 분석을 활용하면 해당 검색어와 관련된 이슈, 주요관련 내용, 특성, 문제점, 경향 등을 파악할 수 있어서 해당 주제와 관련된 인사이트를 얻을 수 있다. 가령 부산은 자연재해와 관련하여 다른 지역에 비해 해안가에 위치한 낮은 지대가 많기 때문에 태풍을 동반한 폭우 시 도로의 침수 문제가 많이 발생하는 지역적 특성을 갖고 있다.

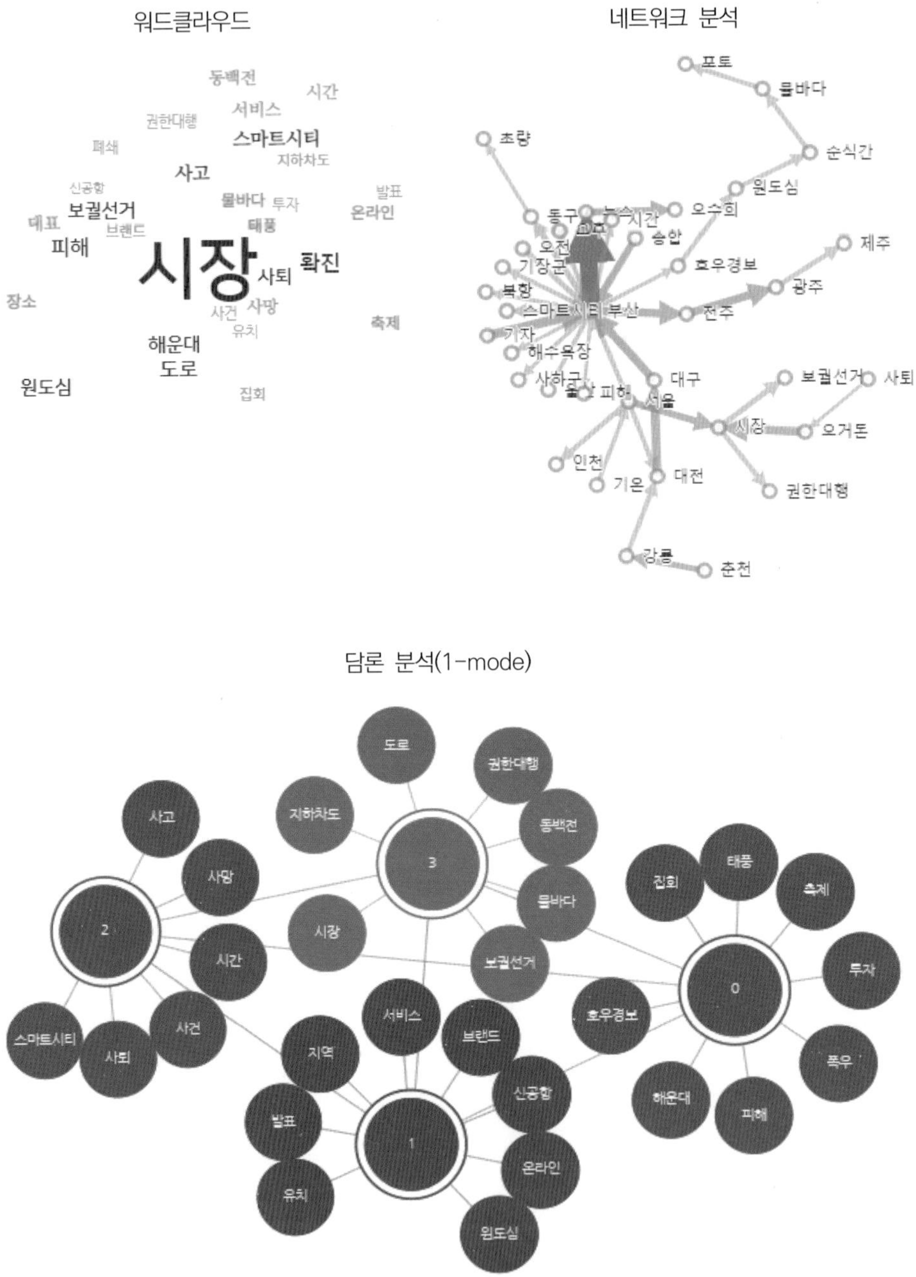

그림 4-3 **부산 빅데이터 분석의 시각화**

생각 정리 문제

1. 빅데이터 플랫폼이란 무엇인가?

2. 매트릭스에서 1-mode와 2-mode의 차이점에 대해 서술하시오.

[빅데이터 분석]

3. 올해 우리 지역의 주요 이슈가 무엇인지를 텍스톰을 활용하여 수집, 분석하여 설명해보자. (제2절, 제3절을 참조)

[빅데이터 분석]

4. 우리 지역의 주요 이슈를 지역의 특성과 관련하여 설명해보자. (제2절, 제3절을 참조)

BIG DATA

Part 02

초등 사회과 교재연구를 위한 지식구성 및 발달과 관련된 이론적 배경은 무엇인가?

Chapter 05

새로운 시대가 요구하는 지식구성의 배경은 무엇인가?

• **주제**

새로운 시대가 요구하는 지식구성의 배경 알아보기

• **학습 내용**

1. 빅데이터가 알려주는 지식
2. 구조 및 탈구조주의의 지식
3. 미래 사회과교육의 방향
4. 빅데이터를 활용한 새로운 시대에 따른 사회과교육의 방향

• **학습 목표**

1. 구조 및 탈구조시대에서 요구하는 지식의 방향을 비교 분석할 수 있다.
2. 새로운 시대에 요구하는 지식의 방향에 대해 이야기할 수 있다.
3. 올바른 미래 사회과교육의 방향에 대해 설명할 수 있다.

BIG
DATA

제1절 빅데이터가 알려주는 지식

1. 연구 대상 및 방법

본 장에서는 지식 관련 온라인 문서를 빅데이터 수집 및 분석 절차에 따라 진행하였다. 지식과 관련된 빅데이터는 텍스톰의 프로그램으로 수집하였으며, 지식 관련 토픽은 '지식, 지식구성' 키워드를 검색어로 지정하였다. 그리고 온라인 문서의 잡음을 제거하기 위한 불용어는 주제를 벗어나는 '지식인, 지식in, 네이버' 등을 사용하였다.

지식 소셜 빅데이터의 수집은 2016년 1월 1일부터 2020년 12월 31일까지 여러 포털사이트 중에서 국내에서 사용빈도수가 높은 네이버, 그리고 전 세계적으로 사용빈도수가 높은 구글의 웹 문서를 요일, 주말, 휴일을 고려하지 않고 매시간 단위로 이루어졌다. 수집된 총 1만 2,007건의 텍스트 문서를 본 분석에 포함하였다.

2. 지식에 대한 빅데이터 분석 결과

지식 빅데이터 분석 결과에 대한 상위 30위까지 키워드의 빈도분석, 그리고 그 빈도수를 상위 30위까지 워드클라우드로 시각화한 결과는 각각 **표 5-1**, **그림 5-1**과 같다.

표 5-1의 지식 빅데이터 분석 결과에 따르면 빈도수가 높은 키워드로는 '개인, 다양, 구성주의, 글로벌, 창의, 인간' 등으로 나타났다. 이러한 결과는 지식의 방향이 개인의 다양한 생각이 중심이 되는 포스트모더니즘에 근거하기 때문인 것으로 해석할 수 있다. 반면에 이와 상반되는 '구조주의, 집단, 교육' 등과 같은 모더니즘과 관련된 키워드에 대한 관심도 나타났다. 이외에도 COVID-19 확산 사태 이후로 관심도가 급격히 높아진 '온라인, 콘텐츠'에 대한 키워드, 경제와 관련된 '지식산업, 특허청, 시장' 등을 찾을 수 있다.

표 5-1 **지식에 대한 키워드의 상위 30위까지 빈도분석**

순서	키워드	빈도수	백분율	순서	키워드	빈도수	백분율
1	개인	333	0.69%	16	콘텐츠	79	0.16%
2	다양	223	0.46%	17	사회문화	79	0.16%
3	구성주의	195	0.40%	18	지식	76	0.16%
4	글로벌	181	0.37%	19	교육	76	0.16%
5	창의	130	0.27%	20	집단	75	0.16%
6	인간	127	0.26%	21	특허청	75	0.16%
7	학습	123	0.25%	22	효과	69	0.14%
8	수업	121	0.25%	23	지식산업	68	0.14%
9	사업	113	0.23%	24	구조주의	67	0.14%
10	온라인	111	0.23%	25	시장	66	0.14%
11	개최	105	0.22%	26	탈구조	62	0.13%
12	대표	105	0.22%	27	탈	62	0.13%
13	시험	104	0.22%	28	역량	62	0.13%
14	관심	96	0.20%	29	업무	62	0.13%
15	포스트	83	0.17%	30	자유	62	0.13%

표 5-1에 나타난 빈도수를 워드 클라우드로 시각화하면 다음 **그림 5-1**과 같다. 이에 따르면 '개인, 다양, 구성주의, 창의' 등과 같은 키워드에 대한 빈도수가 높게 나타나고 있다는 사실을 알 수 있으며, 이를 중심으로 오늘날 지식에 대한 사람들의 관심이 집중된다는 사실을 다시 한번 확인할 수 있다.

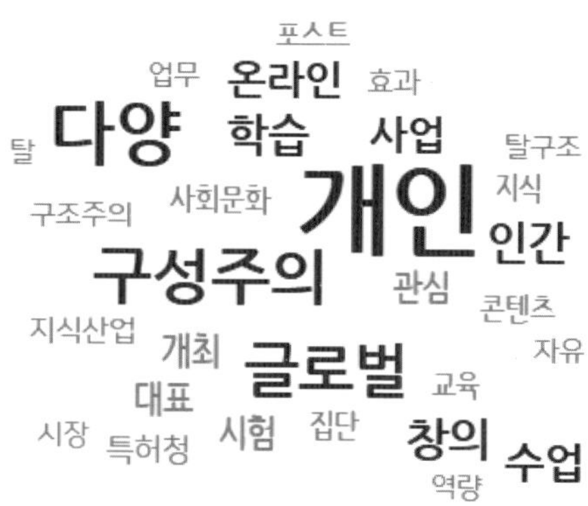

그림 5-1 **지식 빅데이터에 대한 워드클라우드 분석**

이어서 담론 분석을 통해서 실제로 이와 같은 키워드들이 어떤 단어와 관계를 맺고 있는지를 살펴보자. **그림 5-2**의 담론 분석에서 드러나듯이 크게 구성주의와 구조주의(G1), 개인적 구성주의(G3), 사회문화적 구성주의(G0), 그리고 경제(G2) 관련 주제로 나눌 수 있다. 구성주의는 학습자 중심의 사고가 이루어지기 때문에 탈구조주의와 방향성을 함께하지만, 이를 이해하기 위해서는 구조주의에 대한 이해가 이루어져야 할 필요가 있기 때문에 같은 주제로 연관되어 나타났다. 또한 탈구조시대의 지식구성의 관점에 해당하는 개인적 구성주의와 사회문화적 구성주의로 나누어 사람들의 관심이 나타났으며 이와 연관된 키워드를 함께 살펴볼 수 있다.

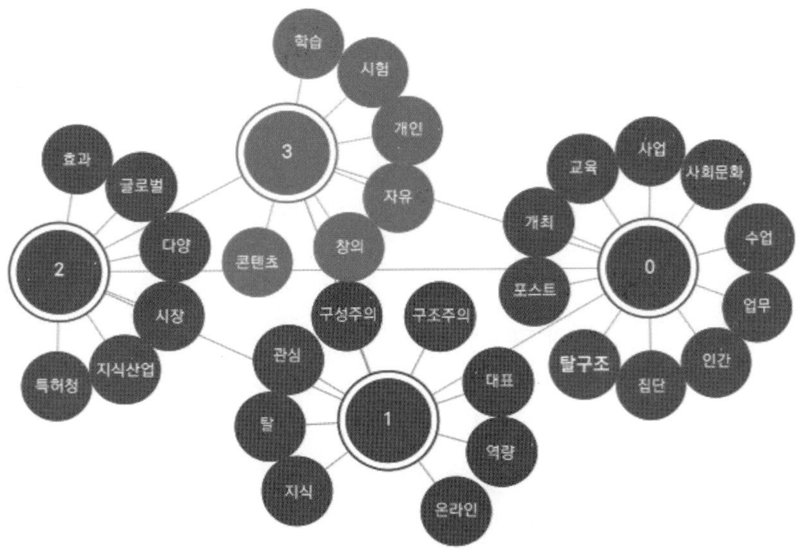

그림 5-2 **지식 빅데이터에 대한 담론 분석**

이처럼 지식에 대한 빅데이터 분석 결과 사람들은 구성주의 자체에 대한 관심이 높다는 사실을 확인할 수 있었으며, 이를 자세히 알기 위해 본 장에서는 구조주의와 탈구조주의가 무엇인지, 그리고 개인적 구성주의와 사회문화적 구성주의가 무엇인지에 대해 살펴보고자 한다.

여기서 잠깐!

빅데이터 분석에서 빈도수를 시각화하여 나타낼 때 자주 사용하는 워드클라우드는 정확한 수치나 비율을 알 수 없다. 그러나 기존의 통계 분석에서 사용하는 바 차트, 파이 차트에 비해 직관적으로 중요한 키워드를 찾을 수 있기 때문에 본서에서는 워드클라우드를 통해 빈도수를 나타내었다. 아래 그림은 지식 빅데이터 분석 결과에 대한 상위 30위까지의 빈도수를 바 차트와 파이 차트로 나타낸 것이다.

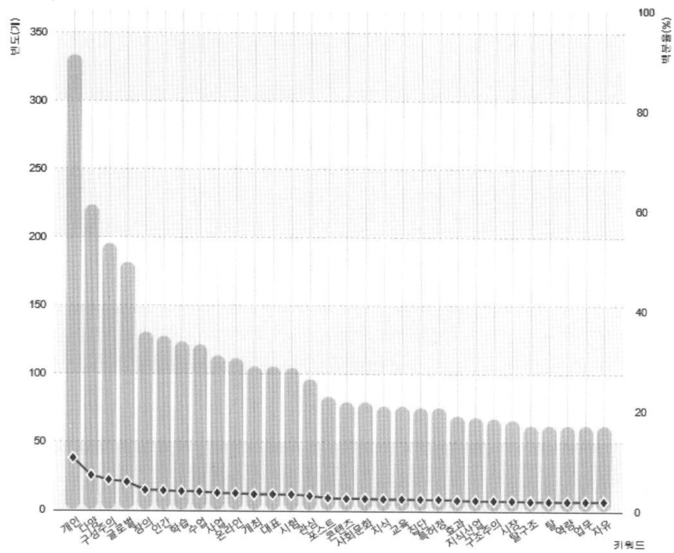

지식 빅데이터 분석에 대한 바 차트

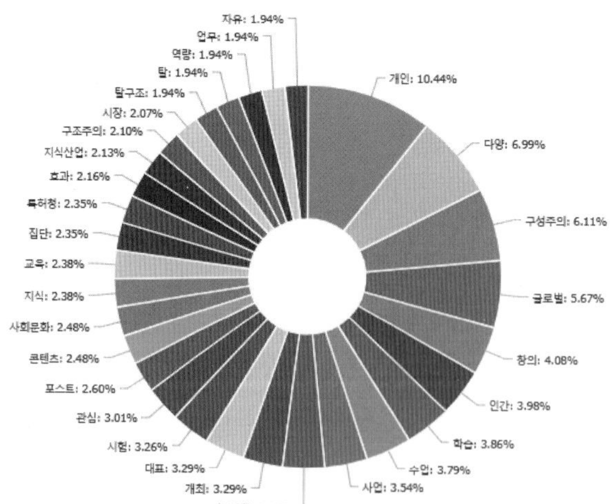

지식 빅데이터 분석에 대한 파이 차트

텍스톰을 활용한 지식 빅데이터 처리과정

❶ 연구대상 수집하기

- 본 연구대상인 '지식 관련 소셜 빅데이터 수집'은 소셜 빅데이터 수집 로봇(웹크롤)과 데이터 분석, 시각화 기술을 보유한 텍스톰을 통해 수집하였다.
- 지식 수집조건

수집키워드	불용어	수집기간	채널
지식, 지식구성	지식인, 지식in, 네이버	2016년 1월 1일 ~ 2020년 12월 31일	네이버(블로그, 뉴스, 카페, 웹문서) 구글(뉴스, 웹문서)

- 형태소 분석은 고유명사, 복합명사를 그대로 결과값을 반영하는 Espresso K를 사용하였으며, 분석품사는 명사를 비롯하여 형용사, 동사, 외국어를 포함하였다.
- 소셜 빅데이터 수집은 해당 토픽을 웹크롤로 수집한 후 유목화(범주화)하는 bottom-Up 수집방식을 사용하였다.

❷ 데이터 분석하기(텍스트마이닝, 담론 분석)

- 분석이 완료되면 바로 편집하기를 통한 텍스트마이닝 과정을 거친다.

변경할 단어	➡	수정단어
지식재		지식재산
교육프로		교육프로그램
글로벌이		글로벌
다양하		다양
⋮		⋮

- 담론 분석은 문서 내에서 동시에 등장(공출현)하는 단어 사이의 관계를 군집화하는 방법이다. 사전에 유목화한 기준에 따라 담론 개수도 8개로 적용하고, 같은 단어 간의 관계를 파악하였다.
  1단계 : [데이터 분석]→[텍스트마이닝]→[데이터 편집]→[바로 편집하기]에서 단어를 정제한다.
  2단계 : [데이터 분석]→[매트릭스]→[매트릭스 단어선택]→[1-mode]→[바로 선택하기]에서 단어를 선택한다.
  3단계 : [데이터 분석]→[담론 분석]→[담론 개수, 8개]→[적용]

❸ 시각화하기(워드클라우드, 담론 분석)

- 시각화는 웹상에서 워드클라우드와 담론 분석(1-mode)으로 간단히 출력한다.
  1단계 : [시각화]→[시각화 결과]→[시각화 리스트 선택]→[워드클라우드]에서 색상선택, 키워드 등을 설정하여 워드클라우드를 완성한다.
  2단계 : [시각화]→[시각화 결과]→[시각화 리스트 선택]→[담론 분석(1-mode)]를 선택하여 결과를 확인한다.

제2절 구조 및 탈구조주의의 지식

1. 구조주의와 탈구조주의 지식

1) 구조주의 지식

구조주의(Structuralism)란 다양한 사회문화적 현상들의 근원에서 반복적으로 만들어내는 보편적인 것을 찾아내려는 사유 경향이다. 구조주의 사조가 발생, 발달하게 된 배경은 19세기 중엽 이후 키르케고르와 니체에 의하여 주창된 실존주의가 20세기에 들어와서 실존주의의 인간 주체성과 개체성을 존중하고 자유와 책임, 인간 의식의 가치를 지향함에 따라 객체와 객관성이 상대적으로 경시되고, 사회적 갈등과 분열·혼란과 무질서로 인해 세계질서를 정위(正僞) 하기에는 한계가 노출되었다. 특히 실존주의적 인간 자각과 성찰, 반성, 인간주의를 중심축으로 하는 실존주의는 시대적 요구에 부응하기에는 그 한계를 노정하고 무력한 이념으로 사람들에게 크게 공명하지 못하게 되었다. 그리고 산업사회와 자본주의 사회의 과학지향적 기술 합리성과 실험실증적, 논리·분석적 탈가치 이데올로기의 문제해결을 위한 인간중심의 주체학을 표방하는 해석학과 현상학도 실존주의와 함께 비판의 대상 사조로 학문의 세계나 정신적 사조에서 도전을 받게 되었다.

이에 새로운 가치와 이념을 추구하고 시대적 정신에 과학성을 존중하고 발견의 가치를 지향하며 인간의 주체나 개체성보다는 전체성과 조직 그리고 집단정신을 부각시키는 구조주의 사조가 언어학과 문화인류학, 사회철학, 심리학의 학문적 배경 하에서 생물학, 건축학, 해부학 그리고 수학 등의 과학의 제 영역에서 간학문적, 학제적인 성격을 갖고 연구되기 시작한 것이다. 따라서 20세기를 과학의 시대라고 하면, 이같은 과학주의 시대의 정신은 구조주의라고 할 수 있을 것이다. 그러므로 과학과 구조주의는 현대사회를 이끌고 있는 양수레 바퀴와 같다고 볼 수 있다. 과학의 발달은 지식의 발달에 의해서 가능하며, 지식의 발달은 인간지능의 계발 없이는 불가능하다. 이 같은 지능과 지식의 발달은 교육행위와 교육적 가치에 큰 영향을 미쳐 인지구조, 지식구조, 교과구조에 대한 연구와 관심을 촉진시켜 교육학의 영역에서 구조주의적 방법을 적용하게 되면서, 기존의 현상학적이고 해석학적인 접근법을 지양하고, 새로운 구조적인 교육방법론으로 발전하였다(최정웅, 2003).

교육과정(Curriculum)은 보는 관점에 따라 다양하게 정의할 수 있지만, 그 핵심에 각 학문이나 각 교과 활동의 체계나 조직과 관련된 교과구조 또는 지식의 구조라고 볼 수 있다. 이와 관련하여 Bruner는 그의 저서 「교육의 과정(The Process of Education)」에서 당시 미국 교육의 근본적인 문제가 학교에서 가르쳐지고 있는 교과의 내용에 있다고 보고서 2가지 문제점을 지적하였다. 첫째는 1920년대부터 1940년대에 걸쳐 학교교육 현장에서 활발하게 전개된 Dewey의 진보주의 교육사상에 영향을 받은 생활적응 교육이 1950년대에 접어들면서부터 일상생활에서 당면하게 되는 문제사태의 해결만으로는 학생들에게 무엇인가 중요한 내용을 가르치는 데에 실패하고 있다는 우려의 확산이었다. 둘째는 대외적으로 당시 미·소 냉전 체제에서 1957년 소련이 스푸트닉(Sputnik) 인공위성을 발사함에 따라 당시 생활적응 교육과 진보주의 교육으로는 미국의 장래를 약속하지 못할 것이라는 정치적 위기의식이었다. Bruner는 이러한 대내외적인 문제를 극복하고 학교의 분위기를 보다 학구적으로 만들기 위해 '지식의 구조'라는 개념을 제시하였다. 그는 여기서 각 학문은 그 학문을 구성하는 기본적인 원리인 지식의 구조를 반영하여 교육과정을 구성하고, 이를 학생들에게 가르침으로써 당시 미국 교육의 근본적인 문제들을 해결할 수 있을 것으로 기대하였다.

구조주의는 자연과학에서부터 인문사회과학에 이르는 초학문적이고, 간학문적인 전과학 체계에 영향을 미쳤다. 구조를 기초로 한 구조주의는 교과교육에 있어서 지식의 구조를 강조하게 된다. 교육영역에서 구조주의는 지식의 구조, 교과구조 등과 같이 구조로 존재하며, 이러한 교육적인 지식 구조를 연구하여 학습 현장에 적용하고 있다. 구조주의 교육은 실존주의 교육과 인간주의 교육을 비판하면서, 관념론적이고 형이상학적인 실체론이나 주체철학과 의식철학인 현상학과 해석학에 대한 반명제로 과학주의와 실증적 객관주의를 지향하면서 개인주의와 자유주의보다는 전체주의, 집단주의, 구조결정론의 형식주의, 장이론적 조직 적합성을 추구한다. 구조가 비가시적이면서 경험되거나 관찰되지 않으면서 현상의 기저에서 또는 이면 깊숙이 심층에 내재적으로 존재하는 것으로 본다. 구조주의는 표층구조를 통해 심층구조를 인식하고자 하는 인식론적 방법론으로 인간의 정감이나 정의적 측면이나 사회참여보다 이지적이고 냉철한 비참여지향으로 규칙이나 기호 및 도표, 도식, 제도를 선호하며 행동보다 질서나 제도, 체제, 조직을 존중하고 생명체나 인격체를 물상화하고 사물화하여 비인격체로 전환을 즐긴다(최정웅, 2003).

교육적 측면에서 구조주의는 모든 가치를 범주화, 도식화, 기호화하는 방법철학으로서, 교육활동의 경우, 유기적인 상호관계와 인간관계를 주시하며 교사와 학생 그리고 학생과 학생의 관계를 중심으로 교수학습의 활동상황을 분석한다. 학교체제나 학급조직에서의 구조적 기능을 탐색하며 교육적 사실과 가치를 분리하고, 가치를 상대적으로 경시하고 가치중립성과 탈가치, 탈인간을 지향하며, 개인이나 개성존중보다 집단존중이고 주체성이나 자율성을 경시된다. 교육방법에서 구조주의는 객관적 지식의 존재를 인정한다. 지식을 전달하는 text를 완결된 구조로 본다. 그러므로 구조주의 교육방법에서는 text에 있는 그대로의 완결된 구조 곧 객관적 지식을 파악하는 것이 목표가 된다. 여기서는 학생의 입장보다는 text 저자의 의도를 파악하는 것이 중요하며, 따라서 text의 객관적 독해(이해)와 교사의 역할이 강조된다고 할 수 있다. 교육을 지식의 기억(이해)과 지식의 응용으로 본다면, 구조주의 교육방법은 지식의 기억(이해)에 가까운 개념이다. text에 기존하는 지식을 분석 파악하여 그 구조를 이해, 기억하는 것이 구조주의 교육 방법의 개념이라고 할 수 있다. 구조주의 교육방법은 전통적인 암기식, 강의식 수업이 더 효과적이라고 할 수 있다(서진원, 2009).

구조주의를 역사적으로 볼 때, 구조주의는 모더니티가 가지고 있는 주체성을 비판한다. 그러나 한편으로는 모더니티가 지향해 온 합리주의를 이어받는 양면적 성격을 가지고 있다. 실존주의가 주체성을 받아들이는 한편, 합리주의를 배격한 것과 상반되는 측면이 있다. 구조주의는 Kant로부터 Sartre에 이르기까지 전개된 주체중심에 대해 비판을 가한다. 주체중심주의 사고는 백인, 유럽인, 남성, 문명인, 어른이 더 뛰어난 존재였음을 말한다. 구조주의자들은 그처럼 근대성의 내적 특징을 비판하면서도 방법 면에서는 매우 합리주의적이었다. 구조주의는 철학사조로 보기 어렵지만, 인류학자, 정신분석학자, 신화학자, 사회학자, 역사학자, 생물학자 등 다양한 연구자들이 서로 다양하게 공명하는 형태로 나타나고 있다. 일반적으로 구조주의 출발은 Saussure의 『구조언어학(Structural linguistics)』에서 찾을 수 있다. Saussure는 랑그와 파롤, 기표와 기의, 통합체와 계열체, 공시성과 통시성과 같은 쌍을 이루는 구조요소들을 분석했다. 랑그는 해당문화가 암묵적으로 동의해 온 문법 구조를 말하며, 파롤은 개인적인 발화방식을 말한다. 기표는 단어의 소리와 표현, 기의는 단어의 개념적 요소이다. 이 둘의 관계는 자의적이다. 다시 말해 언어는 실재를 반영하는 것이 아니라 실재를 구성하는 것이라고 보고 있다.

구조주의는 합리주의에 기반한 객관성과 과학성을 중요시한다. 구조주의는 구조 즉, 관계에 유의하여 기호(예컨대 말) 또는 사물(예컨대 의복, 빛깔, 신화, 의식)에 의미체계를 부여하여 우리가 사고하는 방식을 나타내 보여주는 것이다. 구조주의자는 어떤 현상 또는 인위적 소산을 그것이 생성한 보다 넓은 시스템 안에 두고서 기술하지 않으면 안 된다고 생각한다. 그러기 때문에 문학 텍스트에 대해서도 분석적, 체계적 접근을 시도한다. 구조주의에 있어 주어진 텍스트의 고유한 특권, 권위 따위는 별 의미가 없다. 텍스트란 언어 구성이 어떻게 의미를 담고 있는가 하는 단순한 질문을 던져주는 하나의 체계이면 그만이다. 예를 들면, Lévi-Strauss는 사회 인류학 분야에서 문명의 구조를 구조주의적으로 분석하고 있다. 구조주의는 존재론적 입장에서 결정론 사고, 필연적 사고를 한다(황인술, 2009).

이러한 구조주의는 서구에서 일반적으로 18세기 계몽에서 출발한 이성 중심의 모더니즘(Modernism) 시대로 거슬러 올라간다. 모더니즘은 라틴어 'modernus'에서 유래하였으며, 현존하는 것(that Which is Present), 우리 시대의(of our Time), 새로운(New or Novel)이란 뜻으로, 좁게는 19세기 중엽부터 20세기 중엽까지 서구 문화, 즉 산업화와 도시화의 과정이 인간 경험의 주요 메커니즘으로 간주된 문화의 두드러진 특징을 가리킨다. 이런 의미의 모더니즘은 일정한 정치, 경제, 기술적 변화로 나타난 환경과 그러한 환경에 대한 일련의 태도로 간주된다. 역사적 맥락에서 볼 때 모더니즘은 넓은 의미로 중세 교회의 권위(權威) 또는 봉건성에 대한 반발과 과학과 이성(理性)에 기반한 합리성을 중시한다. 이성에 기반한 합리성, 객관성, 보편성 등을 기반으로 강력한 중앙집권적인 사회를 형성하면서 권위, 규칙, 법칙, 규율, 통제 사회를 형성하면서 보편타당한 절대진리를 추구하였다.

모더니즘은 넓게는 르네상스 이후에 생겨난 개념으로 사상과 예술에 두루 걸쳐 나타나는 인간의 독특한 시대 의식 또는 태도라고 할 수 있다. 사상적인 의미에서의 모더니즘은 르네상스 이후에 근대인이 갖게 된 삶의 보편적인 감각을 뜻한다. 따라서 현재와 오늘의 모습에 충실하려는 인간의 이성적 노력을 촉구하는 태도로 볼 수 있다. 사상사에서 모더니즘의 출발은 Descartes에 의해서 시작되었다고 볼 수 있다. 근대 철학의 아버지로 불리는 Descartes는 '나는 생각한다. 고로 나는 존재한다'라는 확실성의 근본원리에서 세계에 관한 모든 인식이 유도되며, 이로써 물심이원론(物心二元論)에 의한 기계론적(機械論的) 자연관(自然觀)의 기초를 마련하게 된다.

모더니즘이 추구하는 이성은 규칙, 권위, 규율 통제 등의 사회를 형성하면서 인간은 합리적이며, 합리성이 모든 문제를 해결할 수 있는 것으로 여겼다. 이러한 모더니즘적 지식구성을 이해하기 위해서는 핵심 철학인 구조주의에 대한 이해가 먼저 이루어져야 한다. 구조주의는 문자 그대로 해석하자면 '한 체계에서 어떤 특정 구조가 전체의 구성요소들을 결정한다'라는 뜻으로 해석할 수 있다. 그렇기 때문에 한 체계를 설명하는 데 있어서 근본적인 구조가 중요한 문제가 된다. 구조주의는 주로 인문, 사회 과학에 대한 인식론적 접근 방식, 이론이라기보다 세계를 바라보는 방법적 조작 개념, 인문, 사회과학적 방법으로서 다양한 인간현상, 사회현상, 문화현상 등을 기술하고 분석하는 데 유용한 방법론으로 등장하였다.

구조주의는 6가지 특징으로 요약할 수 있다. 첫째, 관계성 강조이다. 하나의 실체의 덩어리가 아닌 구조로 보고, 하나의 사물이 아닌 사물 간의 관계와 차이를 강조한다. 둘째, 역사주의에 대해 비판적 입장이다. 구조주의는 시간의 흐름과 변화의 세계보다 시간을 초월한 보편적 구조를 강조, 구조주의는 세상을 바라볼 때 시간적 관점보다는 공간적 관점을 중시, 즉 구조주의는 시간성을 제거하고 공간성을 강조하고 있다는 점에서 반역사주의적이다. 셋째, 주체에 대해 비판적 입장이다. 역사적으로 주체를 지나치게 강조한 실존주의와 1·2차 세계대전의 영향으로 등장한 인간주의에 대한 반작용으로 구조주의가 대두, 인간 중심적 관점에서 주체의 체험, 의식과 자유 등을 강조하는 것을 지양하고 주체의 행위와 인식을 규정하는 객관적 체계(구조)들을 전면에 내세운다는 것, 체계 혹은 구조를 우선한다는 점에서 반인간주의적이다. 넷째, 전체와 부분 간의 관계 강조이다. 구조주의 방법론의 특징은 전체는 부분의 합, 구조주의 방법론은 개별 구성요소들 간의 관계를, 그리고 단위나 부분이 아닌 전체 속에서 관계를 강조, 구조가 구성요소와의 관계, 구조의 속성을 결정함, 구조는 현재의 구조를 강화하고 확대 재생산한다는 측면이다. 다섯째, 의미의 원천을 규정함에 있어 이항구분(Binary Distinction) 혹은 이항대립(Binary Opposition)을 설정이다. Saussure는 어법/언사, 기표/기의, 공시성/통시성, 제도/사건, 사회/개인 등 전자를 후자보다 더 근원적이고 보편적이라고 규정함으로써 이항대립을 설정, 이항대립의 문제는 단순히 개념적으로 구분된다는 차원을 넘어서 어느 한쪽을 궁극적인 것, 중심적인 것으로 간주하고, 그 나머지는 부차적인 것, 주변적인 것으로 취급한다는 점이다. 여섯째, 이데올로기적 중립을 취한다. 구조주의 방법론은 사물을 있는 그대로의 모습으로 드러내는 것을 중요시, 변화보다는 보편성을 강조함에 따라 암암리에 정치적으로 상당히 보수적인 성향을 가진다. 구조주의를 요약하면 관계성의 강조, 반역사주의, 반인간주의, 전체성의 강조, 이항대립의 설정, 이데올로기적 중립성이라는 특징을 가진다. 즉 구조주의 방법론은 시간보다는 공간을, 개인보다는 사회와 구조를, 개별 요소보다는 개별 요소 간의 관계와 차이를, 부분보다는 전체를, 우연보다는 규칙이나 법칙을, 특수성보다는 보편성을, 혼란보다는 질서를 강조한다.

2) 탈구조주의 지식

Bruner는 1970년대에 접어들면서 자신의 이론의 한계를 인정하고, 새로운 방향으로 교육개혁 논의를 진행하였다. 특히 그는 1980년대 이후부터 과학, 행동주의, 컴퓨터 중심의 공학적이고 경험적인 연구양식에서 벗어나 문화, 언어, 의도성, 주관성 중심의 해석학적 연구양식과 포스트모던적 교육의 틀의 개발에 착수하였다. 포스트모더니즘과 함께 20세기 후반에 등장한 인식이론이 바로 탈구조주의(Post-Structuralism)이다. 탈구조주의는 전반적인 문화적 경향을 일컫는 포스트모더니즘의 하위개념에 해당한다. 탈구조주의는 주로 인문·사회 과학에 대한 인식론적 접근 방식, 탈구조주의는 구조주의를 극복하고자 하는 입장으로, 대표적인 탈구조주의자로는 Derrida, Foucault를 들 수 있다. Derrida는 구조주의의 기본 가정들을 그 근본부터 해체시키는 관점으로, Foucault는 지식의 형성 및 변천에 대해 역사적 및 정치적 분석을 강조하는 관점을 가졌다. 그 외에도 Deleuze, Lacan, Lyotard, Kristeva 등을 들 수 있다.

우리나라의 경우에는 Bruner의 초기의 관점에서 지식의 구조에 관한 논의를 집중적으로 다루어 온 것이 사실이다. Bruner의 지식의 구조에 관한 연구의 방향이 대체로 실증주의적 관점에서 크게 벗어나지 못하였다. 그러나 Bruner의 지식의 구조에 관한 연구가 이성적 사유의 세계에 기반한 관념론에서 탈피하여 다양한 교육적 이론과 실천을 함께 모색하는 비판적 관점으로 전환하였다. 탈구조주의 이론가들은 탈구조주의적 관점에서 Bruner의 지식의 구조를 체계적으로 비판하였다. 개별 교과에 관한 Bruner 이론의 재검토(박선미, 1999), 새로운 과학철학의 관점에서의 비판적 재검토(손민호, 1995), 포스트모던적 관점에서의 비판(김재춘·김재현, 2002), 지식의 현대성과 탈현대성의 대비를 통한 비판(김봉석, 2000), 객관주의자들은 이성적 관찰을 바탕으로 하여 객관성을 보장해 왔지만, 관찰이라는 것도 필연적으로 관찰자와 대상의 상호작용에서 일어날 뿐만 아니라 그로부터 얻어진 자료조차도 결국 누군가의 주관에 의해서 해석되어야 한다는 비판(이홍우, 2006) 등이 있다. 이러한 비판의 맥락은 다양한 양상과 측면을 가진 교육과정을 지식의 구조라는 하나의 개념으로 모든 것을 설명하는 것은 시대적 모순이라는 것이다. 어떤 지식은 그것을 탐구하는 학자 자신의 주관성을 통과하지 않고는 알려질 수 없다는 것이다. 이에 객관주의에 기저하는 지식에 대한 기본적 전제가 무너지고, 상대주의의 관점에서 절대적이고 객관적 진리는 어디에도 존재하지 않으며, 모든 지식은 상황 의존적이거나 맥락 지향적인 것이 된다는 관점이 등장하였다.

탈구조주의 지식은 포스트모더니즘 관점에 의한 상대적 지식관인 구성주의 이론으로, 탈구조주의[1]적 관점을 지향하고 있다. 더 이상 지식이 가치중립적이고, 탈이데올로기적인 것으로서 그 성격이 규정되는 것이 아니라 사회 내에서의 상호 주관성에 의해 그 성격이 규정되는 것이다. 이는 결국 지속적인 이해와 해석을 통한 해석학적 순환의 과정 속에서 지식이 구성되어 간다는 것을 의미한다. 해석학적 관점 내에서 지식은 어떠한 의미의 보편성(객관적·절대적 지식관에서 가리키는 완전한 보편성과 다른 의미)을 인정하는 것이다. 그러나 사회적 상호작용에 의해 구성되는 지식이 모종의 상호 주관성을 형성한다고 할 때, 이는 새로운 의미에서의 보편성을 획득하는 것으로 본다. Gadamer에 따르면, 해석학은 보편적인 성격을 지닌다고 주장할 수 있는데 이는 '이해'에 대한 의미에서 기인한다. 지식에 대한 관점은 객관적·절대적 차원에서 보편성을 획득하던 지식에서 구성적·해석적 차원에서 보편성을 획득하는 상호 주관적 지식으로 전환하는 것이다. 즉, 기존의 객관주의적 지식관에서 부여받았던 절대적이고 확고한 지식의 토대는 무너졌지만, 지식이 서로 다른 이해를 통해 해석되고 구성됨으로써 모종의 상호 주관성을 부여받고 교육과정을 위한 잠정적인 토대로서 기능을 하게 된다.

이러한 모더니즘적 접근에 대한 비판으로 나타난 것이 바로 포스트모더니즘(Postmodernism)이다. 계몽사상이 지닌 독선과 모순에 반하여 2차 세계대전 이후 이성중심주의에 대해 근본적인 회의 내지 해체를 추구하고 있다. 특히 1960년대 68혁명을 기점으로 인간 생활의 전반적 변화 양식을 새롭게 설명하고 정당화할려는 시대 정신(사상)으로, 하나의 거대한 인식(認識)의 전환의 틀이다. 특히 68혁명 후, 프랑스, 독일, 미국을 중심으로 일어난 학생운동, 여성운동, 흑인인권운동, 제3세계 운동, 구조주의 이후 일어난 해체주의에 영향을 받았다. 모더니즘의 비판을 동시에 내포하면서, 모더니즘의 폐단

1) 탈구조주의는 포스트구조주의라고도 불리는데 '탈(脫)'이라는 접두사를 붙일 경우 구조주의로부터 벗어난다는 의미를 지니는데 근본적인 문제점을 완전히 벗어나지 않았기 때문에 'post'를 소리 나는 그대로 부르기도 한다. 본 장에서는 구조주의의 상반된 개념으로 탈구조주의 용어로 통일하여 사용한다.

을 저항, 해체, 극복하는 데 치중하였다. 모더니즘에 존중되었던 이성중심주의 객관성을 비판하고, 주관적, 개성적, 단편적 성격을 지니면서, 근대를 벗어나기 위해 탈이라는 접두어 시작되는 탈이성적, 탈근대적, 탈중심적, 탈권위적 특징을 지닌다. 대량생산체제에 근거한 획일성, 전체성, 중심성이 주목받던 모더니즘 사회와는 달리, 포스트모더니즘은 개인의 개성과 자율성, 다양성, 탈중심성의 가치를 추구한다.

철학적 측면에서 이성(절대진리)에서 감성(상대진리)으로 전환되면서 다양성, 개성, 인본주의, 실존주의, 현상학 등이 다시 주목받기 시작했다. 정치, 경제적 측면에서 일상적, 주변적, 사소한 문제를 정치적, 경제적 권력 구조의 관점으로 전환하였다. 근대적 이데올로기로부터 탈출하여 탈이념화하면서, 새로운 소비 트렌드를 형성하면서 소비 = 생산 = 판매를 플랫폼에서 동시에 수행하는 시대가 되면서 생산과 소비의 경계가 없어졌다. 특히 소비 사회로 전환되면서 노동의 종말을 선언하고 있다. 사회적 측면에서 새로운 계층의 등장, 젠더, 페미니즘 등이 주목받기 시작했다. 문화적 측면에서 68혁명 후 문화 마르크시즘(Marxism, 마르크스주의)의 등장하면서 퀴어축제, 글로벌 성혁명 등이 나타났다. 아날로그 사회에서 디지털 사회로 전환은 4차 산업혁명을 가속화하면서 초연결 및 초지능 사회, 빅데이터 및 인공지능사회가 되면서 새로운 인류의 탄생을 선언하고 있다.

우리나라의 경우, 7차 교육과정 이후 현재까지 강조하고 있는 '학습자 중심'의 기반이 되는 구성주의는 모더니즘에서 포스트모더니즘 사회로, 산업사회에서 지식·정보사회로의 이행하면서 기존의 가치관이나 기준이 삶에 더 이상 의미를 주지 못함으로 인해 나타난 새로운 패러다임이다. 특히 산업 사회에서 정보 및 지식기반사회로 이행하는 거센 변화와 물결 속에서 교통, 정보통신 기술의 급속한 변화와 발달에 의해 지구는 하나의 유기적인 관계 속에서 움직이고 있다. 특히 초고속 정보 통신망 구축과 인터넷에 기반한 가상공간을 통한 정보의 전달로 지구촌의 인간 활동은 실시간 생활을 영위하게끔 되고 있으며, 삶의 전 영역에서 패러다임의 전환을 요구하고 있다.

이러한 시대적 변화와 더불어 교육에 있어서 패러다임의 전환은 기존의 교사중심에서 학습자 중심으로의 교육환경이다. 학습자 중심의 학습방법이 아니라 학습자 중심의 학습 전반에 관한 이론을 뒷받침하는 것이 구성주의 교육이다. 지식기반사회에서는 독창적으로 사고하고 필요한 정보를 자기 주도적으로 학습할 수 있는 능력과 태도가 필요하다. 정보 및 지식기반사회에서는 부의 개념이 산업사회에서 중요시하는 공장의 크기나 종업원 수보다는, 인간이 얼마나 창의적인 지식이나 정보를 가지고 있느냐가 가치의 중요한 기준이 된다는 것이다. 따라서 이러한 사회에서는 많은 정보를 소유하고 창의적인 능력을 가진 인재가 필요하게 됨에 따라, 이러한 시대적 요구를 이론적으로 뒷받침하고자 하는 새로운 형태의 교육관이 구성주의[2)]이다. 구성주의는 산업화 시대를 지배했던 논리 실증주의로 대표되는 객관주의 인식론[3)]에 대한 대안적 인식론으로 등장한 셈이다. 시대적으로 본다면 1960년대와 1970년대에 행동주의로부터 여러 가지 형태의 구조주의로 철학적 전환이 있었고, 이러한 전환기에 생긴 인지론의 한 형태를 구성주의로 볼 수 있다.

크게 나누어 볼 때 모더니즘 시대의 지식구성의 주 배경은 구조주의이며, 포스트모더니즘 시대의 지식구성 주 배경은 탈구조주의로 볼 수 있다. 이들의 관계를 이해하는 데 필요한 하위 요소들을 **표 5-2**에서 정리하였다.

2) 구성주의란 지식에 관한 새로운 관점 즉, 지식은 개인과 독립적으로 존재하는 것이 아니고 환경과의 상호작용을 통해 개인에 의해 구성된다는 점을 강조하는 이론으로 여러 학문 영역에서 논의되고 있으며, 1990년대에 들어오면서 구성의 관점에 따라 다양한 유형의 구성주의가 나타나고 있다. 가령 급진적(Radical) 구성주의, 사회적(Social) 구성주의, 인지적(Cognitive) 구성주의, 물리적(Physical) 구성주의, 진화적(Evolutionaly) 구성주의, 포스트모던(Postmodern) 구성주의, 사회-문화적(Sociocultural) 구성주의, 심리적(Psychological) 구성주의, 정보처리(Information) 구성주의, 그리고 두뇌공학(Cybernetics) 체제 등이 있다.

3) 인식론은 사람이 어떤 식으로 지식을 습득하고 형성해 가는가를 연구하는 학문이다. 다시 말해서 인식론은 인식의 대상은 무엇인가와 인식은 어떻게 해서 성립하는가 등 인식이나 지식의 기원, 구조, 범위, 방법 등을 연구하는 철학이며 곧, 앎의 이론(Theory of Knowing)이라 할 수 있다.

표 5-2 구조주의와 탈구조주의의 비교

구조주의	탈구조주의
• 기존의 지식습득, 지식의 기억(이해)	• 지식의 개인적, 사회적 형성, 지식의 응용
• 폐쇄적인 텍스트	• 개방적인 텍스트
• 보편성(이성)과 동질성(같음 추구), 대량생산	• 탈이성(감성), 다양성, 특수성, 개성, 창의성(다름 추구), 소량(맞춤)생산, 소비
• 집단주의, 개관주의(합리주의)	• 인본주의, 상대주의, 공주관주의
• 중심화, 권위와 집중, 확실성	• 탈중심화, 자율과 분산, 불확실성
• 절대적 진리나 지식의 추구, 거대 담론, 이분법적 사고, 기의(시니피에), 말, 읽기	• 유동적이고 상대적인 지식, 소서사적 담론, 다원적 사고, 기표(시니피앙), 문자, 쓰기
• 아날로그, 수직적, 선형적, 위계적, 수목적	• 디지털(첨단정보통신기술, 빅데이터, 인공지능)-정보폭발, 수평적, 비선형적, 무질서, 리좀적(뿌리줄기적)
• 가르침(교사) 중심, 교과서 중심	• 배움(학습자), 활동, 참여중심, 교육과정중심
• 수업의 과학성(객관, 지성, 좌뇌)	• 수업의 예술성(주관, 감성, 영성, 우뇌, 다원주의)
• 자본주의, 구조주의, 식민주의	• 후기자본주의, 후기구조주의, 후기식민주의
• 서양, 초월성, 선형적, 수직적, 남성…	• 동양, 내재성, 비선형적, 수평적, 장(field)적, 여성…
• 이성중심: 객관화, 과학화, 법칙추구, 규칙, 모델, 대량생산	• 탈이성중심: 감성, 인본주의, 다양화, 주관화, 소량생산, 빅데이터, 4차산업, 인공지능시대, 자율주행차, 5G, AR, VR…

2. 탈구조주의 지식구성의 두 관점

1) 개인적 구성주의

구성주의란 인간의 지식이 형성되고 습득되는 과정에 대한 인식론적 이론이다. 즉 구성주의의 인식론은 지식을 감각이나 의사소통에 의한 수동적인 방법으로 받아들이는 것이 아니라 인식 주체가 적극적으로 형성한다는 하나의 대안적 관점이다. 이러한 구성주의의 인식론적 근간과 배경을 Socrates 이전의 초기 회의주의와 18세기의 이탈리아 철학자 Vico, 최근의 포스트모더니즘 철학에서 찾기도 한다. 어떻든 구성주의는 17세기 이후 서구의 인식과 사고를 지배해 온 패러다임으로서의 표상주의 또는 객관주의적 인식론에 대한 비판으로서 제기된 것이며 교육에 본격적으로 도입된 것은 Piaget 및 Vygotsky의 인지심리학에 기초를 두어 이루어졌다.

현행 교육과정의 이론적 기초를 이루는 것이 구성주의다. 구성주의는 지식이 순수하게 주관적인 사유를 통해 구성된다는 것에 기초한다. 지식은 학생이 수동적으로 수용해야 할 대상이라기보다 학습자의 활동 결과이다. 구성주의가 다른 학습이론과 구별되는 점은 학습자가 학습과정을 통해 도달해야 할 절대적 진리 즉 경험과 독립된 객관적인 실재를 부정한다는 것이다. 구성주의에서 진리는 우리가 지닌 세계관에 따라 다르게 포착되는 것으로서 인식 주체와 독립된 절대적인 관점은 존재하지 않는다.

구성주의에서 지식이란 학습자의 경험에 기초하여 능동적으로 구성되는 앎의 과정이며, 개개인 자신의 역사적, 문화적, 사회적 상황에 기반을 두고 지식을 구성해 가는 것이라고 보는 것이 구성주의 인식론이다. 즉, 개인은 특정한 사회적 경험과 배경을 바탕으로 하여 그 위에 자신의 개인적인 인지작용을 더하면서 주어진 사회현상의 이해를 지속적으로 구성해 간다고 본다. 그 결과로 생성된 것이 지식으로, 이것은 인지적 주체의 행동과 사고를 둘러싸고 있는 경험의 장과 잘 부합하기만 하면 지식으로서 생장력(Viable)이 있는 것으로 본다.

지금까지 연구되어 온 지식의 구성과정에 대한 구성주의 이론들은 여러 가지 관점으로 나누어 볼 수 있으나 일반적으로 크게 두 가지 흐름으로 나타나고 있다. 하나는 지식을 구성하는 주요 요인으로 학습자의 인지과정에 의한 개인적 구성주의와 다른 하나는 학습자의 집단적 사회·문화적 인지과정에 의한 사회·문화적 구성주의로 나타나고 있다. 따라서 두 흐름은 지식의 구성과정에서 어느 측면을 더 중요시하느냐에 따라 개인적 구성주의와 사회·문화적 구성주의로 나타나게 된다.

개인적 구성주의는 학습자들이 자신의 앎의 방식을 수업상황에서 자신의 개인적 경험과 일치시킴으로써 스스로 적극적으로 구성하는 관점, 즉 지식의 구성과정에 인간 개체의 개별적 인지작용을 가장 중요시하는 관점으로, 주로 Piaget의 발달심리학에 그 이론적 근거를 두고 있다. 선험론자(Apriorist)는 지식의 형식들이 인식주체의 내부에 이미 결성되어 있다고 믿으며, 따라서 엄밀하게 말하면 새로운 것이란 있을 수 없다고 본다. 이와는 대조적으로 Piaget는 발생적 인식론을 정립하였다. 인식한다는 것을 발견이나 발명으로 간주하지 않았다. 인식의 대상은 발견의 대상처럼 예로부터 있어 왔던 것도 아니고, 증기기관처럼 그것을 발명하기 전에는 존재하지 않는 것도 아니다. 지식은 계속적인 구성의 소산으로, 발생론적 인식론의 주된 문제는 새로운 것들이 구성되는 메커니즘을 밝히는 것으로 보았다. Piaget는 사고하고 학습하는 인간의 능력을 하나의 적응양상이라 생각했으며, 그 생물학적 기능은 인간을 둘러싸고 있는 환경에 성공적으로 대처하도록 개개인을 돕기 위한 것이라고 믿었다. 학습은 넓은 의미로 평형화를 이루는 일을 가능하게 하는 유기체와 환경 간의 상호작용 상태라고 할 수 있다. 인지구조의 발달은 다양한 요소들의 작용을 통한 특정한 수준의 인지구조를 획득한 상태를 의미한다. 그는 평형화가 조절과 동화라는 두 가지 적응기능에 의해 이루어진다고 보았다. 학습상황에서 주체가 가지고 있는 스키마와 당면한 사태 사이에 불일치가 있어야 한다. 불일치에 직면했을 때 동화와 조절기능이 작용하여 평형화라는 새로운 스키마[4]의 변화가 이루어진다고 보았다.

인지적 관점은 인지적 발달의 기원을 마음이 머릿속에서 나오는 것으로 보고 지식을 내부로부터 구성하는 방식을 취한다. 특히 개인적 구성주의는 지식은 외부세계에 있는 객관적 실재가 아니라 인간의 머릿속에 있고, 그 속에서 능동적으로 구성되는 것으로 이것은 현실을 살아가고 이해하는데 개인에게 의미 있고, 적합하며 타당한 생장 가능한 것(Viability)이다. Glaserfeld와 같은 급진적 구성주의자는 Piaget의 발생론적 인식론으로부터 지식의 적합성(Fitness)과 존속성(Viability)을 도출하여 지식의 비객관성을 설명하였다. 지식은 감각을 통하거나 의사소통에 의해 수동적으로 받아들여지는 것이 아니라 인식하는 주체에 의해서 능동적으로 구성된다. 인식의 기능은 적응적이며, 생물학적 용어로 적합성 또는 존속성을 지향한다. 지식이 인간에 의해 구성된 것이고, 환경에 적응하기 위해 끊임없이 변해가는 것이라면 구성

4) 스키마와 선행조직의 차이 : 스키마(schema)란 개인이 경험에 의해 기억 속에 저장된 지식 덩어리, 지식 구조(틀), 인지, 인식의 틀, 이것은 학습자가 새로운 정보를 해석하는 데에 대략적인 인식의 틀(도식)을 갖고 있어서 이것이 어떤 역할을 한다는 것, 기존 지식이 새로운 지식을 형성할 때 도움을 줄 수도 있고, 그렇지 않을 수 도 있다는 것, 선 개념, 오 개념 등을 들 수 있다. 선행 조직자(Advance Organizers)는 Ausubel이 제시한 인지전략으로서 기존 지식과 새로운 정보 간에 연결이 이루어지면 학습 경험은 보다 의미있게 된다는 가설에 근거, 선행 조직자(연결자)는 학습자에 의해 사용되는 학습전략이라기보다는 교사에 의해 사용되는 수업 전략이며, 간단한 문장이나 질문, 지도나 도표, 개념도나 인지도 등 다양한 형태로 제시된다.

된 지식은 객관적일 수 없다(비객관성)는 논리가 성립된다. 다시 말해 학습을 자기조직화로 정의하면서, 구성적 자기 활동은 인지하는 개인이 다른 공동체 성원들과의 상호작용을 할 때 일어난다는 다소 완화된 급진적 구성주의를 보인다. 즉 각 개인들이 구성한 지식은 타인들과의 상호작용 속에서 그 타당성이 검토되어 지식으로 형성된다. 따라서 사실은 객관적인 실체가 아니라 단지 현재의 사회구성원들이 상황에 대한 가장 그럴듯한 해석으로 받아들인 것이다.

2) 사회·문화적 구성주의

사회·문화적 구성주의는 지식의 구성과정에 있어서 개인적 정신기능의 이해에는 다른 무엇보다도 사회·문화적 과정이 우선적으로 고려되어야 한다는 관점이다(P. Cobb et al., 1996; J. V. Wertsch & C. Toma, 1995). 사회·문화적 구성주의는 Vygotsky의 발달심리 이론에 근거하여 인지적 발달과 기능은 사회적 상호작용이 내면화되어 이루어지는 것으로 본다.

사회·문화적 구성주의는 급진적 구성주의가 주장하는 비객관성의 원리를 공(동)주관적인 의미에서의 객관성의 의미로 해석하여 급진적 구성주의의 급진성을 완화하고자 하였다. 공(동)주관적 의미에서 객관성은 대다수 사람들이 옳다고 하는 또는 역사와 문화를 통하여 인정된 것이라는 맥락에서의 객관성이다. 사회문화적 구성주의는 Vygotsky의 발달심리 이론에 근거하여 인지적 발달과 기능은 사회적 상호작용이 내면화되어 이루어지는 것으로 본다.

사회문화적 구성주의는 개인보다는 사회적 상황에서 인지과정을 연구한다. Vygotsky는 인간의 활동은 그가 사용하는 언어와 기호 등 문화적 배경에 따라 결정된다고 보고, 의식의 사회적 차원이 일차적이고 개인적 차원은 이차적으로 보고서 사회적인 것에서 자아중심적인 것으로, 그리고 다시 내면적 언어로 이행하는 과정을 중시한다. 언어는 하나의 문화이며, 사고구조의 집합체이다. 언어를 학습한다는 것은 문화를 학습하는 것이요, 사고구조체계를 학습하는 것이 된다. 이렇게 인간의 정신기능은 여러 역사적 문화적 제도적 배경 속에서 발생하는 것으로 본다. 따라서 사고란 사회적으로 구성된 의미환경 속에서만 생명을 가진다. 그는 근접발달지대(Zone of Proximal Development)를 통해 보다 나은 인지적 발달수준에 이를 수 있다고 본다. 근접발달지대는 아는 것과 모르는 것 사이에 존재하는 공간, 즉 아동이 독립적으로 문제해결을 하는 실제적 발달 수준과 성인의 안내나 더 능력 있는 동료와의 협동을 통해 문제해결을 하는 잠재적 발달수준 사이에 있는 근접발달지대를 통해 아동의 보다 나은 수준에 이를 수 있음을 주장한다. 아동이 자신의 힘으로 문제를 해결할 수 있는 단계에 도달할 때까지 제공되는 비계(Scaffolding)에는 도움이나 보조, 단서 제공(Hint), 시범 보이기(Modeling), 설명하기, 질문하기, 격려하기, 주의집중 시키기 등을 들 수 있다.

좋은 학습은 적절한 학습동기를 가지고 이미 알고 있는 지식에 낯선 지식을 의미 있게 구조화하는 과정이라고 하겠다. 따라서 사회문화적 구성주의는 지식의 구성에서 개인과 사회의 상호의존성을 강조한다. 개인의 내면적 인지작용과 사회문화적 관계를 서로 분리시켜 생각하지 않는다. 학습과정은 내면화되어야 하며, 이것을 통하여 사회적으로 성숙된다고 한다. 지식이 학습자의 능력으로 내면화되도록 학습해야 하고 이것은 학습자가 동료들이나 주변 인물들과 상호작용을 통해서 이루어질 수 있다.

개인적 구성주의와 사회·문화적 구성주의의 개요를 비교하면 표 5-3과 같다.

표 5-3 **개인적 구성주의와 사회·문화적 구성주의의 비교**

비교 항목	구성주의
지 식	마음의 산물로 인식 주체에 의해 결정
의 식	상징의 구성자, 자연의 해석자
사 고	지각과 구성에 근거하며, 신체적, 사회적 경험을 통해 성장
의 미	인식 주체에 의해 결정
상 징	실재를 구성하는 도구, 내부 실재의 표상
최종목표	맥락에 적합한 의미 구성

비교 항목	구성주의	
주요매체	인터넷, 마이크로 월드, 구성도구	
교육과정	다양한 자료에 근거한 구성활동 강조	
평가	질적 평가, 형성평가 강조	
대표유형	• 개인적 구성주의	• 사회·문화적 구성주의
핵심 관심	• 개인의 인지적 측면을 통한 능동적 구성	• 지식의 사회적 구성 강조
학 습	• 개인의 주관적 경험에 근거한 의미 구성	• 사회적 상호작용을 통한 의미 구성, 사회·문화적 동화
교사의 역할	• 촉진자, 안내자	• 촉진자, 안내자, 공동참여자
학습자 역할	• 의미의 능동적 구성자, 산출자, 설명자, 해석자	• 의미의 능동적 공동 구성자, 산출자, 설명자, 해석자
환 경	• 교사와 학생 간에 형성되는 문화를 강조(상이성 강조)	• 공동체의 문화를 반영하는 학교교육의 실태조사(동질성 강조)
구성주의에 대한 입장	• Piaget의 입장 아동은 이미 형성된 지식을 수동적으로 수용하지 않는다. 아동과 대상간, 아동과 다른 사람 사이의 심리적 상호작용의 내적 과정을 통해 아동 스스로가 구성해 나가는 것	• Vygotsky의 입장 지식은 한 사회 집단에 누적된 역사적 문화적 형태로 이미 존재하고 있으며 그러한 지식을 이미 획득한 다른 사람들과의 사회적 상호작용을 통해 아동이 내적으로 재구성해 가는 과정이 지식의 구성과정이라 설명
주요 이론가	Piaget, Glasersfeld	Vygotsky, Rogoff

3) 개인적 구성주의와 사회·문화적 구성주의 그리고 객관주의 : 만남, 동행, 통합

구성주의의 두 흐름 속에서 공통적으로 추구하고 있는 것은 지식은 인식의 주체에 의해 개인이 수동적으로 구성하는 것이 아니라 스스로의 경험을 바탕으로 하여 능동적으로 구성된다는 것이다. 또한 지식은 맥락적으로 구성된다는 점이다. 지식은 인식주체에 의해서 구성되는 한편, 항상 상황 안에서 이루어지고, 지식은 그것이 습득된 상황과 뗄 수 없는 관계를 형성한다. 개인적 구성주의(개인지성, 개인경험)와 사회·문화적 구성주의(집단지성, 협력, 소통, 인성)는 서로 개별적인 것이 아니라 상호 보완적일 때 의미가 있게 되는 것이다. Confrey(1995)는 두 가지 구성주의의 관점을 종합한 관점을 강조하고 있다. 사회과교육의 목적이 현실사회에서 부딪치는 문제들을 잘 해결하여 자발적이고 건전한 시민육성이라고 할 때, 개인이 사회를 바르게 알아가는 과정이 필요하다. 그런 의미에서 구성주의의 두 흐름을 통해 앎의 구성은 개개인의 내면적 인지작용과 사회·문화적 맥락 간의 통합적, 변증법적 관계에서 이루어지는 역동적 과정이 되어야 할 것이다. 따라서 지식의 구성은 사회적 구성에서 개인적 구성으로, 개인적 구성에서 사회적 구성으로, 공동구성으로 될 때 합리적인 의사결정을 통한 바람직한 사회생활을 할 수 있는 사회과교육의 목적에 오히려 부합되는 것으로 볼 수 있다.

구성주의는 객관주의에 반하여 성립된 것이나, 객관주의 없이 구성주의를 논하기 어려우며 여전히 객관주의는 우리의 삶에 유효하다. 다시 말해 우리의 삶에 오랫동안 누적되고, 지속되면서 의미를 더해주는 지식이 있다. 2015 개정 교육과정부터 역량 중심 교육과정을 강조하면서 각 학문영역별 핵심개념을 강조하는 것은 바로 학문 중심, 다시 말해 지식의 구조를 여전히 강조하고 있는 셈이다. 따라서 학문영역별 핵심개념은 잘 변하지 않기 때문에 이들을 중심으로 최근 연구동향을 파악하여 지식을 업그레이드할 필요가 있다. 우리의 삶에 설명력이 없거나 약하기에 새로운 지식이 필요하며 새로운 지식구성을 위해 우리는 아직 **표 5-4**와 같이 객관주의와의 동행, 만남, 통합이 필요하다. 구성주의가 주관, 직관, 감성을 강조하는 것이지, 객관, 이성을 무시하는 것이 아니다. 사람이 감성으로만 살 수 없으며, 또한 이성만으로도 살기 힘들다. 이성에서 감성으로 그리고 감성에서 이성으로 만남, 동행, 통합 등이 필요하다.

표 5-4 객관주의와 구성주의의 비교

비교 항목	객관주의	구성주의
지 식	• 고정적이고 확인할 수 있는 대상	• 개인의 사회적 경험을 바탕으로 하여 개인의 인지적 작용에 의해 지속적으로 구성·재구성되는 것
지식의 특징	• 초역사적, 초공간적, 범우주적인 성격	• 특정 사회, 문화, 역사, 상황적 성격의 반영과 구현
현 실	• 규칙으로 규명 가능하며 통제와 예측이 가능	• 불확실하며 복잡하고 독특함을 지니고 예측이 불가능
최종 목표	• 모든 상황적 역사적 문화적인 것을 초월해 적용할 수 있는 절대적 진리와 지식의 추구(truth)	• 개인에게 의미 있고 타당하고 적합한 것이면 모두 진리이며 지식(viability)
주요 용어	• 발견(discovery, find) • 일치(correspondence)	• 창조(creation) • 구성(construction)
수업목표	• 지식의 전달, 학습자에게 사태를 이해시키도록 만드는 것, 사고과정을 통하여 외부 세계에 대한 내용과 구조를 모사	• 경험과 인지적 구조 그리고 객관과 사태를 해석하는 데 필요한 신념으로부터 지식을 구성하는 방법을 알게 함
교수·학습원리	• 지식의 탈상황화, 탈맥락화	• 지식의 상황성 강조, 현실의 복잡성 제시
교사 역할	• 지식의 전달자, 지식의 보고, 교육과정의 실행자	• 안내자, 조언자, 학습 촉매자로서 교사, 학생과 함께하는 공동 학습자
학생 역할	• 지식의 수동적 수용자, 습득자	• 능동적으로 지식을 구성하는 주체, 자율적, 적극적, 책임감 있는 학습의 주체
학습환경	• 성취도 강조, 정보의 암기와 반복, 축척, 일제 수업	• 협동 학습, 문제중심학습, 소집단 활동, 사고력과 인지적 과정이 강조
수업 설계	• 수업 전 교사 중심	• 수업 중에 학생 스스로
평 가	• 교사나 외부 기관에 의한 객관적 평가, 총괄 평가 • 결과 중심의 평가 • 학습자의 서열 결정이 주요 관심사	• 학생 본인, 교사, 동료학생에 의해 수업과정 중에도 지속적으로 평가 • 과정 중심의 평가 • 교사, 학생에 의한 평가 자료의 구축
주요 이론가	Skinner, Thorndike	Piaget, Vygotsky

제3절 미래 사회과교육의 방향

1. 미래 사회과교육의 방향 : 아날로그에서 디지털로

구성주의에 입각한 교육과정은 Prawat(1992)가 말하는 아이디어 중심의 교육과정(Idea-Oriented Curriculum)이며, Eisner(1990)가 주장하는 창조적 교육과정으로서 현장 교사가 주도하는 실용적 교육과정이다. 의도된 코스를 달리기보다는 이제는 교사와 아동들이 함께 탐험해야 할 하나의 다면적 빅 아이디어(Big Ideas)의 통신망이다. 교사는 아이디어를 선정하는 데 있어서 교육의 과정(Pedagogical Process)을 떠난 전통적인 교재 중심의 접근보다는 아동들 자신의 의미탐구(Search for Meaning)를 반영한 하나의 교육과정 지도(Curriculum Map)이다. 어디서 시작하여 어디서 끝나는지가 중요한 것이 아니라 학습자 개개인이 다양한 학습망 속에서 어떻게 탐구하여 의미 있는 지식을 구성하느냐가 중요하다. 그렇기 때문에 한 번 편성한 교육과정도 필요하면 언제든지 학습 현장에서 재구성할 수 있도록 하는 사회과 교육과정이 되어야 한다.

학습자들은 초연결 사회에 살게 되면서 학습자가 더 이상 무엇을 알고 있는가(What You Know)의 문제보다 무엇을 할 수 있는가(What You can Do)가 중요한 문제가 된다. 머릿속에 무엇이 들어있느냐(Knowing Knowledge)가 아니라 무엇을 할 수 있느냐 하는 실제적 지식(Practical Knowledge), 즉 수행능력, 창조적으로 사고하는 능력, 비판적으로 사고하는 능력, 새로운 정보와 해결책을 창출하는 능력 등이 중요하다. 따라서 사회과는 전통적인 지식사회에서 요구하는 주제적 또는 교과적 지식(Subject Knowledge)에서, 디지털 사회에서 요구하는 연계망적 지식(Networking Knowledge, Cross-linked Knowledge) 또는 문제해결적 지식이 더 필요하게 되었다.

디지털 시대의 사회과교육의 구성 방향은 학습자가 다양한 문제 상황 속에서 정보를 수집, 분석하여 디지털화함으로써 창의적이고, 신속하게 지식을 구성할 수 있는 기회를 제공해야 한다. 학습자로 하여금 학습에 능동적인 참여를 조장하도록 하며, 학습자는 각자의 흥미, 연상 작용 또는 저마다의 지식을 바탕으로 하여 정보에 자유자재로 접근하고 선택하는 방식으로 지식을 구성할 수 있도록 사용자 중심의 학습 환경을 구축해야 한다. 아날로그 자료는 디지털 자료에 비해 신속, 원본 보존, 편리성 등에 있어서 한계를 지니게 되었다. 특히 COVID-19는 교육분야에 있어서 아날로그 방식에서 디지털 방식으로의 대전환을 앞당김에 따라 체계적인 내용구성, 방법, 평가에 이르기 까지 일체화된 디지털 교육과정 개발이 필요하다.

2. 탈구조주의의 가정과 사회과 교수·학습의 원리

학습은 단순한 자극-반응 현상이 아니라, 자기조절과 반성과 추상을 통해 맥락에 적합한 지식을 구성하는 것이다. 교수·학습의 주된 목적은 주어진 맥락 속에서 사고활동을 촉진함으로써 창의적, 비판적, 반성적 사고와 문제해결력, 인지적 유연성, 지식의 능동적 구성 등을 함양하는 데 있다. 탈구조주의 교수·학습을 위한 가정은 다음과 같다. 첫째, 지식은 인식 주체에 의해 전달되는 것이 아니라 경험에 의하여 구성된다(주체성, 개별성, 개별적 경험에 의한 인지 작용 결과). 개인적 구성, 절대적 지식은 없다고 전제한다. 둘째, 지식은 사회적 협상을 통해 타인과의 상호작용 속에서 그 타당성이 검토되어 지식으로 구성된다. 사회적 구성(사회구성원들에 의한 인지 작용 결과)이 강조된다. 셋째, 지식은 인식 주체의 경험에 의해 구성되고 항상 상황과 맥락 내에서 이루어진다(상황, 맥락성 강조). 넷째, 지식은 활동의 결과로 외부에 있는 것이 아니라 학습자 활동 안에 내재되어 있다.

이러한 목적들이 달성하기 위한 교수·학습의 원리는 다음과 같다.

첫째, 학습은 발달의 결과가 아니라, 학습이 곧 발달이다. 학습은 학습자 스스로의 자기조직을 요한다. 따라서 교사는 학생들이 스스로 자신이 해결해야 할 문제를 생성하고, 이에 대한 대안으로써 자신의 가설과 모형을 산출하고 이들의 적합성 여부를 검증할 수 있도록 뒷받침해 주어야 한다. 학습은 지속적인 자기구성의 과정이다. 자신이 학습에 대한 주인의식과 학습과정 및 결과에 대한 책임을 스스로 질 수 있도록 해야 한다. 따라서 무엇을 언제, 어떻게 학습할 것인지를 스스로 결정할 수 있는 능력이 무엇보다 중요하다.

둘째, 불균형이 학습을 촉진한다. 인지적 갈등과 혼란은 학습을 위한 자극이며, 이것이 학습될 내용의 조직과 본질을 결정한다. 오류도 학습자가 이해한 결과로 보아야 한다. 따라서 이를 의도적으로 최소화하거나 회피하고자 해서는 안 된다. 장시간에 걸친 사회적 상호작용을 통한 갈등과 혼란, 그리고 놀라움 속에서 실질적인 학습이 일어난다는 사실이다. 따라서 실제적이고 유의미한 맥락에서의 도전감 있고 개방적인 탐구가 강조되어야 하며, 긍정과 모순이 되는 다양한 대안을 탐구, 산출하도록 해야 한다. 특히 모순되는 점을 분명히 하고 이를 탐구, 토의할 수 있도록 해 주어야 한다.

셋째, 반성적 추상이 학습의 원동력이다. 인간은 의미의 구성자로서, 다양한 경험을 표상적인 방식으로 조직하고, 일반화하고자 한다. 반성적인 글쓰기를 통한 반성의 시간을 줌으로써, 광범위한 경험을 다양한 상징적인 방식으로 표상하고, 이들 간의 관계를 논의함으로써 반성적 추상을 촉진할 수 있다. 학습내용과 학습의 과정 및 결과에 대해 스스로 반성하도록 해야 한다. 반성은 자기평가를 통해 고차적 사고기능을 강화하는 데 도움을 준다. 또한 의사결정과 문제해결 방법 등에 대해 생각할 기회를 준다. 앎과 학습의 과정을 스스로 점검하고 통제할 수 있는 능력, 즉 반성적 사고야말로 인간이 지녀야 할 중요한 능력이다. 반성적 사고는 우리가 더불어 살고 있는 세상을 새롭게 이해하고 창조할 수 있는 핵심이 된다.

넷째, 학습은 대화를 통해 이루어진다. 따라서 협동학습을 통해 사회적 상호작용은 더욱 촉진된다. 공동체 구성원들 간의 대화가 깊이 있는 사고를 촉진시킨다. 교실은 다양한 활동과 반성적 사고, 대화가 이루어지는 대화 공동체로 보아야 한다. 대화는 상호교류와 반성적 사고, 생성적 학습을 촉진하기 때문이다.

다섯째, 학습은 실제 상황에 기초하여 일어난다. 학습이 진정한 의미를 갖기 위해서는 풍부한 맥락, 실세계 상황이 반영된 실제 상황에서 진행되어야 한다. 학생들이 학습을 의미 있는 것으로 받아들이도록 하려면 학습의 필요와 이유를 명료하게 밝혀주고, 학습한 내용을 실제상황에 효율적으로 적용할 수 있도록 해주어야 한다.

여섯째, 학습은 구성적, 능동적 과정이다. 지식은 경험으로부터 구성되며 학습은 학습자가 지식을 내적으로 표상하는 구성적 과정이자, 경험에 기초하여 의미를 개발하는 능동적인 과정이다.

일곱째, 학습은 도구와 상징을 통해 촉진된다. 학습은 의미를 구성하는 것이다. 의미의 구성은 도구(물리적 수단과 기능)와 상징(언어, 수, 지도 등과 같은 기호학적 수단과 기능)의 활용을 통해 촉진된다.

3. 지식의 성격과 위상에 대한 재고찰 : 이론적 지식에서 실제적 지식으로 전환

교육의 역사상 시대의 전환기마다 '앞으로 학생들에게 무엇을 가르쳐야 하는가'에 대한 논쟁은 지속적으로 이루어져 왔다. 다양한 학문적 지식으로 구성된 현대 학교교육 교육과정도 이러한 지난 한 논쟁의 결과물이다. 이론적 지식 중심 교육에 대한 반성을 시도한 Hirst(1992)의 논의를 시작으로 하여 앞으로의 교육과정에서 이론적 지식의 성격과 위상을 어떻게 설정할 것인가에 대한 대답으로서 Pring(2009; 2013), Young & Muller(2010), Young(2011; 2013) 등의 논의에서 대안을 찾을 수 있다. 1960년대에 학문 중심 교육과정을 절대적으로 옹호했던 Hirst(1965, 1993)도 교육을 '다양한 지식의 형식으로의 입문'으로 규정했던 이전의 입장을 철회하고 교육을 '다양한 사회적 실제로의 입문'으로 재규정하였다. 그는 지식의 형식을 추구하는 것은 다양한 사회적 실제의 한 부분으로서 의미를 가질 뿐이며 앞으로 교육은 지식의 형식에 대한 교수·학습으로 획일적으로 이루어질 것이 아니라 사회의 다양한 실제를 반영하여 이루어져야 한다고 주장한다. Hirst는 자신의 변화된 교육의 개념 속에서도 이론적 지식의 가치를 부정하지 않으며, 다만 그것 이외에도 학생들이 배워야 할, 또는 입문되어야 할 다양한 사회적 실제가 있다고 주장한다.

Young은 교육내용으로서 지식에 대한 논의보다 학습자의 경험에 대한 논의가 더 중요시되는 교육과정 연구의 최근 경향에 문제를 제기하고 교육내용으로서의 이론적 지식에 대한 논의를 매우 적극적으로 펼치고 있다. 그에 의하면 그동안 교육과정 연구는 학교에서 무엇을 가르치고 배워야 하는가에 대한 대답을 제시해야 하는 그 본연의 목적을 상실해왔는데(M. Young, 2013) 앞으로 교육과정 연구는 학교에서 가르치고 배워야 할 내용, 즉 이론적 지식에 대한 논의를 적극적으로 재개해야 함을 강조하고 있다. Young도 학문적 지식의 시대가 끝났다고 보는 논의가 최근 많이 있지만, 그럼에도 불구하고 학문적 지식은 견고하게 유지될 것이라고 본다(M. Young & J. Muller, 2010). 또 한편 그는 미래 학교 교육의 교육과정 설계에서 학문적 지식은 여전히 중요하게 다루어져야 하지만 그 학문적 지식의 성격과 범위에 대해서는 기존과 다른 방식으로 규정되어야 함을 강조한다. Young에 의하면 미래 학교 교육의 교육과정 설계에서 학문적 지식이 여전히 중요한 것은 그것이 '힘 있는 지식(Powerful Knowledge)'이기 때문이며, 이때 '지식이 힘이 있다'는 것은 지식이 그것에 접근하는 사람들에게 설명적 힘이나 이해의 힘(소경희, 2015: 205)을 준다는 것을 의미한다.

사회적 실재론[5]은 기존의 절대주의 지식관과 상대주의(구성주의) 지식관의 한계 둘 다를 모두 비판하면서, 지식에 대한 새로운 관점을 제공하는 교육사회학이론이다. 사회적 실재론은 신교육사회학(영국에서 학교를 통한 사회평등을 이룰 수 있다고 봄, 1960년대와 1970년대 걸쳐 교육개혁실천, 지식은 사회적 구성물로 봄)과 급진적 구성주의/포스트모더니즘의 태생적 한계인 상대주의(Relativism)의 오류를 극복하기 위해 등장하였다. 사회적 실재론(Social Realism)은 케임브리지 대학교의 교수인 Moore가 개발하였다. 사회적 실재론은 영국의 교육사회학자들을 중심으로 1990년대 이래로 개발되었는데 주로 남아프리카공화국, 호주, 뉴질랜드 등으로 확산되어 최근 20여 년간 활발히 논의되고 있는 지식에 대한 교육사회학 이론이다(R. Moore, 2013). Moore는 사회적 실재론은 어떻게 비판적 실재론(Critical Realism)[6]이란 과학철학을 지식과 교육의 문제해결을 위해 사회학적 틀로 사용할 수 있을지에 대한 탐색 방식과 관련이 있다고 강조한다. 비판적 실재론은 인식론과 구분되는 존재론을 가정하면서, 실증주의와 해석주

5) 철학에서 실재론(實在論, Realism) 혹은 형이상학적 실재론이란 주관의 인식 작용과는 독립하여 외부의 세계나 자연 따위가 실제로 존재하며, 우리는 외부의 세계에 관해 말할 수 있고 또한 탐구할 수 있다는 입장이다.
6) 비판적 실재론을 지지하는 세 가지 원리는 첫째, 존재론적 실재론(Ontological Realism), 둘째, 인식론적 상대주의(Epistemological Relativism), 셋째, 판단의 합리성(Judgemental Rationality)이다.

의(급진적 구성주의/포스트모더니즘) 양자 모두에 대한 대안적인 과학철학으로 제시하고 있다(이성회·정바울, 2015).

사회적 실재론의 지식관의 특성은 세 가지, 즉 첫째, 지식(Knowledge)은 개인의 주관적 경험(Knower) 밖에서 독립적으로 실재한다. 둘째, 지식은 동일한 것이 아니라 차별화된다. 예를 들어 더 강력한 지식이 있다. 셋째, 지식은 사회적으로 구성되어 왔기 때문에 더 객관적이 될 수 있다. 사회적 실재론의 지식관을 토대로 학생중심 역량기반 교육과정 정책이 제대로 작동하기 위해서 학생역량에 초점을 두기보다는 강력한 지식을 매개로 지식-교사-학생이 균형을 이루는 미래 교육과정 정책이 필요하다(이성회, 2021).

Pring은 교육이론이 교육실천과 무관한 무기력한 이론이 되어서는 안 되고 교육실천에 근거를 두고 그것에 영향을 미칠 수 있는 이론이어야 한다는 문제의식을 가진 실천철학자이다. 그는 1990년대부터 이론적 지식과 실제적 지식, 자유교육과 직업교육의 간극을 메우기 위한 논의를 지속적으로 진행해왔으며, 최근에는 학교 교육과정을 어떤 내용으로 구성해야 하는가에 대하여 구체적인 논의를 전개하였다. 그가 구상하는 학교 교육과정은 이론적 지식과 실제적 지식이 모두 중요시되는 교육과정(R. Pring, 2009; 2013)이다. Pring이 교육받은 인간이 갖추어야 할 요소로서 지적 발달능력(Intellectual Development) 외에도 가치 있는 내용으로서 실제적 능력(Practical Capability), 공동체 참여의식(Community Participation), 도덕적 진지함(Moral Seriousness), 자기 인식능력(Self-Awareness) 등을 제시하였다.

제4절 빅데이터를 활용한 새로운 시대에 따른 사회과교육의 방향

1. 빅데이터를 활용한 지식의 변화 분석

다음 그림 5-3은 2011년 1월 1일 ~ 2015년 12월 31일까지와 최근 5년간(2016년 1월 1일 ~ 2020년 12월 31일)까지의 지식에 대한 소셜 빅데이터를 분석한 결과를 워드클라우드로 시각화한 것이다. 전자에 해당하는 키워드는 '신지식인'

을 비롯하여 '교육, 지원, 사람, 지원사업, 대회' 등 사람 중심의 키워드가 지식과 관련이 높은 것으로 나타났다. 후자에는 1절에서 언급한 바와 같이 '개인, 다양, 구성주의, 글로벌, 창의, 인간' 등과 같이 포스트모더니즘에 근거한 키워드가 지식과 관련이 높은 것으로 나타났다.

그림 5-3 **지식 빅데이터의 변화 워드클라우드 비교**

이에 대해 자세히 알아보기 위해 키워드 간의 관계를 나타낸 그림 5-4의 네트워크 분석결과를 살펴보면 2011 ~ 2015년 지식 빅데이터는 '이용자, 공무원, 신지식인'과 같은 사람을 중심으로 지식을 어떻게 활용하고 공유하고 나눌 수 있는지, 대한민국에서 신지식인을 분야별로 어떤 방식으로 인증하고 선정하는지 등과 같은 부분에 대한 관심이 높아진 사실을 눈여겨볼 수 있다. 반면에 최근 5년간에 해당하는 2016 ~ 2020년은 '구성주의, 글로벌, 지식산업센터[7]'와 같은 지식 패러다임의 전환에 따른 관심이 나타났다. 이러한 변화는 이전에는 개인을 중심으로 지식 활동에 대한 관심이 높았다면, 오늘날은 지식산업센터, 글로벌 등과 같은 집단 지성을 중심으로 지식 활동이 발전하고 있다는 사실을 추측해볼 수 있다. 결과적으로 앞서 언급한 시대적 변화의 관점에서 해석해보면 이전까지는 개인적 구성주의를 중심으로 학습자의 중요성이 높아지는 탈구조시대의 지식을 추구하는 모습에서 사회

7) 2008년까지는 이른바 "아파트형 공장"으로 불리다가 2009년 이후로는 지식산업센터라는 이름을 사용한다. 지식산업센터는 오피스 빌딩과 달리 내부에 생산시설을 설치할 수 있다.

· 문화적 구성주의를 중심으로 한 새로운 변화의 흐름이 나타난다고 해석할 수 있다.

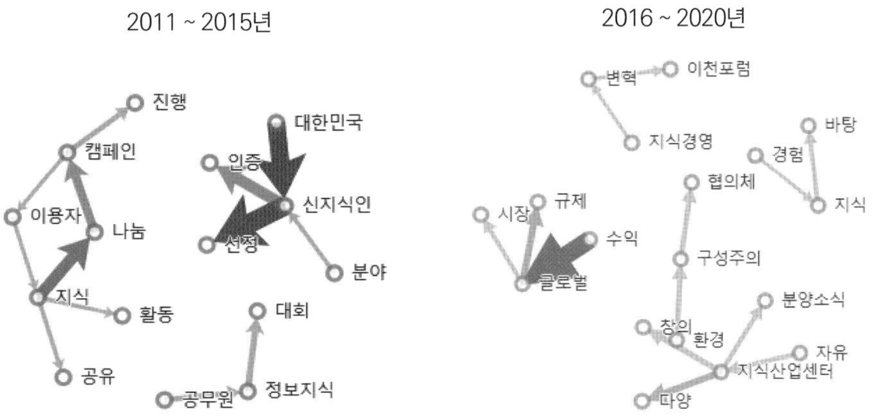

그림 5-4 **지식 빅데이터의 변화 네트워크 분석 비교**

2. 빅데이터를 활용한 사회과교육의 변화 분석

그렇다면 사회과교육에 대한 변화는 어떠한 모습일까? 다음 **그림 5-5**는 지식 빅데이터와 같은 기간을 설정하여 사회과교육 빅데이터를 비교 분석한 결과이다. 전자는 '학생, 배우다, 학습, 활동' 등과 같은 학습자 관련 키워드, 최근 5년간 현황에 해당하는 후자는 '교과서, 독도, 교육과정, 역사' 등과 같은 시사성을 지닌 키워드에 대한 관심이 높은 것으로 나타났다.

그림 5-5 **사회과교육 빅데이터의 변화 워드클라우드 비교**

이에 대해 자세히 알아보기 다음 **그림 5-6**의 네트워크 분석결과를 살펴보면 2018년 지식 빅데이터는 지식 그리고 지식재산과 관련된 키워드를 중심으로 분류되어 나타났으며, 2011 ~ 2015년 사회과교육 빅데이터는 '교사, 학생'에 대한 키워드와 함께 '지역'에 대한 학습 '교재' 그리고 '자료'에 대한 '유의점' 등과 같은 부분에 대한 관심이 높다는 사실을 확인할 수 있다. 반면에 최근 5년간에 해당하는 2016 ~ 2020년은 '일본, 독도, 교과서'와 같은 시사성을 담은 주제에 대한 관심이 집중되어 있는 것을 알 수 있다.

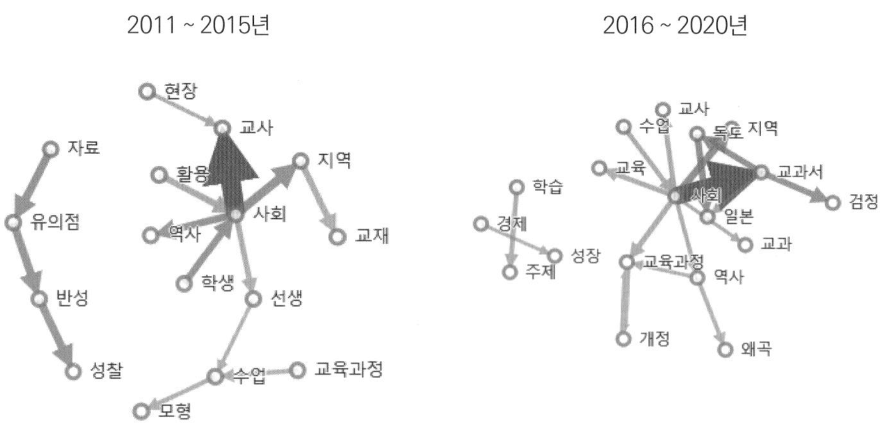

그림 5-6 **사회과교육 빅데이터의 변화 네트워크 분석 비교**

생각 정리 문제

1. 포스트모더니즘에 의한 상대주의 지식관을 대변하는 구성주의 지식은 학교 교육에서 여전히 의미가 있고 유용한가?

2. 학교 현장에서 모더니즘적 지식(객관주의, 절대주의, 절대진리)과 포스트모더니즘적 지식(구성주의, 상대주의, 상대진리) 사이에서 우리는 어떻게 학생들을 가르쳐야 하는가?

3. 사회과에서 지식의 구조를 안다는 것은 어떤 의미가 있는가?

4. 초등 사회과를 구성하는 학문영역별 지식의 구조는 교재연구 차원에서 어떤 의미가 있는가?

5. 학습 중심의 개념학습(오개념학습)은 어떻게 해야 할까? 개념학습에서 교사의 역할은 어떻게 해야 할까?

[빅데이터 분석]

6. 사회과교육의 방향은 어떤 방향으로 가는가? (교재에 제시된 빅데이터 분석 결과를 활용하거나 새롭게 분석)

[빅데이터 분석]

7. 내가 생각하는 사회과교육의 방향에 대해서 이야기해 보자. (교재에 제시된 빅데이터 분석 결과를 활용하거나 새롭게 분석)

Chapter 06

지식구성에 따른 발달의 두 관점과 초등 사회과 학문영역별 발달심리는?

• 주제

초등 사회과를 구성하는 학문영역별 학습발달심리에 대해 알아보기

• 학습 내용

1. 빅데이터가 알려주는 발달심리
2. 지식구성에 따른 발달의 두 관점
3. 초등 사회과 영역별 발달심리
4. 빅데이터를 활용한 학문영역별 발달심리

• 학습 목표

1. 초등 사회과를 구성하는 학문영역별 발달심리에 대해 설명할 수 있다.
2. 초등 사회과를 구성하는 학문영역별 발달심리를 활용하여 수업을 계획할 수 있다.

BIG
DATA

제1절 빅데이터가 알려주는 발달심리

1. 연구 대상 및 방법

제7차 교육과정이 등장한 이후로 여러 차례 교육과정이 개정되면서 지금까지 가장 강조하는 키워드는 바로 학습자 중심이다. 교육분야에서는 학습자 중심을 위한 교재개발, 학습방법, 학습자 특성 등과 같은 교수·학습 분야에 대한 여러 가지 차원에서의 시도가 있어 왔다. 본 장에서는 학습자 특성을 이해하기 위한 학문영역별 학습자 발달 심리에 관심을 기울이고자 한다. 여기서 말하는 발달은 신체 발달, 인지 발달, 정서 발달, 사회성 발달, 도덕 발달 등 매우 광범위하게 이루어지고 있기 때문에 먼저 발달에 대하여 알아야 한다.

사회과를 구성하는 학문영역별 발달심리란 사회과 내용 구성에 있어서 주요한 학문적 위치를 차지하는 지리학, 역사학, 사회학, 정치학, 경제학 등의 학문적 영역에 대한 발달심리를 말한다. 여기에서는 각 학문영역별 의식[1] 발달 또는 인지[2] 발달 등을 중심으로 살펴보고자 한다. 사회과를 구성하는 각 학문영역의 내용 조직에 대한 체계적인 이해, 이에 따른 적절한 교수·학습방법을 학습자의 발달 단계에 알맞도록 구상할 때 학습효과를 높일 수 있을 것이다.

발달심리 관련 온라인 문서의 수집 및 분류 절차는 **그림 6-1**과 같다. 심리와 관련한 빅데이터 수집에는 텍스톰의 수집 프로그램을 사용하였으며 심리 토픽은 모든 관련 문서를 수집하기 위해 '학습심리, 발달심리, 학습발달심리' 용어를 사용하였다.

---

1) 의식(Consciousness)은 뚜렷한 기억과 정신으로 무엇을 지각하는 능력 또는 인식, 감정, 의지 따위의 모든 작용을 지각하는 일, 사물을 분별하고 생각하는 마음이다. 의식은 현재 직접 경험하고 있는 심적 현상의 총체를 말한다. 사람은 누구나 깨어 있을 때는 무엇인가를 항상 생각하거나 느끼고 있다. 즉 직접적인 주관적 체험을 가지고 있다. 이것을 총칭하여 의식이라 한다. 의식은 어떤 대상에 대한 심적 반응체제다. 즉 의식은 행동과 구별되는 것으로 사고, 판단, 흥미, 관심, 태도를 포함하는 심적 반응체제로 행동을 규제하는 것이다.

2) 표준 국어 대사전에 의하면 Cognition을 인지, 인식과 혼용하여 사용한다. 그러나 차이를 살펴보면, '인지'는 '어떤 사실을 인정하고 앎'을, '인식'은 '사물을 분별하고 판단하여 앎'을 뜻한다. '인지'는 사실인정에 대해, '인식'은 사물 분별과 판단에 대해 말한다.

학습발달심리 소셜 빅데이터의 수집은 2016년 1월 1일부터 2020년 12월 31일까지 여러 포털사이트 중에서 국내에서 사용빈도수가 높은 네이버와 전 세계적으로 사용빈도수가 높은 구글의 웹 문서를 요일, 주말, 휴일을 고려하지 않고 매시간 단위로 이루어졌다. 수집된 총 1만 9,267건의 문서를 본 분석에 포함하였다.

2. 발달심리에 대한 빅데이터 분석 결과

발달심리 빅데이터 분석 결과에 대한 상위 30위까지 키워드의 빈도수, 그리고 그 빈도수를 상위 30위까지 워드클라우드로 시각화한 결과는 각각 **표 6-1**, **그림 6-1**과 같다. **표 6-1**의 학습발달심리에 대한 빈도 분석결과에 따르면 대상이 되는 '아동, 아이, 청소년, 학생' 키워드가 높게 나타났다. 이어서 '상담, 프로그램, 미술, 검사'와 같은 학습발달심리를 진단하는 방법에 대한 키워드를 발견할 수 있으며, '학교, 수업, 교육과정, 사회'처럼 학교 현장과 관련된 키워드도 찾아볼 수 있다. 이외에도 최근에 '온라인, 진로'와 같은 키워드에 대한 관심이 나타난다는 사실을 확인할 수 있다.

그림 6-1의 학습발달심리에 대한 워드클라우드 분석결과에 의한 키워드를 대상으로 스토리를 만들어 보면, 대상이 되는 아동, 아이, 청소년, 영유아, 학생들을 대상으로 상담, 검사, 미술, 놀이, 온라인 등의 프로그램 통하여 전문가의 진단하에 교육과정, 수업 및 발달상황에 맞게 교육적 지원을 하고 있다는 것으로 보인다.

표 6-1 **심리에 대한 키워드의 상위 30위까지 빈도분석**

순서	키워드	빈도수	백분율	순서	키워드	빈도수	백분율
1	아동	3,480	0.75%	16	검사	856	0.19%
2	아이	3,444	0.75%	17	온라인	854	0.19%
3	청소년	1,869	0.41%	18	발달심리학	839	0.18%
4	상담	1,606	0.35%	19	성장	706	0.15%
5	교육	1,677	0.36%	20	연구	704	0.15%
6	학생	1,597	0.35%	21	인간	702	0.15%
7	지원	1,458	0.32%	22	자녀	692	0.15%
8	프로그램	1,443	0.31%	23	단계	570	0.12%
9	치료	1,137	0.25%	24	영유아	551	0.12%
10	놀이	1,125	0.24%	25	진단	548	0.12%
11	사회	1,108	0.24%	26	학교	540	0.12%
12	정서	1,038	0.23%	27	진로	505	0.11%
13	공부	1,033	0.22%	28	수업	475	0.10%
14	미술	905	0.20%	29	학부모	467	0.10%
15	전문가	904	0.20%	30	교육과정	464	0.10%

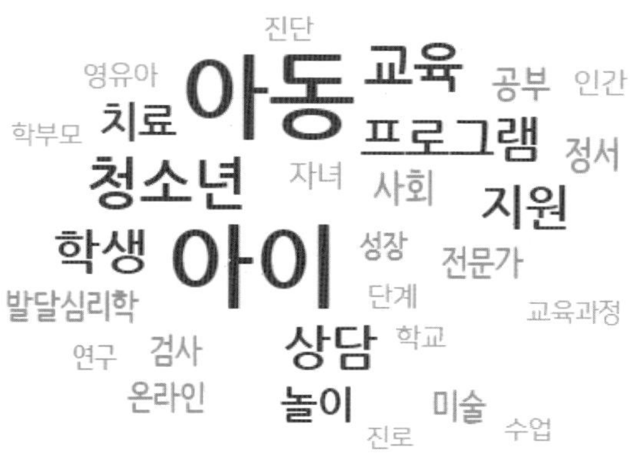

그림 6-1 **발달심리 빅데이터에 대한 워드클라우드 분석**

그림 6-2의 발달심리에 대한 담론 분석결과에 의하면, 키워드 간에 응집성이 있는 8가지 관련 그룹 나누어진다. 순서대로 미술을 통한 발달심리학, 상담을 통한 치료 관련 연구, 학습발달심리 검사를 통한 진로설계, 학습발달심리 단계, 온라인을 통한 사회성 검사, 학교 교육과정과의 연계, 학습발달심리 진단, 하습발달심리를 위한 프로그램 운영과 같이 8기지 담론으로 분류할 수 있다. 학교 교육과정과의 연계를 살펴보면 '수업, 성장'과 관련된 키워드를 찾을 수 있으며, 구체적으로는 수업에서 학습발달심리의 반영과 성장을 고려한 교육과정 설계의 필요성과 관련된 내용을 찾아볼 수 있다.

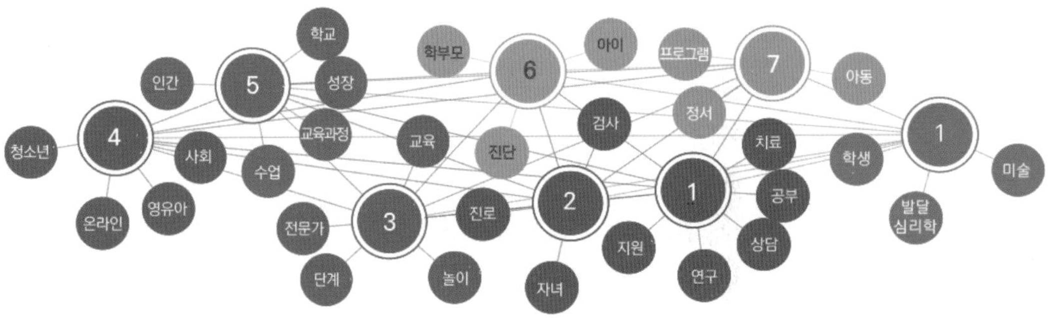

그림 6-2 **발달심리 빅데이터에 대한 담론 분석**

❶ 연구대상 수집하기

• 본 연구대상인 '학습발달심리 관련 소셜 빅데이터 수집'은 소셜 빅데이터 수집 로봇(웹크롤)과 데이터 분석, 시각화 기술을 보유한 텍스톰을 통해 수집하였다.

• 학습발달심리 빅데이터 수집조건

수집키워드	불용어	수집기간	채널
학습심리, 발달심리, 학습발달심리	상담	2016년 1월 1일 ~ 2020년 12월 31일	네이버(블로그, 뉴스, 카페, 웹문서) 구글(뉴스, 웹문서)

• 형태소 분석은 고유명사, 복합명사를 그대로 결과값을 반영하는 Espresso K를 사용하였으며, 분석품사는 명사를 비롯하여 형용사, 동사, 외국어를 포함하였다.

• 소셜 빅데이터 수집은 해당 토픽을 웹크롤로 수집한 후 유목화(범주화)하는 bottom-up 수집방식을 사용하였다.

❷ 데이터 분석하기(텍스트마이닝, 담론 분석)

• 형태소 분석이 완료되면 바로 편집하기를 통한 텍스트마이닝 과정을 거친다.

변경할 단어	➡	수정단어
상담심리		상담 심리
알아보		알아보다
돕		돕다
보		보다
⋮		⋮

• 담론 분석은 문서 내에서 동시에 등장(공출현)하는 단어 사이의 관계를 군집화하는 방법이다. 사전에 유목화한 기준에 따라 담론 개수도 8개로 적용하고, 같은 단어 간의 관계를 파악하였다.

1단계 : [데이터 분석]→[텍스트마이닝]→[데이터 편집]→[바로 편집하기]에서 단어를 정제한다.

2단계 : [데이터 분석]→[매트릭스]→[매트릭스 단어선택]→[1-mode]→[바로 선택하기]에서 단어를 선택한다.

3단계 : [데이터 분석]→[담론 분석]→[담론 개수, 8개]→[적용]

❸ 시각화하기(워드클라우드, 담론 분석)

• 시각화는 웹상에서 워드클라우드와 담론 분석(1-mode)으로 간단히 출력한다.

1단계 : [시각화]→[시각화 결과]→[시각화 리스트 선택]→[워드클라우드]에서 색상선택, 키워드 등을 설정하여 워드클라우드를 완성한다.

2단계 : [시각화]→[시각화 결과]→[시각화 리스트 선택]→[담론 분석(1-mode)]를 선택하여 결과를 확인한다.

제2절 지식구성에 따른 발달의 관점

1. 발달의 일반적인 관점

발달(Development)은 다르게 말하면 변화(Change)를 의미한다. 인간은 모태로부터 사망까지 신체적 기능이나 심리적 기능에 있어 변화가 오는데, 이것을 발달이라 본다. 이 용어가 영어로 Development의 번역어로서 '발전' 혹은 '개발'로도 번역이 된다는 점을 염두에 둔다면, 발달은 퇴화와 반대의 개념으로 생각할 수 있다. 또한, 발달은 간혹 성장(Growth)이라는 용어와 혼용해서 쓰기도 한다(J. J. Bigner, 1983). 발달은 인생의 긴 과정에서 지속적으로 일어나는 변화이다. 이 변화는 양적인 변화만 뜻하는 것이 아니라 질적인 변화도 포함하고 있다. 또한 특정 기능의 변화는 다른 기능이 변화를 가져오게 하므로 발달은 상호작용적이면서 누적적인 것이다. 발달 변화의 속도는 개인마다 다르고 개인의 행동 양상이나 기능의 발달 속도가 각각 다른 것이 그 특징이다. 발달 변화의 속도는 개인마다 다르고 개인의 행동 양상이나 기능의 발달 속도가 각각 다른 것이 그 특징이다(F. P. Hughes & L. D. Noppe, 1985).

체계적인 과정을 따라 이루어지는 발달 변화를 설명하는 데는 크게 성숙론, 환경론, 상호작용론으로 나누어진다(L. H. Stott, 1974; J. J. Bigner, 1983).

성숙론을 지지하는 학자는 인간의 발달이 유전에 의해 결정된다고 본다. 이들에 따르면 유전이 발달의 중요하고 직접적인 요인이다. 성숙론에 입각한 발달은 아동에게 새로운 경험이나 학습을 하기에 가장 이상적인 시기가 있다는 믿음을 가지고 아동이 성숙하면서 자연스럽게 발현되는 능력을 최대한 활용할 수 있는 환경을 제공하는 것이 중요하다.

환경론은 성숙론과 상반되는 발달변화 개념이다. 환경론자는 발달 변화란 학습과 훈련 경험의 결과라고 강조한다. Rousseau가 성숙론의 초기 이론가라면 Locke는 환경론의 가장 초기 지지자이다. Locke는 출생 시의 인간은 텅 빈 백지상태(Tabula Rasa)와 같다고 믿고 개인의 인성, 지능, 행동 특성은 경험에 의해 학습된다고 하였다(R. C. Gardner, 1978). Freud, Erikson이 주장하는 정신분석학적 관점에 따르면 아동발달은 인간 정신세계를 구성하는 원초아

(Id), 자아(Ego), 초자아(Superego)의 역동적인 상호작용으로 이루어진다고 하였다. 따라서 정신분석학에 입각한 아동 프로그램에서는 영·유아 시기의 초기의 각 발달 단계에 맞는 긍정적인 경험을 제공해야 하며, 특히 이 시기의 부모의 양육태도에 의해 아동의 발달이 긍정적 또는 부정적으로 변화할 수 있음을 시사한다.

오늘날 환경론의 또 다른 형태로서 생태론을 들 수 있다. 생태론은 인간 발달을 사회문화적 환경의 관점에서 설명하고 있다. 생태학적 이론의 대표적 학자인 Bronfenbrenner에 의하면, 인간의 발달은 인간을 둘러싸고 있는 모든 사회문화체계의 영향을 받는다고 한다. 그는 이러한 체계를 아동이 가장 직접적으로 접하는 미시체계에서부터 중간체계, 외체계·거시체계까지의 네 단계 체계와 시간체계로 구분하였다. 다시 말하면, 이 이론에 의하면 아동은 자라나면서 주변 사람들뿐만 아니라 더 광범위한 사회 체계의 영향을 받아 성장한다고 한다.

상호작용론은 유전이나 환경 요인 중 어느 하나만이 발달 변화의 과정이나 특성에 작용하는 것이 아니라 유전과 환경이 모두 상호 관련되어 있다는 견해이다. 최근에는 유전과 상호작용론으로 발달을 설명하는 학자가 늘어나고 있다. 이것의 기본 가정에는 ① 발달을 결정하는 기본 프로그램이 유전인자에 들어 있다 ② 유전인자는 표현형을 결정한다 ③ 유전인자는 발달의 한계점을 갖고 있다 ④ 유전인자는 발달의 성향을 조정한다는 것이 있다(J. P. Cole & F. Cole, 1993). 이를 중도론자들은 발달에 있어 유전과 환경을 독립적인 요인으로 분리하여 볼 것이 아니라 두 요인이 어떻게 결합되어 발달이 일어나게 하는가에 초점을 두고 있다.

2. 발달의 두 관점 : 영역 일반적 관점과 영역 특수적 관점

상기 언급한 발달이론을 배경으로 한 오늘날 구성주의 학습은 두 발달의 관점으로 나누어 볼 수 있다. 사회과에서는 전통적으로 발달 관련 의식 발달심리, 인지발달심리, 학습발달심리 등으로 접근하였다. 특히 학습자 중심을 강조하면서 학습자의 사고구조, 인지구조를 연구하면서 인지발달심리를 강조하여 왔다.

Piaget, Vygotsky는 구성주의적 관점에 따르면 발달의 관점을 설명하는 대표적인 학자이다. 발달에 있어서 나이가 들어감에 따라 인지가 발달한다는 관점으로 우리 속담의 나이가 들면 철이 든다는 예가 적절하다. 이것은 인지(나이)가 발달을 좌우한다는 논리로, 발달단계에 맞는 학습환경을 제공하는 것이 중요하다. 이에 비해 지식정보화 시대에는 인지발달보다 정보환경에 노출된 많은 정보를 학습하게 함으로써, 학습이 발달을 좌우한다는 것으로 서양 속담에 '아는 것이 힘이다'가 좋은 예이다.

표 6-2와 같이 발달의 두 관점, 즉 학습발달인가, 인지발달인가에 따라 영역 일반적 관점(Domain-General Perspectives), 영역 특수적 관점(Domain-Specific Perspectives)으로 나누어 볼 수 있다. 영역 일반적 관점은 인지발달로 Piaget가 대표적이며, 반면 영역 특수적 관점은 학습발달로 Vygotsky가 대표적이다.

표 6-2 **발달의 두 관점 : 영역 일반적 관점과 영역 특수적 관점**

구분	영역 일반적 관점/인지발달 (Domain-General Perspectives)	영역 특수적 관점/학습발달 (Domain-Specific Perspectives)
관점	Piaget 관점	반Piaget 관점, Vygotsky Case의 실행통제구조이론, Pascal-Leore 스킴이론, Fischer 수행기술이론 등
	일반교육학 관점	교과교육학적 관점
발달과 학습의 관계	발달(단계)=연령〉학습 • 학생들의 성장 발달단계, 학습의 단계강조(단계적 변화) • 발달(연령)이 학습을 좌우 내용과 관계없이 연령에 맞는 사고구조, 인지구조, 사고방식 틀이 형성, 단계에 따른 인지틀 형성을 강조.	발달〈학습 • 모든 영역에 보편적으로 적용되는 발달이나 학습의 원리는 존재하지 않음. • 아동들은 어떤 주제에 대해 그들 나름대로 그럴싸하게 설명하는 논리, 즉 Naive Theory를 갖고 있음. • 학습 내용과 주제가 중요, 내용분야의 독특한 추론방식, 지식구조를 갖고 있어 지식획득의 독특한 메커니즘 존재. • 국지적, 영역 제한적 변화 • 학습(내용축적)이 발달을 좌우, 어른 같은 아이
인지 구조	형식으로서의 지식(Knowledge as Forms), 혹은 논리적 조작들의 시스템(Systems of Logical Operations)	개인이 구성한 의미 체계(Semantic Networks)

구분	영역 일반적 관점/인지발달 (Domain-General Perspectives)	영역 특수적 관점/학습발달 (Domain-Specific Perspectives)
사고방식	일반성 도출 영역 일반적 사고능력 존재 과학적(논리적) 사고, 합리적 사고, 조작적 사고	특수성 도출 영역 특수적 사고능력 존재 주관적, 직관적 사고, 특수적 사고
자발성	자발적 인지발발	비자발적 인지발달
교사역할	인지발달까지 기다림 인지갈등 증폭 동화, 조절, 균형화 중 조절의 역할	• 아동의 Naive Theory 수정하여 인지발달 촉구 • Vygotsky의 ZPD 영역에 대한 공동구성자 • 협력자이자 조언자 역할
철학	객관주의 → 인지적 구성주의	구성주의 → 사회문화적 구성주의
인지발달/학습발달	나이 먹으면 철이 든다. 나이발달	아는 것이 힘이다. 학습발달
단계의 존재	인지발달은 질적으로 상이한 몇 가지 단계를 거쳐 발달함, 단계발달(이론)	인지구조의 질적 변화 과정을 상정하지만, 피아제식의 발달 단계란 존재하지 않으며, 본질적으로 발달이란 지식기반의 연속적 변화 과정임, 연속발달(이론)
발달의 범위	모든 영역의 인지발달은 통합적 인지구조에 좌우되며, 어떤 한 영역의 인지발달 현상은 통합적 인지구조의 발현과정에 지나지 않음, 범교과 논리	인지발달은 광범위한 단계적(Broad Stage-Like) 변화라기보다는 여러 가지 국지적이고 영역제한적인 변화임, 교과지향 논리
탈내용/내용지향	탈내용 전략	특정한 내용지향 전략-지식축적
단일/다중 구조	총체적 구조(하나의 구조)	다중 구조
자발성/비자발성	자발적 발달	비자발적 발달
모형/방법	교수학습 모형	교수학습방법
공간확대/탄력적 공간확대	공간(환경, 경험) 확대법적 접근	공간확대법의 탄력적 적용, 거미집적 확대원리
방법/내용 지역화	방법의 지역화	내용의 지역화
지리영역 사례	환경결정론, 지역의 보편성, 객관적 공간, 범세계적인 환경문제, 경험확대원리, 그림지도, 실제지도	환경가능론, 지역의 특수성, 주관적 공간(장소), 국지적인 환경문제, 심상지도, 특수지도

이와 같은 두 관점에 대한 비교는 과연 어떤 관점이 학교현장에 더 적절한가에 대한 의문을 남긴다. 이에 대해서는 여러 의견이 존재하지만, 현실적으로 학교현장에서 지도할 때에는 두 관점을 구분하기보다는 혼용하거나 상황에 따라 각각의 관점을 활용하는 것이 좋다. 또 상황에 따라 두 관점을 넘어 융·복합적, 통합적 관점을 시도할 필요가 있다(A. Nicolopoulou, 1993; L. Smith et al., 1997).

3. 전생애발달과 평생학습

인간의 발달은 인간이 존재하는 한 필연적인 과정이며, 인간은 원초적인 상태를 보존하면서도 그와는 질적으로 다른 상태로 나아간다. 인간의 학습이나 발달 현상은 완전한 수준도 있을 수 없기 때문에 부단히 모순에 부딪히게 된다. 발달에 대한 전생애적 접근의 주장은 이와 같은 현상을 전제로 연구가 이루어지고 있다.

발달 이론은 여러 가지 영역과 다양한 관점에 의해서 구성되는데, 기존의 발달에 대한 이론들이 아동에만 국한되었다는 비판을 하면서 전생애발달적 접근(Life-span Approach)이 보다 일반적인 패러다임으로 대두되고 있다. 이와 같은 연구는 아동 초기뿐만 아니라 개체 발생의 전 과정을 통해 나타나는 발달적 변화의 역동적 본질을 강조하였다.

전생애발달의 관점은 인간이 태어나면서 죽음에 이르기까지 계속적으로 발달하는 존재임을 전제로 한다. 이 관점에서는 사회적으로 유의미한 존재로서 인생을 살아가기 위해서 지식과 기술을 배우고 익히며, 잠재인 능력을 발견하고 개발하는 평생에 걸친 발달의 과정이 중요하다고 본다. 그렇기 때문에 노년이라고 해서 발달이 일어나지 않는다는 생각은 잘못된 것이며, 발달은 직선적이거나 순환적인 형태가 아니라 나선의 형태로 이루어진다고 본다.

평생학습은 전생애에 걸쳐 자신이 부여하는 의미를 확장하는 기제이다. 생애발달의 정해진 순서나 발달의 정도가 따로 존재하는 것이 아니라, 인간이 태어나면서부터 노인기까지 지속적으로 발달하는 것이다. 평생학습적 시각에서 보면 우리의 삶 전체가 학습 과정에 해당하고 주변 환경은 학습 환경에 해당한다. 살아간다는 것은 유기체의 지속적인 적응과 도전을 통해 새로운 정체성이 형성되는 것을 말한다. 따라서 평생학습에서 전생애발달은 학교교육에서처럼 정해진 내용을 발달 단계에 맞게 주입하거나 습득하는 과정이 아니라, 유기체의 주도성에 따라 학습 자원을 적극적으로 전유하는 과정을 거치도록 해야 한다.

제3절 초등 사회과 영역별 발달심리

1. 초등 사회과 지리영역 발달심리

1) 지리적 사고 구조의 변화

초등학생에게 있어서 지리의식은 인지발달심리에 따르면 연령에 따라 단계별로 발달된다. 바람직한 지리교육은 지리의식의 발달 과정을 고려한 학습내용과 방법을 선정해야 하며, 이를 위해 먼저 지리의식의 개념을 정의할 필요가 있다.

심리학에서 의식(Consciousness)은 '감각, 지각, 감정, 인식' 등을 모두 포함한다. 즉 지리의식은 지리적 인식, 사고력, 감성적 측면의 지리에 대한 생각과 느낌을 모두 포괄하는 개념이다. 또한 지리의식은 인간과 관련된 땅 위에 분포하는 지리적 현상이나 사상에 대한 지리적 감각, 사고, 인식, 의지, 태도 등을 포괄하는 심적 반응체제이다. 일반적으로 지리의식은 지리적 사고에 의해 발달될 수 있다.

모더니즘 시대의 지리적 사고의 첫째 단계는 어떤 지역의 특징적인 지리적 요소, 즉 무엇인가(What)라는 요소들을 파악하는 것이다. 둘째 단계는 어디에 있는가(Where)이다. 즉 추출된 요소들이 어떤 위치적 특성을 갖고 있는가를 파악하는 과정이다. 셋째 단계는 어떻게 있는가(How)이다. 넷째 단계는 그곳에(위치) 그렇게(분포 형태) 있게 된 원인이 무엇인가를 밝히는 왜(Why)의 단계이다.

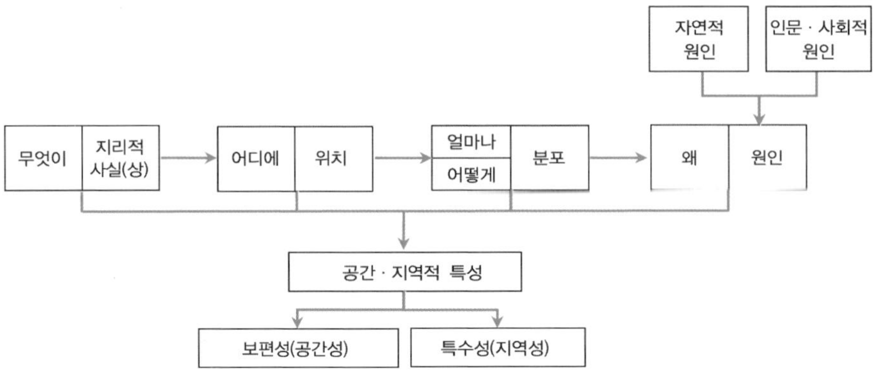

그림 6-3 **모더니즘 시대의 지리적 사고 구조**

모더니즘 시대의 논리는 대뇌피질에 의한 이성을 강조한 반면, 인간중심 시대인 포스트모더니즘 시대의 삶의 논리는 대뇌변연계에 기반한 감성을 강조하고 있다. 어떤 문제와 관련하여 동기가 부여됨과 동시에 정서적 감동이 있어야 한다는 것이다. 포스트모더니즘 시대의 지리적 사고의 출발점은 왜 지금 지리학이어야 하는지? 그렇다면 왜 지리학을 학습해야 하는지에서 동기가 부여되어 출발해야 한다는 것이다. 모빌리티로 인한 장소 시대의 지리학은 장소 간의 활발한 이동성의 증가로 장소의 호기심(Where-Why)을 더욱 증폭시키면서 출발하게 된다. 왜 그 장소이어야 하는가? 그 장소라면 어떻게(How) 그 장소를 마케팅하거나 홍보할 것인가? 장소 마케팅 혹은 홍보를 하기 위해 무엇(What)을 산출, 개발한 것인가 하는 질문을 하게 된다.

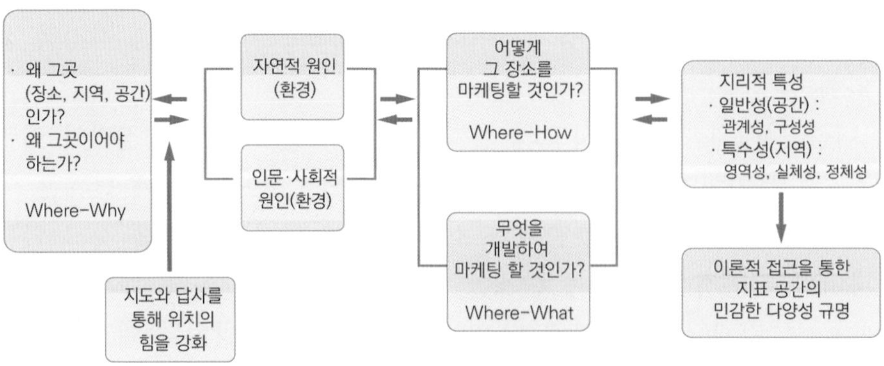

그림 6-4 **포스트모더니즘 시대의 지리적 사고 구조**

2) 공간 인지 발달 단계

지리의식의 내용에는 위치(분포, 입지), 타 지역과의 관계, 지역 의식, 공간 의식, 지리적 세계관 등을 포함한다. 따라서 지리의식은 지리적 사고에 의해 형성되는 지리적 지식의 이해나 습득에 있어서 기초가 되기 때문에 지리의식의 발달 없이는 지리 학습의 효과를 높일 수 없다. 따라서 사회과 교사는 학습자들의 지리의식 발달 단계에 대하여 깊은 관심을 가져야 한다. 지리의식의 발달 단계에 대한 견해는 학자에 따라 다양하다. 이들의 견해를 정리해 보면 다음과 같다.

▸ Scarfe의 학습 발달 단계

① 관찰단계(6~9세)
② 사실 및 설명 파악 단계(기술 단계, 9~12세)
③ 인과관계 맺기 단계(상관관계 단계, 12~15세)
④ 일반화 및 종합, 응용단계(종합 적용 단계, 15~18세)

▸ Bacon의 능력 발달 단계

① 방향 및 자기 고장 일부의 이해단계(8세)
② 외부 문화에 대한 강한 흥미, 외부문화의 기초이해단계(9세)
③ 자기 나라 지리 및 역사 이해 단계(10세)

▸ Pinchemel의 능력 발달 단계

① 미분화된 총체적 접근단계(6, 8~10, 11세)
② 형식을 갖춘 지리학적 접근단계(10, 11~14, 15세)
③ 본격적인 학문적 접근 단계(14, 15~18, 19세)

▸ 임덕순의 학습 발달 단계

① 장소 감각 단계 : 위치, 방향을 대강 알기 시작하는 단계(3세)

② 공간 의식 단계 : 위치, 거리, 방향, 분포, 주위 등을 알기 시작하는 단계(5, 6세)

③ 상관 의식 단계 : 자연대 인간, 자연대 자연, 인문 대 인문 간의 관계 등 상호작용을 알기 시작하는 단계

▸ 초등 사회과교육 연구회의 학습 발달 단계

① 분포의식 발달 단계(6~7세)

② 관계의식 발달 단계(8~9세)

③ 지역성 의식 발달 단계(10~11세)

④ 세계 시야 의식 발달 단계(11~12세)

스위스의 심리학자 Piaget는 어린이들이 수학과 과학 학습을 하는 것을 관찰하고, 몇 개의 단계를 거쳐서 지적 발달이 이루어진다는 인지 발달 이론을 주장하였다. Piaget는 발달이라는 것을 구조가 점점 복잡해지고 세련되어 가는 과정으로, 이 과정에서 탈중심화가 일어난다고 보았다. 경험을 통해 인지발달은 점점 더 복잡한 관계를 형성해감으로써 일어나게 되며, 일정한 단계를 따라 이루어지며, 그것은 어느 한 단계에서 형성된 구조들이 그 이전에 형성된 구조나 관계를 논리적으로 가정하기 때문이라고 보았다. 다시 말하면 지각활동을 통하여 인지의 구조가 변하는 것인데, 인지발달의 과정에는 일정한 단계가 있다. 따라서 각 단계별로 인지할 수 있는 공간의 유형도 각각 다르다.

1단계는 감각적 동작 단계(Sensorimotor Stage, 0~2세)이다. 시각과 촉각을 통하여 인접 환경을 지각하고, 시행착오의 행동을 자주 반복하면서 학습하게 된다. 이 시기에서도 공간을 인지하고 조작하는 것이 가능하나, 공간에 대한 정신적 표현을 거의 할 수 없다. 이때 공간은 입에 닿을 수 있는 사물의 범위와 시각으로 지각할 수 있는 좁은 공간, 손과 손가락이 미치는 공간을 의미하며, 성장에 따라 조작할 수 있는 공간의 범위가 점차 넓어진다. 그리하여 2세 무렵에는 부분적으로 공간개념이 형성되어 위치, 이동 및 변화에 대

한 지각을 한다.

2단계는 전조작적 단계(Preoperational Stage, 2~7세)이다. 조작이란 어떤 논리적 사고를 통해 조작하는 행위이다. 즉 전조작기란 조작이 가능하지 않은 이전의 단계를 의미한다. 이 단계에서는 급속한 언어발달은 있으나 자기중심적으로 다른 사람의 입장에서 생각하는 능력이 거의 없다. 외부세계를 상징으로 표현, 즉 건물은 □로, 운동장은 ○로 표현하며, 아직 내면화하거나, 변형을 하지 못하는 단계이다. 단순히 관찰한 것을 보고서 조작할 수 있는 단계로 관찰, 견학 등을 통한 경험 학습이 중요한 시기이며, 보지 않고 지역을 이해하지 못한다. 이 단계에는 공간개념을 형성하고 형상적 공간(Topological Space)을 가지나, 형상적인 상호관계나 공간 관계의 파악이나 공간의 위계질서 파악은 어렵고, 공간 단면도를 상상하기는 어렵다. 이 시기는 우리나라 초등학교 저학년의 경우에 해당한다.

3단계는 구체적 조작 단계(Concrete Operational Stage, 7~11세)이다. 구체적 조작기는 공간인지와 관련하여 두 단계로 구분된다. 7세부터 9세는 투영적 공간(Projective Space)을 조작할 수 있는데, 가시적 실재를 인식하여 시각, 비율, 크기, 거리관계를 인지하고 직선, 사선, 각의 변화, 평행의 관계를 파악한다. 순서와 역의 순서를 이해하고 점과 연속선의 관계, 경계의 개념, 축소와 분리의 개념구분이 가능하다. 변형의 인지, 빛과 그림자의 관계, 단면의 이해, 전개도의 이해도 가능하다. 이 시기는 다음의 기하학적 공간으로의 전이과정이다. 9~11세는 기하학적 공간을 인지하고 조작한다. 시각에 따른 형태상의 변화를 완전히 이해하고, 유사성과 비율에 관한 지각이 완벽하고, 수평-수직의 관계에 대한 이해를 완전히 한다. 가시적 실체에 대한 완전한 이해와 비율에 대한 인지를 바탕으로 하여 수리적 위상체계에 대한 인식이 가능하여 마을의 모형을 제작할 수 있다.

가시적인 외부 세계의 현상들을 머릿속에 넣고 이들을 변형, 내면화하여 문제해결에 활용할 수 있는 단계이다. 자기가 경험한 것을 어떤 규칙에 따라 조작할 수 있는 능력을 갖게 된다. 가령 지도상에서 경도와 위도를 통해 어떤 지역을 찾을 수 있고, 또한 어떤 지역의 경도와 위도를 말할 수 있다. 아울러 다른 지역과 관련하여 상대적 위치를 말할 수 있다. 우리나라 초등

학교 중학년의 경우에 해당한다.

4단계는 형식적 조작단계(Formal Operational Stage, 11세~성인)이다. 공간을 논리적, 가설적, 연역적으로 사고하여 조작한다. 부분을 조립하여 나타나는 전체적인 형태를 구체적으로 조작하지 않고도 상상할 수 있다. 즉 머릿속으로 가상적인 설계가 가능하고, 축척에 대한 이해를 완벽히 한다. 추상적 현상의 분류와 관계 추출이 가능하며, 현상을 변형하고 조직하여 문제해결을 내면화하여 시행한다. 공간을 논리적, 가설적, 연역적으로 사고하여 조작한다. 부분을 조립하여 나타나는 전체적인 형태를 구체적으로 조작하지 않고도 상상할 수 있다. 즉, 머릿속으로 가상적인 설계가 가능하며, 축척에 대한 이해가 가능하다.

추상적 사고를 할 수 있으며, 비가시적인 것, 추상적인 것에 대해 가설을 설정하고 검증함으로써 문제를 탐구적으로 해결하는 단계이다. 우리나라 초등학교 고학년의 경우에 해당한다.

Piaget의 시사점으로 시각, 촉각 및 경험의 중요성과 실제로 학습에 있어서 조작(활동)을 중요하게 생각한 점은 교육에 시사하는 바가 크다고 하겠다. 단계가 발달함에 따라 가시적이고, 구체적인 단계에서 비가시적이고, 추상적인 단계로 발달함을 말하고 있다. 학생들은 발달 단계를 통하여 각각의 관계에 독특한 방식으로 세계를 지각하고 설명하고 있기 때문에 교육 내용의 수준이나 순서는 단계를 감안하되, 현실적인 학습자의 상황을 고려하여 재구성해 가는 것이 바람직하다.

Piaget의 발달단계이론을 응용하여 Bruner는 인지 발달 과정을 3단계로 나누어 설명하고 있다.

1단계는 행동적 표현(Enactive Mode)을 통해서 발달하는 단계이다. 학령기 전 아동에 해당하는 시기로 아동이 주변 세계에 대해 반응할 때 신체적 일부 또는 동작 등을 통해서 나타낸다. 예를 들어, 아동이 집에서 자신이 알고 있는 다른 장소까지 길을 설명하도록 하면, 논리적인 말로 설명하지는 못하지만 직접 데려다줄 수 있다. 이 시기의 아동은 신체적 혹은 운동능력을 사용하는 활동을 가르칠 때 말로 설명하기보다 실제로 그 동작을 해보는 것이 효과적이다.

2단계는 영상적 표현(Iconic Mode)을 통해서 발달하는 단계이다. 초등학교 입학 전후의 아동에 해당하는 시기로 아동이 정보를 재현할 때 선택적으로 조직화하거나 공간 및 시간상의 구조를 변형된 이미지로 요약하여 나타낸다. 예를 들어, 아동이 집에서 학교까지 가는 길을 친구에게 설명할 때 그림으로 그려서 가르쳐줄 수 있다. 이 시기의 아동은 실질적인 경험이 없어도 주변을 인지할 수 있으나, 어려운 자극에는 다시 행동적 표현 단계로 되돌아와서 문제를 해결하는 경향을 보이기도 한다.

3단계는 상징적 표현(Symbolic Mode)을 통해서 발달하는 단계이다. 초등학교 고학년 아동에 해당하는 시기로 자신의 경험을 언어로 표현할 수 있다. 예를 들어, 아동은 집에서 학교까지의 길을 논리적인 말로 설명할 수 있다. 이 시기의 아동은 상징을 통해 사물을 임의로 표현할 수 있으며, 언어를 사고 활동의 수단으로 이용할 수 있다.

이와 같은 인지 발달 과정은 3단계로 발전하나 성인이 되고 나서도 하위 단계의 표현방법을 생애에 걸쳐 지속적으로 활용한다. 능력의 습득 시기의 차이를 나타낼 뿐 성인은 모든 방법을 모두 누적적으로 익혀 사용하게 된다. 다만 아동들은 대체로 상징적 표현과는 무관한 경험을 하므로 추상적인 용어의 이해가 어렵다. 따라서 교육내용에서 추상적인 용어는 조심스럽게 선정하여 사용되어야 한다. 또한 학습자의 세계관과 일치하는 주제의 선택이 필요하다. 상기 언급한 지리영역 발달 단계들을 요약하면 **표 6-3**과 같다.

표 6-3 **공간 인지 발달 단계**

연령 학자	1	2	3	4	5	6	7	8	9	10	11	12	13	14	15	16	17	18	19
Piaget	감각동작단계		전조작적 단계					구체적 조작단계				형식적 조작단계							
Bruner	행동적 표현			영상적 표현					상징적 표현										
Scarfe						관찰단계→			설명 및 사실 파악 단계→				관계 맺기 단계→			종합·적용 단계→			
Bacon								방향·고장 일부 이해	외부 문화 흥미 이해	자기 나라 역사 이해									
Pinchemel						총체적 접근단계→ 지리학적 접근단계→ 학문적 접근단계→													
임 덕 순			장소감각단계		공간의식단계→					상관의식 단계 → 지역의식 단계 →									
초등 사회과 교육연구회						분포 의식 발달→		관계 의식 발달→		지역성 의식 발달 → 세계시야 의식 발달 →									

3) 공간 인식 발달 단계

초등 사회과 지리영역에 있어서 공간확대 인지 발달 원리[3])를 잘 적용하고 있다. 이 원리는 아이가 태어나서 성장 발달하는 과정에 가까운 곳에서부터 경험을 하고, 차차 먼 곳에까지 그것이 확장되어 가는 것에 기초하여, 학습도 '근처에서 원처, 즉 동심원적으로 확대'하는 것이 학습 발달 단계에 알맞다는 것이다. 현행 사회교과서의 공간 범위는 1학년부터 6학년까지 집, 마을, 고장(향토), 지방, 나라, 대륙, 세계의 순으로 구성되어 있으며 필요에 따라 탄력적으로 적용할 수 있다.

3) 지역(환경 또는 동심원) 확대 인지 발달 원리라고도 한다.

초등 사회과 지리영역의 학습 발달 단계는 공간적 발달 단계로 볼 수 있다. 학습자는 성장 발달하면서 먼저 공간 구성요소와 지리적 사실을 관찰 및 파악하고, 구성요소나 지리적 사실 간의 분류나 범주화를 통해 상관관계를 맺고, 나아가 공간 구성요소들을 종합하고 원리, 즉 공간성과 지역성(장소성)[4]의 원리를 찾아 실생활에 적용할 수 있게 된다.

초등 사회과에 있어서 공간 인지 발달 단계는 세 단계로 적용하고 있다. 저학년의 경우, 공간 인식의 기초적 단계로서 위치(분포)적 사고 또는 점적 사고가 가능하여, 그것이 어디에 위치하며, 얼마만큼 분포하는지를 알 수 있다. 중학년에서는 공간적 구성요소들 간의 관계를 알 수 있는 관계적 사고가 가능하여, 지리적 사실(현상, 사상)이 왜 거기에 분포하며 다른 지역에는 왜 분포하지 않는지, 다른 지역에 분포하는 것과는 어떤 관계가 있는지를 알 수 있는 관계적 사고 또는 선적 사고가 가능하다. 그리고 고학년이 되면 한 지역의 특성을 이루는 관련 요소를 종합하거나 전체적 안목에서 볼 수 있는 통합적 사고 또는 삼차(입체)적 사고가 가능하다. 한 지역의 특성을 이루는 각종 요소들을 통해 그 지역의 특성이 어떠한지를 통합할 수 있거나, 각종 공간적 요소들을 통해 그 공간을 움직이는 원리를 찾아낼 수 있다. 저학년과 중학년은 주로 위치적, 관계적 사고를 통해 향토지리를, 중학년과 고학년은 주로 관계적·통합적 사고를 통해 한국지리, 세계지리를 학습하도록 발달 단계를 고려하여 교과서의 내용을 구성하고 있다.

그러나 이러한 동심원적 세계관은 지역학습에 잘못된 인식을 가져올 수 있다. 실제로 인류의 연관관계는 마치 지구를 거대한 거미집으로 덮은 듯이 둘러싸여 있다. 동심원적 세계관은 지구적인 일을 어떤 지역에서 보아 국경의 밖에서 일어나는 것으로 생각함으로써 지구적인 일과 연계되어 그것이 일어나고 있다는 것을 정확하게 알지 못하는 경우가 많다. 현재의 지역은 거미집과 같이 연결되어 있기 때문에 거미집적 세계관을 가져야 지구적인 일과 국지적인 일의 상호의존성, 연결성에 대한 올바른 인식을 할 수 있다. 이러한 내용을 감안하여 공간 인식 발달 단계를 정리하면 **표 6-4**와 같다.

4) 공간성과 지역성에서 공간성은 일반성을, 지역성은 특수성을 말한다. 다시 말해 객관적 공간은 일반성을, 주관적 공간은 지역성을 추구하게 된다.

표 6-4 **공간 인식 발달 단계**

단계 내용	I 단계	II 단계	III 단계
단계 이름	공간적 사실 파악단계	공간적 개념 파악단계	공간적 원리 파악단계
학습내용	공긴구성요소니 지리적 시실의 관찰 및 파악 단계	공간구성요소나 지리적 사실 간의 인과관계파악, 분류화, 범주화 단계	공간구성요소들을 종합하고, 원리(공간성과 지역성)를 찾아 실생활에 적용·응용하기
지리적 사고	위치, 분포적 사고 : 일차(점)적 공간 사고	관계적 사고 : 이차(선)적 공간 사고	지역적, 통합적 사고 : 삼차(입체)적 공간 사고
발문유형 의문사	what which, where 수렴적 발문	when, how 확산적 발문	why 창의적 발문
학습방법	관찰, 견학, 조사 등 직접경험(체험)학습[A]	직접 경험 및 간접경험(시청각, 사진, 삽화 등)학습[B] A + B	언어 및 비언어(지도, 도표, 그래프 등) 자료를 이용한 학습[C] A + B+ C
학문적 구조	지리적 사실	지리적 개념	지리적 원리(일반화)
학년	저학년	중학년	고학년

2. 초등 사회과 역사영역 발달심리

역사의식(Historical Consciousness)이란 역사와 의식을 하나로 묶은 복합어이다. Collingwood는 역사의식을 '역사적 사고를 바탕으로 하여 한 역사 실존에 대한 자의식의 성찰'이라 하였고, 김한종(1997)은 '시간과 시간대의 흐름에 따라 역사의 변화와 계속성을 파악하는 시간의식, 즉 역사 속에서 자기 자신의 위치와 역할을 깨닫는 자아의식'이라고 정의하였다. 따라서 역사의식이란 역사에 기반을 둔 의식이어야 하며 동시에 그것은 역사를 위한 의식으로 의미하는 바가 매우 넓으며, 초등학생들에게 다소 추상적이기 때문에 적용하기가 쉽지 않다. 역사의식의 의미는 좁게는 역사적 감각(Historical Sense)이란 뜻으로, 넓게는 존재의식, 시대의식, 참여의식의 뜻으로도 쓸 수 있다. 다시 말해 역사의식이란 역사 인식의 심리적 관점에서는 역사적 감각으로,

철학적 관점에서는 자아의 역사성을 지각하는 역사적 존재의식, 나아가 시대 의식으로도 볼 수 있으며, 사회·종교적 관점에서는 사회 문제 및 참여에 대한 역사적 문제 및 참여의식으로 볼 수 있다. 요약하면 역사의식이란 역사적 감각, 역사적 존재의식, 시대 의식, 역사적 문제 및 참여의식 등을 말한다.

결론적으로 역사의식은 학습자가 역사학습을 통하여 얻어지는 역사적 감각이요, 역사적 이해력이자 역사적 안목이며, 역사적 능력과 태도로서 앞서 2절에서 언급한 지리의식과 마찬가지로 아동의 학습 발달 단계에 따라 변하게 된다. 특히 역사의식은 역사적 사고의 바탕이 되며, 역사적 사고는 역사의식의 수준을 높이는 역할을 하므로 역사의식과 역사적 사고는 상호보완적인 관계에 있다고 할 수 있다. 역사적 사고란 역사적 문제의 해결을 위해 취해지는 정신 작용을 말한다. 역사의식을 함양하는 것은 역사교육 능력을 신장시킴과 동시에 그것은 역사 인식의 바탕이 되기 때문에 역사교육의 궁극적인 목표가 되기도 한다.[5)]

학습자의 역사의식 발달단계에 대한 연구자들의 연구결과를 제시하면 다음과 같다.

1950~1960년대에 Piaget의 이론을 받아들여 역사의식의 유형을 분류하고 계열화한 일본의 조사 연구 중 가장 대표적인 것은 1953년에 발표된 齊藤博의 연구이다. 그는 초등학교와 중학교 학생을 대상으로 한 조사에서 역사의식을, 고금 상이 의식(今昔 相異 意識), 변천의식(變遷 意識), 역사적 인과 의식(歷史的 因果 意識), 시대 구조 의식(時代 構造 意識), 역사의 발전의식(歷史 發展 意識)으로 구분하였다. 이 연구는 역사의식의 발달에 대한 이후의 연구에 커다란 영향을 주었는데, 그 예로 1955년부터 1965년까지 일본 초·중·고, 대학교 약 140개교의 교사와 학생 17,000여 명을 대상으로 한 일본 사회과교육연구회의 조사 연구가 있다. 이 연구는 역사의식의 개념을 심리적 측면으로서의 역사의식, 역사적 사고, 역사적 문제의식으로 구분하고 있다. 심리적 측면으로서의 역사의식은 역사적 흥미나 관심, 시간 의식, 인과관계 의식, 시대 구조 의식, 발전의식으로 분류하고 있다. 그리고 이러한 분류와 계열화는 우리나라에

5) 박성수(1975). 역사 이해와 비판의식. 종로서적, p.94.

거의 그대로 도입되어서 역사의식을 조사한 대부분의 연구들이 무비판적으로 이러한 분류 방식을 따르고 있으며, 결론 또한 비슷하게 내리고 있다.

기존 연구 성과의 개략을 소개하면 다음과 같다.

문교부 사회과교육 연수교재(1980)는 현재 의식(7세 전후), 고금 의식(8세 이후), 대비 의식(9세 이후), 변천 의식(10세 이후), 인과 의식(10세 이후), 시대 의식(11세 이후)으로, 초등 사회과교육연구회(1965)는 역사의식 발단 단계(1, 2학년), 시간적 대비의식(3학년), 변천 의식(4학년), 인과 의식(직접적 : 5학년), 인과 의식(간접적 : 6학년)으로, 이원순은 역사의식의 심리적 확대 단계에 대하여 하위 의식으로서 종적인 발달 단계를 1~2학년 감고 의식, 3학년 고금 의식, 4학년 변천의식, 5, 6학년 인과의식으로 구분하였고, 상의의식으로서 횡적인 발달 단계를 인과의식, 관련 의식, 시대의식, 발전의식으로 구분하였다. 상위의식으로서의 역사의식은 횡적으로 역사적 사고의 공간성이 확대되고 종적으로는 역사 발전의 법칙성에 대한 관심이 심화되어 역사의 발전에 대한 신념을 확고히 하게 된다.

학자들의 연구결과를 정리하면 학생들의 역사의식 발달은 **표 6-5**와 같이 감고의식, 고금의식, 변천의식, 인과의식, 시대의식, 발전의식의 단계를 거친다고 한다. 따라서 각 학년의 역사교육 내용은 학생들의 이러한 역사의식 발달 수준에 맞는 내용으로 구성되어야 한다는 것이다.

초등학생들의 시간의식 발달 단계는 일반적으로 다음과 같이 나누어 볼 수 있다.

먼저 저학년의 경우, 감고 의식이 발달하는 단계이다. 시간 의식의 초기 단계로서 자신이 살지 않았던 옛날을 막연하게 직관적으로 느끼는 시기이다. 이 시기에는 가정생활의 내력이나 이어져 오는 가정의 행사 등을 학습함으로써 과거를 인식하도록 하고 나아가 마을의 모습이나 여러 사람이 즐기는 명절이나 전통 등의 학습을 통하여 시간 의식을 심화시킬 수 있다.

둘째, 중학년의 경우, 고금의식과 변천의식이 발달하는 단계이다. 고금의식은 역사의식 중에서 가장 기본적인 것으로 단순한 물리적인 것이 아니고 인간 생활과 밀착된 역사적 시간에 관한 의식이다. 연속되는 시간의 순진적 또는 역진적 순서 구분, 시간적 거리 관계에 관한 의식 등이다. 3학년 수준에서는 옛것과 오늘날의 것을 비교하여 구별할 수 있는 고금 대비의식이 발달한다. 따라서 고장의 내력이나 학교의 내력을 통하여 과거와 현재를 비교하면서 100년 정도의 시간적 거리를 인식할 수 있는 능력을 기르는 내용의 학습이 가능하며 이를 통해 과거, 현재, 미래에 대한 시간적 의식의 기초를 닦게 된다.

변천의식은 고금 대비의식이 심화되어 과거에서부터 현재에 이르기까지의 시간의 흐름을 감지할 수 있는 이른바 변천의식이 발달하는 시기로서 본격적인 역사학습을 전개할 수 있는 단계이다. 4학년 수준에서는 활동과 인식의 범위도 3학년에 비하여 급속하게 넓어지는 시기일 뿐만 아니라 자기가 살고 있는 지역사회에 대한 관심이 높아지는 시기이기 때문에 지역사회의 내력이나 환경에 대한 집중적인 학습이 가능하며, 변화와 발전에 대한 기초적인 역사인식을 지니게 되는 단계이다.

셋째, 고학년의 경우, 변천의식이 심화되어 인과 의식과 시대 의식으로 발달하는 단계이다. 인과 의식이 발달하는 시기에는 변천에 대한 역사적 의미를 인식할 수 있게 되어 역사적인 인과관계를 이해하여야 하는 내용의 학습이 가능하게 된다. 인과의식은 역사적 사건이나 사상 상호 간에 존재하는 원인과 결과 관계의 의식이다. 5학년의 경우 문화의 내용을 여러 부분으로 나누어 그것의 발생 원인과 발전과정 및 그 결과를 연계하여 생각할 수 있는 능력이 발달함으로써 민족 차원의 문화사적인 내용의 학습이 가능하게 된다. 인과 의식이 더욱 강화되는 6학년의 경우 한 시대가 가지는 특성을 이해하는 소위 시대 의식이 발달하게 된다. 이러한 시대 의식이 생기게 되는 단계에서는 시대적인 분류에 의한 통사적 학습이 가능하게 되므로 체계적인 역사교육이 가능해진다. 따라서 민족과 국가에 대한 역사를 알고 미래를 대비하는 통사적 관점에 대한 교육내용을 학습할 수 있다.

표 6-5 **초등 역사학습 발달 단계**

학년	발달 단계	특징	비고
1·2 학년	감고의식	• 막연하게 옛것을 느낌 • 자기중심적 사고 • 역사적 시간 의식을 신변적인 것을 중심으로 파악 • 사물에서 옛것을 직관적으로 느낌 • 현실과 허구와의 구별 곤란 • 고금의 상이함에 대한 구별 불가능 • 동화적 이야기를 좋아함 • 엄밀한 의미의 역사학습 불가능	• 의도적인 역사학습은 무리 • 동화적인 이야기를 학습에 이용
3학년	고금의식	• 옛것과 오늘날의 것을 구별 • 자기 중심성 해소 • 옛것과 지금 것을 비교하여 다르다는 것을 이해 • 현실적 영역과 비현실적 영역이 분화하기 시작 • 시간의 거리를 느낌 • 향토사 지도 활동 가능	• 초보적인 단계의 역사학습 가능 • 현재에서 소급되는 시간, 거리감 교육 • 향토사 자료에 의한 과거 생활사교육
4학년	변천의식	• 시간의 흐름을 어느 정도 느낌 • 직접적 인과관계 파악하기 시작 • 동간격 단위의 시간성을 느낌 • 역사의식의 전환기임 • 신변적인 사실과 현상에 관심이 커짐 • 영웅적, 무용적 이야기 좋아함 • 연표 학습 활동 가능	
5학년	인과의식	• 시간의 연속적인 흐름을 종적으로 파악 • 사회생활의 의미 비교 • 변천 발달 의식 심화 • 역사적 사실에 대한 인과관계 파악 • 생활 주변의 문화적 현상에 대한 역사적 관심이 커짐 • 주제별 학습 가능	• 생활사 중심의 역사교육 • 민족 통사의 대계, 사건사, 인물사적 통사 교육
6학년	시대의식	• 인과의식이 점차 강화 • 인물을 시대와 관련지어 파악 • 사회사상 상호 간의 기능적 관계 파악은 곤란 • 체계적 역사교육 가능(초보적 구조임) • 통사 학습(역사의 종적이해) 가능 • 전기적 일화적 이야기 좋아함	

그러나 이러한 이론에 대해서는 다음과 같은 여러 가지 문제점이 지적되고 있다(김한종, 1995). 첫째, 역사의식의 발달은 기본적으로 사고 발달론에 토대를 둔 것으로, 사고력을 영역 일반적인 것으로 보고 있다. 둘째, 이와 같은 연구의 결과는 정태적인 것으로, 각 연령 단계에서 학생들의 역사의식 수준만을 제시하였을 뿐 발달을 일으키는 원동력을 밝히고 있지는 않다. 셋째, 이들 연구에서 규정하고 있는 역사의식의 발달 계열이 과연 타당한 것인지 의문이다. 넷째, 설사 이러한 접근방식을 받아들인다고 하더라도, 역사의식 각 단계 사이의 구분이 애매하며 해당 학년에서 학생들이 실제로 그러한 역사적 능력을 보이는지 명확하지 않다.

역사적 사고력에 관한 연구는 주로 Piaget의 인지이론에 바탕을 두고 전개되어 왔는데, 이것을 보면 학생들의 역사적 사고력의 발달 단계는 Piaget가 제시한 발달 단계보다 늦게 나타나는 것으로 되어 있다. 즉, Piaget는 학생들이 12세가 되면 직접적이고 구체적인 정보의 한계를 벗어나 명제와 가설을 이용한 추상적 사고를 하게 되는 형식적 조작기의 사고 단계에 들어간다고 했지만, 역사교과에서는 형식적 조작기에 해당되는 사고가 이보다 2~3년 정도 늦게 나타난다는 것이다.

최근의 연구들은 영역별 인지 이론에 입각해서 Piaget 이론에 토대를 둔 연구들을 비판하고 있다. 이들 연구들이 과제나 방법상의 문제를 갖고 있다는 지적 이외에도 보다 근본적인 것에서 비판하고 있다. 즉, Piaget가 말하는 사고의 개념은 역사적 사고와는 다르다고 주장한다. Piaget 이론에 대한 반론으로 1980년대부터 제기된 지식 영역별 인지이론은 모든 학문영역에 적용될 수 있는 일반적 사고 법칙이나 학습 원리가 존재하지 않는다고 보며, 사고와 학습에 있어서 사전 지식의 역할을 강조하고 있다. 다시 말해 이들의 성취 영역은 별개이며 이들 영역이 지니고 있는 고유의 특성이 사고 과정과 전략에 영향을 미치며, 학습자가 어느 발달 단계에 있느냐보다 특정 지식 내용에 있어서 어떤 개념이 어떻게 구조화되고 조직하느냐가 학습을 결정한다고 보고 있다(이영효, 1993). 예를 들어 인지발달의 보편성을 믿는 Piaget 이론에서는 만약 한 아동이 수에서 구체적 조작단계에 도달했다면 부피의 보존과 같은 다른 영역에서도 구체적인 조작능력을 갖게 될 것이라고 한다면, 영역별 인지론에서는 아동의 인지발달이 국사와 같은 특정 영역에서만 일어날 것이며, 이 영역에서의 어떤 진전이 가령 국어나 화학 같은 영역으로 전환되지 않을 것이다. 또한 인지 능력은 타고나는 것이 아니며 성숙의 단계에 의해 결정되는 것이 아니라 각 영역별 지식 체계의 형성 여부에 달려 있다고 본다. 그러므로 영역별 인지이론에서는 사고의 종류나 수준에 가장 큰 영향을 끼치는 것은 사고의 대상인 지식의 내용이라는 것이다.

3. 초등 일반사회영역 발달심리

1) 초등 사회과 정치영역[6] 학습발달심리

정치의식은 어떤 정치사상이나 특정한 정치문제에 대하여 사람들이 갖게 되는 인식, 평가, 태도를 총칭하는 것으로 볼 수 있다. 다시 말해 정치에 대한 사람들의 태도, 사고방식 및 행동 양식이라 할 수 있다. 이러한 정치의식은 최근 정치 사회화라는 개념으로 많이 쓰이고 있다. 정치 사회화는 한 개인이 그의 특수한 정치 정향(Orientation), 즉 정치 체계에 관한 지식, 느낌, 그리고 평가 방법을 습득하는 과정이라고 할 수 있다. 정치 사회화의 내용은 정치 체계의 존속을 위하여 그 정치 체계의 새 구성원들에게 정치에 관한 지식이나 신념, 평가에 관한 요소를 전수하는 것이다.

일반적으로 정치의식은 헌법의식, 법의식, 국가의식, 선거의식, 자치의식 등으로 나눌 수 있다. 헌법의식은 헌법상 기본적인 보장이 되는 것으로 각종의 기본적 인권을 존중하는 국민 주권주의 의식, 인권 의식이라든가 헌법의 근본정신인 민주주의, 국제 평화주의에 대한 정치의식 등이 핵심이 되고 있다. 법의식은 법치주의 정치사상으로 법의 지배에 의한 인권 보존의 인식이 중심이 되고 있다. 즉, 법에 의하여 정치를 확립하고 국가 권력의 정당성을 부여함과 동시에 국민의 자유와 권리를 보장하고 국가와 국민, 국민 상

---

6) 정치교육은 정치체계, 정치 이데올로기, 정치사상, 정치적 행동과 참여내용을 중심으로 하여 한 국가 안에서 국민으로서 주권을 가진 자신의 위치를 파악하고 국가의 구성원으로 민주시민으로서 자질을 가지고 살아갈 수 있도록 하는 것에 초점을 두고 있다. 다시 말해 사회 공동체에서 살 수 있도록 규정 지워진 인간(정치적 동물)이 공동체 내에서의 질서 있고 조화된 삶을 가능케 함에 필요한 정치적 지식을 익히고 이를 토대로 공동사회에서 발생하는 여러 가지 문제를 슬기롭게 대처할 수 있는 능력과 태도를 기르는 데 있다.

호간의 인권 보장이 되고 있다는 것이다. 국가의식은 국가의 존폐는 개인의 생존과 직결되어 있다는 것을 의식하는 것이고, 선거 의식은 국민 주권의 제도적 보장으로서의 선거에 대한 의식이며, 자치제 의식은 주민 의식으로서 지방 자치 단체 등의 자치적 주체자 의식을 의미하는 것이다.

정치의식의 발달은 국가관[7], 정치관[8], 정치 효능, 정치 참여, 정치 태도 및 법의식, 정치 지식 및 학습 정도 등으로 나누어 볼 수 있다. 정치의식의 발달에 비추어 볼 때 초등학교 저·중·고학년에서 정치영역을 지도할 때 강조하거나 고려할 점은 다음과 같다.

▸ 저학년

- 감정적인 수준에서 국가의 상징, 대표, 민족의식, 애국심을 고취시킨다.
- 고장의 주요 기관이나 공공 기관 및 시설에 종사하는 사람들의 기능을 구체적 현상과 관련시켜 이해하도록 한다.
- 학교, 가정 등에서의 약속과 규칙의 중요성을 인식하게 한다.

▸ 중학년

- 고장의 여러 행정기관과 공공기관에서 일하는 사람들의 역할에 대하여 관심을 가지고 이해하게 한다.
- 간단한 규칙이나 법을 어겼을 때 일어날 수 있는 일을 많이 경험하게 하여 준법의 필요성을 인식하게 한다.
- 민족에 대한 애착심과 국가에 대한 충성심을 발휘할 수 있는 간접적 사례를 많이 접하게 한다.
- 집단생활에 권력이 필요한 이유와 권력이 공공 기관을 통하여 집행된다는 것을 깨닫게 한다.
- 권리 행사에는 책임과 의무가 따른다는 것을 인식하게 한다.
- 투표의 경험을 통해서 민주 정치와 과정을 체험하게 한다.

---

7) 국가관은 국가의 권위나 상징 등을 인식하고, 민족의식, 애국심의 발휘 정도를 나태 낸다.
8) 정치관은 정치 신뢰에 관한 것으로 정치인, 정부기관, 공공시설에 관한 인식과 느낌, 태도 등을 말한다.

▶ **고학년**

- 정치인의 역할과 그것을 담당하는 특정 정치인을 구별하여 인식하도록 한다.
- 민족애, 애국심, 충성심을 발휘할 수 있는 직접적 또는 간접적 상황을 많이 제공한다.
- 주권, 선기, 헌법, 인권, 민주주의, 삼권 분립, 대통령 선거, 국회의원 선거, 국가와 국민의 권리·의무 등에 관한 기초적인 인식을 할 수 있도록 한다.
- 민주정치의 우월성을 깨닫도록 한다.
- 선거를 통한 주권 행사의 의의와 민주 사회에서는 유권자의 권리와 자유가 보장되어 있음을 인식하게 한다.
- 정치적·사회적 관계에 대하여 기초적으로 이해하게 한다.

2) 초등 사회과 경제영역[9] 발달심리

경제의식이란 인간 생활의 기초를 이루는 물질적 재화의 생산, 분배, 소비의 행위 및 그것을 통하여 형성하려는 사회관계 등의 경제 현상에 관한 심리적·행동적 인식 체계이다(정병기·홍기룡, 1997: 508). 경제의식이란 인간의 무한한 욕망과 한정된 자원 간의 갈등 속에서 희소성, 생산·기업, 소비, 유통·분배, 화폐, 노동·직업, 국민 경제, 국제 경제와 같은 주요 경제 개념에 대한 의식을 의미한다.

① 희소성과 효용에 관한 의식

- 저학년 : 가정과 학교의 일상생활 속에서 여러 가지 음식물이나 학용품, 장난감 등 갖고 싶은 재화에 비하여 원하는 대로 가질 수 없다는 사실을 인식하게 된다. 즉, 일상용품에서 가지고 싶은 욕망과 이를 채워줄 자원

9) 경제교육은 주로 학생들에게 일상생활에서 접하는 경제현상과 문제들에 대하여 합리적이고 논리적으로 해결할 수 있는 경제적 이해 능력(Economic Literacy)에 초점을 둔다. 다시 말해 경제의 기본개념 및 경제적 사고방식을 습득하게 해주는 교수·학습 활동에 초점을 둔다. 이러한 경제교육의 개념을 바탕으로 하는 초등학교 경제교육의 목표는 경제생활의 기초적 원리를 이해하고 경제현상에 대한 자료를 수집, 활용하여 문제를 해결하며 합리적 의사결정 능력을 가지게 하여 사회와 국가 발전에 기여할 수 있는 시민적 자질을 기르는 것이다. 초등학교 경제교육의 방향은 경제생활에 보다 높은 흥미와 관심을 가지게 하여, 경제현상에 대한 자발적 탐구의욕을 갖도록 유도하며 동시에 합리적 경제생활의 태도를 습관화하여 합리적 경제생활을 할 수 있는 소양을 갖도록 해야 할 것이다.

이 제약을 받게 됨을 알게 된다. 이러한 의식을 쉽게 갖도록 하기 위해서는 가게 놀이나 시장놀이를 통해 물건을 선택하게 하여 부족을 느끼고 가장 가지고 싶은 물건을 고르는 경험을 축적하게 한다.

- 중학년 : 인간의 기본적 필요가 부족함을 느끼고 특히 우리가 사는 고장의 자원이 부족함을 인식하고 고장의 자원을 효율적으로 이용하기 위하여 선택하고 보존하려는 생각을 갖게 된다.
- 고학년 : 광범위한 생활 분야에서 인간의 무한한 욕구와 한정된 자원 간에 야기되는 괴리(Gap)를 인식하고 효율성의 기준에서 선택하고 결정해야 할 필요성을 깨닫게 된다.

② 소비자 의식

- 저학년 : 부모님과 선생님 등 어른들의 가르침에 따라 일상용품을 절약하고 돈을 저금하는 것은 좋은 일이라는 것을 피상적으로 인식하고 저축하여 목돈을 모아 본 경험을 쌓게 하여 저축은 어려울 때 도움이 되고 가정 살림을 늘리는 좋은 수단이 된다는 저축과 절약의 중요성 및 유효성을 깨닫게 된다.
- 중학년 : 우리 고장의 물자와 자원을 절약하면 오래 쓸 수 있고, 지역 및 나라의 살림도 튼튼해진다는 것을 간접적으로 인식하게 된다.
- 고학년 : 짜임새 있는 가정생활의 필요성을 알고 값싸고 실용성 있는 물건의 선택이 바람직함을 느끼게 된다. 또한 현재 충동구매가 있어도 장래를 위하여 참아야겠다는 마음을 갖기. 시작하며 저축은 경제생활에 필요하다는 것을 느끼게 된다. 그리고 국민 전체가 조금씩 절약했을 때의 효과를 인식하여 저축은 국가 경제발전에 도움이 된다는 사실을 어느 정도 이해하게 된다.

③ 생산과 기업의식

- 저학년 : 우리 생활에 필요한 물건들을 주변에서 구해야겠다는 생각에서 출발하여 마을, 산, 들, 바다, 공장 등에서 필요한 물건을 만들거나 얻을 수 있다는 것을 막연하게 느끼게 된다.

• 중학년 : 고장의 여러 자원을 이용하여 필요한 물자를 얻게 된다는 것을 인식하며 생산의 확대와 전문화를 위해 분업과 협업의 필요성을 인식하기 시작한다.
• 고학년 : 기업은 이윤추구를 목표로 생산 활동을 하게 되며 생산이 효율적으로 이루어지려면 여러 조건이 갖추어져야 한다. 즉, 자본, 기술, 산업시설, 인력, 교통, 통신 등 여러 요인을 알게 되고 이들이 상관적으로 잘 조화되어야 효율적인 생산이 있게 됨을 인식한다. 외국과의 관계에서는 국제 교역으로서 수출입이 이루어지고 국가의 이익이 수반됨을 이해하게 된다. 특히 국내외적으로 기업이 생산 활동을 통해 이윤추구가 이루어질 때 그 이윤의 일부가 다시 사회나 인류공영을 위해 되돌려져야 한다는 기업인의 바른 자세를 알게 된다.

④ **유통과 분배의식**

• 저학년 : 사람들이 필요한 것을 모두 만들어 쓰지 않고 사서 쓰거나 바꾸어 쓴다는 것을 낮은 수준에서 이해하기 시작한다. 즉 친구와 물건을 바꾸어 쓴다거나, 가게나 시장에서 상품을 사서 쓰게 되는 것을 인식하게 된다.
• 중학년 : 시장의 기능과 지역 간의 물자가 교류됨을 깨닫게 된다. 그리고 물자를 생산하여 교류하는 데는 서로 도움을 주고받는다는 것을 깨닫게 된다.
• 고학년 : 시장의 매매기능, 시장의 물품 부족과 생산·수송과의 관계, 시장과 가격과의 관계, 즉 시장의 가격 결정 기능, 화폐의 구실 등을 기초적으로 이해하기 시작한다. 그리고 각 나라마다 자원과 기술 정도가 상이하여 국제간의 교역이 이루어짐을 이해하고 무역을 통한 국가 간의 상호이익과 협력관계를 개략적으로 파악하게 된다. 그런데 시장의 가격 결정 기능과 관련하여, 학년의 급간이 높아짐에 따라 수요와 공급의 개념이 발달하게 되나 아동 스스로가 소비자의 입장이기 때문에 수요에 대한 개념이 더 발달하는 것으로 판단된다.

⑤ **화폐 가치 의식**

• 저학년 : 가게 놀이나 시장에서 물건을 사고팔 때 돈이 있으면 필요한

것을 구할 수 있다는 것을 인식하게 된다.

- 중학년 : 돈의 편리성을 인식하고 돈의 귀중함을 깨닫게 된다. 또 돈의 가치가 무엇인가 느끼면서 돈이 없으면 하고 싶은 것도 할 수 없다는 것을 알게 된다.
- 고학년 : 돈의 가치를 강하게 알고 돈의 구실과 돈은 자본이 될 수 있음을 이해하게 된다. 또한 돈으로 인하여 좋지 않은 유혹에 빠지는 일이 있음을 인식하게 된다.

⑥ 노동과 직업의식

- 저학년 : 가족 구성원의 역할과 직업을 감지하기 시작하여 고장의 여러 가지 일에 종사하는 사람들의 하는 일과 상호의존 관계를 알 수 있게 된다. 동시에 장래의 지가 희망과 직업을 연결시켜 보는 일을 한다.
- 중학년 : 우리 고장 발전에 필요한 일과 사람들을 생각하고 장래의 자기 직업을 상상하게 된다.
- 고학년 : 직업의 중요성을 가정이나 사회적 관점에서 인식하기 시작하여 노동은 생산 활동에 필요한 것이고 돈과 같은 가치를 가진다는 것을 깨닫게 된다. 또한 자기에게 알맞은 진로를 생각하고 각오를 한다.

⑦ 국민 경제 의식

- 저학년 : 국민 경제 의식이 나타나지 않는다.
- 중학년 : 인구, 나라의 살림 등을 생각하게 된다.
- 고학년 : 생산의 증대와 부강한 나라, 복지 국가에로의 발전을 위한 공동책임감을 느끼게 된다.

⑧ 국제 경제 의식

- 저학년, 중학년 : 국제 경제 의식이 나타나지 않는다.
- 고학년 : 국제간 협력의 필요성을 교환의 개념에서 인식하며, 자유 경제 체제의 우월성을 초보적으로 이해하게 된다.

상기 내용을 바탕으로 하여 경제의식의 발달에 비추어 초등학교 저·중·고학년에서 경제영역을 지도할 때 강조하거나 고려할 점은 다음과 같다.

▸ **저학년**

- 가정 및 학교생활에 필요한 일상 용품을 획득하는 과정의 경험을 통해서 욕구와 희소, 선택, 결정 등의 초보적 의식을 길러 준다.
- 가족 구성원을 역할, 직업, 가정의 소득, 소비 등과 관련시켜 생각하도록 한다.
- 저축의 즐거움을 맛보게 함으로써 저축하는 습관을 키우도록 한다.

▸ **중학년**

- 인간의 기본적 필요와 고장의 생산 활동을 자연조건, 자원, 교통 수송 등과 관련시켜야 하도록 하며, 자원 보존 의식을 싹트게 한다.
- 고장 간의 인구, 물자의 교류 등을 통한 상호의존 관계를 이해시킨다.
- 시장의 발달, 기능, 화폐의 발생·구실, 분업과 협업 등에 관심을 가지고 기초적으로 이해하도록 한다.
- 장래의 자기의 직업을 소질에 비추어 생각해 보게 한다.

▸ **고학년**

- 사람들의 무한한 욕망과 한정된 자원 간에 생기는 부족의 문제를 해결하기 위하여 합리적인 선택과 결정이 필요함을 깨닫게 한다.
- 희소, 생산, 소비, 시장, 화폐, 금융 등 경제 현상의 기초적 원리를 일상 경험을 통해서 이해하게 한다.
- 가계, 기업, 정부 간의 재화 유통의 원리를 구체적 경험을 통해 초보적으로 이해하도록 한다.

3) 초등 사회과 사회·문화 영역[10] 발달심리

사회의식은 크게 두 가지 측면으로 나누어 볼 수 있다.

첫째, 사회의식[11]은 정치의식이나 경제의식을 포함하지 않고 사회 집단 의식만을 의미하는 것으로 쓰인다. 다시 말해, 사회의식은 사회적 사상에 관한 집단의식이라 할 수 있다. 그래서 사회의식을 집합심, 집단심, 집합 의식, 집합 표상 등과 동의어로 사용하고 있는 것으로 사회 성원에 공통한 의식 내용을 총칭하고 있어 일종의 사회 통제적인 기능을 가진다.

둘째, 사회의식은 사회화를 의미한다. 사회화란 개인이 제도화된 사회적 가치를 체득하는 과정이라 할 수 있다. 심리학적 관점에서 본 사회화는 인간의 요구를 길들이고 자아를 형성해가는 욕구 조절 내지 자기조절을 통한 인성 형성의 과정이다. 사회화는 동물적 인간이 사회적 인간으로 되어가는 과정이다. 문화적 관점에서 사회화는 소속 집단의 성원에게 문화를 전달하고 특정한 생활양식을 개인에게 내면화 과정이자, 집단적 규범을 개인에게 내면화시키는 과정이다. 따라서 사회화는 사회 성원으로 하여금 사회 존속과 유지 발전을 위해 그에게 부과된 역할을 수행하는 데 필요로 하는 문화적 가치, 규범, 행동양식을 학습해 가는 과정이라 할 수 있다.

사회화의 과정은 단계적으로 이루어지는 경향이 있는데 타인과의 상호작용, 문화적 환경 속의 행동, 사회 구조 속의 역할 수행을 통하여 이루어진다. 타인과의 상호작용은 가정으로부터 시작하여 교우 집단, 학교, 일반사회로 확대해 가면서 인간 접촉을 한다. 즉, 어머니, 아버지와의 관계, 그리고 점점 다른 사람들과의 관계를 통해서 식별, 모방, 학습 등의 사회화가 이루어진다. 문화적 환경 속의 행동은 그곳 사람들의 생활의 지침인 규범, 가치, 질서, 지식, 기술 등에 의해서 이루어지게 되는데 이러한 경험을 겪어 가는 중에 그곳의 생활 방식에 익숙해지는 것이다. 한편, 사람들은 자기가 속한

10) 사회·문화영역은 사회학과 인류학의 학문적 내용을 기초로 인간이 사회적·문화적 동물임을 알게 한다. 사회학은 사회의 구조, 집단, 제도, 문화를 연구를 하는 학문으로 주로 개인과 집단의 행동에 영향을 미치는 다양한 사회적·문화적 현상에 초점을 두고 있는 반면에, 문화인류학은 문화를 주요 연구 대상으로 하여 언어, 음악, 미술, 문학, 종교, 법 등과 같은 관점에서 인간을 파악하려 한다. 사회학과 문화인류학에 기초를 두고 있는 사회·문화 교육은 사회·문화 현상을 반성적으로 탐구하고 비판적으로 분석하여 주체적이고 능동적으로 참여하는 민주 시민의 자질을 육성하는 데 초점을 두고 있다.

11) 사회의식은 사회 집단의식과 정치의식, 경제의식을 포괄하는 의미를 가진다.

사회의 구조 속에서 다양한 지위를 가지게 되고 그 지위에 따른 역할을 수행하여 가는 중에 자연적으로 그 사회에 적응하게 되는 것이다. 아동 4단계를 거쳐 역할을 수행하면서 사회화된다.

첫 번째 단계는 사회적 지식 및 주관적 역할 수행(6~8세)을 하는 단계이다. 아동은 타인의 한 상황에서 다르게 반응할 수 있는 다른 심리적 특성(목적, 동기, 의도, 능력)을 가지고 있음을 이해한다. 그래서 상황에 대한 타인의 반응이 자신과 다를 것이라고 이해한다. 즉, 다시 말하면 아동은 사람들의 기본적인 주관성을 깨닫게 되며, 그들이 각기 독립적인 인지 조망을 갖는다는 것을 인식한다. 자기와 타인을 모두 정보의 능동적 처리자이며 평가자로 인정한다.

두 번째 단계는 자기 성찰적 및 반성적 역할 수행(8~10세)을 하는 단계이다. 아동은 자기의 개인적 경험이 타인의 역할 수행 노력의 주체가 될 수 있음을 이해하기 시작한다. 즉, 타인이 아동 자신이나 다른 타인의 추론 대상이 될 수 있는 것과 마찬가지로 그 자신이 타인의 조망 대상이 될 수 있다는 것을 인식한다. 그래서 그들은 타인이 자신을 어떻게 보는가에 따라서 자신을 평가하기 시작한다. 또 타인의 역할도 취할 수 있고 타인의 역할 수행 경험도 상상할 수 있으며, 이 수준의 후기에 타인이 자신의 생각을 추론할 수 있다는 것을 깨달을 수 있지만 자발적으로 자신의 조망과 타인의 조망을 통합, 고려할 수는 없다.

세 번째 단계는 상호적 역할 수행(10~12세)을 한다. 아동은 자신의 조망과 타인의 조망을 동시에 고려할 수 있다. 또한, 그와 다른 사람들이 두 사람의 관계에 있어서 비록 그들 자신이 그 관계의 일원일지라도 제자의 공정한 관찰자의 조망을 취할 수 있음을 안다.

네 번째 단계는 사회적, 인습적 체계 역할 수행(12세 이상)을 한다. 아동은 사회의 많은 구성원들 중에서 공유된 조망의 산물로서 사회적 체계를 간주하기 시작한다. 그리고 그들 자신의 견해와 사회의 보다 일반화된 다른 조망을 비교하기 시작한다.

결론적으로 사회의식은 가장 좁은 의미의 사회학적 영역에 관한 의식이고, 문화 의식은 문화 인류학적 영역에 관한 의식으로 인류 문화 생활 유형이나 가치 규범적 문화환경 요소, 문화생활의 변동성 등을 인식하는 것이다. 따라서 사회의식과 문화 의식은 불가분의 밀접한 상호작용적 관계를 가지기 때문에 이를 묶어서 언급하고자 한다.

사회·문화 의식은 다음과 같은 하위 의식 즉 자아 개념 의식, 대인관계 의식, 사회적 지각 의식, 집단생활 의식, 규범적 생활 의식, 문화의 형태·규범·변화 의식 등을 포함하고 있다(한면희, 1988).

① 자아 개념 의식

저학년에서 고학년까지의 학령기에는 의타적인 데서 점차로 자립기로 변하는 과정이다. 이 시기에는 공상적 놀이 방식에서 벗어나 직접적인 경험과 현실 과업을 통하여 자신을 확인하며, 스스로 자제할 줄 아는 일반적인 타자로 되어 간다. 고학년에서 스스로 자주성을 갖게 되며 타인의 이해도 넓혀 간다.

② 대인관계 의식

저학년 초기에는 개인주의적 이기주의이다가 중학년 후기부터는 감퇴된다. 고학년에서는 부모나 이웃 사람으로부터 애정을 받으며 수직적 인간관계 속에 살다가, 점차로 나와 너와의 상호작용 관계성을 인식하기 시작하면서 자타 간에 수평적인 인간관계를 형성하게 된다.

③ 사회적 자각 의식

저학년은 직관기에 해당하므로 사회사상에 대한 구체적 사실과 경험중심으로 관찰을 하는 반상징적 사고만 할 수 있으며, 중학년은 구체적 조작기로서 어느 정도 구체적 사회적 행위와 관련해 추상적, 논리적 사고가 가능하고, 고학년은 사회적 행위에 관한 인과관계를 어느 정도 인식하며, 사물과 기호에 대한 질적 판단이 가능하고 사회적 통찰력이 생겨난다.

④ 집단생활 의식

저학년은 가정, 학교, 이웃 등 제1차적 집단의 구성원들의 역할 등을 인식, 중학년은 고장과 지역사회로 생활영역을 넓혀 집단생활에 적응하면서 이를 통해 협동심, 적대감, 지배욕, 명예욕, 지도력 등 타인에 대한 민감성 등을 인식하고, 자제력, 정의감, 용기 등의 공정성을 인식하게 된다. 고학년으로 갈수록 이 현상은 두드러지게 나타나며 국가와 민족, 세계 등으로 생활의식의 범위를 넓혀 간다.

⑤ 규범적 생활 의식

4학년까지는 인습 이전에 머물러 있고, 5학년부터는 인습 수준으로 옮아가 도덕적 규칙과 선악의 개념을 알고 있으나, 실제적 행위는 쾌락적이거나 윗사람의 권유에 따라 이루어지게 된다. 저학년에서 규칙은 절대적인 것이며, 나쁜 일을 하지 않고 무조건 복종하는 행위를 잘하는 것으로 생각하게 된다. 중학년은 공정성을 중요시하는 시기로서 너와 나의 호혜성 관계에 따라 행위를 하게 되며, 고학년은 가정이나 집단, 국가의 의도를 따르는 것이 좋다는 것을 중요시하는 시기로 대인관계의 조화를 이루는 방향에서 행위를 하게 되는데, 다른 사람을 도와주는 행위, 기쁘게 해주는 행위 등을 중요시하게 된다.

⑥ 문화의 형태·규범·변화 의식

문화와 사회는 상호교차적인 관점에서의 견해에 의하면, 사회는 문화에 의해서 문화는 사회에 의해서 형성되고 발전된다는 상호작용적인 관계에 있다는 것이 된다.

저학년은 가정, 학교 이웃 등 제1차적 사회집단의 생활환경을 통해, 보고 듣고 느끼면서 미숙하나마 문화생활을 익혀 간다. 중학년은 고장이나 지역사회로 생활무대를 넓혀 가면서 문화생활의 고금의식이나 변천의식이 발달한다. 고학년은 민족, 국가 세계 등의 문화생활의식을 넓혀 가면서 사고하는 인과의식 등도 발달한다.

사회·문화의식과 관련된 제재의 선정상황을 보면, 자아의식에 관련되는 내용, 대인관계의식의 내용, 사회적 지각의식의 내용은 4, 5학년에 집중되었다. 집단생활의식의 내용은 3학년부터 6학년까지 고르게 배정되었고, 규범적 생활의식의 내용은 4, 5학년에 집중되었으며, 문화의 형태·규범·변화의식의 내용은 3, 4, 5, 6학년에 고르게 배정된 것으로 나타났다. 사회·문화의식은 4,

5학년을 중심으로 내용을 배열하였는데 대체로 사회·문화의식 발달과정의 이론에 접근한 것으로 추론된다.

초등학교 저·중·고학년에서 사회·문화영역을 지도할 때 강조하거나 고려할 점은 다음과 같다.

▸ **저학년**

- 1학년 입학 초기에는 가정으로부터 학교라는 큰 사회로 옮겨가는 어린이들이 새로운 사회에 잘 적응할 수 있도록 한다.
- 가정, 학교, 이웃 등 주변의 현상을 새로운 눈으로 보고 의문을 느낄 수 있는 문제 상황에 접하게 한다.
- 자신이 속한 사회생활 속에서 일어나는 여러 현상을 경험과 관찰을 통해 구체적이며 귀납적으로 이해하도록 한다.
- 2학년은 학교 주변의 마을들의 다양한 역할과 상호관계를 이해하도록 한다.
- 교우, 가족, 이웃 등 다른 사람과의 관계를 이해하고, 또래 집단에서의 수평적인 활동의 기회를 제공하여 개방성, 관용성을 높이게 한다.
- 반복적이며 습관적인 행동을 통하여 올바른 사회생활이 이루어지게 한다.

▸ **중학년**

- 사회생활 속에서 보다 강한 성공감과 만족감을 느낄 수 있는 기회와 상황을 많이 제공한다. 그러나 지나친 경쟁의식은 조절하도록 해야 하며, 실패한 경우에도 열등감을 갖기보다 반성과 새로운 용기를 가지도록 한다.
- 도당 그룹에서 일어나고 있는 현상들을 학습에 활용한다.
- 향토와 고장의 일원임을 깨닫게 하고 교우 및 고장의 여러 사람들과의 관계 속에서 다양한 인간관계의 형태를 발견하고 그들이 어떻게 사회화되는가를 깨닫게 한다.
- 구체적 사회현상을 통해서 관계적 사고능력이 싹트게 한다.
- 지역의 공동생활을 영위함에 있어 구성원들이 우리의 의식을 가지고 하고, 서로 협력하며 사회적 책임을 가져야 고장의 생활이 원활하게 이루어진다는 것을 인식하게 한다.

▸ **고학년**

- 장차 자기의 사회적 역할에 대하여 생각해 볼 수 있게 한다.
- 국가, 민족, 세계 등 복수 집단 전체의 움직임과 기능에 대하여 관심을 가지게 하며, 이러한 현상을 경험적 자료나 체험을 바탕으로 하여 인식할 수 있는 사회적 통찰력을 발휘하게 한다.
- 다양한 사회생활 속에서 스스로의 판단에 의하여 행위할 수 있는 상황을 많이 제공한다.
- 가정, 학교, 고장, 민족, 국가 등의 입장에서 자기 역할을 생각해 보도록 한다.
- 집단 구성원 간에 평등하며 원만한 인간관계를 유지할 수 있는 기회를 많이 제공한다.

상기 언급한 일반사회영역의 학습발달심리를 요약하면 아래의 **표 6-6**과 같다.

표 6-6 **일반사회영역의 학년별 발달심리 개요**

	저학년(1~2)	중학년(3~4)	고학년(5~6)
정치영역	• 생활 주변에서 일어나고 있는 정치현상 인식 • 학교, 가정 등에서의 약속과 규칙에 대해 인식 • 국가, 규칙, 법의 중요성 등을 막연하게 지각함	• 향토사회나 지역사회에서 일어나고 있는 지방자치단체나 주민들의 수익생활에 대해 인식 • 권력이 집단생활에 필요한 이유와 권력이 공공기관을 통하여 집행된다는 것을 인식 • 권리행사는 책임과 의무가 뒤따름을 인식 • 고장의 여러 행정기관과 공공기관의 역할에 대하여 지각	• 국가사회, 세계사화에서의 국민주권의식, 인권의식, 평화의식의 의미 이해 -우리나라의 민주주의의 특색 -국민들의 권리와 의무 등에 관한 구체적인 사례 인식
경제영역 경제영역	• 일상생활 속에서 자원의 희소성과 효용에 관해 인식 • 절약, 저금은 좋은 것이라는 것을 통해 소비자 의식이 발달 • 공장에서 필요한 물건을 만든다는 생산과 기업의식이 초보적으로 발달 • 친구와 물건 바꿔쓰기, 가계, 시장에서 물건을 사서 쓰는 것	• 고장자원의 희소성인식 • 고장의 물자와 자원의 절약을 통한 소비자 의식 발달 • 생산과 기업의식 구체적 발달(분업, 협업 개념) • 시장의 기능과 지역 간 물자교류를 인식함으로써 유통과 분배의식 발달 • 돈의 편리성과 귀중함을 인식	• 광범위한 생활 분야에서 자원의 희소성과 효용에 관해 인식 • 저축은 국가경제 발전에 도움이 된다는 소비자 의식 발달 • 확대된 생산과 기업의식 발달(국제교역을 통한 수출입) • 구체적인 유통과 분배의식 발달(시장의 매매, 생산·수송

	저학년(1~2)	중학년(3~4)	고학년(5~6)
	을 통해 초보적 유통과 분배의 식 발달 • 돈이 있으면 필요한 것을 구할 수 있다는 초보적 화폐가치 인식 • 가족구성원의 역할과 직업을 통해 기초적 노동과 직업의식 발달 • 국민경제 의식이 나타나지 않음 • 국가경제 의식이 나타나지 않음	• 고장 사람들의 일을 인식함으로써 확대된 노동과 직업의식 발달 • 인구, 나라 살림 등 기초적 국민경제의식 발달 • 국제경제의식이 나타나지 않음	의 관계, 가격결정기능, 화폐의 구실) • 화폐가치를 강하게 인식(돈은 자본임을 인식) • 사회적 관점에서 노동과 직업의식 발달 • 복지국가라는 개념을 인식 • 국제간 협력의 필요성 인식
사회·문화 영역	• 의타적, 공상적 특성 지녀 자아개념의식은 거의 발달하지 않음 • 개인주의, 이기주의로 기초적 대인관계의식 거의 발달하지 않음. • 직관기임으로 구체적인 부분의 사회적 자각의식 • 가정, 학교, 이웃 등의 제1차적 집단생활 의식 • 규칙을 절대적인 것으로 무조건 복종하는 것을 옳은 것으로 생각하므로 규범적 생활의식 미약 • 제1차적 사회집단을 통해 기초적 문화생활 익힘	• 구체적 경험과 현실과업을 통한 자아개념의식 • 수직적인 관계에서 나와 너의 상호작용적인 대인관계 인식 • 어느 정도 구체적 사회행위와 관련된 사회적 자각의식 • 고장과 지역사회로 생활영역 확대되면서 협동심과 공정성 등의 집단생활의식 • 공정성을 중시하며 너와 나의 관계에 따른 규범적 생활의식 • 고장, 지역사회 확대한 문화생활의 고금, 변화의식	• 자주성과 타인의 이해 갖춘 자아개념의식 • 자타 간에 수평적 대인관계 의식 • 질적 판단이 가능한 통찰력 있는 사회적 자각의식 • 국가, 민족 세계로 확대된 집단생활의식 • 집단, 국가의 의도를 따르며 대인관계의 조화를 이루는 규범적 생활의식 • 민족, 국가, 세계로 확대된 문화생활의식
지도 시 유의점	• 동작적 활동 중심 • 정서적, 귀납적 지도 • 연상적 사고 활동 많이 적용	• 다양한 학습활동 적용 • 분단 활동을 활발히 전개하여 사회성 발달 촉진	• 사회현상의 여러 요인에 대한 관계적 사고 촉진 • 종합적·분석적·인과적·설명적 관점의 탐구 능력 배양

제4절 빅데이터를 활용한 학문영역별 학습발달 심리

1. 빅데이터를 활용한 지리의식 분석 예시

다음 그림 6-5는 최근 5년간 지리의식에 대한 소셜 빅데이터를 분석한 결과이다. 빈도수를 나타낸 워드클라우드에 따르면 '역사, 독도, 일본'과 같이 독도 영토 문제와 관련된 키워드에 대한 관심이 높게 나타났다. 이와 같은 결과는 영토 문제, 즉 땅과 관련된 문제를 해결하는 방안으로 지리의식에 대한 기대감이 나타나 있으며, 사회과 지리영역이 사회적 요구를 반영하기 위한 부분에서 독도 문제에 대한 관심을 가져야 한다는 사실을 알 수 있다. 또한 '한국지리, 세계지리'뿐만 아니라 '세계사, 경제'와 같은 키워드도 높게 나타났다. 즉 사회과 다른 영역과의 연계가 이루어지고 있다는 사실도 알 수 있다. 이어서 네트워크 분석 결과에 따르면 '지리'는 '역사'와 연관성이 높은 것으로 나타났으며, 특히 일본과의 독도에 대한 문제가 그 이유인 것을 알 수 있다. 또한 '지리'는 '국제법, 문화, 환경'과 같은 키워드에 대한 관계를 확인할 수 있고, 사회과에서 육성하고자 하는 민주 시민의 자질에 해당하는 '공동체 의식'에 대한 관계도 찾을 수 있다.

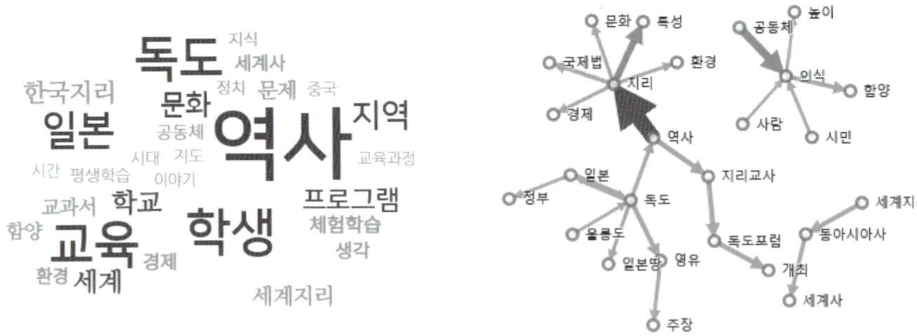

그림 6-5 지리의식 빅데이터 분석 결과

2. 빅데이터를 활용한 역사의식 분석 예시

다음 그림 6-6는 최근 5년간 역사의식에 대한 소셜 빅데이터를 분석한 결과이다. 역사의식은 '체험학습, 박물관, 여행, 탐방'과 같은 키워드에 관심이 높게 나타났다. 이와 같은 결과는 역사에 대한 사람들의 참여와 관심이 높아졌다는 사실을 의미한다. 또한 지리의식의 결과와 마찬가지로 '일본, 독도' 키워드가 나타났다. 이어서 네트워크 분석 결과에 따르면 역사의식은 교육에 학습에 대한 관심보다는 체험하고 참여하는 것에 대한 사람들의 연계가 높게 나타나고 있으며, 이를 통해 역사의식을 발달시키고 공동체 의식을 함양하는 등 다양한 효과가 이루어지고 있음을 알 수 있다.

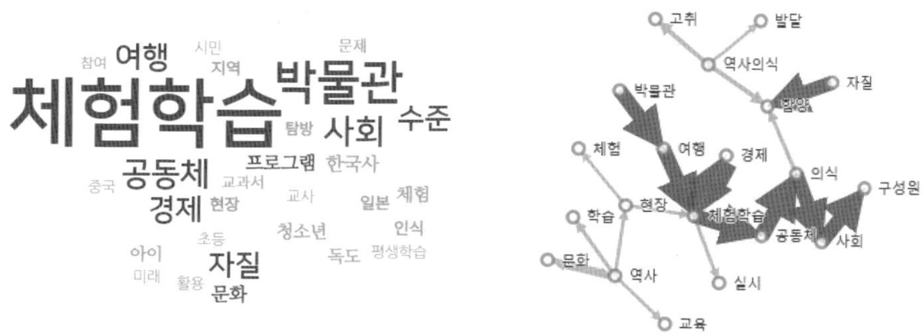

그림 6-6 **역사의식 빅데이터 분석 결과**

3. 빅데이터를 활용한 사회의식 분석 예시

다음 그림 6-7 ~ 그림 6-9는 최근 5년간 일반사회영역 학습발달심리와 관련된 소셜 빅데이터를 분석한 결과이다. 먼저 정치의식에 대한 검색 결과에 따르면 '교육, 학생, 사회'와 같은 사회과교육 관련 내용에서의 관심이 가장 높은 것으로 나타났다. 또한 '정치인, 대통령, 정부, 민주주의'와 같은 주제에 대한 관심도가 높게 나타났지만, 행정기관이나 공공기관과 같은 곳에 대한 키워드는 찾을 수 없었다. 이와 같은 결과는 정치의식을 함양을 위한 정치영역의 학습과정에서 저학년이나 중학년에게 적용하는 기관에 대한 주제에 사람들의 관심이 멀어져 있다는 것을 의미한다. 이어서 네트워크 분석 결과에 따르면 전체 키워드는 1개의 주제로 모두 연결되어 있으며, 정치의식에 대한 사람들의 관심이 특정 주제에 적용된다기보다는 일반적인 수준에서 이루어진다는 사실을 알 수 있다. '정치' 키워드는 '문화, 중립, 학습'에 영향을 주는 것으로 나타났으며, '학습' 키워드는 대상이 되는 '학생'에게 영향을 받고 '체험, 효과, 경험, 기회'에 영향을 주는 것을 알 수 있다.

그림 6-7 **정치의식 빅데이터 분석 결과**

다음으로 경제의식에 대한 검색 결과에 따르면 정치의식에 대한 결과와 마찬가지로 사회과교육 관련 내용에서의 관심이 높게 나타났으며, 특히 경제의식에서는 '공동체, 구성원, 시민의식'과 같은 사회과에서 육성하고자 하는 민주 시민의 자질에 해당하는 공동체 의식 함양과 관련된 키워드가 나타났다는 사실에 주목할 필요가 있다. 이와 같은 결과는 경제의식과 관련된 제재가 공동체 의식 함양에 효과적이거나 이와 관련된 내용을 활용한다는 것을 의미하기 때문이다. 이어서 네트워크 분석 결과에 따르면 전체 키워드는 학습, 경제와 같이 2개의 주제로 나뉜다는 사실을 확인할 수 있다. 경제는 '체험학습'과 연관된 키워드가 자주 나타났으며, '구성원'의 '의식'과 관련된 키워드에 높은 연관성을 가지는 것을 알 수 있다.

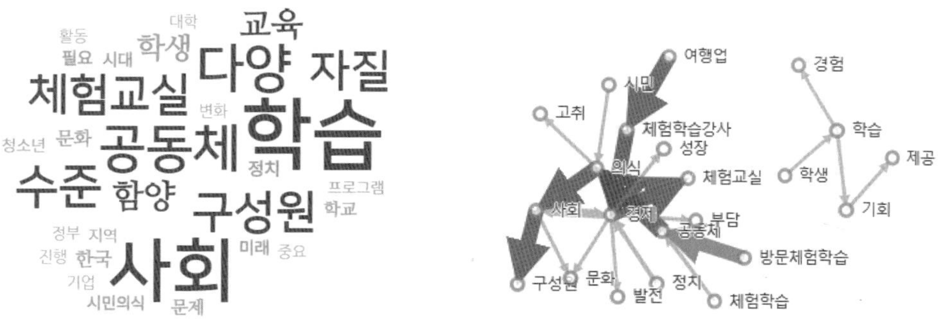

그림 6-8 **경제의식 빅데이터 분석 결과**

마지막으로 사회문화의식에 대한 검색 결과에 따르면 앞서 분석한 정치의식, 경제의식과 마찬가지로 사회과교육 관련 내용에서의 관심이 높게 나타났으며, 특히 '체험활동, 평생학습'과 같이 구체적인 방법이 제시되었다는 점이 주목할 필요가 있다. 이와 같은 결과는 학생들이 사회생활 속에서 일어나는 여러 현상을 경험하고 관찰하는 활동에 대한 관심도가 높다는 의미이며, 이에 대한 질적 자료에 대한 조사가 이루어질 필요가 있다. '문화, 역사, 지역'과 같은 학습 주제도 찾을 수 있다. 이어서 네트워크 분석 결과에 따르면 전체 키워드는 시민의식 함양, 사회문화의식 함양 관련 체험활동, 그리고 사회문화의식의 학습효과와 같이 3개의 주제로 연관된다는 사실을 확인할 수 있다.

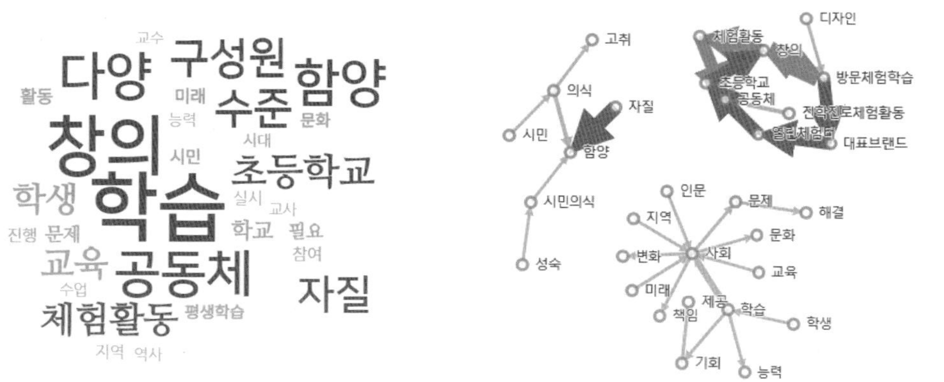

그림 6-9 **사회문화의식 빅데이터 분석 결과**

생각 정리 문제

1. Piaget의 인지발달 단계에 따른 공간의 유형을 정리해 보자.

2. Piaget의 인지이론에 근거를 한 역사적 사고력에 대한 연구를 비판적 입장에서 이야기해 보자.

3. 사회의식의 두 가지 측면을 이야기해 보자.

[빅데이터 분석]

4. 사회과의 각 영역별로 의식 함양을 위해 관심을 가져야할 주제는 무엇인가? (교재에 제시된 빅데이터 분석 결과를 활용하거나 새롭게 분석)

BIG DATA

Part 03

초등 사회과 지식구성 관련 교재연구의 핵심은 무엇인가?

Chapter 07

초등 사회과 역량강화를 위한 내용 선정 및 조직 방안은?

• 주제

초등 사회과 교과서의 지식구성 방식 탐색하기

• 학습 내용

1. 빅데이터가 알려주는 초등 사회과 내용 선정 및 조직
2. 초등 사회과 미래역량강화를 위한 내용 선정 및 조직
3. 빅데이터를 활용한 초등 사회과 내용 선정

• 학습 목표

1. 초등 사회과 내용 선정 및 조직 원리에 대해 설명할 수 있다.
2. 초등 사회과 내용 조직 원리를 통해 현행 교육과정에서 제시하는 내용 체계를 해석할 수 있다.

BIG
DATA

제1절 빅데이터가 알려주는 초등 사회과 내용 선정 및 조직

1. 연구 대상 및 방법

본 장에서는 초등 사회과 관련 온라인 문서를 빅데이터 수집 및 분류 절차에 따라 진행하였다. 초등 사회과 토픽과 관련된 빅데이터 수집에는 텍스톰의 수집 프로그램을 사용하였으며 모든 관련 문서를 수집하기 위해 '초등 사회, 사회과' 용어를 검색어로 사용하였다. 그리고 온라인 문서의 잡음을 제거하기 위한 불용어는 주제를 벗어나는 '임용, 시험, 출판' 등을 사용하였다.

초등 사회과 소셜 빅데이터의 수집은 2016년 1월 1일부터 2020년 12월 31일까지 여러 포털사이트 중에서 국내에서 사용빈도수가 높은 네이버와 전 세계적으로 사용빈도수가 높은 구글의 웹 문서를 요일, 주말, 휴일을 고려하지 않고 매시간 단위로 이루어졌다. 수집된 총 2만 2,313건의 텍스트 문서 중 초등 사회과를 대상으로 한 내용(초등, 초등학생, 초등학교 등 언급 문서)으로 판단된 1만 5,790건의 문서를 본 분석에 포함하였다.

2. 내용 선정과 조직에 대한 빅데이터 분석 결과

초등 사회과 내용 선정 및 조직 빅데이터 분석 결과에 대한 상위 30위까지 키워드의 빈도분석, 그리고 그 빈도수를 상위 30위까지 시각화한 워드클라우드 분석은 각각 표 7-1, 그림 7-1과 같다.

표 7-1과 같이 빅데이터 빈도분석 결과에 따르면 빈도수가 높은 단어로는 '역량, 미래, 지역사회, 학생, 역량강화, 교과서, 개념' 등이 나타났다. 이와 같은 결과는 초등 사회과 내용 선정 및 조직과정에서 학습자들의 미래 역량을 강화할 수 있도록 교과서의 개념을 지역사회를 중심으로 사회과의 현실적인 문제를 해결하는 과정에서 '문제해결, 의사결정, 탐구'와 같은 학습방법과 주로 관련되어 있음을 의미하며, 나아가 내용구성에 있어서 '역사, 지리, 일반사회'와 같은 사회과의 하위 영역에 해당하는 키워드도 찾을 수 있다.

표 7-1 **초등 사회과 내용 선정 및 조직에 대한 키워드의 상위 30위까지 빈도분석**

순서	키워드	빈도수	백분율	순서	키워드	빈도수	백분율
1	역량	3,576	1.37%	16	탐구	592	0.23%
2	미래	3,199	1.22%	17	핵심개념	563	0.22%
3	지역사회	1,524	0.58%	18	사회탐구	551	0.21%
4	학생	1,495	0.57%	19	어린이	541	0.21%
5	역량강화	1,394	0.53%	20	핵심역량	536	0.20%
6	교과서	1,371	0.52%	21	일반화	519	0.20%
7	개념	1,273	0.49%	22	탐구	517	0.20%
8	교육	1,153	0.44%	23	정보화	506	0.19%
9	역량중심	707	0.27%	24	핵심개념	473	0.18%
10	문제해결	660	0.25%	25	프로그램	456	0.17%
11	사회현상	640	0.24%	26	인성	453	0.17%
12	역사	610	0.23%	27	사실	419	0.16%
13	의사결정	606	0.23%	28	문화	388	0.15%
14	지리	605	0.23%	29	시민교육	382	0.15%
15	일반사회	603	0.23%	30	사고력	277	0.11%

그림 7-1과 같이 워드클라우드 분석 결과에 의하면 초등 사회과 내용 선정 및 조직을 이해하기 위해서는 역량, 미래, 지역사회, 학생 등을 살펴보아야 한다는 사실을 의미한다.

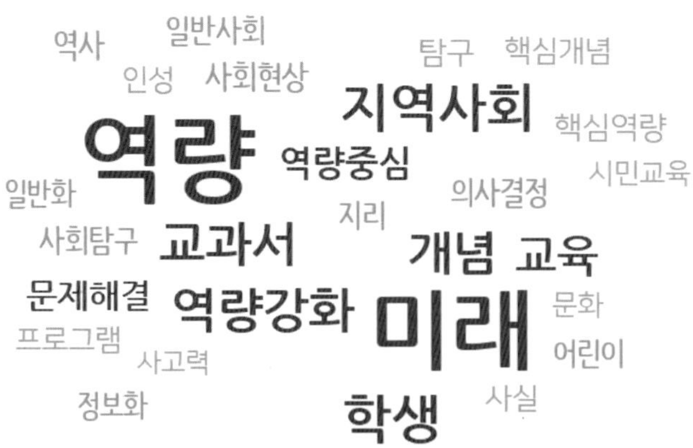

그림 7-1 **초등 사회과 빅데이터에 대한 워드클라우드 분석**

연결중심성은 키워드 간의 연결정도를 나타내는 것으로 연결중심성이 높은 키워드는 관련된 주제에서 주목해야 할 가치가 있는 키워드로 해석할 수 있다. 다음 **그림 7-2**의 초등 사회과에 대한 연결중심성 분석 결과를 시각화한 것이다. 분석 결과에 따르면 '역량, 미래, 학생'과 같은 키워드의 연결중심성이 높게 나타났다. 이와 같은 결과는 초등 사회과 교육의 내용 선정 및 조직과정에서 학습자의 미래 역량을 강화할 수 있는 방안을 강구해야 함을 암시하고 있다고 볼 수 있다. 따라서 초등 사회과의 내용을 이해하기 위해서는 미래사회에 대비하기 위한 역량, 이른바 미래역량을 중심으로 접근할 필요가 있다. 또한 이러한 목적을 달성하기 위하여 학습하는 지리, 역사, 일반사회(정치, 경제 등)와 같은 영역도 함께 살펴볼 필요가 있다. 이에 따라 본 장에서는 미래역량과 관련하여 집중적으로 살펴보기로 하며, 지리와 역사 영역을 중심으로 예시를 제시하고자 한다.

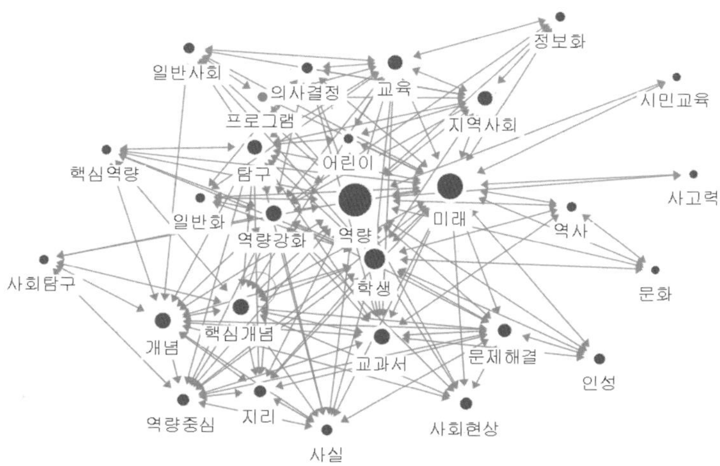

그림 7-2 **초등 사회과 빅데이터에 대한 연결중심성 분석**

❶ 연구대상 수집 및 정제하기

- 본 연구대상인 '초등 사회과 내용 선정 및 조직과 관련 소셜 빅데이터 수집'은 소셜 빅데이터 수집 로봇(웹크롤)과 데이터 분석, 시각화 기술을 보유한 텍스톰을 통해 수집하였다.
- 텍스톰은 1개의 채널에서 한번에 수집할 수 있는 문서의 수가 최대 1,000건으로 제한되어 있기 때문에 많은 양의 문서를 수집하기 위해서는 기간을 나눠서 지정할 필요가 있다. 본 연구에서는 최근 5년간(2016년 1월 1일 ~ 2020년 12월 31일)을 수집기간으로 설정하였으며, 2016년, 2017년, 2018년, 2019년, 2020년으로 나눠서 문서를 수집하였다.

- 초등 사회과 빅데이터 수집조건

수집키워드	불용어	수집기간	채널
초등사회, 사회과	임용, 시험, 출판	2016년 1월 1일 ~ 2020년 12월 31일	네이버(블로그, 뉴스, 카페, 웹문서) 구글(뉴스, 웹문서)

- 정제/형태소 분석은 키워드필터링을 사용하여 본 장에서 제시하는 지리교육의 핵심개념인 '환경, 공간, 지역, 지도'가 포함된 키워드를 추출하였으며, URL 기반 중복된 텍스트 문서를 제거하였다.
- 형태소 분석은 고유명사, 복합명사를 그대로 결과값을 반영하는 Espresso K를 사용하였으며, 분석품사는 명사를 비롯하여 형용사, 동사, 외국어를 포함하였다.
- 소셜 빅데이터 수집은 해당 토픽을 웹크롤로 수집한 후 유목화(범주화)하는 bottom-up 수집방식을 사용하였다.

❷ 데이터 분석하기(텍스트마이닝, 매트릭스 파일 생성)

- 형태소 분석이 완료되면 바로 편집하기를 통한 텍스트마이닝 과정을 거친다.
- 연결중심성 분석은 네트워크 분석 방법 중 하나로 키워드 간의 매트릭스 데이터가 필요하다. 이를 위해서 텍스톰의 매트릭스 파일을 생성한 후 엑셀파일로 다운로드한다.

1단계 : [데이터 분석]→[텍스트마이닝]→[데이터 편집]→[바로 편집하기]에서 단어를 정제한다.
2단계 : [데이터 분석]→[매트릭스]→[매트릭스 단어선택]→[1-mode]→[바로 선택하기]에서 단어를 선택한다.
3단계 : [매트릭스 결과]→[매트릭스(빈도)]→[다운로드]를 선택하여 매트릭스 파일을 저장한다.

❸ 시각화하기(워드클라우드, 연결중심성 분석)

- 시각화는 텍스톰을 통해 웹 상에서 워드클라우드를 생성하고, NetMiner를 활용하여 연결중심성 분석으로 간단히 출력한다.

1단계 : [시각화]→[시각화 결과]→[시각화 리스트 선택]→[워드클라우드]에서 색상선택, 키워드 등을 설정하여 워드클라우드를 완성한다.
2단계 : [NetMiner]를 실행한다.
3단계 : [File]→[Import]→[Excel File]→[Import Excel File]에서 저장된 매트릭스 파일을 선택한 후, [1-mode Network]→[Matrix]를 선택한 후 OK를 누른다.
4단계 : [Analyze]→[Centrality]→[Degree]를 선택한다.
5단계 : 화면 우측 프로세스 관리영역창에서 [Process Tab]→[Main Process, Sum of Weight]를 선택한 후 [Run Process]를 실행한다.
6단계 : 화면 중앙의 데이터 시각화 영역에서 [M Spring] 탭을 선택한 후 [Map]→[Node & Link Att. Styling]→[Link Attribute Styling] 탭에서 데이터 시각화 작업을 한다.
7단계 : [Apply]를 선택하여 데이터 시각화 영역에서 결과를 확인한다.

제2절 초등 사회과 미래역량강화를 위한 내용 선정 및 조직

1. 미래역량을 감안한 내용 선정과 조직의 딜레마

새로운 시대와 변화된 사회에서 제기되는 국가·사회적 요구 및 학문적 요구를 반영함으로써 사회과 교육과정의 내용 선정 기준 및 조직의 근거를 마련할 필요가 있다. 새로운 사회과 교육과정에서 요구되는 창의 융복합적 인간상 실현과 사회교과역량의 함양 및 강화에 기여할 수 있어야 한다. 그리고 학습주제들이 과학기술의 발달과 사회 구조의 변화에 따라 발생할 수 있는 새로운 쟁점들에 대처할 수 있는 능력을 길러 줄 수 있는 내용을 선정하고 조직하여야 한다. 교육 2030 프로젝트에서 제시한 '미래 학습 틀이 선언적이거나 이론적 수준에서 머물지 않고 학교와 교사에 의해 실제로 작동될 수 있는 방안을 탐색해 왔다. 이에 이 프로젝트에서는 DeSeCo 프로젝트와 달리 학생들의 변혁적 역량을 강조하면서 '지식', '기능', '태도'와 가치의 종류를 체계적으로 밝히면서 새로운 역량기반의 교육과정을 강화할 것을 역설하고 있다.

그러나 미래사회에서 요구되는 핵심역량의 함양을 기치로 2015 개정 교육과정이 개발, 시행된 지 수년이 지난 지금 역량기반 교육과정에 대한 논란이 계속되고 있다. 이러한 문제들은 2015 개정 교육과정 개발 과정에서 지속적으로 제기되었었다. 여러 연구자들이 역량 개념의 모호함(박민정, 2009), 역량과 교과의 연계성 부족 그리고 그로 인해 역량과 교과가 대립적 관계로 구도화되는 문제(이근호 외, 2013; 한혜정 외, 2016), 역량 함양을 위한 교육이 어떻게 이루어져야 하는지에 대한 방법론의 부족(이주연 외, 2017; 최수진 외, 2017; 이상은 외, 2018) 등의 문제를 제기하며 역량이 선언적 구호 이상의 역할과 위상을 갖기 어려울 것이라는 우려를 표하였다. 이러한 논란 속에서 역량기반 교육과정을 유지 개선하자는 입장, 역량기반 교육과정으로 인해 약화된 지식교육을 강화해야 한다는 입장, OECD 주도의 글로벌 교육과정 거버넌스에서 벗어나자는 입장 등 여러 주장들이 제기되고 있다. 역량기반 교육과정의 개념, 설계, 실천을 둘러싼 쟁점들을 검토하면서, 그 한계를 극복하기 위해

OECD 교육 2030 프로젝트와 Young의 힘있는 지식론(Powerful Knowledge), 비에스타(Biesta)의 주체화(Subjectification) 담론을 중심으로 역량기반 교육과정의 개선안/대안을 둘러싼 논쟁을 제시하였다(서경혜, 2020).

미래교육과정에 요구하는 내용과 조직을 살펴보기 위해서는 기존 교육과정의 내용 선정 및 조직관련한 내용을 검토해 볼 필요가 있다.

2. 내용 선정

1) 내용 선정 기준

학습자가 무엇을 어떻게 학습할 것인가라는 질문에서 '무엇을'에 해당하는 것이 교육과정에서 중요한 핵심사이다. 학생들에게 무엇인가를 의도적으로 가르치는 행위를 교육이라고 본다면 그 무엇은 교육의 내용이 된다. 교육과정은 학교교육에서 학생들에게 어떠한 교육목표를 성취시키기 위하여 일정한 수준의 교육의 내용을 선정하고 조직하기 위해 제시하는 공통적인 기준이다. 현실적 여건을 감안하여 볼 때 교육과정은 학습자가 지식과 경험을 잘 학습할 수 있도록 학교에서 가지게 되는 모든 경험을 의미하며, 구체적으로 학교에서 학습에 중점을 둔 교육적 행위를 포함한다. 교육과정은 보는 관점이나 시각에 따라 학교에서 행해지는 모든 프로그램, 지식과 경험의 재구성, 전통적으로 누적된 지식의 조직, 인지적·정의적 내용과 과정, 수업계획, 교육의 기본방법, 교사와 학습자가 행하는 모든 것 등으로 다양하다.

따라서 교육과정의 가장 일반적인 의미는 학교에서 가르치고자 구성한 모든 교육의 내용에 해당한다. 우리나라의 현실적 여건을 감안하여 볼 때 가르칠 내용에 대한 가장 중요한 지침은 단연코 교과서라 할 수 있다. 따라서 교과서 내용으로 무엇을 선정하여 조직할 것인가는 학교교육에 있어서 매우 중요한 문제가 된다. 그러므로 교육과정에서 핵심 문제는 교육의 내용으로 무엇을 선정(Scope)하고 조직(Sequence)할 것인가가 된다. 내용 선정은 어떤 시점에서 학생들이 배워야 할 내용이 무엇인가(What)를 결정하는 것이다. 배워야 할 내용은 학교급별, 학년별, 교과별, 단원에 따라 달라진다. 일반적으로 학교 교육의 수준이 높아짐에 따라 내용의 폭과 깊이는 확대되고 심화되는 것이다. 따라서 가르칠 내용 선정은 교육적으로 매우 중요한 일이다. 사회과에서 가르칠 내용 선정은 사회생활에서 일어나는 각종 현상이나 문제들과 이들의 이론적 기초를 뒷받침하는 학문들이다. 이들 중에서 어떠한 것들을 내용으로 선정할 것인가는 그리 쉬운 일이 아니다.

사회과는 그 구성요소가 매우 복잡하기 때문에 사회과 교육과정을 구성함에 있어서 여러 가지 사항을 고려해야 하는데, 우리의 경우 현재 내용 선정과 관련하여 고려해야 할 거시적, 일반적인 기준은 다음과 같다.

① 철학적·학문적 기초로서 홍익인간 정신과 한국인의 철학을 담은 사회교과를 구성하는 학문의 기본적 개념과 탐구 방법을 고려해야 한다.
② 사회적·문화적 기초로서 정보화, 지구화 등 시대적 사회적 변화와 요구에 부응해야 한다.
③ 심리적 기초로서 학습자의 흥미와 발달과정, 경험세계에 기초한 학습방안 등을 고려해야 한다.

현재까지 사회과의 내용 선정의 기준은 크게 사회기능 중심의 내용 선정, 사회과를 구성하는 학문 중심의 내용 선정, 사회기능 중심과 학문중심을 절충한 내용 선정 세 가지로 나누어 볼 수 있다. 사회기능 중심의 내용 선정은 경험 중심 교육과정에서 주안점을 두는 것으로 사회 기능(가령 생산, 유통, 소비 등)을 중심으로 여러 학문적 지식, 사회적 관심, 사회 문제 등 사회 제 기능 간의 관련을 학습시키고자 하는 것이다. 학문 중심의 내용 선정은 학문중심 교육과정에서 주안점을 두는 것으로 사회과를 구성하는 학문을 중심으로 사회 제 기능, 사회적 관심, 사회문제 등에 포함된 학문적 개념(지식)을 학습시키고자 하는 것이다. 그리고 이 둘의 절충적 내용 선정은 사회과의 통합성[1]과 계통성의 조화를 추구하면서 이루어지고 있다.

1) 사회과는 통합적인 교과이다. 사회과의 통합적 학습은 학문 또는 생활 영역 간의 통합은 물론, 지식, 기능, 태도가 상호 유기적 관계를 맺도록 함으로써 지식과 행동의 통합이 이루어지도록 해야 한다. 통합의 원칙에는 사회기능적 요소를 중심으로 하는 통합, 주제를 중심으로 한 통합, 간학문적·다학문적 통합, 공통 개념을 중심으로 한 통합, 사회과를 구성하는 학문영역별 주요 개념을 중심으로 한 통합, 주제에 따른 통합, 지역 확대에 따른 통합, 전체적 상호작용에 의한 통합 등을 들 수 있다.

사회기능 중심의 내용 선정은 사회의 모든 기능적 측면을 폭넓게 학습할 수 있으나, 학문적 깊이가 적으며, 학문 중심의 내용 선정은 깊이 있고 체계적인 학습을 할 수 있으나 폭이 넓지 못하고, 절충적 내용 선정은 이 둘의 조화를 추구함으로써 바람직 방향으로 볼 수 있으나, 사회과를 구성하는 학문영역 간에 갈등이 있을 우려가 있다.

2015 개정 사회과 교육과정에서는 지리, 역사 및 제 사회과학의 개념과 원리, 사회 제도와 문화, 사회문제와 가치, 그리고 연구 방법과 절차 등에 관한 요소를 통합적으로 선정, 조직하여 사회현상을 종합적으로 이해하고 탐구하도록 하였다. 또한 사회과는 우리 삶의 터전인 지역의 이해를 기초로, 우리 민족의 역사, 우리 국토와 환경, 한국 사회 제도의 현실과 변화, 지구촌의 특징과 변화 등에 대한 탐구를 통해 한국인으로서의 정체성과 세계 시민으로서의 자질을 갖추도록 구성하였다.

여기서 잠깐!

2015 개정 교육과정의 바탕이 되는 7차 교육과정에서 강조된 내용 선정 기준은 다음과 같다. 사회과 내용은 국가·사회적, 학생·심리적, 학문·철학적 기준의 세 가지 측면을 고려하여 선정하였다. 국가·사회적 기준은 국가적, 사회적, 문화적, 정치적인 면을 포함하고, 학생·심리적 기준은 학생의 요구, 인지 발달, 심리적 상태, 경험과 학습 가능성을 포함하며, 학문·철학적 기준은 인간의 사고 양식, 지적 추구, 학문의 체계와 탐구 방법 등을 포함하는데 이를 구체적으로 열거하면 다음과 같다.

1) 국가·사회적 기준

- 정보화·세계화 시대 및 통일을 대비한 민족 동질성 확보와 같은 국가와 사회가 나아갈 방향을 제시한다.
- 국가나 사회의 공동체 인식을 기르는 데 필요한 내용을 포함한다.
- 국가와 사회의 당면 과제, 논쟁점에 대한 지속적인 관심을 보일 수 있어야 하며, 이러한 문제와 쟁점의 해결에 필요한 지식, 기능, 가치·태도를 다루어야 한다.
- 지역사회, 도시와 촌락, 국가, 국제 사회와 세계의 다양한 차원의 인간 집단과 사회 계층의 경험을 다루어야 한다.
- 민주 시민적 자질 함양을 위한 사회과 가치 교육의 중요성을 감안하여 가치문제를 함축한 쟁점과 의사결정 문제를 선정한다.

2) 학생·심리적 기준

- 인간의 기본 활동을 다루어야 하며, 지적 경험에서 실천 경험에 이르기까지의 인간의 다양한 경험을 포함한다.
- 학생의 흥미와 능력을 존중하는 내용을 선정하며, 학생의 학습 수준을 고려하여 학습 가능한 최소한의 필수 내용을 선정한다.
- 학생의 자기 주도적, 탐구 지향적 학습이 가능한 내용을 선정한다.

3) 학문·철학적 기준

- 지리, 역사, 사회과학의 기본개념을 다루어야 하며, 각 학문의 구조, 체계를 반영한다.
- 지리, 역사, 사회과학의 탐구 방법과 지식의 위계를 포함한다.
- 학습의 유용성과 적용성을 높이는데 필요한 지적 기능에서 사회적 기능에 이르는 다양한 기능을 포함한다.
- 결과적 지식과 함께 과정적 지식을 다룰 수 있는 기회를 제공하여야 한다.

2) 내용 선정 원리

상기의 거시적 기준으로 사회과교육의 내용을 선정하더라도 그러한 기준들은 미시적, 구체적으로 근거를 갖고 구성되어야 한다. 이를 위해서 먼저 교육과정 전문가들은 내용 선정 원리를 어떻게 파악하고 있는지를 검토해 볼 필요가 있다.

Douglas는 교육과정의 내용 선정 원리로서 ① 학교교육목표와의 관련성, ② 타당성과 중요성, ③ 학습자의 흥미 고려, ④ 계속성과 계열성, ⑤ 다목표의 달성 여부, ⑥ 학습자들의 개인차 고려, ⑦ 학습자들의 요구 충족, ⑧ 실생활에의 적용기회, ⑨ 모든 학생들에게 보편적으로 적용 가능한 것, ⑩ 일상생활에서 접할 수 있는 경험과 활동 등 모두 열 가지 원리를 제시하고 있다.

Taba는 사회과에서 내용 선정 원리로 다음의 다섯 가지를 들고 있다. ① 타당성 : 그 내용은 학문의 개념들을 잘 반영하고 있는가? ② 중요성 : 그 내용은 현대 세계의 중요한 부분들을 잘 설명하며, 인간 활동의 중요한 국면들을 잘 기술하고 있는가? ③ 적절성 : 그 내용은 학생의 필요, 흥미 및 성숙도에 적합한가? ④ 지속성 : 그 내용은 오래 지속될 수 있는가 ? ⑤ 균형성 : 그 내용은 범위와 깊이 양면의 발달을 허용하고 있는가?

Frazer는 사회과 내용 선정 원리로 아홉 가지, 즉 ① 타당성, ② 중요성, ③ 계속성과 계열성, ④ 학습자의 필요나 흥미 및 개인차, ⑤ 현재 및 미래의 생활환경에의 적응성, ⑥ 높은 사용 빈도, ⑦ 사회적 실체와의 연결성, ⑧ 다목적(多目的)에의 적응성, ⑨ 결과의 복합성 등을 들고 있다.

한편, 이영덕은 내용 선정의 원리로서 ① 목표와의 관련성, ② 지식의 참신성과 신뢰성, ③ 내용의 전이가치(轉移價値) 혹은 활용범위, ④ 탐구정신 및 방법의 반영도, ⑤ 넓이와 깊이의 균형성, ⑥ 다목표 달성도를 제시하였다.

이에 근거하여 사회과 내용 선정의 일반적 원리를 다음과 같은 여덟 가지로 제시할 수 있다. ① 사회과 목표와의 일관성 원리, ② 내용의 범위(Scope)와 깊이(Sequence)의 갈등에 따른 균형성의 원리, ③ 교과 내용의 사회과 내에서 종적 연계성 및 타 교과와의 횡적 연계성 원리, ④ 교수·학습의 편의를 충실히 반영한 편의성 원리, ⑤ 전국적 기준에 의해 구성되는 사회과 내용 적용상의 탄력성 원리, ⑥ 사회과 내용이 일정한 간격을 두고 계속으로 반복되어 구성(나선형 교육과정)되는 계속성·반속성 원리, ⑦ 지역화의 원리, ⑧ 각종 사회 문제해결이나 의사결정 및 지식의 구성 능력 신장을 위한 공간 확대적 탐구과정(방법) 반영의 원리 등을 들 수 있다.

3) 지리교육의 내용 선정 예시[2)]

지리교육의 내용 선정 기준과 원리는 물론 사회과의 기준과 원리에 따라 하되, 지리과의 특성을 감안한 기준과 원리를 간략하게 소개하면 다음과 같다.

지리교육 내용 선정 기준과 관련하여 임덕순(1993)은 네 가지 기준을 제시하고 있다. 즉, ① 모체인 지리학의 기본개념들을 끌어다 쓰는 방법, ② 지리학의 체계를 이용하는 방법, ③ 사회적 기능들(Social Function : 생산, 교통, 행정 등 사회유지에 기본이 되는 기능들) 중 지리적인 것만을 뽑아서 쓰는 방법, ④ 각종 생활지역(Areas of Living)을 내용으로 삼는 방법 등이 그 대표적인 것들이다.

서태열(1993)은 지리교육 내용 선정 기준으로 학문적 요구, 사회의 요구, 학습자의 요구, 교육과정 절차상의 요구 등으로 나누어 **표 7-2**와 같이 제시한 바 있다.

2) 지리영역과 역사영역을 중심으로 내용 선정 및 조직과 관련하여 예시한 것은 통합 사회과로서 두 영역은 일반사회영역에 비해 학문적 특성이 다르기 때문이다. 기초 학문적 배경에 있어서 지리영역은 자연과학적 배경과 인문 및 사회과학적 배경이 있어야 하고, 역사는 인문 및 사회과학적 배경이 있어야 한다. 이에 비해 일반사회영역은 순수 사회과학이라 할 만큼 사회과학적 배경 지식이 요구된다.

표 7-2 지리교육 내용 선정의 기준

학문의 요구	• 지리학의 고유한 성격 • 지리학의 방법론 및 인식론의 변화 • 지리학 제분야 내용의 포괄성과 균형성(자연:인문, 지지:계통) • 지리학의 필수적 내용의 포함 • 지리학 내용(이론, 개념 등)의 보편성
사회의 요구	• 학교교육 목표와의 관련성 • 사회적 변화와 요청(국제이해, 환경문제, 정보화, 국제화, 미래준비) • 내용의 사회적 시사성과 응용성
학습자의 요구	• 학습자의 생활, 흥미와 연관성 • 학습자의 발달수준(공간인지 발달, 일반적 발달이론, 지리적 표현능력, 사고력 등) • 학습자의 기존의 지리학습 경험 • 학습가능성
교육과정 절차상의 요구	• 설정된 지리교육 목표와의 일관성 • 평가의 가능성과 일관성 • 경제성

정리하자면, 지리영역 학문적 내용 선정의 주요 원리는 크게 세 가지, 즉 지역을 전체적으로 학습할 수 있는 지역적 원리(지역 개념 학습), 주제(계통)를 중심으로 인간 생활과 밀접한 지표면을 학습하는 계통적 원리(자연환경과 인문 환경, 공간), 지도와 답사를 통한 지표면을 학습하는 기능적 원리(지도 개념 학습)를 들 수 있다. 지역적 원리는 지역지리학의 내용을 선정하는 것이고, 계통적 원리는 계통지리학, 즉 자연지리학과 인문지리학의 내용을 선정하는 것이며, 기능적 원리는 기능 지리학, 즉 지도학과 지리 조사법의 내용을 선정하는 것이다.

4) 역사교육의 내용 선정 예시

역사교육의 내용 선정 기준과 원리도 물론 사회과의 기준과 원리에 따라 하되, 역사과의 특성을 감안한 기준과 원리를 간략하게 소개하면 다음과 같다.

정선영(1997)은 역사교육의 내용 선정 기준으로 여섯 가지, 즉 ① 역사교과에서 기본이 되는 지식, ② 타당한 지식, ③ 오래 지속될 수 있는 지식, ④ 학습자의 필요와 흥미, 발달 단계에 맞는 지식, ⑤ 사회적, 시대적 요구에 맞는 지식, ⑥ 넓은 범위와 여러 목적에 걸쳐 적용될 수 있는 지식 등을 제시하고 있다.

김항구·김한종(1997)은 역사교육의 내용 선정 기준으로 세 가지, 즉 ① 역사학의 학문적 측면, ② 학습자의 심리적 측면, ③ 사회적 측면을 제시하면서 먼저 학문적 측면에서 내용 선정을 위해서는 역사라는 교과의 특성과 구조가 고려되어야 함을 강조하고 있다.

다른 교과와는 구별되는 역사교육 내용 선정의 원리에 대한 연구는 별로 없다. 몇 가지 연구의 경우도 매우 포괄적이거나, 간략한 기본 원칙만을 언급하는 데 머무르고 있을 뿐이다. 예컨대 영국의 교육과학부는 역사교육내용의 선정기준을 다음과 같이 제시한 바 있다.[3] ① 범위 : 정치적, 외교적, 군사적 사건뿐만 아니라 경제적, 사회적, 종교적, 문화적, 과학적 사건까지를 포함한다. 가능하다면 이러한 요인들이 밀접하게 관련되어야 한다. ② 개념의 발달 : 변화와 계속, 계열, 원인과 같은 일반적 개념들을 다루어야 한다. ③ 역사적 이해의 발달 : 시간의식, 역사적 용어의 활용 능력, 행위자의 입장 등을 고려하여 역사적 상황을 재구성해야 한다. ④ 기능의 발달 : 사료의 활용 및 분석, 역사적 의문점의 제기, 사건의 배열과 같은 역사학의 기능이나, 자료로부터 정보를 파악하는 것, 관찰·청취·기록, 다양한 형태의 전달, 정보의 분석 및 종합, 가설의 설정 및 검증, 정보의 기억과 같은 일반적 기능을 다루어야 한다. ⑤ 국가적 차원 : 국가사의 발전을 파악하거나 세계사에서 자국민의 역할을 이해할 수 있는 내용을 다루어야 한다. ⑥ 역사적 맥락을 가지고 있는 현재 세계의 주제 : 역사적 맥락 속에서 현재 세계의 주요 특징을 파악할 수 있는 내용을 다루어야 한다. ⑦ 다른 민족의 역사 : 주변 국가의 역사나 세계사에 대해 이해할 수 있는 내용을 다루어야 한다. ⑧ 학교의 지역화 : 지역사와 이를 통해 국가사나 세계사를 이해할 수 있는 내용을 다루어야 한다.

3) Department of Education and Science, History in the Primary and Secondary Years, London: HMSO, 1985, pp. 6-10. 김한종, 2000, "중·고등학교 국사교육의 내성 구성원리", 한국교육과정 평가원, 제8차 사회과 교육과정 기초 연구 공개 세미나 : 사회과교육의 목표 및 내용구성의 원리와 방향에서 재인용.

상기 내용을 감안하여 역사교육에서 학습해야 할 내용 선정의 일반적 원리를 제시하자면 다음과 같다.

첫째, 역사교과에 기본적 지식으로 그 범위와 깊이의 균형성이 있어야 한다. 둘째, 그 내용이 논리적 타당성, 중요성, 보편성, 지속성, 참신성과 신뢰성을 가져야 한다. 셋째, 국가·사회의 시대적 요구에 부응할 수 있어야 한다. 넷째, 지식의 활용범위가 넓어 전이가치가 있어야 한다. 다섯째, 학습자와 관련하여 학생의 학습경험 및 능력을 고려한 내용으로서 학습자의 흥미·관심 및 요구를 반영하면서 학생의 사고력을 신장할 수 있어야 한다.

2. 내용 조직

1) 내용 조직 원리

교육 목표 달성을 위해 선정된 학습 내용들은 일정한 형태로 조직될 필요가 있다. 내용 조직, 즉 가르칠 순서결정은 선정된 내용을 계열성[4]에 맞게, 학년 단계에 따라 배치 또는 배열을 정하는 것을 말한다. 내용을 조직함으로써 우리는 산만하기 쉬운 지식 내용들을 보다 쉽게, 그리고 체계적으로 학습하여 교육 효과를 높일 수 있다. 따라서 내용을 어떻게 선정할 것인가도 중요하지만 그에 못지않게 선정된 내용을 어떻게 계열화할 것인지, 학습 발달심리에 맞게 어떠한 순서로 학습하게 할 것인지는 학습효과를 고려하여 볼 때 매우 중요하다.

일반적으로 내용 조직의 세 가지 원리는 다음과 같다.[5]

첫째는 계속성의 원리이다. 이것은 내용의 중요한 요소가 계속 반복되는 것을 말한다. 예컨대 변천, 시대성, 발전성과 같은 역사학의 핵심적인 개념들은 초등학교에서 고등학교까지 계속해서 반복되어 나타나는 것을 볼 수 있는데, 이것은 바로 계속성의 원리를 적용한 것이라고 할 수 있다.

---

4) 계열성이란 선행 경험 혹은 내용을 기초로 하여 새로운 경험 또는 내용으로 전개되어 저학년에서 중·고학년으로 점차 깊이와 넓이가 심화·확대되는 단계적 구조화를 의미한다.

5) 계속성과 계열성은 종적 조직원리이며, 통합성은 횡적 조직원리라고도 한다.

둘째로 계열성의 원리이다. 이것은 내용의 종적인 조직을 위한 원리로, 선행되는 경험과 내용을 기초로 하여 다음의 경험과 내용이 전개되는 것을 말한다. 선수 및 후속 학습 체계는 학습자의 인지발달수준을 고려하여 생활경험이 확대되면서 단순한 것에서 복잡한 것으로 점차 심화·확대되는 나선형 조직이 되는 것을 볼 수 있는데, 이것은 바로 계열성의 원리를 따른 것이라고 할 수 있다. 예컨대 초등학교에서 생활사, 중학교에서 정치사, 고등학교에서 문화사를 강조하는 것은 이러한 계열성의 원리를 나타낸 것이라고 할 수 있다.

셋째는 통합성의 원리이다. 이것은 내용의 횡적인 조직을 위한 원칙으로, 내용들이 상호 연결되고 통합되어서 보다 효과적인 학습이 이루어지도록 조직하는 것을 말한다. 단편적인 교과목이 아니라 여러 과목을 조화 있게 배열해야 한다. 국사교육에서 세계사와의 연결을 강조한 것이나, 세계사교육에서 문명과 문명의 상호교류와 통합성의 확대를 강조하고 있는 것은 이러한 원칙을 나타낸 것이라고 할 수 있다. 더 나아가서 중학교 세계사교육에서 세계지리와의 연계를 강조하고 있는 것도 같은 원리에 따른 것이라고 할 수 있다.

사회과의 내용 조직의 세 가지 방법은 다음과 같다.

첫째, 논리적 방법이다. 각 교과나 학문적 구조에 따라 조직하는 방법으로 교과중심 또는 학문중심 교육과정 구성에 적용되는 방법이다. 학문중심 교육과정은 그 학문의 기본개념이나 기본구조를 중심으로 하여 교육내용을 조직한다. 이는 사회과교육의 내용을 영역별로 분류하고 그 영역의 학문적 논리체계만을 고려하여 계열화하는 조직방법이다.

둘째, 심리적 방법이다. 이는 사회과의 학습대상이 되는 내용을 철저히 학습자의 학습능력과 심리적 발달 단계에 맞추어 내용을 계열화하는 조직방법이다. 경험중심 교육과정 구성에 적용되는 방법이다.

셋째, 절충식 방법이다. 위의 두 방법을 절충한 것으로 학습자의 심리적 특성을 최대한 살리면서 한편으로는 교재의 논리적 순서와 그 발전이 보장되도록 배열하는 방법이다. 학문중심 교육과정 구성에 적용된다.

상기 내용을 감안하여 초등 사회과 내용 조직의 일반적인 원리는 다음과 같다.

첫째, 공간 인식 발달 단계의 적용 원리[6]이다. Dewey는 교육은 경험으로, 가르칠 내용의 확대와 조직은 경험의 생장에 따를 것을 강조하고 있다. 학습자는 태어나서 자라는 과정에서 가까운 곳에서 먼 곳으로 경험하게 된다는 것에 기초하여 학습내용을 조직하는 원리이다. 사회과의 내용을 학년별로 계열화함에 있어서 공간 인식 발달 단계를 적용한 원리로 공간(지역) 확대 원리이자 경험 확대의 원리라 할 수 있다. 초등 사회과 지리 영역에 있어서 교수요목부터 향토지리, 한국지리, 세계지리 순으로 내용이 조직되어 있다. 그러나 제7차 교육과정 이후로는 학생이 공간을 인식하는 방법을 기계적으로 확장시키는 것은 잘못이라는 비평을 반영하여 공간확대원리를 필요에 따라 탄력적으로 적용할 것을 제안하고 있다.

둘째, 시간 인식 발단 단계의 적용 원리이다. 초등 사회과의 내용을 학년별로 계열화함에 있어서 학습자들의 시간 인식 발달 단계를 고려하여 그 단계에 적합한 학습내용으로 조직하여야 한다는 원리이다. 저학년의 경우 시간 인식 초기 단계로서 현재에서 과거로, 즉 시간 소급적 조직원리를, 고학년으로 갈수록 통사적(시대별, 연대순) 조직원리[7]을 취한다.

셋째, 간학문적·다학문적 통합의 원리이다. 초등 사회과는 통합 사회과를 지향하고 있기 때문에 사회과 교육과정의 구성 내용으로서 시간성(역사영역)과 공간성(지리영역) 그리고 그 교차점에서 볼 수 있는 사회성(공민)과 관련된 내용을 간학문적·다학문적으로 통합하여 구성한다는 원리이다(〈그림 7-3〉 참조).

넷째, 논리적 원리이다. 즉 개념·원리·사상 등은 아이들이 성장하면서 쉽게 터득되도록 쉬운 것에서 어려운 것으로, 1차적인 것에서 2, 3차 등 고차적인 것으로, 먼저 일어난 것에서 나중에 일어난 것으로, 주관적인 것에서 객관적인 것으로 가르칠 내용을 조직하는 것을 말한다.

다섯째, 점진적 학문 체계화의 원리이다. 이 원리는 저학년의 경우에는 자기의 생활 주변의 내용을 통하여 사회의 구조와 기능을 이해하는 사회 기능 중심적인 내용으로 조직하여야 하고, 고학년으로 갈수록 사회과를 구성하는

6) 제7장 제1절 초등 사회과 지리영역 학습발달심리 참조.
7) 제2장 제2절 내용 조직 중 초등 사회과 역사영역 내용 조직 예시 참조.

학문적 성과를 받아들여 학문 중심의 내용을 조직한다는 원리이다. 사회과를 구성하는 학문의 기본적인 개념이나 원리, 법칙 등을 발견하고 탐구하며, 지식의 구조와 각 영역별 기본개념들의 내용 구성 체계를 분석, 파악하여, 내용을 체계화, 계열화해 나가야 할 것이다. 초등사회의 경우 저학년은 통합교육과정으로 운영되고 있으며, 중학년부터 독립교과로 되어 있다. 그렇다고 저학년에 사회과가 없다고 할 수 없으며, 통합 교과서에 사회가 포함되어 있다고 볼 수 있다. 또한 고학년이라고 지나치게 학문 중심적으로 내용을 조직하라는 것이나 사회 기능적 요소의 조직을 배제하라는 의미도 아니다.

여섯째, 공동체 의식의 원리이다. 사회과는 사회생활을 잘 할 수 있도록 도와주는 교과이다. 인간은 성장하면서 사회화되어, 인간을 사회적 동물이라 한다. 따라서 사회과의 내용 조직에 있어서 개인 중심에서 공동체 의식을 강화할 수 있도록 해야 한다는 원리이다. 일반적으로 저학년은 자기 중심성이 강하기 때문에 자율적인 집단생활이 어려운 단계이며, 고학년으로 올라갈수록 자기 중심성에서 벗어나 공동체 의식이 강화된 집단생활을 할 수 있게 된다.

현행 교육과정에서 강조하는 내용 조직의 일반적 원리는 다음과 같다.

첫째, 학습자의 발달, 사회과적 경험, 사회 기능을 고려하는 환경확대법의 원칙에 따라 배열하였다. 3~4학년군에서의 생활 주변과 시·군·구, 시·도의 지역 사회 이해와 문제해결에서부터 5~6학년군의 국가, 세계의 사회현상 파악 및 문제해결 내용으로 확대되도록 구성하되, 탄력적 환경확대법에 따라 세계적 범위에서도 선정할 수 있다.

- 우리 고장과 다른 고장의 생활 모습을 비교하는 학습활동의 경우 '다른 고장'의 사례를 탄력적 환경확대법에 따라 세계적 범위에서도 선정할 수 있다.
- 중심지 학습에서는 공간 범위가 지역 규모로 확대되었다는 점에 유의하며, 중심지 탐색 과정에서 자신이 살아가고 있는 시·도 규모의 지역 범위를 전체적으로 살피도록 할 필요가 있다. 탄력적 환경확대법을 적용하여 중심지 탐색의 범위를 고장 규모는 물론, 시·도 행정 경계를 넘어 이웃 지역으로도 확대할 수 있다.

출처 : 2015 개정 사회과 교육과정의 교수·학습 방법 및 유의 사항에서 제시

둘째, 사회과를 구성하는 학문의 기본 개념을 구체적 사례와 문제를 통해 이해할 수 있도록 구성하되, 나선형 교육과정의 원리에 따라 확대될 수 있도록 하였다. 나선형적 확대는 사회 과학의 기본 개념, 학습자의 시간 의식, 공간 의식, 사회의식의 발달과 연계하여 배열하고, 단순한 것에서 복잡한 것으로, 구체적인 것에서 추상적인 것으로의 내용 배열 원리를 적용하였다. 사회과 교육과정 내용의 나선형적 조직은 같은 개념이 반복되면서도 학년이 올라감에 따라 점차 일반성, 복잡성, 추상성을 띠도록 조직되어가고 있다(그림 7-3 참조).

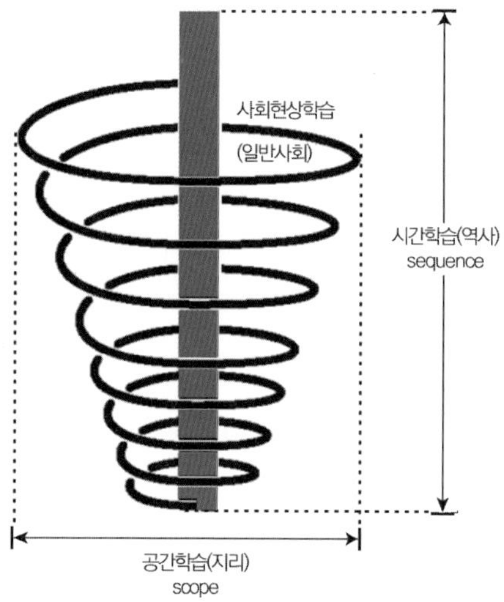

그림 7-3 **사회과 교육과정 내용 구성의 원리**

셋째, 주제 또는 문제를 중심으로 한 탐구 또는 문제해결 과정을 통한 내용과 방법의 통합, 생활 경험과 지식의 통합에 초점을 맞추었다. 이에 따라 민주 시민의 자질을 육성하는데 적합한 주제를 지리, 역사 일반사회에서 추출하여 주제 중심의 통합단원을 구성하였다.

- 일반사회(경제)와 지리의 통합
  [4사04-03] 자원의 희소성으로 경제활동에서 선택의 문제가 발생함을 파악하고, 시장을 중심으로 이루어지는 생산, 소비 등 경제활동을 설명한다.
  [4사04-04] 우리 지역과 다른 지역의 물자 교환 및 교류 사례를 조사하여, 지역 간 경제활동이 밀접하게 관련되어 있음을 탐구한다.
- 역사, 지리, 일반사회의 통합
  [6사08-01] 독도를 지키려는 조상들의 노력을 역사적 자료를 통하여 살펴보고, 독도의 위치 등 지리적 특성에 대한 이해를 바탕으로 하여 영토주권 의식을 기른다.
  [6사08-02] 남북통일을 위한 노력을 살펴보고, 지구촌 평화에 기여하는 통일 한국의 미래상을 그려 본다.

출처 : 2015 개정 사회과 교육과정의 성취기준

넷째, 지역사회의 실정, 학교의 특수성, 학생의 특성 등에 적합하게 교육과정을 재구성하여 운영할 수 있도록 교육과정의 지역화가 가능하도록 하였다. 교육과정의 지역화는 지역에 '대한' 학습이라는 뜻에 해당하는 내용의 지역화, 그리고 지역에 '의한' 학습이라는 뜻에 해당하는 방법의 지역화로 분류한다. 전자는 우리 고장과 지역을 사랑하는 마음(향토애, 애향심)을 기르고, 고장과 지역의 문제를 해결함으로써 살기 좋은 고장과 지역을 만들어가고자 하는 가치·태도를 함양하는 것을 목적으로 한다. 후자는 지역에 분포하고 있는 자원을 도구로 삼아 사회현상의 일반적인 원리를 쉽게 이해하거나 관련 문제해결 능력을 제고하는 것을 목적으로 한다.

2) 지리영역 내용 조직 예시

지리교육 내용 조직에 대한 여러 학자들의 의견을 제시하면 다음과 같다.

먼저 국외 학자들의 내용 조직원리로 Jarolimek(1963)은 ① 공간(지역)확대적 원리, ② 논리적 조직원리, ③ 모체 학문체계의 순서에 근거한 원리로, Biddle(1972)은 대륙적 원리, 화제중심원리, 동심원적 원리, 계통적 원리로, Boden(1976)은 개념적 원리, 계통적 원리, 지역적 원리로, Fien(1984)은 개념중심원리, 원리중심원리, 주제중심원리, 학습자 중심원리로 제시하고 있다.

이찬(1984)은 지역적 원리와 계통적 원리, 화제중심 원리와 계통중심 원리,

동심원적 원리와 논리적 조직원리 등을 제시한 바 있다. 임덕순(1993)은 지리교육 내용구성의 준거(CRCL 원리)를 다음과 같이 제시하고 있다. ① 지리교육용 기본개념들이 포함되도록 지리교육 내용을 구성한다(Conceptual Method, 개념위주). ② 인간의 지평확대에 도움을 주는 여러 생활 지역들, 가령 고장, 국기, 세계 등이 포함되도록 하며, 아울러 조직적 사회 내에서 사는 인간들에게 필요한 기본적 활동들, 즉 생산, 교통, 환경 등이 포함되도록 한다(Regional Method 여러 지역 알기). ③ 내용의 순서는 가까운 지역으로부터 먼 지역으로의 순서, 즉 지평확대적 조직원리에 따른다(Concentric Method). ④ 또한 순서는 단순한 것으로부터 복잡한 것으로서의 순서, 즉 논리적 조직원리를 따른다(Logical Method). 특히 서태열(1993)은 지리교육의 내용구성 원리로 지역적 원리, 계통적 원리, 패러다임 원리, 동심원적 원리로 크게 네 가지로 분류하고, 지역적 원리는 전통적 대륙적 원리, 지역-주제 원리로, 계통적 원리는 주제-화제 원리, 개념중심 원리, 원리중심 원리, 동심원적 원리는 지평확대원리, 동심원적 원리 등으로 세분하여 제시하고 있다.

교육과정에서 제시하는 지리영역 내용 조직의 주요 기준은 크게 공간확대원리에 기초한 거미집적 확대원리, 경험 확대원리로 요약할 수 있다.

사회과 지리영역의 내용 조직과 관련하여 생각해보아야 할 방안을 제시하면 다음과 같다.

첫째, 공간확대적 원리와 거미집적 확대원리의 탄력적 적용이 필요하다.

우리는 오랫동안 동심원적 세계관에 의한 지역 규모—개인, 마을, 고장(향토), 지방, 국가, 대륙, 세계—의 순서에 따라 교육을 받아오고 있지만, 실제로 인간 생활의 연관관계는 마치 지구를 거대한 거미집으로 덮은 듯이 둘러싸여 있다. 지금 우리 자신의 일상생활을 주의 깊게 관찰하여 보면 우리 자신은 이미 세계 속에 있으며 내 속에 또한 세계가 움직이고 있음을 명백히 알 수 있다. 따라서 우리의 생활은 내 이웃 및 내 고장 사람들과의 상호관계뿐만 아니라 브라질의 커피 농장 노동자와 사우디아라비아 유전광산의 노동자 등과도 밀접히 관련되어 있어서, 세계 각 지역이 기능적인 측면에서 볼 때 마치 거미집과 같이 연결되어 있다. 그러므로 정보통신의 급격한 발달과 지역 간 상호의존성이 고도화된 오늘날의 지역 탐구과정에서는 학습자의 지적 발달

수준을 고려한 지역 확대원리와 더불어 거미집적 확대원리에 의해 보완될 때 학습의 효율성을 제고시키면서 동시에 지구적인 일과 국지적인 일의 상호의존성 및 연결성에 대한 올바른 인식을 심어 줄 수 있을 것이다.

둘째, 학습자의 공간발달 단계를 고려한 내용 조직이 필요하다.

학습자는 성장 발달하면서 먼저 공간 구성요소와 지리적 사실을 관찰 및 파악하고, 나아가 구성요소나 지리적 사실 간의 분류나 범주화를 통해 상관관계를 맺으며, 이를 토대로 공간 구성요소들을 종합하고 원리(공간성과 지역성)를 찾아 실생활에 적용할 수 있게 된다. 따라서 학습자의 공간 인식 발달단계를 감안하여 학습할 내용을 선정하고 구체적인 학습 원리와 학습자료를 적절히 투입하는 것이 바람직하다.

이때 초등학교의 경우 저학년에서는 지리적 사실과 개념을 중심으로 관찰 및 견학 등 직·간접적인 경험을 통해 학습한 후, 고학년에서 비언어적인 자료를 통해 공간 구성요소들을 종합하고 원리를 찾아 실생활에 적용할 수 있도록 내용을 조직할 필요가 있다. 특히 이를 위해 지리적 사고와 안목 함양에 필요한 지리적 사실과 개념을 선정하고 선정된 사실과 개념의 학습에 적절한 사례 지역을 선정하는 것이 중요하다. 또한 지역성의 이해가 특정 지역을 대상으로 한 단순한 지리적 사실의 나열이 아니라 공간구조와 일반원리의 탐구로 승화되도록 하기 위해 지역지리의 내용구성과 선정과정에서는 사례 지역을 통해 전체 지역을 이해할 수 있도록 내용을 선정하고 학습자의 능력을 고려하여 내용을 대폭 줄일 필요가 있다. 더구나 지역성의 규명은 종합적 사고력을 요하기 때문에 학습자의 인지 발달 단계로 볼 때 지리에서 지역지리는 고학년에서 가르치는 것이 적합하다.

3) 역사영역 내용 조직 예시

일반적인 역사영역의 내용 조직은 먼저, 경험 및 지역 확대원리를 따른다. 이것은 학습 영역을 가족과 이웃과 같이 학생들이 매일같이 접하는 친근한 생활 주변의 소재로부터 출발하여 지역사회의 생활 소재를 거쳐 국가 사회나 국제 사회의 생활로 그 소재의 범위를 확대해 나가는 원리다.

다음으로, 학생들의 인지 발달 단계 고려해야 한다. 교육내용은 학년이 올라감에 따라 누적적이고 발전적인 방향으로 나아가게 된다. 일반적으로 학습 내용은 단순하고 구체적인 것에서 복잡하고 추상적인 것으로, 가까운 데서 먼 데로, 부분에서 전체로, 주관적인 것에서 객관적인 것에로 확대되는 것이 원리를 따르고 있다.

역사교육에서 내용 조직의 원리로는 연대기적 원리, 역연대순의 원리, 분야사적 원리, 주제 중심적 원리, 문화권적 접근원리, 분절적 원리, 사회과학적 접근원리 등 다양한 원리로 나누어 볼 수 있다(정선영 외, 2001).

첫째, 연대기적 원리란 역사분야의 내용 조직의 가장 일반적인 원리로, 연대순에 맞추어 내용을 조직하는 원리다. 연대기적 원리로 내용을 구성하면 각 민족이나 국가의 발달과정 파악, 역사상 주요 사건, 제도, 사상 등의 변천과정 파악이 용이하고 역사상의 시간개념에 관한 이해를 촉진시킬 수 있으며 변화와 계속성의 개념 파악에 용이하다. 그러나 단편적 사실 습득에 치중, 역사 사실의 깊이 있는 이해나 집중적 탐구에 부적합하다는 단점이 있다.

둘째, 역연대순(逆年代順)의 원리란 현재에서 과거로 거슬러 올라가면서 내용을 조직 원리로 시간 소급법적 원리라고도 한다. 오늘날의 핵심적 문제를 선정하여 과거로 거슬러 올라가면서 선정주제의 발달과정을 통찰하는 원리다. 역 연대순의 원리로 내용을 구성하면 현재 문제에 관한 통찰력을 키우고, 현재와 과거 사이의 관련성을 인식하기에는 용이하나 연대기적 순서를 무시하고, 실용적 역사관에 빠질 가능성이 있으며, 실질적으로 적용시키기에도 어려움이 있다.

셋째, 분야사적 원리란 특정 분야의 발달과정을 순서대로 탐구할 수 있도록 내용을 조직하는 원리다. 학습 동기나 학생들의 흥미를 유발시키고, 탐구학습이나 시간개념, 변천 및 계속성의 개념 파악에도 유리하다는 장점이 있지만, 전체적 발달과정을 이해하기에는 어려움이 따르며, 적절한 교재를 준비하기도 어렵다는 단점이 있다.

넷째, 주제 중심적 원리란 역사의 특정한 주제를 중심으로 내용을 조직하는 원리로 역사 제사실의 보다 체계적이고 일관성 있는 파악과 의미를 부여하기에 유리하다. 또한 탐구학습을 적용시키거나 학생들의 역사적 사고를 훈련시키는 데에도 적합하다. 그러나 주제 외적 사실이나, 일정 시기 내의 서로 다른 사건과의 관련성이 무시될 수 있다.

다섯째, 문화권적 원리란 일정한 문화권을 중심으로 내용을 조직하는 원리다. 장점으로 분산된 사실들의 체계적·일관적 파악이나 역사의 종합적·거시적 파악, 문명, 문화권의 특수성과 보편성의 한국사적 이해에 용이하다는 점이 있지만, 단점으로 문화권 내 개별 문화가 무시될 가능성이 있다.

여섯째, 분절적 원리란 역사상 특정 시기의 생활상을 종합적으로 고찰하면서 당시 사람들의 생활을 전체적으로 살펴볼 수 있도록 내용을 조직하는 원리다. 학생의 흥미를 촉진시켜주고, 생동감 있는 역사 파악, 학생들의 탐구 기능을 강화시켜 주지만, 역사의 종적인 변화와 발전과정을 파악하기에는 불리하며 실제 수업 시 자료를 풍부하게 제공해야만 하고 수업 시간이 많이 든다.

일곱째, 사회과학적 접근이란 사회과학적 개념과 일반화에 맞추어 내용을 조직하는 원리다. 사회과학적 인식과 통찰력을 획득할 수 있고, 현대사회문제 파악에 용이하며, 역사 개별 사실 간의 응집력을 부여해준다는 장점이 있지만 역사 개별 사실의 고유한 성격과 의미를 무시할 수 있다.

제3절 빅데이터를 활용한 초등 사회과 내용 선정

1. 초등 사회과 내용 선정을 위한 교육과정의 변천 과정

해방 이후 교수요목집이 우리나라에 적용된 이후 10여 차례의 교육과정의 개정 작업이 전반적으로, 또는 부분적으로 이루어져 왔다. 때로는 이전의 교육과정 시기와 유사한 측면을 가지고 부분적 수정을 한 시기도 있으나 큰 틀의 변화와 개혁을 도모한 시기도 나타난다(옥일남, 2017: 60). 이러한 한국 사회과 교육과정의 시기는 다양하게 구분할 수 있으며, 본 장에서는 사회과에서 나타난 성장과 변화의 흐름을 중심으로 사회과 도입기, 정착 및 토착기, 적합성 모색 및 성숙기, 본질 구현기로 명명하여 **표 7-3**과 같이 분류하였다.

표 7-3 한국 사회과 교육과정의 개정 흐름

<table>
<tr><th rowspan="2">사회과
도입기</th><th colspan="2">교수요목기(1946.9.)</th><th>제1차 교육과정(1955.8.)</th></tr>
<tr><td colspan="2">• 미군정기 미국 교육과정의 한국 도입
• 사회생활과 등장
• 가르칠 내용의 계열을 환경확대의 원리에 따라 결정
• 국민학교 명칭</td><td>• 한국에서 처음으로 교육과정 개정
• 한국적 특수성 반영(반공 사상 강조)</td></tr>
<tr><th rowspan="2">정착
및
토착기</th><th colspan="2">제2차 교육과정(1963.2.)</th><th>제3차 교육과정(1973.2.)</th></tr>
<tr><td colspan="2">• 한국적 특수성 반영(반공·도덕생활 편성)
• 일반사회, 국민윤리 편성(고교)
• 민주주의에 대한 확고한 신념</td><td>• 국민의 자질 함양
• 학문중심 교육과정 영향
• 정치·경제, 사회·문화로 편성(고교)</td></tr>
<tr><th rowspan="2">적합성
모색
및
성숙기</th><th colspan="2">제4차 교육과정(1981.12.)</th><th>제5차 교육과정(1987.6.)</th></tr>
<tr><td colspan="2">• 국민의 자질 함양
• 사회 I , 사회 II 로 제시(고교)</td><td>• 중학교에서 민주 시민자질 함양 목표 등장
• 초등학교 3학년부터 사회 제시</td></tr>
<tr><th rowspan="4">본질
구현기</th><th colspan="2">제6차 교육과정(1992.9.)</th><th>제7차 교육과정(1997.12.)</th></tr>
<tr><td colspan="2">• 초·중·고교에서 민주시민 자질 함양 목표
• 초등1~2학년-슬기로운 생활에 사회와 자연 통합내용 제시
• 교육과정에 성격, 목표, 내용체계표 제시
• 공통사회(고교) 등장</td><td>• 초·중·고교 교육과정이 하나의 문서에 제시
• 국민공통기본교육과정(1~10학년) 및 선택중심교육과정(11~12학년) 체제
• 사회-3~10학년의 내용체계표 제시
• 수준별 교육, 수행평가 등장
• 초등학교 명칭 등장</td></tr>
<tr><th>2007 개정 교육과정
(2007.2.)</th><th>2009 개정 교육과정
(2009.3.)</th><th>2015 개정 교육과정
(2015.9.)</th></tr>
<tr><td>• 국민공통기본교육과정(1~10학년) 및 선택중심교육과정(11~12학년) 체제 유지
• 수시 개정 체제에 따라 개정 연도명 부여
• 동아시아사 등장</td><td>• 공통교육과정(1~9학년) 및 선택교육과정(10~12학년) 체제로 연도 조정
• 사회-3~9학년의 내용체계표 제시
• 초등 2개 학년씩 묶어 제시
• 법과 정치로 통합</td><td>• 공통교육과정(10~12학년) 체제로 연도 조정
• 사회-3~9학년의 내용체계표 제시
• 초등 2개 학년씩 묶어 제시
• 법과 정치로 통합
• 공통교육과정(1~9학년) 및 선택중심교육과정(10~12학년) 체제
• 선택중심 중 공통 과목으로 통합사회, 한국사 제시
• 통합사회 등장</td></tr>
</table>

2. 현행 교육과정에 나타난 초등 사회과의 내용 체계

2015 개정 사회과의 내용 선정 및 조직원리는 다음과 같다. 먼저 2015 개정 교육과정도 미래 사회가 요구하는 능력, 즉 핵심역량의 함양을 위한 교육이 필요하다는 국가·사회적 측면의 요구가 개정의 배경과 필요성으로서 크게 부각되었다. 또한 2015 개정 교육과정은 기존의 해당 학문 분야의 핵심개념이나 원리를 중심으로 학문중심 교육과 실제적 역량교육이 혼용되어 있다. 교육의 비전과 교육방법적 측면은 역량교육을 지향하고 있지만, 교육내용 체계는 학문중심 교육으로 모든 교과에서 핵심개념과 일반화된 지식이라는 일관된 지식의 구조형식을 취하고 있다. 내용 선정 및 조직원리로서 교과별 핵심개념과 원리(일반화)를 중심으로 내용을 선정, 조직함으로써 학생 참여 중심으로 교실수업을 개선하고자 하였다.

2015 개정 교육과정의 내용 체계에 있어서 새롭게 도입된 요소는 핵심개념과 일반화된 지식, 그리고 기능이다. 핵심개념과 핵심기능을 중심으로 내용 체계를 구성함으로써 지식전달 중심의 교육에 따른 문제점을 개선하고 학습 내용이 삶의 문제를 해결할 수 있도록 한 것이다. 이를 자세히 살펴보기 위해서 이전 교육과정과 비교해 볼 필요가 있다. 다음은 2009 개정 사회과 교육과정에서 제시된 내용 체계이다.

표 7-4 **2009 개정 사회과 교육과정 내용 체계**

학년	지리영역	일반사회영역	역사영역
초등학교 3~4 학년	• 우리가 살아가는 곳 • 달라지는 생활 모습 • 촌락의 형성과 주민 생활 • 민주주의와 주민 자치	• 이동과 소통하기 • 우리 지역, 다른 지역 • 경제생활과 바람직한 선택 • 지역사회의 발전	• 사람들이 모이는 곳 • 도시의 발달과 주민 생활 • 다양한 삶의 모습들 • 사회 변화와 우리 생활
초등학교 5~6 학년	• 살기 좋은 우리 국토 • 환경과 조화를 이루는 국토 • 우리 이웃 나라의 환경과 생활 모습 • 세계 여러 나라의 환경과 생활 모습	• 우리 경제의 성장 • 우리나라의 민주정치 • 우리 사회의 과제와 문화의 발전 • 정보화, 세계화 속의 우리	• 우리 역사의 시작과 발전 • 세계와 활발하게 교류한 고려 • 유교 문화가 발달한 조선 • 조선 사회의 새로운 움직임 • 근대 국가 수립을 위한 노력과 민족 운동 • 대한민국의 발전과 오늘의 우리

출처 : 교육과학기술부(2012).

2015 개정 교과 교육과정의 내용 체계는 기존 교육과정인 2009 개정 교과 교육과정의 내용 체계에서 제시되었던 문제점들을 개선하고자 하였다. 이를테면, 2009 개정 교과 교육과정의 소재 중심으로 이루어진 내용 체계, 특히 사회과의 내용 체계는 내용 요소들을 지리, 일반사회, 역사영역으로 나열하고 있으며 각 내용 요소는 교과서에서 단원의 제목에 해당하는 내용이다. 이와 같은 소재 중심의 내용 체계는 교과의 학습을 통해서 학생들이 궁극적으로 획득해야 하는 지식이 무엇인지 명시적으로 드러내는 데 한계가 있었다.

이와 같은 한계를 극복하기 위해 2015 개정 교육과정의 내용 체계에 대한 개선은 이해중심 교육과정의 원리를 기반으로 하였다. 2015 개정 교과 교육과정의 내용 체계의 요소는 영역, 핵심개념 및 일반화된 지식, 내용 요소, 기능이며, 새롭게 도입된 요소는 핵심개념 및 일반화된 지식, 기능이다. 2015 개정 교과 교육과정의 내용 체계에서 '영역'은 교과의 성격을 가장 잘 나타내주는 최상위의 교과 내용 범주(빅아이디어), '핵심개념'은 교과의 기초 개념이나 원리, '일반화된 지식'은 학생들이 해당 영역에서 알아야 할 보편적인 지식, '내용 요소'는 학년(군)에서 배워야 할 필수학습 내용, '기능'은 수업 후 학생들이 할 수 있거나 할 수 있기를 기대하는 능력으로 교과 고유의 탐구과정 및 사고 기능 등을 의미한다(교육부, 2015).

표 7-5 2015 개정 사회과 교육과정 내용 체계 일부

영역	핵심개념	일반화된 지식	내용 요소		기능
			3~4학년	5~6학년	
지리 인식	공간 분석	다양한 공간 자료와 도구를 활용한 지리 정보 수집과 지리 정보 시스템의 활용은 지표상의 현상과 사건들을 분석하고 해석하며 추론하는 데에 필수적이다.	• 지도의 기본 요소(방위, 기호와 범례, 줄인자, 땅의 높낮이 표현)	• 공간 자료와 도구의 활용	인식하기 표현하기 지도읽기 수집하기 기록하기 비교하기 활용하기 실행하기 해석하기
	지리 사상	지표상의 일정한 위치와 영역을 차지하는 인간 집단들은 자신들을 둘러싼 주변의 장소와 지역, 다양한 세계에 대한 고유하고도 지속적인 경험, 인식, 관점을 갖고 있다.			

출처 : 교육부(2015).

3. 초등 사회과 내용 선정을 위한 빅데이터 분석 결과

초등 사회과는 지리, 역사, 정치, 경제, 일반사회 등 여러 과목이 통합된 교과이다. 통합사회과로서 학문적 계통성과 통합성을 잘 살려 삶에 깊이 있는 주제를 가지고 심층적 문제를 해결할 수 있는 선정과 조직이 될 수 있도록 해야 할 것이다. 통합적 사회과 내용 선정 및 조직과 관련하여 특정 영역의 내용을 더 넣으려 하기보다 사회과를 구성하는 전통학문의 깊이 있는 주제의 계통성 영역과 그 계통성 있는 주제를 가지고 깊이 있게 삶의 문제를 해결할 수 있는 통합성 영역의 균형과 조화를 추구하는 방향으로 나아가야 할 것이다.

다음 **그림 7-4**는 최근 5년간(2016년 1월 1일 ~ 2020년 12월 31일)까지의 지도에 대한 소셜 빅데이터를 분석한 결과를 워드클라우드와 네트워크로 시각화한 것이다. 지도 빅데이터에 대한 키워드는 '서비스, 여행, 위치, 정보' 등으로 지도에 대한 실생활 활용에 대한 사람들의 관심이 높다는 사실을 알 수 있다. 또한 '코로나, 맛집, 관광지' 등 특정 장소가 아닌 주제별 위치 정보에 대한 정보도 지도를 통해 알아보는 것으로 나타났다.

교육과정에서 제시하는 지도학습은 지도의 기본 요소를 중심으로 이루어지며, 이를 바탕으로 한 공간 자료와 도구의 활용으로 구성된다. 이를 위한 초등 사회과 내용 선정에는 실생활에서 사람들이 어떤 방식으로 지도를 사용하고, 어떤 부분에서 익숙한지에 대한 정보를 바탕으로 하여 구체적인 내용을 선정한다면 보다 효과적인 학습을 기대할 수 있을 것이다.

또한 지도 빅데이터에 대해 자세히 알아보기 위해 키워드 간의 관계를 살펴보면 실제 지도의 활용은 단계를 거듭해서 다차원적으로 이루어진다기보다 일차원적인 수준에서 사용된다는 사실을 알 수 있다. 이를테면, 오늘날 디지털 영상 지도는 특정 장소의 위치를 찾기 위해서 지도를 사용하면 그 장소에 대한 세부 정보를 파악하고 직접 장소에 가서 잘못된 정보를 수정하는 등의 보다 적극적인 의미에서 지도 활용이 가능하지만, 실생활에서 사람들이 사용하는 지도의 기능은 한정되어 있는 것을 알 수 있다. 이러한 결과를 반영한다면 초등 사회과 지도학습의 내용 선정에 있어서 디지털 영상 지도의 기능적인 부분에 대한 학습에 충분한 시간을 할애해야 함을 알 수 있다.

초등 사회과 내용 선정과 조직 관련 학습자들이 주도적으로 학습주제를 선정하여 실생활 문제를 해결할 수 있도록 내용을 구성하고 이를 조직화할 수 있도록 할 필요가 있다. 이러한 학습환경을 구축하기에 적합한 것이 빅데이터 학습환경이다.

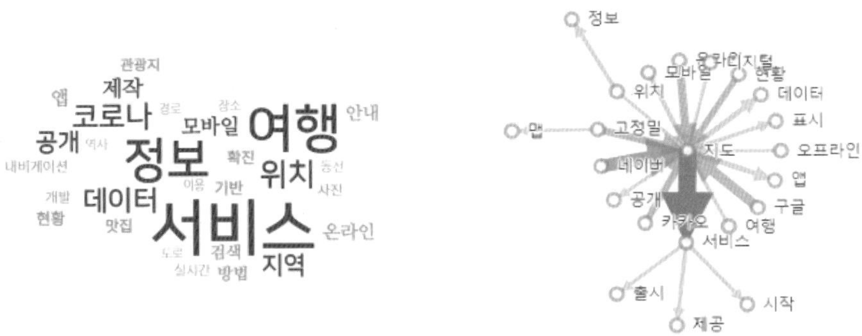

그림 7-4 **지도 빅데이터의 분석 결과**

생각 정리 문제

1. 초등 사회과 내용 선정의 기준에 대해 간단히 정리해보자.

2. 초등 사회과 지리영역의 내용 조직 원리를 활용하여 현행 교육과정에서 제시하는 내용 체계를 해석해보자.

3. 초등 사회과 역사영역의 내용 조직 원리를 활용하여 현행 교육과정에서 제시하는 내용 체계를 해석해보자.

[빅데이터 분석]

4. 초등 사회과 내용에 꼭 필요한 내용은 무엇인가? (교재에 제시된 빅데이터 분석 결과를 활용하거나 새롭게 분석)

[빅데이터 분석]

5. 빅데이터 분석을 통해 초등 사회과에 적절한 내용을 선정해보자. (새롭게 빅데이터를 분석하여 결과 도출)

Chapter 08

초등 사회과에서 다루어야 할 핵심개념과 교재연구 방안은?(1) : 지리영역을 중심으로

• **주제**

초등 사회과 영역에서 다루어야 할 핵심개념 이해하기

• **학습 내용**

1. 초등 사회과 지리, 역사, 일반사회영역에서 핵심개념 논의
2. 빅데이터가 알려주는 지리
3. 초등 사회과 지리영역의 핵심개념
4. 빅데이터를 활용한 지리영역의 주제 연구

• **학습 목표**

1. 초등 사회과 영역에서 제시하는 핵심개념의 종류에 대해 이야기할 수 있다.
2. 초등 사회과 지리영역에서 제시하는 핵심개념의 의미에 대해 각각 설명할 수 있다.

BIG
DATA

제1절 초등 사회과 영역에서 핵심개념에 대한 논의

1. 핵심역량과 핵심개념

2장에서도 언급하였듯이 2015개정 교육과정은 미래사회가 요구하는 창의융합형 인재가 갖추어야 할 핵심역량을 제시하고 있다. 또한 이러한 핵심역량을 기르기 위해서는 교과의 핵심 개념을 중심으로 학습 내용을 구조화하고 있다. 2015개정 교육과정 총론해설에서 핵심 개념은 교과의 성격을 드러내는 기초 개념과 원리를 포함하는 근본적인 아이디어이다. 이는 지식의 한 종류인 개념(Concept)과 동의어는 아니며 교과를 가장 잘 대표하면서 교과의 큰 그림을 볼 수 있도록 돕는 빅 아이디어의 성격을 띤다. 예를 들어 규칙성, 에너지, 상호작용, 관계, 다양성 등과 같은 개념적 아이디어일 수도 있지만 표현, 감상, 의사소통, 공감과 같이 기능적 혹은 정의적 내용들도 빅 아이디어로 볼 수 있다(교육부, 2015: 45). 그리고 핵심개념은 일반화된 지식을 중심으로 교과 고유의 사고 및 탐구 기능을 통해 학습할 수 있도록 하였다. 다시 말해 2015 개정 교육과정에서 핵심 개념 및 일반화된 지식과 기능을 선정하여 교육과정을 구성한 것이 큰 특징이다. 여기서 기능은 지식과 결합되어 역량을 의미함으로써 학습자들은 탐구 및 사고 능력을 발휘하여 구체적으로 삶의 문제를 해결하게 함으로써 앎과 삶의 일체화를 추구한다.

2015 개정 교육과정에서 핵심개념의 도입은 교과 교육과정 개정의 방향인 교과의 핵심 원리를 중심으로 실생활에 활용 가능하고 삶을 성찰할 수 있는 교과 학습내용을 구성한다에서 출발하였다(이광우 외, 2015: 19). 핵심개념은 여러 개념을 아우르는, 교과가 기반하는 학문의 가장 기초적인 개념이나 원리를 말하는 것으로 빅아이디어(Big Idea) 또는 큰 개념(Big Concept), 핵심 아이디어로 정의내리고 있다. 이를 통해 교과(목) 간 연결·관련성을 볼 수 있고, 궁극적으로는 교과(목) 간 융합·연계 학습 구도를 구축할 수 있다고 보았다(이광우 외, 2015: 19-20). 그러나 교육과정 문서 어디에서도 핵심개념이 선정된 근거를 밝히고 있지 않으며, 그 의미도 모호하다는(김한종, 2015) 점에서 논의를 해 볼 필요가 있다.

2. 사회과교육의 핵심개념 논의

캐나다 온타리오 주와 호주 국가 교육과정의 사회과 교육과정과 미국의 College, Career, and Civic Life Framework for Social Studies State Standards (이하 C3 framework)의 핵심 개념관련 제시된 내용을 통하여 사회과교육의 핵심 개념을 논의하는데 참고로 활용할 수 있을 것이다(최진영 · 장혜인, 2016).

캐나다 온타리오 교육과정에서 핵심 개념과 관련된 것은 '사고 개념'으로 사회과 교육과정의 비전을 달성하기 위한 여섯 개의 도구 및 전략 중 하나로 제시되었다. 사고 개념은 학생들이 교육과정과 교실 밖의 삶 속에서 의미 있는 사건, 발달, 이슈에 대해 비판적으로 생각할 능력을 개발하는 방식을 제공한다. 나아가 사회과에서의 사고 개념은 학생들이 사회, 역사, 지리에서 단순히 다양한 사실들만 배우는 것이 아니라 각 교과에 가장 적합한 방식으로 생각하고 처리하는 능력을 습득하도록 하는 데 중요하다 보고 이러한 목적을 달성하기 위해서는 교육과정이 각 교과를 행하는 데 있어 내재된 학문적 사고개념을 적용할 수 있는 능력을 발달시키는 것에 초점을 두어야 한다고 보고 있다.

호주 교육과정에서 핵심개념과 관련된 것은 캐나다 온타리오 교육과정에서 제시되었던 '학문적 사고 개념'이다. 초등교육과정에 해당되는 인문학과 사회과학 교육과정은 역사, 지리, 시민과 시민성과 경제와 경영의 네 가지 하위 스트랜드의 지식과 이해를 포함한다. 역사, 지리, 시민과 시민성과 경제와 경영의 하위 스트랜드는 각각 고유한 사고방식을 가진다고 보고 학생들이 이러한 학문적 사고 개념을 적용할 수 있는 능력을 개발하는 것에 초점을 두고 있다.

미국 C3 framework은 4개의 차원으로 조직되어 있는데, 이 중 '차원 2: 학문적 개념과 방법의 적용'에서 사회과의 핵심 학문으로서 시민, 경제, 지리와 역사의 학문적 개념을 제시한다. C3 framework에서는 각 학문이 지식을 사고하고 조직하는 특유의 방식과 지식을 입증하기 위한 체계를 제공한다고 보았다(NCSS, 2013). 또한 C3 framework의 중요한 특징은 각 학년에서 가르쳐야 할 내용을 구체화한 교육과정 내용과는 다른 개념적 내용으로 구성되었다는 것이고 여기서 말하는 개념적 내용은 교육과정 내용의 틀을 잡는 보다 큰 아이디어들이라는 것이다(NCSS, 2013: 29). 이런 점에서 차원 2에서 제시되고 있는 학문적 개념 및 도구는 핵심개념 및 일반화된 지식을 반영하고 있다고 볼 수 있으며 캐나다와 호주 교육과정과 다르게 핵심개념과 일반화된 지식이 명확하게 구분되어 제공되지는 않는다.

이와 같은 내용을 현행 교육과정에서 제시하는 핵심개념과 함께 정리하면 다음 **표 8-1**과 같다.

표 8-1 사회과 교육과정의 핵심개념 비교(한국, 미국, 캐나다, 호주)

<table>
<tr><th colspan="2" rowspan="3">국가</th><th colspan="5">핵심개념</th></tr>
<tr><th colspan="3">일반사회</th><th rowspan="2">지리</th><th rowspan="2">역사</th></tr>
<tr><th>정치</th><th>법</th><th>경제</th></tr>
<tr><td colspan="2">한국</td><td>민주주의와 국가, 정치과정과 제도, 국제정치</td><td>헌법과 우리 생활, 개인생활과 법, 사회생활과 법</td><td>경제생활과 선택, 시장과 자원배분, 국가경제, 세계경제</td><td>지리적 속성, 공간분석, 지리사상, 장소, 지역, 공간관계, 기후 환경, 지형 환경, 자연-인간 상호작용, 인구의 지리적 특성, 생활공간의 체계, 경제활동의 지역구조, 문화의 공간적 다양성, 갈등과 불균등의 세계, 지속가능한 환경, 공존의 세계</td><td>역사의 의미, 선사시대와 고조선의 등장, 여러 나라의 성장, 삼국의 성장과 통일, 통일신라와 발해, 고려 문벌귀족사회의 형성과 변화, 조선의 건국과 유교 문화의 성숙, 전란과 조선 후기 사회의 변동, 개항과 개화파, 일제 식민 지배와 광복을 위한 노력, 대한민국의 발전, 대한민구의 미래, 신분제의 변화, 경제적 변동</td></tr>
<tr><td rowspan="3">미국</td><td rowspan="2">NCSS</td><td>시민과 정치 제도</td><td></td><td rowspan="2">경제적 의사결정, 교환과 시장, 국가경제, 국제경제</td><td rowspan="2">지리적 표현(공간적 세계관), 인간과 환경 상호작용(장소, 지역, 문화), 인구(공간 패턴과 이동), 지구적 상호접속(공간 패턴의 변화)</td><td rowspan="2">변화, 연속성, 맥락, 관점, 역사적 자료와 증거, 인과 관계와 논증</td></tr>
<tr><td colspan="2">참여와 숙고: 공공선과 민주 원칙 적용하기 절차, 규칙과 법</td></tr>
<tr><td>NY</td><td>권력, 권위, 그리고 정부 시민적 이상과 실천</td><td></td><td>창조, 확장, 그리고 경제 체제의 상호작용</td><td></td><td></td></tr>
</table>

<table>
<tr><th rowspan="3">국가</th><th colspan="5">핵심개념</th></tr>
<tr><th colspan="3">일반사회</th><th rowspan="2">지리</th><th rowspan="2">역사</th></tr>
<tr><th>정치</th><th>법</th><th>경제</th></tr>
<tr><td>캐나다 온디리오주</td><td>정치적 의미, 목적과 결과, 안정과 변화, 정치적 관점</td><td>법적 의미, 지속성과 변화, 상호 연결, 법적 관점</td><td>경제적 의미, 원인과 효과, 안정과 가변성, 경제적 관점</td><td>공간적 의미, 패턴과 트렌드, 연관성, 지리적 관점</td><td>역사적 의미
원인과 결과
연속성과 변화
역사적 관점</td></tr>
<tr><td>호주</td><td>정부와 민주주의, 시민성, 다양성, 정체성</td><td>법과 시민</td><td>자원 배분과 선택, 경영환경, 소비자와 금융 소양</td><td>장소, 공간, 환경, 상호접속, 지속성, 범위, 변화</td><td>자료, 연속성과 변화, 원인과 효과, 의미, 관점, 감정이입, 경합성</td></tr>
</table>

출처: 교육부, 2015: 5-6; NCSS, 2013: 13; Ontario Ministry of Education, 2018: 13; ACARA, 2019: 9의 내용 재구성

제2절 빅데이터가 알려주는 지리

1. 연구 대상 및 방법

본 장에서는 지리 관련 온라인 문서를 빅데이터 수집 및 분류 절차에 따라 진행하였다. 지리교육과 관련한 빅데이터 수집에는 텍스톰의 수집 프로그램을 사용하였으며 지리 토픽은 모든 관련 문서를 수집하기 위해 '지리, 지리교육, 지리학'을 검색어로 사용하였다.

지리 소셜 빅데이터의 수집은 2016년 1월 1일부터 2020년 12월 31일까지 여러 포털사이트 중에서 국내에서 사용빈도수가 높은 네이버와 전 세계적으로 사용빈도수가 높은 구글의 웹 문서를 요일, 주말, 휴일을 고려하지 않고 매시간 단위로 이루어졌다. 수집된 총 8,567건의 텍스트 문서를 본 분석에 포함하였다.

2. 지리에 대한 빅데이터 분석 결과

지리교육 빅데이터 분석 결과에 대한 상위 30위까지 키워드의 빈도분석, 그리고 그 빈도수를 상위 30위까지 시각화한 워드클라우드 분석은 각각 표 8-2, 그림 8-1과 같다.

표 8-2 **지리에 대한 키워드의 상위 30위까지 빈도분석**

순서	키워드	빈도수	백분율	순서	키워드	빈도수	백분율
1	지역	224	1.92%	16	요인	35	0.30%
2	지도	76	0.65%	17	위치	32	0.27%
3	분석	75	0.64%	18	사회	31	0.27%
4	동향	72	0.62%	19	예측	28	0.24%
5	풍수지리	64	0.55%	20	글로벌	25	0.21%
6	개발	63	0.54%	21	기술	23	0.20%
7	환경	55	0.47%	22	프로그램	23	0.20%
8	활용	53	0.45%	23	일본	23	0.20%
9	성장	51	0.44%	24	독도	23	0.20%
10	역사	51	0.44%	25	문화	22	0.19%
11	공간	46	0.39%	26	시스템	21	0.18%
12	정보	40	0.34%	27	전망	19	0.16%
13	경제	39	0.33%	28	항공사진	18	0.15%
14	세계	38	0.32%	29	도시	17	0.15%
15	문제	35	0.30%	30	생활	17	0.15%

표 8-2 빈도 분석 결과에 따르면 빈도수가 높은 단어로는 '지역, 지도, 분석, 동향, 풍수지리, 개발, 환경' 등의 순서로 나타났다. 이러한 결과를 2015 개정 사회과 교육과정의 지리영역에서 제시하는 핵심개념인 '환경, 지역, 공간, 지도'를 중심으로 해석하자면 최근 5년간 지리교육은 '지역'과 관련된 내용에 대한 활용도가 가장 높으며, 그다음으로 '지도, 환경, 공간' 순서로 이루어진 것을 알 수 있다. 물론 연구나 분석에 관한 연구의 빈도수에서는 차이가 있을 수 있으나, 온라인상에서 사람들이 손쉽게 사용하는 키워드는 이러한 순서를 따르고 있는 것이다. 그림 8-1의 워드클라우드 분석 결과에 따르면, 지리에 있어서 가장 중요한 개념은 지역이 중요하게 부각되어

있으며, 지역의 분석, 동향, 풍수지리, 환경, 개발, 역사, 지도, 활용 등과 연계되어 있음을 알 수 있다.

그림 8-1 **지리 빅데이터에 대한 워드클라우드 분석**

이어서 담론 분석을 통해서 실제로 이와 같은 키워드들이가 어떤 단어와 관계를 맺고 있는지를 살펴보자. **그림 8-2**의 담론 분석 결과에 따르면 지리교육 빅데이터 분석 결과에 대한 키워드는 4개의 그룹으로 나뉘는데 0그룹은 지역, 1그룹은 공간, 2그룹은 환경, 3그룹은 지도를 중심으로 이루어졌다. 먼저 지역에 해당하는 그룹을 살펴보면 지역에 대한 브랜드, 문화, 역사, 콘텐츠 등과 같은 지역성을 살리기 위한 키워드, 공간은 글로벌, 도시, 규모 등과 같은 세계화와 관련된 키워드, 환경은 생태, 풍수지리, 난민, 영향, 예측 등 환경 변화와 관련된 키워드, 마지막으로 지도는 프로그램, 서비스, 교과서, 공간정보, 항공사진, 개발 등 지도의 활용과 관련된 키워드에 대한 연결고리를 찾을 수 있다.

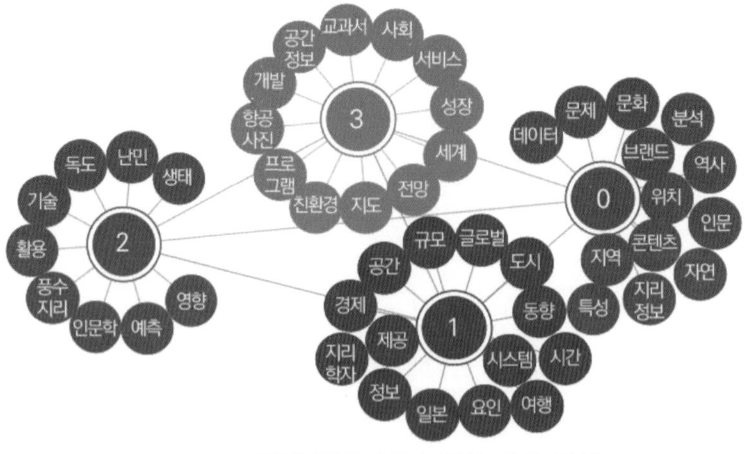

그림 8-2 **지리 빅데이터에 대한 담론 분석**

❶ 연구대상 수집 및 정제하기

- 본 연구대상인 '지리교육 관련 소셜 빅데이터 수집'은 소셜 빅데이터 수집 로봇(웹크롤)과 데이터 분석, 시각화 기술을 보유한 텍스톰을 통해 수집하였다.
- 텍스톰은 1개의 채널에서 한 번에 수집할 수 있는 문서의 수가 최대 1,000건으로 제한되어 있기 때문에 많은 양의 문서를 수집하기 위해서는 기간을 나눠서 지정할 필요가 있다. 본 연구에서는 최근 5년간(2016년 1월 1일 ~ 2020년 12월 31일)을 수집기간으로 설정하였으며, 2016년, 2017년, 2018년, 2019년, 2020년으로 나눠서 문서를 수집하였다.

- 지리교육 수집조건

수집키워드	불용어	수집기간	채널
지리, 지리교육, 지리학	복지리, 지리네, 자동차, geely, 임용고시, 임용, 수능, 대입. 입시	2016년 1월 1일 ~ 2020년 12월 31일	네이버(블로그, 뉴스, 카페, 웹문서) 구글(뉴스, 웹문서)

- 정제/형태소 분석은 키워드필터링을 사용하여 본 장에서 제시하는 지리교육의 핵심개념인 '환경, 공간, 지역, 지도'가 포함된 키워드를 추출하였으며, URL 기반 중복된 텍스트 문서를 제거하였다.
- 형태소 분석은 고유명사, 복합명사를 그대로 결과값을 반영하는 Espresso K를 사용하였으며, 분석품사는 명사를 비롯하여 형용사, 동사, 외국어를 포함하였다.
- 소셜 빅데이터 수집은 해당 토픽을 웹크롤로 수집한 후 유목화(범주화)하는 bottom-up 수집방식을 사용하였다.

❷ 데이터 분석하기(텍스트마이닝, 담론 분석)

- 형태소 분석이 완료되면 바로 편집하기를 통한 텍스트마이닝 과정을 거친다.

변경할 단어
소프트웨
체험프로젝트이다
이점을
년까지교육
⋮

➡

수정단어
소프트웨어
체험프로젝트
이점
교육
⋮

- 담론 분석은 문서 내에서 동시에 등장(공출현)하는 단어 사이의 관계를 군집화하는 방법이다. 사전에 네 가지로 유목화한 기준에 따라 담론 개수도 4개로 적용하고, 같은 단어 간의 관계를 파악하였다.

  1단계 : [데이터 분석]→[텍스트마이닝]→[데이터 편집]→[바로 편집하기]에서 단어를 정제한다.
  2단계 : [데이터 분석]→[매트릭스]→[매트릭스 단어선택]→[1-mode]→[바로 선택하기]에서 단어를 선택한다.
  3단계 : [데이터 분석]→[담론 분석]→[담론 개수, 4개]→[적용]

❸ 시각화하기(워드클라우드, 담론 분석)

- 시각화는 웹상에서 워드클라우드와 담론 분석(1-mode)으로 간단히 출력한다.

  1단계 : [시각화]→[시각화 결과]→[시각화 리스트 선택]→[워드클라우드]에서 색상선택, 키워드 등을 설정하여 워드클라우드를 완성한다.
  2단계 : [시각화]→[시각화 결과]→[시각화 리스트 선택]→[담론 분석(1-mode)]를 선택하여 결과를 확인한다.

3. 국내외 지리교육의 기본개념

1) 지리교육의 기본개념

지리에 대한 빅데이터 분석 결과를 이해하기 위해서는 지리교육의 구조를 이루는 가장 중요한 요소 중 기본개념에 대한 연구 사례를 먼저 검토할 필요가 있다. 이들을 통해 지리교육에서 중요하게 다루고자 하는 것이 무엇인가를 명확히 함으로써 지리교육의 구조를 이해할 수 있다. 지리의 기본개념은 일상적으로 사용되는 주요 개념들과는 달리 지리학의 구조를 잘 드러내 주는 개념들이다(서태열, 2005). 지리학의 기본개념을 설정하려는 노력은 1960년대 학문중심 교육과정이 도입되면서 미국을 중심으로 활발히 일어났으며, 우리나라에서도 1969년 이찬에 의해 처음으로 구체적인 지리학의 기본개념이 제시되고 있다. 국외에서 지리학의 기본개념을 소개한 학자 및 단체를 살펴보면 다음 표 8-3과 같다.

표 8-3 국외 지리교육의 기본개념

연구자	기본개념
Warman(1963)	지구, 자원, 지도, 선택자 인간, 생활권, 공간적 상호작용, 지역의 상이성과 유사성, 변화, 지역
Pattison(1964)	공간 전통, 인간과 자연 관계 전통, 지역연구 전통, 지구 과학 전통
미국지리학 특별위원회(1965)	자연, 정치, 문화, 입지
Broek(1965)	지구의 문화적 평가, 지역, 지역적 결합, 공간적 상호작용, 위치, 축척, 변화
Nish(1966)	공간 분포, 지역적 결합성, 지역, 입지론, 문화, 자연 자원, 분포, 시간, 공간 상호관계, 인간과 자연, 지구 사회의 상호의존
미국지리교육학회(NCGE)와 미국지리학회(AAG)	위치, 장소, 장소 내의 관계, 이동, 지역
Leats(1998)	원인과 결과, 분류, 의사결정, 발달, 불평등, 입지, 계획과 체계
Taylor(2008)	다양성, 변화, 상호작용, 지각과 재현

출처: 황홍섭(2004), 김다원(2017: 323)을 참조하여 필자가 재구성함.

다음으로 국내에서 지리학의 기본개념을 소개한 학자와 단체를 살펴보면 다음 **표 8-4**와 같다.

표 8-4 **국내 지리교육의 기본개념**

연구자	기본개념
이찬(1969)	자연과의 관계, 지역, 공간 관계, 지학, 분포, 변화, 축척, 지도화
김연옥(1970)	인간과 자연과의 관계, 지역, 공간 관계, 분포, 변화
임덕순(1979)	지리적 현상, 분포, 축척, 지도화, 인간과 환경, 공간적 상호작용, 지역적 연관, 지역, 변화
조광준(1980)	인간과 자연관계, 지역, 공간 관계, 경관
오홍석(1982)	입지, 분포, 공간적 상호작용, 변천
한인수(1982)	지역, 공간 관계, 분포, 환경, 경관
이양우(1984)	인간과 자연관계, 지역, 공간 관계, 분포, 변천, 지도화
한국교육개발연구원(1989)	기본개념(인간과 자연, 지역, 공간 관계), 도구개념(지도화)
유정하(1990)	인간과 자연 관계, 지역, 공간 관계, 분포, 변천, 지도화
류재명(1991)	자연 토대(위치, 기후, 지형), 공간 행태(공간 지각, 인지도, 토지 이용 문화), 지역 분화(입지, 국지화, 집중화, 분산화, 지역 속성, 지역 변화, 지역 구분), 공간 관계(거리, 접근성, 지역흐름, 공간적 상호작용, 공간이동, 공간 확산, 지역 갈등), 지역 계층(중심지, 지역 규모, 공간 분포 패턴, 지역 연계), 공간 구조(지역 결합, 공간 조직 체계)
서태열(1995)	기초개념(장소, 거리, 변화, 스케일, 면, 방향), 본질개념(위치, 분포, 공간), 조직개념(공간적 상호작용, 인간-환경 상호작용)

출처: 황홍섭(2004), 김다원(2017: 323)을 참조하여 필자가 재구성함.

국내외 지리교육의 기본개념은 주로 인간과 관련된 공간, 환경, 지역과 지도 관련 개념들로 크게 분류될 수 있다. 그 외에도 문화, 경관, 인간, 시간, 연구기법 등도 나타나고 있다.

2) 지리교육의 구조

지리교육의 구조는 곧 지리학의 구조를 말한다. 지리학의 구조를 안다는 것은, 지리학의 특성과 성격을 이해하는 것이다. 학문적 구조를 이루는 사실, 개념, 일반화, 이론 등의 내용은 방법에 중요한 의미를 가진다. 지리학의 구조에 대한 학자들의 견해를 살펴보면 다음과 같다.

먼저 이찬(1969)은 지리학의 구조를 이루는 부속물로는 지표상의 제 현상, 연구 기법, 지리적 사실, 축척, 분포, 개념 등을 말하고 있다. 이와 같은 부속물들의 연결 방식을 보면 지표상의 제 현상을 여러 가지 연구 기법, 즉 실지 답사, 지도 작업, 문헌 조사, 항공사진 판독 등을 통해서 지리적 사실을 얻어내고, 이 지리적 사실을 목적과 용도에 따라서 선택하고, 알맞은 축척을 통해 분포를 생각하고, 이 분포를 통해서 나타나는 사실들을 자기들의 연구 영역에 따라서 분석하고 설명하게 되며, 이를 통해서 이론과 법칙을 발견하게 된다. 이렇게 함으로써 지리학의 구조가 밝혀진다고 하였다.

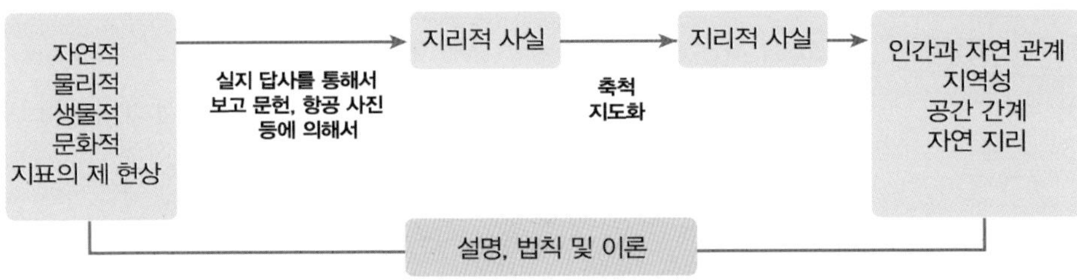

그림 8-3 **이찬의 지리교육 구조**

김연옥(1970) 역시 국내외에서 연구된 구조 중에서 비교적 공통적이고 공감적인 것을 찾아내었다. 그는 지리학의 연구 대상, 범위, 방법, 개념을 지리학의 구조로 채택하고, 내포하고 있는 기본 요소들을 개념으로 결정하였다.

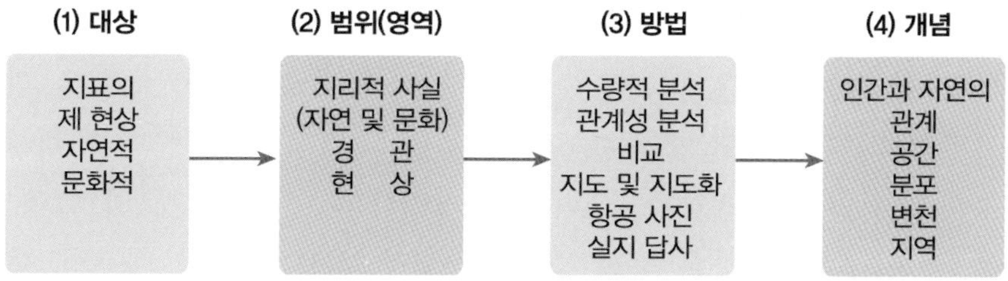

그림 8-4 **김연옥의 지리교육 구조**

임덕순(1979)은 Greco의 지리학의 구조를 7개의 기본개념, 즉 현상, 연구기법, 지리적 사실, 축척, 지리적 분포, 지역, 지역적 차이를 감안하여 도식화하였다.

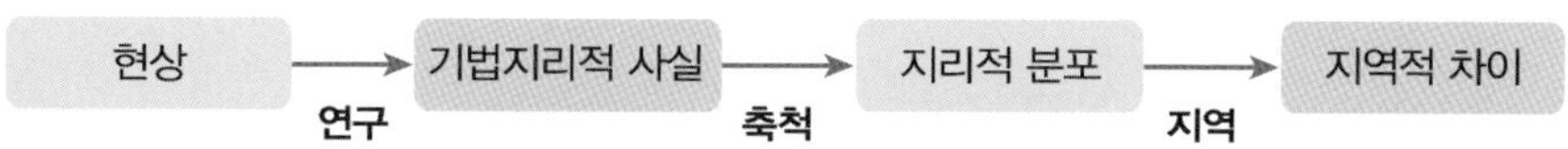

그림 8-5 **임덕순의 지리교육 구조**

이와 같은 국내 학자들의 지리교육의 기본개념, 핵심 주제와 지리학의 학문적 체계 등을 감안하여 지리교육의 구조는 다음과 같이 설명할 수 있다. 지리학은 인간이 살고 있는 지표면의 환경과의 관계에서 발생하는 여러 문제들을 해결하기 위한 학문이다. 연구의 대상과 범위는 인간과 관련된 환경 그리고 지표면(지표공간)이다. 인간이 지표면(땅)과 관련하여 어떠한 관점을 중요시하느냐에 따라 지리학은 지역 과학, 환경 과학, 공간 과학으로 표현할 수 있는 학문이기 때문에 인간과 깊이 관련이 있는 지역(장소), 환경, 공간은 지리학의 핵심적인 기본개념이 된다. 또한 이들을 보다 잘 종합적 안목으로 안내하는 도구 역할을 하는 개념이 지도와 답사이다. 이러한 기본개념들은 서로 피드백되면서 인간과 관련된 땅(지표면)에 대한 안목을 통해 땅의 문제를 해결함으로써 우리가 살고 있는 삶터인 땅을 사랑하게 될 것이다. 따라서 지리학의 핵심 기본개념을 지역(장소), 환경, 공간, 지도 및 답사로 보고 이를 구조화하여 표현하면 아래 **그림 8-6**과 같다.

학문적 구조는 교과 교육적 측면에서 목적에서 평가에 이르기까지 피드백되어야 할 것이다. 특히 학문적 구조를 이루는 요소로써 내용은 학문적 특성으로 나타내게 되고, 특성은 곧 방법 및 지리적 사고에 대한 시사점과 내용구성의 방안을 제시해준다. 따라서 지리학의 학문적 구조와 그에 따른 내용을 잘 이해할 때 좋은 방법 및 사고, 좋은 자료 개발과 재구성, 훌륭한 평가 등을 할 수 있을 것이다.

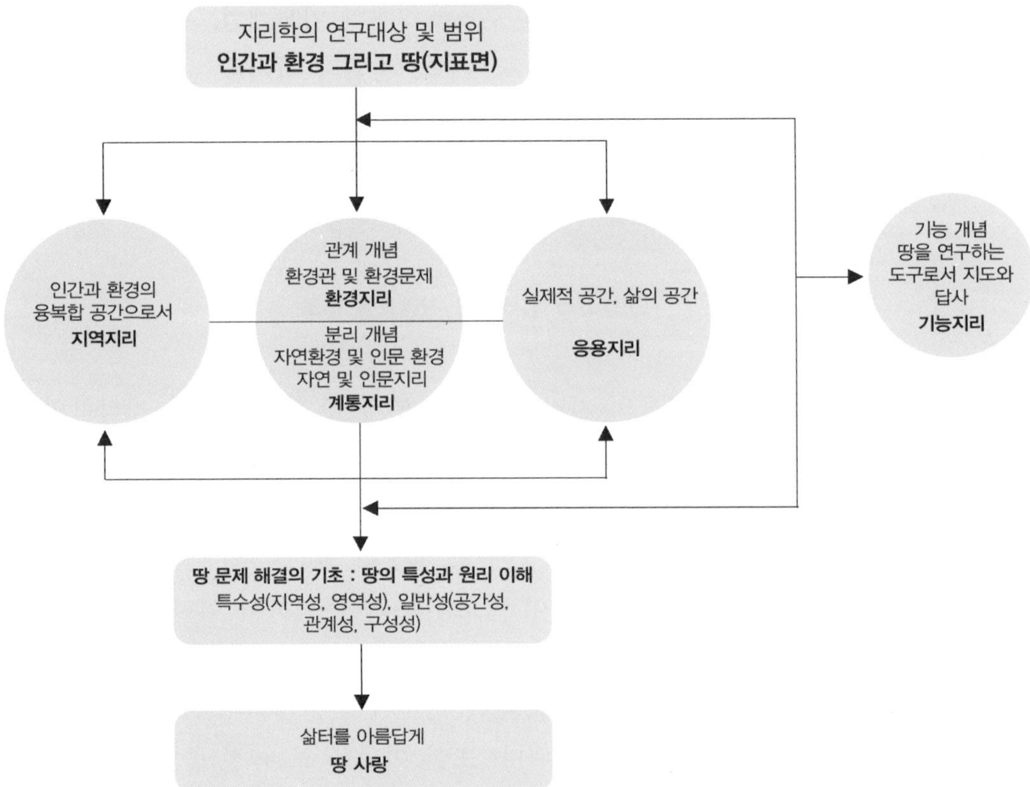

그림 8-6 **지리교육의 구조**

지리교육은 인간의 삶과 관련하여 땅에서 생기는 각종 문제를 해결할 수 있는 지리적 안목, 통찰력을 갖게 하는 데 있다. 지리적 통찰력은 지리적 의식과 사고를 통해 함양될 수 있다. 지리교육의 목적은 크게 둘로 나눌 수 있다. 하나는 독립 교과적 차원에서 보는 지리교육의 목적은 땅 문제해결을 위한 지리적 안목(통찰력) 함양, 즉 땅에 대한 지식의 이해, 기능의 습득(체득)을 통한 땅에 대한 문제해결에 초점을 두고 있다. 다른 하나는 사회과 지리로서 사회과교육의 목적에 부응하는 목적으로, 그것은 땅 문제해결을 위한 지리적 안목을 통한 땅에 대한 가치로서 사랑(자연사랑, 인간사랑, 나라사랑, 향토사랑, 지구사랑)을 함양하는 데 초점을 둔다(황홍섭, 2004).

지리교육의 궁극적 목적은 땅에 대한 안목(지리지식의 이해와 기능의 체득)을 갖고, 인간과 자연의 조화, 땅 문제해결과 땅에 대한 사랑(지리적 가치 함양)을 통해 삶의 질을 높이는 데 있다. 지리교육의 목적이 땅에서 생기는 문제를 해결하여 우리가 사는 삶터를 아름답게 하고 사랑하며 살 것을 목적으로 하고 있다. 이러한 맥락을 고려할 때 지리교육의 구조는 땅 문제해결을 위한 원리와 특성을 이해하기 위한 환경 개념, 지역 개념, 공간 개념, 지도 개념에 관한 지식이 필요하다.

제3절 초등 사회과 지리영역의 핵심개념

1. 초등 사회과 자연환경과 인문환경의 상호작용관련 핵심개념

1) 기후

핵심개념	일반화된 지식
기후 환경	지표상에는 다양한 기후 특성이 나타나며, 기후 환경은 특정 지역의 생활양식에 중요하게 작용한다.

기후(氣候, Climate)라는 동서양의 두 어원에서 기후는 일시점이 아닌 장기간에 걸쳐서 생성된 것임을 알 수 있다. 일반적으로 기후는 어떤 장소에서 매년 되풀이되는 정상상태(正常狀態)에 있는 대기현상(大氣現象)의 종합된 평균상태(平均狀態)로 보통 30년의 기간을 평균한 것을 말한다. 따라서 기후는 예측이 가능한 기댓값(Expected Values)이다. 천후(天候)는 기후보다 짧은 기간(1달)의 대

기 현상을 종합한 것이고, 천기(天氣) 또는 일기(日氣)는 천후보다 더 짧은 1주일 또는 하루 동안의 대기 현상을 종합한 것이며, 일기 중 기상(氣象, Weather)은 시시각각으로 변하는 국부적인 대기의 상태(시간, 장소마다 차이가 남)를 의미한다. 따라서 기상은 현재값(Instantaneous Values)이 된다.

여기서는 일기는 기상과 같이 볼 수 있다. 예를 들어, 오늘은 맑다, 비가 온다, 흐리다, 눈이 내린다, 덥다, 춥다 등을 말할 때, 우리는 날씨 또는 일기(日氣)라는 용어를 사용한다. 또한 하루에 있어서도 오전은 맑다가 오후에는 비가 오기도 하며, 부산에 비가 오더라도 가까운 양산은 맑을 때도 있다. 이러한 것들이 모두 날씨인 것이다. 이와 같이 날씨는 특정 지역의 특정 시간대의 대기 현상을 말하는데 ① 온도의 변화, ② 습도량, ③ 풍향, ④ 풍속, ⑤ 운량, ⑥ 강우 등 수량적으로 관측되는 모든 기상 요소로 나타나는 종합적인 대기 현상인 것이다. 따라서 날씨는 어느 장소에서 단기간에 걸친 대기의 변화 상태로 하늘 경관(Skyscape)이라 할 수 있다.

한편, 기후라는 용어는 예를 들어, 우리나라와 같이 중위도 지방은 온난기후 지역이고, 적도 지방은 열대 기후, 사막 같은 곳은 건조 기후 및 극지방은 냉대 기후 지역으로 일컫는데, 기후라는 용어는 날씨와는 구분하여 사용된다. 이러한 모든 기후 요소들이 서로 복합적으로 작용하여 다양한 기상 현상이 나타나고, 특정 지역의 기상을 이루고 있는 기후 요소들의 장기간에 걸친 경향이나 추세를 찾으면 그 지역의 대표적인 기상상태, 즉 기후를 알 수 있게 된다. 대기현상에 있어 대기의 정상상태와는 상당히 동떨어진 상태가 일어나는 것을 이상기상(異常氣象)이라 한다. 세계기상기구(WMO : World Meteorological Organization)는 25년에 한 번의 확률로 일어나는 현상을 이상기상의 기준으로 하고 있다.

(1) 바람

바람은 기압의 변화 또는 사람이나 기계에 의하여 일어나는 공기의 움직임이다. 크게 본다면 대기 대순환의 일부라고 볼 수 있다. 바람의 원인 자체는 간결하지만, 영향을 끼치는 요소가 많아 세세하게 파고들수록 예측하기 어렵다. 지상에서 1km 위의 공기는 기압차와 전향력 정도만 고려하면 되지만 그 밑의 공기는 마찰력, 주변 지형, 지표 온도 등 여러 요소가 공기에 영향을 준다. 기본적으로 온도차가 클수록 빠르게 불고 기압차가 클수록 세게 분다.

우리나라의 경우에는 계절마다 바람의 이름이 따로 존재한다. 봄에 부는 바람을 새로 부는 바람이라고 해서 '새바람 → 샛바람'이라고 부르는데, 이 바람이 태백산맥에 가로막혀 푄현상을 일으키는 것이 높은 곳에서 부는 새바람인 '높새바람'이다. 여름에는 남태평양 고기압의 영향으로 남해에서 바람이 불어오는데 이게 마주 부는 바람인 '맞바람 → 마파람'이다. 속담 '마파람에 게 눈 감추듯 하다'라고 할 때의 마파람이 이것에 해당한다. 가을에는 서풍으로 바뀌는데 이를 '하늬바람'이라고 부른다. 하늬는 뱃사람들 용어로 서쪽이라는 뜻이다. 가을에 부는 바람을 줄여서 '갈바람'이라고 부르기도 한다. 겨울에는 북쪽에서 바람이 부는데 이것이 '뒤바람'이다. 왜 뒤바람인지는 마파람에서 의미를 찾을 수 있다. 이를 한자어로 삭풍이라 하며, 여기서 삭은 깎을 삭이 아니라 북쪽 삭이다.

(2) 기압

고기압(高氣壓, Anticyclone)은 어느 기준치 이상의 기압을 말하는 것이 아니라, 주위보다 상대적으로 기압이 높은 것을 말한다. 고기압의 특징은 첫째, 바람은 고기압 중심으로부터 북반구에서는 시곗바늘 방향으로 불어나가며, 풍향과 등압선이 이루는 각은 해상에서는 약 10~30° 육상에서는 30~45°가 된다. 둘째, 고기압권 안에서는 일반적으로 하강기류가 있으므로 날씨가 맑은 경우가 많다. 셋째, 고기압의 기원이 내륙에 있을 경우에는 공기가 건조하므로 야간의 복사냉각이 심하여, 봄·가을의 서리는 고기압에 덮여 있는 날 아침에 잘 맺힌다. 넷째, 고기압 상공에 남쪽으로부터 기류가 흘러 들어올 때에는 남쪽 가장자리에서는 흐리고 비 내리는 날씨가 된다. 다섯째, 일반적으로 고기압의 동쪽 반은 맑고, 서쪽 반은 그 중심으로부터 멀어짐에 따라 구름이 증가된다.

저기압(低氣壓, Depression)은 높이가 같은 면에서 주위보다 상대적으로 기압이 낮은 곳을 말한다. 저기압의 특징은 첫째, 기압이 낮은 중심을 향하여 바람이 불어들고 있으며, 풍계는 북반구에서는 시계 반대 방향으로, 남반구에서는 시계방향으로 도는 소용돌이가 되어 나타난다. 둘째, 저기압의 중심 부근에는 상승기류가 있고(매초 수 cm 정도), 이것 때문에 구름이 두꺼워져서 비를 동반한다. 셋째, 일반적으로 중위도 지방에서는 시속 30~40km의 속도로 동쪽으로 이동한다. 저기압 자신의 세력변동과 이동속도를 알면 이것을 이용해서 일기예보를 생각해 볼 수 있다. 넷째, 지상일기도에 저기압으로 나타난다고 해서 그 상층에 반드시 저기압이 나타나는 것은 아니다. 다섯째, 하층에 있어서 저기압 중심을 향하여 수렴된 기류는 상층에서는 반대로 발산하여 그 부분이 고기압이 되어 있는 경우가 많다.

(3) 기단

기단(氣團, Air Mass)은 일기현상의 원인을 간단히 설명할 때 사용되는 개념으로 성질이 일정한 거대한 공기덩어리를 말한다. 기단은 대규모의 공기덩어리가 서로 비슷한 성질을 가져야 하기 때문에 주로 평평하고 넓은 공간에서 생성되는데 드넓은 대륙이나 해양이 일반적인 예이다. 또한, 기단은 공기가 정체되는 곳에서 생성되기 쉽기 때문에 공기의 성질이 상대적으로 안정된 고위도나 저위도 지방에서 주로 생성되며, 우리나라와 같이 편서풍의 영향이 강한 중위도 지역에서는 기단이 생성되기 어렵다.

이렇게 만들어진 기단은 발생지의 영향을 받아 대륙에서 발생한 것은 건조하고, 해양에서 발생된 것은 습하다. 보통 기단의 범위는 수평 방향으로 수백~수천km이고, 높이는 일반적인 분류에서는 수 km, 대기대순환에 의한 분류에서는 8~20km에 이른다.

(4) 비

아주 작은 물방울로 이루어져 있는 구름에 응결핵(먼지 등)이 다가가면 그 응결핵에 작은 물방울들이 달라붙어 커지면서 무게가 무거워져서 아래로 떨어져 내리는 것이 바로 '비'이다. 처음에는 얼음덩어리였으나 아래로 내려오면서 기온이 높아져서 녹아서 물이 된 것이며 구름 속의 물방울이 10만 개 이상이 모여야 빗방울 1개가 된다. 구름 입자는 얼마나 작을까? 비를 내리게 하는 원인으로는 네 가지로 나누어 볼 수 있다. 첫째, 저기압성 강수로, 저기압의 중심부에서 상승기류가 발생하면서 나타나는 강수(예를 들면 태풍, 허리케인, 사이클론, 윌리윌리 등)이다. 둘째, 대류성 강수로, 강한 복사열로 지표면이 가열되면서 대류 현상이 발생하여 나타나는 강수(예를 들면 열대지방의 스콜, 우리나라의 소나기)이다. 셋째, 지형성 강수로, 습한 공기가 높은 산지를 넘으면서 수증기가 응결되어 나타나는 강수(예를 들면 인도의 아삼지방, 우리나라 다우지의 대부분)이다. 넷째, 전선성 강수로, 성질이 다른 두 기단의 접촉으로 형성되는 전선을 따라서 따뜻한 대기가 상승할 때 나타나는 강수(예를 들면 장마 전선)이다.

2) 지형

핵심개념	일반화된 지식
지형 환경	지표상에는 다양한 지형 환경이 나타나며, 지형 환경은 특정 지역의 생활양식에 중요하게 작용한다.

지형(Landform)이란 지표상의 산지, 평야, 하천, 해안, 사막, 고원 등을 일컬을 때 사용하는 단어로써 땅 겉면의 생긴 형세나 형상, 곧 산이나 들이나 내의 높고 낮은 비탈진 모양을 가리킨다. 다시 말해 땅의 생김새 또는 모양새이다.

영력(Process)은 지형을 형성·변화시키는 원인이 되는 힘으로 내적 영력과 외적 영력의 구분된다. 외적 영력(外的 營力, Exogenous Process)에 의한 지형변화는 소지형에서 볼 수 있다. 외적 영력은 인간생활과 밀접한 소지형들을 형성·변화시킨다. 지구의 지형변화를 거시적 관점으로 설명하려는 입장이며, 외적 영력은 태양계의 복사 에너지가 풍화, 침식과 같은 삭평형작용, 퇴적과 같은 적평형작용을 통해 지형을 형성·변화시킨다. 내적 영력(內的 營力, Endogenous Process)에 의한 지형변화는 대지형 사례에서 볼 수 있다. 내적 영력은 지구 자체의 내부 열에너지에 의해 조륙운동(융기, 침강), 조산운동(단층, 습곡), 화산활동과 지진 등과 같이 대지형(구조지형)을 형성·변화시킨다.

우리나라는 동고서저의 경동지형이 뚜렷하게 나타나는 곳이다. 경동성 지형이 형성되기까지 한반도의 지체구조를 아래 그림과 같이 고생대에 먼저 우리나라의 육지가 만들어지고, 중생대에 랴오둥 방향 및 중국방향의 산맥이 만들어졌으며, 신생대 때 요곡운동에 의해 비대칭의 경동성 지형이 만들어졌다고 본다(<그림 9-18> 참조). 이러한 경동성 지형으로 인해 우리나라는 다음과 같은 특징을 가진다. 첫째, 태백산맥과 낭림산맥이 분수계 역할을 하고 있기 때문에 대부분의 큰 하천은 서쪽, 소규모의 하천은 동쪽으로 흐른다. 이에 따라 남서쪽으로 갈수록 평야가 넓게 발달한 것을 확인할 수 있다. 둘째, 황해안과 동해안의 기온과 강수량에 영향을 미쳐 차이를 가져온다. 예를 들어, 겨울철 기온은 동해안이 황해안보다 높게 나타나는데 이는 차가운 북서계절풍을 낭림산맥과 태백산맥이 차단하기 때문이다. 아울러, 강수량의 경우 황해안이 동해안보다 높게 나타나는데 이는 황해안이 바람받이 지역이기 때문이다. 셋째, 동서방향의 교통로보다 남북방향의 교통로가 발달한다. 산맥으로 인해 생긴 단절은 동서 간의 언어 문화적 차이 발생시킨다. 이처럼 지형은 인간생활의 전반에 영향을 미친다.

(1) 산지 지형

▸ 산지

산지는 해발고도가 높고, 고도차가 심하며, 경사가 급한 지형. 조산운동(습곡, 단층)이나 조륙운동(융기)을 받아 형성되며, 외적 영력을 받아 변형된다. 산지는 구조에 따라 습곡 산지와 단층 산지로 나누어진다. 습곡 산지에는 생성된 시기에 따라 고기 습곡 산지와 신기 습곡 산지가 존재하며, 단층 산지에는 지루 산지와 경동 지괴 산지로 구분된다.

▸ 고원

고원은 비교적 고도가 높고, 기복이 작으며, 평탄한 지형을 말한다. 고원과 구릉지는 산지보다는 해발고도가 낮고, 비고가 작으며, 사면 경사가 보다 완만하다. 고원은 원래 평탄했던 지형이 융기함으로써 형성된다. 고원 중에는 데칸고원이나 컬럼비아고원과 같이 용암 대지를 이루는 것도 있다. 이에 비하여 구릉지는 대체로 고원보다 고도가 낮으며, 산지 또는 고원의 주변을 따라 고립된 구릉들이 산재한 형태로 나타나는 경우가 많다.

▸ 고위 평탄면

평탄면이란 침식에 의하여 저평화된 지형면을 말한다. 고위 평탄면(高位平坦緬)이란 해발고도가 높은 곳에 평탄면이 위치해 있는 지형을 말한다. 이러한 지형은 주로 중생대 후대동기 조산운동 이후 한반도는 오랫동안 풍화와 침식을 받아 평탄면이 형성되었다. 그 후 신생대 제3기 경동성 요곡운동(일종의 융기)의 결과 해발고도가 높은 곳으로 침식 평탄면이 올라가게 된 것이다. 그런데 대부분은 하천 골짜기를 중심으로 침식을 받아왔고, 융기 후에도 침식 평탄면이 부분적으로 남아있는데, 이를 고위 평탄면이라고 한다.

(2) 평야 및 하천 지형

▸ 구조 평야

두껍게 쌓인 퇴적암층이 습곡이나 단층작용을 받지 않고 융기하여 발달한다. 안정된 육지가 풍화·침식을 받아 평탄해진 지형이다. 주로 순상지나 고기 조산대 주변(동유럽 대평원, 북아메리카 중앙 평원, 시베리아 평원, 팜파스, 아마존 저지 등)에 분포한다.

▸ 충적 평야

하천 퇴적 작용에 의해 형성된 지형으로 선상지, 범람원, 삼각주로 구분된다. 충적 평야는 대부분이 비옥하여 농경지로 주로 이용되며, 자연제방에는 열촌(列村)이 발달하는 것이 특징이다.

▸ **감조하천**

하천의 하구부근에서 조석 간만의 영향으로 수위가 주기적으로 변하는 하천을 말한다. 서해와 남해로 유입하는 대부분의 하천 하구에서 보통 만조 시는 해수가 하천으로 역류하기 때문에 염해나 홍수해를 입는다. 따라서 감조하천으로 인한 염해나 홍수해를 방지하기 위하여 방조제와 하굿둑을 건설한다.

▸ **곡류하천**

곡류하천은 범람원과 같은 넓은 퇴적평야 위를 흐르는 소규모 하천의 하류에 발달하는 자유 곡류하천과 신생대 제3기 이전에 자유 곡류하던 하천이 지반이 융기(신생대 제3기 경동성 요곡)하자 원래의 유로를 따라 깊은 골짜기를 형성하며 흐르는 하천인 감입 곡류하천으로 분류한다.

(3) 해안 지형

▸ **해안 퇴적 지형**

연안류나 파랑으로부터 보호되는 만이나 섬의 후미진 곳에 잘 발달하며, 대표적인 해안 퇴적 지형으로는 간석지(갯벌 : Tidal Mud-Flat), 석호(Lagoon), 해빈(Beach), 해안 사구(Coastal Sand Dune) 등이 있다.

▸ **해안 침식 지형**

파랑의 에너지가 집중되는 해안의 돌출부에 잘 발달하며, 대표적인 해안 퇴적 지형으로는 이수 해안, 침수 해안이 있으며, 침수 해안에는 리아스(Rias)식 해안, 아드리아(Adriatic) 식 해안, 피오르(피오르드, Fjord) 식 해안, 그리고 테임즈·세느·르와르강, 한강·대동강 하구와 같은 삼각강(Estuary) 등이 있다.

▸ **해안선**

해안선은 퇴적 또는 융기로 인하여 해안선이 바다로 전진하는 경우의 이수 해안과 침식 또는 침수로 인하여 해안선이 육지 쪽으로 후퇴하는 경우의 침수 해안 등으로 분류한다. 이수 해안은 삼각주, 사주, 망그로브, 산호 등이 발달하며, 해안선은 대체로 단조롭다는 특징이 있다. 침수 해안의 경우 리아스식 해안, 아드리아 식 해안, 피오르 식 해안 등이 존재한다.

3) 자연환경과 인간의 상호작용

핵심개념	일반화된 지식
자연 - 인간 상호작용	인간 생활은 자연환경과 상호작용하면서 이루어지고, 자연환경은 인간 집단의 활동에 의해 변형된다.

(1) 자연환경과 인문환경의 관계에 대한 관점

지표상 나타나는 현상의 대부분은 인간과 자연과의 관계에 의한 환경의 산물이라고 할 수 있다. 이 중 자연은 자연과학에 의해, 인간은 인문 사회과학에 의해 연구되어 왔으며, 이 양자를 결합한 연구 즉 인간과 자연과의 관계에 대한 연구는 전통적으로 지리학의 가장 중요한 개념으로 지리학의 발달에 따라 지리학의 본질을 좌우해 왔다. 인간과 자연과의 관계는 시대의 관점에 따라 환경 결정론, 환경 가능론, 상호작용론, 확률론, 인식 행위론 등으로 나타났다.

▸ **환경 결정론**(Determinism)

A이면 B이다와 같은 논리로 지역성은 환경에 의해 결정된다고 보는 것이 환경 결정론이다. 환경결정론은 인간의 행위나 태도가 그가 살고 있는 환경에 의해 예측될 수 있다고 본다. 예를 들면 Ratzel은 인간 생활의 지역적 차이는 지형, 기후 등의 자연환경에 의해 주로 결정된다고 보았으며, Sauer는 인간과 자연과의 관계의 중간에 문화라는 매개체를 두고 인간이 문화를 통해서 어떻게 자연을 변모시키고 있는가라는 문화결정론의 입장에서 설명하였다. 즉 문화는 생활양식의 차이를 가져오고, 이것은 경관의 차이를 가져온다고 보고 있다. 이외에도 인간의 행위를 인간의 유전인자의 차이에 따라 어떤 집단은 다른 집단보다 열등하기도 하고 우월하기도 하다는 것이 인종결정론(Racial Determinism)이다. 예를 들면 미국에서 조직범죄 집단인 마피아가

잔인하고 대담한 범죄를 하는 것은 그 인종이 시칠리아(Sicily)인 들이기 때문이라든가, 멕시코(Mexico)인들이 거짓말을 잘하는 것은 그들이 멕시코인이기 때문이라는 것 등을 들 수 있다. 또 다른 결정론으로 인간의 행위는 이익을 극대화하려는 경제적 동기에 의한다는 경제적 결정론(Economic Determinism) 등을 들 수 있다. 교과서에 투영된 단어는 환경에 순응, 적응 등이다.

▸ **환경 가능론**(Possibilism)

Blache는 자연이 인간에게 어떤 조건을 부여하지만, 그 자연적 조건을 어떻게 이용하느냐는 인간의 능력, 가치관, 전통 등에 따라 좌우되는 것이지, 자연환경이 인간의 행위를 결정하는 것이 아니라는 환경 가능론을 제시하였다. 즉 환경이 인간의 행위를 하는 데 영향을 주지만 환경에 대한 인간의 반응은 하나가 아니라 다양한 것으로 본다. 교과서에 투영된 단어는 환경 극복 등이다.

▸ **상호작용론**(Interactionism) **또는 문화생태론**(Cultural Ecologicalism)

인간과 자연은 서로 작용함으로써, 환경 결정론과 가능론 이 양자의 지위는 모두 중요하고 평등하다는 것이 상호작용론 또는 지인상관론이다. Hettner는 사회, 문화적 행동을 영위하는 인간은 자연환경과 서로 작용한다고 설명하고 있다. 특히 오늘날과 같이 환경문제가 심각한 상황을 고려해 볼 때 자연 즉 환경을 인간과 똑같은 생명체로 생각해야 할 것이다. 교과서에 투영된 단어는 환경과 조화, 생태계 파괴 등이다.

▸ **확률론**(Probabilism)

가능론이 체계 있는 학문으로 정립되기 어려운 것은 인간 행위의 예측이 불가능했기 때문이다. 확률론은 비과학적인 가능론을 체계함으로써, 인간의 행위를 예측하고자 한 것이다. 특히 오늘날과 같이 사회변동을 가져오는 요소가 너무 복잡하고 변화의 속도가 빨라 예측이 어려운 불확실한 시대에 이러한 불확실성(Uncertainty)을 설명, 예측할 필요성이 증대되고 있다. 따라서 인간의 행위도 통계학에서 말하는 정규분포에 따르는 정규행위를 할 것이다. 화재발생 시 소방차가 몇 분 내로 도착했으면 좋을지 만족하는 최적 시간도 확률론적 접근으로 설명할 수 있다. 즉 만족하는 시간이 개인에 따라 다를 것이다. 따라서 각 개인들을 확률변수로 볼 수 있고, 그렇다면 이것에서 확률분포를 따르는 확률밀도 함수를 구할 수 있을 것이다. 이 확률밀도 함수를 가지고 전체 주민의 80%가 원하는 시간을 최적 시간이라고 한다면 최적 시간은 3분, 5분 등으로 예측할 수 있다. 또한 일기예보 시 비가 올 확률 등을 %로 하는 것 등을 들 수 있다. 이 이론은 Spate에 의해 제기되었다. 인간과 환경과의 관계를 확률로 설명, 교과서에 투영된 단어는 환경에 대한 예측 등이다.

▸ **인식행위론**(Cognitive Behavioralism)

인간은 의사결정자로서 자신의 행위를 공간에 투영한다. 따라서 공간은 인간의 생각을 담고 있다. 즉 인간 생각과 그에 따른 행위가 투영된 실체이다. 공간은 인간의 의사결정 행위에 의해 창출된 소산이다. 인간의 행위가 공간에 투영된 예로서 도심의 고층건물, 도시근교의 원예작물 재배 등을 들 수 있다. 따라서 인간의 행위는 인간이 어떤 것에 대해 어떻게 인식하느냐에 따라 공간 행위가 다르게 나타날 것이라는 것이 인식 행위론이다. 공장을 지을 때 이윤을 최대화할 수 있는 지점에 공장을 세울 수도 있겠지만 현실적으로 볼 때 자기의 고향에 세운다고 할 경우는 경제적 합리성에 근거하여 공장의 입지시킨다기보다 자신의 만족에 의해 결정할 수도 있다고 볼 수 있다. 감기에 걸렸을 경우 제일 먼저 찾는 의료기관도 개인에 따라 다르게 나타나는 데 이것도 개인에 따른 의료기관의 인식 차이에서 오는 것이다. 인간과 환경과의 관계를 인식행위로 설명할 수 있다.

(2) 자연환경과 인문환경의 관계에 대한 관점에 근거한 환경문제를 해결하기 위한 접근방법

언급한 바와 같이 인간과 환경과의 관계는 시대에 따라 보는 관점이 변천되어 왔다. 더불어 인간과 환경의 부조화는 환경문제로 등장하고 있는데,

이를 위한 사상이 어떠한지를 살펴보면 다음과 같다.

현대의 환경론적 사고에 있어서 그 기본 골격이 되는 이론적 접근방법은 크게 세 가지 유형으로 분류해 볼 수 있다. 그 첫 번째 유형은 환경 운동의 초창기에 등장한 사고방식이나 이데올로기에 근거한 분류방식으로 환경론을 생태지향주의(Eco Centricm)와 기술지향주의(Techno Centrism)로 구분한다. 두 번째 유형은 사회과학적 이론에 의한 분류인데 사회가 지속되는 과정에서 환경문제에 관한 의사결정이 어떤 방식으로 수립되고 있는가를 설명하려는 것이다. 이런 생각은 결국 환경론을 기능주의에 기초한 다원론과 마르크스주의적 사고에 기초한 급진적 형태로 구분된다. 세 번째 유형은 철학적 입장에 기초를 둔 분류로써 환경론이 결정론(Determinism)과 자유의지론(Free Will Philosophy)이라는 상반된 형태로 분류된다.

▸ **생태지향주의**(Eco Centrism)**와 기술지향주의**(Techno Centrism)

서구의 낭만주의적 사고가 짙게 깔려 있는 생태지향주의적 환경론은 인간이 자연을 단순히 쾌락의 도구로서 생각해서는 안 되며, 자연은 생물학적 생존권을 갖는 특성상 인간과 자연을 일종의 윤리적 관계로 본다. 이러한 관계를 우리는 흔히 생물윤리(Bioethic)라는 용어로 사용하고 있는데 합리적인 사고에서 출발하는 기술지향주의적 환경론보다는 차라리 감성적이라 할 만치 자연에 대해서 큰 믿음과 존엄 사상을 표현하고 있다. 이것은 내일 당장 지구상의 온 인류가 멸종된다 하더라도 지구상에 그 밖의 수많은 다른 생물체들이 존재하기만 한다면 지구는 지속되어 간다는 생각, 즉 인간은 자연 없이 생존할 수 없지만, 자연은 인간 없이도 지속될 수 있다는 것을 보여준다. 그러나 생태지향주의가 낭만적인 요소만을 가지고 있는 것은 아니다. 낭만적인 요소만큼의 비중은 아니지만 어느 정도 합리적인 요소도 결코 배제할 수는 없다.

이러한 생태지향주의적 환경론과 관련된 여러 용어들이 논문에 발표·보고되어 우리에게 친숙한 감을 보여주고 있는데 그 대표적인 연구물로써 『성장 한계론(Limits to Growth)』과 『생존을 위한 청사진(Blueprint for Survival)』 그리고 『작은 것이 아름답다(Small is Beautiful)』 등이 있다. 『성장 한계론』이 근본적인 문제의 범위와 성격을 규정한 것이라 한다면, 『생존을 위한 청사진』은 이러한 근본적인 문제를 해결하는 데 필요한 변화에 대해서 언급하고 있으며, 『작은 것이 아름답다』는 이러한 모든 것들을 철학적인 사고에 접목시키려 노력하였다고 볼 수 있다.

한편 기술지향주의 역시 환경문제를 인식하고 또한 그것이 조속히 해결되어야 한다는 주장에 있어서는 생태지향주의와 다를 바가 없으나 이데올로기와 방법론에 있어서는 완전히 다른 의견을 보여주고 있다. 기술지향주의는 신고전주의 학파의 경제적 합리주의를 바탕으로 하는 과학적이고 합리적인 이론이다.

따라서 기술지향주의는 환경 보존보다는 인간의 경제적 욕구를 더 중요한 것으로 여김으로써, 생물 윤리로 일컬어지는 자연의 생존권을 묵살해 버린다. 기술지향주의 역시 생태지향주의와 마찬가지로 보수적인 것과 진보적인 것으로 나눌 수 있는데, 전자는 경제의 성장을 중시하며 기술적·정치적·환경 관리적 낙관론을 지나칠 정도로 주장하는 반면에 후자는 균형을 전제로 한 물질적 풍요를 중시하는 경제 원칙을 배경으로 하며 사회개혁주의와 중재주의를 표명한다.

▸ 다원론과 마르크스주의

기능주의(Functionalism)에 바탕을 두고 있는 다원론주의자들은 지속적인 개혁을 통해 사회·경제 체계의 점진적 변화를 성취하려는 사람들이며, 마르크스주의자들은 다원론주의자와는 대조적으로 사회체계를 완전히 바꾸고자 하는 사람들이다.

기능주의는 자연과학에서의 체계 이론에 필적하는 사회과학으로 묘사되기도 하는데 이것은 사회적 문제가 사회 체계의 불균형이나 기능의 고장에서 발생된다고 보기 때문이다. 나아가 기능 고장이나 사회 체계의 불균형에 의해 사회체계 전체에 대한 압력이 나타나게 되고 그것으로 인하여 사회적 변화가 발생하는데, 이 압력은 자신들의 이익만을 추구하는 압력단체가 정치적 압력을 가함으로써 나타난다.

한편 마르크스주의자들은 환경문제가 자원을 소유하는 계급과 소유를 원하는 계급 간 이해관계의 대립에서 비롯된다고 주장한다. 즉, 자원을 소유한 사람들은 지배 계급인 자본가들이고 이를 얻고자 노력하는 사람들은 피지배계급인 노동자들이다. 이런 대립은 자본주의 경제 체계의 내적 모순의 결과이기 때문에 다원론주의자들이 주장하는 점진적 사회 개혁으로서는 결코 환경문제가 해결될 수 없으며 오직 시회 체게 전부를 일시에 바꿈으로써 그 해결이 가능하다는 것이다.

결국 마르크스 사관은 관념론에 철저하게 반대하는 변증법적 유물론 주의로써 정은 자본주의, 반은 사회주의, 합을 이상적 공산주의 사회로 해석했다. 따라서 환경문제를 야기시킬 수 있는 사회체제는 자본주의체제 하에서만 가능하고 사회주의 사회에서는 환경문제가 거론될 수 없다는 것이다.

그러나 현실적으로 사회주의체제 하에서도 환경문제는 엄연히 발생하고 있으며, 단지 환경문제를 일으키는 구조가 자본주의 사회와 본질적으로 다르다는 차이가 있을 뿐이고 오히려 환경문제의 심각성은 사회주의체제 하에서 더욱 클 것으로 보고되고 있다.

▸ 결정론과 자유의지론

현대 환경론을 구성하는 이데올로기 저변에는 철학적 배경이 존재하는데, 이러한 철학적 배경이 소위 말해서 결정론과 자유의지론이라 할 수 있다. 앞에서도 말했듯이 환경 결정론이란 인간의 형태, 경제 행위 및 사회 구조 그리고 생리적 측면까지도 자연환경에 의해 결정된다는 이론으로써 초기의 결정론은 인간의 건강에 대한 지형과 기후의 영향이 강조되었다. 19세기에는 더욱 다양하게 발전해서 자연 자원의 한계로 인해 필연적으로 나타나는 인구 규모의 제한이 인간의 위치에 어떤 영향을 미치는가 하는 포괄적인 문제까지도 취급되었다.

인간은 의식과 자유의지라는 혜택을 부여받게 되므로 이러한 능력을 갖지 못하고 있는 다른 생물체와는 분명히 다르다는 것이다. 따라서 인간은 자유의지를 바탕으로 하여 자연과 함께하거나 자연을 이용할 수 있어서 다른 생물체와는 구별되는 독특한 존재로서 인식되어야 한다는 이론이다. 물론 자유의지론 역시 자연을 거스르는 행동이 악영향을 미칠 수 있다는 사실을 인정하고 있다. 결국 결정론이 생태지향주의와, 자유의지론이 기술지향주의와 각각 상대적으로 많은 관련을 맺고 있다는 것은 사실이지만 결정론이나 자유의지론 모두가 자연을 떠나서는 인류가 생존할 수 없다는 근본적인 사상은 같다.

2. 초등 사회과 장소와 지역 영역의 핵심개념

1) 장소

핵심개념	일반화된 지식
장소	모든 장소들은 다른 장소와 차별되는 자연적, 인문적 성격을 지니며, 어떤 장소에 대한 장소감은 개인이나 집단에 따라 다양하다.

사전적 의미로서의 장소는 지리적 위치나 지리적 공간을 나타낸다. 단순히 신체가 위치한 곳에서부터 시작하는 좁은 의미에서 넓게는 사람이 생활하는 환경 전체를 이르는 말이다. 이와 같은 장소(Place)는 주로 공간(Space)과 비교되는 경우가 많다. 공간과 장소와 관계를 가장 체계적으로 정립한 학자는 중국계 미국인 Tuan이다. 그는 공간과 장소를 이분법적으로 구분하면서, 공간에 인간의 경험과 삶, 애착이 녹아있을 때 그 공간을 장소로 규정한다. 그는 장소를 뜻하는 그리스어 'topos(토포스)'와 사랑이라는 'philia(필리아)'를 합쳐 '토포필리아(topophilia)', 즉 '장소애(場所愛)'라는 개념을 처음으로 소개하였다. 그는 장소에 대하여 '공간'은 움직임이 일어나는 '자유롭고'와 '개방적인'인 반면에 위협적이고 불안함을 내포한다고 보았다. 반면 '장소'는 정지가 일어나면서 경계안에 갇혀 있어서 '안전하며', 삶의 층위가 두터워 정체성이 담긴 곳을 내포한다고 보았다. 따라서 인간이 공간에 가치를 부여할 때 그것은 장소가 되며, 추상적이고 낯선 공간은 개개인의 삶의 경험, 기억, 추억 등의 감정을 통해 의미로 가득 찬 구체적인 장소로 전환된다고 보았다. 결국 장소는 결국 지인화(인간화)된 공간으로 보았다. 이에 대한 해석을 위해 다음 **사진 8-1**을 예시로 살펴보자.

사진 8-1 **광화문 전경**

두 개념의 차이가 느껴지는가? 따라서 장소는 삶의 층위가 두텁고, 안정적이어서 공동체성, 정체성이 확보된 곳이다. 장소는 공간에 생명력을 불어넣어 주는 것이라고 할 수 있다.

장소는 학자에 따라 다양하게 정의하고 있다. Tuan의 제자인 Relph(1976)의 경우 장소는 인간 실존의 근원적 중심지로서 인간이 공동체로 서 뿌리를 내린 곳이라고 보았다. 그는 서울, 뉴욕과 같은 구체적인 장소보다 집, 고향과 같은 보편적인 장소에 관심을 가졌으며, 그중 집을 가장 진정한 장소로 여겼다. 장소의 본질은 내적 경험에 있으며, 장소의 의미는 장소를 경험하는 사람마다 달라질 수 있다고 생각하였다. Relph는 장소와 장소를 경험하는 주체인 인간과 상호작용을 통해 만들어지는 긍정적 유대감인 '장소의 정체성'에 주목하였다. 그는 현대사회로 들어서면서 사람들이 진정성을 경험하는 장소가 점점 훼손되거나 사라져 가고 있다고 생각했다. 그는 이런 장소 상실 현상을 '무장소성'이라 명명 하며, 장소들이 획일화되어 가는 것과 상품화된 가짜 장소가 등장하는 것을 대표적인 현상으로 들었다. 그는 무장소성의 공간이 점차 증가하는 것에 대해 우려하면서 진정한 장소를 만들기 위한 사람들의 새로운 노력이 필요하다고 주장하였다.

Agnew는 장소는 위치(Location), 현장(Locale), 장소감(Sense of Place)이라는 세 가지 기본적 특징을 갖는 것으로 보았다. 위치는 장소가 지구상의 특정 지점에 위치하고 있다는 것이며, 현장은 사회적 관계들이 일어나는 물질적인 세팅(환경)으로서 가령 방, 건물, 도로, 길 등과 같은 삶의 현장을 말하며, 장소감은 장소에 대한 기억, 추억, 아픔 등과 같은 정서적 유대감을 말한다.

여성 지리학자인 Rose(1993)는 가부장적 폭력에 시달리고 있는 여성에게 집은 감옥일 수 있음을 주장하며, Relph의 남성중심의 장소관을 비판하였다. 즉, Relph가 말한 장소는 모든 사람에게 선이 되는 것은 아니라는 것이다. 이런 생각을 바탕으로 역사적, 사회적, 문화적 과정을 통해 형성되고 변화하는 사회적 구성물로서 장소를 바라보는 새로운 시각이 형성되었다. 장소를 사회적 구성물로 받아들이면 장소는 사회적 과정 속에서 변할 수 있는 것이기 때문에 무장소성에 대한 우려에서 자유로워질 수 있다는 것이다. 한편 Massey(1997)는 인간주의 지리학의 장소는 정체성이 다른 장소들과의 차별성을 기반으로 그 장소만의 내향적이고 고유한 것들로만 구축된다고 보는 인간주의 지리학의 장소론은 장소를 단지 변하지 않는 향수(Nostalgia)의 지점이자 진정성의 지점으로 바라볼 뿐이라고 강력하게 비판하였다. 장소는 장소의 안팎에서 작동하고 있는 다양한 관계와 힘의 상호작용적 맥락에 의해 기존에 형성되었던 장소의 특수성이 지워져 버리기도 하고, 변형되어 재구성되기도 하며, 아예 새롭게 만들어지기도 하는 것이다. 이러한 장소는 일상생활 공간 속에서 그들의 삶의 행위와 사건들이 일어나는 특수한 지점들이다. 그러나 이들은 단순한 기억의 정원이나 현상·사건의 정태적 무대·배경에 그치는 게 아니라, 그 사회의 여러 관계가 얽혀 있는 '특정한 접합점'이자 다른 접합점들과 역동적으로 상호작용하는 '과정'이다.

이처럼 장소에 대한 정의는 사람에 따라 차이가 있지만, 이들 사이의 공통적인 특징은 장소를 하나의 독립된 대상으로 보지 않고 인간 활동이나 주변 환경 등과 상호작용 관계에서 정의한다는 것이다.

2) 지역

핵심개념	일반화된 지식
지역	지표 세계는 장소적 성격의 동질성, 기능적 상호 관련성, 지역민의 인지 등의 측면에서 다양하게 구분되며, 이렇게 구분된 지역마다 고유한 지역성이 나타난다.

지역적 접근은 지역 개념을 어떻게 가르칠 것인가가 중요하고, 계통적 접근은 이론화된 주제를 구체적 사례를 가지고 가르치는 것이 중요하다. 지역적 접근은 궁극적으로 그 지역의 특수성 추구에 초점을 두고 있다. 반면 계통적 접근은 일반성 추구에 초점을 두고 있다. 일반성 도출은 평면적인 지역개념보다는 입체적 공간개념에서 그 원리를 추구하기 쉽다.

(1) 지역의 정의

'어떤 지역' 하면 떠오르는 이미지나 생각나는 것들이 있을 것이다. 이미지나 생각나는 그것이 그 지역의 지역성 곧 고유성이 될 수 있고, 정체성, 상징성이 될 수도 있다. 이러한 지역의 개성 또는 특성인 지역성을 연구하는 것은 지리학의 가장 오래된 전통이다. 이러한 지역을 어떻게 가르칠 것인가, 학습하게 할 것인가에 대한 실마리를 찾아보기 위한 측면을 살펴보기로 한다.

지리학의 가장 중요한 연구대상은 지역이다. 그래서 지리학은 곧 지역을 연구하는 학문이라고도 한다. 지역은 규모(범위)에 따라 마을, 향토, 지방, 국가, 대륙, 세계 등 다양하다. 따라서 지역적 범위에 따라 향토지리, 한국지리, 유럽지리, 세계지리 등으로 불린다. 인간의 일상생활과 활동의 장소로서 지역은 자연적 인문적 여러 요소로 구성되며, 모든 지역은 이들 두 요소의 결합 또는 융합에 의해 각기 독특한 성격을 나타내고 있다고 할 수 있다. 따라서 지역은 지리적 사상의 일부 또는 대부분이 유사하거나 내부적으로 통일성을 가져 고유한 장소적 관계를 나타냄으로써 인접 지역으로부터 구별되는 지표의 일부, 다시 말해 어떤 특징적 성격, 즉 지역성(Regionality)을 가짐으로써 주변과 구별되는 지표의 일부라 할 수 있다.

이러한 지역연구의 철학적 배경은 '지식은 경험을 통해서 얻어지고 경험한 사물은 존재하므로 경험한 사실을 그대로 표현하는 것이 곧 학문이다'라는 경험주의이다. 이러한 철학의 입장에서 지표상의 지리적 사상의 성격을 기술하려는 접근방법이다. 고대부터 시대적 요청에 따라 발달해 온 지지적(地誌的) 연구가 19세기 후반부터 학리적(學理的)으로 발전되면서 체계적인 지역지리학(Regional Geography)[1]이 형성되었다.

공간적 전환에 따른 오늘날 지역은 초연결 사회의 특성을 반영하면서 다양한 스케일 간의 상호 협력 및 의존적 네트워크를 형성하면서 복잡성의 성격을 띄고 있다. 따라서 지역의 이슈나 문제는 다양한 스케일 간의 상호 작용적이거나 관계적 관점 즉 글로벌과 로컬이 어떻게 연계되어 있는가를 보여주는 역동적인 관점으로 접근할 필요가 있다. 따라서 오늘날 지역 문제는 지역 경계 내부의 자연환경에 기초한 인문환경과의 요소복합체에 의한 고유한 특성을 규명하는데 관심을 갖는 본질론적 관점에서 글로벌-로컬의 메커니즘 속에서 지역이 어떻게 탈경계화하면서 다양한 스케일 간의 여러 지역들과 네트워킹을 하면서 드러난 현상들이 어떻게 보편적 관계를 맺어 가고 있는지를 규명하는 관계론적 관점으로 지역문제를 해결해야 할 것이다(황홍섭, 2019).

(2) 지역의 속성

전통지역지리학에서 지역의 속성은 그 고유한 위치로 인하여 인접한 지역과 구별되는 특수한 성격(특수성)을 가지고 있는 한편, 지역은 인접 지역과 유기적 관계를 가짐으로써 다른 지역에서도 볼 수 있는 유사한 성격(보편성)을 가지는 것으로 보았다. 또 지역은 두 가지 특성 외에도 항상 고정 불변하는 것이 아니라 변화와 발전(변천성)하는 것으로 보았다.

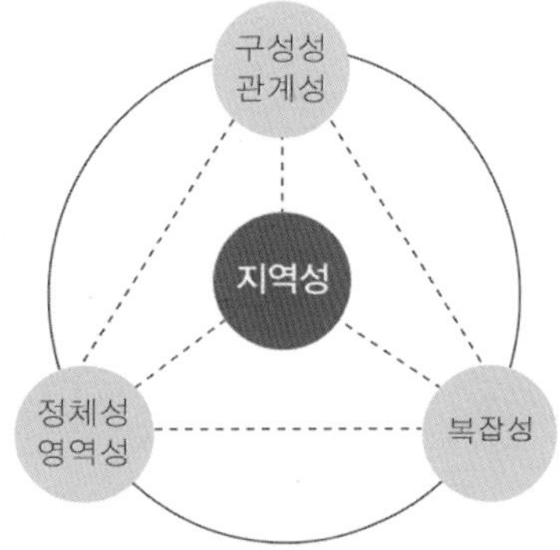

그림 8-7 신지역지리학의 지역성 구성요소

그러나 최근 지리학에서 지역 연구는 전통지역지리학에서 제시하는 폐쇄된 단위 지역에

1) 지역지리학은 그 지역이 가지는 고유한 성격을 구명하는 개성기술적 접근방식(Idiographic Approach)을 취하고 있기 때문에 지역성의 추구가 최고의 과제가 되고 있다. 지역지리학을 대성한 Hartshorne의 주장에 따르면 지리학이란 지역의 차이점을 연구하는 학문으로서 각각의 장소에서 나타나는 어떤 현상들의 차이점은 물론이고 이들 현상들의 전체적인 결합에 관해서도 연구하는데 그것은 지역이 요소복합체(Element-Complexes)를 이루고 있기 때문이다. 또 그는 지리학에 있어서 지지의 우위성을 강조하고 있으면서도 다양한 요소들이 서로 관련되어 구성된 지표면의 현상을 관찰하고 그 상호관계를 설명하기 위해서는 계통지리학에서 수립된 일반 개념의 활용이 필요하다고 함으로써 계통지리학의 의의를 부인하지 아니했다.

관한 서술이나 내부 구성요소들의 종합이 아니라 개방적, 다규모적으로 연결된 지역을 영역적으로 통합하면서 기술하고 있다. 즉 신지역지리학에서 지역은 전통지리학의 보편성과 특수성이라는 경계 안에 갇혀있는 특성에서 벗어나 보다 다양하게 나타나고 있다. 지역은 장소, 스케일, 네트워크, 영역, 나아가 공간, 경관, 환경 등 다양한 공간적 용어들과 긴밀한 관계를 갖는다. 이에 따라 **그림 8-7**과 같이 보편성 대신에 구성성, 관계성으로, 특수성 대신에 정체성, 영역성으로, 변천성은 다원주의에 의해 복잡성(혼종성)으로 규명한다.

(3) 지역의 종류

지역의 종류는 다양하게 분류할 수 있으나, 크게 형식 지역과 실질지역으로, 실질지역은 등질지역과 기능지역으로 나눌 수 있다[2].

등질 또는 동질지역(Uniform, Formal, Homogeneous Region)은 동일한 사상이나 동일한 활동의 분포를 갖는 지표의 범위이다. 예를 들어, 농업지역(논농사지대, 밭농사지대), 상업지역, 공업지역, 도시지역, 농촌지역, 인종(황인종거주지역), 종교(이슬람문화권), 언어(게르만어 사용권), 소득(고소득층 거주지역), 직업(노동자 거주지역), 식생대(열대우림 지역, 툰드라지역, 사반나 지역), 기후대(지중해성 기후지역, 대륙동안기후지역, 서안해양성기후지역), 하천유역(금강권)과 같이 주로 지역지리학의 연구대상이 되는 지역이다.

한편 기능(機能) 또는 결절지역(Functional, Nodal, Integrated Region)은 하나의 중심점 내지 기점을 근간으로 삼아 기능적으로 상호 연관성을 가지고 통일되어 있는 공간, 즉 교통, 통신의 발달로 상호작용이 활발하여 중심과 주변, 도시와 촌락, 도시와 도시 등의 관계에 의해 형성된 공간이다. 예를 들어, 상품의 판매 및 구매권(상권, 시장권, 유통권), 서비스의 공급 및 수요권, 통근 및 통학권, 취학권, 의료권(진료권), 통행권(교통권), 종합적으로 도시의 세력권, 기타 교구(특히 카톨릭), 행정구역 및 국가, 계획지역(국토개발권역, 도시계획구역)과 같이 주로 계통지리학의 연구대상이 되는 지역이다.

---

2) 심상지역(Perceptual, Vernacular Region) : 각 개인이나 집단에 귀속된다고 느끼는 지표공간의 부분, 또는 소속감을 가지는 지표의 일부분, 이미지로서 존재하며 언어를 통해 표현된다, 공간조직이 약하고 물리적 경계가 없다. 예로써 우리 동네 혹은 마을, 우리 고장, 내 고향 등을 들 수 있으며 흔히 지명을 통해 지칭된다.

단순사상지역(Single Feature Region)은 지역 구분에 사용된 지표가 하나로 예를 들면 미작지역과 같은 것을 들 수 있다. 복합사상지역(Multiple Feature Region)은 지역 구분에 사용된 지표가 둘 이상으로, 예를 들면 쾨펜의 기후구분 지역, 영남지역과 같은 것을 들 수 있다.

형식지역(Formal Region)은 실생활과 관계없이 설정된 지역으로, 예를 들면 38°선 경계, 행정구, 통계구와 같은 것을 예로 들 수 있다. 실질지역(Substantive Region)은 실생활과 일치하게끔 합리적으로 설정된 지역으로, 부산의 경우 구시가지는 실질지역에 해당하고, 최근 편입된 주변 지역은 형식지역에 해당한다고 볼 수 있다. 형식지역은 시간이 지남에 따라 실질지역으로 변한다. 이것은 행정구역 조정 시 기본적 바탕이 되는 개념으로써 생활권과 행정관할권이 일치되도록 해야 할 필요가 있다.

지역에 대한 지식은 향토, 국토, 세계에 대한 다양한 지리적 지식을 많이 아는 일 자체 보다 어느 지역의 자연과 인문적 요소들이 어떻게 상호 결합하여 통일체를 이루고, 한편으로는 다른 지역과 어떤 결합 관계를 가지면서 지역의 특성을 변화 발전시키는가를 종합적으로 이해하는 데 더 큰 의의가 있다. 특히 지역학습은 지역 그 자체가 중요한 교과서가 되므로 지역답사를 통한 현장학습이 바람직하다.

(4) 지역연구 방법

1950년대 논리실증주의 등장과 내적 한계로 전통적 지역지리학은 지리학에서 중심성을 상실하고 쇠퇴의 길을 걷게 되었다. 그러나 여전히 그 이후에도 지역 개념은 중요한 지리적 개념으로 남아 있었으며, 비록 소수의 지리학자들에 의한 것이지만 전통적 지역지리방법은 포기되지 않았다. 1970년대 말부터 시작되어 1980년대 초에 이르는 지역지리에 대한 재논의를 바탕으로 한 복고운동 등을 통해 신지역지리학에 대한 논의가 활발하게 이루어졌다. 지역지리학에 대한 재논의의 등장은 논리실증주의 지리학에 대한 비판의 등장과 그 궤도를 같이한다.

곧 논리실증주의에 입각한 공간분석 지리학이 1970년대에 오면서 보다

정밀한 증명을 요구하는 행태주의에 의한 내적 도전과 시각의 확대를 요구하는 인간주의, 구조주의 등에 의한 외적 비판을 받게 되었고 이렇게 하여 성립된 지리학 방법론의 다원주의(Pluralism) 속에서 나아가서 사회과학 방법론을 지역지리에 적용하여 지리적 현상에 대한 새로운 해석과 설명을 시도하였다.

다시 말해 신지역지리학은 전통지역지리학과 차별화된 지역연구를 하게 되었다. 전통지역지리학에서 지역은 하나의 폐쇄체계로 보아 그 속에 분포하는 제 지리적 요소들의 상호작용, 결합에 의해 각기 독특한 지역성이 나타난다고 본다. 그러나 신지역지리학에서 지역은 전 지구적인 규모에서 작동하는 프로세스들과 지역적으로 고유한 특성 사이에는 복잡한 상호작용이 존재하고 이로 인해 지역의 고유한 특성이 생성된다고 본다. 과거 관점에서 보면 지역성을 규명하기 위해 그 지역 내의 여러 자연적·인문적 특성과 그들의 상호관계를 보아야 한다. 그러나 현재의 관점으로 보면 지역 자체의 특성과 국가적·범세계적 특성과의 상호관계, 그리고 전 지구적 규모에서 작동하는 원리와 영향으로서 지역성을 규명하여야 한다.

다음은 신지역지리학의 두 가지 사례연구는 새로운 지역연구의 예이다. 먼저 Pred(1985)는 스웨덴 남부 스케인 지방에서 엔클로저 운동으로 어떻게 장소가 생성되는지를 연구한 사례이다.

스웨덴 남부 스케인 지방을 사례로 한 연구에서 시간지리학과 구조화 이론이 어떻게 통합될 수 있는가를 실제적으로 제시하고 있다. 장소는 항상 인간의 행위 결과를 재현해준다. 장소는 항상 사회변동과 불가분의 관계를 가지는 공간 변화와 맞물려 있다.

18~19C 스웨덴의 스케인 지방에서 일어난 엔클로저 운동 후 토지를 공간적으로 재조정함으로써 분산되어 있던 좁고 긴 토지를 하나의 장방형 필지로 정비함으로써 마을 주민들의 일상생활 경로와 권력관계가 새롭게 바뀌었다. 프레드는 이와 같은 현상을 일컬어 사회적인 것이 공간적인 것이 되고 공간적인 것이 사회적인 것이 된다고 갈파한다.

요컨대 모든 장소는 역사적이고 우연적으로 생성되는데 이는 바로 그 장소에서 일어나는 구조화 과정의 물질적-연속적 전개과정과 불가분의 관계를 가진다. 뿐만 아니라 모든 장소는 계속 진행되고 있는 프로세서인바 이 과정 속에서 사회형태와 문화형태의 재생산, 삶의 궤기적, 자연과 공간의 변동이 서로를 형성하며 동시에 시·공간적으로 특이한 경로 기획의 교차와 권력 관계도 끊임없이 서로를 형성하는데 이들이 서로를 형성하는 방식은 보편적 법칙에 따르는 것이 아니라 역사적 상황에 따라 달라진다고 주장한다.

다음으로 Thrift(1990)는 범세계적 체제 속에서 지역지리를 어떻게 경험적으로 연구할 것인가에 대한 사례이다.

신국제 금융체제(New International Financial System, NIFS) 속에서 런던의 금융시장과 지역변화를 살펴보고 이것이 런던을 둘러싸고 있는 영국의 남동부지역에 어떤 파급효과를 나타내고 있는가를 연구하였다. 이 연구에 의하면 1984년부터 1987년 10월 대폭락(Big Crash)까지의 기간 중 국제금융체제상에서 일어난 몇 가지 주요변화들을 다루고, 이들 변화가 국제금융체제상의 주요 결절 가운데 하나인 런던시에 어떤 영향을 미쳤는가를 검토하였다. 특히 런던의 노동시장에 어떻게 영향을 미쳤는지 살펴보고 있다. 이 영향으로 「런던 노동시장을 더욱 국제화하고 유지하게 함으로써 런던시민들의 수입이 증대됨에 따라 상당한 부의 축적이 가능하게 되었다. 즉 런던시대 노동시장변화, 부의 축적 재고 계급형성이라는 세 가지 요인이 나아가서 어떻게 런던을 둘러싸고 있는 영국의 남동부지역으로 옮겨가서 남동부지역 및 경제가 활성화되었다.

세계 체제론적 접근이 만병통치약은 아니지만, 국지적인 것과 지구적인 것은 온갖 방식으로 서로 밀접하게 연결되어 있다. 지역의 다양성은 결코 사라지지 않았다. 그것은 새로운 형상을 하고 있을 뿐이며 우리는 아직도 그것을 해석하려고 애쓰고 있는 중이다. 요컨대 지구화가 된 현대세계 속에서도 지역지리는 여전히 자기 위치를 확보하고 있으며 앞으로도 건강하게 생명력을 유지할 것이다. 논리실증주의 지리학자들이 지역지리는 죽었다고 외쳤지만, 이것은 지역지리를 알지 못하는 사람들의 구호이며 지역지리는 영원하다 하겠다.

3) 공간

핵심개념	일반화된 지식
공간관계	장소와 지역은 인구, 물자, 정보의 이동 및 흐름을 통해 네트워크를 형성하고 상호작용한다.

(1) 공간의 의미

지역의 특수성을 추구하는 지역지리학은 무법칙적, 무이론적 성격으로, 제2차 세계대전 이후 격변하는 사회공간의 변화를 해명하고 공간문제를 해결하는데 미흡하게 되자, 1950년대부터는 그 지위가 크게 저하되었고, 그 반동으로 논리 실증주의적 접근방법이 등장하게 되었다.

이 접근방법은 지식은 경험을 통하여 얻어지는 것이 사실이나 이 경험은 모든 사람이 동의하는 타당한 증거에 의하여 뒷받침되어야 한다는 입장에서 행해지는 실증적 연구로서 소위 과학적 방법(Scientific Method)을 뜻한다. 이 접근방법은 모더니즘(Modernism)을 상징하는 학문 연구 방식으로서 지리학도 이 접근방법의 적용으로 공간과학(Spatial Science)으로 발전하게 되었으며, 따라서 계통지리학이 지지(地誌)를 대신하여 지리학의 중심을 이루게 되었다.

공간 과학으로서의 지리학은 가설과 검증을 통한 일반화와 확률을 비롯한 계량적 기법을 이용하여 공간이론, 공간법칙, 공간모델 등을 정립하는 법칙추구적 접근방식(Nomothetic Approach)을 취하고 있다. 또 이 접근방법에 따른 지리학의 연구 대상은 지역(Region)이 아니고 공간(Space)이다.

논리실증주의 지리학이 공간이론과 공간분석기법의 개발을 촉진하여 지리적 사상의 객관적 설명과 예측을 가능케 함으로써 지리학의 과학화에 획기적 기여를 한 점에서 전통지리학(지역지리학)에 대하여 신지리학으로 호칭될 만큼 현재 지리학의 주류를 이루고 있다.

그러나 한편으로는 이 접근방법이 ① 인간의 공간 행위를 가치 중립적인 것으로 간주하고 있을 뿐만 아니라 ② 인간을 합리적 공간반응을 하는 경제인으로, 공간을 역사적, 구체적 사회공간으로서가 아니라 기하학적 공간으로 파악함으로써 지리학을 단순화, 천박화하고 공간물신주의(Spatial Fetishism)

에 빠지게 하는 오류를 범하게 하고 있는 것도 사실이다.

공간을 너무 객관화함으로써 공간에 포함된 인간의 영 가치를 보완하기 위해 가치가 내재된 생활공간(장소), 사회공간 등이 뒤따르게 되었으며, 아울러 가치 내재된 공간으로서뿐만 아니라 가상공간이 우리의 삶에 중요한 공간으로 등장하게 되었다.

(2) 공간의 정의

지역이 지역의 특수성 또는 개성 기술이라는 평면적 개념이라면, 공간은 지역의 일반성 추구라는 입체적 개념이다. 더 나아가 공간은 일반성 추구를 위해 객관화한 기하학적 공간의 한계를 보완하기 위해 인간의 가치와 사회적 가치가 내재된 공간 더 나아가 가상공간까지도 포괄하는 용어가 되었다.

공간에 대한 정의는 주관적이고 상대적인 것으로 복잡하여 한마디로 정의하기가 어렵다. Newton은 공간이란 사물을 담고 있는 무한한 용기의 일종으로 보았다. 공간을 실존체로 전제하고 있다. Leibniz는 공간이란 사물들 간의 관계를 구조화하기 위하며 정신에 의해 창조된 개념으로 생각하였다. Kant는 공간이란 정신에 기반을 둔 것으로 특정한 방법으로 정신에 의해 구조화된 것으로 가정하였다. 즉, Kant는 지도 투영의 경선, 위선의 체계와 유사한 목적을 제공하는 공간적 체계 안에 인간의 정신이 형성된다고 주장하였다.

이러한 공간은 인간이나 사회집단이 지표상에서 활동함에 따라 인간활동의 분포, 질서와 원리에 따라 지역을 단순화, 추상화시킨 것으로 다분히 기하학적 성격을 띠고 있으며 주로 위치, 거리, 방위, 영역, 변천 등의 요소에 의해 파악되는 지표의 범위로 볼 수 있다. 그러나 공간은 객관적이면서도 상대적으로 주관적으로 인식되는 삶의 장이다.

공간은 현상이나 사물을 담고 있는 객관적인 그릇이요, 또한 현상이나 사물 간의 관계를 구조화하기 위해 인간이 창조한 상념의 주관적이고 상대적인 것으로 볼 수 있다. 따라서 공간은 객관적, 절대적 공간과 주관적 상대적인 공간으로 나누어 볼 수 있다. 그러므로 우리는 공간과 관련하여 이것을 설명하거나 이해·해석하려고 한다.

(3) 공간의 종류

공간은 지역을 객관화한 논리 실증적인 객관적 공간과 객관적 공간의 가치 배제로 인한 문제점을 극복하기 위한 주관적 공간으로써 생활공간, 그리고 공간적 불평등 해소와 공간 정의 실현을 위한 사회공간, 나아가 시·공 수렴으로 인한 가상공간 등으로 나누어 볼 수 있다.

▸ 객관적 공간

객관적 공간에서 공간이란 공간을 구성하는 위치, 거리, 방위, 밀도, 범위(규모), 변천 등의 공간요소에 의하여 지리적 현상을 파악하고자 하는 지표의 범위로, 지역을 우리의 머릿속에서 입체화, 추상화시킨 것이다. 공간은 일정한 질서와 조직이 있다고 보고 공간을 구성하는 요소들 간의 결합관계(Spatial Relations)와 공간요소들이 형성하는 질서 있는 짜임새(Spatial Structure) 등을 연구한다. 지역이 구체적인 지표상의 자연, 인문현상들의 특성이나 상호의존관계에 의해 특징지어진다면, 공간은 지표상의 사물들의 거리나 분포(Pattern), 전개 과정(Process), 순환(Circulation), 상호작용(Interaction), 확산(Diffusion), 접근성(Accessibility) 등으로 특징지어진다고 할 수 있다. 여기서는 공간을 구성하는 기본요소에 대해 살펴보기로 한다.

① 거리

거리는 인간이 공간과 관련하여 행동(Spatial Behavior)하는 데 있어서 가장 기초적인 조건들 중의 하나로 각종 공간행위 예를 들어 의료추구행위나 시설의 입지선정 시 중요한 변수가 된다. Hartshorne은 지리학의 본질(the Nature of Geography)에서 지리학은 거리의 학문이라고 주장하면서 공간분석에 있어서 거리를 중요시하였다.

거리에는 다음과 같은 종류가 있다. ㉮ 물리적 거리(Physical Distance) : 경로거리(예: 청주 – 대구)와 직선거리(유클리드 거리), ㉯ 시간거리(Time Distance) : 항공기

이용, ㉰ 비용거리(Cost Distance) : 도심 교통체증, ㉱ 인지거리(Perceived Distance) : 인간의 머리 경험 등에 의하여 얻어진 거리 예) 갑돌이와 갑순이의 심리적 거리, ㉲ 사회 문화적 거리(Socio-Cultural Distance) : 민족, 인종, 문화, 사회적 동질성(유사성)을 지닌 사람들이나 집단들 간에는 심리적 거리가 짧아지고 거래도 빈번해진다는 사고에서 나온 개념이다. (예 : 영호남, 흑백 간)

② **위치**(Position)

어떤 사물이 지표상에 차지하고 있는 자리를 말한다.

㉮ Site(Absolute Location) : 그 장소의 내부적 성격을 나타내는 것으로 주로 지형적, 수리적 위치로서 표현된다. 미시적 측면이 고려되기 때문에 대축척 지도상에서 분석된다. 예를 들자면 부산은 북위 34°53′10″, 동경 129°12′38″에 위치하며, 동으로는 우리나라의 가장 긴 낙동강 하류에 삼각주인 김해평야가, 북으로는 태백산맥의 끝자락인 금정산이 자리 잡고 있다.

㉯ Situation(Relative Location) : 그 장소의 외부적 성격을 나타내는 것으로 주로 교통적 위치로 표현된다. 거시적 측면이 고려되기 때문에 소축척 지도상에서 분석된다. 예를 들자면 우리나라 제1의 국제무역항이자 국제공항을 갖고 있는 부산은 국내적으로 우리나라의 수도인 서울로부터 비행기로 1시간, 시속 100km인 새마을로는 4시간 정도 걸리는 우리나라 동남단에 위치하고 있으며, 국외적으로는 일본, 중국, 태평양상의 여러 섬은 물론 유럽, 호주와 뉴질랜드 등 여러 나라와 통하는 우리나라 제1의 관문적 역할을 다하고 있다.

③ **입지**(Location)

입지란 특정한 장소에 건물이나 농작물 등이 자리 잡는 것을 말하는데, 자리 잡게 된 원인을 중요시함으로써 장소적 성격과 조건이 부여된 개념으로 동양에서는 풍수지리사상과 관련이 깊다. 서양에서는 입지를 체계화한 이론이 입지론으로, 이는 사적 입지론과 공적 입지론으로 크게 나눌 수 있다. 사적 입지론은 입지기준으로써 효율성을 중요시하고, 공적 입지론은 형평성을 중요시한다. 풍수는 학문적 성격과 미신적 성격을 둘 다 가진 것으로써 우리의 삶과 관련하여 면면하게 내려오고 있는데 집터, 묘터 등의 입지결정에 아직도 중요한 것으로 간주되고 있다.

④ **분포**(Distribution)

분포는 지리 잡게 된 결과를 중요시하는 것으로 지리학은 분포의 과학이라 할 만큼 지리학의 기본을 이룬다. 분포사상은 지표상에 단순히 놓이는 것이 아니라 분포를 결정하는 지리적 요인에 따라 나타나는 것이다. 무엇이, 어디에, 얼마만큼, 어떻게 분포하는가가 중요한데, 무엇은 분포의 지리적 사상, 어디에는 분포의 위치, 얼마만큼은 분포의 양, 어떻게는 분포의 형태를 나타낸다. 공간에서 분포는 주로 분포의 유형(Pattern) 측면에서 다루고 있다. 패턴은 인구, 취락 도시, 공업, 농업, 상업 등의 일시점 분포를 말하며 지리적 요인에 따라 결정된 분포는 공간상에 분포도를 작성하여 이해한다. 이때 분포의 응집상태와 분포 간의 상관관계에 따라 여러 가지로 살펴볼 수 있다. 응집상태에 따라 집중분포(Clustered Distribution), 무작위 분포(Random Distribution), 균등분포(Uniform Distribution) 등으로, 상관관계에 따라 정상관, 부상관으로 나타낼 수 있다.

⑤ **변천 과정**(Process)

지표상의 제 현상은 변천을 계속하고 있다. 자연도 문화도 끊임없이 변천하고 있다. 변천 과정은 분포가 시간적으로 순환되고 공간적으로 반복되는 과정으로, 자연적, 문화적 변화과정을 중요시하는 역사지리 분야 연구에 적합하다. 우리나라 정기시장의 변천 과정을 통해 정기시장의 발달과 쇠퇴 등에 대한 특징을 알 수 있다.

▸ 주관적 공간

① 생활공간

지리학의 연구 대상인 인간의 생활공간(생활세계, Lifeworld)은 인간의 공간지각과 관념의 소산이기 때문에 이 생활공간의 이해나 해석을 위해서는 기계론적 접근보다 인간의 가치나 주관, 즉 인본적 속성을 기초로 한 해석학적 접근이 필요하다는 관점에서 1970년대부터 등장한 새로운 접근방법이다. 인본 지리학은 논리실증주의 지리학의 객관적 접근에 대하여 인간 속성을 중시하는 주관적 접근을 택하고 전자의 실증주의에 대하여 반실증주의적 입장을 취하고 있다. 또 전자가 공간에 대한 설명력이나 예측력을 증대시키려고 하는 데 반하여 인본지리학은 생활공간의 의미 발견이나 이해 증진에 주력이고, 전자의 집단적 수준에 대하여 개별적 수준을, 현상 환경보다는 행동 환경을 대상으로 하는 것이 특색이다. 한편 인본 지리학은 지역이나 공간 대신에 구체적이고, 가치 내재적인 장소(Place)를 대상으로 일상생활 공간으로서 장소감(Sence Of Place)에 대한 연구에 특별한 관심이 집중되고 있다.

이러한 인본 지리학의 등장은 관념론, 현상학, 실존주의 등의 철학적 배경과 심리학적 근거 외에도 인간 세계의 연구 태도를 획기적으로 전환시키고 있는 포스트모더니즘(Post Modernism)의 등장과 맥락을 같이 한다. 생활 수준과 의식 수준의 향상으로 획일화에 의한 개성 상실과 인간성 상실을 특징으로 하는 모더니즘(Modernism) 사회에 대한 염증과 회의를 품게 됨으로써 인간 세계의 연구 태도가 근본적인 전환을 가져왔다. 이것을 구체적으로 보면 ㉮ 종래의 이론적 연구가 경험적 연구로 ㉯ 수미(首尾) 일관된 질서발견에서 다양성(무질서) 중의 특수성(개성) 발견으로, ㉰ 현상 간의 본질적 유사성 추구에서 현상 간의 차이성 발견으로 전환되어가고 있는 것이 그것이다.

이러한 포스트모더니즘이 지리학에 미친 영향으로 중요한 것을 들면 ㉮ 지역연구에의 회귀와, ㉯ 인본주의적 접근방법의 도입을 들 수 있다. 게슈탈트 심리학(Gestalt Psychology)에 입각한 행동 지리학은 인본 지리학의 대표적 예이다.

인본 지리학은 가치 공간화된 장소를 대상으로 함으로써 몰가치적 논리실증주의 지리학의 결함을 보완하여 지역의 성격이나 의미를 보다 효과적으로 파악하는 데 큰 기여를 한 것은 사실이다. 그러나 한편으로는 사회공간의 존재 양식이나 인간의 주관, 행위를 규정하는 사회구조의 영향을 무시하고 있다. 또한 인간 행동을 단순히 의미로서만 해석하고 사회 변혁을 추구하는 실천으로 간주하지 않음으로써 사회공간 형성의 해명력 부족과 가치판단의 객관적 기준이 결여되어 있는 것이 문제이다.

② 사회공간

우리의 삶, 행동, 사상, 나아가 공간적 불평등 현상, 빈부격차, 빈곤문제, 지주와 소작의 관계 등 이 모든 것에 영향을 주는 것을 무엇으로 설명할 것인가? 땅에 투영된 생각, 행동, 사상 모두는 결국 그 사회의 구조가 이러한 삶에 큰 영향을 준다. 따라서 자본주의 공간의 한계는 그 사회의 근본적인 구조를 통해 삶의 문제를 해결해야 한다는 시각이다.

광범하고도 다양한 사회 문화 현상은 인간 사회에 공동으로 존재하는 소수의 하부구조(Basic Structure, Deep Structure)의 전이이다. 그러므로 복잡 다양한 사회 문화 현상을 해명하기 위해서는 그 기저에 놓여 있는 하부 구조에 대한 이해가 필요하며 표상이나 형태 등의 상부구조(Super Structure) 이해만으로는 해명이 불가능하다라는 소위 구조주의적 입장에서 연구하려는 태도로써 마르크스주의 지리학(Marxist Geography)이 그 대표적 예이고 1960년대 후반부터 주목을 받고 있는 급진적 지리학(Radical Geography)이 여기에 준한다.

마르크스주의 지리학은 지리적 사상을 사회 구조의 투영으로 간주하고, ㉮ 사회 구조의 기반을 이루는 생산 제 관계를 통하여 상부 구조로서의 지리적 사상을 해명하려고 한 점에서 우선 그 특색을 찾을 수 있다. 즉 마르크스주의(Marxism)는 생산의 분석에 주력하였는데 여기에서 생산이란 자본과 노동과의 관계에 의하여 규정된 하나의 사회과정으로 보았다. 따라서 마르크스주의 지리학은 자본과 노동과의 관계가 지역에 따라 어떻게 다르며 결과적으로 사회과정이나 사회 구조(경제체계 등)가 지역적으로 어떻게 달라지는가를 역사적 및 거시적으로 분석한다. ㉯ 지역의 변화 발전을 변증법적으로 해석하려는 점에서 유물사관의 원칙을 엄격히 적용하고 있는 것이 특색이다. ㉰ '공간 혁명 없이 사회 혁명 없다'라는 시각에서 공간적 모순과 갈등의 해소 방안으로 혁명을 제시하고 있는 점도 주목된다.

마르크스주의 지리학이 지리적 사상을 사회구조와 관련지어 구조적으로 해명하려는 점에서는 주목할 만한 가치가 있으나 융통성 없는 도식적 접근으로 오히려 실증주의의 오류를 범하고 있을 뿐만 아니라 인간의 주체적 실천력을 무시하고 생산 제 관계를 중심으로 하는 사회구조의 영향을 지나치게 강조함으로써 경제결정론에 빠진 감이 있다.

③ **가상공간**(Cyberspace)

최근 현실 세계와 같은 사회·경제·문화 활동이 이뤄지는 3차원 가상세계를 일컫는 메타버스(Metaverse)라는 용어가 등장하면서 가상공간에 대한 관심도가 더욱 높아지고 있다. 메타버스는 1992년 미국 SF 작가 닐 스티븐슨의 소설 『스노 크래시』에 처음 등장한 개념으로 COVID-19 팬데믹에 따른 비대면·온라인 상황의 증가로 점차 주목받고 있으며 가상공간에 대한 사람들의 관심도 함께 높아졌다. 20세기가 이미지의 영상이 지배하는 시대였다면, 21세기는 컴퓨터 네트워크의 가상 세계가 지배하는 시대이다. 컴퓨터를 매개로 한 커뮤니케이션(CMC : Computer Mediated Communication)은 인터넷의 활성화를 통해 전 세계적인 규모에서 일반화되고 있다. 특히 구글맵(Google Map)이 2005년부터 구글어스(Google Earth)를 통해 획기적인 위성지도 서비스를 시작하여 지구촌의 각종 다양한 삶의 정보를 보다 실제처럼 연결하면서 구글어스는 디지털 지구(Digital Earth)를 만들어가면서 가상현실, 증강현실, 혼합현실의 기술을 활용하여 디지털 지구에서 새로운 메타버스 공간을 만들어가고 있다.

3. 초등 사회과 지리 인식 영역의 핵심개념

1) 지도

핵심개념	일반화된 지식
공간분석	다양한 공간 자료와 도구를 활용한 지리 정보 수집과 지리 정보 시스템의 활용은 지표상의 현상과 사건들을 분석하고 해석하며 추론하는 데에 필수적이다.

(1) 지도의 의미

지도의 개념을 규정짓는 표현방법은 지도 관련 문헌들에 의하면 학자마다 조금씩 다르다. 지도는 평면 위에 공간 형상을 관습적(약속)으로 표현한 것(Harris and Levey), 일반적으로 평면 위에 지표면이나 그것의 일부를 표현한 것(Oxford), 위도와 경도에 따라 육지와 바다를 윤곽 지운 지리적인 그림(Cobb), 지표면의 위, 아래에 존재하는 자연적이고 인공적인 형상들을 평면에 일정한 축척으로 나타낸 것(미 국방성), 지표의 일부, 또는 전체를 추상적이고 간소화시켜 평면에 표현한 것(김주환), 지표 전체나 일부를 일정 비율로 축소한 지역에 특정한 현상의 분포나 상관관계를 기호로 나타낸 것(한균형) 등과 같이 다양하게 정의하고 있다.

결국 지도는 우리들의 주변 환경에 대한 다양한 정보를 축소하여 기호로써 도면에 표현한 것으로 볼 수 있다. 이때 환경은 자연 및 인문환경을 말하며, 표현한다는 것은 구체적으로 환경의 속성을 전달하는 것으로 실제 현상을 축소하고 단순화시켜 말로 표현할 수 없는 것을 표현하여 주는 지리학의 또 다른 의사소통의 독특한 언어[3)]이다. 다시 말해 지도는 땅의 이치를 찾을 수 있는 정보원이요, 자료(정보를 담고 있는 그릇, 정보창고, 기록 창고)이자, 현상이나 사실 간의 관계를 분석할 수 도구이자, 지표상의 공간 관계를 나타내주는 매체이다. 아날로그 지도에서 디지털 지도로 전환은 지도의 혁명을 가져오면서 지도는 삶의 새로운 소통과 문제해결의 도구가 되고 있다. 구글을 비롯한 자발적 참여 기반의 지리정보(Volunteered Geographic Information, VGI)는 지도와 상호작용(Interactive Map)하면서 지구촌의 새로운 소통의 도구로 등장하였다. 지표면에 관한 다양한 정보를 연결 가능하게 하는 커뮤니티 소통지도 만들기는 새로운 삶의 영역과 새로운 학문 분야를 열어 가고 있다. 특히 위치기반의 다양한 지역의 정보가 지인화(Regional Personification)되어 장소화되고,

3) 최근 산업사회에서 지식 정보사회로 전환되면서, 지표에 대한 정보도 폭발적으로 증가하여, 지표에 대한 정보를 효율적으로 관리할 필요성이 증대되고 있다. 종래의 지표공간에 대한 자료로서 주로 사용되어 온 종이지도나 항공사진은 지표 현상을 표현하는 데 한계와 항공산업, 광학산업, 전자산업의 발달로 원격탐사(Remote Sensing)와 디지털 컴퓨터 시스템의 급속한 발달은 사진제작에 의존하던 각종 주제도 작성은 인공위성에서 전송되는 자료에 의하여 그 기능을 대신하게 되었다. 따라서 ICA(International Cartographic Association)는 지도에 정의를 우주의 물리적 자연적 및 심리적 제 현상에 대한 지도학적 설명이나 표현으로 하고 있다.

공간이 융복합되면서 예술, 인문학 등을 디지털 기술인 지도와 함께 열어가고 있다.

(2) 지도학습의 종류

지도학습은 지도 자체에 대한 학습과 지도를 활용한 학습 측면으로 나누어 살펴볼 수 있다. 지도 자체에 대한 학습은 지도의 본질과 목적을 이해하기 위한 것이다. 이를 위해 첫째, 지도에 표시된 축척, 위치, 방위, 기복의 표현, 기호 등 여러 가지 표시에 대한 뜻을 이해하며, 지도상에서 특정 위치를 확인한다. 둘째, 지도상에 나타난 각종 표시를 통해 그 지역의 종합적인 경관이나, 지도에 나타난 사실을 통해 자연환경과 인간과의 관계, 지역의 특성, 공간적인 분포 등을 이해하고 해석하는 것이다.

지도 활용학습은 지도 자체에 대한 학습이 되었다고 전제하고서, 지도를 활용하여 각종 관계 및 상황 파악 능력, 추론 능력 등을 기르기 위한 것이다. 예를 들어 학습 내용의 특성이나 사용 목적에 따라 그에 알맞은 지도를 선택하여, 지도에 나타난 사실들을 파악하고, 그 사실들을 통해서 거기에 나타난 개념이나 원리를 이해 및 설명하거나 추론한다. 이 밖에도 지도활용학습은 시각언어로서 짧은 시간에 많은 것을 비교 가능하게 하며, 학습 결과에 대한 기억을 장기화시키고 지적 호기심을 유발하고 학습 내용을 정리하는 도구로써 역할을 한다.

(3) 지도학습의 궁극적 목적

지도는 모든 지표의 현상이 뒤섞여 있는 야외를 실지로 보고 의식하는 것보다도 더 명료하게 지리적 사실을 표시해줄 뿐만 아니라 지리적 사실 간의 공간 관계를 찾는데 효율적인 도구가 된다. 쉬운 예로 얼굴 모습을 천 페이지에 달하는 글로 아무리 잘 서술한다 할지라도, 직접 사진을 한번 보여주는 것보다 더 정확하게 인식시킬 수 없는 것과 같이 지표 공간도 정확하게 나타내고자 할 때 지도보다 더 좋은 방법은 없다.

이렇게 지도는 인간생활의 터전이 되는 지표면의 상황을 볼 수 있는 정보

(자료)원이고, 이것을 통해 지리적으로 사고를 끄집어낼 수 있는 도구(매체)가 된다.

결국 무엇이든지 간에 지도 속에서 여러 속성을 설명하기 위해 방위와 위치와 축척을 사용하고, 이것을 통해 지도 속의 지리적 요소의 공간적 특징, 상호관계를 이해하고, 해석함으로써 땅에 대한 안목을 갖게 하는 데 목적이 있다. 다시 말해 지도를 통해 지도를 이해하는 차원을 넘어 실생활에 적용할 수 있는 능력을 갖도록 하는 데 궁극적 목적을 두어야 한다.

(4) 초등학교에서 다루어야 지도학습의 주요 개념

우리는 어떤 사람을 다른 사람에게 소개할 때, 그 사람에 대한 다양한 이야기를 하며 필요에 따라 사진도 보여준다. 사진을 보면 그 사람에 대해 할 말이 좀 더 생긴다. 이와 마찬가지로 땅에 대한 모습을 살펴보면 말이나 글로 전달하는 것보다 많은 정보를 전달할 수 있다. 지도는 땅의 모습을 나타낸 그림으로 우리는 지도를 보고 그 땅에 대해 이런저런 얘기를 할 수 있다.

따라서 우리는 지도를 통해서 대화를 한다. 무슨 대화를 하는가 하면 지도가 나타내는 지표 공간의 특성을 얘기하는 것이다. 구체적으로 위치와 속성, 그리고 속성과 속성 간의 관계 등을 말한다. 결국 우리는 지도를 통해 공간을 이해하고, 해석하고, 분석한다. 그런데 우리는 지도교육에서 기호라든지, 축척이라든지, 방위 등은 공간을 이해하기 위한 요소일 뿐인데, 오히려 이것이 지도 수업에서 주를 이루고 있는 것을 자주 본다. 자칫 주인은 어디 가고 객만이 있는 꼴이 된다. **표 8-5**는 지도학습에 주요한 개념에 대한 하위 학습요소들이다.

표 8-5 초등학교에서 다루어야 할 지도학습의 주요 개념

주요개념		지도학습의 주요 내용
읽기 (독도)	축척	① 지표의 지도에 표시할 때의 축소비율이다. ② 거리의 지도에 표시할 때의 축소비율이다. ③ 분수식, 제척식, 기술식 등으로 표시한다. ④ 축척을 구할 때는 표준위선을 이용한다. ⑤ 두 지점 간의 실제 거리와 지도상의 거리를 비교하여 축척을 알 수 있다. ⑥ 축척은 대축척, 소축척으로 구분한다.
	위치	① 위치는 경선과 위선의 교차로 표시한다. ② 위치는 주변 현상과의 관계로 표시한다. ③ 위치는 기준점으로부터의 거리와 방향으로 표시한다. ④ 위치는 기준선을 중심으로 하는 좌표로 표시한다. ⑤ 위도는 지구의 반경이 적도면과 이루는 각이며 위선은 같은 위도의 지점을 연결한 선이다. ⑥ 경선은 지구의 양극을 통과하는 대원이며, 본초자오선에서 동, 서 각 180°씩 나뉜다. ⑦ 경선 간격은 위도에 따라 다르다. ⑧ 표준시는 표준 경선에 의해 결정되며, 지구는 24시간대로 되어 있다.
	방위	① 지도에서 방위를 찾을 수 있다. ② 일반적으로 지도의 위쪽이 북쪽이다. ③ 경선은 남북방향, 위선은 동서 방향을 나타낸다. ④ 대축척 지도에서 진북, 자북, 좌북을 구별할 수 있다. ⑤ 진방위와 자침방위를 설명할 수 있다.
	기복의 표현	① 등고선식, 음영식, 채단식, 우모식 등으로 표시한다. ② 음영식, 채단식, 우모식은 시각적 효과를 높인다. ③ 등고선식은 대축척 지도에 주로 이용된다. ④ 등고선은 해면으로부터 같은 높이의 지점을 연결한 선이다. ⑤ 등고선의 간격은 지도의 축척에 따라 정해진다. ⑥ 등고선의 간격이 좁을수록 경사가 급한 지형이다. ⑦ 등고선은 지형에 따라 양곡선, 음곡선, 폐곡선의 형태로 나타난다.
	기호	① 지도는 지표의 현상을 목적에 따라 선택하여 일반화한 것이다. ② 지표면의 현상은 기호로 지도에 표시된다. ③ 소축척 지도에 사용된 기호는 실제의 크기보다 과장되어 나타난다. ④ 기호는 지표면의 사상을 추상화한 것이다. ⑤ 대축척 지도일수록 기호는 자세한 내용을 나타낸다. ⑥ 기본적인 기호를 제외하고는 지도의 축척 및 목적에 따라 기호가 달라진다.
해석하기 (판독)		① 지도를 보고 그 지역의 지형을 파악할 수 있다. ② 주제도를 보고 그 내용을 이해하고 설명할 수 있다. ③ 문장으로 서술된 내용을 관련된 지도와 비교하여 검사할 수 있다.

주요개념	지도학습의 주요 내용
해석하기 (판독)	④ 지도를 이용해서 주어진 지역의 특색을 파악할 수 있다. ⑤ 제작연도가 다른 지도를 비교하여 지역의 변천 과정을 알 수 있다. ⑥ 지도를 통하여 자연과 인간의 관계를 알 수 있다.
그리기 (작도, 지도화)	① 지리적 지식을 지도화할 수 있다. ② 통계자료를 종류별로 지도화할 수 있다. ③ 주어진 지역의 모형도를 그릴 수 있다. ④ 기호를 사용하여 지표면의 특성을 지도에 표시할 수 있다. ⑤ 우리나라 및 세계지도를 약도로 그릴 수 있다.
만들기 (도법)	① 지도는 구면을 평면에 표시한 것으로 지구의와 같이 표시할 수는 없다. ② 지도의 기본 특성은 정각성, 정적성, 정거성, 정방성 등이다. ③ 지도는 도법에 따라 그 특성이 다르다. ④ 모든 특성을 갖춘 지도는 없다. ⑤ 지도의 용도 따라 도법이 달라진다.

2) 살아있는 지도로서 지리정보체계(GIS)

(1) GIS 정의와 데이터의 특성

지리정보시스템은 지리데이터(Geographic Data)를 구축·유지 관리·편집·분석 및 프로세싱·디스플레이 및 출력 등의 일련의 과정, 즉 지리 정보의 전산화라는 협의의 의미에서, 나아가 지리 정보의 전산화로 인해 발생하는 고품질의 공간정보를 얻는 측면과 합리적인 공간 의사결정을 위한 도구로써 사용되고 있다. 이러한 측면을 종합하여 볼 때 GIS(Geographic Information System)는 다양한 지리데이터를 구축·유지관리·편집·분석 및 프로세싱·디스플레이 및 출력 등의 일련의 과정을 통하여, 공간정보를 얻는 동시에 공간 의사결정에 도움을 주는 시스템이라고 할 수 있다.

지리정보시스템에서 입력되는 데이터는 분포의 특성을 가진 데이터로 위치 정보를 담고 있는 공간데이터(Spatial Data)와 그 특성을 담고 있는 속성데이터(Attribute Data)로 나눌 수 있다. 공간데이터는 각종 지리현상의 위치와 형상 및 사상 간의 공간상 상대적 위치 관계를 말하는데, 지도상에서는 점, 선, 면을 사용하여 표시된다. 속성데이터는 점, 선, 면으로 표시된 각종 좌표상의 지리적 사상의 특성을 말한다. 예를 들어 하나의 점으로 표시된 어떤 지표 공간을 수질 관측소라고 하면, 한 쌍의(X, Y) 좌표로 그 위치가 공간데이터로 변환된다. 속성데이터에는 관측소의 명칭, 기호, 특정한 시각에 측정한 생화학적 산소요구량(BOD)이나 용존산소량(DO) 등이 포함된다. 도로와 같은 선 데이터는 일련의 점을 상호 연관시켜 나타난다. 속성데이터인 도로의 명칭, 노폭, 노면 재료, 교통량 등은 문자와 숫자로 데이터베이스에 기재된다. 다각형 또는 면 데이터인 행정 구획도와 토양도 등은 하나 또는 여러 개의 선분으로 구성되는 폐곡선으로 공간데이터가 만들어지고, 속성자료로는 폐곡선으로 구분된 지역의 인구 특성이나 토양의 성질 등이 기록된다.

(2) GIS의 활용분야

GIS가 응용되는 분야를 간략히 살펴보면 국토·지역·도시계획과 같은 계획 분야, 토지 자원·광물 자원·수자원 관리 등의 자원 관리 분야, 운송망 계획, 최적 운행 노선 선택 등에 관련된 교통 분야, 환경 자원의 분석, 환경 자원의 관리, 환경 감시, 공원 부지 선정 및 계획 등의 환경 분야, 부대 위치 선정, 지세 분석, 전술 모의훈련 등의 국방 분야, 도로 및 상하수도, 각종 배관 및 배선 관리, 주요 시설물의 입지 선정에 관여하는 시설물 관리 분야, 지형도, 각종 주제도를 제작하는 지도 제작 분야 등이 있으며, 그 외에도 사회 안전 분야, 토목·지질 분야, 경제 분야 등 수많은 곳에서 GIS가 이용되고 있다. 아울러 최근에는 교육 분야에서의 활용이 강조되고 있다. 미국의 지리교과에 있어서 교육 프로그램의 일환으로 GIS를 교육과정에 포함시켰으며, 구체적으로 GIS를 실제 수업에 많이 활용하고 있다. 이와 관련된 연구로는 국외에는 초등학교의 실제적 문제를 해결하기 위해 해당 지역 관련 자료를 사용할 수 있어서 구성주의 수업을 위한 일환으로서 GIS의 필요성을 주장한 Keiper(1999)의 연구가 있다. 국내에서도 ICT를 활용한 웹 기반 GIS의 활용에 대한 연구(황홍섭, 2002), 초등 사회과 수업에서 GIS 지도의 제작 및 활용에 대한 연구(김미혜, 2007), 지리학습에 있어서 GIS 활용수업의 효과에 대한 연구(박순호 · 정은주, 2008) 등이 이어지고 있다.

(3) 웹 기반 GIS의 교육적 활용

GIS를 웹에서 사용할 수 있도록 한 것이 웹 기반 GIS이다. 지표에 관한 엄청난 정보를 갖고 있는 GIS를 웹에서 활용할 수 있게 되면서 공간(지역)과 관련된 문제를 해결함으로써 삶의 질을 한 차원 높이는 계기가 되었다. 오늘날 많은 사람들은 웹 기반 GIS를 통해 활용할 수 있는 정보기 어떤 것이 있는지, 또한 정보를 활용하더라도 이것이 웹 기반 GIS를 통해 제공되고 있는지 등의 사실은 잘 모르고 있다는 점이다.

최근 웹 기반 수업으로서 웹 기반 GIS는 쌍방향의 상호작용을 할 수 있는 의사소통의 공간으로 교수·학습에 강력하게 활용할 수 있는 교육매체요, 도구요, 정보원으로 등장하고 있다. 웹 GIS는 방대한 지표공간에 대한 자료들을 저장하고 있으며, 뿐만 아니라 필요시 학습자(클라이언트)가 질의만 하면 즉시로 관련 자료를 분석하여 제공함으로써 웹상에서 상호작용 증진을 통해 학습하기에 유용하다. 다시 말해 웹 GIS는 사회의 문제를 해결을 위한 의사결정 지원 시스템으로 웹상에서 살아있는 지식을 구성하기에 매우 훌륭한 학습환경이자, 매체요, 자료요, 분석도구이다. 뿐만 아니라 학습자의 질의에 따른 응답을 함으로써 훌륭한 교사요, 지식의 공동 구성자요, 협력자요, 동반자요, 조언자 등의 구성주의에서 말하는 교사의 역할 잘 감당해 주는 것이라고 볼 수 있다. 따라서 웹 기반 GIS를 활용하여 잘못된 개념들을 자기 주도적 학습을 통해 개념변화를 도모함으로써 의미 있는 지식을 구성할 수 있다. 다시 말해 오개념으로 인한 인지구조의 부조화는 동화와 조절(학생들과의 상호작용, 웹 기반 GIS와 상호작용)을 통해 갈등국면에서 인지구조의 재구조화 즉 균형화로 나아가게 됨으로써 의미 있는 지식을 구성하게 된다.

미국의 지리교과에 있어서 교육 프로그램의 일환으로 GIS를 교육과정에 포함시키고자 하고 있으며, 구체적으로 GIS를 실제 수업에 많이 활용하고 있다. 교육과정 개발자들은 사회과교육에 필요한 시공간과 사회현상에 필요한 많을 정보를 담고 있고, 이를 사회문제해결에 활용할 수 있도록 GIS를 교육과정 개발 시 체계적으로 포함될 수 있도록 연구하여야 할 것이다.

제4절 빅데이터를 활용한 지리영역의 주제 연구

2015 개정 사회과 교육과정 지리영역의 내용 체계에서 제시하는 영역은 지리인식, 장소와 지역, 자연환경과 인간생활, 인문환경과 인간생활, 지속가능한 세계로 나뉜다. 앞서 8장 2절에서 제시한 핵심개념에 해당하는 영역을 나눠보자면 지리 인식은 '지도', 장소와 지역은 '지역, 공간', 그리고 자연환경과 인간생활, 인문환경과 인간생활, 지속 가능한 세계는 '환경'에 해당된다.

1. 환경 빅데이터 분석

우리나라 초등 환경교육은 여러 교과에서 환경 및 환경문제를 다루는 분산적 접근을 하고 있다. 또한 환경 과목은 환경교육에 관한 고유한 내용과 기능을 바탕으로 하여 녹색성장교육, 기후변화교육, 지속가능발전교육 등과의 유사성과 차별성을 확인한다.

다음 그림 8-8은 최근 5년간 환경에 대한 소셜 빅데이터를 분석한 결과이다. 빈도수를 나타낸 워드클라우드에 따르면 환경에 대한 관심은 '스마트, 그린도시, 친환경' 등과 같이 지속가능발전교육과 관련된 부분에 관심이 집중된 것을 알 수 있다. 이어서 '기업, 장관, 환경오염, 안전' 등과 같은 국가 수준의 정책적인 접근과 '기후, 자연, 변화' 등과 같은 기후변화에 대해서도 관심이 높아진다는 사실을 알 수 있다.

그림 8-8 환경 빅데이터 분석 결과

2. 지역 빅데이터 분석

지역 개념은 지역지리학에서 중요하게 다루는 개념이다. 초등학교에서는 환경확대법에 따라 3~4학년은 향토지리 수준에서 지역의 특성을, 5학년은 한국지리 수준에서 우리나라의 특성을, 6학년은 세계지리 수준에서 각 나라의 특성을 우리나라와 관련하여 학습하도록 하고 있다.

다음 그림 8-9는 최근 5년간 지역에 대한 소셜 빅데이터를 분석한 결과이다. 빈도수를 나타낸 워드클라우드에 따르면 지역에 대한 관심은 별도의 범위를 구분하는 경향이 나타나므로 보다 땅의 단위를 나타내는 의미로 사용하는 경향이 크게 나타났다. 이에 따라 '지원, 사업, 활성, 추진, 중소기업' 등과 같은 지역사회 발전과 관련된 키워드에 관심이 집중된 것을 알 수 있다. 특히 '유네스코, 교육, 환경기술, 발전' 등은 지역사회 발전의 흐름에 새롭게 나타난 경향으로 지역의 역사문화유산 발굴, 지역의 인재 양성, 지역의 자연적·인문적 환경을 개선하는 모습을 찾을 수 있다. 이러한 변화에 대해 자세히 알아보기 위해 키워드 간의 관계를 나타낸 네트워크 분석결과를 살펴보면 지역사회의 발전은 교육, 경제, 문화 등이 다차원적으로 연계되어 추진되는 방향으로 접근하고 있음을 알 수 있다.

그림 8-9 **지역 빅데이터 분석 결과**

3. 공간 빅데이터 분석

공간은 거리, 위치, 방향, 밀도, 순환 등에 의해 형성되는 객관적 공간에서 사회적, 문화적인 것이 혼합되어 사회·문화적 공간으로 된다. 뿐만 아니라 디지털을 무기로 한 네트워크 사회에서는 사이버공간이 삶에 중요한 공간으로 등장하고 있다. 이러한 점에서 초등학교에서 좀 더 효과적으로 공간 인식 능력을 길러주는 것이 필요하다. 따라서 공간은 객관적이면서도 주관적인 공간으로 지역을 보다 추상화시킨 것으로 삶의 주요한 장이 되고 있다.

다음 그림 8-10은 최근 5년간 공간에 대한 소셜 빅데이터를 분석한 결과이다. 빈도수를 나타낸 워드클라우드에 따르면 환경에 대한 관심은 '체험공간, 브랜드, 조성, 디자인, 활용' 등과 같이 지역성을 살린 주관적인 공간에 대한 관심이 집중된 것을 알 수 있다. 이어서 '디지털, 소통, 가상공간, 메타버스, 공간정보' 등과 같은 네트워크 사회와 연관된 공간, '카페, 휴식, 기억공간' 등과 같은 개인적인 공간에 대한 활용도 높아졌다. 이에 대해 자세히 알아보기 위해 키워드 간의 관계를 나타낸 네트워크 분석결과를 살펴보면 공간의 활용을 통해 경제적 가치를 창출하려는 접근과 공간을 활용하여 새로운 변화에 적응하려는 접근으로 나뉘는 것을 알 수 있다.

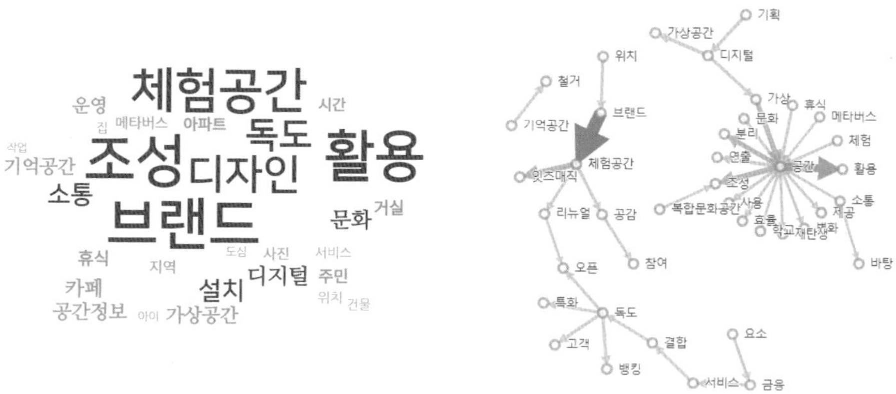

그림 8-10 **공간 빅데이터 분석 결과**

4. 지도 빅데이터 분석

초등학교에서의 지도학습은 지도를 통해 자기가 살고 있는 지역의 자연 현상, 인문 현상을 바르게 이해시키는 학습이다. 지도는 사진으로 나타나는 지역의 여러 가지 시설들 중에서 필요한 것만 골라서 기호로 평면상에 나타내는 것으로서 지도를 통해 축척, 방위, 기호와 같은 지도의 기초 지식을 쌓게 하고, 이를 통하여 지도 읽기, 지도 그리기와 같은 기능을 기르도록 하는 것이 중요하다.

다음 **그림 8-11**은 최근 5년간 지도에 대한 소셜 빅데이터를 분석한 결과이다. 빈도수를 나타낸 워드클라우드에 따르면 환경에 대한 관심은 '서비스, 코로나, 여행, 정보' 등과 같이 지도를 활용해서 얻을 수 있는 정보에 대한 활용이 가장 많이 나타났다. 이어서 '네이버, 카카오, 구글' 등과 같은 웹 기반 지도 서비스 플랫폼, 그리고 '모바일, 고정밀, 데이터, 실시간' 등과 지도 관련 기술의 발달로 확장된 서비스 기능에 대한 관심도도 높아졌다. 이에 대해 자세히 알아보기 위해 키워드 간의 관계를 나타낸 네트워크 분석결과를 살펴보면 사람들은 지도를 맛집이나 볼거리처럼 단순한 위치를 찾는 경향도 있지만, 주로 위치 찾기를 포함하여 제작, 개발 등과 같은 다각화된 측면에서 활용하려는 시도가 많이 나타났다. 이는 웹 기반 지도의 활용도가 높아지고 이에 따른 사용자 개발환경이 개선됨에 따른 결과라 해석할 수 있다.

그림 8-11 **지도 빅데이터 분석 결과**

생각 정리 문제

1. 초등 사회과 지리영역의 핵심개념에는 무엇이 있는가?

[빅데이터 분석]

2. 미래사회에 주목받는 지리영역의 주제는 무엇인가? (교재에 제시된 빅데이터 분석 결과를 활용하거나 새롭게 분석)

3. 내가 선택한 주제가 주목받게 되는 까닭은 무엇인가?

[빅데이터 분석]

4. 내가 선택한 주제와 관련하여 지리영역에서 관심 가져야 할 핵심개념을 선택하고 그 까닭을 이야기해 보자. (교재에 제시된 빅데이터 분석 결과를 활용하거나 새롭게 분석)

[빅데이터 분석]

5. 미래사회에 새롭게 관심 가져야 할 지리영역의 핵심개념을 선정하고 그 까닭을 이야기해 보자. (새롭게 빅데이터를 분석하여 핵심개념을 선정)

Chapter 09

초등 사회과에서 다루어야 할 핵심개념과 교재연구 방안은?(2) : 역사, 일반사회영역을 중심으로

• 주제

초등 사회과 역사 및 일반사회영역에서 다루어야 할 핵심개념 이해하기

• 학습 내용

1. 빅데이터가 알려주는 역사와 일반사회
2. 초등 사회과 역사영역의 핵심개념
3. 초등 사회과 일반사회영역의 핵심개념
4. 빅데이터를 활용한 일반사회영역의 주제 연구

• 학습 목표

1. 초등 사회과 역사 및 일반사회영역에서 제시하는 핵심개념의 종류에 대해 이야기 할 수 있다.
2. 초등 사회과 역사 및 일반사회영역에서 제시하는 핵심개념의 의미에 대해 각각 설명할 수 있다.

BIG
DATA

제1절 빅데이터가 알려주는 역사와 일반사회

1. 연구 대상 및 방법

본 장에서는 역사교육 관련 온라인 문서를 빅데이터 수집 및 분류 절차에 따라 진행하였다. 역사교육과 관련한 빅데이터 수집에는 텍스톰의 수집 프로그램을 사용하였으며 역사교육 토픽은 모든 관련 문서를 수집하기 위해 '역사, 역사교육, 역사학'을 사용하였고, 일반사회교육은 '사회, 사회과, 사회교육, 일반사회, 일반사회교육, 정치, 경제, 사회문화'을 사용하였다.

역사교육 소셜 빅데이터의 수집은 2016년 1월 1일부터 2020년 12월 31일까지 여러 포털사이트 중에서 국내에서 사용빈도수가 높은 네이버, 전 세계적으로 사용빈도수가 높은 구글의 웹 문서를 요일, 주말, 휴일을 고려하지 않고 매시간 단위로 이루어졌다. 수집된 총 2만 8,405건의 텍스트 문서를 본 분석에 포함하였다.

2. 역사와 일반사회에 대한 빅데이터 분석 결과

1) 역사에 대한 빅데이터 분석 결과

역사교육 빅데이터 분석 결과에 대한 상위 30위까지 키워드의 빈도수, 그리고 그 빈도수를 상위 30위까지 워드클라우드로 시각화한 결과는 각각 **표 9-1, 그림 9-1**과 같다.

빅데이터 분석 결과에 따르면 빈도수가 높은 단어로는 '과거, 이야기, 광복절, 서울, 한국, 문화' 등의 순서로 나타났다. 이러한 결과는 과거를 바탕으로 하는 역사에 대한 사람들의 관심이 이야기 형식으로 나타나는 경우가 많다는 사실을 의미한다. 또한 시기적으로 광복절과 같은 역사적인 기념일에 대한 관심, 그리고 수도권을 중심으로 한 역사문화에도 관심도가 높았다. 이외에도 '일본, 위안부, 왜곡, 독립운동, 근대, 논란' 등 아직까지 해결하지 못한 과거사 문제에 대해서도 관심도가 높은 것으로 나타났다. 이어서 담론 분석을 통해서 실제로 이와 같은 키워드들이 어떤 관계를 맺고 있는지를 살펴보자.

표 9-1 **역사교육에 대한 키워드의 상위 30위까지 빈도분석**

순서	키워드	빈도수	백분율	순서	키워드	빈도수	백분율
1	과거	196	0.38%	16	밝히다	107	0.21%
2	이야기	189	0.36%	17	사진	107	0.21%
3	광복절	160	0.31%	18	기증	97	0.19%
4	서울	152	0.29%	19	지역	97	0.19%
5	한국	149	0.29%	20	위안부	94	0.18%
6	문화	149	0.29%	21	미래	90	0.17%
7	일본	142	0.27%	22	논란	87	0.17%
8	시작	117	0.23%	23	장소	87	0.17%
9	기록	116	0.22%	24	독립운동	85	0.16%
10	읽다	115	0.22%	25	여행	75	0.14%
11	책	113	0.22%	26	전시	73	0.14%
12	왜곡	113	0.22%	27	시민	71	0.14%
13	말	112	0.22%	28	박물관	66	0.13%
14	안내서	112	0.22%	29	교육	64	0.12%
15	세계	109	0.21%	30	근대	64	0.12%

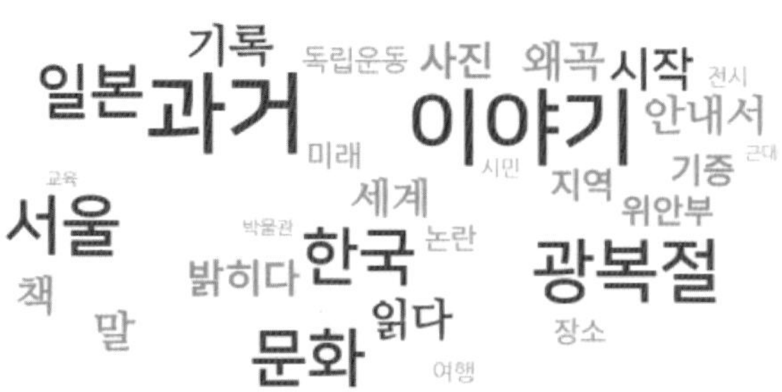

그림 9-1 **역사교육 빅데이터에 대한 워드클라우드 분석**

담론 분석 결과에 따르면 역사교육 빅데이터 분석 결과에 대한 키워드는 8개의 그룹으로 나눌 수 있는데 자세한 내용은 아래 그림 9-2와 같다. 주목해서 봐야 할 것은 먼저 3그룹에서 알 수 있듯이 역사 기록은 교육뿐만 아니라 여행과도 연관되어 있다는 점이다. 다음으로 역사적 자료로 자주 사용하는 키워드로는 6그룹에 해당하는 책, 이야기, 사진이라는 점이다. 이외에도 각 그룹별 연관된 담론을 통해 역사교육의 다양한 시사점을 찾아볼 수 있다.

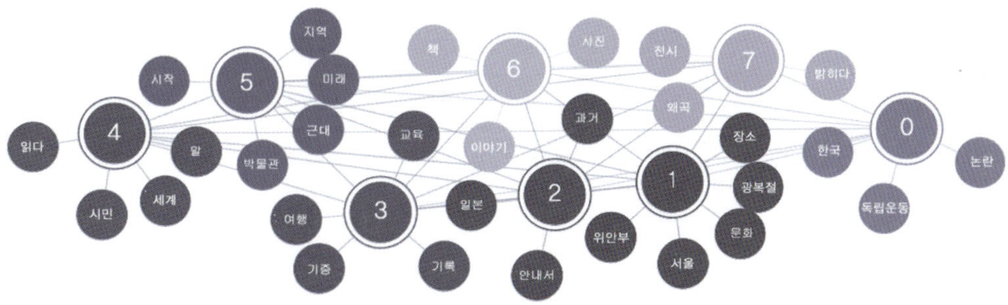

그림 9-2 **역사교육 빅데이터에 대한 담론 분석**

2) 일반사회에 대한 빅데이터 분석 결과

일반사회교육 빅데이터 분석 결과에 대한 상위 30위까지 키워드의 빈도수, 그리고 그 빈도수를 상위 30위까지 워드클라우드로 시각화한 결과는 각각 표 9-2, 그림 9-3과 같다.

빅데이터 분석 결과에 따르면 빈도수가 높은 단어로는 COVID-19로 인한 팬데믹 사태와 관계된 키워드인 '단계, 거리 두기, 지역사회' 등이 먼저 나타났다. 이어서 '국제사회, 교육, 온라인'과 같은 비대면 학습상황에 대한 키워드, 그리고 '환경, 취약계층, 대학, 여성, 취업' 등과 같은 일반적인 사회적 문제와 관련된 키워드가 나타났다. 이를 통해 일반사회교육과 관련된 키워드는 당시의 주된 사회적 관심사 혹은 문제점에 대한 키워드와 연관성이 높다는 사실을 확인할 수 있다. 일반사회영역은 정치, 경제, 사회문화 영역으로 다시 분류할 수 있는데 이에 대한 분류를 위해서는 담론 분석을 통해서 이와 같은 키워드들이 어떤 관계를 맺고 있는지 살펴볼 필요가 있다.

표 9-2 일반사회교육에 대한 키워드의 상위 30위까지 빈도분석

순서	키워드	빈도수	백분율	순서	키워드	빈도수	백분율
1	단계	527	1.24%	16	추진	69	0.16%
2	거리 두기	445	1.05%	17	취약계층	68	0.16%
3	지역사회	370	0.87%	18	업무협약	65	0.15%
4	지역	165	0.39%	19	사진	64	0.15%
5	지원	139	0.33%	20	코로나	63	0.15%
6	준비	125	0.30%	21	서울	61	0.14%
7	정부	116	0.27%	22	대학	57	0.13%
8	사업	106	0.25%	23	해결	55	0.13%
9	기업	90	0.21%	24	여성	54	0.13%
10	진행	86	0.20%	25	문제	53	0.13%
11	국제사회	81	0.19%	26	수도	52	0.12%
12	교육	76	0.18%	27	취업	52	0.12%
13	온라인	74	0.17%	28	캠페인	49	0.12%
14	시민	74	0.17%	29	증가	52	0.12%
15	환경	71	0.17%	30	시장	48	0.11%

그림 9-3 일반사회교육 빅데이터에 대한 워드클라우드 분석

담론 분석 결과에 따르면 일반사회영역은 정치, 경제, 사회문화와 같은 하위영역으로 키워드들이 분류되기보다는 주제를 중심으로 다양한 영역들이 통합되어 나타나는 것을 알 수 있다. 0그룹은 최근 새롭게 나타나는 사회 문제, 1그룹은 비대면 상황에 따른 교육환경의 변화, 2그룹은 지역 범위에서의 문제, 마지막으로 3그룹은 사회적 거리 두기에 따른 기업과 관련된 변화로 해석할 수 있다. 이와 같은 분석결과를 통해 최근 5년간 큰 사회적 문제에 해당하는 것은 비대면 상황에 따른 교육계와 기업의 문제, 그리고 지역사회의 문제가 있으며, 일반적인 문제로는 여성, 취업 등과 같은 문제에 대한 관심도가 높다는 사실을 알 수 있다.

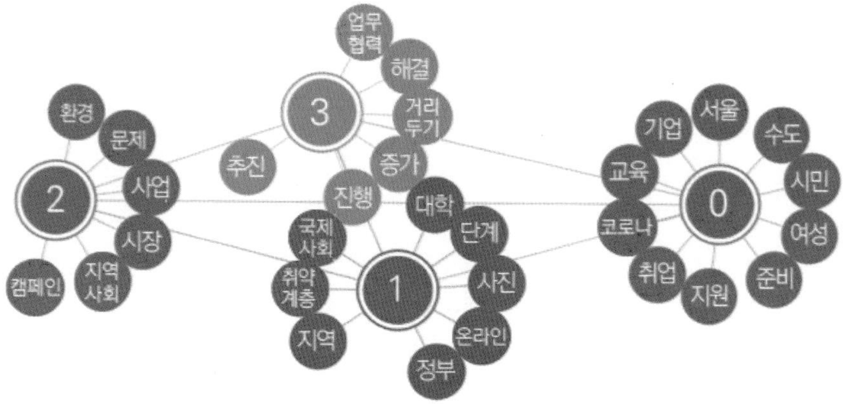

그림 9-4 **일반사회교육 빅데이터에 대한 담론 분석**

여기서 잠깐!

분석에서는 결과를 해석하기 위해서 연구자의 전문지식과 원자료에 대한 확인이 필요한 경우가 있다. 다음은 일반사회교육 빅데이터 결과의 '여성'이라는 키워드가 포함된 텍스트 문서를 형태소 분석만 실시한 결과이다. 결과에 따르면 실제 여성이 어떤 사회적 문제를 겪고 있는지에 대한 내용을 자세히 살펴볼 수 있다. 이와 같은 내용은 텍스톰의 텍스트마이닝-워드트리차트를 통해서 확인할 수 있다. (다음 페이지 '❹ 분석결과 해석하기' 참조)

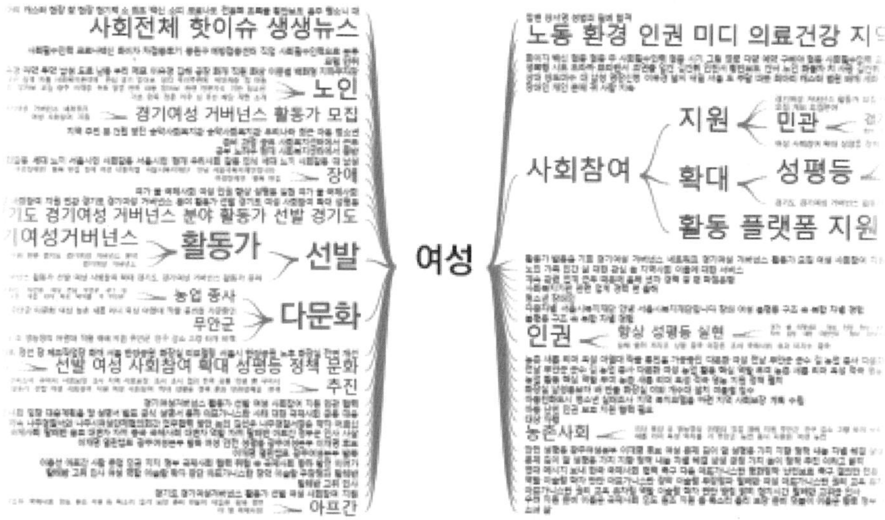

❶ 연구대상 수집하기

- 본 연구대상인 '역사교육과 일반사회교육 관련 소셜 빅데이터 수집'은 소셜 빅데이터 수집 로봇(웹크롤)과 데이터 분석, 시각화 기술을 보유한 텍스톰을 통해 수집하였다.
- 텍스톰은 1개의 채널에서 한 번에 수집할 수 있는 문서의 수가 최대 1,000건으로 제한되어 있기 때문에 많은 양의 문서를 수집하기 위해서는 기간을 나눠서 지정할 필요가 있다. 본 연구에서는 최근 5년간(2016년 1월 1일 ~ 2020년 12월 31일)을 수집기간으로 설정하였으며, 2016년, 2017년, 2018년, 2019년, 2020년을 각각 상반기와 하반기로 나눠서 총 10차례 문서를 수집하였다.

- 역사교육과 일반사회교육 수집조건

수집키워드	불용어	수집기간	채널
역사, 역사교육, 역사학	자격증, 시험, 공무원, 복지	2016년 1월 1일 ~ 2020년 12월 31일	네이버(블로그, 뉴스, 카페, 웹문서) 구글(뉴스, 웹문서)
사회, 사회과, 사회교육, 일반사회, 일반사회교육, 정치, 경제, 사회문화	지리, 지리교육, 지리학, 역사, 역사교육, 역사학		

- 정제/형태소 분석은 별도의 키워드필터링을 사용하지 않았으며, URL 기반 중복된 텍스트 문서를 제거하였다.
- 형태소 분석은 고유명사, 복합명사를 그대로 결과값을 반영하는 Espresso K를 사용하였으며, 분석품사는 명사를 비롯하여 형용사, 동사, 외국어를 포함하였다.
- 빅데이터 수집은 해당 토픽을 웹크롤로 수집한 후 유목화(범주화)하는 bottom-up 수집방식을 사용하였다.

❷ 데이터 분석하기(텍스트마이닝, 담론 분석)

- 형태소 분석이 완료되면 바로 편집하기를 통한 텍스트마이닝 과정을 거친다.
- 담론 분석은 문서 내에서 동시에 등장(공출현)하는 단어 사이의 관계를 군집화하는 방법이다. 사전에 네 가지로 유목화한 기준에 따라 담론 개수도 4개로 적용하고, 같은 단어 간의 관계를 파악하였다.

1단계 : [데이터 분석]→[텍스트마이닝]→[데이터 편집]→[바로 편집하기]에서 단어를 정제한다.
2단계 : [데이터 분석]→[매트릭스]→[매트릭스 단어선택]→[1-mode]→[바로 선택하기]에서 단어를 선택한다.
3단계 : [데이터 분석]→[담론 분석]→[담론 개수, 4개]→[적용]

❸ 시각화하기(워드클라우드, 담론 분석)

- 시각화는 웹상에서 워드클라우드와 담론 분석(1-mode)으로 간단히 출력한다.

1단계 : [시각화]→[시각화 결과]→[시각화 리스트 선택]→[워드클라우드]에서 색상선택, 키워드 등을 설정하여 워드클라우드를 완성한다.
2단계 : [시각화]→[시각화 결과]→[시각화 리스트 선택]→[담론 분석(1-mode)]를 선택하여 결과를 확인한다.

❹ 분석결과 해석하기(텍스트마이닝-워드트리차트)

- 빅데이터 분석결과를 해석하기 위해서 원자료(raw data)에 근접한 워드트리차트를 확인하여 해석에 도움을 받을 수 있다.

1단계 : [데이터 분석]→[텍스트마이닝]→[데이터명]에서 역사, 일반사회를 선택한다.
2단계 : [분석결과]→[단어빈도]→[미리보기]에서 해석이 필요한 단어를 선택한다.

제2절 초등 사회과 역사영역의 핵심개념

1. 초등 사회과 역사교육을 위한 전제

역사교육의 궁극적 목적은 학생들로 하여금 자기 주변의 모든 현상을 역사적 안목을 가지고 깊고 넓게 살펴볼 수 있는 힘을 길러 주는 데 있다. 따라서 역사교육은 역사 의식(지식 및 이해력) 및 역사적 사고력(문제 해결력과 판단력 등)의 함양을 통한 역사적 통찰력 신장에 초점을 두고 있다. 역사를 통해 이러한 통찰력을 얻을 수 있는 것은 역사가 우리에게 제공해 주는 인간 경험에 대한 다양한 접촉 때문이다. 이러한 통찰력을 바탕으로 학생들은 현재의 생활과 그 문제를 바르게 이해할 뿐만 아니라 미래 세계를 향해 올바르게 나아갈 수 있는 유용한 지침을 얻을 수 있다.

1) 역사의식

역사교육의 궁극적 목적 중의 하나는 역사의식을 기르는 데 있다고 할 수 있다. 많은 사람들이 역사교육이 학습자의 역사의식을 기르는데 힘을 기울여야 한다는 데 동의하고 있다. 하지만 역사의식이 무엇이고, 역사교육을 통해 어떤 역사의식을 길러야 할 것인가에 대해서는 다양한 견해가 있을 수 있다. 일반적으로 의식(Consciousness)이라는 용어는 사람이 자기 자신의 존재, 생각, 주위 환경 등을 깨닫는 것, 어떠한 것을 완전히 깨닫거나 무엇인가에 대해 예민하게 느끼는 것, 정신력을 완전히 활용시키는 것과 같은 의미로 사용된다. 심리학에서는 마음의 자각, 변별 상태를 말하는 일종의 심리적 작용을 의식이라고 한다. 여기에는 자아의 의식, 의식 내용이 하나의 중심체로 연결되려는 통일성, 고정될 수 없는 변화, 내면적인 관련이 변화 속에 도사리고 있는 연속성 등이 포함된다.

역사의식의 요소로는 다음과 같은 것들을 들 수 있으며, 이러한 순서로 역사의식이 발달한다고 보고 있다. ① 존재의식 : 자신이 역사의 가운데 위치하여 있다는 의식, ② 변화 또는 발전의식 : 역사는 끊임없이 변화하고 발전하여 간다는 의식, ③ 자아의식 : 나는 역사를 이끌어 가는 주체의 하나라는 의식, ④ 시간의식 : 역사는 각 시대마다 사람들의 사상이나 행동에 따라 특성을 지닌다는 의식

역사의식은 기본적으로 자기이해를 바탕으로 한다. 시간의 흐름 속에서 자신의 위치, 세계와 나라, 사회 속에서 자기의 존재가치를 발견하는 것이 역사의식을 갖는 기본이라고 할 수 있다. 이를 통해 역사의 변화가 자신과는 별개의 것이 아니라 자신의 삶과 하나라는 생각을 갖게 되며, 나아가서는 자신이 역사 속에서 미미한 존재가 아니라 역사의 변화에 중요한 역할을 할 수 있는 필요 불가결한 존재라는 것을 인식할 수 있다. 이것이 우리가 역사를 배우는 중요한 목적이라고 할 수 있다. 의식이라는 말이 가지고 있는 이러한 의미를 고려해 볼 때, 역사의식은 역사에서 다루는 각 시대와 사회의 성격을 명확히 파악하는 시간적 감각이며 역사에 대한 예리한 의식이라고 할 수 있다. 따라서 역사의식은 시간적 변화에 대한 관념을 필요로 하며, 역사적 비판의식 및 역사적 사고와 직결된다고 하겠다. 역사 의식의 내용은 사회적 측면에서 역사 의식을 바라본 것으로 학생들의 성장에 따라 자연히 발달하는 역사 의식이 아니라 생활 환경이나 경험, 역사 학습을 통하여 길러지는 역사적 문제 의식이다.

2) 역사적 사고력[4)]

역사의식은 역사적 사고를 통해 발달될 수 있다. 역사적 사고력이란 용어는 지금까지 역사교육 관계 문헌에서 자주 사용되었는데 명확한 개념규정이 없이 사용하였기 때문에 의미하는 내용이 다양하였다. 먼저 역사적 사고력의 용례를 몇 가지 살펴보겠다(최상훈, 2000). ① 역사이해는 역사적 사고와 거의 같은 뜻을 갖는다. 이해한다는 것은 사실의 이유를 밝혀내는 변환에 도달한다는 뜻이다. 따라서 지적 발달은 곧 사고의 발달이다. ② 역사추진체로서의 자아를 발견하고, 현재적 제문제의 사적 배경을 탐구하는 역사적 사고력과 비판력을 함양하는 등등의 여러 가지 교육목표의 요구를 교과서

4) 최상훈(2000). 역사적 사고력의 학습 및 평가방안, 서울대학교 박사학위논문에서 발췌하여 정리하였다.

내용에 어떻게 반영시키느냐 하는 것이 새로운 교과서 출현 여부의 관건을 쥐고 있다. ③ 역사학습에서 요구되는 사고력이란 어떤 사고력을 말하는 것인가? 그것은 비판적 사고력이다. 물론 비판적 사고력이 독립되어 있는 것이 아니고 귀납적 사고, 연역적 사고, 논리적 사고력과 상관적으로 관련되어 있지만 비판적 사고력이 중시된다. ④ 역사교육의 목표를 달성하기 위하여서는 교수 및 학습을 통하여 지식의 기억 위주의 교육에서 탈피하고 역사를 과학으로서 다루며 역사적 사실에 대한 종합적이고 체계적인 이해를 토대로 하여 역사적 사고력, 비판력 및 판단력을 육성하여야 할 것이다. ⑤ 역사에서 다루는 변화의 개념, 진보발전, 인과관계, 전망의 모색 등은 그것이 철저한 과학적 기초 위에서 보편성이나 법칙성을 찾는 작업형태를 취함으로써, 단지 '역사의 교훈'이란 차원을 떠나 모든 문제에 합리적으로 사고하고 판단을 내리는 '역사적 사고'를 기르는 작업에 연결되는 것이다. ⑥ 세계사에 관한 자료의 활용과 탐구학습 과정을 통하여 역사적 사고력과 문제 해결력을 기르게 한다.

이렇게 역사적 사고력의 개념을 정의하기 어려운 이유로, 첫째 역사적 사고력이란 용어가 문제해결력, 판단력, 탐구력 등의 유사개념과 혼동되어 사용되고 있는 점, 둘째 사고라는 용어가 매우 포괄적으로 쓰이기 때문에 개념상 애매한 경우가 많다는 점, 셋째 사고와 관련된 용어, 즉 사고요소(Thinking Component)나 사고기능(Thinking Skill), 사고과정(Thinking Process), 사고유형(Thinking Style) 등이 혼용되고 있다는 점, 넷째, 역사적 사고가 역사의 본질과 밀접히 관련되어 있다는 점 등을 들 수 있다. 다섯째, 일반론자와 영역론자의 의견이 대립하고 있다는 점이다. 일반론자는 일반적인 사고이론을 그대로 역사교육에 적용할 수 있다고 보는 반면에 영역론자는 각 교과에 고유한 사고형태가 있으므로 역사적 사고력은 역사과에서 독특하게 규정해야 한다고 본다.

이 중 역사의 본질을 무엇이라고 보느냐에 따라서 역사적 사고의 성격이 다르게 규정될 수 있다. 이를테면 실증론자의 경우처럼 역사가 과학이고 역사 설명이 과학적이고 법칙적이라고 본다면 역사적 사고도 과학적이고 논리적이며 법칙적인 사고라고 규정하게 된다. 이에 대해 관념론자의 경우처럼 역사가 독특한 방법론을 가지고 있고 감정이입 등의 상상력을 통해서 과거인의 행위를 이해하는 것이라고 본다면 역사적 사고가 특수하고 상상적인 사고라고 규정하게 된다. 한편 역사는 허구이고 역사가가 만들어낸 것이라고 보는 포스트모더니즘의 견해에서는 역사적 사고가 별개의 범주로 존재하지 않거나 존재한다 하더라도 허구적이고 가설적이며 문학적인 사고로 간주된다.

역사적 사고력이란 역사문제에 접했을 때 가설을 산출하거나 해결방안을 모색하면서 사료를 수집하고 해석하며 판단함으로써 역사이해에 도달하려는 복합적인 정신능력이라고 규정할 수 있다. 일반적으로 사고를 문제해결이라고 할 때 여기서 제기되는 문제는 하나의 정답이 있는 것, 분명한 해결전략이 있는 것, 명료하게 진술될 수 있는 것, 논리·분석적인 것, 객관적인 것 등으로 간주된다. 그러나 역사문제는 하나의 정답이 있거나 반드시 해결되는 것은 아니다. 해결된 것이라 하더라도 잠정적이고 새로운 문제의 시작이 되는 경우가 많다. 역사문제를 해결한다는 것은 의문시되는 문제나 주제에 관해서 질문을 제기하고, 사료를 수집하고 해석하며 비판하고 분석하며, 사실을 설명하고 판단하는 것을 통해서 논리적으로 혹은 상상적으로 사실의 이해에 도달하는 것을 뜻한다. 다시 말해 역사적 사고란 역사가가 역사를 연구할 때 수행하는 사고이고 실생활에서 사물이나 현상을 대할 때 행하는 사고이다. 결국 역사적 사고력을 학생에게 길러준다는 말은 학생들이 역사이해에 도달하는 과정에서 역사가처럼 사고하는 능력을 육성한다는 것을 뜻한다.[5)]

역사적 사고의 특성은 대체로 다음의 세 가지로 요약될 수 있다. 첫째, 역사적 사고는 과거의 사건 뒤에 숨어 있는 사람들의 사상을 추체험[6)](Reenactment)하는 것이다. 둘째, 역사적 사고는 사건의 유사성보다 개별성, 다

---

5) 그렇지만 학교 교육에서 초·중등학생들에게 역사가의 능력까지 도달하도록 역사적 사고력을 육성할 수 있는 것은 아니고 그럴 필요도 없다. 따라서 초·중등학교에서 필요한 수준을 설정하는 것이 필요하다.

6) 과거 사람들이 했던 활동을 직접적으로 체험하는 것이 불가능하다면, 그들이 겪었던 것과 같은 조건, 상황을 설정한 다음, 그들의 생각을 미루어 짐작함으로써 활동을 추적해서 역사를 이해하는 것을 추체험이라 할 수 있다. 이를 위한 다섯 가지 질문으로 ① 역사적 행위자는 어떠한 관심과 동기를 가지고 있었는가? ② 역사적 행위자가 처한 상황은 어떠하였는가? 또 그는 그것을 어떻게 파악하고 있었는가? ③ 그 상황에서 선택은 어떠한 것이 있을까? ④ 선택된 행위는 최선이었는가? ⑤ 선택된 역사적 행위의 목적은 무엇이었는가?

양성에 관심을 둔다. 셋째, 역사적 사고는 시간 속에서 계속성과 변화를 추구한다는 것이다.

여기서 우리는 역사 학습을 통해 비판적·해석적인 탐구 과정을 거치게 함으로써 차원 높은 역사 의식과 역사적 능력, 태도를 기를 수 있도록 하고 사료를 통한 역사 탐구 학습으로 역사적 사고력을 효과적으로 신장시킬 수 있도록 해야 한다.

3) 역사적 사고력 함양을 위한 역사적 이해와 설명

역사학습의 목적은 역사적 사고력을 길러주는 데 있다. 역사적 사고력을 두 가지 측면에서 생각할 수 있다. 하나는 직관적인 방법을 사용하여 획득할 수 있는 것이고, 다른 하나는 일반적인 사회과학에서와 같이 실증적이며 논리적인 방법을 사용하여 획득할 수 있는 것이다. 역사 학습은 역사적 사고력을 구성하는 이 두 측면 중 어느 것을 강조하는가에 따라 달리 구성될 수 있으나, 역사이해를 위해 상호보완적으로 접근할 수 있다.

(1) 역사학습에서의 이해 : 관념론자의 경험주의에 기초한 이해로서 역사

역사를 이해하기 위해서는 역사 속의 그 인물의 행위와 동기나 목적, 이유 등을 파악하여야 한다. Collingwood는 과거의 사건 속에 있는 사상을 알 수 있는 길은 역사를 이해하는 사람이 자신 속에서 추체험하는 길뿐이라고 주장한다. 역사는 실증과학적 사고 방식과 다르다는 것이다. 즉 실증과학적 방법은 사실현상의 인과관계를 객관적으로 설명하는데 그 특징이 있는 반면, 역사는 인간행동의 과정이고 행동은 동기, 의도, 사상 등의 내면성을 지니고 있기 때문에 감정이입을 통한 역사이해의 관점에서 생각하는 역사적 사고는 인간의 내면 세계를 발견하고 해석하는데 그 특징이 있다는 것이다.

감정 이입을 통한 역사 이해의 입장에서는 역사적 사고력의 한 요소로서 역사적 상상력을 들고 있다. 역사를 이해하는데 과거 사람들의 입장에서 사상과 감정까지 이해함을 중요시한다. 따라서 이러한 관점에서 역사이해 방법은 과정의 특정인이 직면했던 상황에 자기 자신을 상상적으로 투사하여 역사적 사실, 사건을 보다 충실하게 이해할 수 있다. 실제 수업에서는 역할놀이, 일기 쓰기, 논쟁식 토론, 시뮬레이션 게임, 역사신문 만들기, 상황분석법 등의 방법을 적용할 수 있다.

(2) 역사학습에서의 설명 : 실증론자의 논리실증주의에 입각한 설명으로서 역사

역사적 설명은 "알려지지 않은 것이나 혹은 이해되지 않은 것을 알기 쉽도록 명확하게 하는 것"을 의미한다. 설명은 어떤 사실에 대해 이해하고 그 내용을 설득력 있게 전달하는 것이기 때문에 이해를 전제로 한다. 설명은 개별 현상을 보편적 법칙으로 환원시키는 것을 의미하며 이에 따라 개별 현상들이 법칙의 상호작용 속에서 추론되어 인과관계를 갖는 것으로 설명된다. 실제 수업에서 역사적 탐구학습 방법이 강조된다.

결론적으로 역사교육의 목적은 바람직한 역사적 안목(통찰력)을 가짐으로써 시민성(민족적 정체성 내지 세계 시민자질)을 함양하는 교과이다. 역사적 안목은 역사의식과 역사적 사고력에 의해 함양에 의해 이루어 질 수 있다. 역사의식은 역사적 사고력과 밀접하게 관련되는 것으로 심리적 측면의 역사의식과 역사적 문제의식으로 구분된다. 심리적 측면의 역사의식은 역사학습의 출발점이자 도착점으로 역사적 사고력이 발휘되는 학습과정을 거쳐서 역사이해에 도달함으로써 더 높은 심리적 측면의 역사의식과 역사적 문제의식을 성취하게 된다. 역사적 사고력은 실증론자의 역사적 탐구력과 관념론자의 역사적 상상력에 의해 신장될 수 있다. 역사의식은 인지적·정의적 목표에 의해 구체적으로 달성되기 쉽고, 역사적 사고는 기능목표에 의해 달성되기 쉽다.

2. 초등 사회과 역사 영역의 핵심 개념

1) 핵심 개념 논의

지식의 구조가 기본적 개념이나 중요한 아이디어 및 그것을 탐구하는 사고과정을 나타내기 때문에, 역사교육의 구조를 가르친다는 것은 역사가가 역사를 탐구하는 방식에 따라 학생들로 하여금 역사의 기본 개념과 핵심적 아이디어를 발견하고, 그것을 파악할 수 있도록 가르치는 것을 의미한다(정선영, 1982). 역사 학습에서 구조화는 사실들을 일정한 주제하에 묶어 응집력을 부여한다는 점에서 높은 전이력을 가지며, 역사 교육의 구조를 바탕으로 역사학습의 내용을 선정한다면, 역사적 사고력을 높일 수 있을 것이다. 이에 대한 구체적 방안으로 총괄에 의한 접근 방식, 사회과학적 접근 방식, 사례연구에 의한 접근 방식을 들 수 있다.

역사교육에 사회과학적 개념을 도입했을 때 학생들의 역사적 사고력 향상에 크게 기여하기 때문에 역사학습의 내용은 기계적이며 망라적으로 역사 사실을 습득시키는 교육을 지양하기 위해서도 역사와 사회과학의 핵심 개념이나 주요 아이디어를 중심으로 조직화되고 구조화 될 필요가 있을 뿐 아니라, 내용이 역사적, 혹은 사회과학적 절차에 따른 탐구와도 밀접한 관련을 맺고 있어야한다는 점을 강조한다.

현재 우리나라 역사교육과정에서는 빅 아이디어[7]를 핵심 개념과 같은 의미로 받아들이면서, 역사일반과 정치사, 경제사, 사회사, 문화사라는 4개 분야에 걸쳐서 핵심 개념을 설정하였다. 이를 바탕으로 하여 2015 개정 역사교육과정 연구개발진들은 초등학교에서는 아동의 발달 단계 및 흥미를 고려한 쉽고 재미있는 역사 내용, 중학교에서는 중학생의 발달단계에 따른 꼭 알아야할 주제(토픽) 중심 구성, 고등학교에서는 정치사를 중심으로 구성하되 경제·사회·문화사 내용을 포함하는 것으로 계열화하였다. 2015 개정 교육과정에서 제시한 계열화방안에 따르면 초등학교에서 흥미를 고려한 극히 개괄적으로 한국사의 흐름만 이해를 마친 상태에서 중학생이 되면 통사가

7) 2015 개정 교육과정에서 빅 아이디어를 도입한 것을 미국의 영향력 있는 교육학자인 Wiggns와 McTighe의 백워드 설계(Backward Design)의 영향을 받은 것으로 본다(이미미, 2015: 131).

아닌 주제중심의 접근으로 학습을 진행하는 것이다. 그렇다면 중학교에서 주제중심의 접근이 이루어지기 위해서는 초등 사회과 역사교육에서는 무엇을 어디까지 가르쳐야할까? 원론적인 문제제기일 수 있지만 역사교육에 대한 철학이 부재한다면 역사교육의 궁극적인 목적을 달성하기 어렵다.

올바른 역사교육은 학생들로 하여금 자기 주변의 모든 현상에 대해 역사적 안목을 가지고 깊고 넓게 살펴볼 수 있는 힘을 길러 준다. 역사교육 궁극적 목적은 바로 역사 의식을 함양하는 것이다. 역사 의식을 통해 역사적 이해력과 역사적 사고력을 신장할 수 있다[8]. 이러한 역사적 이해력과 사고력(상상력)을 바탕으로 학생들은 현재의 생활과 그 문제를 바르게 이해할 뿐만 아니라 미래 세계를 향해 올바르게 나아갈 수 있는 유용한 지침을 얻을 수 있다. 따라서 학교교육을 통해 구현해야할 역사교육의 목표가 무엇이며, 역사교육은 어떤 방향이어야 하는지 교육적이나 사회적으로 검토할 필요가 있다.

2) 핵심 개념

역사교육에서 말하는 개념은 역사적 사실을 가리키는 실제적 개념(Substantive Concept)과 역사의 속성이나 연구방법과 관련된 핵심 개념(Key Concept) 또는 '조직개념(Organizing Concept)'이 있다. 여기서 말하는 조직개념이란 학문중심의 영국국가교육과정이 개발되던 시기에 역사에서 지식의 형성을 증거(Evidence), 설명(Explanation), 변화(Change) 등으로 설명하면서 등장하였다. 이에 따라 사회과학 각 분야의 조직개념을 제시한 Banks(1976)는 역사학의 조직개념으로 변화, 갈등, 혁명, 내셔널리즘, 문명, 탐험, 역사적 편견을 수정된 조직개념으로 제시하였다(김한종, 2015). 특히 변화를 가장 먼저 제시하면서 이에 대한 중요성을 강조하였으며, 이러한 변화에 대한 중요성은 영국

8) 역사학(History)은 사람들이 과거에 어떻게 살았는지를 연구하는 학문으로, 객관적 사실로서의 역사와 역사가의 주관적 해석으로서의 역사로 나누어 볼 수 있다. Ranke에 의하면 역사란 과거에 있었던 사실 그 대로를 아는 것인 반면, Carr에 따르면 역사란 역사가의 해석이며, 그 해석도 시간이 지남에 따라 진화하게 되어 있다고 보고 있다. 그러나 역사학 자체가 역사교육을 의미하지는 않는다. 역사교육은 역사에 관한 지식과 역사적 사고력을 중요시 하는 분야이다. 따라서 역사교육의 목적은 정치, 경제, 사회, 문화적 측면에서의 역사에 관한 지식과 세계 인류에 관한 지식을 습득하여 역사적 이해력(Historical Understanding)과 역사적 사고력(Historical Thinking)을 키워주는데 있다.

역사학회(Historical Association)에서 간행된 역사교육 논문에서도 찾아볼 수 있다. 이 학회에서 제시한 역사의 핵심 개념으로 원인과 결과, 시간개념(변화, 계속성, 발전, 진보와 퇴보), 증거, 의미, 유사성과 차이점이 있다. 이들 개념은 크게 보면 모두 변화와 관련된 것이라 할 수 있다.

1972년의 영국의 학교교육위원회(The School Council) 프로젝트는 학습내용요소로 역사의 중요한 일련의 개념들을 확인하였다. Shemilt를 비롯한 영국의 역사교육학자들은 변화, 원인과 결과, 증거, 감정이입을 꼽았다. 그들은 원인과 결과(Cause and effect), 변화(Change), 동기(Motive), 그리고 우리가 만족할 수 있는 수준의 이해를 나타내는 증거(Evidence)에 대한 학생 인식 체계를 설정하였다(C. Sansom, 1987). 그 후 CHATA(Concepts of History and Teaching Approaches) 프로젝트에서 설명을 추가하였다. 이들이 밝혀낸 개념은 2차적 조직개념들이었다. 영국의 역사교육학자들은 2차적 조직개념을 핵심개념으로 하여 교육과정을 구성하였고, 이를 주된 교육목표로 하였다. 영국의 역사교육학회(Historical Association)에서 발간한 소책자에는 역사이해를 위한 5가지 역사개념을 소개하고 학습 방법을 안내하고 있다. 여기에 소개된 역사개념은 ① 원인과 결과(변화와 지속성, 발전과 퇴보)와 같은 ② 시간 개념과 ③ 증거, ④ 역사적 의미, ⑤ 유사점과 차이점으로 이를 핵심개념으로 볼 수 있다(T. Lomas, 1990). 이 책은 역사개념에 대한 설명과 학교에서 가르칠 때의 문제점이나 상황 등을 제시하고 있다는 점에서 참고가 될 만하다. 영국의 초등 역사교육 전문가 Hoodless는 역사의 핵심개념을 시간과 연대기, 원인과 결과, 변화와 지속성, 해석, 역사자료, 의사소통으로 보았다(P. Hoodless, 2008). 또 다른 초등 역사교육학자 Cooper는 교수지식(Teacher' s Pedagogical Knowledge)으로 변화(Change), 역사자료(Historical Sources), 해석과 설명(Interpretations and Accounts), 연대기와 시간개념(Chronology, Time Concept)을 들고 있다(H. Cooper, 2017). Hoodless와 Cooper가 제시한 개념들은 초등학생에게 필수적으로 가르쳐야 할 역사개념이라고 할 수 있다. 언급한 학자들의 역사교육에 필요한 해심 개념 요소를 정리한 것이 표 9-3이다.

표 9-3 **역사 핵심개념의 요소**

역사교육학자	연구물	초등역사학습에 적용할 역사 핵심개념	비고 (논문이 실린 책)
Shemilt(1980)	*History 13-16 Evaluation Study*	변화, 감정이입, 원인, 증거	
Sansom(1987)	"Concepts, skills and content: A developmental approach to the history syllabus"	변화, 감정이입, 인과관계, 증거	*The History Curriculum for Teachers*
Lomas(1990)	*Teaching of History Series No. 63*	시각, 변화, 원인, 증거, 역사적 의미, 유사성과 차이점	
Lee(2005)	"Putting Principle into Practice: Teaching and Planning"	시간, 변화, 감정이입, 원인, 증거	*How Students Learn: History in the Classroom*
Hoodless(2008)	*Teaching History in Primary Schools*	시간, 변화, 원인, 자료, 해석, 의사소통	
Cooper(2014)	*History 5-11: a guide for Teachers.*	변화, 역사자료, 해석과 설명, 연대기와 시간개념	

출처 : 나미란(2019)에서 발췌

이외에도 캐나다 온타리오 및 호주 교육과정과 미국 C3 framework에서 역사 영역을 중심으로 제시된 핵심 개념을 제시하였다(8장 참조). 역사 영역과 관련지어 세 교육과정에서 공통적으로 제시되는 핵심 개념은 '계속성과 변화', '원인과 결과', '관점'이며, 호주와 캐나다 두 교육과정에서 공통적으로 보이는 개념은 '중요성', 호주와 미국 두 나라에서 공통적으로 보이는 개념은 '증거'이다. 이러한 개념들은 역사적 본질 및 연구와 관련된 개념이라 할 수 있다. 호주와 캐나다 교육과정의 핵심개념은 학문적 사고 개념을 제시하고 있어 상당히 유사한 반면, 미국 C3 framework은 학문적 개념 뿐 아니라 학문적 도구를 함께 제시하고 있어 호주와 캐나다 교육과정의 탐구기능과 관련된 '주장', '역사적 사료' 등이 포함되어 있어 차이점을 보인다.

다음은 2015 개정 사회과 교육과정에서 제시하는 역사 일반 영역에서 제시하는 핵심개념인 역사의 의미에 대한 내용이다.

핵심개념	일반화된 지식
역사의 의미	역사학은 '기록으로서의 역사'와 '해석으로서의 역사'를 모두 다루는 학문으로서 과거의 사실을 바탕으로 현재의 우리를 이해하는 통로가 된다.

역사학 또는 사학은 선사시대로부터 현대에 이르기까지 정치, 경제, 사회, 문화 등 인간 활동에 관한 제반 조사, 연구를 수행함으로써 과거의 사료를 평가, 검증하는 과정을 통해 역사적 진실 규명을 추구하는 학문이다.

한편, 역사교육에서 말하는 개념은 역사적 사실을 가리키는 실제적 개념(Substantive Concept)과 역사의 속성이나 연구방법과 관련된 핵심개념(Key Concept) 또는 '조직개념(Organizing Concept)'이 있다. 여기서 말하는 조직개념이란 학문중심의 영국 국가 교육과정이 개발되던 시기에 역사에서 지식의 형성을 증거(Evidence), 설명(Explanation), 변화(Change) 등으로 설명하면서 등장하였다. 이에 따라 사회과학 각 분야의 조직개념을 제시한 Banks(1976)는 역사학의 조직개념으로 변화, 갈등, 혁명, 내셔널리즘, 문명, 탐험, 역사적 편견을 수정된 조직개념으로 제시하였다(김한종, 2015). 특히 변화를 가장 먼저 제시하면서 이에 대한 중요성을 강조하였으며, 이러한 변화에 대한 중요성은 영국 역사학회(Historical Association)에서 간행된 역사교육 논문에서도 찾아볼 수 있다. 이 학회에서 제시한 역사의 핵심개념으로 원인과 결과, 시간개념(변화, 계속성, 발전, 진보와 퇴보), 증거, 의미, 유사성과 차이점이 있다. 이들 개념은 크게 보면 모두 변화와 관련된 것이라 할 수 있다. 역사교육에 있어서 시간의 흐름에 국가의 역사를 알아보는데 필요한 변화, 지속성, 민족, 문명이라는 개념에 대해서 검토해 보고자 한다.

(1) 변화

인간 사회의 모든 현상은 매일, 매주, 매년 달라지고 있다. 지리적 변화를 비롯하여 정치, 경제, 사회, 문화 현상은 계속 변동한다. 역사는 시간의 흐름에 따라 변화하며 그 변화의 속도와 방향은 여러 가지 내적·외적 요인에 의해 좌우된다. 변화(Change)는 발전적인 방향으로 나아가나, 여러 가지 갈등을 수반하기도 한다. 한 시대가 다음 시대로 발전해 가는 과정을 통해 시대적 특성을 파악하는 일이 요구된다. 역사의 전체적인 흐름은 시대의 변화를 개관할 수 있을 때 가능할 것이다.

① 갈등

모든 개인이나 집단, 국가들은 각기 다른 목적이나 생각을 가지고 있기 때문에 그들 간에 의견 차이를 좁히지 못할 경우 적대감이 생겨나기도 한다. 이로 인한 갈등은 말다툼, 반란, 폭동, 혁명, 전쟁 등을 일으키는 계기가 되기도 한다. 문화적 갈등, 정치권력 투쟁에서의 갈등, 재화와 용역의 희소성에서 발생하는 갈등, 그리고 가치 갈등은 학생들이 역사학, 인류학, 정치학, 경제학, 사회학 등의 관점에서 학습할 수 있는 갈등의 유형들이다. 갈등은 긍정적인 측면에서 사회를 변화시킬 수도 있고, 한 사회의 기존 질서를 붕괴시킬 수도 있다. 역사교육을 통해서 각기 다른 시기에 발생한 갈등들의 원인, 결과 요인들을 고찰하게 함으로써 이들에 관한 일반화를 찾아낼 수 있게 할 수 있다.

② 혁명

혁명(革命 : Revolution)은 갈등의 한 유형이며 정치학의 범위에 속하는 개념이다. 그러나 정치적 요인은 역사 변화에 중요한 영향을 미치기 때문에 대부분의 역사가들은 혁명에 많은 관심을 가지고 있다. 혁명은 당시의 정부가 갑자기 전복되고 더 급진적인 집단이 권력을 장악할 때 일어난다. 학생들은 영국(1688, 명예혁명), 미국(1775, 독립혁명), 프랑스(1789), 러시아(1917), 한국(4·19 민주혁명)을 공부하면서 이 사건들의 원인과 결과에 대한 특수성과 더불어 일반성도 찾아낼 수 있다.

개혁(Reform)은 합법이나, 쿠데타(coup d'État)는 불법적이다. 혁명(Revolution)은 불법을 합법으로 승화하는 것이다. 이러한 점에서 개혁이 쿠데타나 혁명보다 평화적 성격으로 설득의 어려움이 있으나 폭력적인 쿠데타와 혁명의 공포는 설득을 쉽게 할 수 있다.

표 9-4 **쿠데타와 혁명의 비교**

구분	쿠데타	혁명
주도 세력	지배계급	피지배 계급
이념적 색채	강	약
목적	정치권력 장악	사회의 전반적 개혁
성공 여부	집권층 내부의 지지	민중들의 지지
인간의 본질	권력 암투	인간성 회복을 위한 정치 변동

(2) 지속성

역사적 시간은 본질적으로 변화하고 있으나, 한편 그 변화의 특성을 계속 이어가는 연속성에 있다. 현재의 기원이 과거에 있고, 과거가 현재를 규정하기 때문에 우리는 과거에 눈을 돌리게 되는 것이다.

변화와 지속성(Continuity) 두 개념은 많은 역사적 사건을 통해서 발견하게 된다. 수많은 역사적 사건들은 그 사건들 나름대로 특수성을 지니고 있으면서, 시간의 연속선상에서 볼 때 비슷한 유형의 사건들 간에서 변화의 모습과 지속되는 면을 찾아낼 수 있다. 또한 수많은 역사적 사건들의 특징은 관련 역사적 자료(사료)의 수집, 분석, 비판 과정을 거쳐 파악할 수 있다. 따라서 자료의 수집, 분석, 비판 능력은 역사학습에서 중요한 의미를 갖게 된다.

전통(Tradition)은 한 문화권에서 오랫동안 유지되어 온 행위의 유형 또는 신념을 전통이라 한다. 우리나라 사람들이 예부터 오늘에 이르기까지 부모님을 잘 섬기려는 관습, 김치와 간장, 된장을 담가 먹은 식습관은 우리의 전통이라 할 수 있다. 전통은 그러한 생활 방식이 우리들이 살아가는 데 편리한 방식이라고 생각되기 때문에 유지되는 것이다. 따라서 외래 문화를 받아들일 때에는 우리의 전통을 바탕으로 하여 우리들이 살아가기 편리하고 가치로운 방향에서 행해져야 할 것이다.

(3) 민족

민족(Nation)은 일정한 지역에서 장기간에 걸쳐 공동생활을 함으로써 언어·

풍습·종교·정치·경제 등 각종 문화 내용을 공유하고 집단 귀속감정에 따라 결합된 인간 집단의 최대 단위로서의 문화 공동체를 가리키는 말로 역사적 차원에서 민족을 규정하면 민족이란 역사적 운명 공동체라 할 수 있다. 즉 역사와 더불어 민족이라는 집단으로서의 동질성이 형성되고, 앞으로도 역사의 전개를 같이하는 운명 공동체인 것이다. 이 운명 공동체인 민족이 전개하는 역사가 곧 민족사이며, 민족은 민족사 추진의 주체인 것이다. 역사교육에서 우리는 민족적 자아, 정체성을 확립하게 하는 것이 중요하며 민족사 발전에 기여하려는 태도를 지니게 하는 것이 반드시 필요하다. 그러나 민족은 개별적으로 존재하는 동시에 세계 여러 민족 중의 하나로서 특수성을 지니고 있음에 유의해야 한다. 따라서 국사 교육과 더불어 역사 발전과 인류의 보편성을 인식하게 하는 세계사교육의 필요서도 함께 강조되어야 한다.

이 말은 다의적(多義的)이어서 국민·부족·종족 등과 혼동되는 경우가 많으며, 또 실제로는 이들과 부분적으로 중복되는 요인도 있다. 그러므로 민족은 언어, 거주하는 지리적 범위, 경제생활과 문화, 동류로서의 공속 의식(共屬意識)을 공통으로 가지며, 역사적으로 형성된 인간집단이다. 이들 여러 요인이 상호 관련하는 하나의 전체로서 통일되고, 개개의 요인이 단독으로 민족을 구성하는 것은 아니다. 또 이들 여러 요인이 복합하여 어떤 민족이 생성 발전하는 과정 중에 그 민족에게 고유한 특징으로서 나타나는 것이 민족성이다.

인종이 민족과 동일하지 않으며 일치하지 않는다는 것은 분명하나, 민족이란 기본적으로 공통의 인종적인 기반 위에 성립하는 경우가 많다. 그런 의미로서 인종은 민족구성의 본질적 요인은 아니지만 민족과 인종은 밀접한 관계가 있다.

이 관계는 민족과 국민에 관해서도 마찬가지이다. 즉, 한국인의 경우 국민과 민족은 거의 일치하고 있으나, 미국인·러시아인·중국인이라는 국민은 많은 민족으로 이루어져 있으며, 라틴민족은 많은 국민으로 분화되어 있다.

민족은 원래 같은 지역에 살고 있으나, 현대의 여러 민족이 세계 각지에 흩어져 있는 것은 오랜 역사과정 속에서 정주·이동을 되풀이한 결과이다.

이러한 역사과정 속에서 민족을 구성하는 여러 요인을 달리하는 여러 민족이 장기간에 걸쳐 일정한 지리적 범위에서 밀접하게 접촉하는 동안, 그들 사이에 문화적으로 비슷한 특징이 형성되었다.

따라서 아프리카와 아시아 여러 민족과 같이 지리적 분류는 민족의 개관을 아는 데는 효과적이나, 민족의 기원과 역사적 과정을 아는 데는 충분하지 못하다.

민족으로서의 단위를 형성하는 데는 언어의 공통성이 결정적 요인이며 민족구분과 민족기원, 민족 간 및 근연(近緣) 관계를 아는 중요한 지표가 되기도 한다. 그러므로 어디에도 속하지 않는 언어(한국어, 일본어, 바스크어 등)를 모어로 하는 민족은 다른 민족과의 관계를 밝히기 어렵다. 복수민족이 동일어를 모어로 하는 경우(에스파냐, 포르투갈어 등), 반대로 한 민족이 복수의 언어를 모어와 같이 사용하는 경우(아일랜드인의 아일랜드어와 영어 등)가 있으므로, 역사적으로 고찰하지 않으면 언어는 민족구분의 유일한 요인이라고 할 수는 없다.

(4) 문명

문명(Civilization)이라는 용어는 실제에 있어 매우 다양한 뜻으로 쓰이나 문화와 대치(對置)되는 것으로 파악하는 입장과 문화의 특수한 한 형태로 파악하는 입장으로 크게 나누어 볼 수 있다. 전자는 독일철학이나 사회학에서 전통적으로 볼 수 있으며 인류의 정신적이고 가치적인 소산을 문화라고 하는 데 대하여 물질적·기술적 소산을 문명이라고 한다.

후자의 견해는 제2차 세계대전 후 문화인류학의 보급에 따라 일반화되었다. 여기에 따르면 문화 중에서 도시적인 요소, 고도의 기술, 작업의 분화, 사회의 계층분화를 갖는 복합문화(문화의 복합체)를 큰 단위로써 파악한 총체를 문명이라고 한다. 전자의 입장 가운데 Weber에 의하면 문명은 주체를 떠나 직선적으로 발전, 누적되어 무한하게 진보하는 기술적 수단의 총계이지만 문화는 주체와의 관련하에 일 회에 그치는 역사적 개체이며 누적되는 것이 아니므로 진보라는 척도로써는 측정할 수 없다고 한다.

그 밖에 18세기 Montesquieu나 Rousseau 등의 백과전서파는 문명을 야만(Barbarism)과 대치시키지 않고 봉건제·군주제와 대치시켜 문명이란 말 속에

봉건사회에서 시민사회로의 진보라는 뜻과 계몽의 의미를 포함시켰다. 이러한 생각은 사회진화론의 바탕에서도 볼 수 있는데, 예를 들면 모건 등이 주장한 몽매(蒙昧 : Savagery)·야만·문명(Civilization)이라고 하는 단계적인 구분이다.

문명은 한 국민, 국가 시대의 전체 문화를 뜻하는 것으로 역사가들이 자주 사용해 온 인류학적 개념이다. 문화는 크게 물질문명과 정신문명의 두 요소로 구분되고 있다. 그러나 문명이란 개념을 사용함에 있어 우리가 유의해야 할 점은 문명과 문화의 두 개념이 혼용되어 쓰이고 있다는 점이다. 따라서 문명과 문화라는 개념의 혼용에 따른 개념상의 혼란을 피하고자 한다면 문명은 한 시대의 문화에 보다 새로운 아이디어가 첨가되어 발전된 사회로 변하여 가는 것이라고 할 수 있다.

역사 발전에서는 각 민족, 국가, 인류의 역사 전개가 미개에서 문명으로 향하고 있음을 이해시키고, 또한 현대에 이르면 물질문명의 진전 속도는 놀라울 정도로 빠른 데 비해 정신문명의 진전 속도는 완만하거나 퇴보할 때도 있었음을 이해하는 것이 중요하다. 따라서 인류 문명의 장애는 정신문명의 수준을 향상시키려는 전체 인류의 역사와 세계 여러 나라들의 역사적 자성과 의지에 달려 있음을 이해시키는 것이 역사교육의 가장 중요한 과제라 할 것이다.

제3절 초등 사회과 일반사회영역의 핵심개념

1. 초등 사회과 정치영역의 핵심개념

핵심개념	일반화된 지식
민주주의와 국가	현대 민주 국가에서 민주주의는 헌법을 통해 실현되며, 우리 헌법은 국가기관의 구성 및 역할을 규율한다.
정치과정과 제도	현대 민주 국가는 정치과정을 통해 시민의 정치 참여가 실현되며, 시민은 정치 참여를 통해 다양한 정치 활동을 한다.
국제 정치	오늘날 세계화로 인해 다양한 국제기구들이 활동하고 있으며, 한반도의 국제질서도 복잡해지고 있다.

1) 정치권력

고대 그리스 이후로 권력에 대한 많은 고찰이 있었다. 정치의 시대라고도 하는 오늘날에는 권력현상이 많은 사람들의 관심사가 되어 있는데, 권력의 정의를 내리는 문제에 있어서는 지배와 복종, 통제·권위 등과 엇갈리고 뒤섞이어, 사람마다 다양한 정의를 내리고 있다.

권력이란 어떤 개인이나 집단이 다른 사람의 행위에 영향을 주고, 그것을 변경 또는 수정시킬 수 있는 힘이다. 어느 사회나 사회 내의 대립과 갈등을 조정하고, 정치 목적을 달성하기 위하여 사회 구성원을 구속하는 결정과 이를 시행하는 힘이 존재하는 데 이것을 정치권력이라 한다. 다시 말해 힘이 정치적 기능을 다 하기 위하여 조직되는 것을 정치권력이라 하며, 공권력(公權力) 또는 국가 권력이라 부르기도 한다. 권력은 궁극적 보장으로서 경찰·군대·교도소 등과 같은 물리적 강제력을 가지며, 그것이 합법화되고 있는 점에 특색이 있다.

정치권력(Political Power)은 여러 수단(선거, 임명, 혁명 등)을 통해 국민으로부터 그 정당성이 인정되며 권위를 가지고, 구성원들에게 영향력을 행사할 수 있다.

2) 정치 과정

오늘날 사회 구성원은 다양한 방법과 과정을 통해 정치와 관련을 맺으며 정치 체제하에서 정치적 결정을 하고 시행한다. 이러한 의미로 볼 때 정치 과정이란 사회 구성원이나 모든 세력들이 사회적 정책을 결정하고 집행하여 평가하는 상호작용 과정이라고 할 수 있다. 정치 체제는 시민들의 요구와 참여, 선거 과정, 정책 결정 과정, 통치 구조, 정책을 수행할 수 있는 권력 등의 요소들로 이루어진다.

정치 과정(Political Process)이 정치학에 도입된 것은 비교적 최근의 일로, 20세기 초까지는 국가·정치제도·정치사상·정치학의 주된 연구대상이 되었다. 1908년 Bentl y가 정적인 정치제도보다 동적인 정치 과정을 주목한 저서 『정치 과정』을 발표하여 정치 과정이란 개념이 정치학에 제기되었고, 1951년 Truman이 발표한 『통치 과정론』에서 그 이론이 재평가되어 발전하게 되었다. 정치과정론이 본격적으로 대두하게 된 것은, 20세기 이후 사회구성요소가 다양화됨에 따라 대의제나 정당제도로는 사회의 여러 이해를 반영할 수 없었고, 이에 새롭게 등장한 압력단체·이익집단이 자신들의 이해를 반영시키기 위해 정책결정 과정에서 영향력을 행사하게 되자 정치는 집단간의 상호경쟁과 이익의 대립을 조정·통합하게 되는 등 정치현상에 큰 변화가 온 것에 기인한다. 즉 기존의 제도적 및 정태적 연구방법을 통해서 변화된 정치현상을 설명할 수 없게 되어 정치과정론이 등장하게 되었다. 정치과정론에서는 정치사회적 여러 집단이나 세력이 정책형성 및 집행과정에 미치는 정치기능과 역할관계를 분석한다.

현대 민주정치 체제하에서의 개인은 이익집단이나 정당 등 다양한 정치집단을 통해 보다 효과적으로 정치에 관련을 맺고 있다. 그리고 어느 사회나 그 사회의 여러 가지 희소가치를 배분하기 위한 결정을 하며 이를 시행하는 과정을 거친다. 따라서 현대의 정부에는 다양한 정치적 기능을 담당하는 정치 기구가 있다. 정부는 국가의 개념과 밀접하게 관련 있으며, 국가의 기관이다. 정부에는 다양한 정치적 기능을 담당하는 입법 기능, 행정 기능, 사법 기능을 담당하는 정치 기구가 있다.

3) 정치 형태

각 사회에는 정치적 기능을 수행하는 다양한 형태의 조직화 된 정치제도가 존재한다. 정치 형태(Political Pattern)는 정치권력(權力)의 소재나 구성의 해명에 초점을 둔 정치제도의 다른 표현이다. 그 사회의 역사적 전통과 상황에 따라 상이한 정치 형태와 정부 형태를 가지고 정부는 개인의 필요와 욕구를 충족시키고, 사회 질서를 유지하며, 안전 보장을 확보해 나간다.

고대에서 현대에 이르기까지 동·서양의 정치 형태는 다양하게 발전되어 왔다. 민주주의의 어원은 Demos(민중)와 Kratos(권력 또는 지배)의 합성어로 민중의 지배 즉 다수의 민중이 지배하기도 하고 지배받기도 하는 정치 형태를 의미한다. 오늘날 모든 국가들이 지향하고 있는 민주정치의 형태도 크게 직접과 간접 민주정치, 대통령제와 의원내각제로 나눌 수 있다.

4) 정치 문화

정치 문화(Political Culture)는 정치체계의 구성원인 개인이 정치적 대상에 대하여 갖는 정치적 기분·태도·평가·의무감·약속 등을 포함하는 정치체제의 심리적 측면 또는 내재화된 정치체제를 말한다.

정치 문화는 1950년대 이후 미국에서 행태주의(行態主義) 정치학이 유행하면서 널리 사용되기 시작한 개념이다. 그러나 민족이나 집단의 정치행동을 규정하는 문화·정신·정서·가치 등의 관념은 정치 분석과 항상 맞물려 있던 개념들이다. 정치 문화론의 지평을 개척한 미국의 정치학자 Almond는 Verba와 공저한 『시민문화(The Civic Culture)』에서 정치문화의 개념의 등장을 세 가지의 지적 전통에서 찾고 있다. 첫째, Freud의 사회심리학 및 Malinowski, Benedict의 인류학적 전통, 둘째 Marx의 경제결정론에 대항하여 문화의 중요성을 강조했던 Weber, Pareto의 사회학적 전통, 셋째 집단이나 민족이 정치에 대해 갖는 심리 문화적 정향을 측정할 수 있는 여론조사 기술의 발전이 그것이다.

Almond의 정의에 의하면, 정치문화의 개념은 다음의 세 가지 요소로 구성된다. 첫째, 정치에 대한 인지적 정향(Cognitive Orientation)으로 그 사회집단의 현실인식과 정치의식 및 정치성향 등이다. 둘째, 감정적 정향(Affective Orientation)으로 그 집단이 정치에 관해서 갖는 애착심·혐오감·충성 등이다. 셋째, 평가적 정향(Evaluative Orientation)으로 이는 그 집단의 가치체계를 의미한다.

그리고 Almond는 정치문화를 3개의 기본적 타입으로 유형화하였는데, 이는 정당·정치엘리트·행정부 등의 권력기구나 국가라는 정치적 대상에 대한 심리적 지향에 바탕을 둔 것이다. 첫째는 정치적 대상에 관심이 없고 인지·감정·평가 등의 지향이 거의 존재하지 않는 경우로 이것을 미분화형(未分化型)이라 하는데 아프리카의 부족사회와 같은 전통적 정치체제가 이 문화에 속한다. 둘째는 행정부 등의 권력기구와 정책의 집행과정에 관심을 기울이며 그것들에 대한 지향을 지니고 있으나 자기를 정치참여의 주체로 파악하려는 의지가 없는 경우로 신민형(臣民型)이라 하며, 절대왕정 등의 집권적·권위주의적 정치체제가 이 문화에 해당한다. 셋째는 여러 가지 정치적 대상을 인지하면서 자기를 정치의 주체라고 생각하는 지향이 있는 경우로 참여형이라 하는데, 민주적 정치체제가 여기에 대응한다.

이 밖에 이들 세 가지의 기본적 정치문화의 특질들이 서로 뒤섞인 혼합형 정치문화, 미분화-신민형(봉건사회에서 절대왕정으로의 이행기), 신민-참여형(19세기부터 20세기에 걸친 독일 · 이탈리아), 미분화-참여형(현대의 개발도상국) 등을 제시하였다. 다시 그는 참여형의 문화를 기초로 하여 미분화-신민형의 문화를 적절하게 융합시킨, 참가형 혼합문화가 민주적 정치체제를 유지하는 데 가장 유효하다고 보았으며, 이를 시민문화라 하였다.

5) 정치 사회화

개인이 정치 체제에 대한 태도, 신념 그리고 지각을 습득하는 과정을 정치 사회화라고 할 수 있다. 아동의 정치 사회화(Political Civilization)는 우리가 생각하는 정치적 이상 또는 윤리들을 습득하고 정치 행위 방식을 익히고, 올바른 판단에 따라 바른 정치 행동을 취할 수 있게 하는 것이다. 아동들의 기본 정치 태도는 초·중학교 때 많이 형성된다는 연구들이 많이 있다. 그 나라 개인의 정치의식은 정치 사회화 과정을 통해 형성되며, 이는 그 나라의 정치 문화를 형성하는 기초가 되며 정치 체제의 안정과 지속에 밀접한 관련이 있다. 따라서 초·중학교에서의 올바른 정치 사회화를 위한 프로그램의 제공은 매우 중요하다 할 것이다.

6) 정치 발전

정치 발전(Political Development)은 개발도상국의 정치사회가 바람직한 방향으로 나아가는 것을 말한다. 정치발전이라는 개념은 정치적 근대화라는 개념의 연장선상에 있다. 근대화론은 사회진화론과 서구 민주주의 모형을 전제로 삼고 있으며 비서구사회도 서구형 정치체제의 모형을 향하여 단선적으로 발전한다는 이론이다. 그러나 현실의 정치사회 발전은 다원적인 방향성을 가진다는 비판이 일어남으로써 정치발전이라는 개념이 근대화라는 개념을 대체하였다. 비교정치학의 입장에서 정치발전을 논한 알몬드나 피에(L.

W. Pye) 등은 정치발전의 요소로서 ① 정치체제의 능력 증대, ② 기능과 구조의 증식·분화·평등화, ③ 정치문화의 세속화, 법률의 보편화 등을 들고 있다. ①은 정치체제가 물적·인적·문화적 자원을 조달하고 배분하는 능력을 말하며, 경제력이나 문화수준 등의 고도화를 의미한다. ②는 사회의 많은 기능을 전문화된 구조가 분담하는 사회적 분업을 말한다. 발전도가 낮은 사회에서는 수행되는 기능도 한정되어 있을 뿐 아니라 특정의 구조가 여러 기능을 맡고 있다. 예를 들면, 복지라든가 교육 등의 기능이 불충분하고 한 사람 또는 하나의 기관이 입법·행정·사법의 기능을 모두 수행하는 사회는 전통형 정치사회이다. ③은 정치적 지향이나 태도가 종교성이나 신성화된 전통에서 벗어나 입헌주의를 확립하는 것이다. 전통형 사회에서는 정치권력이 비일상적 권위에서 나오기도 하고, 전통을 신성시함으로써 사회의 유동성을 약화시키기도 한다. 국민은 그러한 사회질서를 당연한 것으로 받아들여 자기 자신을 정치의 주체적 존재로 생각하지 않는다. 그러나 발전된 사회에서는 규칙도 권력자가 마음대로 만들지 못하며 적절한 절차를 거쳐 제정된 법률에 의거하기 때문에 사회관계가 예측 가능하게 된다. 그럼으로써 국민도 판단의 기준을 얻게 되고, 전통의 전면적 지배에서 벗어나 스스로 정치에 대한 판단을 내리며 정치에 참여하는 주체가 된다. 그러나 1960년대 후반 여러 선진국에서 사회적 혼란이 일어나 이들 선진사회에 대해 많은 문제점이 제기되자 정치발전의 방향에 대해서 다시 생각하게 되었다. 독자성을 갖는 개개의 정치체제를 일원적 모형으로 설명한다는 것은 무리이며, 저마다 적합한 발전의 길이 모색되어야 한다는 것이다.

7) 국제 정치

국제 정치(International Politics)는 주권을 가진 국가 상호 간에 존재하는 정치적 관계를 말한다. 17세기 유럽에서는 주권국가 체계가 형성된 뒤에도 국가 간의 관계는 주로 왕조 간의 관계를 뜻하는 절대왕정시대가 계속되었다. 19세기 들어 민족국가가 일반화함에 따라 국내에서 국민의 정치적 통합이 진행되는 한편, 국가 간의 관계는 전통적인 외교라는 관념과 함께 대외관계나 대외문제라는 말로 표현하는 것이 통례가 되었다.

국제 정치의 목표는 국가 간 갈등과 분쟁이 전쟁으로 발전하는 것을 막고, 평화를 유지할 수 있는 안정된 국제질서를 형성하는 것이다. 이를 위해 힘의 균형체제, 힘의 우위체제, 주권국가들의 통합 등의 방법이 모색된다. 힘의 균형체제는 2개 이상의 강대국들에게 힘을 분산시켜 상호견제시킴으로써 전쟁을 방지하고 평화를 유지하려는 체제이다. 힘의 균형은 근대 유럽의 평화유지에 이바지하였으나, 1914년 제1차 세계대전이 발발함으로써 붕괴되었다. 1920년 국제연맹의 창설로 새로운 국제질서인 힘의 우위체제가 성립되었다. 힘의 우위체제는 다수의 국가들이 연합하여 압도적으로 우세한 힘을 보유함으로써 잠재적 침략세력의 도발을 억제하려는 체제이다. 이 무렵부터 국제관계라는 개념이 널리 쓰이게 되었는데 특히 미국의 대학에서는 '국제관계론'이라는 분야가 연구와 교육의 대상으로서 공인되기에 이르렀다. 이 경우 국제관계라는 개념에는 널리 국제문제나 그 역사, 국제법·국제기구 등의 의미가 포함되어 있으며 기구론적인 성격이 강했다. 1930년대 들어와 국제연맹의 무력함이 드러나자, 국제규범이나 국제기구 같은 것보다는 국제적인 역학관계에 착안할 필요가 통감되어 국제 정치라는 개념이 학문적으로 확립되었는데 그 효시는 Schman의 『국제 정치』였다. 이러한 접근은 넓은 뜻의 정치권력론적인 시점을 반영한 국제관계의 정치분석으로서 새로운 의미를 지니는 것이었지만, 복잡한 국제 상황에 비추어 볼 때 기본적 권력 단위로서의 국가 간 정치적 관계로써 국제 정치를 파악한다는 점에서 고전적 견해와 통하는 것이었다.

국제연맹은 침략자를 응징할 수 있는 강제력이 없었고 미국의 불참으로 인해 1939년 제2차 세계대전의 발발을 방지하지 못하였다. 1945년 미국·영국·소련·중국 등 연합국들이 중심이 되어 힘의 우위에 기반을 둔 국제연합을 결성하였다. 회원국은 출범 당시 50개국을 포함하여 1991년 9월에 165개국을 넘어섰다. 국제연합은 세계적 규모의 전쟁을 방지하였을 뿐만 아니라 국지전에도 개입하여 국제평화유지에 크게 기여하였다. 그러나 45년 이후의 핵무기 개발 및 70년대 이후의 환경·자원문제의 현재화 등을 배경으로 국제정치는 개별국가에서 출발할 것이 아니라 세계 전체의 시점에서 출발해야 한다는 새로운 접근법의 경향이 강해졌다. 따라서 세계정치라는 테두리를 지정하고 그 하나의 측면으로서 국가 간 정치의 역학을 파악하는 접근법의 유효성이 높아지고 있는 것이 현대 국제 정치의 특징이다. 또한 1960년대 이후 대거 진출한 제3세계 국가들의 발언권을 높이는 국제무대가 되었다.

그러나 힘의 균형이나 힘의 우위는 모두 힘에 기반한 국제체계로서 불안정성을 가지고 있다. 따라서 오늘날 영구적인 평화유지체계를 형성하기 위하여 주권국가들의 통합이 추진되고 있다. 통합이란 개별 국가들이 주권이나 독립적 결정권의 포기를 전제로 새로운 공동체를 형성하는 과정이다. 통합이론에는 법적·제도적 접근방법을 취하는 연방주의(聯邦主義), 경제·사회·문화 등 비정치적 분야의 교류를 강조하는 기능주의, 기능주의적 입장에서 연방주의적 요소를 가미한 신기능주의, 정보통신과 교통에 의한 공통문화의 형성을 강조하는 커뮤니케이션이론 등이 있다. 1989년 11월 베를린 장벽의 붕괴와 독일통일의 과정에서 기능주의적 시각에서 보면 교류가 큰 역할을 하였다.

오늘날 국제 정치는 사회주의권의 붕괴로 이데올로기 대립의 시대가 마감되고 국가이익을 최우선하는 새로운 시대로 접어들고 있다. 이와 함께 지역통합·세계통합 등을 통해 다가오는 21세기에 보다 나은 평화공동체를 건설하려는 인류의 노력이 계속되고 있다.

7) 한국 정치의 특수성

한국은 특수한 정치적인 분단 상황에 처하여 여러 가지 해결해야 할 과제를 안고 있다. 그 중 분단된 조국을 평화적으로 통일하여 국가를 발전시켜야 하는 시급한 과제를 안고 있다. 이를 위해 우리 민족 모두는 여러 가지 노력을 하고 있다.

한반도 분단의 역사에서 드러나듯이 한반도의 정치 경제적 상황은 국제사회의 현실과 밀접한 관련을 맺고 있으며, 통일의 문제 또한 주변 강대국들의 정치 경제적 이해와 맞물려 있음을 이해하고 국내의 정치, 경제, 사회적 요소는 물론 국제적인 요소도 함께 고려하여 통일 문제의 해결 방안을 탐색하도록 한다. 지난 50여 년간 분리되어 살아온 역사적 경험으로 인하여 오늘날에는 서로 다른 정치, 경제적 이념 및 제도와 수준, 사회·문화적 생활 방식에 상당한 차이가 있음을 이해하되, 통일의 당위성과 필요성에 대하여 논의한 후, 이를 바탕으로 하여 통일의 가능성과 방식을 탐색해 보며, 통일 후에 발생할 수 있는 여러 문제를 파악하고 이에 대비하는 방안을 찾아보도록 한다.

2. 초등 사회과 법 영역의 구조와 핵심개념

핵심개념	일반화된 지식
헌법과 우리 생활	헌법은 국민의 기본권을 보장하고, 국가기관의 구성 및 역할을 규정한다.
개인 생활과 법	민법은 가족 관계를 포함한 개인 간의 법률관계와 재산 관계를 규율한다.
사회생활과 법	우리나라는 공동체 질서 유지를 위한 형법과 사회적 약자 보호를 위한 사회법을 통해 정의로운 사회를 구현한다.

1) 헌법

헌법은 국가와 공동체, 그리고 해당 공동체 구성원들 생활의 근본과 그 질서를 형성하는 근본법이다. 헌법이란 본래 국가의 기본 조직에 관한 법, 즉 영토의 범위, 국민의 자격 요건 및 국가 통치기관의 조직과 기능 등을 정하는 법이다. 오늘날 입헌민주국가에서는 기본적인 규범적 판단과 가치판단 그리고 행동준칙이 헌법에 마련되어 있다.

헌법이란 본래 국가의 기본 조직에 관한 법, 즉 영토의 범위, 국민의 자격 요건 및 국가 통치기관의 조직과 기능 등을 정하는 법이다. 헌법을 이와 같이 일반 법률과 구별하는 것은, 이미 고대 그리스 시대부터 행해져 온 바로써 이러한 의미의 헌법은 국가의 형태 여하를 막론하고 동서고금의 어떠한 국가에도 비슷하게 적용된다. 국가도 단체의 일종이며 단체는 반드시 조직에 관한 규정이 있어야 성립되기 때문이다.

그러나 입헌정치(立憲政治) 또는 입헌주의(立憲主義)라고 하는 경우의 '입헌', 즉

'헌법을 세워서', 다시 말하면 헌법을 제정해서 그 헌법에 따라 국가를 운영한다고 하는 경우의 '헌법'은 어떠한 형태의 국가도 다 가지고 있는 국가 조직법을 의미하는 것은 아니다. 프랑스의 인권선언 16조는 '권리의 보장이 확고하지 아니한 사회는 모두 헌법을 가진 것이 아니다'라고 하였는데, 이는 입헌주의적 의미의 헌법은 각국의 국가 조직법 중에서도 특별한 내용을 가진 것만을 특히 '헌법'이라 지칭하는 것임을 의미한다. 입헌주의적 의미의 헌법은 이를 근대적 의미의 헌법이라고도 하는데, 그 내용은 민주정치의 모든 원리를 국가조직의 기본원칙으로 채택하는 것을 특색으로 한다.

하지만 이러한 근대적 헌법은 20세기에 들어와 다시 변천을 보게 되었다. 20세기 이전에는 국민의 기본권이라 하면 전에는 모든 사람의 자유와 평등의 원리에 입각하여 국민의 자유가 권력 기관의 침해를 받지 않을 것을 보장하는 자유권에 치중하였으나, 무제한적인 재산권과 경제 활동의 자유가 격심한 경제적 불평등을 초래하였다. 그에 비추어 제1차 세계대전 이후의 각국의 새로운 헌법은 모든 국민에게 인간다운 생활을 보장하는 생존권적 기본권을 인정하게 되었기 때문이다. 이러한 헌법을 학자들은 현대적 의미의 헌법이라 하는데 대한민국 헌법은 전형적인 현대적 의미의 헌법에 속한다.

이와 같은 헌법은 존재형식, 개정방법, 제정 주체에 따라 다음과 같이 분류할 수 있다.

구분	종류	내용
존재형식	성문헌법	헌법의 존재형식이 성문화되어 있는 것으로, 버지니아 헌법을 시작으로 미국, 독일 등 대부분의 국가가 채택
	불문헌법	헌법의 존재형식이 불문화되어 있는 것, 즉 성문의 법조문으로 구성되어 있지 않은 경우로 영국·뉴질랜드 등의 헌법이 해당
개정방법	경성헌법	일반 법률보다 까다로운 절차와 방법에 의해 개정할 수 있는 헌법으로, 대부분의 국가들의 헌법이 해당
	연성헌법	일반 법률과 동일한 절차와 방법에 의해 개정할 수 있는 헌법으로, 1948년의 이탈리아 헌법 등이 해당
제정 주체	흠정헌법	군주 단독의 의사에 의하여 제정되는 헌법으로, 군주주권사상의 바탕
	민정헌법	국민투표나 국민의 대표로 구성되는 제헌의회에서 제정되는 헌법
	협약헌법	국민과 군주 간의 합의에 의하여 제정되는 헌법
	국약헌법	둘 이상의 국가 간의 합의에 의하여 제정되는 헌법

2) 법

아주 옛날 모든 사람이 순박하고 사회도 단조로웠던 시대에는 종교나 도덕만 가지고도 충분히 사회 질서를 지켜나갈 수 있었지만, 이해(利害)의 대립이 커지고 사회가 복잡해지면 종교나 도덕과 같은 신(神)에 대한 두려움이나 가슴 속의 양심에 주로 호소하는 규범만 가지고는 사회의 평화를 누리기가 어렵게 된다. 이에 일정한 질서를 지킬 것을 명령하고 그것에 따르지 않을 경우에는 가슴에 손을 대고 뉘우치게 하는 데 그치지 않고, 한 걸음 더 나아가 밖에서 강제적으로 제재를 가할 수 있는 규범이 필요하게 된다.

이 규범이 법인 것이다. 그리하여 법은 사람의 행동을 사회가 기대하는 일정한 모습에 합치하도록 통제하는 수단으로서의 역할을 담당하게 된다. 법은 정치·경제·사회·종교·도덕·언어 등과 마찬가지로 인간 문화의 일부분이다. 즉 사람이 살고 있는 환경 중에서 사람이 만들어 낸 인위적인 부분이다. 또 그것은 위에 적은 다른 문화와 서로 의존하는 밀접한 관계가 있다. 예컨대, 법은 국가 권력을 배경으로 하여 만들어지기 때문에 정치와의 관계가 깊으며, 정치권력은 법에서 그 합법성, 즉 정당성의 근거를 찾아 자체의 존재를 누리게 된다. 또한 법은 경제생활을 규율하지만 거꾸로 경제생활이 법을 끌고 나가기도 한다.

법에는 변하는 요소와 변하지 않는 요소, 인류로서의 요소와 민족으로서의 요소 등이 섞여 있거니와 그것이 현실적으로는 관습이라든가 제정이라는 사람의 행위를 통해서 만들어진다. 이것을 실정법이라고 하며 헌법·형법·민법 등 여러 가지 종류로 갈리며, 그것을 해석하여 구체적인 법률문제에 적용함으로써 사회를 통제하게 된다. 이것을 담당하는 것이 법해석학이고 사법 기능이다.

그러나 법의 본질은 법전 또는 조문이라는 표현 형식에 있는 것이 아니라 그 법전 또는 조문 등의 뒤에 숨어 있는 정신에 있는 것이다. 법을 안다는 것은 이 정신을 아는 것을 의미하는 것이다. 법해석학은 그 해석의 대상이 되는 법의 정신을 찾고 밝히는 데 힘써야 한다. 법을 적용하거나 집행하는 국가 기관은 물론, 법에 기준을 두고 생활을 하는 민주 사회의 시민은 이

법의 정신에 입각하여 일을 처리해야 한다.

아울러, 법과 도덕과의 관계를 어떻게 생각하느냐에 따라서 그 사람의 법사상이 판정된다고 할 정도로 법과 도덕과의 관계는 법에 있어서 가장 중심적인 과제이다. 대별하면 양자의 가장 본질적인 관련성을 인정하는 견해와 양자를 분리하는 견해가 있다. 적어도 근세 초기까지는 전자의 견해가 지배적이었으며, 법은 도덕철학 가운데에서 한 분과로서 고찰되었다. 그렇다면 오늘날 법과 도덕이 현실에서 어떤 관계를 맺고 있는지 살펴보자.

사회생활이 단순했던 시대에는 도덕규범만으로 충분히 사회질서를 유지해 왔으나 사회생활이 발달하고 복잡해짐에 따라 도덕규범에서 법규범이 서서히 독립하여 나뉘어 왔다. 법이 독자적인 영역과 역할을 가진 이후에도 법은 도덕을 실현시키는 수단이며 법의 구속력의 근거는 도덕에 있다는 생각은 강하게 남아 있다. 자연법과 같은 자연적 성질에 바탕을 둔 보편적이고 항구적인 법률 및 규범이 그 대표적인 것이다. 그러나 토마지우스나 Kant에 의하여 법과 도덕의 양자구별이 주장되었으며 실정법(實定法)만을 법으로 하는 법실증주의(法實證主義)에 의하여 양자는 의식적으로 분리되어 생각하게 되었다. 도덕규범 가운데 사회생활의 평화를 유지하기 위하여 최소한 불가결하며 강제적으로라도 준수시켜야 하는 것이 법규범이라고 한다. 이러한 뜻에서 '법은 도덕의 최소한'이라고 불린다.

한편 법은 도덕의 요구를 사회생활에 넓게 미치게 한다는 뜻에서 '도덕은 법의 최대한'이라고 불리기도 한다. 이를테면, 우측통행 등의 기술적 법규에서도 법인 이상 도덕의 실현을 목적으로 하고 있으며, 도덕과 법은 목적과 수단의 관계, 대원(大圓) 속의 소원(小圓)이라는 관계에 놓여 있다고도 할 수 있다. 이와 같은 법은 도덕의 실현의 수단에 그치지 않고 권리남용과 같이 부도덕 실현가능성을 내포할 수 있기 때문에, 도덕관이 서로 나뉘어 다원적으로 여러 도덕관이 공존하고 있는 현대사회에서는 유의할 필요가 있다.

3. 초등 사회과 경제영역의 구조와 핵심개념

핵심개념	일반화된 지식
경제생활과 선택	희소성으로 인해 경제 문제가 발생하며, 이를 해결하기 위해서는 비용과 편익을 고려해야 한다.
시장과 자원 배분	경쟁 시장에서는 시장 균형을 통해 자원 배분의 효율성이 이루어지고, 시장 실패에 대해서는 정부가 개입한다.
국가 경제	경기변동 과정에서 실업과 인플레이션이 발생하며, 국가는 경제 안정화 방안을 모색한다.
세계 경제	국가 간 비교 우위에 따른 특화와 교역이 발생하며, 외환 시장에서 환율이 결정된다.

1) 희소성

Senesh는 경제학의 중심이 되는 개념은 희소성(Scarcity)의 개념, 즉 인간의 무한한 욕망과 한정된 자원 사이에서 모든 사회가 갈등을 겪고 있으며, 이 개념으로부터 여러 생각들이 도출되고 있다고 하였다. 여기서 희소성이란 인간의 욕망에 비해 욕망 충족의 수단이 질적으로나 양적으로 유한하고 부족한 상태를 말한다. 희소하기 때문에 선택을 한다는 것은 많은 경제생활의 욕망 가운데서 가장 절실한 것을 가려내는, 즉 결핍되고 부족한 경제 수단 중에서 자기에게 가장 유효적절한 것을 선택함으로써 그 밖의 것은 포기하고 희생한다는 뜻을 의미한다. 흔히 경제학을 제한된 수단의 선택에 관한 학문이라고 정의하는 이유도 경제생활의 기본적 측면이 희소성으로 인해 선택의 문제를 해결하는 과정에서 이루어지기 때문이다.

여기서 말하는 선택은 효율성을 기준으로 대안을 비교하는 것이다. 경제원칙은 희소성을 전제로 하여 주어진 비용조건 아래에서 최대의 효과를 실현할 수 있도록 행동하며, 또는 그 비용을 극소로 할 수 있도록 행동하게 된다. 경제적 행위란 경제원칙에 적합한 행위를 의미한다. 한편 유용하게 희소성을 가지는 재료는 경제재라 한다. 그러나 공기와 같이 희소성을 가지지 않는 재화도 있어 이러한 재화는 특정 목적 달성이 다른 대체적인 목적 달성에 대해 방해되는 일이 거의 없으며, 이를 자유재라 한다.

2) 시장

시장(Market)은 재화·용역이 거래되어 가격이 결정되는 장소 또는 메커니즘을 말한다. 시장의 개념은 다양하게 사용되며 그 종류 또한 많다. 구체적인 특정 장소에 있는 중앙도매시장·증권거래소·상품거래소 등은 구체적 시장이라 한다. 소매시장이나 공설시장도 포함되지만, 이 경우는 보통 시장이라 한다. 또 경제가 발달하지 않은 시대에 교환 또는 매매가 이루어진 장소를 특히 장이라 한다. 그러나 경제가 고도화되고 통신기술의 진보나 신용거래가 발달한 현대에는 오히려 특정한 장소에 제약받지 않는 추상적 시장이 많다. 국내시장·국제시장·세계시장의 경우와 또 거래대상에 따른 생산요소시장과 생산물시장, 그룹별 금융시장·노동시장 등도 이 범주에 속한다. 현대의 구체적 시장은 국내시장이나 세계시장 등의 추상적 시장을 배경으로 그 영향 아래서 구체적인 거래를 하고 있다. 경제학에서 시장의 본질적인 기능은 재화·용역의 공급자와 수요자 사이의 수급관계를 반영하여 가격이 형성되고, 그 결과 재화·용역의 적정한 배분이 실현되는 데 있다고 본다. 완전경쟁이 이루어지고 있는 생산물시장의 경우를 보면, 재화·용역에 대한 수요량이 공급량을 상회(초과수요)할 때는 가격이 상승하고, 반대로 공급량이 수요량을 상회(초과공급)할 때는 가격이 하락한다. 그리고 수요와 공급이 일치할 때까지는 현실적으로 거래가 이루어지지 않고 가격은 변동한다. 수요와 공급이 일치한 상태(시장균등의 상태)에서 비로소 가격은 결정되고 재화·용역이 거래된다. 이와 같이 완전경쟁에서 가격은 재화·용역의 수요와 공급의 소정 기능을 한다. 시장에서는 가격이 형성되고 생산과 소비를 조절하고 있기 때문에 경제 문제에 대한 해결도 이루어지고 있다.

3) 생산

생산(Production)은 인간의 욕망을 만족시키는 재화와 용역을 만드는 과정이다. 사회의 구성원은 누구든지 우리가 소비하는 재화와 용역의 생산에 어떤 방식으로든지 이바지한다. 즉 우리는 모두 생산자이며 소비자이다. 생산 요소는 인력 자원으로는 노동, 자연 자원으로는 토지, 자본재로는 자본을 들 수 있다. 그리고 생산 관리의 차원에서 경영을 들 수 있다. 우리는 생산 요소를 투입해 생산성을 높이고자 한다. 즉 생산 요소의 단위당 산출량을 가지고 더 많은 양의 재화와 용역을 생산하는 것을 의미한다. 광의로 본다면 생산이란 인간의 효용을 증가시키는 모든 행위를 말한다.

4) 소비

소비(Consumption)는 인간의 욕구를 만족시키기 위하여 재화와 용역을 사용하는 것을 말한다. 이들을 구입하기 위해 화폐를 지출하는 것을 소비지출이라 한다. 소비와 소비지출이 언제나 일치하는 것은 아니다. 예를 들어, 텔레비전을 사기 위해 지출한 금액(소비지출)은 곧바로 전액 소비되는 것은 아니며, 이를 사용하여 얻어지는 서비스가 내용기간 중에 소비된다. 그러나 소비지출은 소비재에 대한 유효수요(有效需要)가 되기 때문에 경제 분석상에서 중요한 것은 오히려 소비지출이다.

따라서 모든 경제 활동은 소비를 궁극적인 목표로 하여 이루어지며, 소비는 사람들이 가지고 있는 욕망과 필요를 충족시켜 스스로 재생산하는 가장 기본적인 경제 활동이다. 소비는 경제 활동의 터전인 가정으로부터 이루어지며, 가정은 노동력을 제공한 대가를 분배받으며 그 소득으로 생활에 필요한 물건과 용역을 사서 쓴다. 또 보다 나은 앞날을 위하여 소득 중의 일부는 소비하고 나머지는 저축한다. 이렇게 경제 활동의 시발점이며 또 종결점이 되기도 하는 가정을 우리는 가계(Household Economy)라고 하며 가계는 중요한 경제 활동의 주체 가운데 하나이다.

한 나라의 소비지출수준은 그 나라의 소비재 산업에 대한 수요와 관계가 있고, 또 그 국민의 경제적 후생의 높고 낮음의 정도를 좌우하는 중요한 요인이다. 또 소득수준의 상승에 따라서 소비양식의 다양화도 진행된다.

5) 화폐와 금융

화폐(Money)는 물물교환의 불편과 제한에 의해 화폐가 발생하게 되었다. 화폐는 기본적으로 폭넓고 손쉬운 물자 교환을 매개하는 기능 외에 지불

수단, 가치 척도, 저장의 기능을 한다. 화폐의 흐름을 원활히 하기 위해 금융이라는 활동과 이를 담당하는 금융기관이 등장했다.

금융(Fiance)은 경제상 자금의 수요·공급 관계, 즉 가치이전의 수단으로서 통화의 순환이 이루어지는 데서 발생되는 자금의 유통을 말한다. 자금잉여부문에서 내부분의 개인 가계는 일정 기간이 지나면 소득보다 소비 쪽이 적기 때문에 그 분량만큼 저축을 증가시킨다.

6) 재정

재정(Public Finance)은 국가 및 기타 공공단체 등의 권력기관이 기능을 수행하기 위해 재화를 조달·지출·관리하는 활동을 총칭한다. 수입조달·경비지출·공채의 관리 및 재정정책을 정치적 결정에 의거하여 수행하고 예산을 통해 질서 있고 계획성 있게 운영하는 점에서, 가계·기업 등의 사재정 또는 사경재와 구별된다[9]. 정부는 사회구성원의 공동욕망을 충족시키기 위하여 여러 가지 공공서비스를 제공하게 되는데, 이를 위한 비용은 대부분 국민들로부터 조세[10]로 얻고 때로는 공채를 발행하여 조달하기도 한다.

재정(공경제)의 특징은 사경제에 비하여 다음과 같은 특질이 있다. ① 반드시 예산의 집행이라는 형태로서 행해진다. 예산의 핵심은 세입과 세출에 있는데, 세출이 엄밀하게 예산대로 지출되는 것임에 비하여, 세입은 사전에 작성해 보는 예정액에 지나지 않는다. ② 가계의 경제활동은 효용의 극대화를 기하고, 기업의 경제활동은 이윤의 극대화를 기하려는 것임에 비하여, 재정은 정부가 제공하는 서비스 또는 편익의 극대화를 목표로 한다. ③ 사경제에서는 급부와 반대급부가 직접 연결되는 개별보상원칙에 의하여 운영되는데, 재정에 있어서는 일반보상원칙에 의한다. ④ 가계는 수입이 정해져 있으므로 그 수입 범위 내에서 지출을 억제하는 양입제출(量入制出)이 운영의

---

9) 개인·가계 등 경제 주체의 재산 및 수지(收支)의 관리를 포함한 것을 사재정 또는 사경재이라고 하는 반면 국가 및 지방공공단체의 재정을 공재정 또는 공경제라고 한다.

10) 국가나 지방자치단체가 재원조달을 목적으로 국민으로부터 강제 징수하는 수입. 징수의 주체가 국가·지방자치단체라는 점에서 회비·조합비 등과 다르며, 재원조달을 목적으로 하는 점에서 처벌을 위한 벌금·과태료 등과 다르다. 또 개별적인 대가를 지급하지 않는다는 점에서 가계·기업 등 원칙적으로 대가가 요구되는 민간경제의 수입획득과 구별된다.

원칙이 된다. 그러나 재정에서는 먼저 필요한 지출의 규모를 결정하고, 이에 상응하는 수입의 확보를 기하는 양출제입이 원칙이 된다. ⑤ 사경제는 거래당사자 간의 계약이나 합의에 의한 임의원칙에 의하는데, 재정은 국가 또는 지방공공단체라는 정치단체의 경제이기 때문에 공권력에 의한 강제력으로 재화나 서비스를 과징(課徵)하는 강제원칙에서 운영된다.

7) 국민 소득

국민 소득(National Income)은 한 나라에서 일정한 기간(보통 1년)에 생산된 재화 및 서비스의 총액을 말한다. 오늘날 이 개념은 두 가지 측면, 즉 요소지불과 순생산액에서 파악한다. 첫째, 요소지불의 측면에서는 각종 생산요소의 소유자에게 지불되는 소득의 총계, 즉 노동용역에 대한 임금 또는 봉급, 자본용역에 대한 이자, 토지건물용역에 대한 임대료, 기업소득인 이윤 등의 합계를 국민소득으로 포착하는 것이다. 가장 엄밀한 의미에서의 국민소득 개념이다. 다음으로 순생산액의 측면에서는 각 생산요소의 결합활동에 의하여 국민경제 내에 산출된 순생산물의 총계로서, 일찍이 Smith가 말한 연간 생산물을 국민소득으로 포착하려는 것을 말한다. 흔히 전자를 국민소득원칙의 인적 방법이라고 하고 후자를 국민소득측정의 물적 방법이라고 구별하나, 어느 방법에 따른다 하더라도 결국 같은 결과가 된다.

국민소득이라는 말은 대체로 다음 다섯 가지의 개념으로 구별되고 있다. ① 국민총생산, ② 국민순생산, ③ 요소비용에 의한 국민소득, ④ 개인소득 ⑤ 가처분소득. 이 중 가장 기본적이고 포괄적인 개념은 국민총생산이며, 가장 좁은 개념은 가처분소득이다.

국민총생산(GNP : Gross National Products)은 한 나라의 거주자가 일정 기간 동안에 생산한 최종생산물 및 최종용역의 총체를 화폐가치로 나타낸 것을 의미하는데, 이때 최종생산물에서 중간생산물은 공제해야 한다. 즉 생산된 여러 가지의 재화 중에는 원료, 재료로서 최종생산물의 원가의 일부를 구성하는 중간생산물이 있으며, 이것은 생산물의 총계에 있어서 이중계산분이 되므로 공제해야 된다. 이를테면 직접 소비자에게 판매되는 빵은 국민총생산에 산입되지만, 그 원료인 소맥분은 국민총생산에 산입하지 않는다. 그것은 소맥분의 가격이 빵 제조의 비용으로서 이미 빵의 가격에 포함되어 있기 때문이다. 만일 이 양자를 국민총생산에 포함시키면 빵의 판매에 이르는 생산과정의 많은 단계마다 생산물이 존재하는 것으로 되고, 또 실질상으로는 아무 변함이 없는 생산물의 양이 계수적으로 변동하는 결과를 가져온다. 이와 같이 어느 재화가 최종생산물인가 혹은 중간생산물인가 하는 것은 국민총생산의 측정에 있어서 매우 중요하다. 최종생산물과 중간생산물과의 구별은 재화 그 자체의 자연적 성질에 의하는 것이 아니고 재화가 사용되는 목적에 비추어 판단하여야 할 성질의 것이다. 즉 같은 석탄이라 하더라도 공업용 연료로써 사용되는 것은 중간생산물로서 국민총생산으로부터 제외되나, 가정용 연료로서 난방에 사용되는 때는 최종생산물로서 국민총생산에 산입된다. 한편, 여기에서 최종생산물이라고 하는 것은 최종소비재만이 아니라 공장설비·기계 등과 같은 최종생산재도 포함된다. 그리고 최종생산물은 아니나 유동자본 및 경영자본의 순증가까지도 이에 가산한다.

국민순생산(NNP : Net National Products)은 GNP에서 고정자본의 감모(減耗)를 공제한 것이다. 생산된 최종생산물은 건물·기계 등과 같은 내구생산재의 일부가 소모되기 때문에 이 부분에 대한 감가상각액(減價償却額)은 공제되어야 한다. 이를 표식으로 나타내면, 국민총생산 - 감가상각액 = 국민순생산으로 된다. 따라서 국민순생산은 소비와 순투자와 같은 셈이다.

요소비용에 의한 국민소득은 가장 본래의 의미인 국민소득이다. 이것이 시장가격으로 평가되는 국민총생산이나 국민순생산과 다른 점은 간접세 및 보조금의 존재에 있다. 이를 표식으로 나타내면 다음과 같다.

요소비용에 의한 국민소득 = 국민순생산 - (간접세액 - 보조금액), 국민경제에 있어서 생산된 재화 및 용역(국민순생산)의 가격은 그것의 생산에 사용된 여러 자원에 지불되고 또는 귀속되는 소득(고유한 의미의 국민소득) 이상의 초과분을 내포하고 있다. 이 초과분은 간접세로부터 정부보조금을 공제한 금액이다.

개인소득(PI : Personal Income)은 개인이 실제로 받는 소득 총액이다. 개인소득은 요소비용에 의한 국민소득과의 사이에 약간 차이가 있다. 즉 법인기업의 이윤 가운데 일부는 법인세로서 정부가 징수하고, 또 일부는 사내유보이윤으로서 배당으로부터 유보된다. 이 법인세와 사내유보이윤은 요소비용에 의한 국민소득에는 포함되나 개인소득에는 포함되지 않는 항목이다. 이 밖에도 국민소득에는 구성되지 않으나 개인소득에 포함되는 것으로는 노령자나 실업자에게 지급되는 사회보장금·연금·공채이자 등이 있는데, 만약 개인이 사회보장금을 부담한다면 그 부분은 상계(相計)되어야 한다. 이를 표식으로 나타내면 다음과 같다.

개인소득 = 요소비용에 의한 국민소득 - (법인세 + 사내유보이윤 + 사회보장부담금) + (사회보장급부금 + 공채이자)

가처분소득(DI : Disposable Income)은 개인이 수취하는 소득의 총액으로, 개인소득에서 개인이 지불하는 직접세(소득세 · 고정자산세 등) 및 그 밖의 공과금을 뺀 것을 말한다. 소비함수 등을 문제로 삼을 때의 소득개념은 이 가처분소득이다. 표식으로 보면, 개인소득 - 직접세 = 가처분소득이 된다.

8) 경제 변동

경제 변동이란 여러 가지 요인에 의거하여 규칙적·불규칙적으로 야기되는 경제의 불안정한 움직임을 말한다. 경제, 특히 자본주의 경제는, 그것이 지니는 동적 성격 때문에 항상 변동에 노출되어 있으며, 따라서 안정·불변동에 머물러 있을 수 없다. 이 변동에는 불규칙적 변동과 규칙적 변동이 있다. 불규칙적 변동은 주로 천재·전쟁·혁명 등의 경제 외적 요인으로 야기되는 것이고, 규칙적 변동은 인구증가, 소비욕망의 변화, 지속적인 기술혁신 등에 의해 야기되는 장기적·추세적인 것과 주로 경기변동 또는 경기순환에 의한 파동적인 것이 있다.

경기변동 또는 경기순환은 자본주의 경제에서는 생산이나 소비와 같은 경제활동이 활발한 호경기와 그러한 경제활동이 침체하는 불경기가 번갈아 발생하는데, 그러한 변동과정을 말한다. 경기변동은 재고투자·설비투자·건축투자의 파동적 변화에 따라 야기되며, 이 밖에도 계절적인 변동(얼음의 수요가 여름에 많고 겨울에 적어지는 것 같은 변동) 같은 짧은 파동도 있다. 경기변동은 일정한 주기를 두고 발생하는데, 호황과 불황이 파상적(波狀的)으로 되풀이되고, 그 변동은 경제의 모든 부문에 영향을 주며 국제적으로 파급해 나간다. 이러한 경기변동의 물결이 본격적으로 일어난 것은 자본주의 경제가 확립된 19세기 초엽의 유럽에서이며, 역사상 특히 유명한 것은 1929년 미국에서 시작된 세계적인 대공황이다.

9) 국제 경제

국제 경제(International Economy)는 국경을 넘어 이루어지는 국제간의 경제관계와 그 상호작용의 총체(總體)을 말한다. 구체적으로는 국제간의 경제거래, 즉 상품·서비스·자본·노동의 각국 간의 이동이나 교환 등의 전체를 의미한다. 국제경제는 보통 세계경제와 같은 뜻으로 쓰이기도 하는데, 엄밀히 말하면 국제경제란 용어는 한 나라의 국민경제와 다른 나라의 국민경제와의 관계를 의미한다. 즉 국민경제 상호의 관계가 국제경제이다. 이에 대하여 세계경제는 국제간의 경제관계 그 자체를 하나의 경제로 보는 것이다. 요컨대, 국제경제는 일국의 국민경제의 성립과 국제적인 분업관계의 광범한 성립을 기초로 하여 생기는 경제관계이다. 이러한 의미에서 볼 때, 국제경제가 세계적으로 성립하게 된 것은 근대 자본주의국가가 확립된 19세기 이후이다.

국가 간의 경제거래질서에 대한 연구는 Smith에 의하여 시작되었다. 그는 세계 각국이 국제무역에 대한 간섭을 배제하고 자유무역을 하여 자국의 비교우위산업에 국제적으로 특화를 하게 되면 자원의 최적배분에 의한 생산과 복지의 극대화를 이룰 수 있다고 주장하였고, 이 주장은 고전학파를 통하여 Harrod에까지 계승·발전되었다. 각 지역사회는 그 지역의 특성에 따라 각기 다른 자원이나 환경 여건을 가지고 있으며 지역사회가 보유한 자원이나 환경 조건에 알맞은 발전 계획을 추진하기 위하여서는 경제 선택이 불가피하다. 따라서 지역사회는 지역과 기업의 경제 발전을 위해서 자원의 개발과 활용 및 기술 개발에 관련된 의사결정을 한다. 지역 간, 국가 간의 교환은 그만큼의 경제적 상호의존 관계를 발생시키며, 또한 지역 경제, 국가 경제가 발전하려면 노사 간의 협력이 무엇보다 중요하다.

10) 경제 체제

경제 체제(Economic Regime)란 특정한 경제 질서와 경제 의식이 지배하고 또한 특정한 기술을 행사하는 경제생활의 조직을 말한다. 넓은 뜻으로는 인간의 경제생활의 발전 과정을 일정한 경제적 원리를 가지고 통일적으로 파악한 것을 가리키며, 경제발전 단계설의 단계 규정이나 사적 유물론(史的唯物論)의 생산 양식을 경제 체제라고 하는 일도 있다.

경제 체제와 관련된 학자들의 견해와 분류를 검토하여 보면 다음과 같다.

Sombart가 근대 자본주의의 연구에서 사용한 경제의 유형 개념을 가리킨다. 좀바르트는 경제 체제를 구성하는 경제 질서·경제 의식·기술의 3요인이 갖가지로 조합되어 여러 가지 경제 체제의 유형이 생기는 것이라 생각하고, 인류의 역사를 크게 전(前)자본주의적 경제 체제·자본주의적 경제 체제·사회주의적 경제 체제 등으로 구분하였다.

독일 역사학파의 초기 경제 발전 단계설의 대표자인 List는 독특한 생산력 이론에 의거, 야만 상태·목축 상태·농업 상태·농공업 상태·농공상 상태라는 다섯 가지 경제 체제를 들었다. 후기를 대표하는 Bucher는 생산에서 소비까지의 거리를 기준으로 하여 봉쇄적 가족 경제·도시 경제·국민 경제를 들면서, 각각 인간의 역사가 보편적으로 경험하는 경제 체제라 하였다. 이에 대하여 Marx의 사적 유물론은 생산력과 생산 관계의 통일인 생산 양식을 가지고 한 경제 체제를 다른 것과 구별하는 근본이라 생각하고, 한 경제 체제가 생산력과 생산 관계의 모순을 계기로 하여 다음 경제 체제로 이행하는 필연성과 그 운동 법칙을 밝혔다. 그리고 경제 체제를 기준으로 하여 인류의 역사를 원시 공산제·고대 노예제·중세 봉건제·자본주의 사회·사회주의 사회로 구분하고 있다.

그러나 최근에는 경제 체제를 역사적 발전 단계로 파악·구별하는 것이 아니라, 인적·물적 제반 자원의 배분 방식의 특징을 통합적으로 가리키는 개념으로 파악하는 견해가 유력하다. 즉 Pigou, Eucken, Mead 등은 경제 체제의 비교라고 할 때는 대체로 같은 경제 발전 단계에서 자원 배분의 기구로서 어느 것이 상대적으로 능률이 높은가 하는 점에 논의의 중점을 두는 경향이 있다. 이 경우에 가격 경제와 계획 경제, 시장 경제와 중앙 관리 경제 등의 구별이 생긴다.

4. 초등 사회과 사회·문화 영역의 핵심개념

핵심개념	일반화된 지식
연구 방법	사회·문화 현상에 대한 정확하고 올바른 탐구를 위해 다양한 관점과 연구 방법이 활용된다.
개인과 사회	개인은 사회를 통해서 성장하고 사회는 개인의 역할 수행을 통해 유지, 존속된다.
문화	생활양식으로서의 문화를 이해하고 향유하기 위해서는 다양한 요인에 따라 나타나는 문화 다양성 및 변동 양상에 대한 올바른 인식과 태도가 중요하다.
사회 계층과 불평등	다양한 양상으로 나타나는 사회 불평등과 관련 문제를 해결하기 위해 개인과 사회 차원의 노력이 필요하다.
현대의 사회변동	사회변동 양상에 대한 정확한 이해와 대응을 통해 지속가능한 사회가 실현된다.

1) 인류

인류(Mankind)는 두 발로 직립한다는 점을 비롯하여 인류만이 가지는 일련의 신체적 특징과 독특한 생활방법인 문화를 지닌다는 점에서 다른 동물과는 구별된다. 인류는 독특한 생활방법을 터득하게 됨으로써 다른 동물이 감히 다다를 수 없는 특이한 지위를 차지하게 되었다. 인류 특유의 생활방법과 그 소산을 통틀어 문화라고 할 수 있다. 인류가 그들 특유의 생활방식을 획득할 수 있었던 것은 그 기초가 될 수 있는 생물로서의 특성을 갖추고 있었다는 점을 간과할 수는 없다. 그리고 일단 그와 같은 생활이 전개되자 그것은 다시 생물로서의 인류의 특성을 조장하고, 조장된 특성은 다시 문화의 발전을 촉진하는 기반이 되었다.

인류는 다른 동물들과 달리 신체적, 사회적, 정신적 측면에서 다음과 같은 특징을 갖고 있다(한면희, 2001).

첫째, 인간의 직립, 예민한 투시력, 오지의 다기능 등은 인간이 다른 동물과 다른 신체적 특징이다. 특히 포유동물로서 성숙의 기간이 매우 긴 것은 인간의 신체적 성장만이 아니라 정신적 성숙이 이루어져야 독립된 인간으로 살아갈 수 있는 힘을 갖추게 되는 고등성을 지니고 있기 때문이다.

둘째, 사회적 측면에서 다른 동물들이 생득적인 능력에 의하여 군집 생활을 하는 데 비하여 인간은 학습된 능력에 의하여 다양한 목적에 적합한 능력을 형성하고 해체하며, 기존의 집단에 가입, 탈퇴하는 다양성을 지니고 있다.

셋째, 인간이 다른 동물과 가장 두드러진 특징은 상징능력을 가지고 있다는 것이다. 따라서 인간은 사회의 여러 상황에 대한 의미를 부여하고 기호화하고 추상화하며 지식과 기술을 발견, 축적하고 학습을 통해 문화를 습득하며, 후대에 전승할 수 있기 때문에 오늘날과 같은 고도의 현대 문화를 형성, 유지, 발전시킬 수 있는 것이다.

2) 문화

문화(Culture)라는 용어 culture는 라틴어의 cultura에서 파생한 것으로 경작이나 재배를 의미하였는데, 나중에 교양·예술 등의 의미를 가지게 되었다. 따라서 문화는 일상적인 용어로서의 문화의 개념과 인류학에서 통용되고 있는 문화의 개념, 그리고 사회학에서 사용하는 문화의 개념 등 각 학문영역마다 각기 보는 관점에 따라서 조금씩 다르다. 일상용어로서의 문화의 개념은 투박하거나 거칠다는 표현의 반대 의미로 많이 사용된다. 즉 세련되다거나, 멋지다, 질서 있다는 등의 의미로 문화라는 말이 사용된다. 이러한 측면에서 100여 년 전만 해도 '문화'는 서구 백인사회에만 있는 것이고 원시인이나 비서구 사회에는 '문화'가 없다고 생각했다. 이러한 개념을 깬 사람이 바로 인류학자 Tyler이다. 타일러는 1871년에 쓴 『Primitive Culture』라는 책 속에서 문화를 지식·신앙·예술·도덕·법률·관습 등 인간이 사회의 구성원으로서 획득한 능력 또는 습관의 총체라고 정의했다. 타일러에 와서 비로소 투박한 것도, 세련되지 않은 것도 문화라는 생각을 하게 되었다.

문화는 사회 성원들이 공존하고 따르는 생활양식으로, 사회를 그릇이라고 한다면 문화는 그 그릇에 담긴 내용물이라고 할 수 있다. 문화는 더 이상 쪼갤 수 없는 가장 작은 단위인 특징 또는 요소들과 기능적으로 상호 관련된 일련의 문화·특징들이 복합된 문화의 형태를 띠게 된다. 야구공, 매트, 규칙, 선수 규칙 등은 문회의 요소이며, 야구 경기는 문화 복합이다.

그러나 문화의 성격을 어떻게 이해하느냐 하는 점에 있어서는 인류학자들 간에도 매우 다양한 의견이 존재한다. 가장 대표적인 세 입장만을 제시한다면, 첫째 문화를 자연에 대한 적응의 기제로 파악하는 입장, 둘째 관습으로 보는 입장, 셋째 의미와 상징의 체계로 보는 입장을 들 수 있다.

적응체계로서의 문화는 문화를 자연환경에 대한 적응체계로서 보는 견해이다. 문화의 발전을 연구하는 입장에 선 사람들과, 문화를 생태학적으로 연구하는 입장에 선 사람들이 이 견해를 취한다. 즉, 문화를 생태학적으로 유용하고 사회적으로 전달되는 행동양식으로 여겨 문화의 변화를 적응의 과정으로 보는 것이다. 다른 모든 동물과 마찬가지로 그 생존을 위하여 주위 환경에 적응해야만 한다. 문화를 적응체계로 보는 입장은 기술·경제·생산에 연결된 사회조직의 요소가 문화의 중심적인 영역이라고 본다. 문화물질주의(Cultural Materialism), 문화진화주의(Cultural Evolutionism), 문화생태학(Cultural Ecology), 인류생태학(Human Ecology) 등의 사이에서는 저마다 적응의 변화가 어떻게 생겨나 어떻게 행해지는지에 대해 다른 견해가 보이지만, 모두 경제와 그에 관련되는 사회적 측면을 첫째 요인으로 여기고 관념체계(종교·의례·세계관 등)를 둘째 요인적인 수반현상으로 보는 점에서 공통되고 있다.

관념체계로서의 문화는 문화를 적응체계로 보는 견해와 대조적으로 문화를 관념체계로 보는 것이다. 문화를 관념체계로 보는 데는 세 가지, 즉 인식체계, 구조체계, 상징체계 입장이 있다. 문화를 물적 현상·사물·사건·행동·감정을 자각하고 질서를 부여하는 고유의 체계로 본다. 생물학이나 자연환경요인보다도 인간의 정신활동을 중시하여 현상을 질서 있게 하는 문화문법 발견에 힘쓴다. 언어에 중점을 두어, 언어를 인식 내지 인지 과정의 주형(鑄型)임과 동시에 그것을 반영하는 것으로서 다룬다. Lévi-Strauss는 문화를 인간정신이 만들어낸 상징체계로 보아, 친족관계·신화·예술 등의 분석을 통하여 이들의 문화적 소산을 만들어낸 정신 내지 사고의 구조를 뚜렷이 하려 한다. 그에 의하면 자연환경이나 경제 등의 물적 조건은 문화에 한계를 주기는 하나 그것을 설명하는 것은 못 된다. 정신구조에 있어 가장 기본적인 것은 이항대립과 변형이다. 많은 민족의 관념적이고 상징적인 대립 속에서 가장 중요한 것은 자연과 문화의 대립이라고 주장한다. 또 예를 들어 특정한 동식물을 집단의 시조로 하는 토테미즘 제도에 있어서 특정한 동식물이 토템으로 선택되는 것은 그것이 실리성을 갖추고 있어서가 아니라 자연계에서의 대립과 대(對)가 집단의 대립과 대의 관계를 나타내는 데 사용된 것이라고 해석한다[11]. 이를테면 오스트레일리아의 어느 원주민 마을은 반족(半族)이라고 불리는 두 개의 집단으로 나누어져, 한쪽은 독수리를, 다른 한쪽은 까마귀를 토템으로 하고 있다. 이 두 집단은 같은 선조에서 갈라져 대립하고 있는데, 그 '대(유사성)'와 '대립(대조성)'이 독수리와 까마귀(모두 肉食이지만 하나는 약탈자, 다른 하나는 썩은 고기를 찾아다니는 새이다)로 표현되고 있다는 것이다. 그는 토테미즘을 만물을 분류하는 인류의 일반적 성향에 따르는 현상으로 보고 있다.

상징체계로서의 문화는 문화를 상징과 의미의 체계라고 정의한다. 문화는 카테고리 또는 단위에서, 또는 행동에 대한 규칙에서 성립하고 있다. 그 카테고리는 보이는 것에만 한정되지 않는다. 사자(死者)라든지 선조(先祖)도 문화의 카테고리이다. 문화를 상징체계로 받아들이는 또 하나의 입장은 문화해석학이다. 문화를 의미론적으로 받아들인다. 인간은 스스로 실을 자아낸 그 물코에 지탱되는 동물이며, 문화란 그 그물코에 지나지 않는다. 따라서 그 분석은 법칙성을 구하는 과학이 아니라 의미를 둘러싼 해석학이라고 생각한다. 특정한 문화를 텍스트의 집합체로 받아들여 해석을 행한다. 그리고 그 해석은 대상사회의 생활이라는 맥락에 뿌리내린 두터운 해석(Thick Description)이어야만 한다. 문화의 텍스트 해석은 쉬운 과제가 아니라 시간을

11) 하늘과 땅, 동과 서, 남과 여, 검은색과 흰색 등의 경우와 같이 사람들은 사물과 감정을 그 성질에 따라 이분법적으로 대조, 대립시켜 생각하는 경향이 있다는 것 이분법적 대립(Binary Opposition)이다. 그리고 이것이 바로 인간 사고의 가장 기본적이고 공통적인 구조원리라고 한다. 구조주의는 이와 같이 인간의 심층에서 공통적으로 발견할 수 있는 사고구조를 밝힘으로써 사회질서와 사회구조의 보편적인 원칙을 찾아낼 수 있다고 주장한다.

요하는 어려운 작업이다. 구체적인 민족지적(民族誌的) 자료를 중시하여 그 분석을 통하여 이른바 감추어진 카테고리를 탐구해 문화적 상징성을 사회적 맥락에서 찾으려 하고 있다.

문화는 다음과 같은 점에서 몇 가지 특성을 가진다.

첫째, 문화는 학습된다. 어린이들은 배고픔이나 목마름 등과 같은 기본적인 욕구는 가지고 태어나지만 그러한 욕구를 만족시켜줄 수 있는 본능적인 행위 유형은 가지고 태어나지 않는다. 그리고 어떠한 문화적 지식도 없다. 그러나 어린이들은 언어와 기타 여러 가지 문화적 특질들을 빨리 배우는 성향을 유전적으로 가지고 있다. 어린이들은 놀랄 만한 학습 기계(Learning Machines)들이다. 어린이는 자기가 태어난 가족이 아니라 세계의 어느 가족에서 기르더라도 그 문화를 자기의 문화로 배우고 받아들이면서 자라난다. 문화는 본능적이 아니다. 그래서 인간은 특정의 문화만 학습하도록 유전적으로 프로그램되어 있지 않다.

둘째, 문화는 축적된다. 인간은 세대를 거듭하면서 새로운 테크놀로지들을 개발해 내고, 이전 세대의 지식에 새로운 지식들을 추가해 나간다. 그 결과 문화는 축적된다. 문화의 축적적인 성격 덕분에 오늘날의 학생들은 그리스 시대에 Pythagoras와 Archimedes가 평생 동안 힘들게 이룩한 수학적 업적들을 쉽게 배우고 있다. 문화가 진화하는 것은 문화의 축적적인 효과 때문이다. 중요한 문화적 발명들 간의 기간은 점점 더 짧아지고 있으며, 특히 1만 년 전에서 8천 년 전에 걸친 농업의 발명 이후 문화적 발명들 간의 기간은 매우 짧아지고 있다. 농업 혁명 이후 점진적으로 증가한 인구는 문화의 성장을 가속화시킨 원인이면서 동시에 결과이기도 했다. 농업과 정착생활은 테크놀로지와 정치조직이 발달하는 새로운 국면을 전개시켰다. 좀 더 집약적인 농사가 이루어지게 되었고, 상류계층(Elite Classes)이 출현하게 되었으며, 상류계층이 지배하는 새로운 사회체계와 정치체계가 이루어졌고, 도시들이 처음으로 생겨났으며, 궁극적으로 산업혁명과 정보혁명으로 이어지게 되었다.

셋째, 문화는 보편성, 다양성, 그리고 절대성을 가지고 있다. 서로 다른 문화 속에서 사는 각 사회의 성원들이 상호 간에 갖는 심리적인 태도를 분석하는 것도 유용한데 이러한 태도의 극단적인 예로 자문화 중심주의(Ethnocentrism)와 이와 상반되는 문화적 상대주의(Cultural Relativism)[12]를 들 수 있다.

넷째, 문화는 계속 변동[13]한다. 문화는 내부적 요인 가령 새로운 생활 방식의 발명과 발견 등으로 변화하기도 하며, 외부적 요인, 즉 문화 전파와 접변에 의해 나타나는 변화하기도 한다. 문화 전파는 한 문화영역에서 다른 문화영역으로 확산되는 것이며, 문화 접변은 두 상이한 문화가 광범위한 접촉을 할 때 일어나는 문화 교환 현상이다. 예를 들어 중국 문화가 우리나라를 거쳐 일본으로 흘러 들어가는 것은 문화 전파 현상이고, 로마가 그리스를 정복한 후 그리스의 문화를 받아들인 것은 문화 접변 현상이라 할 수 있다.

문화접변은 그 진행과정에서 조금씩 다양한 현상으로 나타나는데 문화수용, 동화, 그리고 문화변형이다. 문화수용은 두 개의 이질적인 문화가 각각 자체문화의 특질을 유지하면서 한 사회 내에서 공존하는 문화현상을 말한다. 동화는 처음에는 독특한 문화를 가지고 있던 집단이 오랜 세월이 지나면서 그 사회의 지배문화로 통합되어가는 문화현상을 말한다. 문화변형은 두 개의 이질적인 문화가 오랜 접촉을 통해 서로 자체의 문화특질을 잊어버리고 전혀 다른 제 삼의 문화유형이 나타나는 문화현상을 말한다.

다섯째, 문화는 더 이상 고립되어 존재하지 않는다. 아무리 작고 원시적인 생활을 하는 부족이라고 하더라도 이제는 세계 경제 속에 통합되어 있다. 그러나 1세기 전만 하더라도 뉴기니(New Guinea)의 고원지대에 사는 몇몇 원주민 집단들은 자기들의 영역 이외에는 전혀 알지 못하고 살고 있었다. 이들이 알려진 것은 1930년대 호주에 정착한 유럽인들이 이들과 접촉하면

---

12) 자기 민족의 문화, 제도, 가치관, 심지어는 생물학적인 체력, 지능, 체질까지도 타민족의 것보다 우월하다고 생각하는 입장을 자문화 중심주의라고 한다. 자문화 중심주의에서는 자기 민족이 타민족에 비해 우월하다고 생각하는 한계를 벗어나 다른 민족의 문화와 가치, 인종을 멸시하고 심지어는 말살시키려는 의도를 갖기도 한다는 점에서 매우 심각한 문제를 제기한다. 나치의 유대인 학살이 대표적인 예이다. 모든 문화는 그 문화 특유의 가치와 규범이 있다는 사실을 인정하고, 따라서 특정 문화의 가치와 규범, 제도 등을 다른 문화(대체로 자신의 문화)의 가치와 규범의 잣대로 평가해서는 안 된다는 견해를 문화적 상대주의라고 한다.

13) 문화는 정지하지 않고 계속 변동한다. 그런데 문화의 내용이 언제나 고르게 같은 속도로 변동하지 않는다. 일반적으로 경험적 문화 부분은 빠르게 변동하는데 규범적, 가치적 부분은 천천히 변동하는 경우가 많다. 이렇게 문화의 내용이 고르게 변동하지 않고 변화의 속도와 폭에 차이가 생길 때 나타나는 문화 현상을 Ogburn은 문화지체라 하였다.

서부터이다. 남미의 아마존강의 상류 지역에 사는 몇몇 인디언 부족들도 1950~1960년대까지 외부세계를 모르고 살고 있었다. 이들이 알려진 것은 탐험가들이 아마존강 상류를 탐험하면서이다. 그러나 오늘날 뉴기니와 아마존의 이 원주민들은 다국적 기업들이 생산하는 옷과 가정용품들을 사서 쓰고 있다. 원주민들은 학교에서 그리고 라디오와 심지어 텔레비전과 인터넷을 통해서 다른 문화들에 대해 점점 더 많은 것을 배우고 있다. 이러한 피할 수 없는 과정의 결과로서 원주민들의 언어와 문화 유형들은 급속하게 지배문화로 대치되고 있다. 오늘날 모든 사회들이 경제적으로 지배적인 사회의 문화적 특질들을 배우고 있는 중이다. 그리고 지배적인 사회들도 전 세계의 언어, 음식 등 다른 문화적 특질들을 신속하게 받아들이고 있다. 오늘날 문화들은 더 이상 고립되어 존재하지 않는다. 오늘날 세계의 많은 사람들이 공유하는 지구 문화(Shared Global Culture)가 출현하고 있다. 그러나 지구 문화가 출현한다고 해서 과거 소규모 원주민 문화들이 사라졌듯이 현재의 여러 민족들의 문화가 가까운 장래에 곧 사라지지는 않을 것이다. 언어적 차이와 자문화 중심주의가 이것을 막고 있기 때문이다. 오늘날 세계주의(Globalism)와 부족주의(Tribalism) 간에 심각한 갈등이 있다. 많은 사람들이 세계주의를 적극적으로 포용하려고 하는 반면, 다른 사람들은 부족주의를 되살리려고 하고 있다. 소련(Soviet Union)이 무너져서 여러 민족국가(Ethnic Based Nations)들로 해체된 것이 부족주의의 좋은 예이다. 식민지 시대에 유럽인들이 인위적으로 설정해 놓은 아프리카 국가들 간의 국경은 오늘날 부족들 간 전쟁의 원인이 되고 있고, 부족주의를 심화시키고 있다. 세계주의를 옹호하는 사람들은 자문화중심주의, 민족주의, 부족주의는 극복해야 할 장애물이라고 생각한다. 부족주의는 자기의 부족(Tribe)이나 민족집단(Ethnic Group)에 집착하는 것을 말한다. 부족주의를 옹호하는 사람들은 세계주의를 극복해야 할 위협이라고 생각한다.

3) 사회적 상호작용

개인의 정체성은 그가 속한 문화, 집단 그리고 제도 등의 영향에 의해 결정된다. 어린이는 문화를 가지고 태어나는 것이 아니라, 부모에 의해, 선생님에 의해, 그리고 다른 여러 사람들에 의해 사회적이고 문화적인 동물(Social And Cultural Animals)로 만들어진다. 문화는 자라나면서 획득하는 학습된 행위 유형(Learned Behaviour Patterns)이라면, 어린이가 문화를 획득하는 과정을 사회화(Socialization)[14]라고 할 수 있다. 사회화 과정 동안 어린이들은 그들이 속한 문화의 언어를 배우고, 생활에서 행해야 할 역할들을 배운다. 예컨대 소녀들은 딸, 누이, 친구, 아내, 어머니의 역할을 배우게 되고, 직업을 가지게 되면 직업에 따른 역할(Occupational Roles)을 배우게 된다. 그리고 사회화 과정(Socialization Process)을 통해서 그 문화의 규범(Norms)들을 배우게 된다. 규범이란 적절하고도 기대되는 행위들이 무엇인지에 대해서 그 사회의 대부분의 성원들이 가지고 있는 관념을 말한다.

사회화가 문화를 획득하는 전반적인 과정을 일컫는 반면, 특정 문화에 사회화되어 가는 과정은 문화화(Enculturation)라고 한다. 예컨대 모든 어린이가 문화를 획득하면서 성장하는 과정은 사회화이고, 한국 어린이가 한국문화에 사회화되는 것은 문화화이다. 우리는 우리의 부모와 우리를 길러주는 사람들에 의해서 우리의 문화에 문화화된 것이다. 문화화는 사회화의 부분집합(Subset)이다.

개인의 정체성은 그가 속한 문화, 집단, 그리고 제도적인 영향에 의해 결정된다. 사회화는 사람들이 그가 속한 환경 내의 다른 사람들과 상호작용에 의해 사회적 행동양식을 배워 가는 과정이다. 문화적인 측면에서는 그가 속한 사회의 문화에 젖어드는 것(문화 동질화 현상)이며, 사회적으로는 역할 수행능력을 습득하는 것(역할 훈련), 심리적으로는 자기 스스로를 조절할 수 있는 힘(조절력, 통제력)을 갖추는 것이다. 사회화는 가족, 또래집단, 학교, 이웃, 지역사회, 직장, 특수 집단들 그리고 대중 매체 등을 통해서 이루어진다.

사회적 상호작용(Social Interaction)은 기본적으로 그 속에 살고 있는 개인들이 서로 다른 사람과 관계를 맺고 상호작용하는 과정에서 성립한다. 그러므로 일상생활에서 일어나는 상호작용의 본질을 캐어내어 그것으로부터 사회의

14) 생물학적인 욕구를 가지고 태어난 동물적인 인간이 사회의 가치와 규범, 신념, 도덕 등을 내면화해서 사회가 바라는 인간다운 인간으로 성장해 가는 과정을 사회화라 할 수 있다.

질서를 해석하려고 한다. 일상생활에서 사람들은 서로의 행동을 해석하고 그 해석한 내용에 따라 적절히 반응을 보낸다. 이것이 상호작용의 원리이다. 사람들은 외부의 자극(타인의 행동)에 대해 무조건적인 반응을 보내는 것이 아니라 동일한 자극에 대해서도 상황에 따라 다른 해석을 할 수 있으며, 그 해석에 적합한 반응을 보인다. 그런데 외부의 자극, 즉 타인의 행동이 일어나는 상황이란 객관적인 것이 아니라 행위하는 주체자가 주관적으로 해석하고 판단한 결과인 것이다. 주어진 상황을 어떻게 해석하는가 하는 것은 행위자의 주체적인 판단에 의존할 수밖에 없다. 행위자의 주체적인 판단의 근거는 Mead의 중요한 타자나 또는 일반화된 타자가 될 수도 있고, 개인이 속한 집단의 가치와 기대일 수도 있으며, 상호작용하는 상대방의 행동일 수도 있다. 즉 외부의 자극에 대해 행위자가 주관적, 능동적 해석 과정을 거쳐 반응한다는 것이다. 이와 같이 상호작용론에서는 행위하는 개인을 주어진 사회적 조건에 피동적으로 순종하는 피동적인 인간이 아니라 주어진 상황을 주체적으로 인지하고 해석하는 능동적 주체적 인간으로 간주한다. 상호작용론적 관점을 가진 이론가들은 일상적인 일반 사람들의 매일 매일의 생활을 연구하여 그것을 바탕으로 하여 사회구조를 파악한다는 것이지만, 실제 연구과정에서는 사회구조 문제보다는 일상적인 개인의 심리과정에 더욱 관심을 갖는 경향이 짙다. 인간을 사회적 조건으로부터 자유스러워질 수 있는 능동적, 주체적 인간으로 간주함으로써 자유주의적인 색채를 강하게 담고 있는 이론적 접근이기도 하다.

사회 통제(Social Control)는 사회에는 개인이나 집단에게 사회가 바라는 행동을 취하게 하는 작용이 있다. 그와 같은 작용 일체를 사회 통제라 하는데, 그 목적 내지 기능은 사회의 기존질서를 유지하는 데 있다. 다시 말해서, 사회가 바라는 대로 행동한다는 것은 기존의 사회질서 유지에 어긋남이 없다는 것이며, 반대로 질서가 있는 곳에는 사회 통제가 작용하고 있다고 할 수 있다. 사회 통제는 소극적인 금지(禁止)와 적극적인 명령으로 나누어지며, 소극적인 금지는 사전의 예방과 사후의 징벌로 구분되고, 적극적인 명령은 사전의 장려와 사후의 표창으로 구분된다. 사회 통제는 방향에 따라서, 법이나 권력이 뒷받침된 강제력에 의한 통제와 관습이나 도덕에 의한 통제로 나누어진다.

역사적으로 보면, 통제를 하는 쪽과 받는 쪽이 뚜렷이 구별된 옛날 통제 형태로부터 이 구별은 불분명하여 오히려 상호감시라고 하는 편이 더 적합한 새로운 형태로 변화되어 왔다. 통제하는 신분과 당하는 신분이 확실히 나누어지지 않는 것이 현대의 특징이다. 가정의 부모, 학교의 교사, 그리고 국가에서의 사법관과 경찰관 등 어느 것도 절대적인 통제 주체는 아니다. 오히려 어린이와 학생, 일반 국민에 의해서 각각 통제되며 감시되고 있는 사람들이기도 하다. Richman은 서로가 서로를 비추어보고 통제하면서 서로 감시하고 있는 이 상태를 성원 누구나가 배심원이며 동시에 피고이기도 하다고 표현하였다. 자의적인 폭력행사를 배경으로 한 통제나 경직된 관습에 의존한 공동체적 규제 모두 지금은 힘이 약해졌다. 그러나 전체 사회의 통제능력이 약화되었다고 할 수는 없다. 경제보다 자발성에 바탕을 둔 자주규제를 촉진시키는 것이 훨씬 능률적이다. 이어 정보과학의 경이적 발달로 어느 사회, 어느 집단이나 인간관리 능력이 높아졌다. Foucaulf는 누구나 가시성(可視性)을 강요당하고 있다고 했다.

4) 사회조직

사회조직(Social Organization)은 집단을 이루고 있는 구성원의 일부가 기관이 되어, 그 집단구성원들의 공통이익을 위하여 다른 구성원을 기능적으로 활동시키는 조직을 말한다. 사회구조가 하나의 사회에 소속해 있는 구성원들이 지위와 역할에 따라 서로 관련하는 사회관계의 통일적 전체를 의미하는 데 대하여, 사회조직은 그 내부에서 형성되는 하나의 구성 부분을 의미한다.

이러한 의미의 사회조직은 구성원의 공통목적을 달성하기 위하여 계획적인 작업할당을 하며, 구성원들의 활동을 통하여 조직 자체의 유지·존속을 꾀한다. 그러나 이를 위해서는 조직을 이루고 있는 구성원들 사이의 결합관계가 항구적으로 유지되어야 한다. 이 결합관계는 공통의 이익을 가진 구성원들을 일정한 합목적적 활동을 위해 의식적으로 협력하게 함으로써 강화된다. 그러나 이와는 반대로 구성원들이, 조직에서 벗어나거나 빗나감으로써 결합관계를 파괴하려는 생각을 가지기도 하고, 이를 행동에 옮기는 경우가 있다. 이 경우에 조직이 그와 같은 분자에 대하여 그 언어와 행동을 규제할 수 있도록 구성원에 대하여 일정한 질서와 규칙을 과한다. 그리하여 구성원은 일정한 테두리 속에 갇히게 되며, 조직 자체에 의해서 직접적으로 규제를 받게 된다. 또한 조직의 구성원은, 사회관계의 통일적 전체인 사회구조에서도 습속(習俗)·관습·종교·제도 등에 따른 규제를 받기 때문에, 이중의 규제를 받게 된다.

사람들은 두 사람 이상의 개인들로 이루어진 사회 집단(Social Group) 속에서 산다. 각 개인은 일차적으로 가정과 지역 공동체의 일원임과 동시에 교육, 종교, 생업, 취미 등 다양한 목적에 따라 여러 집단에 속하여 살아가고 있다. 사람들은 집단 속에서 개인과 개인, 개인과 집단, 집단과 집단의 상호작용을 질서 있고, 짜임새 있게 이루어 가는데, 이러한 과정이 곧 사회의 조직화 과정이다.

사회 조직화의 결과로 사람들은 동시에 여러 집단에 속하여 다양한 지위를 가지고 그 지위에 따른 역할을 수행함으로써 희소가치의 배분을 받아가며(욕구충족) 살아간다. 이때 희소가치의 총량이 비슷한 층을 사회 계층(Social Stratification)이라 한다. 특정 목표를 달성하기 위해 조직된 일련의 상관된 역할들이 하나의 제도를 구성한다. 달리 말하면 제도는 문화가 유형화된 것이라고 할 수 있다.

사회 제도(Social Institution)란 사회 구성원들이 기본적인 욕구와 사회적 기능을 충족하려는 수단으로 인간이 만들어낸 역할과 규범의 체계이다. 사회제도의 유형을 분류하면 ① 성립과정에 따라 혼인과 종교 제도 등의 자생적 제도와 교육, 정치제도 등의 법제적 제도가 있으며, ② 중요도에 따라 가족, 학교, 교회 제도 등의 기초적 제도와 오락, 휴양 제도 등의 보조적 제도, ③ 발생론적 입장에 따라 가족, 종교, 정치제도 등의 원초적 제도와 후생복지, 레크리에이션 등의 파생적 제도, ④ 제도의 기능과 운영방식에 따라 교회와 학교 제도 등의 작용적 제도와 정치, 법률 제도 등의 규제적 제도가 있다. Hutzler는 제도의 기능에 관하여 다음과 같이 규정하고 있다. ① 제도는 인간이 개인으로서 또는 사회 성원으로서 갖는 기초적, 파생적 욕구를 유형화된 방식으로 충족하게 한다. ② 제도는 사회적 상호작용을 질서 지어주고 규율을 조정한다. ③ 제도는 사회가 일정한 형태를 유지할 수 있도록 하기 위해 규범을 가지며 통제적 기능을 가진다. ④ 제도는 그 성원들에게 행동 방향을 인도해 준다. ⑤ 제도는 그 문화의 운반자로서 외형적인 행동 양식뿐만 아니라 인식, 평가, 정서 등을 성원들에게 체득시키고 계승시켜 준다.

5) 사회 변동

사회의 구조나 질서 또는 그 구성요소가 내부적·외부적 사정에 의하여 부분적·전체적으로, 또는 단기적·장기적으로 변화하는 과정을 말한다. 사회학에 있어서 Comte 이후 Spence, Durkheim, Tönies 등을 통하여 여러 형태로 이론화되었으나, 무엇을 변동으로 보느냐, 그 근본 원인은 어디에 있느냐 하는 점에 있어서는 견해가 같지 않다. 이 문제를 두 가지 면에서 나누어 살펴본다면 사회의 발전단계의 문제와 현대사회의 변모과정(도시화·공업화 현상 등)을 어떻게 파악하느냐 하는 과제이다. 전자에 대해서는 사회학에서 몇 가지 테마가 제시되었으며, 대표적인 것으로는 Tönies의 게마인샤프트에서 게젤샤프트로, Durkheim의 기계적 연대에서 유기적 연대로 등이 있다. 이들 테마에서는 전근대사회(공동체)와 근대 시민사회 간의 차이를 이론화하고 있으나, 그 변동과정에 대해서는 명확한 분석이 없다. 이에 대하여, 마르크스주의는 생산력과 생산관계 간의 모순을 변동의 원동력으로 보고, 5개의 발전유형(원시공산제·노예제·봉건제·자본주의·사회주의)을 제시하였다. 한편, 후자의 문제에 관하여서는 사회학에서 개별적·실증적 파악을 시도하고 있으나, 임의의 변동기준을 채택하기 때문에 기준에 따라 변동의 요인도 무수히 많아진다. 변동의 요인과 조건은 상호보완적으로, 변동의 조건은 요인의 작용을 조장하거나 억제하게 하고 요인은 조건을 바탕으로 하여 변동을 산출하게 된다.

현대처럼 사회가 복잡하고 거대해지면 사회변동도 매우 다양한 양상을 띠게 된다. 그 원인으로는 변동의 동인이 단일하지 않고 복수라는 것, 여러 가지 요인이 일정한 방향으로가 아니라 다른 방향으로 움직인다는 것, 여러 요인 사이나 그것들과 사회구조 전체와의 사이에 여러 가지 관련성이 있다는 것, 변동을 담당하는 인간측에 예측·통제하기 어려운 주체적 조건이 작용하고 있다는 것 등을 들 수 있다.

사회 변동은 외부적 요인 또는 내부적 요인에 따르는 경우가 있다. 다만 국제적 교류가 잦은 현대에서는 내부적인지 외부적인지 구별하기는 어렵다. 예긴대 문화 접촉과 교육을 통해서 한 나라의 생산 수준을 비약적으로 발전시켜 정치, 경제, 사회 모든 면에서 대폭적인 변동을 초래하는 경우(외부적 요인)가 있으며, 발명과 발견, 혁명 등을 통해 그 자체의 변동(내부적 요인)을 초래하는 경우가 있다. 변동은 부분적·국부적인 경우도 있고 전체적·전면적인 경우도 있다. 혁명은 기성질서의 전면적 파괴이지만, 개혁은 기성질서 테두리 안에서의 부분적·점진적 수정 범위를 벗어나지 않는다. 오늘날 특히 주목할 만한 변동과정으로는 산업화(기술 진보에 따르는 생산 양식의 고도화), 관리화=관료제화(조직의 거대화 · 집권화), 도시화(인구의 도시집중, 도시적 생활양식의 침투) 등을 들 수 있다.

이들 급격한 변동 과정이 사회생활을 혼란에 빠뜨리고, 생활문제나 기타 병리적 사태를 일으키고 있는 것도 부정할 수 없다. 급격한 산업화(고도 경제성장)에 수반되는 환경파괴나 공해의 심각화, 관리화로 인한 소외의 심화, 도시화에 의한 지역해체 등이 이에 속한다. 변동의 요인은 각 사회와 시대마다 차이가 있지만, 일반적으로는 새로운 지식·기술의 출현, 지리적 환경과 인구, 사회·경제적 요인, 가치와 제도 등을 들 수 있다.

현대 사회는 산업화를 거쳐 정보화·세계화되어 가고 있으며 그 속도는 이전 보다 더욱 가속화되고 있다. 그러나 현대 사회의 이러한 변화는 많은 문제를 가져오고 있다. 인구, 자원, 환경, 청소년문제, 노인 문제, 국제 테러, 비인간화 등 다양하다. 따라서 이러한 문제의 해결을 위해서는 변화의 경향을 예측하고, 미래의 관점에서 오늘의 문제를 해결함으로써 미래 지향적 의식을 갖도록 하여야 할 것이다.

6) 사회문제

사회문제(Social Problems)는 사회제도나 사회구조의 결함, 모순에서 생기는 문제를 말한다. 구체적으로 볼 때 사회문제로 취급되는 것으로는 노동문제, 토지문제, 실업문제, 인구문제, 인종문제, 민족문제, 도시문제, 농촌문제, 주택문제, 청소년문제, 여성문제, 노인문제, 가정문제, 범죄문제, 비행문제, 평화문제, 식민지문제, 학원문제 등이 있다. 이처럼 한마디로 사회문제라는 것은 그 어느 것이나 발생원인은 개인적인 것이 아니라 제도의 결함이나 모순 때문에 생긴다는 점에 특징이 있다. 사회문제는 게으름이나 무능력과 같은 당사자의 개인적 책임으로 생기는 것이 아니라 사회구조의 모순에서 생기는 것이다.

사회문제를 해결하려면 당사자에 대한 개인적 차원의 원조가 아니라, 사회 정책적 견지에서 결함이나 모순을 시정하여야 한다. 사회문제의 해결에는 사회의 변혁이나 개량이 생각되는데, 그 방향에는 현 체제의 테두리 안에서 해결, 완화하려는 것과 체제 자체를 변혁함으로써 해결하려는 것이 있다. 체제 내에서의 사회사업, 사회보장, 사회정책 등에 의한 사회문제의 해결은 개량주의적 성격을 띤다. 한편, 사회문제를 체제의 변혁으로 해결하려는 입장은 대중적인 사회운동과 결부되기 쉬우며, 대중이 구체적인 사회문제의 배후에 있는 정치적 지배관계를 자각하도록 하는 데 역점을 둔다. 이 경우, 대중의 일상적 이익, 요구와 직접 관계되는 사회문제의 당면적 해결은, 체제변혁이라는 궁극적 정치목표 중의 한 단계로서 파악된다. 그리고 사회문제를 경제문제로서만 보느냐, 정치문제와 결부해서 보느냐에 따라서 사회문제의 해결방향이 두 가지로 나누어진다. 앞의 입장을 사회개량의 입장, 뒤의 입장을 체제변혁의 입장으로 해석할 수 있다. 사회문제 중에는 앞서 말한 바와 같이, 인구문제, 청소년문제, 민족문제 등 체제변혁과 직접적인 관계가 없는 문제들이 많다.

사회문제는 여러 가지 사회운동의 기반이 되어왔다. 사회운동은 일하는 사람들에게 강요된 사회문제를 제거하고 해결하기 위하여 성립되어 간다. 그리고 사회운동은 사회를 변화시킨다. 이러한 변화의 주요한 내용은 사람들의 견해나 사고방식에 영향을 주어서 변화시키기도 하고, 운동을 위한 조직을 만드는 일을 통한 변화와 사회문제대책을 세움으로 인해 생기는 변화이다. 사회운동에 의한 이러한 사회적 변화는 여러 가지 방향이 있을 수 있지만, 거시적으로 보면 사회진보의 방향으로 가는 변화이다.

사회문제는 일하는 사람들의 생존이나 생활에 위협을 주고 여러 가지 권리를 침해하기 때문에 해결되어야 한다. 그러나 사회문제의 해결, 해소는 생각이나 소망대로 되는 것은 아니므로 사회문제의 성격과 특성에 맞는 원리에 부합된 방침에 의하지 않고는 성공할 수 없다. 그러므로 사회문제를 과학적으로 연구, 분석하고, 거기에서 법칙에 어긋나지 않는 해결, 해소방침을 만들어내야 한다. 그리고 이 방침을 구체화하고 현실화하려면 어떻게 해야 할 것인가를 연구하고 실천하며 탐색하여야 한다. 그리고 이러한 사회문제를 둘러싼 인식활동과 실천활동이 사회진보의 내용임과 동시에 사회진보의 원동력이 된다. 즉, 사회문제는 있어서는 안 될 것이기 때문에 인간사회의 진보의 계기가 되어 온 것이다. 그러나 사회문제를 해결하는 일이란 그리 쉬운 일이 아니다. 사회문제란 있어서는 안 될 것이라는 사실을 널리 알리는 일 또한 그리 간단하지 않다. 게으르기 때문에 가난한 것이다. 가난이 싫기 때문에 사람은 일을 하므로 가난은 필요하다 등과 같은 사고방식은 사회문제를 긍정하고 있는 견해이다. 이러한 견해를 제거할 수 있다고 해도 사회문제의 해결을 실현하기 위해서는 또 큰 장애와 저항이 있다. 사회문제는 자본주의사회의 구조에서 생기는 것이기 때문에 이것을 해결하기 위해서는 사회의 구조를 바꾸어야만 한다. 그러나 자본주의 구조를 통해서 이익을 얻고 지배를 하는 사람들에게 있어서는 사회문제 해결을 위한 사회구조의 변경은 이익이나 지배권을 상실하는 것이기 때문에 그들은 이것을 저지하려고 한다. 자본주의사회가 가장 훌륭한 사회라든가, 인간의 본성에 부합시킨 사회이기 때문에 바꾸어서는 안 된다고 한 이데올로기가 많이 만들어져 온 것도 이 때문이다. 그러나 사회문제를 출발점으로 본 인식활동이나 실천활동, 그리고 이에 대한 공격과 저항 등은 결국에는 일하는 국민들을 단련시키고, 사회개량을 조성하여 사회진보를 실현함과 동시에 사회진보의 원동력을 발전시켜 나가 결국에는 사회문제를 해결해 나가게 된다.

사회주의자들은 이러한 것들이 사회문제로 취급되는 것은 자본주의 체제와 불가분의 관계가 있기 때문이며, 계급대립, 모순이 지양(止揚)된 경우에는 그 성격이 크게 바뀐다고 본다. 그러나 사회주의 체제에서도 계획경제에 무리가 있고, 지도자와 대중 사이에 불일치가 있는 경우에 갖가지 사회문제가 생긴다는 것은 알려진 사실이다.

7) 과학적 인식

인식론(Theory of Knowledge)은 지식의 본성과 원천, 그 한계를 고찰하는 철학의 한 분야이다. 무엇인가를 안다고 주장할 때 그 주장이 일반적으로 어느 정도의 신뢰성을 갖고 있는지 등을 탐구의 대상으로 한다. 지식이란 무엇인가? 우리가 평소에 안다고 생각하는 것들 중 어느 정도나 사실상 참된 지식인가? 감각이 지식을 제공할 수 있는가? 이성이 지식을 가져올 수 있는가? 지식과 참된 믿음과는 어떤 관계가 있는가?

인간은 사물의 현상에 대해 무한히 인식하고 기억하고 추리한다. 각자의 상황이나 시각에 따라 그 인식과 기억과 추리가 달라질 수 있다. 인간이 존재하는 한 이런 사물에 대한 지적활동은 멈추지 않을 것이다.

과학적 방법은 바로 이러한 인간의 지적활동을 어떻게 하면 보다 정확하게 이루어 줄 것인가를 돕는 수단이다. 각자가 처한 상황이 다르다고 해서 사물에 대한 판단이 다르다고 한다면 규칙도, 법도 존재할 수가 없다. 따라서 과학적 방법의 사명은 각자의 상황을 감안하더라도 보다 합리적이고, 객관적이 되도록 하는 것이다.

과학적 인식방법은 흔히 실증주의라고도 불린다. 실증주의란 경험적 사실들을 중시하는 사유 태도를 의미한다. 19세기 초의 사회학자인 Comte는 사유나 인식방법에 따라 ① 신학적 단계 ② 형이상학적 단계 ③ 과학적(실증적) 단계로 구분하고, 과학적 단계와 관련하여 과학은 현상에 대한 설명을 위해 경험을 중요시한다. 그러나 경험의 기초가 되는 논리를 배제한다는 것은 아니다. 이제까지 분리되어 왔던 논리와 경험을 결합시켜 사실들에 대한 확인을 시도하는 것이 과학적 인식방법이다. 과학적 인식방법에서는 논리성은 이론을 뜻하고, 경험성은 조사 혹은 관찰을 의미한다.

과학적 연구의 특징 ① 과학적 연구는 논리적이다. ② 과학적 연구는 결정론적이다. ③ 과학적 연구는 일반적인 것을 추구한다. ④ 과학적 연구는 간결한 것을 추구한다. ⑤ 과학적 연구는 구체적이다. ⑥ 과학적 연구는 경험적으로 검증가능하다. ⑦ 과학적 연구는 연구과정이 같으면 같은 결론을 얻어야 한다. ⑧ 과학적 연구는 수정 가능하다.

지식형성의 네 가지 방법은 ① 관습에 의한 방법, ② 권위에 의한 방법, ③ 직관에 의한 방법, ④ 과학적 방법이 있는 데 이 중 과학적 방법은 가능한 한 많은 의문을 제기하고, 과학적으로 증명한다는 점에서 다른 방법들과 다르다. 대체적인 여러 가지 가설을 논리적으로 전제시켜 나타난 결과를 관찰 가능한 현상과 비교한다. 이로써 우리는 어떤 가설이 제거되어야 하며, 어떤 가설이 입증되었는지 판별하게 된다. 이러한 방법은 과학적 지식을 습득하는 기술과 방법이며, 과학적 지식은 과학적 조사방법에 의해 증명된 지식을 말한다.

Kerlinger는 과학적 조사란 '일반현상 가운데서 관계가 있으리라고 생각되는 가설적인 명제들을 체계적, 통계적, 경험적, 비판적으로 탐구하는 활동'이라고 규정하고 있다. 따라서 과학적 조사는 조사자가 조사결과에 대한 확신을 가질 수 있도록 철저히 통제되고 체계적이어야 하며, 이러한 탐구과정은 동일한 통제 상황하에서 타인에 의해 조사되어도 동일한 결과가 발생할 수 있도록 객관적이어야 한다.

과학적 접근의 방법은 연역적 접근법과 귀납적 접근법으로 나눌 수 있다. 전통적인 과학적 접근방법은 가설 → 조작화 → 관찰 → 검증을 거치는 연역적인 접근법이다. 연역법으로 가장 흔히 사용하는 예는 다음과 같은 것이다. "모든 사람은 죽는다", "소크라테스는 사람이다", "그러므로 소크라테스는 죽는다" 이 방법은 공리(Axiom)에서 출발하여 정리(Theorem), 가설(Hypothesis)로 연결되는 과정인 이른바 삼단논법과 같은 논리전개방식으로 진행시켜서 경험적 사실과 일치하게 될 때 과학적 법칙을 발견하게 된다. 귀납법은 경험의 세계에서 관찰된 많은 사실들이 모두 공통적인 유형으로 전개되는 것을 발견하고 이들의 유형을 객관적인 수준에서 증명을 하게 되는 것이다.

한편, 과학적 방법으로 자료를 수집하는 연구 상황은 연구과제, 대상, 절차 등에 따라 다양하게 전개되며, 양적자료와 질적자료 모두 연구의 자료가 된다. 이러한 자료를 수집하는 방법에 따라 연구를 크게 질적연구와 양적연구로 나누며, 구체적인 차이를 정리하면 다음 **표 9-5**와 같다.

표 9-5 **양적연구와 질적연구의 비교**

구분	양적 연구	질적 연구
연구 목적	• 관심 갖는 현상을 통제하고 예측된 것을 검증하기 위함	• 현상을 이해하고 서술하기 위함
연구 대상, 연구 대상의 규모, 연구 환경	• 객관화될 수 있는 것, 정량적인 것, 외현적인 것, 양을 강조 • 대규모 • 인위적이고 낯섦	• 문화, 역사적인 것, 정성적인 것, 잠재적, 내재적인 것, 질을 강조 • 소규모 • 자연적이고 친숙해야 함
연구자 입장	• 외부자 입장	• 내부자 입장
연구 설계	• 객관적이고 과학적인 틀 • 이미 정해져 있고 구조화되어 있음	• 주관적이고 현상학적인 틀 • 점진 출현적, 진화적, 유동적임(연구해 가면서 계속 변화해 감)
철학적 배경	• 경험주의, 논리주의, 실증주의	• 현상학
연구 방법	• 연역적 접근방법 • 구조적 • 설문지, 실험 등을 통해 직, 간접 조사 • 실험집단과 통제집단을 비교하는 통계적 분석 방법 • 신뢰도, 타당도가 높은 측정도구가 선호됨	• 귀납적 접근방법 • 비구조적 • 연구자 자신이 참여관찰을 통해 직접 조사 • 현상 탐구, 인위적 조작이 가해지지 않고 자연적임 • 민속지학적, 해석학적 접근방법
사용 언어	양적 연구, 객관, 몰가치, 확률, 분석, 설명, 신뢰	질적 연구, 주관, 가치, 경험, 심층

제4절 빅데이터를 활용한 일반사회영역의 주제 연구

1. 빅데이터를 활용한 초등 사회과 교육과정에서 정치의 주제 분석 예시

다음 그림 9-5는 최근 5년간 정치에 대한 소셜 빅데이터를 분석한 결과이다. 본 분석 과정에서는 텍스트마이닝 단계에서 특정 정치인이나 정당에 대한 단어는 삭제하였다. 빈도수를 나타낸 워드클라우드에 따르면 정치에 대한 결과는 '정치인, 대선, 대통령, 후보' 등과 같이 시사성을 반영하는 키워드에 대한 관심이 집중된 것을 알 수 있다. 이어서 정책과 관련성이 높은 '부동산, 문제, 생명' 등과 같은 대해서도 관심이 높아졌다. 이에 대해 자세히 알아보기 위해 키워드 간의 관계를 나타낸 네트워크 분석결과를 살펴보면 정치는 주로 특정한 정책 활동이나 사회적 문제해결 과정보다는 정치인들의 선거활동과 관련된 부분에 대부분의 관심이 집중되어 있다는 사실을 확인할 수 있다.

그림 9-5 **정치 빅데이터 분석 결과**

2. 빅데이터를 활용한 초등 사회과 교육과정에서 경제의 주제 예시

다음 그림 9-6은 최근 5년간 경제에 대한 소셜 빅데이터를 분석한 결과이다. 빈도수를 나타낸 워드클라우드에 따르면 경제에 대한 관심은 '지역경제, 한국, 미국, 사회, 기업' 등과 같이 경제 발전과 관련된 부분에 관심이 집중된 것을 알 수 있다. 이어서 '코로나, 중국, 회복' 등과 시사성을 갖는 주제에 대한 관심이 높게 나타났으며, 끝으로 '거시경제, 경제활동, 투자, 경제지표, 글로벌' 등과 일반성을 갖는 키워드가 나타났다. 이에 대해 자세히 알아보기 위해 키워드 간의 관계를 나타낸 네트워크 분석결과를 살펴보면, 우리나라와 경제적 교류가 많은 국가인 중국, 미국 등을 찾을 수 있으며, 여성의 경제활동 경력, 복귀 등과 같은 사회적 문제에 대한 관심이 높은 것을 발견할 수 있다.

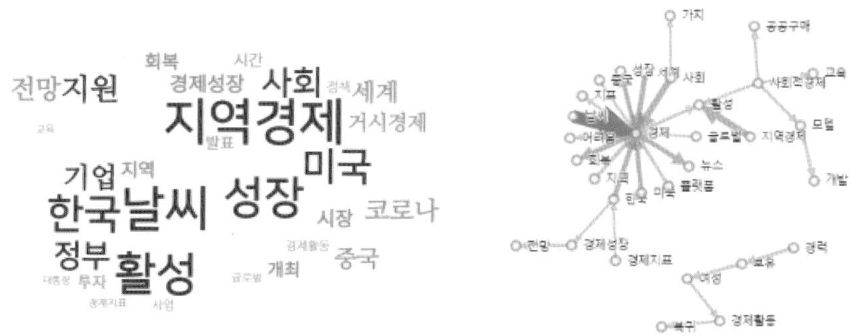

그림 9-6 **경제 빅데이터 분석 결과**

3. 빅데이터를 활용한 초등 사회과 교육과정에서 사회문화의 주제 분석 예시

다음 그림 9-7은 최근 5년간 사회문화에 대한 소셜 빅데이터를 분석한 결과이다. 빈도수를 나타낸 워드클라우드에 따르면 사회문화에 대한 관심은 '문제, 현상, 지역사회' 등과 같이 사회적 문제와 관련된 부분에 관심이 집중된 것을 알 수 있다. 이어서 '교육, 문화예술, 프로그램' 등과 같은 문화활동에 대한 관심도 나타났으며, '다문화, 복지, 청소년' 등과 같은 소외계층에 대해서도 관심을 찾을 수 있다. 또한 키워드 간의 관계를 자세히 알아보기 위한 네트워크 분석결과를 살펴보면 크게 사회와 문화로 분류할 수 있는 것으로 나타났다. 사회는 '경제, 교육, 복지, 경제, 정치' 등과 같은 비교적 학문과 관련성이 높은 거시적인 범위에서의 문제, 문화는 '교통, 주거, 노동, 안전' 등과 같은 실생활과 관련성이 높은 미시적인 범위에서의 문제가 나타났다.

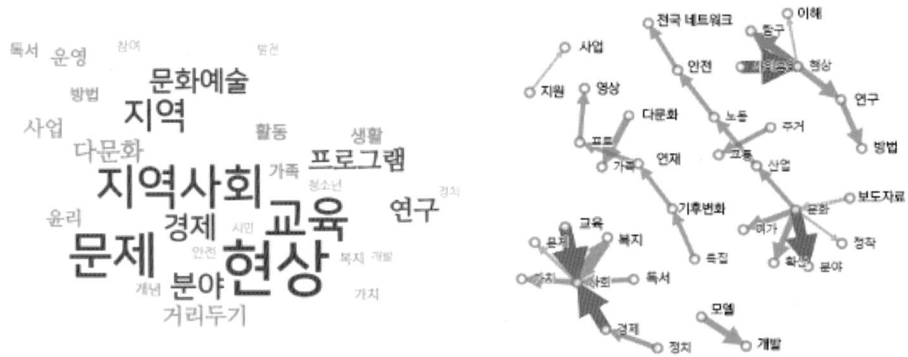

그림 9-7 **사회문화 빅데이터 분석 결과**

생각 정리 문제

1. 초등 사회과 역사교육과 일반사회교육의 핵심개념에는 무엇이 있는가?

[빅데이터 분석]

2. 미래사회에 주목받는 역사교육과 일반사회교육의 주제는 각각 무엇인가? (교재에 제시된 빅데이터 분석 결과를 활용하거나 새롭게 분석)

3. 내가 선택한 주제가 주목받게 되는 까닭은 무엇인가?

[빅데이터 분석]

4. 내가 선택한 주제와 관련하여 역사교육과 일반사회교육에서 관심 가져야 할 핵심개념을 선택하고 그 까닭을 이야기해 보자. (교재에 제시된 빅데이터 분석 결과를 활용하거나 새롭게 분석)

[빅데이터 분석]

5. 미래사회에 새롭게 관심 가져야 할 역사교육과 일반사회교육의 핵심개념을 선정하고 그 까닭을 이야기해 보자. (새롭게 빅데이터를 분석하여 핵심개념을 선정)

BIG DATA

Part 04

초등 사회과에서 좋은 수업은 어떻게 할 수 있을까?

Chapter 10

좋은 수업은 무엇인가?

• 주제

좋은 수업에 대해 탐색하기

• 학습 내용

1. 빅데이터가 알려주는 좋은 수업
2. 좋은 수업 방안
3. 초등 사회과의 좋은 수업을 위한 수업안 작성 팁

• 학습 목표

1. 좋은 수업의 의미에 대해 설명할 수 있다.
2. 초등 사회과에서 좋은 수업을 위한 계획을 할 수 있다.

BIG
DATA

좋은 수업은 학습자 중심의 수업이다. 학습자 중심의 수업은 학생들이 수업에 흥미와 관심을 갖고, 수업의 주체가 되어 적극적으로 참여하여 활동하면서 의미있는 지식구성이 이루어지는 수업이다. 학생들이 수업에 흥미와 관심을 갖기 위해서는 그들에게 의미 있는 아이디어나 주제, 학습자료 등을 실생활에서 찾아 교실로 가져오고, 이것들을 토론하고 해결을 위해 협동하는 과정에서 새로운 의미가 창출되도록 해야 한다. 그렇게 되었을 때, 학생들의 학력도 향상될 것이다.

이를 위해서는 수업이 바뀌어야 한다. 기존 교실수업이 아닌 거꾸로 수업이 이루어져야 제대로 학습자 중심이 될 수 있다. 뿐만 아니라 교사는 학습자 중심의 수업이 이루어 질 수 있도록 고도화 구조화된 준비된 수업을 해야 한다. 이를 위해 학습자들을 학년 초부터 제대로 파악하고 있어야 한다. 가령 학습자들이 선호하는 학습양식, 학습자 마다 뛰어 난 지능이 무엇인지, 학습자들의 성격은 어떠한지 등 다양한 차원에서 학습자들에 검사와 측정을 통해 좋은 수업을 할 수 있는 준비가 되어 있어야 한다. 따라사 교사는 학습자의 현실적 상황에 맞는 상황적, 개별적 수업이 될 수 있도록 효율적인 학습방안을 찾아야 한다.

제1절 빅데이터가 알려주는 좋은 수업

1. 연구 대상 및 방법

본 장에서는 좋은 수업 관련 온라인 문서를 빅데이터 수집 및 분류 절차에 따라 진행하였다. 좋은 수업과 관련한 빅데이터 수집에는 텍스톰의 수집 프로그램을 사용하였으며 좋은 수업 토픽은 모든 관련 문서를 수집하기 위해 '수업, 좋은 수업' 용어를 검색어로 사용하였다. 그리고 온라인 문서의 잡음을 제거하기 위한 불용어는 주제를 벗어나는 '입시, 내신, 수시' 등을 사용하였다.

좋은 수업 소셜 빅데이터의 수집은 2016년 1월 1일부터 2020년 12월 31일까지 여러 포털사이트 중에서 네이버와 구글의 뉴스, 블로그, 웹 문서를 요일, 주말, 휴일을 고려하지 않고 매시간 단위로 이루어졌다. 수집된 총 1만 9,004건의 텍스트 문서 중 교실 수업과 연관된 된 것(학생, 초등학생, 중학생, 고등학생, 대학생 등 수업대상 언급 문서)으로 판단된 1만 1120건의 문서를 본 분석에 포함하였다.

2. 좋은 수업에 대한 빅데이터 분석 결과

좋은 수업 빅데이터 분석 결과에 대한 상위 30위까지 키워드의 빈도수, 그리고 그 빈도수를 상위 30위까지 워드클라우드로 시각화한 결과는 각각 표 10-1, 그림 10-1과 같다.

표 10-1의 빈도분석 결과에 따르면 빈도수가 높은 단어로는 '학생, 학교, 원격수업, 방송, 온라인' 등의 순서로 나타났다. 수업의 중심이 되는 학생이 가장 중요한 것으로 나타났고, 이후 수업이 이루어지는 장소인 학교, 그리고 시사성을 반영한 원격수업, 온라인, 방송 등이 좋은 수업에 대해 사람들이 자주 생각하는 키워드로 나타났다. 이어서 '교사, 교수, 선생, 학부모'와 같은 수업의 주체가 되는 학생을 지원하는 사람들에 대한 관심도 높게 나타났다. 결국 좋은 수업을 위한 사람들의 생각은 수업의 주체가 되는 학생과 이를 지원하는 교사, 학부모가 중요하며, 이를 보조하기 위한 수단으로 시사성을 반영하고 교재를 연구하는 등의 노력이 필요하다는 결론을 생각해볼 수 있다.

표 10-1 **좋은 수업에 대한 키워드의 상위 30위까지 빈도분석**

순서	키워드	빈도수	백분율	순서	키워드	빈도수	백분율
1	학생	491	1.27%	16	교수	69	0.18%
2	학교	408	1.05%	17	선생	67	0.17%
3	원격수업	296	0.76%	18	참여	62	0.16%
4	방송	285	0.74%	19	아이	60	0.15%
5	온라인	240	0.62%	20	기준	60	0.15%
6	등교	233	0.60%	21	내용	60	0.15%
7	비대면	210	0.54%	22	상황	58	0.15%
8	교사	163	0.42%	23	방안	57	0.15%
9	운영	158	0.41%	24	결정	56	0.14%
10	사회	107	0.28%	25	지역	53	0.14%
11	교육	101	0.26%	26	학부모	51	0.13%
12	지원	95	0.25%	27	대상	47	0.12%
13	현장	87	0.22%	28	학습	47	0.12%
14	제공	73	0.19%	29	집중	41	0.11%
15	가능	73	0.19%	30	교실	39	0.10%

그림 10-1의 워드클라우드 분석 결과에 따르면 좋은 수업은 학교에서 학생이 주체가 되도록 하는 것이며, 특히 COVID-19 확산 상황하에서도 이를 위한 방안으로 비대면 형식의 원격수업이나 온라인 수업이 이루어지도록 하고 있음을 확인할 수 있다.

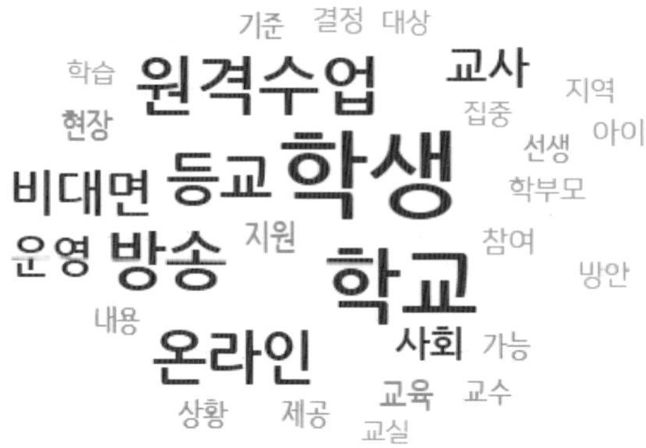

그림 10-1 **좋은 수업 빅데이터에 대한 워드클라우드 분석**

그림 10-2의 연결중심성 결과[1]에 따르면 '학생, 학교, 원격수업'이 연결중심성이 높은 단어로 나타났다. 학생은 '집중, 내용, 참여', 학교는 '등교, 교육, 지원', 원격수업은 '온라인, 운영, 비대면' 등이 연결성이 높은 것으로 나타났다. 이외에도 '학교'와 연결성이 높은 '등교, 교사'에 대한 키워드가 다른 키워드에 비해 상대적으로 연결중심성이 높은 것으로 나타났다. 결국 수업과 관련된 사람들의 관심은 학교를 중심으로 이루어지며, 좋은 수업을 위한 고민도 당연히 학교를 중심으로 생각해야 한다는 사실을 시사한다.

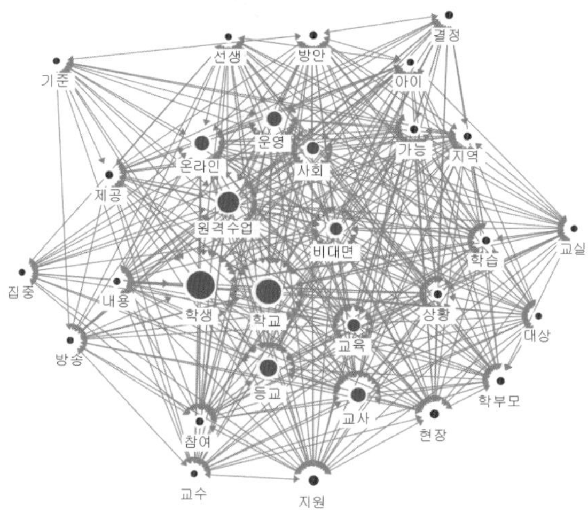

그림 10-2 **좋은 수업 빅데이터에 대한 연결중심성 분석**

1) 연결중심성(Degree Centrality)은 네트워크 분석 방법 중 하나로 직접 연결된 이웃의 수로 측정하므로 이웃 노드가 많을수록 연결중심성이 높아지며, 해당 노드의 직접적인 영향력의 크기를 측정하는 데 적합한 분석 방법이라 할 수 있다.

3. 빅데이터 분석 결과를 반영한 좋은 수업의 특징

수업이 내실화된 상태를 좋은 수업이라고 할 때 좋은 수업은 학습자가 학습에서 흥미와 관심을 가지고 교육적으로 의미 있는 학습경험을 제공해 주며, 교사와 학습자 간의 충실한 상호작용이 일어나 교수·학습 효율을 극대화한 수업으로 볼 수 있다. 좋은 수업이 이루어지기 위해서는 학생들과 같이 생활하는 교사가 수시로 주어진 교육과정을 학생들 수준에 맞게 재구성해야 한다. 학습자들이 정말 배워야 할 것들이 무엇이며, 교사 자신이 처한 상황에서 어떤 내용을 선정하여, 어떤 방법으로 가르쳐야 효율적인지를 알고, 그대로 실행했을 때 좋은 수업이 이루어진다. 즉, 교육과정을 재구성했을 때 보다 좋은 수업이 이루어질 수 있다.

좋은 수업은 여러 가지 관점에서 특징을 말할 수 있다. 좋은 수업의 특징을 교사 개인적 특징, 교육과정 및 교육내용 특징, 교수·학습방법 특징, 평가의 특징 측면으로 나누고 있다(김주훈, 2002).

첫째, 교사의 개인적 특징으로 뚜렷한 교육관과 교육철학 견지, 배움에 대한 열정, 학생에 대한 깊은 이해와 애정, 교직에 대한 사명감과 애정, 적극적 교육 여건 조성, 철저한 수업 준비 등을 들 수 있다.

둘째, 교육과정 특징으로 학교 수준에서 교과 단위의 중점 교육목표 설정 및 구현, 교사수준에서 교육과정의 재구성, 여러 종의 교과서에서 학습활동을 선정하여 재구성, 실생활 요소를 도입하여 재구성, 학생들의 사전 경험 조사를 교육과정 구성에 반영 등을 들 수 있다.

셋째, 교수·학습방법 특징으로 학습자의 능력과 적성을 고려한 수업, 학습동기유발, 학생들이 실생활이나 경험과 밀착된 교육내용 도입, 학생들의 자기주도적 학습 강조, 활동 위주의 교수·학습방법을 강조, 통합적 학습경험의 강조, ICT의 효율적 활용, 학생들의 오개념 활용, 도우미 활용 등을 들 수 있다.

넷째, 평가의 특징으로 수업과 평가의 연계를 깊게 하는 수행평가, 평가를 통한 학습 동기 유발, 개별적 목표 도달도를 확인하는 평가, 수행평가를 통한 정의적 영역 및 창의적 목표 신장, 협동학습과 축제의 장으로 유도하는 수행평가, 주관식 평가의 활용, ICT를 활용한 평가의 즉시성과 객관성 확보, 비디오 녹화를 통한 평가, 평소 수업 중 행해지는 수행평가와 포트폴리오, 동료평가 및 자기 평가 방법을 활용한 수행평가 등을 들 수 있다.

수업에 관한 연구들을 종합 분석한 Vosniadou(2001)는 효율적인 수업의 12가지 특징으로 ① 능동적인 참여(Active Involvement), ② 사회적 참여(Social Participation), ③ 의미 있는 학습활동(Meaningful Activities), ④ 기존 지식과 연계된 새로운 정보(Relating New Information to Prior Knowledge), ⑤ 전략적 학습(Being Strategic), ⑥ 자기 통제와 반성적 사고(Engaging in Self-Regulation and Being Reflective), ⑦ 기존 지식의 재구조화(Restructuring Prior Knowledge), ⑧ 암기보다는 이해에 초점(Aiming Towards Understanding rather than Memorization), ⑨ 전이를 위한 학습을 장려(Helping Students Learn to Transfer), ⑩ 충분한 학습 시간 제공(Taking Time to Practice), ⑪ 발달적 차이 및 개인적 차이 인정(Developmental and Individual Differences), ⑫ 학습 동기가 충만한 학습자 창출(Creating Motivated Learners)을 들고 있다.

Poter & Brophy(1988)도 좋은 수업에 관한 연구들을 분석·종합한 결과 교사의 측면에서 새롭게 나타나고 있는 몇몇 특성을 들고 있다. 첫째, 아동들이 갖고 있는 잘못된 개념들(Misconceptions)을 채택하거나 예상한다. 둘째, 아동들에게 초인지(Metacognitive) 전략(자신이 무엇을, 어떻게, 왜 학습하고 있는가를 이해할 수 있게 하는 전략)을 가르친다. 셋째, 다양한 수준의 학습 목표를 제시한다. 넷째, 다른 교과 영역과의 통합적인 수업한다. 다섯째, 평가를 통하여 자신들의 수업 반성 자료로 삼는다. 여섯째, 능동적인 교사다.

미국의 NRC(National Research Council)는 학습에 관한 다양한 연구결과에 대한 보고서를 통해 학습자가 어떻게 학습활동을 수행하며, 이러한 원리를 바탕으로 실제 교육에서 적용할 수 있는 세 가지 주요 학습원리를 제시하고 있다.

첫째, 교사는 학생들이 지니고 있는 선개념(Preconception)을 파악하고, 이들의 선개념이 학생들의 지식체계에서 올바른 개념체계로 변환되어 구성될 수 있도록 도와주어야 한다. 둘째, 지식은 개념체계로 습득해야 새로운 문제해결에 도움이 된다. 사실적 지식정보를 개념체계의 맥락에서 깊이 있게 이해하고, 또 이러한 지식을 다른 상황에 적용할 수 있는 지식으로 변환시킬 수 있도록 해주어야 한다. 셋째, 학습과정에 대한 모니터링(Monitoring)과 학습전략을 병행해야 한다. 학습에 대한 연구에 따르면, 학습을 효과적으로 수행하는 전문가는 자신이 이해한 사항을 주의 깊게 체크하며, 더 이해가 필요한 내용에 대해서도 확인하며, 새로운 지식이 자신이 이미 알고 있는 지식과 일치하는가를 살펴보며, 그리고 이해한 지식을 보다 발전시키기 위해서 어떤 추론을 할 수 있는지에 대해서도 심사숙고하는 사람이다. 상기 내용을 감안하여 볼 때 좋은 수업은 전통적인 수업과 비교하여 정리하면 다음의 표 10-2와 같다.

표 10-2 **전통 수업과 좋은 수업의 비교**

구분	전통적 수업	좋은 수업
수업목표	• 지식·정보의 획득에 초점	• 창의력, 문제해결력 등의 고등 사고력 신장에 초점
수업방법	• 강의식·설명식·교과서 중심 수업 • 수동적·타율적 참여 • 경쟁강조, 특별반 • 학습의 결과 중시 • 언어적 경험 중심 • 분과적 • 지식전달 중심의 주입식 교육 • 정적 학습풍토, 학습자의 침묵 • 기계적 학습, 암기 • 학습의 장이 교실로 제한 • 닫힌 교육	• 탐구식·발견식·관찰·활동 중심의 수업 • 능동적·자율적 참여 • 협동학습 강조, 개인차를 고려한 수준별 지도 • 학습의 과정 중심 • 실제 경험 중심, 귀납적 • 통합적 • 역량 중심의 참여식 수업 • 동적 학습풍토, 학습자의 발화 • 학습동기·흥미·요구반영 학습 • 교실 안과 밖의 모든 환경을 적극 활용 • 열린 교육
수업평가	• 규준지향평가, 표준화 검사, 양적평가	• 목표지향평가, 질적평가

4. 좋은 수업과 관련된 당면문제 : 객관주의와 구성주의의 만남과 동행

학습자 중심 교육은 2022 개정 교육과정에서도 학습자의 삶을 중심에 두는 교육 의제를 발굴하면서 강화하는 방향으로 전개되고 있다. 그러나 실은 이미 수십 년 전부터 행동주의 기반 교육에서도 학습자 개개인을 대상으로 한 좁은 의미의 학습자 중심 교육이 시도된 바가 있다. 교육현장에서의 본격적인 관심은 1997년 7차 교육과정이며, 2007 개정 교육과정, 2009 개정 교육과정에 이어 2015 개정 교육과정, 그리고 2022 개정 교육과정까지 이어지고 있다. 이에 따라 당면하는 문제와 관련하여 학습자 중심의 좋은 수업이 되기 위해 생각해보아야 할 점들을 제시하면 다음과 같다.

첫째, 교사 중심 수업과 학습자 중심 수업이다. 교사 중심 수업은 나쁜 것이고, 학습자 중심 수업은 좋은 것인가? 학습자 중심 수업을 강조하다 보면 전자는 나쁜 것이고 후자는 좋은 것이라는 편견을 갖게 된다. 그러나 모든 수업이 학습자 중심일 필요가 있는 것은 아니다. 수업 내용과 상황에 따라 교사 중심일 필요가 있는 것은 교사 중심으로 해야 좋은 수업이 된다. 교사는 학습자들을 방임해서는 안 되며 고도로 구조화된 수업을 할 수 있어야 한다.

둘째, 일제 수업과 개별 및 협력학습이다. 마찬가지로 일제 수업은 나쁜 것이고, 개별학습, 소집단 협력학습은 좋은 것이라는 생각은 반드시 옳은 것은 아니다. 일제 수업으로 공통학습을 해야 할 것은 확실하게 하고, 개별학습, 소집단 학습으로 해야 할 것을 구분하여 교사와 학생의 상호작용이 적절한 형태로 학습을 구성해야 한다. 특히 학습자들은 협동학습을 통해 집단지성을 발휘해야 한다.

셋째, 교실 안 수업과 교실 밖 수업이다. 교실 안에서 하는 것은 수업이고, 교실 밖에서 하는 것은 수업이 아닌 놀이 정도로 생각하는 것은 큰 잘못이다. 오늘날 교실수업은 초연결사회로 전환되면서 학습망(Learning Web)이 구축됨에 따라 교실 안과 밖이 자연스럽게 연결되어 있다. 교실 안에서 가정, 지역사회, 국가, 세계로 연결되면서 교실 기반 다양한 수업이 가능하게 되었다. 좋은 수업을 위해 때로는 교실 밖에서도 학습자의 관심, 호기심, 질문을 구체화하기 위해서 체험학습을 위한 교실 밖 수업을 할 필요가 있다. 또한 학습의 내용이나 학교 사정에 따라 교사보다 학교 밖의 전문가나 학부모 등에게 맡기는 것도 더 좋은 수업이 될 수 있다. 수업은 꼭 교실 안에서 그리고 교사에 의해서만 하는 것이라는 생각은 시대착오적일 수밖에 없다.

넷째, 인간 중심 수업과 도구 중심 수업이다.

아무리 도구가 발달되어도 교실 수업은 교사와 학생이라는 인간이 주도하는 활동이지 도구가 주도하는 활동이 아니라는 것을 잊지 말아야 한다. 최근 교육현장에 각종 교육자료가 풍부하다. 컴퓨터를 비롯한 빔프로젝터,

전자칠판 등의 하드웨어 그리고 이를 뒷받침하는 교수학습용 각종 소프트웨어와 같은 매체나 도구들, 특히 인공지능 등이 교사의 역할을 대신하게 되는 경우가 많다. 도구가 교사의 역할을 대신하게 되면서 화려한 콘텐츠를 사용하지만 가르침에 대한 욕구가 사라진 일명 '클릭 교사'에 대한 오명을 조심할 필요가 있다. 특히 인공지능과 같은 도구의 등장은 과거와 전혀 다른 모습의 수업환경이 구축됨에 따라 인공지능에게 맡겨야 할 것은 과감하게 맡기면서 학습자가 주도적으로 수업을 할 수 있도록 하되, 인간 고유역량을 강화하는 방향으로 전환되어야 한다.

다섯째, 발문과 질문이 살아있는 수업이다.

가르침 중심의 수업에서 배움중심 수업으로 전환은 교사의 설명 위주의 수업 보다 학습자의 질문이 주도되는 수업이 되어야 한다. 학습자들은 질문(물음표)에서 답(느낌표)을 찾는 인터러뱅의 실천(Interrobang)이 있어야 한다. 평범하고 간단한 질문 속에서 훌륭한 답이 있다. 질문은 답을 찾기 위한 최고의 선물이다. Leeds(2000)는 질문의 힘을 다음과 같이 일곱 가지로 정리하였다. 질문은 생각을 자극한다. 질문을 하면 정보를 얻는다. 질문은 마음을 열게 한다. 질문에는 사랑과 치유의 힘이 있다. 질문은 배움이 스스로 일어나게 만드는 마중물이다. 질문은 상상을 낳고, 상상은 세상을 변화시키는 창의의 시작이다. 질문을 통하여 인간은 자신의 한계를 극복해 갈 수 있다. 교실은 가르침, 지시, 조용함 아니라 배움, 질문, 대화, 다소 시끄러움으로 거듭나야 한다. 질문이 학습, 교육, 세상을 바꿀 수 있다. 물음표 없이 느낌표를 만들 수 없다. 학습자들의 삶도 물음표에서 느낌표로 만들어가야 한다. 질문이 모르는 사람이 알만한 사람에게 던지는 물음이라면, 발문(發問)은 아는 사람이 모르는 사람에게 던지는 물음으로 교사는 수업에서 발문을 잘해야 한다. 발문을 잘할 수 있는 기법이 필요하다.

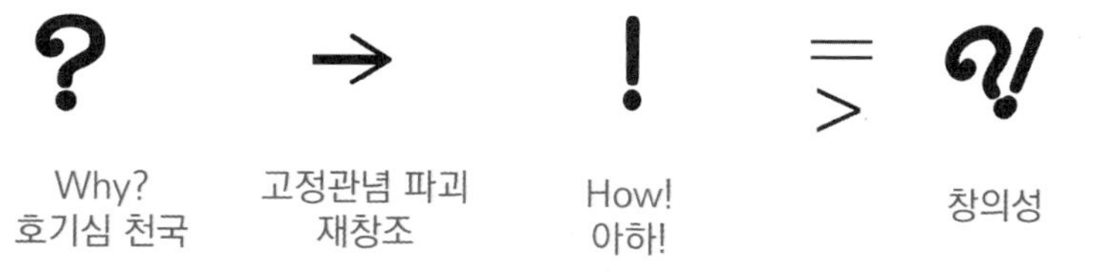

발문과 질문이 살아 있는 수업은 마침표를 물음표로 바꾸는 수업으로, 질문과 발문이 오가면서 질문의 물음표를 느낌표로 바꾸는 수업이다. 학습자들은 끊임없이 질문을 통해 문제해결과정을 통해 메타인지가 일상화되게 함으로써 배움 중심의 실천을 통하여 학습자의 역량을 강화할 수 있다. 질문이 살아있는 수업을 위해 Bloom은 기존의 교육목표 분류를 뒤집어야 한다. 그의 제자인 Anderson이 Krathwohl과 함께 Bloom의 텍사노미(Taxonomy)를 개정한 텍사노미를 발표하였다.

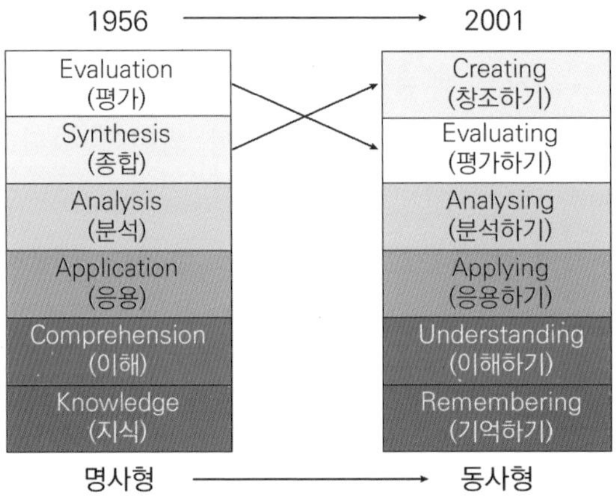

그림 10-3 **Bloom의 텍사노미 변화**

❶ 연구대상 수집하기

- 본 연구대상인 '좋은 수업 관련 소셜 빅데이터 수집'은 소셜 빅데이터 수집 로봇(웹크롤)과 데이터 분석, 시각화 기술을 보유한 텍스톰을 통해 수집하였다.
- 텍스톰은 1개의 채널에서 한 번에 수집할 수 있는 문서의 수가 최대 1,000건으로 제한되어 있기 때문에 많은 양의 문서를 수집하기 위해서는 기간을 나눠서 지정할 필요가 있다. 본 연구에서는 최근 5년간(2016년 1월 1일 ~ 2020년 12월 31일)을 수집기간으로 설정하였으며, 2016년, 2017년, 2018년, 2019년, 2020년으로 나눠서 총 5차례 문서를 수집하였다.

- 좋은 수업 수집조건

수집키워드	불용어	수집기간	채널
수업, 좋은 수업	입시, 내신, 수시, 드라마	2016년 1월 1일 ~ 2020년 12월 31일	네이버(블로그, 뉴스, 카페, 웹문서) 구글(뉴스, 웹문서)

- 정제/형태소 분석은 별도의 키워드필터링을 사용하지 않았으며, URL 기반 중복된 텍스트 문서를 제거하였다.
- 형태소 분석은 고유명사, 복합명사를 그대로 결과값을 반영하는 Espresso K를 사용하였으며, 분석품사는 명사를 비롯하여 형용사, 동사, 외국어를 포함하였다.
- 소셜 빅데이터 수집은 해당 토픽을 웹크롤로 수집한 후 유목화(범주화)하는 bottom-up 수집방식을 사용하였다.

❷ 데이터 분석하기(텍스트마이닝, 매트릭스 파일 생성)

- 형태소 분석이 완료되면 바로 편집하기를 통한 텍스트마이닝 과정을 거친다.
- 연결중심성 분석은 네트워크 분석 방법 중 하나로 키워드 간의 매트릭스 데이터가 필요하다. 이를 위해서 텍스톰의 매트릭스 파일을 생성한 후 엑셀파일로 다운로드한다.

1단계 : [데이터 분석]→[텍스트마이닝]→[데이터 편집]→[바로 편집하기]에서 단어를 정제한다.
2단계 : [데이터 분석]→[매트릭스]→[매트릭스 단어선택]→[1-mode]→[바로 선택하기]에서 단어를 선택한다.
3단계 : [매트릭스 결과]→[매트릭스(빈도)]→[다운로드]를 선택하여 매트릭스 파일을 저장한다.

❸ 시각화하기(워드클라우드, 연결중심성 분석)

- 시각화는 텍스톰을 통해 웹상에서 워드클라우드를 생성하고, NetMiner를 활용하여 연결중심성 분석으로 간단히 출력한다.

1단계 : [시각화]→[시각화 결과]→[시각화 리스트 선택]→[워드클라우드]에서 색상선택, 키워드 등을 설정하여 워드클라우드를 완성한다.
2단계 : [NetMiner]를 실행한다.
3단계 : [File]→[Import]→[Excel File]→[Import Excel File]에서 저장된 매트릭스 파일을 선택한 후, [1-mode Network]→[Matrix]를 선택한 후 OK를 누른다.
4단계 : [Analyze]→[Centrality]→[Degree]를 선택한다.
5단계 : 화면 우측 프로세스 관리영역 창에서 [Process Tab]→[Main Process, Sum of Weight]를 선택한 후 [Run Process]를 실행한다.
6단계 : 화면 중앙의 데이터 시각화 영역에서 [M Spring] 탭을 선택한 후 [Map]→[Node & Link Att. Styling]→[Link Attribute Styling] 탭에서 데이터 시각화 작업을 한다.
7단계 : [Apply]를 선택하여 데이터 시각화 영역에서 결과를 확인한다.

제2절 좋은 수업 방안

1. 거꾸로 수업 방안

'거꾸로 교실(flipped classroom)'은 전통적으로 학생들이 집에서 과제로 하던 것(응용학습이나 심화학습 등)을 학교에서 하는 반면, 학교에서 하던 것(교사의 강의를 듣는 것)을 집에서 하는 방식을 말한다. 이는 기본적이고 핵심적인 교과내용을 교사가 테크놀로지를 활용하여 제작한 동영상을 통해 학생들이 수업 전에 미리보고 오게 하고, 수업시간에는 그 학습내용을 확인하거나 궁금한 점에 대해 질의·응답을 하거나 토론하거나 팀별로 활동하는 등의 학생 중심 활동으로 바꿈으로써 기존의 수업형식을 뒤집은 것이다(J. Bergmann & A. Sams, 2012). 그러므로 '거꾸로 교실'은 수업시간에 교사의 강의시간을 줄이는 대신 학습자 활동중심의 보충·심화학습을 할 수 있기 때문에 개별화 수업의 가능성을 한층 높여주는 미래형 수업모델로 주목을 받고 있다(이민경, 2014; 전희옥, 2014).

이러한 '거꾸로 교실'이 미국에서는 2,000년대 초부터 대학에서 실시되어 오다가 2007년경 과학교사인 Bergmann & Sams(2012)에 의해 전 세계적으로 확산되기 시작했다. 국내에서 '거꾸로 교실'도 대학 수준에서 먼저 출발하였다. 그 예로 2012년 KAIST(한국과학기술원)의 'Education 3.0 프로그램'과 한국교원대학교 등 여러 대학에서 거꾸로 교실을 강의혁신의 한 방법으로 도입하기 시작했다. 그러나 '거꾸로 교실'에 대한 사회적 관심을 크게 불러일으킨 것은 2014년 3월에 방영된 KBS 다큐멘터리 파노라마 '21세기 교육혁명미래교실을 찾아서' 시리즈에서 우리나라 초·중학교에서 '거꾸로 교실'을 실천한 사례를 소개한 것이 계기가 되었다고 할 수 있다. 그 후 초·중등학교와 대학으로 확산되고 있다.

이는 Bloom의 교육목표 분류학의 관점에서 볼 때, 주로 교실에서 강의하던 하위목표의 기억하기, 이해하기의 내용을 교실 밖으로 이동하고, 과제로 제시하던 상위목표의 적용하기, 분석하기, 평가하기, 창조하기의 내용을 교실 안으로 옮겨 와서 학생 활동 중심의 수업으로 전개한다는 의미에서도 전통적 수업방식을 뒤집은 것이다(J. Bergmann & A. Sams, 2014). 요컨대, 거꾸로 교실은 교실 밖에서의 테크놀로지를 이용한 지식, 이해 수준의 동영상 강의와 교실 안에서의 적용, 분석, 평가, 창조 수준의 학생 활동중심 학습이 핵심적인 요소이다. 거꾸로 교실은 교실 밖의 동영상 강의시청을 전제로 하고 있으나, 교실 내의 학습자 중심 학습활동이 거꾸로 교실의 성패를 좌우한다고 볼 수 있다(전희옥, 2014).

2. 학습양식을 고려한 수업 방안

어떠한 경우에든지 학습자에 대한 이해와 애정이 없는 수업은 좋은 수업이 될 수 없다. 학습자에 대한 애정은 학습자가 무엇을 좋아하는지, 무엇을 잘 하는지, 현재 무엇에 관심이 있는지, 어떤 생각을 하고 있는지 등을 감안한 학습자의 특성을 잘 이해해야 한다. 특히 학습자마다 독특한 학습양식이 무엇인지, 학습자가 특히 잘 하는 지능(다중지능)은 무엇인지 등을 감안한 수업은 좋은 수업이 될 것이다.

교사는 좋은 수업을 위해 교수 내용과 방법에 대한 전문가 내지 지식의 변형자로서의 역할을 잘 해야 한다. 교사는 좋은 수업을 위한 멋진 연출을 할 수 있어야 한다. 멋진 연출을 위해 필요한 것이 무엇인지를 꼼꼼하게 챙겨야 한다. 철저하게 학습자들의 특성에 맞는 배역을 통해 한편의 멋진 드라마를 연출할 수 있어야 한다. 그렇게 될 때 수업마다 의미 있는 내용 구성을 통한 감동이 있게 될 것이다. 멋진 연출은 학습자의 상황에 따라 역동적으로 연출해 낼 수 있는 능력인 것이다.

학습양식이라는 용어는 주로 학습양식을 구성하는 요소를 무엇으로 보느냐에 따라 각기 다양한 정의를 내리고 있다.

Dunn & Dunn에 의하면 학습양식이란 개인이 어떤 환경에서 새롭고 어려운 정보와 기술에 주의 집중을 하고, 이를 어떻게 처리하며 내면화하고 파지하는가와 관련된 개인적인 선호 경향이다. 학습양식은 환경 요인(소리, 빛, 온도, 교실구조), 정서적 요인(동기, 지구력, 책임감), 사회적 요인(개인, 그룹, 어름), 신체적 요인(지각요령, 자세), 심리적 요인(분석적, 대외선호, 반사적) 등에 있어서의 학생들의 선호라고 하였다.

Kolb는 학습양식이란 유전, 과거의 경험, 개인의 경향에 의해 결정되는 것이라고 하였다.

Keefe는 학습양식을 학습자가 학습환경을 어떻게 지각하고 어떻게 상호작용하고 어떻게 반응하는가에 대해 비교적 지속적이고 안정적인 징표로 작용하는 독특한 인지적, 정의적, 운동기능적인 행동이라고 하였다. 이는 학습자가 어떻게 학습하는가를 나타내주는 외현적 행동을 관찰함으로써 알 수 있는데, 인지적 요소는 정보처리 체계에 속하는 것이고, 정의적 요소는 선호에 관한 것이며, 생리적 요소는 환경에 대한 학습자의 반응에 기초를 둔다고 하였다.

임창재(1996)는 이러한 여러 학자들의 학습양식에 대한 용어 정의를 살펴보고 학습양식을 다음과 같이 정의하였다. 첫째, 학습양식은 학습하는 과정에 나타나는 학습자의 특성으로 학습습관, 학습방법, 학습요령 등 여러 요소로 구성되는 복합적 개념이다. 둘째, 학습양식이란 학습자가 학습할 때의 상황이 전제되며, 학습상황에서 나타나는 독특한 행동양식이므로 상황이 바뀌어도 어느 정도 지속성과 안정성을 지니고 있어서 일시적이나 외부의 강압에 의한 행동은 학습양식의 의미에 포함될 수 없다. 셋째, 학습양식은 학습능력이나 지능, 인지양식과 구별되는 것이어서 인지 양식이 학습양식의 하위영역에 속하는 개념이다. 넷째, 학습양식은 정신작용의 외면적 표출로서 학습자가 학습상황에서 학습환경과 상호작용하는 독특한 행동특성이며, 학습자의 행동이나 반응을 통하여 알 수 있다.

김은정(2002)의 체계적 학습양식 모형 연구에서 학습양식이란 학습자 개개인의 독특한 인지적, 정의적, 심리·운동적 특성들 중, 학습과 직접 관련되고, 여러 상황에서 반복적이고 지속적으로 사용하여 일정한 경향성을 띠게 된 학습방법들의 집합을 말한다. 학습양식을 이루는 인지적, 정의적 혹은 심리·운동적 요소들 중 어느 하나의 요소에 의해 결정되며 경향성을 띠는 학습방법은 학습유형이라고 할 수 있고, 이 학습 유형들이 조합되어 이루어진 학습유형들의 집합은 학습양식이 된다고 하였다.

학습양식이란 시간과 상황이 달라져도 교수·학습상황에서 일관되게 나타나는 학습행동의 두드러진 특성으로 학습자는 고유한 능력과 수용방식으로 학습환경에 반응한다. 인간은 주변의 환경, 정보, 사물을 이해할 때, 자신만의 고유한 능력이나 수용방식으로 반응하는 것을 학습자의 학습양식이라 할 수 있다. 더 나아가 이러한 학습양식은 정보의 지각뿐만 아니라 기억이나 사고과정 같은 인지활동에도 적용된다는 것이 계속해서 밝혀지고 있다. 결론적으로 학습양식이란 학습자 개개인의 독특한 인지적, 정의적 특성 중에서 학습과 직접 관련되고, 반복적이고 지속적으로 사용하여 일정한 경향성을 띠게 된 학습방법들의 집합으로 볼 수 있다.

1) 학습양식의 분류

학습양식의 분류 체계는 학자들에 따라 다양하다.

Jung은 그의 저서『Psychological Types』에서 사람들의 서로 다른 인지와 처리 과정을 Feeler, Thinker, Sensor, Intuitor 네 가지로 나누어 설명하고 있다. Feeler들은 그들이 경험한 것에 가치를 둔다. 그래서 그들은 일어난 일이 무엇인가를 확인하고, 감성에 의해 인지하고 지성에 의해 인지하지 않는다. Thinker들은 전통적으로 이성적이다. 그들은 틀에 박힌 사고를 한다. Sensor들은 의식적으로 인지하나 이성을 능가한다. 그들은 세상을 그들의 감각-시각, 지각, 감각, 후각 등을 통해 알게 된다. 그러나 그들은 그들의 감각에 의해 가치를 정하거나 분류하지 않는다. Intuitor들은 센서들과 반대다.

Fischer는 학습양식을 네 가지, 즉 Incremental, Sensory Generalist, Sensory Specialist, Intuitive 유형으로 나누고 있다. Incremental 유형의 학생들은 단계적인 과정을 밟고, 체계적으로 하나하나를 더하면서 더 큰 이해를 획득한다. Sensory Generalist 유형의 학생들은 정보를 모으는데 그들의 감각과 직관을 많이 사용한다. 그들은 보이는 것, 소리, 감각, 냄새 그리고 관련 있는 여러 감각에 의존한다. Sensory Specialist 유형의 학생들은 우세한 하나의 감각, 주로 시각과 청각에 의존한다. Intuitive 유형의 학생들은 다양한 방향에서 도약을 만들어내며, 정보와 경험의 비체계적인 수집으로부터 의미 있고 정확한 일반화를 만들어낸다.

Kolb(1995)는 학습양식을 두 개의 축으로 이해하였는데, 하나는 정보를 어떻게 지각하는가이고, 다른 하나는 지각한 정보를 어떻게 처리하는가이다. 먼저 정보를 지각하는 방법에 따라 구체적 경험(CE)을 통해 지각하는 학습자는 직접 경험하고 깨닫는 일을 통해 학습한다. 이들은 학습상황에서 느낌 중심적이며, 인간 관계를 중시하여 사회성에서 뛰어나다. 반면 추상적 개념화(AC)의 특성을 갖는 학습자는 사고에 의존하는 경향이 있으며, 논리와 아이디어를 사용하여 학습과 문제해결에 접근한다. 그들은 체계적인 계획을 수립하며 이론을 개발하고, 사회성은 떨어진다고 볼 수 있다. 다음으로 정보를 처리하는 방법에 따라 학습자의 특성을 살펴보면 반성적 관찰(RO)을 통해 정보를 처리하는 학습자들은 경험을 통해 지각한 학습정보를 주시하는 경향이 뚜렷하다. 판단하기 전에 주의 깊게 관찰하며 여러 관점에서 사물을 살피며 인내심이 강하고 객관적이다. 반면 활동적 실험(AE)형의 학습자는 행동을 선호하고 자신의 영향이 결과에 드러나는 것에 가치를 둔다.

Kolb는 정보의 지각과 처리에 따라 네 유형, 즉 확산적 사고자(Diverger), 동화자(Assimilator), 수렴자(Converger), 조정자(Accommodator)로 제시하고 있다. 확산적 사고자는 정보를 구체적으로 인식하고 심사숙고하여 처리하기를 선호한다. 상상력이 풍부하고, 부분을 보기보다는 전체를 볼 줄 알고, 감정적이며, 인문학 분야에 관심이 많다. 동화자는 정보를 추상적으로 인식하고 심사숙고하여 처리하기를 선호한다. 이론적인 모형을 창조하는 능력이 뛰어나며, 목표를 정해 놓고, 체계적으로 계획하는 유형이다. 수렴자는 정보를 추상적으로 인지하고 적극적으로 처리하기를 좋아하는 유형이다. 추론적, 아이디어의 실제적인 적용에 탁월하며, 하나의 정답을 원하며, 사람보다는 사물 중심이다. 조정자는 정보를 구체적으로 인식하고 이를 적극적으로 처리하기를 좋아하는 유형이다. 직관적이며, 시행착오와 다른 사람들을 통해 정보를 얻는다. 사람들과 쉽게 사귐, 참을성 없어 보이기도 한다. 기술적이고 실제적인 분야에 관심이 많으며, 이들의 강점은 무엇인가를 실제로 행하는 것에서 발휘된다.

McCarthy(1990)는 Kolb의 학습양식에 관한 기술 내용을 바탕으로 학습양식을 크게 네 가지로 나누고 **그림 10-4**와 같이 4MAT 시스템을 완성하였다.

학습은 새로운 무엇인가를 깨닫고, 그 새로운 것에 대한 반응이라고 볼 수 있다. 정보를 인지하고 처리하는 두 가지의 방식의 조합에 따라 서로 다른 네 가지의 학습양식을 McCarthy는 **그림 10-4**와 같이 제시하고 있다. 1사분면의 학습자는 시각형(Watcher)의 혁신적 학습자(Innovative Learner)로서 정보를 구체적으로 지각하고 반성적으로 처리한다. 이들은 감각, 감정, 관찰의 조합을 통해 학습하는 방식을 선호하며, 학습자 자신의 개인적 의미를 추구한다. 2사분면의 학습자는 사고형(Thinker)의 분석적 학습자(Analytic Learner)로서 정보를 추상적으로 지각하고 반성적으로 처리한다. 이들은 관찰과 개념들에 관해 사고하는 방식의 조합을 통해 학습하는 방식을 선호하며 사실과 정보를 중시한다. 3사분면의 학습자는 감각형(Feeler)의 상식적 학습자(Common Sense Learner)로서 정보를 추상적으로 지각하고 능동적으로 처리한다. 이들은 개념을 통해 사고하고 스스로 시도하는 방식을 통해 학습하는 방식을 선호하며, 실천을 강조하고 사실과 정보의 검증을 강조한다. 4사분면의 학습자는 행동형(Doer)의 역동적 학습자(Dynamic Learners)로서 정보를 구체적으로 지각하고 능동적으로 처리한다. 이들은 행위, 감각, 감정을 통해 학습하는 방식을 선호하며, 이들이 학습한 것을 적용하고 확장하는 것을 강조한다.

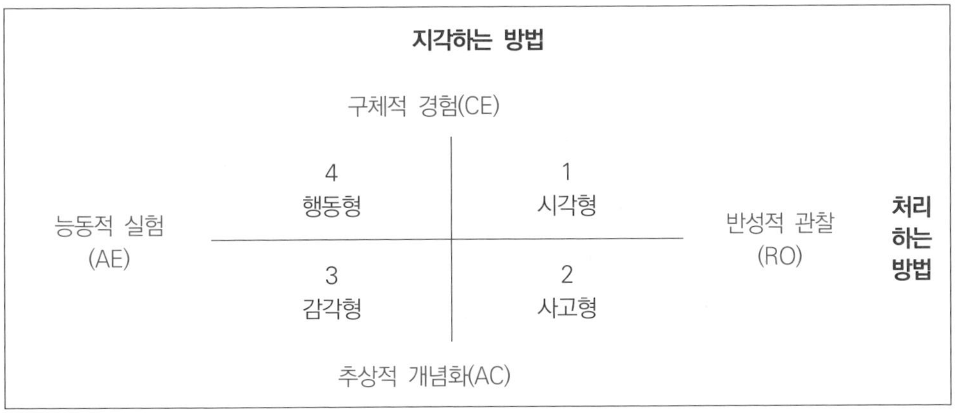

그림 10-4 **McCarthy 4 MAT 시스템에 의한 분류**

4MAT 시스템은 먼저 감각을 통해 새로운 것을 인지(Perceive)하고 직접적으로 경험한다. 그리고 난 후에 과업을 수행하고, 추상화하고 개념화하게 된다. 학교 수업은 학습자에게 새로운 것에 대해 충분히 느낄 기회를 주지 않고 빨리 추상화할 것을 요구하고 있다.

학습자들이 어떻게 인지하는가(How We Perceive)는 경험과 추상의 연장선이다. 보통 우리는 과거의 관련 있는 스키마에 기초하여 경험을 일반화하게 된다. 학습자들 중에는 직접적인 경험을 하는 것과 느끼는 것을 좋아하는 유형이 있고, 직접적인 경험보다는 추상화로 빨리 이동하고 싶어 하는 유형도 있다. 구체적 경험(Concrete Experience)의 학습 방식은 직접 경험하고 깨닫는 일을 통해 학습하는 경향으로 학습상황에서 느낌, 감정(Feeling)중심적이고 인간관계를 중요시하고 사회성이 뛰어나다. 반대쪽의 추상적 개념화(Abstract Conceptualization)는 사고에 의존하는 경향이 있으며 체계적인 계획을 수립하고 논리와 아이디어를 사용하여 학습과 문제해결에 접근하고 사회성이 부족하다.

지각한 정보를 처리하는 방식(How we process)은 반성으로부터 행동으로 이동하게 된다. 반성적 관찰(Reflective Observation)은 사실과 상황에 있어 주시하는 경향이 뚜렷하고 판단에 앞서 주의 깊게 관찰하며 다른 사람보다 자신의 사고와 느낌을 중시하고 여러 관점에서 사물을 조망하여 아이디어를 창출하며 인내심이 강하고 객관적이다. 반대편의 활동적 실험(Active Experimentation)은 행동을 선호하고 문제에 대한 실제적 접근과 실험을 시도하며 자신의 영향이 결과에 드러나는 것에 가치를 둔다.

그림 10-5와 같이 4MAT cycle을 따라 순환하는 것은 학습과정 자체를 나타낸다. 경험에서부터 시작하여, 반성하고, 개념화하고, 문제를 해결하고, 새롭게 학습한 것과 자신을 통합하게 된다.

그림 10-5 **McCarthy 학습 순환 구조**

그 외에도 Felder & Silverman(1988)은 네 가지 학습양식, 즉 감각적 학습양식과 직관적 학습양식(Sensing/Intuiting), 시각적 학습양식과 언어적 학습양식(Visual/Verbal), 활동적 학습양식과 숙고적 학습양식(Active/Reflective), 순차적 학습양식과 통합적 학습양식(Sequential/Global)으로 나누었다. Felder(1993)는 학습양식을 다섯 가지, 즉 ① 감각적 및 직관적 정보를 선호하는 학습자(Sensory vs. Intuitive Perception), ② 시각적 정보 또는 언어적 정보를 선호하는 학습자(Visual vs. Verbal Input), ③ 귀납적 방법과 연역적 방법을 선호하는 학습자(Inductive vs. Deductive Organization), ④ 활동적 또는 반성적 학습방식을 선호하는 학습자(Active vs. Reflective Processing), ⑤ 연속적 또는 포괄적 이해 방식을 선호하는 학습자(Sequential vs. Global Understanding) 등으로 나누고 있다. Fischer는 8가지, 즉 ① 증가적 학습을 선호하는 학습자, ② 직관적 학습을 선호하는 학습자, ③ 감각적 학습을 선호하는 학습자, ④ 정서 중립적 학습을 선호하는 학습자, ⑤ 구조적 학습을 선호하는 학습자, ⑥ 개방적 학습을 선호하는 학습자, ⑦ 손상된 학습자를 선호하는 학습자, ⑧ 절충적 학습을 선호하는 학습자 등으로 나누었다. Grasha & Reichmann은 6가지, 즉 ① 독립적 학습을 선호하는 학습자, ② 의존적 학습을 선호하는 학습자, ③ 협동적 학습을 선호하는 학습자, ④ 경쟁적 학습을 선호하는 학습자, ⑤ 참가적 학습을 선호하는 학습자, ⑥ 회피적 학습을 선호하는 학습자로 나누었다. Pask는 세 가지, ① 전체적 학습자, ② 순차적 학습자, ③ 융통적 학습자로 나누고 있다.

2) McCarthy의 4 MAT 시스템을 감안한 수업[2)]

학습자들은 무엇인가 새로운 것을 경험하게 될 때, 그것에 몰두하게 되고 우리의 전체로 그것에 접근하게 된다. 이때 학습자들은 개인적이고 편견을 가지고 학습에 참여하게 된다. 거의 즉각적으로 학습자들은 경험을 걸러내는 과정을 시작하게 된다. 새로운 것을 내면화할 때, 개인적이고 주관적인 거름장치를 통하게 되는데 과거에 겪었던 어떤 경험이나 본 것 등을 사용하게 되며, 주관적인 것과 객관적인 것을 걸러내게 된다. 그리고 나서 객관적인 것을 명명하고 개념화하고 이해하려고 시도한다. 그러나 이해만으로 충분하지 않으며 시도하고, 만들고, 행할 때 객체가 된다. 마지막으로 학습자들은 이를 자신에게 맞게 변화시키고, 변형시키고 통합하게 된다. 이때 학습이 일어나는 것이다.

4 MAT 시스템에 의한 이러한 방법은 학습양식이 무엇인가에 상관없이 모든 학습자들이 학습하는 과정의 25%에서는 가장 두각을 나타낼 수 있다는 것을 의미한다. 만약, 이 학습의 순환과정을 시계라고 한다면 12시, 즉 구체적인 경험으로부터 시작하여, 시계방향으로 이동하며, 반성적 관찰, 추상적 개념화, 활동적 실험의 과정을 거치게 된다. 그리고 다시 더 풍성하고 폭넓은 경험이 시작된다. 이러한 순환의 과정을 통해 모든 학습자들은 느끼고, 경험하고 난 후에 보고, 심사숙고한다. 그리고 난 후에 생각하고, 이론을 발전시키며 개념화해 보고, 이론을 실행하며 실험해 보고자 한다. 마지막으로 학습자들은 배운 것과 가장 유사한 경험에 자신이 배운 것을 적용하게 되고, 이를 통해 더욱 영리해지게 된다.

서로 다른 학습양식을 가진 학습자들은 더욱 쉽게 성취를 맛볼 수 있고, 좋은 방법으로 학습할 수 있는 하나의 사분면을 갖게 된다. 시각형 학습자는 1사분면에서 가장 빛을 발하며, 사고형 학습자는 2사분면, 감각적 학습자는 3사분면, 행동형 학습자는 4사분면에서 빛을 발하게 된다. 만약 각기 다른 학습자들을 학습유형에 따라 네 개의 집단으로 분류하여 가르친다면 그들은 각자 자신이 선호하는 방법으로 학습을 한다는 이점이 있으나 다른

2) 김분정(2004). 학습양식에 따른 초등 사회과 교수-학습에 관한 연구. 부산교육대학교 대학원 석사학위논문.

학습의 방법을 발전시켜 나갈 수는 없을 것이다. 4MAT에서 제시하는 순환적인 학습과정은 학습자들이 서로 다른 학습양식을 습득하고 발전시켜갈 수 있도록 돕는다.

McCarthy(1990)는 Kolb가 학습자들의 서로 다른 학습 유형을 분류했다는 측면에서만 중요한 것이 아니라, 그가 학습의 과정에 대한 모형을 포함하고 있기 때문에 의미 있다고 하였다. 경험, 반성, 개념화, 실험이라는 네 가지의 주요 요소가 순환적으로 학습 과정에 적용된다는 것이다.

네 유형의 학습자 모두 가치를 가진다. 가장 통합적이고 완전한 학습자는 네 유형의 주된 방식을 모두 사용하는 학습자이겠지만 실제로 그런 학습자를 기대하기는 어렵다. 학습자들은 모두 개인적인 경험이나 유전적인 차이, 사회적인 기대 등에 따라 서로 다른 학습양식을 지속적이고 반복적으로 나타내고 있다.

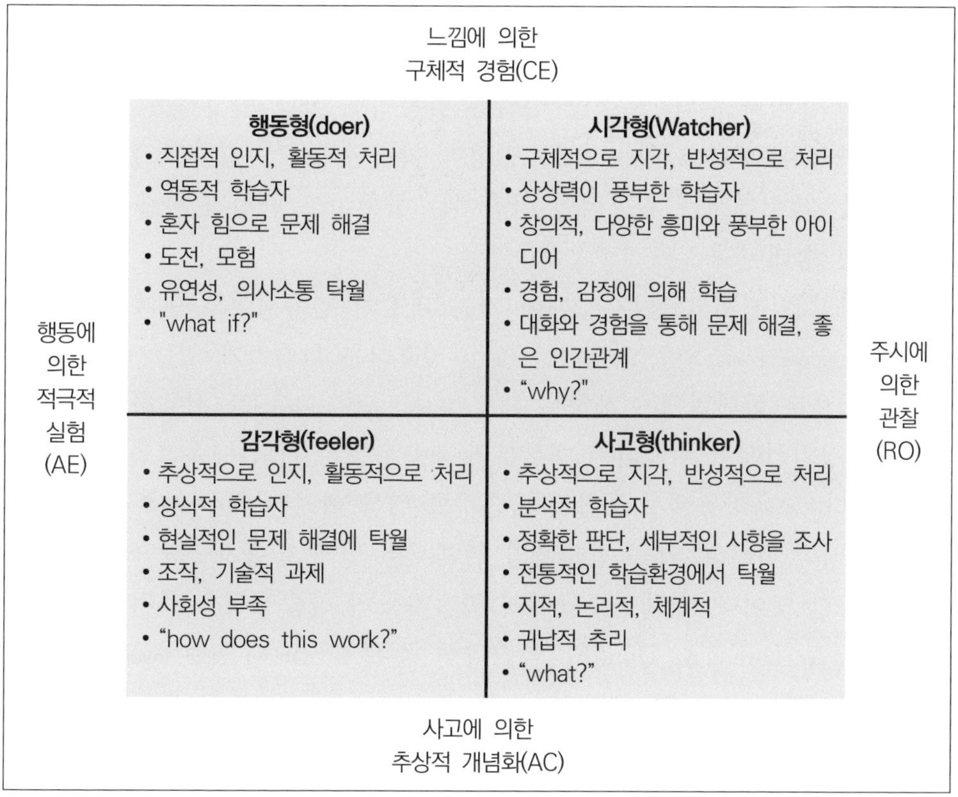

그림 10-6 **McCarthy의 네 가지 학습양식의 특징**

3) 학습양식 측정 도구

학습상황에서 역시 학생들은 각자 저마다의 고유한 양식으로 학습에 임한다. 어떤 학생은 그림, 사진, 도표, 지도 등과 같은 시각적인 정보를 선호하고 또 그러한 형태의 정보를 잘 이해하는 사람이 있는 반면, 다른 학생은 글로써 쓰여진 정보나 말로 하는 정보와 같은 언어적인 형태를 선호하는 학생도 있다. 학습자의 대부분은 시각적 정보를 선호한다. 그러나 강의의 대부분은 언어적 정보로 이루어진다. 현재 수업에서 사용되는 강의와 또 교재나 칠판에 쓰인 문장이나 방정식들은 모두 언어적인 정보인 것이다. 그러나 볼 수 있는 사람의 대부분은 시각적 정보를 선호하는 사람이다.

적극적으로 동료들과 상호 의견을 교환하면서 배우는 방법을 선호하는 활동적 학습자가 있는 반면, 어떤 학생은 조용한 가운데 혼자서의 사색을 통해서 이해하는 것을 선호하는 반성적 학습자가 있다. 활동적 및 반성적 학습방식의 비율은 비슷하다. 모든 교실에서는 활동적 또는 반성적 학습자들이 함께 흩어져 있다. 오늘날 수업은 활동적도 아닌 반성적도 아닌 수동적 수업이 대부분이다. 이는 비록 반성적 학습형태에 가깝다고 할 수 있지만, 엄밀한 의미에서는 활동적인 학습에는 물론이고 반성적 학습에도 해당되지 않는 형태이다.

어떤 사람은 전체 내용을 이해해 가는 과정이 연속적이고 단계적인 과정(Sequential Understanding)으로 이해하는 것을 선호하는 학습자가 있는 반면, 전체를 통합적으로 한꺼번에 이해하는 과정(Global Understanding)을 선호하는 학습자가 있다. 강의실에서 수행되는 대부분의 교육활동은 거의 연속적인 과정으로 이루어진다. 교육활동에서 통합적 학습자를 위한 배려는 매우 부족한 편이다.

학습양식에 따른 수업을 전개하기 위해서는 먼저 학습자들의 학습양식을 측정해야 할 것이다. 선행연구들에서 학습자들의 학습양식을 측정하기 위한 기본 도구로 Dunn & Dunn의 학습양식 설문지(Learning Style Inventory : LSI), Grasha & Reichmann의 학습양식 검사(Grasha Reichmann Student Learning Style Questionnaire: GRSLSQ), Schmeck의 학습과정 검사(The Inventory of Learning Process), Lancaster의 학습전략 검사(Lancaster Inventory of Study Strategies) 등이 사용되어왔

다. Silverman & Felder는 효과적인 학습을 위한 교수자와 학습자의 개인차를 감안하여 학습양식검사(The Index of Learning Style : ILS) 도구를 1988년 개발하였다. 그 후 ERIC의 NTLF에서 가장 인용이 많이 되는 논문 중의 하나가 되었으며 일 년에 십만 회 이상의 검사가 세계적으로 진행되고 있는 학습양식검사로, 국내에서는 서울대학교 교수학습개발센터와 포항공과대학교 대학교육개발센터, 안동대학교 교수·학습지원센터에서 사용하고 있는 검사이다[3].

3. 다중지능이론을 고려한 수업 방안

1) 다중지능이론이란

좋은 수업은 학생들이 갖고 있는 호기심, 관심사, 흥미, 적성, 재능 등이 반영되고, 그들이 좋아하는 학습양식에 따라 수업을 할 때 일어난다. 수업에서 다중지능이론은 일종의 학습양식론으로 볼 수 있다. 따라서 각 학생이 지니고 있는 다양한 재능들을 찾아내고 찾아낸 재능을 역동적 학습활동을 통해 각 지능들을 더욱 발달시킬 수 있다.

Gardner(1993)는 과거의 여러 지능 연구들이 모두 일차원적 관점에서 이루어졌기 때문에 인간의 지적 능력을 제대로 설명하는 데 한계가 있다고 주장하고 보다 다원적 측면에서 지능을 파악하여 내세운 지능이론이 다중지능(Multiple Intelligence) 이론이다. Gardner는 지능을 다차원적 측면에서 파악해야 한다고 믿고 이는 문화적으로 고안된 의미체계로서 사람들이 주요 정보의 형식을 파악하고 전달할 수 있게 만들어주는 상징체계적 관점에서 이해되어야 한다고 주장하였다. 즉 Gardner는 상징체계들을 다루는 능력을 지적 능력으로 보았다. 한 문화는 여러 가지 상징체계를 가지고 있으며, 그런 여러 능력의 상징체계들을 조직하는 것이 지능이라고 보고 있다. 그래서 지적 능력은 단일한 하나의 차원이 아닌 어떤 상징체계를 그 대상으로 하느냐에 따라 그 발달과 구조, 개념이 질적으로 다르게 작용하는 다차원적 개념이다.

3) 학습양식검사와 관련된 예시 사이트 주소(http://www.engr.ncsu.edu/learningstyles/ilsweb.html)

Gardner는 이러한 지능의 원리를 기초로 독특한 상징체계와 생물학적 기원을 가진 수십 가지의 후보 지능 중에서 다음과 같은 8가지 지능, 즉 언어적 지능(Linguistic Intelligence), 음악적 지능(Musical Intelligence), 논리-수학적 지능(Logical-mathematical Intelligence), 공간적 지능(Spatial Intelligence), 신체-운동적 지능(Bodily-kinesthetic Intelligence), 대인 간 지능(Interpersonal Intelligence) 개인 내 지능(Intrapersonal Intelligence)이다. 자연이해 지능(Naturalistic Intelligence)을 발견하였다.

2) 다중지능의 측정과 적용 방안

Gardner는 다중지능을 손쉬운 객관화된 검사도구에 의하여 측정하는 것은 불완전하므로 자연 사태의 실제 상황에서 실제 활동을 통해서 관찰, 검사, 포트폴리오 등의 다양한 방법으로 측정할 것을 주장하였다. 즉, 신체-운동 지능을 측정하려면 직접 활동을 지켜보고, 공간지능을 측정하려면 실제로 그림을 그려보아야 한다고 주장한다. 이러한 관점에서 다중지능이론에서는 지능의 측정(Measurement)보다는 지능 평가(Assessment)의 개념이 더 적절한 용어일 수도 있다.

Gardner의 다중지능이론을 학교 교육 현장에 적용하려는 여러 가지 시도가 진행되어 왔다. 즉, 유아기의 Spectrum Project, 초등학교의 Key School, 중학교의 실용적 지능(PIFS) 프로젝트, 고등학교의 Art Propel 등이 그 예이다.

다중지능이론이 교실에 받아들여지면서 여덟 가지 지능에 의한 여덟 가지 형태의 학습자들이 추출된 것이다. 이들은 언어적 학습자(Linguistic Learner), 논리/수학적 학습자(Logical/mathematical Learner), 공간적 학습자(Spatial Learner), 음악적 학습자(Musical Learner), 신체/운동적 학습자(Bodily/kinesthetic Learner), 대인관계적 학습자(Interpersonal Learner), 자기이해 학습자(Intrapersonal Learner), 자연 탐구적 학습자(Naturalist Learner)로, 이들이 선호하여 학습에 심취할 수 있거나, 이들에게 활동을 시켰을 때 학습의 효과를 거둘 수 있다고 보는 것이다.

Armstrong(1994)은 '학교 교실에서의 다중지능'이란 저서에서 다중지능이론에 기초한 수업 전략과 평가 전략을 매우 구체적으로 전략화하여 제시하였다. 그는 다중지능이론에 기초한 수업을 하는 교사는 전통적인 교사와는 다르다고 전제하고, 다중지능을 기초로 한 교사는 수업 방식을 공간적, 음악적 지능 등의 여러 가지 지능을 창의적으로 결합하며, 교수법을 바꾸게 된다고 주장한다.

조영임(2003)은 초등영어 수업을 보다 다양하고 균형 잡히게 할 수 있는 하나의 이론적 틀로서 다중지능이론을 적용하되, 학습자 개개인의 흥미와 관심사 및 능력에 가장 적합한 학습활동을 보장하는 교수·학습과정안을 개발·적용하고, 다중지능이론에 근거한 학습활동을 제시하되 학습자들에게 학습활동의 선택권을 부여함으로써 모든 학습자들이 학습에서 성공할 수 있는 가능성을 최대화하여 영어로 듣기, 말하기, 읽기 능력의 향상 및 학생들 사이의 수준차를 극복하고자 하였다. 구체적으로 첫째, 영어 교과서를 중심으로 다중지능이론의 여덟 가지 지능 영역을 학습할 수 있도록 각 단원의 활동내용을 재구성하였다. 둘째, 교재 재구성 내용을 토대로 다중지능이론의 각 지능 영역을 반영한 교수·학습과정안을 개발하였다. 셋째, 다중지능이론을 적용한 영어 교수·학습과정안을 실험집단에 투입하여 그 결과를 알아보고, 일반적인 영어 수업을 받은 통제집단과의 수준차 극복의 효과를 검증하였다.

다중지능이론에 기초한 수업전략의 개요를 나타내면 다음 표 10-3과 같다.

표 10-3 **다중지능에 기초한 수업전략의 개요**

지능	핵심개념	수업 활동 사례	대표적 교수·학습전략	최고 수준 전문가	도서관 활용
언어적 지능	단어와 언어의 소리, 구조, 의미에 대한 민감성	강의, 토의, 단어게임, 이야기, 읽기, 쓰기, 말하기, 듣기	총체적 언어학습 : 이야기로 가르치기	작가, 웅변가(버지니아 울프, 마틴 루터킹)	어학분야
논리-수학적 지능	논리적, 수리적 패턴에 대한 민감성; 연쇄적 추리를 다루는 능력	퍼즐, 문제해결, 과학 실험, 암산, 수게임, 비판적 사고, 수량화, 개념화하기 등	비판적 사고력 : 소크라테스식 문답법	과학자, 수학자(퀴리부인, 파스칼)	자연과학분야
공간적 지능	시공간적 세계를 정확하게 지각하고, 최초의 지각에 근거해 변형할 수 있는 능력	시각적 제시, 미술활동, 상상게임, 마인드맵, 은유, 시각화 등	통합예술수업:그리기, 마인드맵 개념	미술가, 건축가(프리더 칼로페이)	건축, 토목, 디자인, 지도분야
신체-운동적 지능	자기 몸을 통제하고 재주 있게 사물을 다루는 능력	손놀림 학습, 드라마, 춤, 스포츠, 촉각활동, 이완훈련 등	손놀림학습 : 제스츄어, 극적인 표현활용하기	운동선수, 무용수, 조각가(제시 오엔스, 마사글함, 오그스트로뎅)	체육, 조각분야
음악적 지능	리듬, 음조, 음색을 만들고 평가할 수 있는 능력; 음악적 표현 형식에 대한 평가 능력	노래하기, 랩으로 노래하기, 음악듣기 등	암시학적용법 :리드미컬한 목소리 활용하기	작곡가, 연주가(스티비 원더, 미도리)	음악분야
대인간 지능	다른 사람의 기분, 기질, 동기, 욕망을 구분하고 적절하게 대응하는 능력	가르치기, 협력하기, 존중하기 상호작용하기, 협동학습, 동료학습, 지역사회 활동, 사회적 모임, 시뮬레이션 등	협동학습 : 학생들과 역동적으로 상호작용하기	상담자, 정치지도자(칼 로저서, 넬슨 만델라)	사회, 정치분야
개인내 지능	자신의 감정에 충실하고, 자신의 정서들을 구분하는 능력; 자신의 장점과 약점에 대한 인식 능력	개인적 삶에 관련짓기, 자신의 견해를 밝히기, 개별화 수업, 자율연구, 학습과정 선택, 자존감 형성 등	개별화 수업 : 개인의 감정을 고려한 수업하기	심리치료사, 종교지도자(프로이트)	종교, 심리분야
자연이해 지능	주어진 환경을 잘 변별하고 특성을 분류, 활용하는 능력,	조사, 분석, 관찰, 종합 등	체험학습, 관찰 학습	환경운동가	자연과학분야

다중지능이론은 인간의 지능을 다차원적 능력으로 규정하게 되었고, IQ 중심의 지능이론을 탈피하려는 Sternberg(1995)의 새로운 지능이론인 실제적 지능 또는 성공지능이론, Salovay & Mayer(1990)의 정서지능이론들을 출현하는 데 기여하였다. 또한 다중지능이론은 학교 교육에 있어서도 개인의 장점과 잠재력을 극대화시키는 논리적 근거를 제시하여 기존 교육에서 다소 소외되었던 예술적 능력, 신체적 능력, 사회적 능력 등이 동등하게 그 가치를 인정받게 하고 있다.

다중지능이론을 적용한 교육과정은 통합 주제 단원 중심의 교육으로 이루어진다(T. Armstrong, 1994). 기존의 교육과정이 분과 중심의 처방적 교육과정이라면, 다중지능이론이 접목된 교육과정은 실생활과 관련된 주제 중심의 통합교육이 이루어진다는 것이다. 분과적으로 교육했을 때는 단편적인 지식 중심의 교육으로 흐를 가능성이 높지만, 통합적으로 가르쳤을 때는 생활 주변에서 주제를 가져오기 때문에 실생활에 필요한 지식의 활성화를 촉진시킬 수 있으며, 다각적인 방향에서 주제를 접근하기 때문에 사고의 폭이 넓어질 뿐만 아니라 고등정신 능력을 향상시킬 수 있다는 것이다. 초등 사회과에서 다중지능이론을 적용한 수업안을 개발하기 위해서 선행되어야 할 것은 먼저 학습자들의 다중지능 검사를 하고, 다중지능이론을 적용할 수 있도록 관련 교육과정 내용을 분석하여 구체적으로 어떻게 적용할지를 알아야 할 것이다.

특히 초등 사회과가 통합을 지향하고 있는데 현실적으로 사회과는 통합성과 계통성의 조화를 통한 통합을 중요시하고 있다. 이러한 점은 다중지능이론을 적용하기에 적절하다고 볼 수 있다.

다중지능이론의 비판으로 다중지능이론에 근거한 교육을 한다면, 국가에서 학생들의 학업 성취도는 물론, 학생들에게 꼭 필요한 지식과 기능을 가르쳐야 하는 문제들과 더 나아가 평가 등 교육의 질 관리에도 어려움이 있다. 뿐만 아니라 교사들은 현실적으로 학생 개개인의 지능을 반영한 교육을 한다는 것은 하나의 이상향에 불과하다고 지적하고 있다.

다중지능(MI)이론에 기초한 사회과 수업의 과정을 소개하면 다음과 같다.

첫째, 구체적인 학습 목표 또는 주제를 정한다([그림 10-7] 참조).

그림 10-7 **다중지능이론에 의한 학습 목표 구성 체계**

둘째, MI이론을 근거로 핵심적인 질문을 한다([그림 10-8] 참조).

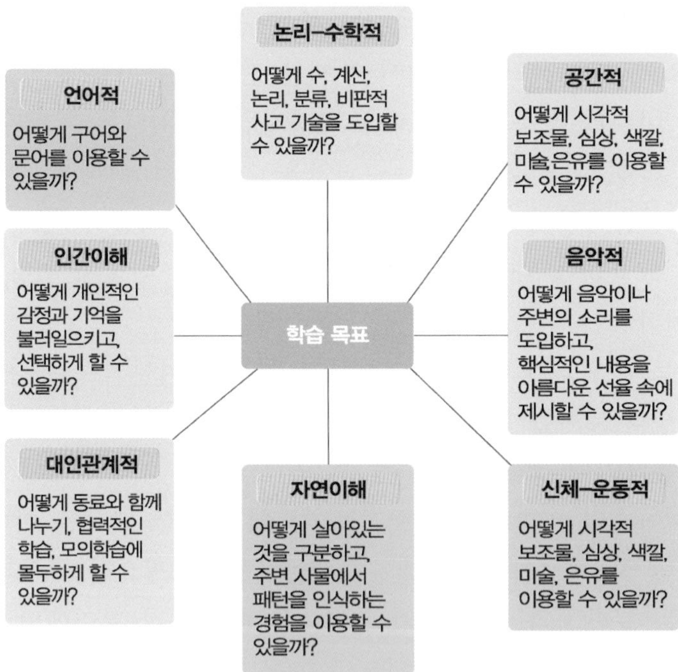

그림 10-8 **다중지능이론에 의한 학습 목표 제시**

셋째, MI이론을 근거로 한 어떻게 교수·학습할지를 구성한다([그림 10-9] 참조).

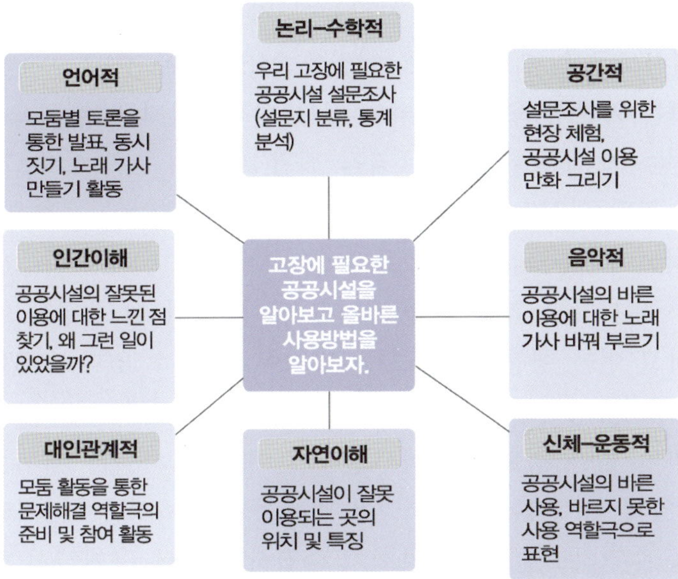

그림 10-9 **다중지능이론에 의한 교수·학습 활동 구성 방안**

4. MBTI를 고려한 좋은 수업 방안 탐색

MBTI를 학습양식의 하나로 생각하여 각 유형들은 어떠한 학습을 좋아하는지를 탐색하여 그것을 현장에 적용함으로써 교실수업을 개선할 수 있을 것이다[4].

1) MBTI란?

Kummerow는 인간의 행동들 중에서 다른 사람들과 공통되는 몇 가지를 제외하고는 각 개인이 갖는 독특한 행동 양식이 존재한다고 본다. 이러한 양식들은 결코 변칙적으로 나타나지 않고 일정한 유형을 유지한다. 그리고 각 개인은 이러한 양식 때문에 자신 고유의 특별한 삶의 유형을 지니게 된다. 이 삶의 유형을 Briggs와 그의 딸 Myers가 1941년 이후 Jung의 이론을

4) 우리나라 MBTI 관련 사이트를 소개하며 다음과 같다.
한국 MBTI 연구소(http://www.mbti.co.kr/index.html)
한국 심리 검사 연구소 http://www.kpti.com/

확장시키고 정교하게 다듬어서 사람들이 자신의 심리적인 유형을 판단할 수 있는 검사도구를 개발했는데 이것을 MBTI(Myers-Briggs Type Indicator)라고 한다. MBTI는 95문항으로 구성되어 있는 성격유형지표(Type Indicator)로써, 외향성-내향성(주의집중과 에너지의 방향), 감각-직관(정보수집과 인식방법), 사고-감정(판단과 의사결정 과정), 판단-인식(행동이해와 생활양식)지표 중 각 개인이 선호하는 네 가지 지표로 표시되어 각자의 성격적 특성을 보다 깊이 이해할 수 있게 한다.

인간은 누구나 다 독특한 면을 지니고 있다. 또한 이 세상을 바라보고 느끼고 판단하고 이를 행동으로 옮기는 방법이 다를 수 있다. MBTI의 바탕이 되는 융의 성격유형이론의 요점은 인간의 행동이 겉으로 보기에는 멋대로이고 예측하기 힘들 정도로 변화무쌍해 보이지만, 사실은 매우 질서정연하고 일관성 있게 다르다는 것이다. 이 일관성과 상이성은 각 개인이 외부로부터 정보를 수집하고(인식 과정), 자신이 수집한 정보에 근거해서 행동을 위한 결정을 내리는 데(판단과정) 있어서 각 개인이 선호하는 방법이 근본적으로 다르기 때문이라는 것이다.

MBTI에서의 인식과정은 우리가 사물, 사람, 사건, 생각들을 의식하게 되는 모든 방법들을 포함하며, 판단과정은 우리가 인식한 바에 의거해서 결론을 이끌어내는 모든 방법들을 말한다. 사람들이 여러 가지를 인식하고 결론을 내리는 방법이 체계적으로 다르다면 이에 따라 그들의 반응, 관심, 가치, 동기, 기술, 흥미도 달라진다. 다시 말해서 유형이 서로 다른 사람들은 서로 다른 인식과 판단의 태도를 선호한다고 볼 수 있다. 그러므로 MBTI는 나 자신에 대한 깊은 이해와 더불어 타인의 행동에 대한 이해를 가능케 하여 인간관계에서 일어날 수 있는 여러 가지 오해나 편견을 보다 근원적으로 다둘 수 있는 장점이 있다.

MBTI의 목적은 각자가 인정하는 반응에 대한 자기보고를 통하여, 인식과 판단과정에서 나타나는 사람들의 근본적인 선호성을 알아내고 각자의 선호성이 개별적으로 또는 복합적으로 어떻게 작용하는지의 결과들을 예측하여 실생활에서 도움을 얻으려는 것이다. 우리가 살고 있는 이 사회는 서로 간에 맺는 인간관계를 통해서 서로 도움을 주고받으며 살아야 한다. 이러한 인간생활의 상호성이라는 측면에서 볼 때, 나 자신의 이해뿐만 아니라 함께 살고 있는 가족이나 함께 일하고 있는 직장 동료들에 대한 보다 근본적인 이해는 인간관계의 개선을 위해서 참으로 중요하며, 이것이 MBTI가 오늘날 다양한 영역에서 폭넓게 사용되고 있는 이유라 볼 수 있겠다.[5)]

2) MBTI의 기초가 되는 심리 유형론

MBTI의 바탕이 되는 융의 심리유형론의 요점은 각 개인이 외부로부터 정보를 수집하고(인식기능), 자신이 수집한 정보에 근거해서 행동을 위한 결정을 내리는 데(판단기능) 있어서 각 개인이 선호하는 방법이 근본적으로 다르다는 것이다. 융의 심리유형론을 경험적으로 검증하여, 실생활에 적용하기 위해 만들어진 MBTI에서는 인식과정을 감각(S : Sensing)과 직관(N : iNtution)으로 구분하여 사물, 사람, 사건, 생각들을 인식하게 될 때 나타나는 차이점을 이해할 수 있도록 해주며, 판단과정은 사고(T : Thinking)와 감정(F : Feeling)으로 구분하여 우리가 인식한 바에 의거해서 결론을 이끌어 내는 방법들 간의 차이점을 알 수 있도록 해준다. 그리고 이러한 기능을 사용할 때 어떤 태도를 취하는 가에 따라 외향(E : Extraversion)과 내향(I : Introversion) 및 판단(J : Judging)과 인식(P : Perceiving)으로 구분하여 심리적으로 흐르는 에너지의 방향 및 생활양식들을 이해할 수 있도록 해준다.

3) MBTI의 네 가지 선호성

MBTI에는 네 가지 선호성의 지표가 있다. 이 선호성은 주어진 상황에서 사람들의 무엇에 주의를 갖는가뿐만 아니라, 그들이 인식한 것에 대하여 어떻게 결론을 내리는가에 영향을 미친다.

---

5) MBTI는 그동안 카운슬링, 심리치료에 유용한 도구로 사용되어 왔으며, 1980년대에 들어와서는 인사관리, 인력개발, 조직개발 등 다양한 분야에 사용됨으로써 교육훈련 전문가들에게 선풍적으로 활용되고 있는 실정이다. 이 도구는 1990년 한 해 동안 미국에서 300만 명, 일본에서 250만 명이 활용했으며 현재 12개 국어로 번역 30여 국가에서 인간이해의 유용한 도구로 사용되고 있다. 또한 현재까지 350여 편의 논문과 950여 권의 서적이 MBTI를 사용 출판되고 있다. 특히 MBTI는 진단적인 심리검사가 아니고 자신의 성격유형을 보다 잘 이해하기 위한 긍정적인 성격검사라는 점이 사람들에게 아주 긍정적으로 받아들여지고 있다. MBTI 한국어판은 미국 Consulting Psychologist Press의 허가(1987)로 김정택, 심혜숙 박사에 의해 한국어 표준화 작업이 완성되어 현재 한국심리검사 연구소(KPTI)에서 한국판이 제작 시판되고 있다.

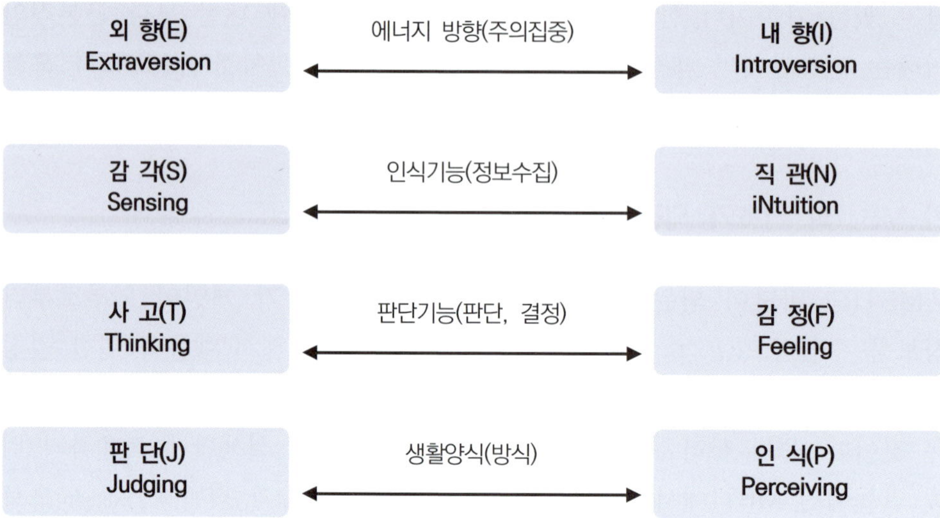

그림 10-10 **MBTI의 네 가지 선호경향**

4) MBTI의 교육적 활용 방안

MBTI를 교과 교육에서 효율적으로 활용하기 위한 여러 방안을 생각해 볼 필요가 있다. 일반적으로 성격유형에 따른 적절한 교육 방법의 개발, 성격유형에 따른 학습동기를 이해하고 이를 이용한 학습방법의 개발, 팀을 조직하고 구성하는데 다양성을 활용한 협동학습 전략 등 교육에 효과적으로 활용할 수 있는 방안을 구체적으로 살펴볼 필요가 있다.

인간은 협동 없이 사회생활을 영위할 수 없기에 학교 학습에서 동료 간에 상호작용을 하는 협동학습은 교육이 삶 그 자체라는 점에서 그 중요성과 필요성을 공감할 수 있다. 협동학습이란 학급 내에 존재하는 집단 역동성을 중심으로 전개해 나가는 교수·학습 전략이다. 협동학습을 통한 상호작용은 동료 간의 신뢰, 서로에 대한 적극적인 태도, 다른 사람에 대한 책임감, 타인에 대한 존경심을 가져온다. 또 협동학습에서는 모든 집단구성원들이 그 집단의 학습 목표를 달성하는 데 다 같이 기여하기 때문에 구성원 모두가 성공 경험을 갖게 됨으로써 학습 태도 및 학습 동기유발에 기여한다.

아동들은 성격유형별 모둠 활동을 통해 자신과 같은 성격 유형 혹은 다른 성격유형의 친구들과 과제를 해결하는 과정에서 자신의 성격을 수용하고,

있는 그대로의 자신의 모습을 발달시키려는 노력을 하게 될 것이다. 특히 이와 같은 성격유형별 모둠에 의한 토론 수업이 아동들의 자신에 대한 자아 존중감을 높여 주고 타인에 대한 사회적 지지를 높게 하여 줄 수 있다.

소집단 협동학습을 편성할 때 취미별 편성, 성별 편성 등 여러 가지 방법이 있을 수 있다. 이러한 다양한 편성 방법의 하나로서 성격 유형별 소집단 협동학습의 편성은 상당히 효과적이다. 여기서는 학습자의 성격 유형을 감안하여 협동 학습 전략을 구사할 경우 인원 구성 방안을 효과적으로 할 수 있다.

MBTI의 성격유형에 기초한 협동학습 소집단 구성방법을 살펴보면 다음과 같다.

협동학습의 소집단 크기는 과제에 따라 다양하나 일반적으로 2~6명의 범위를 갖는다. 협동학습을 처음 실시하는 학급은 2~3명이 적당하고 경험이 많아지면 6명까지 구성할 수 있다. 연구 결과에 의하면 4명의 소집단 구성이 가장 이상적이라고 한다.

구체적으로 소집단 구성 방법을 보면, 이질 집단을 구성하는 것은 또래끼리 가르치기, 동료의 지원이 가능하고 원만한 이성관계 형성, 관리의 용이 등의 장점이 있다. 따라서 이질 집단을 구성함에 있어서는 학습 능력의 이질 정도뿐만 아니라, 평소에 친숙함의 정도, 성비, 기호, 흥미 등의 다양한 분야에 있어 이질적 기준을 적용하도록 해야 한다. 또한 집단간 편차 문제 해결을 위해 5~6주 간격으로 소집단을 재구성하는 것이 필요하다. 일단 집단이 구성되면 집단에 대한 소속감과 정체성을 가지기 위해 집단의 이름을 정하도록 하고 소속감을 가지도록 한다[6].

첫째, MBTI 가장 기초적인 8가지 일반적 성격 유형에 따른 협동학습 인원 조직 방안을 생각해 볼 수 있다. ① 외향형 ② 내향형 ③ 감각형 ④ 직관형 ⑤ 사고형 ⑥ 감정형 ⑦ 판단형 ⑧ 인식형으로 나눈다. 다소 개인차가 있겠지만, 학습 양태와 성격 유형은 밀접한 관계가 있음이 밝혀졌는데(Bourg, 1979) 각 성격 유형이 선호하는 학습 양태를 주요 기능별로 보면 아래와 같다.

6) 학습자 중심의 협동학습을 위한 인원 구성 방안의 하나로 본 교재에서는 학습양식, 다중지능이론, MBTI를 소개하였다. 뿐만 아니라 협동학습을 위한 인원 조직 방안에도 적절히 활용한다면 매우 좋은 학습효과를 가져올 수 있을 것이다.

- 감각형 : 질서, 사교, 경제적 관심, 현실적, 실용성 중시, 신중한 문제해결
- 직관형 : 자치, 독립심, 창의성, 심리적, 지성적, 추상적 개념, 이론 선호, 추상적 상징, 상상력, 독서, 민첩한 문제해결
- 사고형 : 이론적 관심, 소속, 양육
- 판단형 : 질서, 인내, 성취 지향
- 지각형 : 자치, 변화, 충동적, 복잡성에 관대함
- 외향형 : 전시, 지배 의욕, 이야기를 좋아함, 활동적, 사교적, 현실 중시
- 내향형 : 지적인 성취 의욕, 고독, 문필력, 이념적 사고, 현실과 격리, 독서
- 인식형 : 상황고려, 자율성, 이해, 개방적, 다양한 기회 선호. 정해진 시간 안에 일을 마치지 못할 때도 있음

둘째, 네 가지 유형에 따른 협동학습 인원 구성 방안이다.

표 10-4 **네 가지 유형에 따른 학습 선호 경향**

성격 유형	학급에서의 학습태도	요구되는 학습지도
SJ (감각 판단)	1. 모범생(규칙, 과제물, 준비물 철저 준수) 2. 학급의 보배(교사의 보조역할) 3. 짜여진 수업 선호 4. 교사 중심의 주입식 수업선호 5. 교과서, 참고서, 문제집 선호 6. 단답형, 선택형 시험선호	1. 체계적 단계적 학습지도 2. 복습중심의 학습지도 3. 학습량을 설정지도 4. 창의성, 융통성을 키우는 점진적 활동
SP (감각 인식)	1. 장난꾸러기 2. 학급의 양념 3. 행동파(백문이 불여일행) 4. 다양한 자료 교구 활용 요구 5. 교사 중심 주입식, 설명식 수업 비효율적 6. 자유스럽고 허용적인 분위기와 공간 학습 선호	1. 짧은 집중력을 요하는 학습전략 2. 간헐적인 물질적 보상 3. 즉흥적인 활동, 자유스러움과 허용적인 분위기와 시간 제공 4. 시청각 자료 활용 학습 5. 간헐적인 시간 한계 상기
NF (직관 감정)	1. 꿈꾸는 몽상가, 꿈나무 2. 학급의 따뜻한 햇살 3. 사람 혹은 자신과 관계짓는 의미 연결 학습 선호 4. 통찰력, 예리함, 창의성과 기발함을 언어 표현에서 발휘 5. 개인적 격려, 친숙한 급우와의 소그룹 작업 선호	1. 풍부한 정서교류가 병행하는 학습지도 2. 틀에 매이지 않는 표현지향 학습지도 3. 문학, 역사, 소설, 시 등 내면을 자극하고 살찌우는 교과과정 배정 4. 조직, 체계, 반복 연습에 약한 것을 돕기 위해 기록, 녹음, 녹화 방법 활용 5. 소그룹 작업 학습 지도
NT (직관 사고)	1. 꼬마 과학자 2. 학급의 지성 3. 한가지 테마를 가지고 깊이 있게 관찰 4. 지적 호기심과 독립심 강함 5. 과학영역의 탐구학습 선호 6. 교사의 일방적 설명을 싫어함	1. 주제를 주어 개별적 탐구학습 지도 2. '우리나라의 도자기' 혹은 '별의 세계' 등 지적 호기심을 자극하는 학습 선호 3. 추론으로 학습유도 4. 강한 개성, 강한 자존심을 학습장면에서 효율적으로 활용 필요 5. 참견, 조언을 삼가는 학습지도

출처 : 어린이 및 청소년 성격유형검사 자격 교육자료.

제3절 초등 사회과의 좋은 수업을 위한 수업안 작성 팁

1. 초등 사회과의 좋은 수업 사회과 수업안 사례

수업의 전문성은 계획, 실전, 그리고 분석과 비평에 해당하는 3단계가 결합되었을 때 보다 발전적으로 나아갈 수 있다. 수업안 작성은 계획 단계의 핵심으로 수업자의 의도와 색깔을 담을 수 있는 좋은 수업을 위한 첫 번째 단계라 할 수 있다. 수업안에는 교사가 '무엇을', '왜', '어떻게' 가르쳐서 '어떤 인간을 길러내고자 하는지'가 두텁고 세심하게 드러나 있어야 한다(이동원, 2013: 361).

교육현장의 수업안 작성은 관례화된 형식과 내용요소에 따라 어느 정도 형식이 정형화되어 있기 때문에 수업자인 '내'가 숨겨져 있는 경우가 많으며, 자연스럽게 학습자인 '학생'에 대한 고려도 부족한 경우가 많다. 따라서 수업안 작성은 단순히 방법론 차원에서 기법을 활용하는 수준이 아닌, 수업자인 '내'가 포함되어 있어 수업에 대한 고민이 함께 나타나야 한다. 다음은 상기 언급한 다중지능이론과 학습양식을 고려하여 초등 사회과 수업안을 작성한 예시이다. 수업안의 지역별로 형식에 따른 차이를 반영하여 두 가지 형태로 제시하였다. 이를 참고하여 나만의 수업안을 작성해보자. (〈표 10-5〉, 〈표 10-6〉 참조)

표 10-5 **다중지능이론에 기초한 사회과 수업안**

단원명	2. 우리 시·도의 발전하는 경제	사 회	65-66
학습주제	(1) 우리 시·도의 자원과 생산 활동	사탐	60-61
학습제재	③ 공공시설을 내 것처럼	차 시	7/16
학습목표	• 우리 고장에 필요한 공공시설을 알아보고 올바른 이용 방법을 찾아봅시다.	학습형태	모둠학습

단계	학습 내용	교수·학습 활동	MI 요소	시간	자료(*) 및 유의점(+)
문제 인식	동기 유발	◈공공시설이 없어 불편했던 사례 듣기 ▶어떤 공공시설이 필요한지 알아보는 방법은? ♣ 학습 계획 안내하기	언어적	5′	+다양한 경험을 듣는다
문제 탐색	학습 목표 학습 계획	♣ 학습 활동 〈활동1〉 고장에 필요한 공공시설 조사하기 ▶설문지 조사 ▶조사 자료 분석 ▶우리 고장에 필요한 공공시설은 무엇인가? 〈활동2〉 공공시설의 바른 사용법 알기	시각적 논리-수학적 공간적	15′	*프레젠테이션 자료 *학습지 1 *설문지 *설문통계표
문제 해결	학습 활동	▶공공시설의 바른 사용과 바르지 못한 사용에 대한 역할극(모둠별로 서로 다른 공공시설 선택) ▶느낀 점 말하기 〈선택활동〉 공공시설의 바른 사용에 대한 만화, 노래, 동시로 표현하기 ▶공공시설의 바른 사용에 관한 만화 그리기 ▶공공시설의 바른 사용에 대한 노래나 동시 짓기	신체-운동적 음악적 언어적	15′	*A4 용지 *학습지 2 *역할극 대본 *학습지 3
정리	정리	▣ 종합과 정리 ▶ 배운 내용 정리하기		5′	

표 10-6 McCarthy 4MAT 시스템에 기초한 사회과 수업안

단원	1. 지도에 나타난 우리 시·도의 모습		
학습제재	② 지도를 이용하여 배우자	차시	4/17
학습문제	다양한 지도의 쓰임을 알고 상황에 알맞은 지도를 작성할 수 있다.		

♠ 본시 교수·학습의 전개

단계	학습 내용	교수·학습 활동		자료(*) 및 유의점(+)
		교 사	학 생	
1/4 연상 주의 집중	• 경험한 일 떠올리기 • 상상한 것을 이야기하기	• 눈을 감고 놀이동산에 간 경험을 떠올려 봅시다. • 머릿속에 떠오른 놀이동산의 모습을 표현해 봅시다.	• 눈을 감고 자신의 경험을 가만히 떠올려 본다. • 자유롭게 머릿속에 떠오른 모습을 발표한다. S_1 신나는 놀이 기구를 타느라 정신없는 모습이 떠오릅니다. S_2 너무 많은 사람들로 북적이는 모습이 떠오릅니다.	+발산적 사고를 위하여 학습자들의 다양한 발표 내용을 수용해 준다.
2/4 안내된 상상 정보 제공	• 지도를 사용하게 되는 경우 생각해 보기 • 지도의 쓰임에 대해 설명	• 다시 한번 눈을 감고 놀이공원의 모습을 상상해 봅시다. 많은 사람들과 여러 가지 시설로 북적이는 놀이동산에서 사파리를 찾아가려고 합니다. 어떻게 해야 할까요? • 이와 같이 지도는 실제 땅의 모습을 종이 위에 줄여서 나타내어 모르는 곳을 찾으려 할 때 사용됩니다.	• 눈을 감고 교사의 안내에 따라 상상해 보고 떠오른 것을 발표한다. S_1: 놀이공원 안내지도를 이용하면 쉽게 찾을 수 있습니다. • 교사의 설명을 듣는다.	*놀이동산의 안내도
정보 제공	 • 여러 종류의 지도와 그 쓰임 설명	• 놀이동산에서 외에 또 어떤 경우에 지도가 필요할까요? • 지도가 필요한 곳이 많듯이 지도의 종류도 다양합니다. 다양한 지도의 종류와 각각의 쓰임을 알아봅시다.	• 지도가 필요하다고 생각되는 경우를 생각해 보고 발표한다. S_1 잘 모르는 곳에 관광을 갔을 때 필요합니다. S_2 우체부 아저씨나 택배 아저씨에게 필요합니다. • 지도의 종류와 쓰임에 대한 교사의 설명을 듣는다.	*여러 종류의 지도자료, 안내 컴퓨터 자료
3/4 연습	• 부산의 생활에 제시된 여	• 부산의 생활에 제시된 우리 지역을 나타낸 여러 종류의 지도를	• 부산의 생활에 나타난 여러 종류의 지도를 보고 알게 된 점을	*지역 교과서, 여러 종

적용	러 종류 살펴보기 • 경우에 따라 필요한 지도 선택하기	살펴보고 알게 된 점을 정리하여 봅시다. • 내가 만약 ~라면 활동을 통하여 경우에 따라 필요한 지도를 알아 봅시다. 내가 만약 관광 안내원이라면 어떤 지도가 필요할까요? 내가 만약 택배 회사 직원이라면 어떤 지도가 필요할까요?	중심으로 질문에 답한다. S_1 관광 안내도가 필요할 것입니다. S_2 교통도가 필요할 것입니다.	류의 지도
4/4 세련화 수행	• 내가 ~라면 필요한 지도 만들기 • 내가 만든 지도 활용하기	• 내가 만약 ~라면 학습지에서 하나의 과제를 선택하여 지도를 만들어 봅시다. • 자신이 만든 지도를 가지고 다른 친구들에게 부산의 모습을 소개해 봅시다.	• 학습지를 보고 관광 안내도, 교통도, 산업도, 인구분포도 중 하나를 선택하여 직접 만든다. • 역할극, 글 등의 다양한 방법을 선택하여 자신이 만든 지도의 활용을 소개한다.	

2. 초등 2차 임용시험을 수업실연 관련 팁

1) 교수·학습과정안 작성 관련 참고 사항

- 초등학교 3, 4, 5, 6학년 사회 교과서에서 1차시(40분) 분량의 수업안 작성
- 수업안 작성 시 교사용 지도서 참조
- 수업안 작성 의도를 적을 것
- 먼저 학습주제 관련 내용학적 지식을 명확히 알 것
- 그 핵심 주제를 달성하기 위한 목표, 내용, 방법(모형), 평가가 유기적인 관계가 되도록 할 것
- 특히 2015(2022) 개정 역량중심 교육과정의 정신을 잘 구현할 수 있도록 하고, 교육과정, 수업, 평가, 기록(교수평기)이 일체화될 수 있도록 백워드 디자인 수업 설계를 통해 핵심역량을 잘 담아내는 과정중심평가 될 수 있도록 할 것
- 수업안 작성과정에서 실제 학생들이 있다고 가정하고 작성할 것

2) 교수학습안 작성의 임용 2차 수업실연(혹은 시연)과 교수학습안 작성 관련 평가 관점

- 일반적인 사항 : 기본적인 수업기술을 보여주는 것도 중요하지만 수업실연 문제지에 주어지는 '수업실연의 조건'을 얼마나 충실히 반영하고 있는가도 채점의 중요한 요소가 된다. 따라서 고득점을 위해서는 기본적인 수업기술과 함께 문제의 조건을 수업에 반영하는 훈련이 필요하다. 특히 최근 교과교육문제가 출제됨에 따라 교과의 특성이 드러나도록 해야 한다. 아울러 현장 및 미래교육에서 매우 필요로 하는 수업, 평가, 기록이 일체화될 수 있도록 하는 수업안 작성은 매우 중요한 의미가 있다.

수업실연 조건의 사례

- 모둠별 및 수준별 학습지도 방안 포함하기
- 핵심역량을 강화할 수 있는 방안 포함하기
- 배움이 일어나는 수업 구상하기
- 실생활과 연계된 수업 전개하기
- 지역화의 원리를 통한 교육과정 재구성하기
- 각종 정보 매체 활용하기(지리정보시스템, 웹 기반학습, 인공지능, 빅데이터, VR, AR 등 활용학습)
- 지식, 기능, 가치 · 태도 영역을 균형 있게 평가하기

수업실연 평가관점

- 표정, 음성, 시선, 자세, 동선의 적절성
- 학년 수준에 알맞은 교수용어의 사용
- 교수·학습상황에 맞는 적절한 발문
- 학생의 사고기회 부여 및 반응 처리의 적절성
- 성취기준 도달을 위한 교육내용의 적절성
- 성취기준 도달을 위한 교수학습방법의 적절성
- 교수·학습 매체 활용 및 지도기법의 적절성
- 학생과의 활발한 상호작용
- 학습부진아, ADHD 학생, 다문화 학생 등에 대한 적극적인 개별지도
- 확산적 발문의 사용 여부
- 적절한 피드백의 활용
- 학습 과정 중 적절한 평가 방법의 활용

범교과적 차원에서 생각해 볼 평가의 다양한 관점들

영역	평가관점
1. 동선과 시선, 표정	• 학습자에게 골고루 시선을 주고 있는가? • 불필요한 움직임으로 수업을 방해하지는 않는가? • 자료 설명, 학생 발표 시 교사의 위치는 적절한가?
2. 교수 용어	• 학생의 수준에 적합한 교수용어를 사용하는가? • 발음이 정확하여 알아듣기 쉬운가? • 음성의 고저강약, 말의 빠르기가 적절한가?
3. 발문과 조언	• 학습자의 수준과 개인차를 고려하고 있는가? • 무엇에 대하여 묻고 있는지가 명확한가? • 학생의 사고활동을 촉진하는 발문을 하고 있는가? • 중개발문을 효과적으로 사용하고 있는가? • 틀린 응답을 수용하고 교육적인 재발문을 하는가?
4. 지명	• 다양한 지명 방법을 활용하는가? • 친근감 있는 표정과 몸짓을 함께 사용하는가? • 응답에 필요한 충분한 시간을 주고 있는가?
5. 자료 활용	• 다양한 교수매체를 효과적으로 사용하는가? • 자료의 제시와 철거 시점이 적절한가? • 학습자가 호기심을 갖도록 효과적으로 제시하는가?
6. 학습집단 조직	• 학습내용에 따라 학습집단이 융통성 있게 변화되고 있는가? • 학습자의 특성이나 수준을 고려하여 조직되고 있는가?
7. 학습동기부여	• 학생의 아이디어에 대하여 칭찬, 격려, 수용하고 있는가? • 학생들의 실수나 실패를 만회할 수 있는 기회를 부여하는가? • 학생이 발표를 할 때 비언어적인 방법으로 격려를 보내고 있는가?
8. 학생과의 관계	• 학생들을 공정하게 대하며 존중하는 태도를 보이는가? • 학생들과 좋은 관계를 형성하기 위해 노력하는가? • 학생들과 활발한 상호작용을 이루고 있는가? • 학생의 의견을 수용하는 태도를 보이는가?
9. 학습의 전개	• 학습내용(활동)이 본시의 학습목표 달성에 효과적인가? • 동기유발이 본시 학습과 관련성이 있으며 흥미로운가? • 다양한 주의집중 방법을 효율적으로 사용하는가? • 적극적인 순회활동을 통해 학습활동을 촉진하고 있는가? • 전체적으로 교수기술이 능숙한가?
10. 기타	• 정해진 시간을 지키는가? • 주어진 조건이 모두 충족되었는가? • 교사로서 품위를 유지하고 있는가?

교수학습과정안 양식(틀)

교수 · 학습과정안

(사회과 학년) 수업지도안

성명 :	학과 :	학번 :	학년 :

<table>
<tr><th>단원명</th><td colspan="4"></td><td>차시</td><td colspan="2"></td></tr>
<tr><th>학습 주제</th><td colspan="7">(수업실연 제목)</td></tr>
<tr><th>학습 대상</th><td colspan="7">(수업 대상 학교급, 학년)</td></tr>
<tr><th>학습 목표</th><td colspan="7">(수업이 달성하고자 하는 목표를 간략히 진술)</td></tr>
<tr><th>성취 기준</th><td colspan="7">(성취기준, 교사용 지도서 참조)</td></tr>
<tr><th rowspan="2">교수 · 학습 전략</th><td colspan="2">모형(방법)</td><td colspan="2">교과 역량</td><td colspan="3">매체, 자료</td></tr>
<tr><td colspan="2"></td><td colspan="2"></td><td colspan="3"></td></tr>
</table>

<table>
<tr><th rowspan="2">학습 단계 (A)</th><th rowspan="2">학습 내용 (B)</th><th colspan="2">교수 · 학습활동 (C)</th><th rowspan="2">교과 역량</th><th rowspan="2">시간 (분)</th><th rowspan="2">자료 및 지도상의 유의점</th></tr>
<tr><th>교사</th><th>학생</th></tr>
<tr><td></td><td></td><td></td><td></td><td></td><td></td><td></td></tr>
<tr><td></td><td></td><td></td><td></td><td></td><td></td><td></td></tr>
<tr><td></td><td></td><td></td><td></td><td></td><td></td><td></td></tr>
<tr><td></td><td></td><td></td><td></td><td></td><td></td><td></td></tr>
<tr><td></td><td></td><td></td><td></td><td></td><td></td><td></td></tr>
</table>

- A, B, C 항목의 내용 및 기타 사항은 수업 주제에 따라 자유롭게 재구성 가능

교수·학습과정안 심사 기준 및 배점표

번호	심사기준	교수·학습과정안 세부 항목	점수
1	학습목표	학습목표 설정이 타당하고 진술이 명확한가?	
2	동기유발	학습목표와 관련된 동기유발 활동을 제시하고 있는가?	
3	내용제시	학습 내용 요소를 교과역량과 관련하여 체계적이고 효과적으로 제시하고 있는가?	
4	모형 및 방법제시	학습 목표와 내용에 적합한 교수·학습 모형 내지 방법을 제시하고 있는가?	
5	발문	학습 목표 도달에 적합하고 사고력을 신장시키는 발문계획을 제시하고 있는가?	
6	매체, 자료	학습활동에 적합한 자료 활용계획을 제시하고 있는가? (예: 매체, 자료, 판서 등)	
7	학생특성 고려	학습자의 특성을 고려하여 학습 활동을 제시하고 있는가?	
8	시간	교수·학습 활동별 시간 배분은 적당한가?	
9	정리	학습 내용 정리에 대한 계획을 제시하고 있는가?	
10	학습내용-방법-평가의 일체화 추구 정도	학습 목표를 달성하기 위한 내용적 지식을 빅데이터를 활용하여 연구하였는지, 연구한 결과를 적절한 교수학습방법과 결합하여 적절한 평가 계획을 제시하고 있는가?	
		10개 항목 종합 점수 합계	

<참고2>

수업실연 심사 기준 및 배점표

번호	심사기준	수업시연 세부 항목	점수
1	목표	학습 목표 설정이 타당하고 진술이 명확한가?	
2	동기유발	학습 목표와 관련된 동기유발 활동이 잘 이루어졌는가?	
3	내용제시	학습 내용 요소가 체계적이고 효과적으로 제시되었는가?	
4	방법	학습 목표와 내용에 적합한 교수·학습방법을 활용하였는가?	
5	발문, 피드백	학습 목표와 내용에 적합한 발문과 피드백이 이루어졌는가?	
6	매체, 자료	학습 활동에 적합한 매체 및 자료 활용과 판서가 이루어졌는가?	
7	참여	학습자를 학습 활동에 적극적으로 참여시키고 있는가?	
8	평가	학습 목표 달성을 확인하기 위한 적절한 평가를 실시하였는가?	
9	상황대처	수업 상황의 변화에 따라 수업 계획의 변경이 필요할 경우 이에 원활히 대처하였는가?	
10	화법	학습자와의 의사소통을 위해 언어 및 비언어적 행위를 적절히 하였는가?	
		10개 항목 종합 점수 합계	

3. 빅데이터를 활용한 초등 사회과의 좋은 수업 분석 결과

초등 사회과에서의 좋은 수업에 대한 사람들의 관심은 어디에 있는가? 그림 10-11은 최근 5년간 초등 사회과 좋은 수업에 대한 워드클라우드와 네트워크 분석 결과이다. 빈도수를 나타낸 워드클라우드에 따르면 사회과에서의 좋은 수업을 위한 관심은 사회교과에서 학습할 내용(주제)적 차원의 범주와 이를 학습하기 위한 방법적 차원의 범주로 나누어 볼 수 있다. 내용적 차원의 범주는 교육과정 구성 내지 재구성시 지역이 중요한 주제로 등장하고 있다. 지역은 사회과 학습의 주제이자 대상도 될 수 있다. 교과서는 지역의 다양한 내용을 학습대상으로 하는 것이 좋은 수업으로 볼 수 있다. 그리고 방법적 차원의 범주는 프로젝트학습을 통해 지역의 현안 문제해결을 위해 학습자들이 참여, 토론을 통해 다양하게 평가할 것을 포함하고 있다.

이에 대해 자세히 알아보기 위해 키워드 간의 관계를 나타낸 네트워크 분석결과를 살펴보면 초등 사회과에서 좋은 수업에 대한 사람들의 관심은 자료를 활용하는 과정에서 반성과 성찰을 통한 학습, 그리고 사회과의 특성을 살리기 위한 지역화 교재의 활용, 활동 중심의 수업 등에 있는 것으로 나타났다.

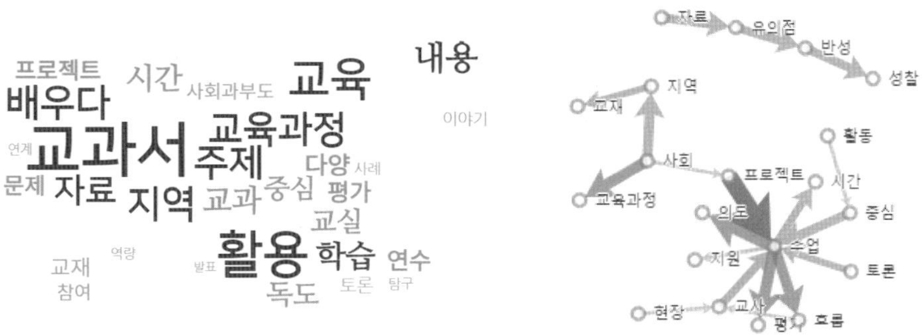

그림 10-11 **사회과의 좋은 수업 워드클라우드와 네트워크 분석**

생각 정리 문제

♣ 좋은 수업을 위한 팁과 빅데이터 분석 결과를 활용하여 나만의 사회과 수업안을 계획해보자.

단원			
학습제재		차시	
학습문제			

♠ 본시 교수·학습의 전개

단계	학습 내용	교수·학습 활동	자료(*) 및 유의점(+)

Chapter 11

초등 사회과에서 좋은 수업을 위한 교재 재구성은 어떻게 할 것인가?

• 주제

초등 사회과에서 좋은 수업을 위한 교재 재구성 방법 탐색하기

• 학습 내용

1. 빅데이터가 알려주는 재구성
2. 재구성은 무엇이며 왜 필요할까?
3. 재구성은 어떤 방식으로 해야 할까?
4. 빅데이터를 활용한 재구성 방안

• 학습 목표

1. 초등 사회과에서 좋은 수업을 위한 교재 재구성의 의미를 설명할 수 있다.
2. 초등 사회과에서 좋은 수업을 위한 교재 재구성을 할 수 있다.

BIG
DATA

제1절 빅데이터가 알려주는 재구성

1. 연구 대상 및 방법

본 장에서는 재구성 관련 온라인 문서를 빅데이터 수집 및 분류 절차에 따라 진행하였다. 재구성과 관련한 빅데이터 수집에는 텍스톰의 수집 프로그램을 사용하였으며 재구성 토픽은 모든 관련 문서를 수집하기 위해 '재구성'을 검색어로 사용하였다.

재구성 소셜 빅데이터의 수집은 2016년 1월 1일부터 2020년 12월 31일까지 여러 포털사이트 중에서 국내에서 사용빈도수가 높은 네이버와 전 세계적으로 사용빈도수가 높은 구글의 웹 문서를 요일, 주말, 휴일을 고려하지 않고 매시간 단위로 이루어졌다. 수집된 총 1만 165건의 텍스트 문서를 본 분석에 포함하였다.

2. 재구성에 대한 빅데이터 분서 결과

재구성 빅데이터 분석 결과에 대한 상위 30위까지 키워드의 빈도수, 그리고 그 빈도수를 상위 30위까지 워드클라우드로 시각화한 결과는 각각 **표 11-1**, **그림 11-1**과 같다.

빅데이터 분석 결과에 따르면 빈도수가 높은 키워드로는 '사건, 교육과정, 공간, 판결, 새롭다, 내용, 시간, 수업' 등의 순서로 나타났다. 빈도수가 높은 키워드는 크게 '사건, 판결' 등과 같은 사건·사고 관련 주제와 '교육과정, 수업' 등과 같은 교육 관련 주제로 분류할 수 있었다. 이외에도 '이야기, 작품, 사진, 상황, 기억' 등과 같은 키워드가 나타났다. 결과적으로 재구성 빅데이터 분석 결과는 사람들의 생각을 이끌어내는 구성주의적 학습 관련 주제에 대한 키워드의 비율이 높은 것을 알 수 있다.

표 11-1 **재구성에 대한 키워드의 상위 30위까지 빈도분석**

순서	키워드	빈도수	백분율	순서	키워드	빈도수	백분율
1	사건	1,905	0.77%	16	생각	381	0.15%
2	교육과정	1,224	0.50%	17	구성	372	0.15%
3	공간	786	0.32%	18	작가	370	0.15%
4	판결	653	0.26%	19	밝히다	367	0.15%
5	새롭다	641	0.26%	20	역사	315	0.13%
6	내용	601	0.24%	21	학생	311	0.13%
7	시간	533	0.22%	22	좋다	256	0.10%
8	수업	522	0.21%	23	활동	251	0.10%
9	이야기	460	0.19%	24	공개	240	0.10%
10	만들다	457	0.19%	25	문제	234	0.09%
11	중심	445	0.18%	26	도시	233	0.09%
12	작품	438	0.18%	27	주제	226	0.09%
13	사진	399	0.16%	28	교사	224	0.09%
14	상황	388	0.16%	29	교육	211	0.09%
15	기억	383	0.16%	30	프로젝트	211	0.09%

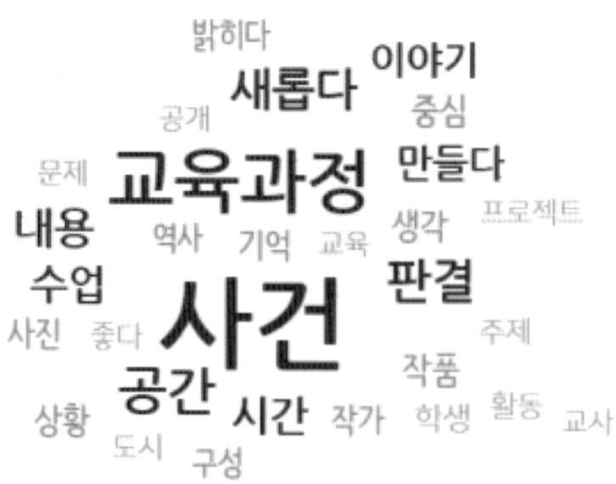

그림 11-1 **재구성 빅데이터에 대한 워드클라우드 분석**

응집성 분석 결과에 따르면 재구성 빅데이터 분석 결과에 대한 키워드는 재구성 소재 관련 키워드 그룹(G1), 교육 관련 키워드 그룹(G2)과 같이 2개의 그룹으로 나누어진다. 재구성 소재 관련 키워드 그룹에는 '판결, 사건, 밝히다'와 같은 일반성이 포함된 주제와 '이야기, 사진, 작품'과 같은 예술성이 포함된 주제를 찾을 수 있으며, 교육 관련 키워드 그룹은 수업의 주체와 객체, 교수학습 방법 등에 대한 주제를 찾을 수 있다. 이와 같은 결과는 사람들이 교육에서 재구성의 중요성을 높게 평가한다는 사실을 알 수 있다.

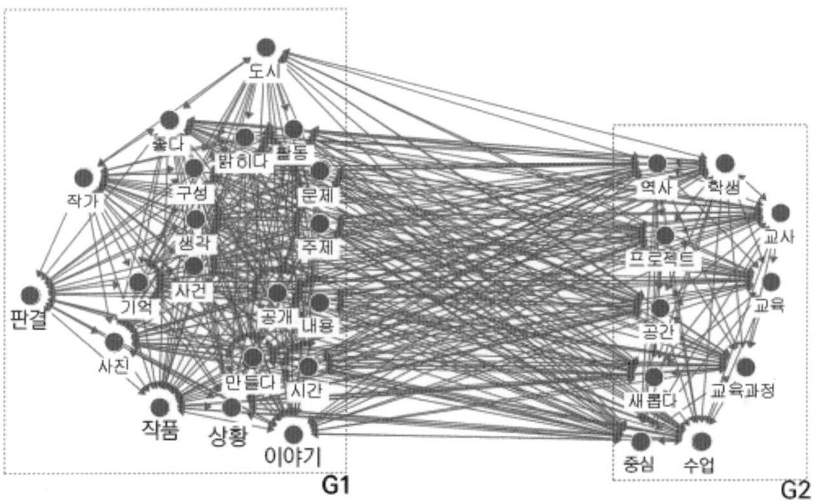

그림 11-2 **재구성 빅데이터에 대한 응집성 분석**

텍스톰 빅데이터를 활용한 재구성 빅데이터 처리 절차

❶ 연구대상 수집하기

- 본 연구대상인 '재구성 관련 소셜 빅데이터 수집'은 소셜 빅데이터 수집 로봇(웹크롤)과 데이터 분석, 시각화 기술을 보유한 텍스톰을 통해 수집하였다.
- 텍스톰은 1개의 채널에서 한 번에 수집할 수 있는 문서의 수가 최대 1,000건으로 제한되어 있기 때문에 많은 양의 문서를 수집하기 위해서는 기간을 나눠서 지정할 필요가 있다. 본 연구에서는 최근 5년간(2016년 1월 1일 ~ 2020년 12월 31일)을 수집기간으로 설정하였으며, 2016년, 2017년, 2018년, 2019년, 2020년으로 나눠서 총 5차례 문서를 수집하였다.

- 재구성 빅데이터 수집조건

수집키워드	불용어	수집기간	채널
재구성	-	2016년 1월 1일 ~ 2020년 12월 31일	네이버(블로그, 뉴스, 카페, 웹문서) 구글(뉴스, 웹문서)

- 정제/형태소 분석은 별도의 키워드필터링을 사용하지 않았으며, URL 기반 중복된 텍스트 문서를 제거하였다.
- 형태소 분석은 고유명사, 복합명사를 그대로 결과값을 반영하는 Espresso K를 사용하였으며, 분석품사는 명사를 비롯하여 형용사, 동사, 외국어를 포함하였다.
- 소셜 빅데이터 수집은 해당 토픽을 웹크롤로 수집한 후 유목화(범주화)하는 bottom-up 수집방식을 사용하였다.

❷ 데이터 분석하기(텍스트마이닝, 매트릭스 파일 생성)

- 형태소 분석이 완료되면 바로 편집하기를 통한 텍스트마이닝 과정을 거친다.
- 연결중심성 분석은 네트워크 분석 방법 중 하나로 키워드 간의 매트릭스 데이터가 필요하다. 이를 위해서 텍스톰의 매트릭스 파일을 생성한 후 엑셀파일로 다운로드한다.

1단계 : [데이터 분석]→[텍스트마이닝]→[데이터 편집]→[바로 편집하기]에서 단어를 정제한다.
2단계 : [데이터 분석]→[매트릭스]→[매트릭스 단어선택]→[1-mode]→[바로 선택하기]에서 단어를 선택한다.
3단계 : [매트릭스 결과]→[엣지리스트]→[다운로드]를 선택하여 매트릭스 파일을 저장한다.

❸ 시각화하기(워드클라우드, 응집성 분석)

- 시각화는 텍스톰을 통해 웹상에서 워드클라우드를 생성하고, NetMiner를 활용하여 응집성 분석으로 간단히 출력한다.

1단계 : [시각화]→[시각화 결과]→[시각화 리스트 선택]→[워드클라우드]에서 색상선택, 키워드 등을 설정하여 워드클라우드를 완성한다.
2단계 : [NetMiner]를 실행한다.
3단계 : [File]→[Import]→[Excel File]→[Import Excel File]에서 저장된 매트릭스 파일을 선택한 후, [1-mode Network]→[Edge List]를 선택한 후 OK를 누른다.
4단계 : [Analyze]→[Cohesion]→[Community]→[Modularity]를 선택한다.
5단계 : 화면 우측 프로세스 관리영역 창에서 [Process Tab]→[Include Nonoptimal output]→[Run Process]를 선택한다.
6단계 : 화면 중앙의 데이터 시각화 영역에서 [M Clustered] 탭을 선택한 후 [Map]→[Node & Link Att. Styling]→[Link Attribute Styling] 탭에서 데이터 시각화 작업을 한다.
7단계 : [Apply]를 선택하여 데이터 시각화 영역에서 결과를 확인한다.

제2절 교육과정의 재구성

1. 교육과정의 재구성 필요성

지식기반사회는 전통적으로 학교교육에서 가르쳐 왔던 교육내용에 대해서 재고할 것을 요구하고 있다. 또 지식기반사회에서 학교의 교육내용은 기초기능 교육 강화 및 그 범위의 확대, 직업 관련 능력강화, 자기주도 학습능력 강화, 통합적 구조 지향 등의 방향으로 변화될 필요가 있으며, 교육내용으로서 지식에 대한 재개념화가 요구된다. 현대사회에서 교육적 지식은 파편처럼 조각난 낱개들이 아닌, 우리의 감정과 행동으로부터 분리시킬 수 없는 하나의 체제 속에 있는 것으로 이해해야 한다.

이제 더 이상 무엇을 알고 있는가(What You Know) 하는 것이 문제가 될 수 없다. 무엇을 할 수 있는가(What You Can Do) 하는 것이 문제이다. 머릿속에 무엇이 들어가느냐가 아니라 수행으로 나타나는 것, 행위, 창조적으로 사고하는 능력, 비판적으로 사고하는 능력, 새로운 정보와 해결책을 창출하는 능력 등이 중요하다. 전통적인 의미의 지식은 세계를 일목요연하게 인식, 표현, 예측할 수 있다고 생각하는 결정론적 세계관에 의한 주제적 또는 교과적 지식(Subject Knowledge)이었다. 그러나 지식기반사회에서는 전통적인 교과적 지식과는 달리 폭발하는 정보와 지식의 신속성, 다양성, 복잡성, 중첩성 등을 조직하고 관리하는 연계망적 지식(Networking Knowledge, Cross-Linked Knowledge) 혹은 능력이 중요하게 되었다. 그리고 지식의 양적 팽창이 또 다른 지식생산의 동기를 형성함에 따라 상호 연결적인 지식과 함께 거대한 양의 정보와 지식을 어떻게 다루어야 하는가에 대한 지식을 필요로 하기 때문에 전통적 지식과 달리 문제해결적 지식이 중요하게 되었다. 따라서 학교현장에서 교육과정 속의 성취기준을 중심으로 학습자를 감안하여 교과서를 재구성해야 할 것이다.

국가 수준의 교육과정과 시·도 교육청에서 제시하는 교육과정 편성 및 운영 지침이 아무리 이상적이라고 할지라도 그것을 현장에 적용하는 데에는 한계가 있다. 각 학교가 처한 위치나 환경, 지역 사회의 사회적·문화적 특성, 학생들의 다양한 학습요구, 능력 관심 등이 다르기 때문에 교사는 이러한 특수 상황에 맞추어 학교 교육과정을 재구성할 필요가 있다.

그러나 5차 교육과정기까지 교사의 역할은 국가 교육과정을 학교현장에 그대로 적용하는 교육과정의 전달자 내지 실행자의 역할을 수행하였다. 이후 6차 교육과정부터는 단위 학교와 교사들에게 교육과정 구성과 운영에 자율성을 가진 교육과정의 재구성자의 역할을 수행할 수 있게 되었으며, 7차 교육과정 이후 이어진 2007, 2009, 2015, 2022 개정 교육과정에서는 교육과정 구성과 운영에 대한 자율성이 점차 확대되고 있다.

이러한 교육과정 재구성의 필요성을 제시하자면 다음과 같다.

첫째, 중앙집권적 교육과정으로부터 탈피할 필요성이 있다. 우리나라 초등 교육의 경우 지금까지 중앙집권적 교육과정에 의하여 운영되고 있다. 따라서 전국 어디서나 동일한 교과서를 가지고 교육을 하게 된다. 도서 벽지에 아동이나 도시의 학생이나 동일한 교과서이다. 개인의 개성이 무시되는 교육이 이루어지고 만다. 우리나라 교육이 비개성화 교육이라는 비판을 종종 받는데, 그 가장 근본적인 이유는 학생 개개인의 특성이 반영되지 못한 중앙집권적 교육과정에서 유래한다고 할 수 있다. 따라서 중앙집권적 교육과정으로부터 탈피할 필요가 있다.

둘째, 학교 및 지역의 특수성을 감안할 필요성 있다. 중앙집권적 교육과정은 지역 및 학교의 특수성, 학생의 요구 등을 교육과정에서 반영하기 어렵다. 교육과정 개발 시 지역별로 교원, 학부모, 관계 전문가가 교육내용의 선정과 편성에 참여하기가 어려운 실정이다. 따라서 국가에서 주어진 교육과정을 학교 및 지역 수준에서 재구성할 필요가 있다. 특히 평생학습사회로 전환에 따라 지역은 매우 중요한 학습장이자, 삶터로서 중요하게 부각되고 있다.

셋째, 학습자를 고려한 수업 내용의 적합성을 확보할 필요가 있다. 학생들의 흥미, 학습 발달 정도를 감안하여 그들의 수준에 맞게 재구성함으로써 교육과정 내용의 적합성을 확보할 필요가 있다.

2. 교육과정의 재구성 개념

일반적으로 교육과정의 재구성이란 교사가 교육과정 및 교과서에 제시된 교육내용을 추가, 대체, 축약, 생략, 타 교과 및 단원과의 통합 등의 행위와 학생들이 교과 교육과정에서 제시된 성취기준을 달성할 수 있도록, 교사가 교육내용과 교육활동을 창의적으로 구안하는 것을 의미한다(박일수, 2013). 교사는 재구성을 하기 위해서 국가 교육과정의 목적과 내용을 분석하고, 학습자의 삶과 절충하는 작업을 수행해야 하는 것이다. 이와 같은 교육과정의 재구성은 수업설계의 과정을 통해 이루어지는데, 개념에 대한 정의는 학자마다 **표 11-2**와 같이 다양하게 나타난다.

표 11-2 **학자별 교육과정의 재구성 개념**

학자	내용
황규호(1995)	교사들이 마땅히 수행해야 할 일로서 각 교사가 교과의 정해진 핵심 아이디어를 학생들에게 가르치기 위해 학생들의 모든 특성을 고려하여 총제적인 방법을 동원하는 것
황윤한, 김인숙(1998)	이미 구성된 국가수준의 교육과정을 시·도 교육청의 교육과정 편성·운영 지침이라는 원칙에 따라 다시 구성하는 것
서경혜(2009)	교사들이 국가 교육과정을 학생들과 교육상황에 적절하게 다시 구성하는 것
서명석(2011)	교사가 스스로 전문성에 기초해 주어진 교육과정 목표를 효과적으로 달성하기 위해 교육계획 및 교과서를 재조직화, 수정, 보완, 통합하는 것
추갑식(2014)	현장 교사들이 교과서 내용을 가르치는 구성이나 순서를 조정하는 것

교육과정의 재구성이란 교육현장에서 일단 마련된 교육과정이나 교과서의 내용을 실제로 지도하는 데 있어서 그 내용을 그대로 투입하는 것이 아니라, 시대적인 변화와 지역의 특수성 또는 학교나 학습의 특수성을 둘러싼 제반 환경이나 시사적인 요인 등을 고려하여 교육과정이나 교과서의 내용을 수정·보완·심화시킴으로써 학습자의 이해를 촉진시키고, 아울러 교육효과의 극대화를 목적으로 하여 교육현장에 최종적으로 투입할 내용을 재조

직하는 것이다.

따라서 교육과정 구성(Curriculum Construction)과 교육과정 재구성(Curriculum Reconstruction)[7]에 대한 이해가 필요하다. 교육과정 구성이란, 교육과정 구성 요소의 본질과 조직을 결정하는 의사결정 과정을 의미한다. 의사결정에서는 바람직한 사회·인간·삶·지식의 본질, 교육 이념, 신념을 가장 효과적으로 실현할 교육과정 설계, 학생들이 배워야 할 내용과 학습 활동·교육 목적·내용·활동에 대한 평가 등의 문제를 다룬다. 교육과정 구성은 어느 영역보다 비판적인 과정이며, 교육과정의 본질과 조직 형식을 결정한다. 교육과정의 재구성이란 국가 수준의 교육과정을 교육이 실제적으로 일어나고 있는 현장의 실정에 알맞게 다시 구성하는 것이다. 즉 중앙집권적(Centrally-Based) 교육과정을 학교중심(School-Based) 교육과정으로 재구성하는 것으로 볼 수 있다. 따라서 그것은 모방이 아니라 현장의 특성을 살리면서 창조해 나가는 것이다. 즉 재구성된 교육과정은 현장에서 실천될 수 있는 실제적 교육과정일 뿐만 아니라 창조적 교육과정[8]이어야 한다(황윤환, 1999).

재구성시 교사는 현장 경험을 기초로 하여 사회과 교육과정이나 교과서의 선정 및 조직의 원리[9]와 관련하여 재구성이 필요하다 하겠다. 이러한 맥락에서 실제로 교과서를 어떻게 가르치고 있는가? 재구성을 하고 있는가? 어떻게 재구성을 하고 있는가? 등을 살펴보아야 할 것이다.

---

7) 교육과정 재구성과 유사 용어들로는 교육과정 개발(Curriculum Development) 교육과정 설계(Curriculum Design)와 교육과정 개선(Curriculum Improvement) 등을 들 수 있다.

8) E. W. Eisner(1990)에 의하면, 창의적 교육과정, 즉 교사가 사용할 학습 자료의 창의적인 개발은 교사로 하여금 다음과 같은 다섯 가지 기준에 적합한 활동을 학생들에게 제공할 수 있다. 첫째, 학습 활동에 쓰이는 학습 자료는 학생들에게 교육적으로 중요한 아이디어, 기능, 인식의 형태 등을 가르칠 수 있는 것이어야 한다. 둘째, 학습 활동은 지적으로 도전적이며 학생들의 고등 사고력을 촉진시키는 것이어야 한다. 셋째, 학생들이 공부할 내용들은 다양한 형태로 제시되어야 하며, 교과서에 한정되어서는 안 된다. 넷째, 학생들이 배운 내용은 학교 밖의 세계를 포함한 다른 지역에서도 배울 수 있는 것과 연계되어야 한다. 다섯째, 교사에게 선택할 수 있는 여러 사양 사항이 주어진 학습 자료여야 한다.

9) 내용 선정 및 조직원리 조차도 근본적으로 현장경험을 토대로 검토할 필요성이 있다.

제3절 초등 사회과 교과서의 재구성

1. 초등 사회과 교과서의 재구성 고려 사항

초등 사회과 교과서를 재구성하기 위해서는 재구성의 의미와 그 필요성을 제시하면서, 교과서 재구성 시 교사들이 우선적으로 고려할 사항을 정리할 필요가 있다. 이에 대하여 이용숙(2000)은 교과서 재구성 시 고려해야 할 사항으로 다음과 같이 논의하였다.

교과서 재구성 시 고려 사항

- 교과서 재구성의 단위는 차시보다는 단원이 되어야 한다.
- 판서 내용을 베끼는 방식의 필기는 가능한 한 유인물로 대치함으로써, 수업시간을 절약하고 수업을 더 효율화할 수 있도록 한다.
- 가능한 곳에서는 단원 간의 연계를 시도한다.
- 가능한 곳에서는 타 교과와의 통합을 시도한다.

이와 같은 연구는 전반적인 교과서 재구성 과정에서 필요한 고려해야 할 사항에 대해 제시하고 있으나, 사회과에 대한 특수성은 고려하지 않고 있다. 그렇다면 초등 사회과 교과서를 재구성하는 과정에서 구체적으로 고려해야 할 사항에는 무엇이 있는지 살펴보기로 하자.

1) 사회과 교육과정 및 교과서의 기본 정신

사회과의 내용을 재구성하기 위하여 가장 선행되어야 할 사항은 교육과정과 교과서를 면밀히 분석하는 일이다. 이 면밀한 분석의 목적은 다름이 아니라 교육과정이나 교과서가 지닌 기본정신, 목표와 내용과의 관련성, 목표의 구체성, 내용의 계열성 등을 살펴 그 특징과 문제점을 파악하고 그 바탕 위에서 보완·심화되어야 할 내용을 결정하기 위한 것이다.

따라서 교육과정의 재구성은 기본적인 정신이나 목표와 일관성을 유지하는 범위 내에서 이루어져야 한다. 이를테면, 학습 내용이 교과지식, 활동 또는 경험 중 어떤 것으로 이해되든지 간에 범위와 계열성은 교육과정 내용을 조직할 때 고려해야만 하는 중요한 요소이다. 교육과정 해설서나 전문서적에 있는 내용의 요약은 재구성이라 할 수 없다. 교육과정의 재구성은 국가에서 제시한 교육과정을 참고로 하여(교과의 성격과 특성), 주어진 상황을 잘 분석·진단하고, 그 상황에 맞는 목표를 설정하고, 목표를 성취할 수 있는 내용이면서 교사가 확보할 수 있는 내용을 선정하고, 내용을 잘 전달할 수 있는 교사 자신의 방법을 모색하며, 목표 도달을 어떻게 실질적으로 평가할 것인가를 교사 자신이 구성하는 것이다. 재구성의 순서는 교과의 성격, 목표, 내용, 방법, 평가의 순으로 일관성과 상호연관성이 유지되도록 한다.

초등 사회과 교육과정을 재구성하기 위한 내용 조직의 일반적 원리를 제시하면 다음과 같으며, 이에 대한 자세한 내용은 7장에서 확인할 수 있다.

교과서 재구성 시 내용 조직의 일반적 원리

첫째, 학습자의 발달, 사회과적 경험, 사회 기능을 고려하는 환경확대법의 원칙을 따른다. (환경확대법의 원리)

둘째, 사회과를 구성하는 학문의 기본 개념을 구체적 사례와 문제를 통해 이해할 수 있도록 구성하되, 나선형 교육과정의 원리에 따라 확대한다. (나선형 교육과정의 원리)

셋째, 주제 또는 문제를 중심으로 한 탐구 또는 문제해결 과정을 통한 내용과 방법의 통합, 생활경험과 지식의 통합에 초점을 맞춘다. (통합의 원리)

넷째, 지역사회의 실정, 학교의 특수성, 학생의 특성 등에 적합하게 교육과정을 재구성하여 운영할 수 있도록 교육과정의 지역화가 가능하도록 한다. (지역화의 원리)

2) 지역적 특수성

교육과정이나 교과서의 내용은 지역성을 고려하지 않고 전국적(전체적)인 기준에 의하여 구성되었기 때문에 지역사회의 특성에 맞는 지도를 함에 있어 그 한계와 제약이 있다. 그러므로 학습자가 생동감을 가지고 피부로 느끼는 지역사회의 사상을 학습내용으로 끌어들여 재구성하는 것이다. 그렇다고 편협하고 배타적인 지역이기주의적 측면에서 취급되어서는 안 되며, 거시적인 안목에서 객관적이고 포괄적이며, 동태적인 입장에서 다루어져야 한다. 아울러 지역사회의 제 사상을 사회과학적인 방법을 적용하여 개념이나 원리, 법칙 등을 발견하고 탐구할 수 있도록 하여야 한다. 그러므로 학습할 내용의 성격이 어떠한가에 따라 다양한 재구성 방법이 활용되어야 할 것이다. 교육과정과 교과서의 지역화는 지역사회에 대한 애정을 갖게 하며 지역사회의 발전에 이바지할 수 있는 능력과 태도를 기르는 데 매우 중요하다.

3) 학교의 특수성

학교는 각 학교마다 특수성을 가지고 있다. 따라서 도시 지역에 위치한 학교에서의 사례를 농·어촌 지역의 학교에 적용할 수 없음은 당연한 논리이다. 따라서 학습하여야 할 교육 내용이 학교의 실정에 따라 달라져야 할 필요가 있는 내용이면 반드시 학교의 특수성에 맞도록 재구성한 다음 교육현장에 투입되어야 한다.

4) 학습자의 특수성

학생들은 자신이 가지는 사회적·지역적·경제적·문화적 조건이 동일하거나 유사하다 하더라도 작가가 가지는 생활환경이나 경험의 정도는 같다고 할 수는 없다. 교육이 개인의 바람직한 성장을 조성하는 작용이라고 한다면, 최소한 개인의 특성에 따라 잠재된 능력과 소질이 계발될 수 있도록 재구성하여야 하는 것은 교사들에게 주어진 의무이자 학생들에 대한 당연한 교육적 배려이다. 학생의 특수성은 학생들이 갖고 있는 습관, 흥미, 관심, 생활 양식, 사고 방식, 능력, 수준, 건강, 성격 등에 차이가 있음을 의미한다. 따라서 이러한 점을 감안하여 재구성하는 것은 학습자 중심의 수업을 하는 데 가장 기본적인 것이라 할 수 있다.

2. 초등 사회과 교과서의 재구성 방향

사회과 내용의 재구성은 교육현장에서 교사가 할 수 있는 만들어 가는 교육과정이요, 교육의 질을 향상시키기 위한 것이다. 재구성시 교사는 현장경험을 기초로 하여 사회과 교육과정이나 교과서의 선정 및 조직의 원리와 관련하여 재구성이 필요하다 하겠다. 상기 내용을 감안하여 특히 7차 교육과정 이후로 지속적으로 강조하는 사회과와 관련된 내용들, 즉 수준별 교육과정 중 심화·보충형, 지역화, 공간확대법과 공간확대법의 탄력적 적용, 통합 등의 기본정신을 잘 구현할 수 있도록 구성해야 할 것이다. 특별히 다양한 정보들을 잘 재구성할 수 있도록 교사는 개인정보관리 시스템을 개발하고 활용해야 할 것이다. 그렇게 될 때 교사는 다양한 자료를 학습자들에게 의미 있게 재구성할 수 있는 기반을 가지게 될 것이다. 가령 개인 홈페이지 상에서 많은 자료나 정보를 상호작용할 수 있도록 구축하여 활용하는 것도 매우 유용할 것이다.

따라서 재구성할 수 있는 교과 내용에 관한 지식, 재구성을 잘 할 수 있는 적절한 구성 환경, 재구성에 필요한 각종 방대한 디지털 자료 구축 등이 필요하다.

1) 사회과 교과서는 어떻게 재구성하고, 수업 계획은 어떻게 수립해야 할까?

학습 지도 계획을 수립하기 위하여 교과서 단원을 분석할 경우, 먼저 그 목표나 내용과 관련하여 교육과정의 근거를 확인하여야 한다. 단원의 학습 요소 분석에서는, 대체로 각 단원의 주제에 포함된 주요 개념과 일반화, 가치 등을 확인하고, 그것과 관련된 구체적 사실, 학습 경험, 학습 자료의 형식, 소요 시간 등을 선정 결정한다. 교재는 지역 또는 학교, 학급 특성에 알맞도록 재구성하되, 교육과정에서 의도하는 기본 정신이나 주요 목표, 기본 원리 등은 유지되도록 해야 한다. 다음으로 단원 전개 계획을 수립할 때에는 교과서 단원, 주제, 제재 등의 명칭이나 순서를 그대로 따르기보다는 실제적인 학습 내용에 더 적합한 주제나 문제를 선정하여 활동 중심의 학습이 이루어지도록 교과서를 재구성하는 것이 좋다.

2) 사회과 지역화에 의한 재구성은 어떻게 해야 하는가?

사회과 교재의 지역화와 관련하여 교사는 현장의 여건을 감안하여 지역화 교과서를 만들 필요가 있다. 사회과에서 지역화 학습을 위해 발행된 초등 3학년, 4학년용 지역화 교과서는 교육과정의 지역화를 제도화된 틀에서 실현하려는 결과물이라고 할 수 있다(윤옥경 · 심승희, 2020). 지역화 교과서는 주로 특정 학년에서만 사용하고 있지만, 실효성을 거두기 위해서는 각 학년마다 학교 및 지역 사정을 감안하여 만들어 사용할 필요가 있다. 2009 개정 교육과정기 이후 사회과 교과서의 발행 방침에 따라 '사회과' 교과서와 보조교과서(예: 사회과 탐구)는 하나로 합쳐지고 각 시·도 및 시·군의 지역화 교과서 발행은 자율화되었다(김만곤, 2006; 송언근, 2019; 윤옥경 · 심승희, 2020). 이로 인해 지역화 교과서가 보조교과서로의 지위를 잃었음에도, 여전히 여러 시·도 및 시·군 교육청에서는 지역화 교과서를 발행하고 있고, 교사들은 다양한 접근방식으로 교육과정의 지역화를 실천하고 있다. 이와 같은 지역화의 원래 취지는 생활 주변에서 직접적으로 접할 수 있는 생생한 자료를 수업에 활용함으로써 학습의 효과를 높일 수 있을 뿐만 아니라, 향토의 이해를 깊게 하고 애향심을 길러 주고자 하는 데 있다. 사회과 교재의 지역화를 근간으로 하여, 시·도 수준이나 지역 교육청 또는 학교군(가까이 있는 몇 개 학교), 그리고 학교 나름대로 교재를 재구성하여 활용할 필요가 있다.

따라서 교재를 재구성할 때 유의할 점은 교육과정의 목표나 핵심적인 내용은 그대로 반영하되, 지역의 특성을 고려하여 강조해야 할 목표를 반영하고, 목표 달성을 위한 하위적 내용을 보완한 후, 학습의 주제나 제재를 지역이나 학교에서 취급하기 용이한 것으로 선정하고, 그에 따른 자료 구성과 학습방법, 평가, 시간 운영 등에 더 많은 융통성을 두도록 하는 것이다. 교재의 지역화 방안으로는, 사회과 교육과정의 지역화 및 그 운영에 관한 기본 지침을 만들고, 그에 따라 지역, 교과서 및 보충 교재를 편찬, 활용하거나 향토관 설치, 향토 자료 또는 향토 자료집을 제작, 활용하는 방안이 있다.

현재 지역화 교과서의 가장 큰 문제점은 이 교과서가 적절하게 활용되지 못하고 있다는 데 있다. 왜냐하면 지역화 교과서로 인해 현장의 교사들이 이중고, 삼중고를 겪고 있기 때문이다. 즉 주 교과서, 지역화 교과서 그 외 재구성 등으로 인해 교사들은 어떻게 가르쳐야 할지를 갈피를 잡지 못하고 있다. 지역화 교과서는 사회과 교과서를 학습하는 데 필요한 지역 자료를 담은 학습 자료로 편찬하였으며, 내용과 방법을 함께 지역화하여 학습하는 데 따른 부담을 줄이기 위해 주제 선택 학습이나 단원 정리 학습 등 보충·심화 과정은 사회 교과서에만 제시하였다. 그러나 4학년 2학기부터의 사회과 탐구는 다음과 같이 구성 체제면에서 사회 교과서와 차별화되어 있다. 7차 교육과정에서 지역화 교과서는 보조교과서로 성격을 규정하고 있다. 주 교과서를 근간으로 하고 지역화 교과서는 주 교과서의 보조 자료집, 활동집으로 사용할 것을 강조하고 있다. 특히 제7차 교육과정부터 강조해왔던 수준별 학습과 관련하여 교재의 재구성 시 방법의 지역화를 기본 활동으로 하고, 내용의 지역화를 심화 내지 보충 활동하는 것도 좋은 방안이 될 수 있다.

3학년에 적용되는 지역화 교과서도 있으나, 이는 교사가 각자 사회과 학습에서 요구되는 다양한 학습 자료를 풍부하게 구하기 어려운 사정을 감안하여 지역 교육청별로 자유롭게 발행한 자료이며, 교육인적자원부에서는 3학년의 경우에는 교사용이나 학생용의 자료를 다양하게, 경제적으로 개발하여 사용하도록 권장하고 있을 뿐이다.

3. 초등 사회과 교과서의 재구성 전략

학습자를 위한 배움중심 수업을 위한 선결 조건이 바로 교육과정의 재구성이다. 교육과정의 재구성은 주로 교과서의 활용과 관련하여 이루어지기 때문에 교과서 내용의 재구성이라고 표현하기도 한다. 이러한 교과서 내용을 재구성하는 몇 가지 원칙을 제시하자면 다음과 같다.

첫째, 교과서 '를' 가르치지 말고 교과서 '로' 가르친다. 교과서는 교육과정의 내용을 효과적으로 전달하기 위해 만들어진 것으로 교육과정과 교과서의 내용이 반드시 일치하는 것은 아니다. 교사는 교과서를 가르치는 것이 아니라 교육과정을 가르치기 때문에 교육과정을 가르치기 위해 재구성이 필요하다.

둘째, '교과서'로 수업하지 말고 '학습목표(성취기준)'로 수업한다. 교과서에서 제시하는 내용은 어디까지나 교육과정에서 제시하는 성취기준을 달성하기 위한 교재이다. 교사 및 학생들의 사용상 편의성을 염두에 두며 학교에 보급된 것이지만, 모든 교사와 학생들을 고려하는 것은 사실상 불가능하다는 사실을 상기할 필요가 있다.

셋째, 교과서 내용을 다시 사칙연산(+ − × ÷)한다. 여기서 +(더하기)는 교과서에서 중요함에도 내용이 부족한 단원은 다양한 학습자료로 보충하는 것을 의미한다. −(빼기)는 교과서에서 제시된 내용이 학습목표(성취기준)을 달성하기에 불필요한 내용이라면 과감히 제외하는 것을 의미한다. ×(곱하기)는 중요성이 높은 단원은 차시를 더 편성해서 가르치는 것을 의미한다. ÷(나누기)는 중요성은 다소 떨어지지만 짚고 가야 하는 단원은 차시를 축소하여 가르치는 것을 의미한다.

넷째, 교과협의회에서 학년별 교육과정을 재편성한다. 지역, 학교, 학생의 특성 등을 고려하여 교육과정을 재편성하는 것은 교사의 권리와 전문성에 해당한다. 교과서는 어디까지나 전국적인 수준을 대상으로 만들어졌기 때문에 교사는 교과서 내용 제시 순서나 내용별 비중을 나름대로 재편성하여 가르칠 필요가 있다.

한편, 교과서 내용의 재구성은 내용 순서 재배열, 추가, 대체, 생략, 축약, 타 교과와 융합으로 분류할 수 있으며 자세한 내용은 다음 **표 11-3**과 같다.

표 11-3 **교과서 내용의 재구성 유형**

재구성 유형	재구성 유형에 대한 내용
내용 순서 재배열	교과내용의 특성, 단원의 연계성, 수업 시수의 부족 등을 고려하여 단원의 순서를 바꾸어 재구성하는 유형
내용추가	단원 내용의 특성과 학생의 수준, 지역 및 학교의 특성을 고려하여 내용을 추가하는 재구성 유형
내용대체	학생의 수준이나 흥미, 실생활과의 연계성 등을 고려하여 단원 내용의 일부가 부적절하다고 판단하여 이를 교과서 이외의 내용으로 대체하는 유형 - 내용 재편성
내용생략	학습 목표를 고려하거나 학생의 수준에 맞추기 위하여 혹은 교과 전문지식이 부족하거나 실기 및 실험 시설이 미비하여 단원이나 단원의 일부 내용 혹은 종목을 생략한 경우
내용축약	자신의 전공 영역이 아니어서 전문지식이 부족한 단원은 일부 내용을 보다 충실히 구성한 경우, 혹은 전체 영역을 다루기에는 시수가 부족하여 일부 단원의 내용을 축약한 경우
타 교과와 융합	학습 주제와 관련되는 여러 교과 내용을 통합적으로 구성한 경우 - STEAM 융합교육과정

그렇다면 교사는 어떠한 이유에서 교과서 내용의 재구성을 하고자 하는가? 교사는 교과서 내용을 있는 그대로 수업을 하는 경우에 다양한 문제에 직면한다. 학습자의 수준이 상대적으로 낮아 수업의 내용을 어려워하거나 소극적으로 참여하는 경우, 학습자가 수업 내용에 관심과 흥미를 느끼지 못하는 경우, 학업성취에 자신감이 떨어지는 경우 등 다양한 문제에 직면하게 된다. 다음 **표 11-4**는 이와 같은 문제에 따른 재구성 전략과 참고해야 할 사항을 정리한 것이다.

표 11-4 **교과서의 재구성 전략**

재구성이 필요한 이유	재구성의 전략	재구성 참고 사항
내용이 어려워서	이해하기 쉬운 수업을 위해	• 학생수준에 맞는 적정한 난이도를 고려한 내용의 재구성 • 학생의 경험자료를 중심으로 내용의 재구성 • 시청각적 방법으로 재구성 • 도표, 그래프 마인드맵 등을 이용한 재구성
관심과 흥미를 느끼지 않아서	재미있고 즐거운 수업을 위해	• 신비감, 일상적이지 않은 내용, 인지갈등 내용으로 재구성 • 학생요구분석, 학생인터뷰, 학생설문조사 중심구성 • 질문중심, 쟁점, 이슈, 테마 중심 내용의 재구성 • 퀴즈, 골든벨 학습 등 게임기반 내용의 재구성
수업에 소극적이므로	활발한 수업 참여를 이끌기 위해	• 개별학생참여 중심, 분명한 역할부여 및 역할놀이중심 재구성 • 게임학습 및 소그룹경쟁, 협동학습 자료중심 재구성 • 워크북이나 탐구활동중심 내용의 재구성
수업의 필요를 못 느끼므로	실생활, 삶의 맥락과 관계를 맺기 위해	• 생활 속 친밀한 예문, 광고 등 배경지식중심 재구성 • 친밀한 이름, 화제인문, 구체적 그림 사용 재구성 • 학습과제의 실용성, 자기목표, 목적과 관계된 내용재구성
학업성취에 자신감 결여되어서	성공적인 자신감을 심어주기 위해	• 선수지식, 기술, 태도를 쉽게 구성해주기 • 쉬운 내용부터 어려운 내용으로 교과내용 조직 및 재구성 • 적절한 도전감이 포함된 재구성 • 단계별로 문제를 해결하면서 성공하는 내용의 재구성
너무 쉬운 내용으로 수준에 맞지 않아서	수준별 심화 학습을 위해	• 학습자 수준을 파악하여 내용 심화 재구성 • 발전 과제형, 초인지형 내용 재구성 • 논술형 학습내용의 재구성

정리하자면, 교과서 내용의 재구성은 국가 수준의 교육과정 내용을 상황과 맥락에 따라 학습자들의 흥미나 관심에 맞게 확대 혹은 축소, 변환시켜 구성해가는 모든 과정을 말한다. 교사는 과거 5차 교육과정기까지의 교육과정 전달자 및 실행자에 한정되지 않고, 교육내용과 방법을 주도적으로 결정하여 이를 어떻게 실천하고 평가할 것인가를 결정하는 최종 결정자이며 개발자가 되어야 한다. 교과서를 재구성하지 못하고 있는 그대로의 교과서 내용만 학생들에게 전달하는 교사는 전문성을 가진 교사라고 할 수 없다.

특히 초등 사회과 교과서는 환경확대법에 따라 학생들 생활 주변의 지역을 대상으로 한 학습자료의 비중이 높은 편이다([그림 11-3] 참조). 따라서 전국적인 수준을 대상으로 만들어진 교과서는 특정 지역의 학생들에게 부적합한 경우가 많으며, 교과서에 대한 재구성의 중요도는 타 교과에 비해 상대적으로 높다고 할 수 있다.

반드시 기억해야 할 것은 교사는 교과서를 가르치는 것이 아니라 교육과정을 가르친다는 사실이다.

그림 11-3 **초등 사회과 검정 교과서(지학사)**

제4절 빅데이터를 활용한 초등 사회과의 재구성 방안

1. 초등 사회과 재구성을 위한 빅데이터 분석 결과

사회과의 경우 교과서 하나로 전국 어디서나 가르쳐야 하기 때문에 수업 재구성은 필수적이다. 이를 위해서 5차 교육과정부터 지역화 교과서를 개발하여 활용하고 있는 실정이나, 시시각각 변화하는 지역에 대한 내용을 인지하고 재구성하기란 결코 쉬운 일이 아니다. 빅데이터의 활용은 지역에 대한 정보를 수집하고 필요에 따라 학생들이 직접 분석의 과정을 경험하게 함으로써 지역화 수업에 대해 접근하기 쉽다.

그림 11-4는 최근 5년간(2016년 1월 1일 ~ 2020년 12월 31일)까지 부산의 역사에 대한 소셜 빅데이터를 워드클라우드와 네트워크 분석으로 시각화한 것이다. 워드클라우드로 시각화한 결과에 따르면 '피란수도, 부산역, 부산항, 영도, 중구, 동구' 등과 같은 부산의 원도심 지역과 근대 역사 관련 장소에 대한 키워드가 관련이 높은 것으로 나타났다. 이에 대해 자세히 알아보기 위해서 키워드 간의 관계를 나타낸 네트워크 분석결과를 살펴보면, 부산이라는 지역에서 역사는 '근대, 여행, 문화' 등과 관련이 높으며, '도시철도, 지하철'과 같은 대중교통을 통해 접근하기 쉬운 장소에 위치하고 있음을 추측할 수 있다.

이에 따라 부산이라는 지역을 중심으로 역사 이야기를 탐색할 때 근대 역사, 특히 피란수도의 중심지였던 부산의 역사에 대해 탐색해보면 학생들에게 다양한 소재와 관심거리를 제공할 수 있다는 결론을 내릴 수 있으며, 이와 관련된 구체적인 자료를 수집하여 수업 재구성에 활용할 수 있다.

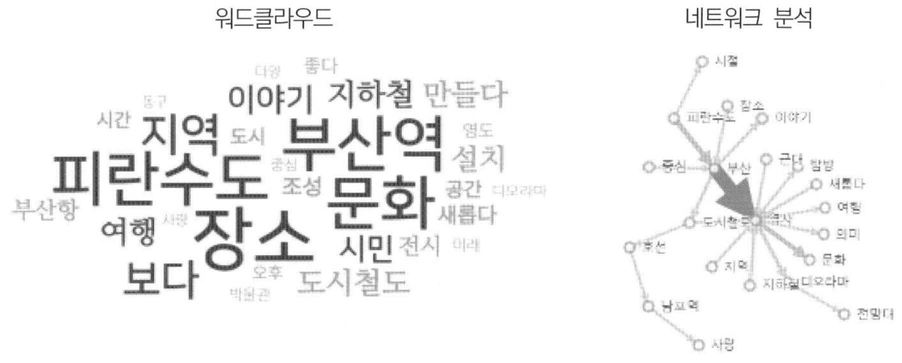

그림 11-4 **부산 역사 워드클라우드 및 네트워크 분석**

그림 11-5는 최근 5년간(2016년 1월 1일 ~ 2020년 12월 31일)까지의 부산 도시문제에 대한 소셜 빅데이터를 워드클라우드와 네트워크 분석으로 시각화한 것이다. 워드클라우드로 시각화한 결과에 따르면 '도시재생, 해양, 쓰레기, 교통, 일자리, 고령' 등과 키워드가 관련이 높은 것으로 나타났다. 이에 대해 자세히 알아보기 위해서 키워드 간의 관계를 나타낸 네트워크 분석결과를 살펴보면, 각 주제가 연결성이 낮고 따로 분포되어 있다는 사실을 확인할 수 있다. 이러한 결과는 부산이라는 지역에서 발생하는 도시문제에 대한 접근이 연계되어 있지 않다는 사실을 의미한다.

이와 같은 결과를 수업에 활용한다면 우선 부산의 도시문제에 대한 탐색을 통해 다른 지역에서도 발생하는 일반성을 지닌 문제 그리고 다른 지역과 구분되는 특수성을 지닌 문제를 탐색할 수 있다. 다음으로 대부분의 도시의 문제의 원인이 인구 증가 혹은 감소와 같은 원인으로 연결되어 있기 때문에, 이에 대한 효과적인 해결책을 찾기 위한 방안을 탐색하는데 활용할 수 있다.

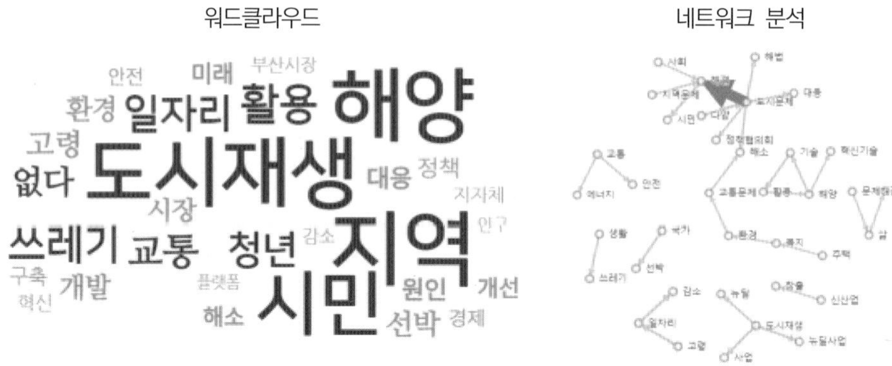

그림 11-5 **부산 도시문제 워드클라우드 및 네트워크 분석**

2. 빅데이터 분석 결과를 활용한 초등 사회과 재구성 수업안 예시

다음 표 11-5에서 제시된 수업 시나리오는 2015 개정 교육과정에 따른 성취기준 '[4사03-06] 주민 참여를 통해 지역 문제를 해결하는 방안을 살펴보고, 지역 문제의 해결에 참여하는 태도를 기른다.'에 해당하는 초등학교 사회과 4학년 1학기 3단원의 '우리 지역의 문제 해결해보기'라는 주제를 바탕으로 하여 빅데이터를 활용한 사회과 교수·학습 모형에 맞춰 재구성한 것이다.

표 11-5 빅데이터를 활용한 사회과 교수·학습 수업 시나리오의 실제

<table>
<tr><th colspan="3">단원</th><td colspan="2">4-1-1 촌락과 도시의 생활 모습</td></tr>
<tr><th colspan="3">주제</th><td colspan="2">♣ 우리 지역의 문제 해결해보기</td></tr>
<tr><th colspan="3">단계</th><th>교수·학습 활동</th><th>비고</th></tr>
<tr><td rowspan="2">도입</td><td rowspan="4">Know</td><td rowspan="2">정보수집</td><td>▶ 동기 유발
• 빅데이터 분석 결과를 통한 우리 지역의 지명과 관련된 키워드 분류 결과 확인하기
- 전 차시에서 학생들이 수집했던 키워드를 보여준다.
• 우리 지역이 가진 특징 확인하기
- 우리 지역의 문제와 연관되는 단어에 주목하도록 한다.
※ 부산에 거주하는 학생을 대상으로 수업을 적용하였을 때 주변 지역인 구(군) 단위인 함안을 지역명으로 선정하였으며, 썸트렌드에서 검색한 결과 주택, 인구와 같은 공통적인 문제와 연관된 단어와 농약이라는 지역 특수성을 담은 단어가 등장하였다.</td><td>*정보처리역량, 비판적 사고력, 문제해결력

*단어 자체에만 주목하기보다는 단어들의 관계에도 관심을 가질 수 있도록 교사가 지도한다.</td></tr>
<tr><td>【학습문제 확인하기】
우리 지역의 문제를 해결해볼까요?</td><td>*학생들이 수집된 자료를 바탕으로 학습문제를 찾도록 지도한다.</td></tr>
<tr><td rowspan="3">전개</td><td>문제상황파악</td><td rowspan="2">▶ 우리 지역의 문제 상황 파악하기
▶ 우리 지역의 문제 원인 관련 키워드 확인하기(모둠)
• 우리 지역의 지명과 관련된 빈도수가 높은 부정적 키워드로 인터넷 검색하기
- 워드클라우드와 네트워크 분석을 통해 검색할 키워드를 선정하고 정보를 얻는다.
• 우리 지역의 문제 원인 확인하기
- 우리 지역과 관련된 기사 및 자료로 원인을 확인하고 부가적인 정보를 얻는다.
- 부정적 키워드의 빈도수가 높은 이유에 대해서 이해하고 우리 지역의 문제를 해결함에 있어서 우선순위를 생각한다.</td><td rowspan="2">*비판적 사고력, 정보처리역량
*썸트렌드와 구글트렌드를 활용
*의사소통능력, 정보처리역량, 문제해결력
*규칙성을 찾는 과정에는 구글트렌드, 네이버데이터랩을 통하여 해당 지역에 관한 연도별 비교 자료를 확인한다.</td></tr>
<tr><td>문제원인확인</td></tr>
<tr><td>Do</td><td>해결대안제시</td><td>▶ 우리 지역의 문제의 해결방법 찾기(모둠 활동)
• 우리 지역과 관계된 빈도수가 높은 긍정적 키워드로 문제 해결방법 찾기
- 문제해결과 연관되는 긍정적 키워드를 떠올려 본다.
- 워드클라우드와 네트워크 분석을 통해 정보를 얻는다.
• 우리 지역의 문제를 해결하기 위한 실제 사례 확인하기</td><td>*문제해결력
*해결방법에 대한 키워드는 감성분석을 실시하여 사람들의 반응을 고려할 수 있도록 한다.</td></tr>
</table>

	Be	문제해결 및 정리	▶ 우리 지역의 문제해결을 통한 자아성찰하기 • 우리 지역의 문제해결을 위해 실천할 수 있는 내용 생각하기 - 각 지자체에 해결방안 관련 편지쓰기 - 스스로 할 수 있는 방안 실천 다짐하기	*의사소통력 *편지 내용에는 빅데이터 분석을 통해 나타난 결과를 중심으로 근거를 가지고 스토리텔링 하도록 지도한다.
정리			▶ 자기 평가하기 ▶ 학습 내용 정리하기 • 지역의 특수성을 반영한 우리 지역의 문제를 확인하기 • 우리 지역의 문제를 해결하기 위한 방법 확인하기	*학생들은 도입 단계에서 이루어진 수집자료를 바탕으로 문제원인 파악과 해결과정이 이루어졌는지를 평가한다.

생각 정리 문제

1. 교육과정의 재구성은 왜 필요한가?

2. 교육과정의 재구성은 무엇인가?

3. 초등 사회과 교과서를 재구성할 때 무엇을 고려해야 하는가?

4. 빅데이터 분석을 통해 초등 사회과를 재구성할 수 있는 방안에 대해 이야기해 보자.

[빅데이터 분석]

5. 우리 지역에서 최근 관심 갖고 있는 주제를 찾고, 수업에 적용할 수 있는 방안에 대해 서술해보자. (새롭게 빅데이터를 분석하여 핵심 개념을 선정)

Chapter 12

초등 사회과에서 오감과 감성을 어떻게 활용하여 교재연구 및 교재개발을 할 것인가?

• 주제

초등 사회과에서 오감을 활용한 교재연구 및 자료개발 알기

• 학습 내용

1. 빅데이터가 알려주는 오감과 감성
2. 오감과 감성에 대한 이해
3. 초등 사회과에서 오감과 감성의 활용 방안
4. 빅데이터를 활용한 오감과 감성에 대한 주제 연구

• 학습 목표

1. 초등 사회과에서 오감 및 감성의 의미와 구체적인 활용방안에 대해 이야기할 수 있다.
2. 초등 사회과에서 오감 및 감성을 활용하여 교수·학습에 활용할 수 있는 교재연구 및 자료개발을 할 수 있다.

BIG
DATA

제1절 빅데이터가 알려주는 오감과 감성

1. 연구 대상 및 방법

본 장에서는 오감 관련 온라인 문서를 빅데이터 수집 및 분류 절차에 따라 진행하였다. 오감과 감성 관련 빅데이터 수집에는 텍스톰의 수집 프로그램을 사용하였으며 오감 토픽은 모든 관련 문서를 수집하기 위해 '오감'과 '감성' 키워드를 각각 사용하였다. 그리고 감성 키워드는 온라인 문서의 잡음에 해당하는 숙박 관련 업소에 대한 광고성 자료를 제거하기 위하여 '숙소, 펜션, 숙소'를 불용어로 지정하였다.

오감과 감성 소셜 빅데이터의 수집은 2016년 1월 1일부터 2020년 12월 31일까지 여러 포털사이트 중에서 국내에서 사용빈도수가 높은 네이버, 그리고 전 세계적으로 사용빈도수가 높은 구글의 웹 문서를 요일, 주말, 휴일을 고려하지 않고 매시간 단위로 이루어졌다. 오감과 감성 키워드로 수집된 텍스트 문서에 해당하는 각각 3만 2,007건과 1만 2502건이 본 분석에 포함하였다.

2. 오감에 대한 빅데이터 분석 결과

오감 빅데이터 분석 결과에 대한 상위 30위까지 키워드의 빈도수, 그리고 그 빈도수를 상위 30위까지 워드클라우드로 시각화한 결과는 각각 **표 12-1**, **그림 12-1**과 같다.

표 12-1 **오감에 대한 키워드의 상위 30위까지 빈도분석**

순서	키워드	빈도수	백분율	순서	키워드	빈도수	백분율
1	놀이	2,611	1.28%	16	운영	608	0.30%
2	발달	2,211	1.09%	17	여행	607	0.30%
3	체험	1,462	0.72%	18	문화센터	524	0.26%
4	자극	1,233	0.61%	19	먹다	433	0.21%
5	아이	1,195	0.59%	20	맛집	431	0.21%
6	만족	1,163	0.57%	21	행사	421	0.21%
7	감성	889	0.44%	22	어린이	339	0.17%
8	프로그램	838	0.41%	23	사진	336	0.17%
9	즐기다	803	0.39%	24	만나다	308	0.15%
10	보다	782	0.38%	25	같다	308	0.15%
11	느끼다	755	0.37%	26	교육	293	0.14%
12	만들다	736	0.36%	27	시각	292	0.14%
13	좋다	731	0.36%	28	전시	290	0.14%
14	수업	675	0.33%	29	주제	280	0.14%
15	아기	612	0.30%	30	감각	280	0.14%

빈도 및 워드클라우드 빅데이터 분석 결과에 따르면 빈도수와 글자의 크기 등을 감안하여 볼 때 '놀이, 발달, 체험, 자극, 아이, 만족, 감성, 프로그램' 등과 오감관련 동사(보다, 느끼다. 만들다 등) 등으로 나타났다. 이러한 결과는 오감과 관련된 활동이 체험 중심의 놀이를 통하여 아이의 인지능력 및 감성 발달에 효과적이라는 연구결과를 뒷받침하고 있다. 이외에도 오감을 체험하는 키워드인 '수업, 여행, 사진, 전시', 오감을 경험하는 키워드인 '보다, 느끼다, 먹다'와 같은 키워드에 대한 관심이 높게 나타났다.

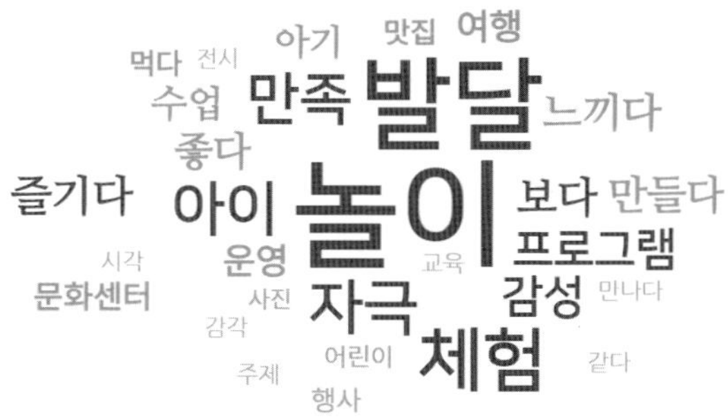

그림 12-1 **오감 빅데이터에 대한 워드클라우드 분석**

이와 같은 키워드의 관계를 파악하기 위해 담론 분석을 실시한 결과, 총 8개의 담론으로 분류할 수 있었다. 그룹1에서는 여행을 통해 사람들이 다양한 '보다(시각)'와 같이 시각에 대한 자극을 중심으로 경험하고 있으며, 그룹3에서는 아이를 교육하기 위한 다양한 방법으로 '촉각'에 대한 관심이 나타내는 것을 알 수 있다. 음식과 관련된 주제인 그룹5는 '먹다(미각)'와 같은 미각뿐만 아니라 시각에도 영향을 주는 것으로 나타났다. 결과적으로 대부분의 오감에 대한 주제는 시각과 연관이 높은 것을 알 수 있으며, 청각, 후각과 연관된 키워드는 찾아볼 수 없었다.

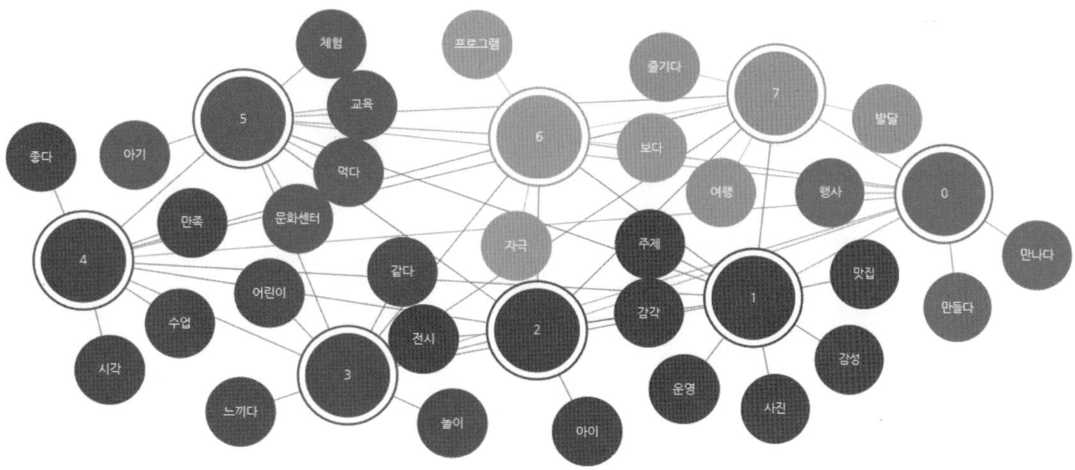

그림 12-2 **오감 빅데이터에 대한 담론 분석**

4. 감성에 대한 빅데이터 분석 결과

감성 빅데이터 분석 결과에 대한 상위 30위까지 키워드의 빈도수, 그리고 그 빈도수를 상위 30위까지 워드클라우드로 시각화한 결과는 각각 표 12-2, 그림 12-3과 같다.

표 12-2 **감성에 대한 키워드의 상위 30위까지 빈도분석**

순서	키워드	빈도수	백분율	순서	키워드	빈도수	백분율
1	사진	440	1.23%	16	브랜드	80	0.22%
2	겨울	312	0.87%	17	크리스마스	79	0.22%
3	신곡	142	0.40%	18	가을	79	0.22%
4	서울	140	0.39%	19	콘서트	75	0.21%
5	캠핑	138	0.39%	20	영화	69	0.19%
6	사랑	131	0.37%	21	시간	69	0.19%
7	앨범	120	0.34%	22	방송	65	0.18%
8	자극	105	0.29%	23	진행	64	0.18%
9	마음	100	0.28%	24	아이	62	0.17%
10	아날로그	100	0.28%	25	북유럽	61	0.17%
11	음악	98	0.27%	26	맛집	60	0.17%
12	발라드	97	0.27%	27	보이스	60	0.17%
13	노래	96	0.27%	28	느낌	58	0.16%
14	디자인	84	0.24%	29	영상	57	0.16%
15	분위기	84	0.24%	30	매력	57	0.16%

빅데이터 분석 결과에 따르면 빈도수가 높은 단어로는 '사진, 겨울, 신곡, 서울, 캠핑' 등으로 나타났다. 이러한 결과는 감성을 자극하는 키워드로 특히 사람들이 일상생활에서 시각과 청각과 관련된 활동에서 감성과 관련된 자극을 받는다는 사실을 확인할 수 있다. 오감과 관련된 청각 및 시각 중심

의 활동은 학습자의 감성을 효과적으로 자극할 것으로 예상된다.

그림 12-3 **감성에 대한 키워드 워드클라우드 분석 결과**

❶ 연구대상 수집하기

• 본 연구대상인 '오감과 감성 관련 소셜 빅데이터 수집'은 소셜 빅데이터 수집 로봇(웹크롤)과 데이터 분석, 시각화 기술을 보유한 텍스톰을 통해 수집하였다.

• 오감 빅데이터 수집조건

수집키워드	불용어	수집기간	채널
오감	-	2016년 1월 1일 ~ 2020년 12월 31일	네이버(블로그, 뉴스, 카페, 웹문서) 구글(뉴스, 웹문서)
감성	숙소, 펜션, 숙박		

• 형태소 분석은 고유명사, 복합명사를 그대로 결과값을 반영하는 Espresso K를 사용하였으며, 분석품사는 명사를 비롯하여 형용사, 동사, 외국어를 포함하였다.
• 소셜 빅데이터 수집은 해당 토픽을 웹크롤로 수집한 후 유목화(범주화)하는 bottom-up 수집방식을 사용하였다.

❷ 데이터 분석하기(텍스트마이닝, 담론 분석)

• 형태소 분석이 완료되면 바로 편집하기를 통한 텍스트마이닝 과정을 거친다.

변경할 단어	➡	수정단어
느끼		느끼다
오감놀이		놀이
오감체험		체험
먹		먹다
⋮		⋮

• 담론 분석은 문서 내에서 동시에 등장(공출현)하는 단어 사이의 관계를 군집화하는 방법이다. 사전에 유목화한 기준에 따라 담론 개수도 8개로 적용하고, 같은 단어 간의 관계를 파악하였다.
1단계 : [데이터 분석]→[텍스트마이닝]→[데이터 편집]→[바로 편집하기]에서 단어를 정제한다.
2단계 : [데이터 분석]→[매트릭스]→[매트릭스 단어선택]→[1-mode]→[바로 선택하기]에서 단어를 선택한다.
3단계 : [데이터 분석]→[담론 분석]→[담론 개수, 8개]→[적용]

❸ 시각화하기(워드클라우드, 담론 분석)

• 시각화는 웹상에서 워드클라우드와 담론 분석(1-mode)으로 간단히 출력한다.
1단계 : [시각화]→[시각화 결과]→[시각화 리스트 선택]→[워드클라우드]에서 색상선택, 키워드 등을 설정하여 워드클라우드를 완성한다.
2단계 : [시각화]→[시각화 결과]→[시각화 리스트 선택]→[담론 분석(1-mode)]를 선택하여 결과를 확인한다.

제2절 오감과 감성에 대한 이해

1. 오감의 이해

감각(感覺)이란 외부의 물리적 자극을 받아들여 인간의 의식에 변화가 생기는 것으로, 감각 기관, 즉 감각 수용기인 눈. 코, 입, 귀, 손(피부)에 따라 분류한다. 시각은 눈, 청각은 귀, 후각은 코, 미각은 혀, 그리고 마지막으로 촉각은 손이나 피부를 통해 감각을 수용한다. 우리 몸은 이렇게 다섯 가지의 감각기관을 활용하여 자극을 받아들이고 반응하며 그것이 어떤 자극인지 판단하여 사물을 감지하는 과정을 거치며, 이를 오감(五感)이라고 한다. 인간은 오감을 통해 여러 가지 개념을 형성하고 이를 기초로 다양한 표현 활동을 한다. 오감의 발달은 보통 태어나서부터 6개월 정도부터 발달이 시작된다. 오감의 발달은 2세까지 급속하게 발달하다가 4세에서부터 9세까지는 감각을 통한 경험을 통해서 사물의 보존개념을 배우게 되며 그 이후로도 지속적으로 발달된다. 오감을 인지하는 단계에서 감각별로 감각 탐색 행위를 자세하게 어떤 행위가 이루어져야 하는지 지시하고 알려주는 탐색용어가 필요하다. 선행연구자 설명희(2012)는 감각의 특성별로 오감의 탐색용어 및 기준을 세우고 오감과 사고의 결합을 통한 발문이 필요하다고 주장하였다. 오감체험 전략은 박수진과 김용익(2013)에 의해 다음과 같이 정리되었다.

표 12-3 **오감체험 전략**

구분	오감 탐색 기준	오감 탐색 용어
시각 (눈)	색상, 형태, 움직임	보다, 살피다, 관찰하다, 시선을 이동하다, 눈의 위치를 꾸어 보다, 부분을 집중하여 보다, 멀리서 전체를 보다, 눈에 띄는 것을 보다, 색을 구별하다, 밝고 어두운 정도를 살피다
청각 (귀)	소리의 구별, 소리의 크기와 높이, 소리의 음색, 조화	들어보다, 소리를 구별하다, 몇 가지 소리인지 구별하다, 소리의 높낮이를 살피다, 귀를 기울이다, 두드려 보다
촉각 (손)	질감, 형태, 압박, 온도, 수분, 촉각 수용기	문지르다, 만져보다, 주물러보다, 대어보다, 찌르다, 비비다, 당기다, 찢다, 누르다, 핥다, 쓰다듬다, 따끔하게 하다, 들다, 얼얼하다, 스치다, 긁다, 두드리다, 더듬다, 입 맞추다, 안아 보다

구분	오감 탐색 기준	오감 탐색 용어
후각(코)	강도, 구별, 과정, 시간, 공간	냄새를 맡다, 숨을 들이마시다, 바람을 일으켜 냄새를 맡다
미각(입)	강도, 구별(쓴맛, 신맛, 단맛, 짠맛)	맛을 보다, 혀의 위치에 다른 맛을 보다, 혀에서 굴려보다, 핥아보다, 씹다, 마시다, 혀로 음식을 굴리다, 빨다

출처 : 박수진 · 김용익(2013).

표 12-3과 같은 오감 탐색 용어를 활용한 주변의 자극을 지각할 수 있는 직접적인 경험은 초등학생들에게 꼭 필요하다. 예전에는 자유롭게 오감을 통해 주변을 탐색하며 느끼고 배우는 기회가 많았던 반면에, 오늘날은 매체를 통한 시각과 청각에 한정된 자극으로 간접적인 경험을 하는 경우가 많다. 특히 최근 COVID-19 확산 사태로 인해 이러한 경향은 더욱 높아졌다. 하지만 인간이 자신의 주변을 지각하고 인지하는 것은 기초적인 본능이기 때문에 아동에게 오감을 적극적으로 활용하여 다양한 경험을 할 수 있는 기회를 만들어 주는 것은 매우 중요하다.

이와 같은 오감을 교육적으로 활용하기 위해서는 오감별 특성에 대한 이해가 선행되어야 한다. 다음은 오감별 특성에 대해 자세히 정리한 것이다.

1) 시각

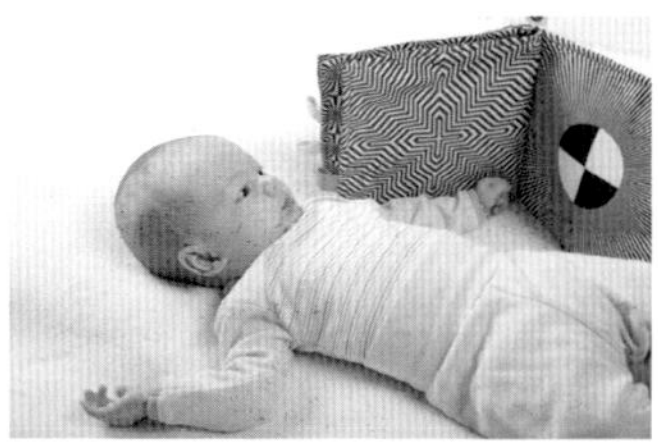

시각은 감각 수용기인 눈을 통해 빛의 영향을 받아 외부의 물체를 지각할 수 있도록 도와준다. 눈은 밝기, 색 그리고 공간을 감각을 통해 느낄 수 있도록 해주며, 우리는 대부분의 정보를 시각을 통해 얻는다. 물론 사람에 따라 감각의 민감도가 달라 시각이 아닌 다른 감각에 의존하는 사람들도 있지만, 대다수의 사람들에게 시각은 다른 감각보다 예민하게 받아들여질 수 있는 요소가 많다. 시각은 대상의 요소들을 기계적으로 기록하여 재생된 것만을 보는 것이 아니라 창의적이고 주관적으로 대상을 본다. 또한 우리는 시각을 통해 감각을 후각, 미각, 촉각, 청각화하여 느끼며 상상하는 것이 가능하다.

특히 성장기의 아이들의 경우 시각적 경험은 그들의 인지적 활동을 자극한다고 밝혀졌다. 아이들은 성인들과 같은 현상을 보더라도 지각하는 것이 다르다. 그들에게는 아직 구체적으로 어떤 현상에 대해 누적된 경험지식이 존재하지 않기 때문에 보는 것을 바로 인지하고 사고하기 어렵다. 반면 성인의 경우에는 아이들과 똑같은 현상을 보고 맥락적 상황을 쉽게 이해할 수 있다. 그러므로 시각은 단지 본다는 것을 의미하기보다는 본 것과 두뇌를 통해 생각한 것을 복합적으로 지각하는 것이다.

2) 청각

청각은 음파에 의한 기계적 자극으로 일어나는 감각으로 인간의 감각기관 중에 가장 먼저 발달하는 감각이다. 특히 청각은 주변 환경을 지각함에 있어서 시각과 맞먹는 비중을 가지는 감각기관이다. 이 때문에 귀 또한 시각과 같이 복잡하고 다양한 기능을 하는 감각기관이다. 귀는 낮음 음에서부터 높은음까지 식별할 수 있으며 많은 종류의 소리 자극을 받아들여 두뇌로 정보를 전달한다. 또한 인간의 몸의 균형을 잡는 데에도 중요한 역할을 한다.

일상 속의 거의 모든 것들은 소리를 가지고 있기 때문에 우리는 소리를 통해 많은 자극을 받고 소리를 통해 우리의 감정과 정서는 많이 좌우된다. 칠판을 손톱으로 긁는 듯한 높고 날카로운 소리는 우리의 신경을 곤두서게 하기도 하지만, 엄마가 아기에게 불러주는 자장가는 정서적인 안정감과 평온함을 느끼게 해줄 수 있다.

또한 소리는 주변 상황을 유추하는 역할을 수행하기도 많이 있다. 예를 들어 창밖에 비가 오는 소리가 들려 창밖을 내다봤을 때 비가 오고 있는 것을 확인할 수 있다. 청소기 돌아가는 소리를 듣고 이웃이 청소를 하고 있다는 것을 유추할 수도 있으며, 산짐승이 출현이나 낙성 등 갑작스러운 상황에서 청각이 시각보다 먼저 반응하기도 한다. 이처럼 우리는 청각이라는 감각에 많이 의존하고 이 감각을 통해 많은 정보를 받아들인다.

3) 촉각

촉각은 사물에 피부가 닿았을 때 감각 신경을 통해 사물의 성질을 받아들인다. 물체를 만지며 물체가 차갑다, 따뜻하다, 매끈하다, 딱딱하다, 부드럽다, 거칠다, 둥글다 등과 같은 말들로 촉감을 표현한다. 유아기 아동은 모든 것을 손으로 만져보려고 손을 뻗어보는 경향이 있다. 유아들은 처음으로 물체와 마주했을 때 그 물질의 감각을 촉각적 방법을 통해 배운다. 특히 이시기의 아이들에게 손놀림을 많이 하는 활동은 소근육을 발달시키고 두뇌발달에도 도움이 되므로 촉감을 활용한 놀이가 많이 이루어진다. 초등학생 시기의 전반에 이르기까지 이러한 촉감 놀이는 교육적으로 큰 효과가 있고 정서적으로도 안정감을 줄 수 있다.

촉각은 사람의 기본적인 욕구와 관련된 감각이다. Maslow의 욕구 5단계에 따르면 2번째 단계 '안전 욕구' 단계에 중요한 역할을 하는 감각이 촉각이다. 인간이 의식하지 않는 와중에 손쉽게 활용하는 감각이며 원시적으로 손에 닿는 범위 안에 있는 정보를 처리할 수 있다. 또한 외부의 자극으로부터 안전할 수 있도록 두뇌로 정보를 전달하는 역할을 한다.

Lawrence에 의하면 촉각정보는 촉각 그리고 촉감으로 구분될 수 있다. 촉각은 피부에 작용하는 접촉감각, 중량감 및 충돌감각, 압각, 마찰감각 등의 역학적 자극을 감지하는 기능이며, 이를 기초로 매끄러움, 부드러움, 딱딱함, 부피감, 빳빳함, 탄력성, 시원함 등의 인간이 정서적으로 느끼는 촉각/질감의 감성표현을 촉감이라고 한다(김현정, 2016: 28). 촉각의 정보는 재질, 형상, 경도, 온도로 분류된다. 재질은 대상의 소재와 표면의 처리 방식을 뜻하며 형상은 대상의 형태적 속성으로 외곽선과 부피와 같은 것을 뜻한다. 경도는 대상의 무르고 단단한 정도를 뜻하며 온도는 대상이 차고 뜨거운 정도로 분류된다. 이러한 촉각의 정보를 통해 정서적 감성을 촉감을 통해 느끼게 된다.

4) 후각

모든 감각기관이 두뇌와 연계되어 있겠지만, 후각은 특히 두뇌와 아주 밀접하게 연계되어 있어 가장 민감하고 빠른 반응을 보이는 감각이다. 후각은 냄새를 맡을 수 있는 감각으로, 정확히는 공기 중의 화학 물질들을 감지한다. 후각은 두뇌로 전달되며 두뇌는 각각의 냄새들을 기억해 두었다가 비슷한 냄새에 그때의 기억을 떠올리게 한다. 인간의 정보 인지과정에서 냄새는 상상, 감각, 기억, 연상을 불러일으키며 냄새는 사람들의 기분과 행동에까지 영향을 주기 때문에 우리의 정서와 감정을 바꿀 수 있다(강인애, 2008).

강렬하게 남았던 향기의 기억으로 인해 우리는 그와 관련된 다른 사건들을 떠올릴 수 있고 이러한 후각의 특징을 토대로 많은 마케팅 방법이 이루어진다. 예를 들어 한 브랜드 매장에서는 항상 매장에 익숙한 향기를 풍김으로써 그 매장만의 브랜드 콘셉트와 이미지를 만든다. 프랑스의 소설가 Proust는 그의 소설 『잃어버린 시간을 찾아서』에서 홍차에 적신 마들렌 향기를 맡으며 그의 어린 시절의 공간과 시간의 기억을 떠올리는 장면을 묘사하였다. 이를 접한 한 심리학자가 그의 이름을 본떠서 후각이 인간의 기억을 되살리는 현상을 '프루스트 효과'라고 명명하였다. 우리가 자칫 과소평가 하고 있던 후각이 우리의 두뇌와 생활에 실제로 많은 영향을 끼치고 있는 것이다.

이와 같은 후각은 특히 나이가 들어갈수록 무뎌진다. 10대의 후각은 중년을 넘어선 성인의 후각보다 약 200퍼센트 더 강하다는 연구가 있다. 그러므로 어린 아이들에게 후각을 자극하여 학습에 효과를 얻는 것은 효율적일 것이라고 생각한다.

5) 미각

미각은 음식, 무기물 등의 맛을 느낄 수 있는 능력으로 혀의 표면에 있는 미뢰라는 감각 기관을 통해 미각을 느낀다. 미각은 만져보거나 검사한다는 뜻의 중세 영어 'texten'을 어원으로 하여 '날카롭게 접촉한다'는 뜻의 중세영어 'textare'에서 파생한 단어로 맛보는 것은 항상 시험 혹은 평가를 뜻한다(이은정, 2016). 따라서 미각 또한 경험이 축적되어 인지과정에 도움을 준다는 것을 알 수 있다.

미각은 다른 감각과의 연관성이 크다. 특히 생활 속에서 후각과는 밀접하게 연관되어 감각을 느낄 수 있다. 예를 들어, 두리안이라는 과일은 굉장히 심한 악취를 가지고 있다. 이 과일은 달콤한 맛이 매력적이지만 처음 냄새를 맡았을 때에는 맛이 없을 것이라는 상상한다.

후각뿐만 아니라 다른 감각과도 미각은 연결되어 있다. '보기 좋은 음식이 맛도 좋다.'라는 속담이 있다. 음식의 맛은 혀가 결정하지만 시각을 통해 받아들이는 자극이 두뇌로 전달되고 두뇌에서 미각에서 받은 자극과 결합하여 음식에 대한 평가를 내리기 때문이다. 또한 뜨거운 음식, 차가운 음식, 부드러운 식감, 딱딱한 식감 등은 촉각과 관련이 깊다. 촉각 또한 미각과 함께 두뇌로 자극을 전달한다.

2. 오감의 교육적 의의

오감은 시간이 지남에 따라 발달하는 감각이기 때문에 굳이 왜 오감을 교육해야 하는가에 대한 의구심이 생길 수 있다. 이에 대한 대답을 찾기 위해 오감에 대한 학자들의 이론을 정리할 필요가 있다.

Piaget나 Lowenfeld의 연구에 따르면 감각경험을 중요시 여기며 감각교육을 집중시키는 단계가 등장한다. Piaget는 인지발달의 단계를 감각운동기(Sensory Motor Stage), 전조작기(Preoperational Stage), 구체적 조작기(Concrete Operational Stage), 마지막으로 형식적 조작기(Formal Operational Stage)로 나누었는

데, 이때 감각교육과 밀접하게 관련된 단계가 감각운동기와 전조작기이다. 감각운동기에는 아동이 신체활동을 통한 감각경험을 토대로 사고를 구조화하고, 전조작기에는 눈에 보이는 것에 의존하는 경향이 나타난다. Lowenfeld는 아동의 발달단계를 난화기, 전도식기, 도식기, 또래 집단기, 의사실기, 결정기로 나누었는데, 결정기 단계에서는 아동은 환경을 스스로 창의적으로 해석하여 받아들이며 시각형과 촉각형10)으로 나뉜다고 하였다.

오감의 경험에 대한 감각교육의 개념을 최초로 강조한 Comenius는 인간이 감각을 통하지 않고는 아무것도 이해하지 못하기 때문에 감각이 사물을 인지하는 것이 지식의 출발점을 삼는다고 주장하였다. Comenius의 주장에 의한 감각교육은 아동이 사물의 형태, 크기, 색, 온도, 소리 등과 같은 감각 변별 기술이나 개념 등을 파악하는 교육을 말하며, 인간의 내면세계와 연결하는 유일한 관문인 감각기관인 오감을 정확히 바라보고 활용하는 것이다.

예술교육에 기초한 전인교육을 통해 혁신적인 학교 교육을 실천한 발도르프 학교의 설립자인 Steiner는 인간이 감각적인 존재이기 때문에 그것을 아는 것이 교육의 출발점이라고 주장하였다. 또한 그는 인간의 감각을 12가지(촉각, 생명감각, 운동감각, 균형감각, 후각, 미각, 시각, 열감각, 청각, 언어감각, 사고 혹은 개념감각, 자아 혹은 개체감각)로 분류하였다. Steiner는 감각교육을 통해 인간과 자연, 더 나아가 세계와 소통할 수 있는 완전한 공감각을 가진 전인교육을 실현할 수 있다고 하였다.

Montessori는 감각교육을 위한 교구(教具)를 만들어 유아의 감각적 기술을 증진시켰다. 그에 의하면 아동은 정신적인 발달에 필요한 모든 것들을 그의 감각기관을 통해 주변 환경으로부터 흡수한다. 즉, 환경에서의 자극은 감각기관이 수용하여 뇌에 신호를 전달하면, 지각 신경을 통해서 다시 근육에 신호가 전달되면서 운동을 한다. 이러한 사실은 아동의 정신적 발달이 자극을 통한 감각운동의 발달에 의존하고 있음을 의미한다. 결과적으로 오감의 기능을 향상시키는 감각교육은 아동의 지적 기능 발달을 촉진한다. Montessori에 의한 감각교육의 의의에 대해 정리하면 다음과 같다.

---

10) 시각형은 시각적 자극으로 받아들여지는 눈에 보이는 그대로를 묘사하고, 촉각형은 주관적 경험과 정서적 초점에 의해 온 몸의 감각에 의해 자극을 받아들여 표현활동에 참여한다.

- 오감을 통해 대상에 주의를 집중하여 지각하고, 그 대상에 대해 바른 관념을 가질 수 있다.
- 자기의 감각기관에 실물을 실제 지각하여 언어를 부여함으로써 확실한 개념을 갖고 지식의 기초를 갖는다.
- 손을 사용한 손가락 훈련과 실제 지각하여 언어를 부여함으로써 확실한 개념을 갖고 지식의 기초를 갖는다.
- 집중의 습관을 길러주고 민감하게 관찰하는 습관을 기를 수 있다.
- 정확한 감각활동을 통하여 올바른 개념과 바른 가치판단 및 감동이 정립되어 올바른 인격형성의 기초를 만든다.
- 자기 감각에 의해 획득된 지식은 체계화되어 올바른 지식으로 육성된다.

이와 같은 내용을 간단히 정리하면 오감을 통한 교육은 아동이 자기 동기화에 도움을 준다는 결론을 내릴 수 있다. 따라서 교사는 학습자에게 적절한 자극을 제시하기 위한 수업 설계가 필요하다.

언급한 오감활동은 아동들로 하여금 감성과 인지발달을 시킬 수 있을 것이다. 근대교육이 이성중심으로 인해 한계를 드러낸 점을 감안하여 볼 때, 삶의 진정한 행복과 의미를 찾아 미래사회에 대비하기 위해서는 오늘날 감성교육의 중요성에 대한 이해가 필요하다. 감성은 이성과 상호의존적 관계를 가지면서, 자기이해를 통해 타인과의 관계 속에서 창의적 리더로 만들어 주고 있다. 자신의 감정을 훌륭하게 표현할 수 있는 사람은 다른 사람의 감정을 읽는 데에도 능숙하며, 문제 상황에서 서로의 감정 이입을 통한 조율 능력을 갖게 된다.

3. 감성의 이해

1) 감성과 이성

감성이란 용어[11)]는 학문 분야 및 학자에 따라 다양하게 정의될 수 있다. 감성(Emotion)이란 용어 어원을 살펴보면 'e'는 라틴어의 밖으로라는 뜻이고 'movere' 는 움직이다, 동요되다라는 의미를 갖고 있다. 즉 외부의 자극에 대해 흥분, 동요되어 나타나는 일종의 '혼란 상태'를 의미한다.

감성을 마음과 감정의 동요나 혼란, 즉 격렬하거나 흥분된 정신 상태로 정의함으로써 감성은 정신 활동을 방해하는 것으로 생각해왔다. 감성은 인간과 세계를 잇는 원초적 유대로서 인간 생활의 기본적 영역을 열어 주는 역할을 한다. 즉, 감성은 이론적 인식에서 이성적 사고를 위한 감각적 소재를 제공하고, 실천적·도덕적 생활에서 이성의 지배와 통솔을 받을 감정적 소지를 마련하며, 미적 인식에서 자신의 순수한 모습을 나타냄으로써 인간적 생의 상징적 징표가 된다. 감성은 이성의 상대적인 것으로서 인간은 어떠한 현상이나 사물을 접하면 그것에 대하여 여러 가지 반응과 느낌을 가지게 된다. 이성이 학습, 기억, 추론, 판단, 적응을 포함하는 인지적 측면의 구체적인 지식 능력이라면, 감성은 정신 기능의 정의적인 측면으로 구체적인 지식을 긍정적으로 발현하도록 간접적인 영향을 주는 지혜 능력 또는 삶 전체의 적응 능력이라고 볼 수 있다.

감성은 여러 가지 감정을 포괄하는 상위 개념으로 보편적으로 기쁨, 공포(두려움), 놀라움, 혐오감, 분노, 슬픔 등으로 표현된다. 감성은 느낌이라는 정신적인 반응에만 그치는 것이 아니라 행동을 유발하게 하는 것이다. 감성은, 어떤 대상이나 상황을 지각하고 그에 따르는 생리적 변화를 수반하는 복합적인 상태라고 정의할 수 있다.

---

11) 감성과 관련된 용어로 정서, 감정, 감각 등이 있다. 감성은 외부의 자극에 대해서 신체적인 반응을 포함하지 않는 단순히 가벼운 심적 상태이고, 정서는 이보다 더 강한 것으로 신체적인 흥분이나 변화까지 동반하는 반응으로 구분하나, 실제로는 구별하기 쉽지 않아 Aristoteles나 Plato은 감성과 정서를 하나의 것으로 보았다. Ward & Wundt는 감정은 주관적인 것이며, 감각은 객관적이라 구별하였다. 감정은 인식작용이나 충동의지와 다른 것이지만 엄밀히 구분할 수는 없다(김현경·이지은, 1998). 본서에서 감성은 정서, 감정, 감각을 포괄하는 것으로 본다.

감성은 비합리적이고 무질서하며 이성과는 상충되는 개념으로 인식되어져 왔으나, 최근 감성에 대한 새로운 개념을 제시하고 있다. 심리학자인 Goleman(2012)은 감성을 하나의 가정과 그에 부수적으로 따르는 뚜렷한 사고 및 심리적, 생리적 상태와 일련의 행동 경향으로 보았다. 그는 감성에 대해 첫째, 감성은 단순한 감성표현이 아니라 지능화될 수 있다. 둘째, 감성은 인지에 수동적 관계가 아니라 능동적인 동등 관계이다. 셋째, 감성과 인지는 상호 대립의 관계가 아니라 상호 보완관계이어야 한다. 넷째, 감성은 인지를 포괄하며 조절할 수 있는 깊은 능력이다. 다섯째, 감성은 후천적으로 학습이 가능하다고 보았다.

그러나 오늘날 제반 학문의 발전 단계에서는 감성을 감성 아닌 것으로부터 분리한다는 것은 불가능한 일이며, 오히려 감성을 인간의 생의 포괄적인 영위에 있어 가장 기본적인 한 국면으로 고찰하는 것이 일반적인 경향이다. 오늘날 감성은 쾌, 불쾌를 포함한 감정적 느낌과 이에 따르는 행동적 표현으로 이해된다. 감정 표출(Emotionalism)을 유익한 것으로 받아들이고 감정이 인간의 비합리적인 결점이 아니라, 사회의 결점에 대한 메시지의 결과라고 보기 시작하였다. 따라서 감성과 이성이 서로 갈등을 일으키는 모순 관계에 있는 양극단이라고 보는 인식론 관점에서부터 벗어나게 됨에 따라 감성과 이성을 통합하는 관점을 지니게 되었다.

2) 감성지능

(1) 정의

인간은 머리로 생각하는 이성적 존재인 동시에 가슴으로 느끼는 감성적 존재이다. 아울러 이성과 감성으로 사회를 학습하고 창조하는 창의적 존재이다. 감성은 이성보다 더 근원적이고 더 포괄적이며, 더욱 강력한 힘을 갖는다. Aristoteles는 진리, 덕성 및 선한 생활에 대한 철학적 탐구서인 니코마코스(Nikomachos) 윤리학에서 감성은 거칠어지기 쉬운 것으로 지성으로 자신의 감성을 조절해야 한다고 하여 일찍부터 감성을 다루는 능력으로서의 지능 즉 감성 지능의 중요성을 일깨웠다. Goleman(1995)이 감성 지능을 제안하게 된 동기가 인생의 성공적인 예언을 하는데 종전의 IQ나 학업성취도, SAT(미국학업성취검사)가 20% 정도밖에 기여하지 못하고 있고, 나머지 80%는 사회계층 요인이나 운 등 다른 요인이 지배하고 있으며, 이들 다른 요인 중 감성 지능이 가장 핵심이 되는 요소라고 보았기 때문이다.

감성 지능(Emotional Intelligence : EI) 또는 감성 지수(Emotional Quotient : EQ)라는 개념을 처음으로 사용한 사람은 미국의 심리학자 Salovay & Mayer(1990)이다. 태도발달, 동기, 적성 등 정의적 영역에 관심을 둔 Salovay와 인지지능에 관심이 있는 Mayer는 감성이 지능이 될 수 있는 근거로 모든 지적인 문제해결에 있어서 감성적 정보가 수행되어야 한다고 보았다.

Mayer & Salovey(1993)는 감성 지능 영역을 초기에는 크게 3개, 즉 감성의 평가와 표현, 감성의 조절, 감성의 활용으로 분류하고, 감성 지능을 '자신과 타인의 감정, 정서를 평가하고, 그것들을 변별하며, 이러한 정보를 활용하여 자신의 사고와 행동을 이끌 수 있는 능력'으로 정의했다.

하지만, 이 정의는 감정을 인식하고 조절하는 것에 대해서만 이야기하고 감정에 대한 사고를 빠뜨려서 수정된 정의를 제시하였다. Salovay & Mayer는 감성 지능이란 사회적 지능의 부분 집합이며 Gardner가 말한바 인격 지능의 일부라고 보았으며, 감성 지능은 '감정을 정확히 지각, 인식, 표현하는 능력, 감정을 생성하고 이용하여 사고를 촉진시키는 능력, 감성 발달과 지력 발달을 촉진시키기 위하여 감정을 조정하는 능력'이라고 정의하였다. 이를 달리 표현하면 감성 지능이란 자신의 감성을 인식하고, 자신 및 다른 사람들의 감성을 관리하는 능력이라고 할 수 있다. 감성 지능은 사회 문제를 다룰 줄 아는 감성적 능력인 사회 지능에 가깝다고 볼 수 있다. 이러한 감성 지능을 양적인 수치로 나타낸 것이 감성 지수이다(문용린 1997).

Martin & Boeck(1997)는 감성의 인식, 감성의 조절과 통제, 잠재 능력의 개발, 타인과의 감정이입, 사회적 관계의 형성을 잘 이루어 가는 능력을 감성 지능으로 보았다. 감성 지능은 이성 능력인 사고 능력, 즉 기억력, 계산력, 추리력 등을 발휘하거나 또는 그런 능력을 억압하고 제한하기도 하는 감성 능력을 말한다. 감성 지능이란 자신과 타인의 감성을 평가 및 표현하며, 효과적으로 조절할 줄 아는 능력, 그리고 자신의 삶을 계획하고, 성취하기 위해서 감성을 활용할 줄 아는 능력이다. 포유류 중에서도 오로지 인간에게만 있는 감성 지능은 지식과 기억의 차원에서 머무르는 능력이 아니라 마음과 행동으로 나타나는 능력이라는 것이다. 그러므로 감성 지능은 머리와 가슴이 균형을 이룬 상태를 지향한다.

이를 종합해 볼 때, 감성 지능은 자신뿐만 아니라 타인의 감성을 인식하고 다룰 수 있는 능력이다. 즉 감성 지능은 자신의 사고와 행동을 다룰 줄 아는 능력일 뿐만 아니라 타인과의 관계 더 나아가 사회적 관계를 잘 형성해가는 능력으로 볼 수 있다.

4. 감성의 교육적 의의

감성을 교육하는 것은 감성능력을 개발하여 지적인 성장을 통해 지성과 감성의 조화로운 성장을 도모하는 방법이다. 조주연(2001)은 뇌 과학적 측면에서 정서적으로 안정되고 자신감을 가지게 되면 전두엽의 기능이 활성화되면서 엔도르핀(Endorphin) 등의 신경전달물질이 좋은 감정을 유발시켜 우호적이고 격려적인 교실 분위기가 형성된다고 하였다. 또한 사고가 유연해지고 다양하고 창의적인 아이디어가 제시될 가능성이 높아지기 때문에 학습에 대한 효과가 더욱 높아질 것으로 예측하였다. 이와 같은 내용을 바탕으로 하여 감성의 교육적 의의를 정리하면 다음과 같다.

첫째, 수업에서 학습자의 감성을 적절한 방향으로 유도하면 수업의 흐름을 긍정적인 방향으로 변화시킨다. 이를 통해서 학습자 간에 상호작용이 적극적으로 변화하고, 긍정적인 사회적 언어와 행동을 지도할 수 있다. 둘째, 바람직한 감성의 고양은 학습자의 사고를 유연하고 적극적이게 만들고, 교과 내용에 몰입하도록 유도한다. 셋째, 구체적인 감성을 교과내용과 연관시켜 학습목표로 재구성하는 것은 감성에 대한 재고와 더불어 학업성취도와 만족도 향상에 효과적이다.

이처럼 감성을 교육하는 것은 교과교육 수행 중에 희망, 호기심, 자신감 등과 같은 구체적인 감성과 연관된 부분을 찾는 행위이다. 교육과정을 수행하는 과정에서 감성에 대한 논의를 진행하는 것은 학습자가 본인의 감성을 재고함과 동시에 교과교육 자체의 효과가 높아지게 되기 때문에 특정한 교과뿐만 아니라 통합된 교과교육을 실현할 수 있다.

제3절 초등 사회과에서 오감과 감성의 활용 방안

1. 오감과 감성의 활용에 따른 사회과 수업에서의 의의

좋은 학교를 만들기 위해 학교교육 내실화의 출발점은 바로 수업의 내실화이다. 수업을 내실화하기 위해서는 좋은 수업이 전제되어야 한다. 수업이 내실화된 상태를 좋은 수업이라고 할 때, 좋은 수업은 학생들이 수업에 흥미와 관심을 갖고, 수업의 주인이 되어 적극적으로 참여하는 것을 말한다. 학생들이 수업에 흥미와 관심을 갖기 위해서는 그들에게 의미 있는 주제와 학습 자료를 실생활에서 찾아 교실로 가져오고, 이것들을 토론하고 해결을 위해 협동하는 과정에서 새로운 의미가 창출되도록 해야 한다. 그뿐만 아니라 좋은 수업이 이루어지기 위해서는 학생들과 같이 생활하는 교사가 수시로 주어진 교육과정을 학생들 수준에 맞게 재구성해야 한다. 학습자들이 정말 배워야 할 것들이 무엇이며, 교사 자신이 처한 상황에서 어떤 내용을 선정하여, 어떤 방법과 자료로 가르쳐야 효율적인지를 알고, 그대로 실행했을 때 좋은 수업이 이루어진다(황홍섭, 2004).

따라서 교사는 좋은 수업을 위해 학습자 중심의 수업을 해야 한다. 이를 위한 방법 중 하나로 학습자의 주관, 직관, 경험을 키워 줄 수 있는 오감과 감성을 자극하는 자료 개발이 필요하다. 예로부터 인간은 자신의 경험을 표현하는 방식으로 문학, 음악, 영화, 미술작품 등과 같은 여러 감각을 자극하는 작품을 이용하여 왔다. 그렇기 때문에 사회과 학습에서 이와 같은 오감과 감성을 자극하는 자료를 활용하는 것은 너무도 자연스러운 현상이다. 이러한 것은 평범한 일상의 삶을 대상으로 하기 때문에 학생들이 다양한 관점으로 사회현상을 이해하고 해석하는 데 도움이 된다. 오감과 감성을 자극하는 자료를 통한 전달 효과는 학생들의 긍정적 감성을 불러일으켜 교사의 의도된 가르침보다도 더 실생활에 적용할 수 있는 살아있는 학습의 장이 될 것이다.

또한 사회과는 사회과학을 비롯한 인문환경과 자연환경 등 광범위한 분야의 내용을 통합적으로 조직하여 가르치는 교과이므로 여러 교과와 통합이 가능할 뿐만 아니라, 이들을 시대에 맞게 구현하기 위한 첨단기술을 활용함으로써 보다 다양한 방식의 융복합 수업을 시도할 수 있다. 결과적으로 사회과 학습에 필요한 계통적인 내용을 시대에 맞게 재구성함으로써 인지적 영역과 정의적 영역의 균형적 발달을 도모하고, 전인적인 인간, 민주 시민적인 인간을 육성할 수 있을 것이다.

사회과 수업에 문학, 음악, 영상 등과 같은 오감과 감성을 자극하는 자료를 개발 및 활용하는 과정이 갖는 구체적 의의를 살펴보면 다음과 같다.

첫째, 문학 속에는 현실에 바탕을 둔 사회적 내용을 포함하고 있어 경관의 해석이나 장소의 이미지 나아가 사회현장 등을 보다 잘 이해할 수 있게 한다. 특히 학생들이 잘 알고 있는 소설이나 시, 동화 등의 문학작품을 활용함으로써 학생들에게 훌륭한 학습동기를 유발할 수 있을 뿐만 아니라 잘 아는 내용을 통해 의미 있게 지식구성을 할 수 있게 해준다.

둘째, 음악은 한 소절 소절마다 희로애락(喜怒哀樂)의 시대적 감성과 문화, 풍속, 지형, 경제, 정치 등 다양한 인지적 요소가 담겨있기 때문에, 적절한 음악을 선별하여 수업에 활용한다면 학생들이 어려워하는 사회과 개념을 친숙하고 재미있게 접근할 수 있다. 특히 학생들이 좋아하는 노래를 적절한 수준에서 재구성하여 제시하는 활동은 동기유발에 탁월한 효과를 발휘하는 학습 자료뿐만 아니라, 계기교육을 위한 학습 자료로도 활용이 가능하다.

셋째, 영상은 학생들이 다양한 사회현상을 직접 보고, 듣고, 경험하는 학습의 장을 제공할 수 있다. 오늘날 세계는 지구화로 각 지역에 대한 지역, 문화, 환경 등의 학습에 대한 필요성이 높아지고 있다. 그러나 학생들에게 다소 생소한 다른 나라의 모습을 글만으로 전달하는 것은 실제의 모습을 담은 영상에 비해 학생들의 흥미와 학습효과를 높이기에 효과적이지 않다. 영상을 통한 학습은 시공간 및 비용부담의 한계성을 극복할 수 있어야 하며, 간접적으로 생동감 있는 경험의 장을 제공할 필요가 있다. 특히 영상교육은 영상매체를 통해 보고, 듣고, 읽고, 감상하는 과정, 이러한 과정 후 토의, 토론 등의 소통 과정을 통해서 다양한 경험의 공유를 통해 의미 있는 지식을 구성함으로써 교육적 가치를 얻어낼 수 있다. 문자시대에서 영상시대로 옮겨가면서 이성보다 감성을 더 중시하면서 이러한 감성을 통해 학생들 자신이 갖고 있는 창조적 상상력을 마음껏 분출할 수 있도록 해줌으로써 창의적 사고력을 신장할 수 있게 할 뿐만 아니라 문화적 감수성을 갖게 해 줄 수 있다. 교수·학습과정에서 영상 자료의 활용은 사물에 의미를 부여해 주는 영상과 언어의 상호 연결을 통하여 언어 중심의 한계성을 극복함으로써 커뮤니케이션 능력을 향상시킬 수 있다. 메시지를 영상으로 구체화하여 전달하기 때문에 개념적 사고를 풍부하게 할 수 있다.

사회과는 다양한 사회현상에 관심을 갖는 교과로서 학습자들이 다양한 사회현상을 직접 보고, 듣고, 느끼는 등 오감과 감성을 통해 경험할 수 있는 학습의 장을 제공하는 것이 중요하다. 특히 지구화로 세계의 각 지역학습, 문화학습, 환경학습 등과 같은 말보다 실제의 경험이 유의미함은 말할 필요가 없다. 따라서 이러한 학습은 시공간 및 비용부담의 한계를 극복할 수 있다면 직·간접적으로 생동감 있는 경험의 장을 제공할 수 있을 것이다.

2. 오감과 감성기반 개념학습모형을 적용한 지역학습

1) 오감과 감성기반 개념학습모형

개념학습모형은 다양한 사례와 자료를 활용하여 그 사례의 속성과 의미를 분석하는 활동을 통하여 개념의 의미를 명확하게 형성하도록 하는 모형이다. 오늘날 교육과정의 방향이 학습자 중심을 강조하면서 개념과 관련하여 학습 연구가들은 학생들이 수업 전에도 나름의 지식을 갖고 있음을 밝히고 이런 사전 개념인 선개념(Preconception) 및 오개념(Misconception)이 무엇인지 알고 그것을 변화시키려는 전략에 대한 연구가 중시되고 있다. 오개념은 학생들이 일상생활 환경과의 상호작용으로 형성된 선입관과 인지 구조를 바탕으로 학습한 후에도 변하지 않고 인지구조 속에 남아 있는 비과학적 개념을 의미하는 것으로 볼 수 있다. 다음 **그림 12-4**는 선개념 및 오개념 학습과 관련한 여러 학자들의 모형과 절차, 그리고 Goleman의 감성 지능의 다섯 가지 발달단계[12]를 감안하여 개발한 감성 개념학습모형에 오감의 활용을 적용한 것이다. 이러한 개념학습모형을 통해 학습자의 오감을 통한 감성적인 학습 동기를 최대화하여 학습자의 적극적인 참여를 유도하고, 학습자들이 쉽게 공감할 수 있거나 경험한 실재적 소재를 바탕으로 하여 학습자의 사고력과 문제해결력을 신장시킴으로써 사회과교육의 궁극적 목적을 달성하고자 하였다.

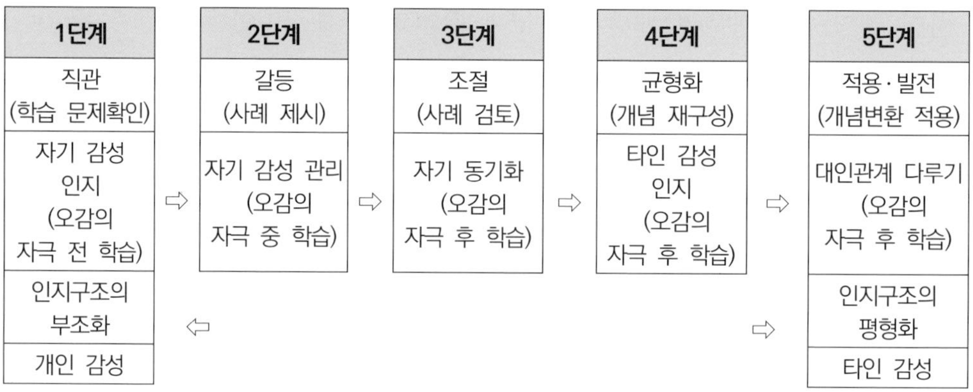

그림 12-4 **오감과 감성을 통한 개념학습모형**

자기 감성 인지의 단계는 학습 주제나 학습 내용의 개괄적인 파악 단계로 교사는 어떤 감성 학습 자료로 수업에 활용할 것인지 결정하고, 학습자는

---

12) Goleman(2012)은 Gardner(1987)의 대인관계 지능을 기초로 Salovey가 만든 5개 영역의 감성 지능을 응용하여 감성 지능을 5가지 기능으로 나누었다. 이에 대한 자세한 내용으로는 첫째, 자기 감성 인지(Self-Awareness)는 감성 지능의 가장 기본이 되는 것으로 자신의 내부 상태에 관심을 갖고 관찰하여 자신의 감성을 아는 것이다. 둘째, 자기 감성 관리는 자신의 감성을 적절히 표현하는 능력, 공격적인 행동과 자기 파괴적인 행동을 절제하는 능력, 좀 더 긍정적인 감성을 가지는 능력, 스트레스에 잘 대처해나가는 능력, 고독감과 사회적 불안감을 덜 느끼는 능력 등을 포함하는 것으로 부정적인 감성 상태를 신속하게 치유할 수 있는 능력을 의미한다. 셋째, 자기 동기화는 자신의 감성을 생산적으로 이용하는 것으로서 자기 자신에게 동기를 잘 부여하는 능력이다. 넷째, 타인 감성 인지는 다른 사람의 감성을 읽을 줄 아는 것으로서 타인의 감성을 수용하는 능력, 타인의 감성에 민감해지는 능력, 타인의 말에 귀를 기울이는 능력, 다른 사람의 입장을 이해하고 사물을 다른 사람의 시각으로 바라보는 것 등을 포함한다. 다섯째, 대인관계 다루기는 다른 사람과 인간관계를 맺는 것으로써 대인 관계를 분석하고 이해하는 능력, 의견이 상충할 때 갈등을 조절하고 협상하는 능력, 좀 더 능동적이고 적극적으로 의사소통을 하는 능력, 좀 더 사교적으로 되는 능력, 더욱 관용적으로 타인을 대하는 능력, 집단에 보다 잘 동조하는 능력, 민주적으로 일을 처리하는 능력 등을 포함한다.

자신의 감성으로 학습 문제가 무엇인지 확인하는 단계이다. 관련되는 자료에 대해 상상하며 이를 통한 여러 감각을 떠올리거나 생각하는 단계이다.

감성 관리 단계는 학습문제를 보다 깊이 있게 파악 규명하기 위한 단계로 문학, 음악, 영상 등과 같은 오감을 자극할 수 있는 학습 자료를 제시하여 학습자의 감성을 자극한다. 가능한 여러 감각을 자극할 수 있는 자료를 제시한다. 이 단계에서는 학습자의 선경험이나 의식 속에서 학습자 나름대로의 문제를 파악하거나 상황을 설정하는 단계이다. 구체적으로 감각과 관련된 자신의 생각을 발표하는 단계이다.

자기 동기화 단계는 학습자료를 읽은 후 또는 시청 활동 후 학습자들은 자신의 감각을 협동학습이나 토론을 통해 파악하는 단계이다. 자신의 감각을 생산적으로 어떻게 하면 자신의 삶에 목적에 맞게 생산적으로 이용할 수 있을 것인지를 파악하는 단계이다.

타인 감성 인지 단계는 학습 문제를 해결하기 위한 대안을 모색하는 과정으로 정보를 수집하여 학습자의 감각을 대인관계에 어떻게 활용할 것인가에 대한 잠정적 결론을 내리는 단계이다. 학습자들은 공(共)주관적인 사고 활동의 감각을 파악하는 단계이다. 개인적 구성에서 사회적 구성을 통한 감정이입 구성 단계이다.

적용 및 발전단계는 오감 활동을 통해 알게 된 점을 정리하고 이와 유사한 다른 문제에 적용해 보는 과정이며 활동 과정 중의 느낀 점 등을 반성 발표하는 단계이다. 감성을 통해 자신뿐만 아니라 타인 나아가 사회, 국가를 사랑하게 되는 마음을 갖는 단계이다.

2) 오감과 감성기반 개념학습모형 적용 방안

다음 표 12-4는 앞서 언급한 오감과 감성기반 개념학습모형과 사회과 지역에 대한 학습방안을 감안하여 학습자 중심의 학습이 이루어지도록 설계한 것이다.

표 12-4 **오감과 감성기반 개념학습모형을 적용한 지역학습 방안**

단 계			학습 흐름	중 심 요 소	교수·학습 활동 내용	비고
직관 단계 (동화)	감성 인지	도입	학습 문제 확인	*특정 지역(국가)과 관련하여 선개념 파악 *어떤 개념에 어떻게 생각하는지를 미리 파악·예측하는 단계(마인드맵 활용)	*관련 자료나 질문을 통해 여러 감성 떠올리기를 통해 지역과 관련된 감성 적기 *감성을 자극하기 전에 노래나 영상 등과 같은 오감을 자극하는 자료를 통해 지역에 대해 생각하기	*수업 전에 지역 관련 교육과정을 분석하여 오개념을 파악해둔다.
갈등 단계	감성 관리		사례 제시	*심상에 있는 개념을 끌어내어 표현하고 동료들과 비교 검토함으로써 새로운 지식을 구성하기 전에 자극을 주어 갈등을 유발하는 단계	*지역 관련 각자의 생각 표현하기 *감성을 표현하기 전에 잘 표현할 수 있는 의사소통의 기술을 익히기 *다양한 감성 표현하기(문학, 음악, 영상 등) *긍정적 감성, 감성적 기억을 위한 자료 제시하기	*교사는 학생들이 그 지역 관련 일반적으로 많이 갖고 있는 오개념을 활용하여 갈등을 증폭시킨다.
조절 단계	자기 동기화	전개	사례 검토	*상호작용(교사와 아동, 아동과 아동)에 의해 갈등(모순)의 원인이나 이유에 대해 대화나 토론을 한다.	*지역 관련 각자의 생각이 다른 사람과 차이 나는 점을 토론하기 *지역의 다양성 알기	*마인드맵에 대한 지역 개념도 구성에서 나타나는 잘못된 내용적 오류를 처치한다.
균형화 단계	타인 감성 인지		개념 재구성	*인지구조의 부조화에서 갈등과 조절의 단계를 거쳐 평형화됨. 즉 새로운 지식이 구성됨 *개념의 재구성	*지역 관련 각자의 생각을 토론을 통해 새롭게 알게 된 개념을 재구성하기 *지역성 파악하기 *감정이입하기 *창의적 감성력에 의한 지역 개념 형성하기	
적용 발전	대인 관계	정리	개념 변환 적용	*사회 생활을 잘 할 수 있는 심성을 갖도록 한다.	*새롭게 알게 된 개념을 통해 그 지역을 사랑하는 마음을 갖고 실천하기 *감성을 통한 지역의 다양성 이해와 지역 사랑하기(감성적 행동하기)	

도입 단계는 지역에 대한 감성 회상을 통한 감성인지 단계로 학습자가 어떤 지역에 대해 알고 있는 선개념을 파악하는 단계이다. 이 단계에서 교사는 교육과정에 의거해 학습자 중심의 학습활동을 할 수 있도록 설문조사를 통해 지역 관련 선개념을 파악하도록 해 두어야 한다. 여기서 학생들이 지역과 관련하여 잘못된 개념이 어떠한지도 파악해두어야 한다. 이 단계에서는 학습자들이 지역과 관련하여 마인드 맵을 활용하여 지역 개념을 만들어 학습자들의 인지구조를 파악하도록 한다.

전개 단계는 지역에 대한 감성 말하기, 토론하기, 종합(통합)하기 과정을 통해 지역 개념에 대한 갈등 및 조절을 통해 균형화에 이르면서 지역 개념을 구성하는 단계이다.

지역에 대한 감성 말하기를 통한 지역 개념에 갈등 단계는 학습자들이 만든 마인드맵에 의한 지역 개념도를 발표하면서 다양한 의견을 듣게 된다. 지역 관련 이성과 감성 간의 상호작용이 일어나도록 한다. 이때 교사는 학생들이 다양한 감성을 표현할 수 있는 양식과 원활한 의사소통을 할 수 있는 기술을 사전에 지도할 수 있도록 한다. 그리고 학생들이 그 지역 관련 일반적으로 많이 갖고 있는 오개념을 활용하여 갈등을 증폭시킬 수 있도록 발문이나 자료를 제시하도록 한다.

지역에 대한 감성토론을 통해 다양한 생각을 구성하는 단계이다. 이때 교사는 학생 간 및 교사-학생 간에 상호작용이 활발하게 일어날 수 있는 방안을 강구한다. 교사는 또한 마인드맵에 의거한 지역 개념도의 잘못된 내용적 오류를 처치할 수 있도록 한다.

지역에 대한 감성의 통합을 통하여 지역의 핵심 특성인 지역성을 파악하여 지역 개념을 재구성하는 단계이다. 지역에 대해 자신이 생각하는 것 외에 다른 학생들이 생각하는 것을 공감하고 자신의 것으로 받아들임으로써 인지구조의 부조화에서 오던 갈등이 해소되는 단계, 즉 창의적으로 개념을 재구성하는 단계이다.

정리 단계는 감성을 적용하여 지역에 대한 사랑을 왜 해야 하는지를 알고 실천하는 행동화 단계이다. 지역에 대한 다양성을 알게 됨으로써 다른 지역과의 관계에 대해서도 자신이 사는 지역이 중요한 만큼 다른 지역도 중요함을 알게 되어 민주시민으로서 자질을 함양하게 된다.

3. 오감과 감성을 적용한 사회과 학습 자료 예시

1) 오감 지도

사회과 학습자료의 대부분은 시각적 자료를 중심으로 만들어졌다. 그러나 시각뿐만 아니라 청각, 후각 등 다양한 감각기관을 중심으로 자료를 만들 수 있으며, 필요에 따라 여러 감각을 결합할 수 있다.

소리 경관은 개념의 성립과 전개의 배경으로 시각중심, 물질 중심의 근대 서양의 경관 설계와 환경 디자인의 영역에서 시각 외의 청각과 같은 보다 부드러운 감각요소를 도입하여 인간의 감성에 대응한 디자인 활동을 전개해 간다는 사고방식과 각 지역의 독특한 조건이나 문화를 바탕으로, 특징을 살린 디자인을 전개해 간다는 사고가 바탕이 된다. 또한 소리는 사회과 학습의 주요 주제인 장소와 학습을 구성하는 요소이기도 하다. 특히 지역(장소)에서 나는 다양한 소리를 청각화하고 이를 지역별로 지도화하여 지역성을 더 의미 있게 학습할 수 있다. 가령 부산은 바다와 우리나라의 남동쪽의 끝에 위치함으로 인해 주는 각종 소리들이 있다. 바다로 인해 파도 소리가 뱃고동 소리로, 산업현장에서 일하는 소리로, 관문적 위치로 인해 만남과 이별의 장소로서 갖는 음악 소리가 있다. 이러한 소리들이 나는 소리 경관을 청각화, 지역화하여 교수학습 활동을 위한 자료로 활용하면 지역성을 더 깊이 있게 학습할 수 있을 것이다.

이와 같은 맥락으로 후각, 촉각, 미각과 같은 다른 감각을 활용한 지도 만들기를 통해 사회과 학습자료로 활용할 수 있다. 다음 **그림 12-5**는 소리 경관과 냄새 경관을 지도로 만든 것이다. 부산을 노래한 소리 경관(Sound Scape)을 담아서 노래비를 만들고, 이를 지도화(박재환 외, 2014)하였다.

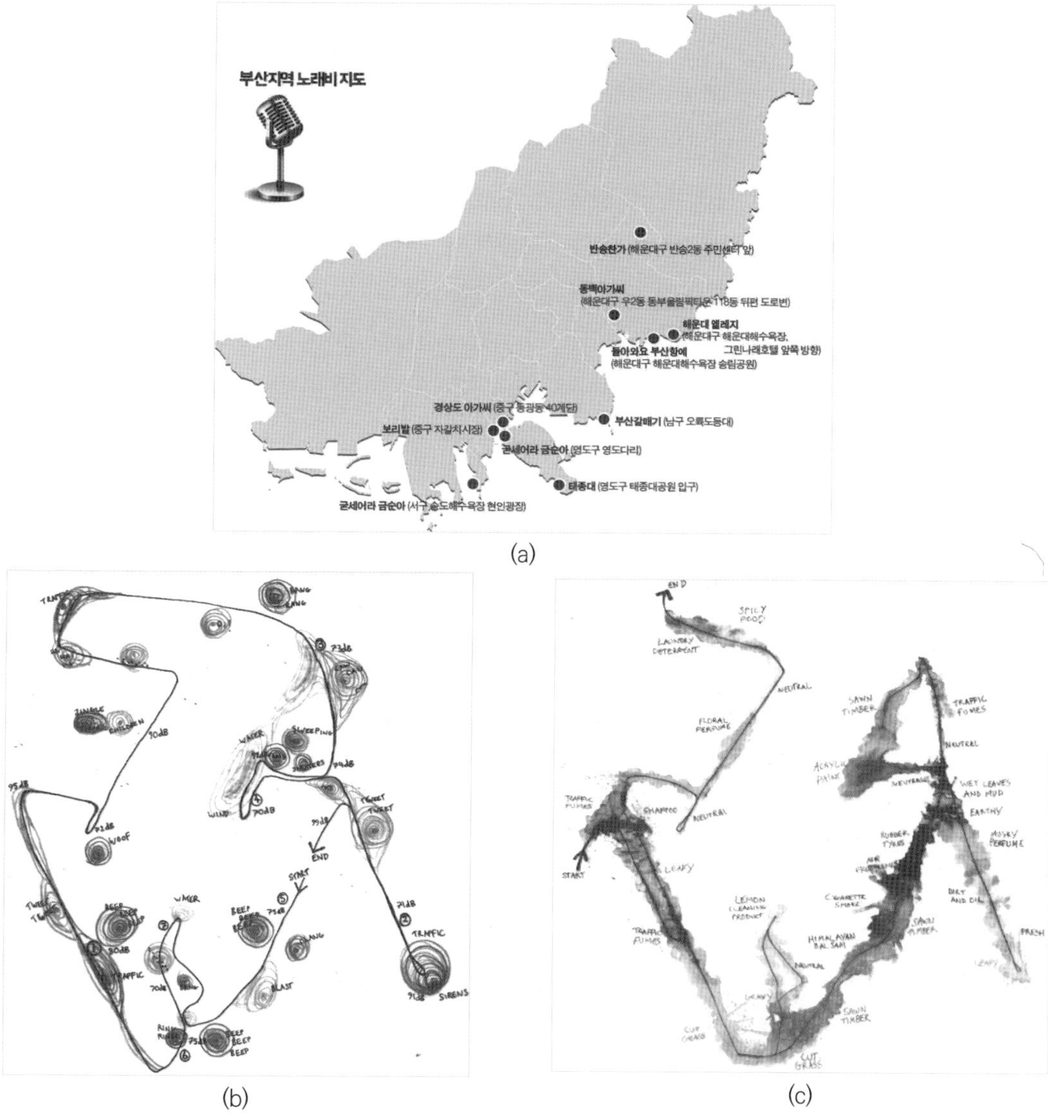

그림 12-5 **오감을 활용한 지도**

(a) 노래비 경관 지도 (b) 소리 경관 지도, (c) 냄새 경관 지도
출처 : https://designasdistributedagency.wordpress.com

2) 감성 지도

감성 지도는 주로 사람들이 장소에 느끼는 여러 감정을 지도 형태로 제시한다. 지도는 일반 대중들에게 이해하기 쉬운 형태로 공간정보를 제시하는 것이다. 초등 사회과 수업에서 감성 지도를 사용하면 학습자가 장소와의 정서적 관계와 관련된 정보를 수집하는 것이 가능하며, 이를 정리하는 과정에서 학습자가 같은 장소에게 갖는 감성의 차이를 비교할 수 있다. 이와 같은 감성 지도는 3학년 학습 주제인 장소감에 대한 학습자료로 사용이 가능하며, 나아가 지역사회 문제를 해결하는 데 필요한 공간 도구로 활용할 수 있다.

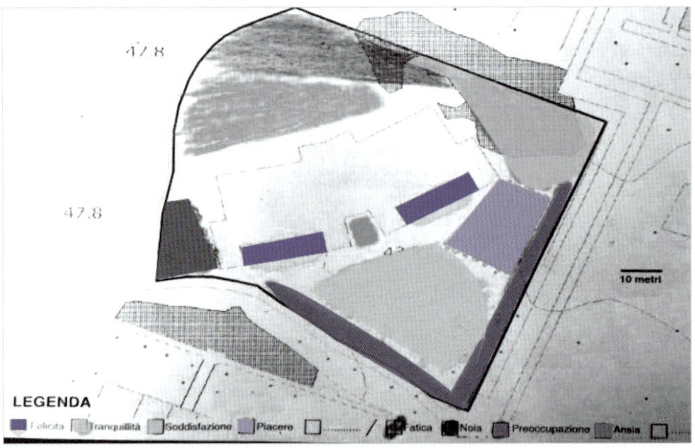

그림 12-6 **감성을 활용한 지도**

출처 : Schenetti & Guerra(2018)

제4절 빅데이터를 활용한 오감에 대한 주제 연구

1. 빅데이터를 활용한 시각 주제 분석 예시

다음 그림 12-7은 최근 5년간 시각에 대한 소셜 빅데이터를 분석한 결과이다. 검색 키워드는 '보다, 살피다, 관찰하다'로 앞서 **표 12-2**에서 제시된 오감 탐색 용어에서 선정하였다.[13] 빈도수를 나타낸 워드클라우드에 따르면 정치에 대한 결과는 '사람, 아이' 와 같은 행위의 주체, '발견, 보이다, 찾다'와 같은 시각과 관련된 서술어, '책, 사진, 모습'과 같은 행위의 대상을 나타내는 키워드가 나타났다. 이들 간의 관계를 보다 자세히 알아보기 위해 키워드 간의 관계를 나타낸 네트워크 분석결과를 살펴보면 시각과 관련된 키워드는 크게 '보다'와 '살피다'로 분류되는데 살피는 것은 주로 '보다'에 해당되는 키워드는 모습을 관찰하는 행위와 연관되었으며, '살피다'는 '보다'에 해당되는 키워드들을 깊게 이해하고 탐색하는 행위가 연관된 것을 알 수 있다. 이에 따라 시각을 통한 학습의 계열성은 보는 것에서 살피는 것으로 확장하는 방식으로 진행하며, 이와 관련된 주제로는 네트워크 분석 결과에 따라 제시할 수 있다.

그림 12-7 **시각 빅데이터 분석 결과**

13) 이하 오감 관련 주제는 같은 방법을 적용하였다. 시각 이후 관련 방법이 간략하게 언급하고 그 이후 반복되는 문장을 빼는 것이 좋을 것 같음

2. 빅데이터를 활용한 청각 주제 분석 예시

다음 그림 12-8은 청각에 대한 빅데이터 분석한 결과로, 워드클라우드에 따르면 청각을 나타내는 키워드에서 시각과 관련된 '보다'와 연관성이 높은 것을 알 수 있다. 다음으로 '목소리, 음악, 이야기, 라디오' 등과 같이 소리를 통한 매체에 관심도가 높게 나타났다. 이어서 키워드 간의 관계를 나타낸 네트워크 분석결과를 살펴보면 '듣다'를 중심으로 '보다'에 대한 행위와의 연결성이 높게 나타났으며, 이와 같은 사실은 청각과 관련된 행위는 시각과 관련된 행위와 함께 발생하는 경우가 많다는 것을 의미한다. 이외에도 듣다와 관련된 다양한 행위와 주체, 대상 등에 대한 키워드를 함께 찾을 수 있다.

그림 12-8 **청각 빅데이터 분석 결과**

3. 빅데이터를 활용한 촉각 주제 분석 예시

다음 그림 12-9는 최근 5년간 정치에 대한 촉각 빅데이터를 분석한 결과이며, 검색 키워드는 오감 탐색용어에서 선정하였다. 분석결과에 따르면 ‘보다’와 같은 시각 관련 행위가 크게 나타났고, ‘하다, 만들다, 손’ 등과 같은 키워드가 높은 관심도를 보이는 것을 알 수 있다. 이와 같은 결과는 촉각이 이루어지기 위해서 시각 활동이 전제되고 있으며, 촉각과 관련된 행위는 무엇인가를 손으로 만드는 과정에서 이루어짐을 의미한다. 이외에도 촉각을 통한 정신적인 발달이 이루어지는 시기가 중요한 ‘아기, 신생아, 아이’와 같은 키워드에 관심이 높게 나타났다. 한편 촉각과 관련된 키워드 간의 관계를 나타낸 네트워크 분석결과에 따르면 다른 감각에 비해 특정한 주제를 찾기 어려운 것으로 나타났다. 이와 같은 결과는 일상생활에서 촉각에 대해 의식하지 않고 살아가기 때문인 것으로 추측할 수 있으며, 사회과 학습에서는 일상생활에서 촉각과 관련된 간단한 소재를 선정하는 것으로도 학습자에게 신선한 자극이 될 수 있음을 의미한다.

그림 12-9 **촉각 빅데이터 분석 결과**

4. 빅데이터를 활용한 후각 주제 분석 예시

다음 그림 12-10은 최근 5년간 후각에 대한 소셜 빅데이터를 분석한 결과이며, 검색 키워드는 오감 탐색 용어에서 선정하였다. 빅데이터 분석 결과에 따르면 '냄새'가 가장 높은 빈도수를 나타냈다. 이를 반영하여 워드클라우드로 나타낼 경우에는 다른 키워드가 상대적으로 너무 작게 나타나서 분석결과를 확인하기 어렵기 때문에 '냄새' 키워드를 삭제한 후 워드클라우드로 시각화하였다. 분석결과에 따르면 '보다, 먹다'와 같은 다른 감각 관련 행위가 크게 나타났고, '향기, 좋다, 느끼다, 맛, 코' 등과 같은 키워드가 높은 관심도를 보이는 것을 알 수 있다. 이와 같은 결과는 후각이라는 행위는 시각과 미각의 행위와 연관성이 높다는 것을 의미하기 때문에, 교재연구에 후각을 활용함에 있어서 시각 혹은 미각과 관련된 행위와 연계된 활동을 제시할 필요가 있다. 또한 키워드 간의 관계를 나타낸 네트워크 분석결과에 따르면 사람들이 '냄새' 하면 기억하는 다양한 키워드를 발견할 수 있다.

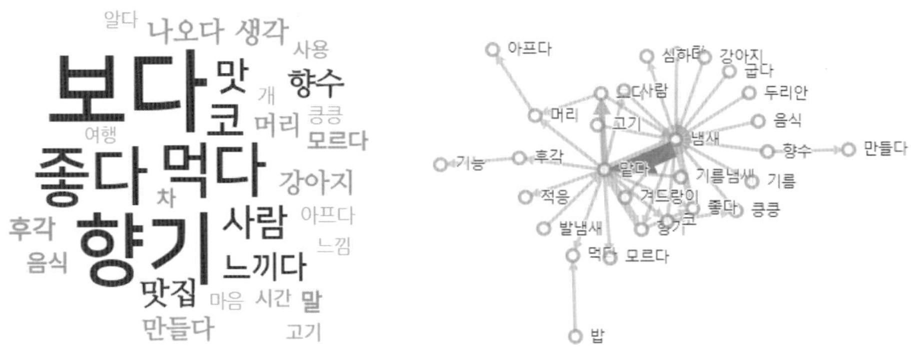

그림 12-10 **후각 빅데이터 분석 결과**

5. 빅데이터를 활용한 미각 주제 분석 예시

다음 **그림 12-11**은 최근 5년간 미각에 대한 소셜 빅데이터를 분석한 결과이며, 검색 키워드는 오감 탐색 용어에서 선정하였다. 최근 5년간 후각에 대한 소셜 빅데이터를 분석한 결과이다. 빅데이터 분석 결과에 따르면 '맛'이 가장 높은 빈도수를 나타냈으며, 후각과 마찬가지의 이유로 해당 키워드를 삭제한 후 워드클라우드로 시각화하였다. 분석결과에 따르면 '음식, 맛집, 밥'과 같이 먹는 행위와 관련된 키워드가 높게 나타났으며, 미각은 다른 감각의 행위와 관련된 키워드가 나타나지 않았다. 또한 키워드 간의 관계를 나타낸 네트워크 분석결과를 살펴보면 '음식, 간식, 커피, 요리'처럼 미각과 관련된 다양한 주제를 찾을 수 있다. 이외에도 사람들은 예능프로그램과 같은 방송을 통해 미각과 관련된 행위에 관심을 기울이는 것을 알 수 있다. 따라서 미각을 활용한 사회과 자료의 선정은 TV 방송 프로그램을 통한 방안도 적극적으로 고려해볼 필요가 있다.

그림 12-11 **미각 빅데이터 분석 결과**

생각 정리 문제

1. 오감이란 무엇인지 설명해 보자.

2. 오감의 교육적 의의에 대해 이야기해 보자.

3. 교재연구에서 중요하다고 생각하는 오감(시각, 청각, 촉각, 후각, 미각)을 순서대로 써 보고, 그 까닭을 설명해 보자.

4. 초등 사회과에서 오감을 활용하면 어떤 활동을 할 수 있는가?

[빅데이터 분석]

5. 우리 지역에 대해 가르칠 때 오감을 활용할 수 있는 방안에 대해 이야기해 보자. (교재에 제시된 빅데이터 분석 결과를 활용하거나 새롭게 분석)

[빅데이터 분석]

6. 우리 지역에서 오감을 활용해서 할 수 있는 활동을 제시해 보자. (교재에 제시된 빅데이터 분석 결과를 참고하여 우리 지역의 빅데이터를 새롭게 분석)

참고문헌

[1장]

교육부(2016a). 사회 3-1. 국정도서편찬위원회.

______(2016b). 사회 4-1. 국정도서편찬위원회.

서종학, 이미향(2007). 한국어 교재론. 파주 : 태학사.

황홍섭, 박지수(2018). 초등예비교사 지리학에게 말을 걸다. 서울 : 동문사.

황홍섭(2019). 빅데이터를 활용한 단일 및 다중 스케일의 네트워크적 영역성 규명과 교육적 활용방안 -부산시 해운대를 사례로-, 한국사진지리학회지, 29(4), 1-17.

Johnson, L., Becker, S. A., Cummins, M., Estrada, V., Freeman, A., & Hall, C.(2016). *NMC horizon report: 2016 higher education edition* (pp. 1-50). The New Media Consortium.

Shulman, L.(1987). Knowledge and teaching: Foundations of the new reform. *Harvard educational review*, 57(1), 1-23.

[2장]

강남희, 강현석(2019). IB 교육과정을 활용한 2015 개정 지리 교육과정의 적용방안 탐구. 예술인문사회융합 멀티미디어논문지, 9(6), 1-14.

교육부(1997). 사회과교육과정. 교육부 고시 제1997-15호[별책 7].

______(2015). 사회과교육과정. 교육부 고시 제2015-74호[별책 7].

교육인적자원부(2007). 사회과교육과정(교육인전자원부 고시 제2007-79호[별책 7].

교육과학기술부(2012). 사회과교육과정. 교육과학기술부 고시 제2012-14호 [별책 7].

김경자(2011). 핀란드 종합학교(comprehensive school) 교육과정 편성, 운영의 특징 고찰. 교육과정연구, 29(1), 111-135.

김동일, 오헌석, 송영숙, 고은영, 박상민, 정은혜(2009). 대학 교수가 바라본 고등교육에서의 대학생 핵심역량: 서울대학교 사례를 중심으로. 아시아교육연구, 10(2), 195-214.

김미숙, 이성회, 백선희, 김순남, 김진영(2014). OECD ESP 역량 역동성 종단연구(I) : OECD 측정도구의 한국 타당화. 충북: 한국교육개발원.

김현미, 조철기, 이준혁(2015). 사회과 핵심역량 선정, 의미 상세화 및 위계화. 한국지리환경교육학회지, 23(2), 45-59.

김현미(2016). 사회과 핵심역량 계발을 위한 교수·학습 및 평가 실천 현황. 한국지리환경교육학회지, 24(4), 93-113.

백남진, 온정덕(2016). 역량기반 교육과정의 이해와 설계. 경기: 교육아카데미.

설연경(2020). ‘변혁적 역량기반(Transformative Competencies)’ 미래지향적 교육설계 방안. **교양교육연구**, 14(3), 25-38.

소경희(2007). 학교교육의 맥락에서 본 ‘역량(competence)’의 의미와 교육과정적 함의. **교육과정연구**, 25(3), 1-21.

_____(2012). 역량중심 교육을 위한 교육과정 설계 방안으로서 ‘과정-탐구’ 모형 활용의 가능성과 의미 탐색. **교육과정연구**, 30(1), 59-79.

윤현진, 김영준, 이광우, 전제철(2007). 미래 한국인의 핵심역량 증진을 위한 초·중등학교 교육과정비전 연구(I): 핵심역량 준거와 영역 설정을 중심으로(연구보고 RRC 2007-1). 서울: 한국교육과정평가원.

이광우, 민용성, 전제철, 김미영, 김혜진(2008). 미래 한국인의 핵심역량 증진을 위한 초·중등학교 교육과정 비전 연구(II): 핵심역량 영역별 하위요소 설정을 중심으로(연구보고 RRC 2008-7-1). 서울: 한국교육과정평가원.

이광우, 전제철, 허경철, 홍원표, 김문숙(2009). 미래 한국인의 핵심역량 증진을 위한 초·중등학교 교육과정 설계 방안 연구: 총괄 보고서(연구보고 RRC 2009-10-1). 서울: 한국교육과정평가원.

이근호, 곽영순, 이승미, 최정순(2012). 미래사회 대비 핵심역량 함양을 위한 국가 교육과정 구상(연구보고 RRC 2012-4). 서울: 한국교육과정평가원.

이근호, 이광우, 박지만, 박민정(2013). 핵심역량 중심의 교육과정 재구조화 방안 연구(연구보고 CRC 2013-17). 서울: 한국교육과정평가원.

이상은, 김은영, 김소아, 유예림, 최수진, 소경희, 신연재(2018). OECD 교육 2030 참여 연구: 역량의 교육정책적 적용 과제 탐색 (RR2018-08). 서울: 한국교육과정평가원.

이애화, 최명숙(2014). 국내 대학생 핵심역량과 그 진단도구에 대한 연구동향 분석. **교육공학연구**, 30(4), 561-588.

이찬 외(2009). 한국형 문화 역량 모델 개발. 서울: 한국연구재단.

임유나, 홍후조(2016). 2015개정교육과정의교과별교육내용제시방식검토: 내용체계를 중심으로. **아시아교육연구**, 17(3), 277-302.

정영근(2019). 한국과 일본의 핵심역량 교육과정 비교 분석. **한국일본학회 학술대회**, 236-251.

최상덕 외(2013). 미래 인재 양성을 위한 핵심역량 교육 및 혁신적 학습생태계 구축(연구보고 RR 2013-20). 서울: 한국교육개발원.

한혜정, 김기철, 이주연, 장경숙(2018). 역량기반 교육과정에 대한 국내선행연구의 이론적 논의 분석 및 쟁점 탐색. **교육과정평가연구**, 21(3), 1-24.

Boyatzis, R. E.(1982). *The competent manager: A model for effective performance*. John Wiley & Sons.

Holmes, G., & Hooper, N.(2000). Core competence and education. *Higher Education*,

40(3), 247-258.
Klemp Jr, G. O.(1980). The assessment of occupational competence. Final Report: I. Introduction and Overview.
McClelland, D. C.(1973). Testing for competence rather than for intelligence. *American psychologist*, *28*(1), 1-14.
_______________(1998). Identifying competencies with behavioral-event interviews. *Psychological science*, *9*(5), 331-339.
McGuinness, S.(2006). Overeducation in the labour market. *Journal of economic surveys*, *20*(3), 387-418.
OECD(2005). *The definition and selection of key competencies: Executive summary.*
______(2015). *Draft summary record: OECD Education 43 First Informal Working Goup Webinar/Meeting*. EDU/EDPC/M, 2015)4.
______(2018). *The future of education and skills: Education 2030*. OECD Education Working Papers.
Parry, S. B.(1996). The quest for competencies. *Training*, *33*(7), 48.
Spencer, L. M., & Spencer, S. M.(1993). Competence at work. John Wiley & Sons. *Inc: P99-220.*
Rychen, D. S., & Salganik, L. H.(Eds.).(2003). *Key competencies for a successful life and well-functioning society*. Hogrefe Publishing.
World Economic Forum.(2018). The future of jobs report 2018. Geneva: World Economic Forum.
IBO: International Baccalaureate Organization(2016). http://www.ibo.org에서 2020년 2월 1일 인출.

[3장]

강만모, 김상락, 박상무(2012). 빅데이터의 분석과 활용. **정보과학회지**, 30(6), 25-32.
고준철, 이해욱, 정지윤, 강경식(2012). 빅데이터의 새로운 고객 가치와 비즈니스 창출을 위한 대응 전략. **대한안전경영과학회지**, 14(4), 229-238.
김동석(2018). 빅데이터 분석 기법을 활용한 도서관발전종합계획 동향 분석. 건국대학교 대학원 박사학위논문.
김상락, 강만모, 박상무(2012). 빅데이터가 여는 미래의 세상. **정보과학회지**, 30(6), 18-24.
김정선, 권은주, 송태민(2014). 분석지의 확장을 위한 소셜 빅데이터 활용연구. **지식경영연구**, 15(3), 169-188.
김정숙(2012). "빅데이터와 클라우드 컴퓨팅" 특집을 내면서. **한국콘텐츠학회지**, 12(1), 13.
김지은(2017). 빅데이터를 활용한 대학구조개혁 평가의 키워드 및 토픽 분석. 서울대학교 대학원 박사학위논문.

박찬국, 김현제(2015). **사물인터넷을 통한 에너지 신산업 발전방향 연구**. 울산: 에너지경제연구원.

송태민(2016). 소셜 빅데이터를 활용한 미래신호 예측: 보건복지 주요 정책과 이슈를 중심으로. **보건복지포럼**, 238, 17-30.

송태민, 송주영(2016). 소셜 빅데이터 기반 보건복지 정책 미래신호 예측. **한국보건정보통계학회지**, 41(4), 417-427.

송태민, 송주영(2017). **소셜 빅데이터 분석과 미래신호 예측**. 서울: 한나래아카데미.

안효선(2017). 빅데이터를 활용한 패션디자인 감성분석 연구: 텍스트마이닝과 의미연결망 분석을 중심으로. 이화여자대학교 대학원 박사학위논문.

이경택(2020). XR(eXtended Reality) 융합 기술 동향. **한국통신학회지(정보와 통신)**, 37(10), 17-22.

정성혁 외(2010). 무인항공 사진측량을 이용한 3D 공간정보 취득. **한국측량학회지**, 28(1), 161-168.

하진석, 김창석(2012). 집단지성과 적시학습을 이용한 SERO 노트 시스템 모형 설계. **한국지능시스템학회논문지**, 22(5), 590-596.

이만재(2012). 빅데이터 어낼리틱스와 공공 데이터 활용. **정보과학회지**, 30(6), 33-39.

이성훈(2013). 빅데이터 처리 프로세스 및 활용. **디지털융복합연구**, 11(4), 267-271.

이주리(2009). 중학생 자살사고 예측모형: 데이터마이닝을 적용한 위험요인과 보호요인의 탐색. **아동과 권리**, 13(2), 277-246.

임희진, 유재민(2007). 청소년 진로상황의 불확실성에 대한 보호요인과 위험요인의 탐색. **제4회 한국청소년패널 학술대회 논문집**, 613-638.

정성혁 외(2010). 무인항공 사진측량을 이용한 3D 공간정보 취득. **한국측량학회지**, 28(1), 161-168.

정지선(2011). 신가치창출 엔진, 빅데이터의 새로운 가능성과 대응 전략. 새로운 미래를 여는 빅데이터 시대. 한국정보화진흥원, 빅데이터 전략연구센터.

최광선, 함영경, 김선호(2013). 빅데이터 시각화. **한국컴퓨터정보학회지**, 21(1), 33-43.

하진석, 김창석(2012). 집단지성과 적시학습을 이용한 SERO 노트 시스템 모형 설계. **한국지능시스템학회논문지**, 22(5), 590-596.

Beyer, M. A., & Laney, D.(2012). *The importance of 'big data': a definition*. Stamford, CT: Gartner, 2014-2018.

Bickmore, T. W., Caruso, L., Clough-Gorr, K., & Heeren, T.(2005). 'It's just like you talk to a friend'relational agents for older adults. *Interacting with Computers, 17*(6), 711-735.

Bollier, D., & Firestone, C. M.(2010). *The promise and peril of big data* (pp. 1-66).

Washington, DC: Aspen Institute, Communications and Society Program.

Boyd, D., & Crawford, K.(2012). Critical questions for big data: Provocations for a cultural, technological, and scholarly phenomenon. *Information, communication & society*, *15*(5), 662-679.

Breiman, L.(2001). Random forests. *Machine learning*, *45*(1), 5-32.

Brennan, K.(2006). The managed teacher: Emotional labour, education, and technology. *Educational Insights*, *10*(2), 55-65.

Chopra, S., Gianforte, R., & Sholar, J.(2016). Meet percy: The CS 221 teaching assistant chatbot. *ACM Transactions on Graphics*, *1*(1), 1-8.

Del Río, S., López, V., Benítez, J. M., & Herrera, F.(2014). On the use of map reduce for imbalanced big data using random forest. *Information Sciences*, *285*, 112-137.

Demchenko, Y., De Laat, C., & Membrey, P.(2014, May). Defining architecture components of the Big Data Ecosystem. *In 2014 International conference on collaboration technologies and systems (CTS)* (pp. 104-112). IEEE.

Einav, L., & Levin, J.(2014). The data revolution and economic analysis. *Innovation Policy and the Economy*, *14*(1), 1-24.

Eisenbeiss, H.(2004). A mini unmanned aerial vehicle(UAV): System overview and image acquisition. International Archives of Photogrammetry. *Remote Sensing and Spatial Information Sciences*, *36*(5/W1), 1-7.

Hand, D., Mannila, H., & Smyth, P.(2001). *Principles of data mining*. The MIT Press, Cambridge, ML.

Hiltunen, E.(2008). The future sign and its three dimensions. *Futures*, *40*(3), 247-260.

Hunter, P.(2013). Journey to the centre of big data. *Engineering & Technology*, *8*(3), 56-59.

IBM 비즈니스 가치 연구소(2012). 분석: 빅데이터의 현실적인 활용. IBM 글로벌 비즈니스 서비스 요약보고서. Retrieved from ttps://www-935.ibm.com/services/kr/c-suite/Analytics_The_Real_World_Use_Of_Big_Data_KR_v3.pdf.

Laney, D.(2001). 3D data management: Controlling data volume, velocity and variety. *META Group Research Note*, 6 February.

Manyika, J., Chui, M., Brown, B., Bughin, J., Dobbs, R., Roxburgh, C., & Hung Byers, A.(2011). *Big data: The next frontier for innovation, competition, and productivity*. McKinsey Global Institute.

Milgram, P., & Kishino, F.(1994). A taxonomy of mixed reality visual displays. IEICE Trans. *Information Systems. vol. E77-D*, no. 12, 1321-1329.

Murden, S. B., & Risenhoover, K. L.(2000). A blimp system to obtain high-resolution, low-altitude aerial photography and videography. *Wildlife Society Bulletin*, 958-

962.

Peirce, C, S.(1868). Some consequences of four incapacities. *Journal of Speculative Philosophy*, *2*, 140-157.

Rahman, H., Begum, S., & Ahmed, M. U.(2016, October). Ins and outs of big data: A review. I*n International Conference on IoT Technologies for Health Care*(pp. 44-51). Springer, Cham.

Warden, P.(2011). *Big data glossary*. O'Reilly Media, Inc.

Wigan, M. R., & Clarke, R.(2013). Big data's big unintended consequences. *Computer*, *46*(6), 46-53.

Weizenbaum, J.(1966). ELIZA—a computer program for the study of natural language communication between man and machine. *Communications of the ACM*, 9(1), 36–45.

[4장]

한국데이터산업진흥원(2020a). 데이터 분석 전문가 가이드. 서울: 한국데이터산업진흥원.

__________________(2020b). 데이터산업현황조사 보고서. 서울: 한국데이터산업진흥원.

텍스톰. TEXTOM 매뉴얼. https://www.textom.co.kr/home/video/TEXTOM_v5.0_ manual.pdf에서 2021년 1월 17일 인출.

[5장]

강대현, 최승현(2007). 교육과정 개정에 따른 사회과내용교수지식(PCK) 연구. 한국교육과정평가원연구보고RRI 2007-3-1.

김봉석(2000). 현대 교육과정 담론에 대한 후기구조주의적 비판 연구: 교육과정 지식의 현대성과 탈현대성을 중심으로. 성균관대학교 대학원 박사학위논문.

김재춘, 김재현(2002). 브루너의 ‘지식의 구조’ 논의에 대한 탈구조주의적 비판. **교육학논총**, 22(2), 19-35.

박선미(1999). 지리과수업의 구성주의적 접근. 고려대학교 대학원 박사학위논문.

서진원(2009). 교육방법으로서의 구성주의와 구조주의의 비교연구. **한국도서관정보학회지**, 40(4), 81-92.

소경희(2015). 2015 개정 교육과정 총론 개정안이 남긴 과제: 각론 개발의 쟁점 탐색. **교육과정연구**, 33(1), 196-214.

손민호(1995). 브루너 탐구학습의 비판적 재검토: 새로운 과학철학을 중심으로. 서울대학교 교육대학원 석사학위논문.

유지연(2003). 지식의 구조 관점에서의 과학 개념 중심 통합 프로그램 개발 -초등학교 1학년 슬기로운 생활과를 중심으로-. 이화여자대학교 교육대학원 석사학위논문.

이성회, 정바울(2015). 아처의 형태발생론적 접근(Morphogenetic Approach)에 대한 탐색적 연구: '성찰'의 재개념화를 중심으로. **교육사회학연구**, 25(1), 189-210.

이성회(2021). 사회적 실재론(social realism)의 지식관이 역량기반 교육과정 정책에 주는 시사점. **한국교육**, 48(1), 137-166.

이한나, 김회용(2014). 복잡성 이론이 지식사회의 교사 역할에 주는 함의. **교육의 이론과 실천**, 19(3), 147-165.

이홍우(2006). **지식의 구조와 교과**. 서울: 교육과학사.

최정웅(2003). 구조주의에서의 교육과 지식의 의미. **지역사회 현안과 담론**, 2, 143-163.

허수미(2006). 중·고등학생의 사회인지 특성 분석: 사회적 개념 형성을 중심으로. 한국교원대학교 대학원 박사학위논문.

황인술(2009). 구조주의와 후기(탈)구조주의. http://www.readersnews.com/news/articleView.html?idxno=14213

Bruner, J. S.(1960). *The process of education.* Cambridge: Harvard University Press.

__________(1971). The process of education revisited. *The Phi Delta Kappan, 53*(1), 18-21.

__________(1973). *The relevance of education*(No. 690). NY: WW Norton & Company.

Cobb, P., Perlwitz, M., & Underwood, D.(1996). Constructivism and activity theory: A consideration of their similarities and differences as they relate to mathematics education. *In Mathematics for tomorrow's young children*(pp. 10-58). Springer, Dordrecht.

Confrey, J.(1995). How compatible are radical constructivism, sociocultural approaches, and social constructivism. *Constructivism in education*, 185-225.

Eisner, E. W.(1990). Creative curriculum development and practice. *Journal of Curriculum and Supervision*, *6*(1), 62-73.

Hirst, P. H.(1965). Liberal education and the nature of knowledge, In R. D. Archambault(ed.). *Philosophical analysis and education*(pp. 113-138). London: R. K. P., 113-138.

__________(1993). Education, knowledge and practices. In R. Barrow & P. White(eds.). *Beyond liberal education*(pp. 184-199). London & New York: Routledge.

Moore, R., & Muller, J.(1999). The discourse of 'voice' and the problem of knowledge and identity in the sociology of education. *British Journal of Sociology of*

Education, 20(2), 189-206.

Moore, R.(2013). Social realism and the problem of the problem of knowledge in the sociology of education. *British Journal of Sociology of Education, 34*(3), 333-353.

Prawat, R. S.(1992). Teachers' beliefs about teaching and learning: A constructivist perspective. *American journal of education, 100*(3), 354-395.

Pring, R.(1995). *Closing the gap: liberal education and vocational preparation.* London: Hodder & Stoughton.

________(2000). *Philosophy of educational research.* London: Continuum.

________(2009). *Education for all: The future of education and training for 14-19 year olds.* London and New York: Routledge.

________(2013). *The life and death of secondary education for all.* London and New York: Routledge.

Taylor, P. C.(1990). *The influence of teacher beliefs on constructivist teaching practices.*

Usher, R., & Edwards, R.(1994). *Postmodernism and education.* London RKP.

Von Glasersfeld, E.(1995). *Radical constructivism : A way of knowing and learning.* London : The FalmerPress.

Wertsch, J. V., & Toma, C.(1995). Discourse and learning in the classroom: A socio-cultural approach. in l. P. steffe & J. Gale (eds.), *Constructivism in education* (pp. 159-174).

Wiggins, G., & McTighe, J.(1998). *Understanding by design.* Alexandria, VA: ASCD.

Young, M.(1971). *Knowledge and control: New directions for the sociology for education.* London: Collier-Macmillan.

_________(2008). *Bringing knowledge back in: From social constructivism to social realism in the sociology of education.* London: Routledge.

_________(2011). The return to subjects: A sociological perspective on the UK Coalition government's approach to the 14-19 curriculum. *The Curriculum Journal, 22*(2), 265-278.

_________(2013). Overcoming the crisis in curriculum theory: A knowledge-based approach. *Journal of Curriculum Studies, 45*(2), 101-118.

Young, M., & Muller, J.(2010). Three educational scenarios for the future: Lessons form the sociology of knowledge. *European Journal of Education, 45*(1), 11-27.

[6장]

강경원(2000). 아동의 그림을 통해 본 공간인지와 조작능력. **한국지역지리학회지**, 6(3), 83-99.

강경원(2001). 지리 교과의 통합교육적 접근방안, -초등 사회과 학습 내용 조직을 중심으로-. 한국지역지리학회지, 7(1), 51-66.
강봉규(1992). 발달심리학. 서울: 정훈출판사.
김오남(2000). 아동복지의 이해. 경기: 형설출판사.
김익균(2001). 아동복지론. 서울: 대학출판사.
김한종(1997). 한국의 교육개혁과 역사교과서, 강원인문논총, 5, 341-353.
서태열(2005). 지리교육학의 이해. 경기: 한울아카데미.
이영(역)(1995). 인간발달 생태학. 경기: 교육과학사.
이영효(1993). 인지과정으로서의 역사적 사고와 교수 적용. 사회과학연구, 3, 357-358.
이준혁(2004). 경제인지 발달에 대한 피아제의 관점과 영역 특수적 관점의 적합성: '이윤' 개념을 중심으로. 한국교원대학교 대학원 박사학위논문.
장휘숙(2000). 인간 발달. 서울: 박영사.
정병기, 홍기룡(1997). 사회과교육론. 서울: 교육출판사.
정옥분(1994). 인간 발달의 이론. 경기: 교육과학사.
황홍섭(2004). 초등 사회과 교재연구. 서울: 세종출판사.

Bigner, J. J.(1983). *Human development: A life-span approach*. Macmillan.
Bronfenbrenner, U.(1992). *Ecological systems theory*. Jessica Kingsley Publishers.
Cole, J. P., & Cole, F.(1993). *The geography of the european community*. Routledge.
Gardner, R. C.(1978). Cognitive and affective variables in foreign language acquisition. Research Bulletin No. 14.
Hughes, F. P., & Noppe, L. D.(1985). *Human development across the life span*. West Publishing Company.
Nicolopoulou, A.(1993). Play, cognitive development, and the social world: Piaget, Vygotsky, and beyond. *Human Development*, *36*, 1-23.
Smith, L., Dockrell, J., & Tomlinson, P.(1997). *Piaget, Vygotsky and beyond-futher issues for developmental psychology and education*. Routledge, New York.
Stott, L. H.(1974). *The psychology of human development*. Holt, Rinehart & Winston.

[7장]

교육과학기술부(2012). 사회과교육과정. 교육과학기술부 고시 제2012-14호 [별책 7].
교육부(2015). 사회과 교육과정. 교육부 고시 제2015-74호[별책 7].
박민정(2009). 역량기반 교육과정의 특징과 비판적 쟁점분석. 교육과정연구, 27(4), 71-94.
서경혜(2020). 역량기반 교육과정의 딜레마. 교육과정연구, 38(4), 5-31.
서태열(1993). 지리 교육 과정의 내용구성에 관한 연구. 서울대학교 대학원 박사학위논문.

옥일남(2017). 한국 사회과교육과정의 시기별 특징 고찰. **교육과정평가연구**, 20(1), 57-86.

이근호 외(2013). 핵심역량 중심의 교육과정 재구조화 방안 연구(연구보고 CRC 2013-17), 서울: 한국교육과정평가원.

이상은 외(2018). OECD 교육 2030 참여 연구: 역량의 교육정책적 적용 과제 탐색(연구보고 RR 2018-08), 충북: 한국교육개발원.

이주연 외(2017). 역량기반 학교 교육과정의 실천 사례 특징 분석. **교육과정평가연구**, 20(1), 1-30.

이찬(1984). **지리학의 과제와 접근방법**. 서울: 교학사.

임덕순(1993). **지리교육원리: 이론과 적용**. 서울: 법문사.

정선영 외(2001). **역사교육의 이해**. 서울: 삼지원.

최수진 외(2017). OECD 교육 2030 참여 연구: 역량 개념틀 타당성 분석 및 역량 개발을 위한 교육체제 탐색(연구보고 RR 2017-18), 충북: 한국교육개발원.

한혜정 외(2016). 교육 목적으로서 '일반 능력' 설정에 대한 논의 고찰: 2015 개정 교육과정의 핵심역량과 교과 역량의 관계에 주는 함의. **교육과정연구**, 34(2), 1-18.

Biddle, D. S.(1972). Curriculum development in geography in the secondary schools of New South Wales, 1911-71. *Australian Geographer*, 12(2), 99-114.

Boden, P.(1976). *Developments in geography teaching*. Open books.

Fien, J.(1984). Planning and teaching a geography curriculum unit. *Melbourne, Australia*, 345.

Jarolimek, J.(1963). *Social studies in elementary education*. New YorK: The Macmillan company.

Rose, G.(1993). *Feminism & geography: The limits of geographical knowledge*. U of Minnesota Press.

[8장]

교육부(2015). 사회과 교육과정. 교육부 교시 2-2015-74호[별책 7].

김다원(2017). 지리교육의 기본개념 분석 연구: 국내외 지리교육과정 분석을 중심으로. **한국지리학회지**, 6(3), 319-337.

김연옥(1970). 사회과 지리교육 내용의 구조와 개념에 관한 연구. **한국문화연구원 논총**, 15, 247-272.

김한종(2015). 교육과정 구성 논리로 본 2015개정역사교육과정의 쟁점. **역사교육연구**, 23, 7-49.

서태열(2005). **지리교육학의 이해**. 경기: 한울아카데미.

이광우 외(2015). 2015 개정 교과 교육과정 시안 개발 연구 Ⅰ: 국가교육과정 각론 조정 연구. 한국교육과정평가원 연구보고 CRC 2015-9.

이찬(1969). 지리교육에 있어서의 기본개념. **새교육, 4월호**, 130-138.

임덕순(1979). 지리교수용 제기본개념의 결정: 지리 교육과정 구성을 위한 논의. **지리학과 지리교육**, 9, 306-314.

최진영, 장혜인(2016). 캐나다 온타리오와 호주의 사회과 교육과정 및 미국 C3 Framework의 핵심 개념, 일반화된 지식과 기능 관련 내용 분석: 역사 영역을 중심으로. *Journal of Research in Curriculum & Instruction*, 20(5), 407-423.

황홍섭(2004). **초등 사회과 교재연구**. 서울: 세종출판사.

Australian Curriculum Assessment and Reporting Authority(ACARA)(2019). The australian curriculum: Humanities and social sciences. Retrieved from https://www.australiancurriculum.edu.au/download?view=f10 (검색일: 2019. 3. 3.)

Jarolimek, J.(1963). *Social studies in elementary education.*

Keiper, T. A.(1999). GIS for elementary students: An inquiry into a new approach to learning geography. *Journal of geography*, *98*(2), 47-59.

National Council for the Social Studies(NCSS)(2013). The college, career, and civic life C3 framework for social studies state standards. Silver Spring, MD: NCSS. Retrieved from https://www.socialstudies.org/c3 (검색일: 2019. 3. 7.)

Massey, D(1997). A Global Sense of Place, In Barnes, T. and Gregory, D,(eds) Reading Human Geography(pp. 315-323). Arnold. London.

Ontario Ministry of Education(2018). The ontario curriculum: Social studies grades 1 to 6, history and geography grades 7 and 8 (revised 2018). Retrieved from http://www.edu.gov.on.ca/eng/curriculum/elementary/subjects.html (검색일: 2019. 02. 15)

Pred, A.(1985). The social becomes the spatial, the spatial becomes the social: Enclosures, social change and the becoming of places in Skåne. *In Social relations and spatial structures*(pp. 337-365). Palgrave, London.

Thrift, N.(1990). For a new regional geography 1. *Progress in Human Geography*, *14*(2), 272-279.

[9장]

교육부(2016). 2015 개정 교육과정 총론 해설 -초등학교-, (사)한국장애인문화인쇄협회.

김한종(2015). 교육과정 구성 논리로 본 2015개정역사교육과정의 쟁점. **역사교육연구**, 23, 7-49.

나미란(2019). 영국 초등 역사교과서 내용에 반영된 핵심개념 분석, **사회과교육연구**, 26(4), 51-67.

박용조(2020). 2015 개정 사회과 교육과정 법 영역 내용 체계에 대한 비판적 분석 -핵심개념, 일반화된 지식을 중심으로-, **법과인권교육연구**, 13(3), 29-60.

박은아(2019). 사회과 교육과정의 핵심개념 국제 비교: 한국, 미국, 싱가포르, 캐나다, 호주를 중심으로. **시민교육연구**, 51(2), 95-126.

온정덕(2014). 기준 중심 교육과정 개발 방향 탐색: 우리나라와 미국 사회과 교육과정상의 내용 선정과 제시방식 비교 분석. **초등교육연구**, 27(2), 53-72.

이경건, 홍훈기(2017). 2015 개정 교육과정에서 도입한 '핵심 개념'의 의미 변화 과정 분석. **교육과정평가연구**, 20(2), 1-30.

이광우, 정영근(2017). 2015 개정 교과 교육과정 내용 체계 구성의 반성적 고찰 -핵심개념, 일반화된 지식, 기능을 중심으로-. **학습자중심교과교육연구**, 17(16), 597-622.

이미미(2015). 중요한 역사 내용이란: 내용 선정 기준 연구 분석 및 시사점, **역사교육**, 135, 121-158.

최진영, 장혜인(2016). 캐나다 온타리오와 호주의 사회과 교육과정 및 미국 C3 Framework의 핵심 개념, 일반화된 지식과 기능 관련 내용 분석: 역사 영역을 중심으로. *Journal of Research in Curriculum & Instruction, 20*(5), 407-423.

추병완(2012). 편견 이론에 근거한 반편견 교수 전략. **교육과정평가연구**, 15(1), 127-156.

한면희(2001). **(새로운 패러다임에 기초한) 사회과 교육**. 서울: 교육과학사.

Allport, G. W.(1954). *The nature of prejudice*. Reading: Addison-Wesley.

Banks, J. A.(1976). *Teaching strategies for the social studies*(2nd edn.). Massachusetts: Addison-Wesley Publishing Company.

Cooper, H.(2017). History 5-11: A guide for Teachers(3rd), London: Routledge.

Ehrlich, H. J.(1973). *The social psychology of prejudice*. New York: Wile.

Hoodless, P.(2008). Teaching history in primary schools, london: Learning Matters.

Lee, P.(1983). History teaching and philosophy of history. *History and Theory, 22*(4), 19-49.

Lomas, T.(1990). *Teaching and assessing historical understanding*(No. 63). Historical Association.

Sansom, C.(1987). *Concepts, skills and content: A developmental approach to the history syllabus*(pp. 116-141). The Falmer Press, London.

Shemilt, D.(1980). Evaluation study: Schools council history 13-16 project. *Edinburgh: Holmes McDougall.*

[10장]

김은정(2002). 학습유형과 학습양식의 체계적 분류를 통한 개념적 모형 정립. **교육학연구**, 40(4), 113-133.

이동원(2013). 초등 수업안쓰기 양상과 계보 탐색. **학습자중심교과교육연구**, 13(3), 361-384.

이민경(2014). 거꾸로 교실(Flipped classroom)의 교실사회학적 의미 분석: 참여 교사들의 경험을 중심으로. **교육사회학연구**, 24(2), 181-207.

임장채(1996). **학습양식**. 서울: 형설출판사.

전희옥(2014). 사회과 거꾸로 교실 수업 모형 개발. **사회과교육연구**, 21(4), 51-70.

조영임(2003). 다중 지능이론을 적용한 초등 영어수업이 수준차 극복에 미치는 효과. *Studies in English education*, *8*(1), 99-129.

Armstrong, T.(1994). Multiple intelligences: Seven ways to approach curriculum. *Educational leadership*, *52*(3), 26-28.

Bergmann, J., & Sams, A.(2012). *Flip your classroom: Reach every student in every class every day*. International society for technology in education.

______________________(2014). *Flipped learning: Gateway to student engagement.* International Society for Technology in Education.

Bourg, B. J.(1979). *A Study of the academic success of college freshmen in terms of jungian psychological types*(Doctoral dissertation, Louisiana State University and Agricultural & Mechanical College).

Kummerow, J. M., & Quenk, N. L.(2003). *Understanding your MBTI step II results.* Consulting Psychologists Press(3803 E. Bayshore Rd., Palo Alto 94303).

Felder, R. M.(1993). Reaching the second tier. *Journal of college science teaching*, *23*(5), 286-290.

Felder, R. M., & Silverman, L. K.(1988). Learning and teaching styles in engineering education. *Engineering education*, *78*(7), 674-681.

Leeds, D.(2000). *The 7 powers of questions: Secrets to successful communication in life and at work*. Penguin.

McCarthy, B.(1990). Using the 4MAT system to bring learning styles to schools. *Educational leadership*, *48*(2), 31-37.

Porter, A. C., & Brophy, J.(1988). Synthesis of research on good teaching: insights from the work of the institute for research on teaching. *Educational leadership*, *45*(8), 74-85.

Salovey, P., & Mayer, J. D.(1990). Emotional intelligence. *Imagination, cognition and personality*, *9*(3), 185-211.

Sternberg, R. J.(1995). Theory and measurement of tacit knowledge as a part of practical intelligence. *Zeitschrift für Psychologie mit Zeitschrift für angewandte Psychologie*.

Vosniadou, S.(2001). How children learn. Educational Practices Series—7.

[11장]

김만곤(2006). 초등학교 사회과 지역 교과서의 변천과 전망. **교과서연구**, 47, 31-36.

김평국(2018). 초등 교사 수업연구회의 6학년 사회과 수업설계서 재구성에 대한 집단 숙의 양상. **학습자중심교과교육연구**. 18(5), 1-32.

박일수(2013). 교육과정 재구성의 학습효과에 관한 메타분석. **교육과정연구**, 31(4), 141-164.

설규주(2007). 초등 사회과 수업의 패턴 고찰을 통한 수업 전문성 신장 방안 연구. **사회과교육**, 46(3), 59-90.

______(2010). 초등 예비교사와 초임교사의 사회과 수업 관련 경험 및 인식에 대한 조사 연구. **사회과교육**, 49(2), 53-71.

______(2011). 교생의 수업 관찰 및 면담을 통한 사회과 수업 관련 경험과 인식 연구. **사회과교육**, 50(1), 69-91.

______(2012). 초임교사의 사회과 수업에서 나타나는 수업 전문성의 변화와 한계를 고려한 컨설팅의 방향. **사회과교육**, 51(1), 65-89.

서경혜(2009). 교사들의 교육과정 재구성 실천 경험에 대한 사례연구. **교육과정연구**, 27(3), 159-189.

서명석(2011). 교육과정 재구성의 개념적 애매성과 모호성 비판. **교육과정연구**, 29(3), 75-91.

송언근(2003). 이론과 실제, 그 협력의 새로운 지평을 위한 교육 실습의 재구성. **한국지리환경교육학회지**. 11(3), 101-117.

______(2019). 초등 사회과 지역 수준 교육과정과 지역 교과서의 발달: 대구시를 사례로. **한국지역지리학회지**, 25(1), 1-19.

윤옥경, 심승희(2020). 청주시를 사례로 한 지역화 학습 자료 개발에 관한 연구: 초등 사회과 지역 교과서의 위상 변화 탐색을 기반으로. **학교와 수업연구**, 5(1), 43-69.

윤지양(2017). 수업 재구성을 통해 본 역사 교사 지식. **역사교육논집**, 62, 3-46.

이혁규(2007). 수업 비평의 필요성과 방법에 대한 탐색적 논의. **교육인류학연구**, 10(1), 155-185.

임찬빈 외(2006). **사회과 수업 전문성 기준**. 서울: 한국교육과정평가원.

주삼환 외(1998). **수업관찰과 분석**. 서울: 원미사.

추갑식(2014). 신규초등교사의 교육과정 재구성 경험에 대한 내러티브 탐구. **통합교육과정연구**, 8(2), 43-70.

황규호(1995). 학교단위 교육과정의 개발과 운영. **교육과정연구**, 13, 25-38.

황미옥, 신영준(2017). 교육과정 재구성에 의한 사회교과 기반 통합 수업이 사회교과 학습흥미도에 미치는 영향. **교육문화연구**. 23(3), 243-260.

황윤한, 김인숙(1998). 주제단원 중심 통합교육과정 개발 : 교육과정 재구성을 중심으로. **초등교육연구**, 13(1), 9-35.

[12장]

강인애(2008). 후각 아이덴티티 구축을 위한 서울향기 개발에 관한 연구. **디자인융복합연구**, 7(3), 15-28.

김선애(2002). Montessori 감각교육이 유아의 지각 능력 향상에 미치는 영향. 계명대학교 교육대학원 석사학위논문.

김현철(2014). **오감학습의 이론과 실제**. 서울: 방하.

김효숙(2013). 오감학습의 필요성 및 실행가능성에 관한 시론적 탐색. **학습과학연구**, 7(1), 78-93.

김효숙, 권성호(2013). 오감의 활성화를 위한 영화교육. **학습과학연구**, 7(3), 159-175.

박수진, 김용익(2013). 오감체험 중심 초등학교 고학년 발명교육 프로그램 개발. **한국실과교육학회지**, 26(4), 247-263.

박재환 외(2014). 부산의 노래, 노래 속의 부산, 부산발전연구원 부산학연구센터.

박종화(2009). 사회과환경교육에서 오감체험활동을 통한 환경친화적 태도 함양. **사회과교육학회 제17차 학술대회**, 99-116.

이성숙(2013). 실과 가정영역에서 오감활용감성교육방안 연구. **한국실과교육학회지**, 26(4), 21-42.

이은정(2016). 음악적 자극과 소비자 감정반응 평가모델 개발에 관한 연구. 명지대학교 대학원 박사학위논문.

임덕순(2009). 음악지리학의 구상 : 음악-지리 관계에 주목하며. **문화역사지리**, 21(1), 161-169.

임성훈(2012). 오감의 미학과 소통. **현대미술학논문집**, 16(1), 211-238.

전영권(2012). 교가(校歌)에 나타난 대구의 지형관. **한국지형학회지** 19(4), 83-96.

황홍섭(1995). 지역지리학습에 있어서 음악작품의 활용. **한국지역지리학회지**, 창간호, 103-116.

황홍섭(2006). 초등 사회과 수업에서 감성자료의 개발과 활용을 통한 지역학습 방안 탐색. **초등교육연구**, 19(1), 449-475.

황홍섭, 박지수(2017). 초등 사회과 지리영역에서 교가(校歌) 노랫말에 나타난 지역 특성을 활용한 수업방안탐색- 부산광역시를 사례로. **교육연구**, 70, 169-204.

Allen, R. F., & Molina, L. E.(1992). People and places on picture postcards: a high-interest source for geographic education. *Journal of Geography, 91*. 106-112.

Byklum, D.(1994). Geography and music: Making the connection. *Journal of Geography, 93*(6), 274-278.

Carney, G. O.(1998). Music geography. *Journal of Cultural Geography, 18*(1), 1-10.

Dove, J., & Owen, D.(1991). Teaching geography through music and song. *Teaching Geography, 16*(1), 3-6.

Fitzgerald, E.(2005). Geography's got rhythm!. *Teaching Geography, 30*(2), 96-97.

Gazzaniga, M. S.(2011). *Who's in charge? Free will and the science of the brain*: 박인균(2012). **뇌로부터의 자유: 무엇이 우리의 생각, 감정, 행동을 조종하는가?**. 서울: 추수밭.

Goleman, D.(2012). *Emotional intelligence: Why it can matter more than IQ*. Bantam.

Hudson, R.(2006). Regions and place: Music, identity and place. *Progress in Human Geography, 30*(5), 626-634.

Kong, L.(1995). Popular music in geographical analysis. *Progress in Human Geography, 19*(2), 183-198.

Mayer, J. D., & Salovey, P.(1993). The intelligence of emotional intelligence. *intelligence*, *17*(4), 433-442.

Mãrtin, D., & Boeck, K.(1997). *O que é a inteligência emocional*. Lisboa: Pergaminho.

Rose, G.(2003). On the Need to Ask How, Exactly, Is Geography "Visual"?. *Antipode, 35*(2), 212-221.

______(2008). Using photographs as illustrations in human geography. *Journal of Geography in Higher Education, 32*(1), 151-160.

Rosenblum, L. D.(2010). *See what I'm saying*: 김은영(2011). **오감 프레임**. 서울: 21세기북스.

Schenetti, M., & Guerra, E.(2018). Emotion map making. Discovering Teachers' Relationships with Nature. *Asia-Pacific Journal of research in early childhood education, 12*(2), 31-56.

Smith, S. J.(1994). Soundscape. *Area. 26*, 232-240.

Tan, K. H., & Brown, E. D. R.(1972). *Geographical interpretation through photographs*. George Allen and Unwin Ltd, London.

찾아보기

:: ㅌ

:: ㅍ

:: ㅎ

:: 기타

저자소개

황홍섭

현) 부산교육대학교 사회교육과(지리) 교수
전) 한국사회과교육연구학회 회장
부산교육대학교 교육대학원 원장

박지수

현) 부산 내산초등학교 교사
부산교대, 한국교원대 강사, 부산대학교 지리교육 박사
부산교육대학교 지역연구소 연구원

빅데이터로 읽는 **사회과 교재연구**

초판 1쇄 인쇄 / 2022년 2월 5일
초판 1쇄 발행 / 2022년 2월 10일

•

공저자 / 황홍섭 · 박지수
발행인 / 이 중 수
발행처 / **동 문 사**

•

서울특별시 서대문구 홍제원 1길 12
(홍제동 137-8)
Tel : 02)736-3718(대), 736-3710, 3720
Fax : 02)736-3719
등록번호 : 1974.04.27. 제9-17호
가격 : 25,000원

•

ISBN : 979-11-6328-359-1(93370)
E-mail : dong736@naver.com
www.dongmunsa.com